AKTUELLE FRAGEN AUS MODERNEM RECHT UND RECHTSGESCHICHTE

Gedächtnisschrift für Rudolf Schmidt

Rudolf Schmidt

Aktuelle Fragen aus modernem Recht und Rechtsgeschichte

Gedächtnisschrift für Rudolf Schmidt

Im Auftrag
der Rechtswissenschaftlichen Fakultät
der Universität zu Köln
herausgegeben von

Erwin Seidl

DUNCKER & HUMBLOT / BERLIN

Gedruckt 1966 bei Berliner Buchdruckerei Union GmbH., Berlin 61
Printed in Germany

Geleitwort

Am 29. April 1966 hätte Rudolf Schmidt den 80. Geburtstag feiern können. Zu diesem Tage sollten ihm die in diesem Bande vereinigten Abhandlungen über aktuelle Fragen des modernen und des römischen Rechts als Festschrift überreicht werden, begleitet von den herzlichen Glückwünschen der Verfasser, der Rechtswissenschaftlichen Fakultät der Universität zu Köln, die dieses Ehrentages in einer Feier gedenken wollte, und des Verlages Duncker & Humblot.

Das Schicksal hatte es anders bestimmt. Wenige Monate zuvor, am 6. Januar 1966 ging Rudolf Schmidt nach langem schwerem Leiden in die Ewigkeit ein. In tiefer Trauer mußten wir den Titel Festschrift mit dem einer Gedächtnisschrift vertauschen.

Können wir dem großen Gelehrten nun auch keine persönliche Freude mehr machen, so soll doch diese Gedächtnisschrift eine Huldigung vor seinen Verdiensten um die Wissenschaft bleiben.

Erwin Seidl

Inhaltsverzeichnis

Zweiter Teil

Rudolf Schmidt zum 50jährigen Doktor-Jubiläum

Feier am 7. Mai 1960

Von Friedrich Wilhelm Bosch, s. Zt. Dekan der Rechts- und Staatswissenschaftlichen Fakultät der Universität Bonn.

Hochverehrter Herr Jubilar!

Sehr verehrte, liebe Herren Kollegen der Kölner Rechtswissenschaftlichen Fakultät und der Bonner Rechts- und Staatswissenschaftlichen Fakultät!

Zu Beginn dieser Feierstunde begrüße ich Sie alle namens jener Fakultät, die vor nun genau 50 Jahren — noch genauer gesagt: am 27. April 1910 — den damals fast 24jährigen Referendar Rudolf *Schmidt* aus Oberstein a. d. Nahe summa cum laude zum Doctor utriusque iuris promoviert hat. Auch Seine Magnifizenz, unser Rektor Prof. Dr. Dr. Max *Braubach*, der zu seinem lebhaften Bedauern nicht unter uns weilen kann, läßt Ihnen den herzlichen Willkommensgruß durch mich entbieten.

Es gehört zu den guten alten Traditionen der deutschen Fakultäten, daß der 50. Wiederkehr des Promotionstages dann in festlicher Weise gedacht wird, wenn der Promovierte sich, dem Doktoreid entsprechend, auch in seinem weiteren Leben mit Erfolg bemüht hat, die Wissenschaft zu fördern. Dafür, daß dies geschehen ist, besteht, wenn der Betreffende später gar Ordinarius an einer deutschen Universität geworden ist, eine praesumtio iuris — eigentlich sogar eine praesumtio iuris et de iure (keineswegs nur eine Fiktion!).

Als dem derzeit amtierenden Dekan bei Übernahme der Dienstgeschäfte jetzt wiederum die Liste der vor 50 Jahren Promovierten vorgelegt wurde, fand sich auf dieser Liste auch der Name eines Rudolf *Schmidt* aus Oberstein. Und als dann ferner der Titel der Dissertation und das Geburtsdatum des Promovierten bekannt wurden, war von hier aus — ohne auswärtige Anregung — schnell geklärt, daß es sich bei dem Doctor vom 27. April 1910 um ebendenselben handelt, der seit zwei Jahrzehnten an unserer Nachbarfakultät in Köln als ordentlicher Professor für Römisches und Deutsches Bürgerliches Recht, für Zivilprozeßrecht und für Internationales Privatrecht wirkt.

Auf Grund eines Berichtes in einer Sitzung vom November 1959 hat dann die Bonner Rechts- und Staatswissenschaftliche Fakultät den Dekan beauftragt, zu Ehren Rudolf *Schmidts* das Doktor-Diplom feierlich zu erneuern, was unter dem 27. April 1960 geschehen und worüber eine lateinische, nachher zu verlesende Urkunde gefertigt worden ist.

Bevor die Verlesung erfolgt, wollen Sie mir indes gestatten, zunächst einen kurzen Rückblick in jene Zeit vor 50 Jahren zu tun. Dekan war damals Conrad *Cosack,* der uns allen bekannte Meister des Zivil- und Handelsrechts. Der Genannte verfügte, nachdem Rudolf *Schmidt* sieben Semester des Rechtsstudiums in Bonn absolviert und anno 1908 die erste juristische Staatsprüfung bestanden hatte, unter dem 3. Januar 1910 dessen Zulassung zur Doktorprüfung. Und es unterzeichneten hiernach ferner: *Krüger, Zorn, Landsberg, Bergbohm, Stutz, Schreuer, Crome* und als letzter *Zitelmann,* obwohl gerade dieser als sog. Doktorvater fungierte und — wie es in seinem Votum vom 4. Februar 1910 heißt — er sogar die Anregung zur Dissertation gegeben hatte.

Hier bloß ein kleines Einschiebsel :

Der Kandidat hatte „nur" das Realgymnasium zu Koblenz besucht, was damals wohl noch außergewöhnlich war; und so meinte zwar *Cosack:*

„Daß Herr *Schmidt* kein Griechisch getrieben hat, schadet wohl nichts."

Jedoch dann anschließend *Stutz:*

„Ich habe allerdings Bedenken wegen des mangelnden Griechisch und kann nur vorläufig und mit dem ausdrücklichen Vorbehalt zustimmen, daß damit kein Präzedenzfall geschaffen werde. Die Frage sollte jedenfalls nächstens einmal grundsätzlich entschieden werden."

Und darauf ferner *Crome:*

„Mit Rücksicht auf die aus den anliegenden Zeugnissen hervorgehende Qualifikation des Kandidaten bin ich geneigt, für diesen Fall keine Erinnerung zu erheben."

Was dann *Zitelmann* (trotz sonstiger, wie man hört, nicht stets voller Übereinstimmung mit *Crome)* am Ende der Subskribenten vollauf billigte.

Andere Zeiten — andere Probleme! Welch ein Unglück wäre es gewesen, wenn aus diesem formellen Grunde Rudolf *Schmidt* — der sich später als so sprachkundig auswies — damals nicht mit einer Dissertation seine Hochschullaufbahn hätte beginnen können!

Die Doktorarbeit selbst behandelte das Thema „Anfechtungsrecht wegen Eigenschaftsirrtums und Wandelungsanspruch beim Kauf in ihrem Verhältnis zueinander", also eine Frage, die später so oft noch erörtert worden ist und die ja auch schon hinweist auf die Probleme der folgenden großen Schrift unseres heutigen Jubilars über die Gesetzeskonkurrenz. Referent war Geh. Justizrat Prof. Dr. Ernst *Zitelmann,* dessen Votum vom 4. Februar 1910 ich im Auszug wörtlich verlesen darf:

„Sachlich scheint mir die Arbeit jetzt so reif und gediegen, daß sie uns als Dissertation Ehre machen wird: ich betrachte sie als eine *Bereicherung der Literatur.* Die Frage ist geradezu erschöpfend behandelt! Daß man über einzelne Aufstellungen des Verfassers Zweifel hegen kann, tut dem Wert der Arbeit keinen Eintrag; ich bin bestrebt, dem Verfasser in den Einzelheiten überall seine volle Freiheit und Selbständigkeit zu lassen. ... Ich empfehle die methodisch straff aufgebaute sorgfältige Arbeit zur Annahme als Dissertation."

Cosack trat einen Tag später dem Votum *Zitelmanns* bei, und es billigten sie ferner ausdrücklich die schon erwähnten anderen Kollegen sowie Geheimrat *Heimberger.*

Am 7. März 1910, zwischen 4 und 6 Uhr, fand unter dem Vorsitz des Dekans *Cosack* und unter Mitwirkung von *Krüger, Bergbohm* und *Stutz* — ohne *Zitelmann* — die mündliche Doktorprüfung statt. Und am Ende des hierüber gefertigten Protokolls heißt es:

„Der Kandidat hat die Prüfung summa cum laude bestanden."

Da in jener Zeit offenbar die Bonner Universitätsbuchdruckerei recht schnell zu arbeiten pflegte, konnte schon sieben Wochen später — am 27. April 1910 — die feierliche Promotion stattfinden.

Die damals gefertigte Urkunde vollständig zu verlesen — sie befindet sich in unseren Akten —, werden Sie mir wohl erlassen. Immerhin wollte ich Sie mit meinem kurzen Bericht nicht nur zu jenem Ereignis zurückführen, dessen Gedächtnis wir heute begehen, sondern Sie für wenige Minuten auch zurückversetzen in jene Zeiten, da die Träger der erwähnten großen Namen in diesem Hause wirkten — als Männer des Rechts, deren Ruhm (mindestens teilweise und hier im Rheinland), so möchte es uns fast scheinen, ähnlich unsterblich ist wie die Auctoritas großer Juristen früherer Jahrhunderte, Männer, deren Arbeit wir heute in Bonn, *in Köln* und anderweit fortzuführen haben (denn nicht nur der Jubilar, sondern auch viele von Ihnen, meine übrigen Herren Kollegen aus Köln, sind ja Doctores iuris Bonnenses; und manch ein anderer, der hier in jener Zeit begann — man denke etwa an Leo *Raape* —, wirkt gleichfalls noch jetzt an Deutschlands hohen Schulen).

Es kann im folgenden nicht meine Aufgabe sein, auch alle weiteren Stationen des wissenschaftlichen Lebens unseres Jubilars in gleicher Ausführlichkeit vor Ihnen auszubreiten oder gar alle seine Schriften im einzelnen zu würdigen; dazu würde der heutige Tag nicht ausreichen. — Rudolf *Schmidt* wirkte im weiteren als Assistent seines Lehrers *Zitelmann,* bestand 1912 das Assessor-Examen und habilitierte sich 1913 mit der großen Schrift „Die Gesetzeskonkurrenz im bürgerlichen Recht" hier in Bonn, zunächst nur für Bürgerliches Recht. Die Tatsache allein, daß auch andere bedeutende Rechtslehrer — wie der in diesen Tagen heimgegangene Friedrich *Lent* und Rolf *Dietz* — sich in großen Werken ebenfalls mit dieser selben Problematik befaßt haben, zeigt das Gewicht der damals von *Schmidt* angegangenen Grundfragen des Rechts. Im übrigen geht es hier bekanntlich um eines jener Themen, das auch den jungen Juristen nahezubringen immer wieder unsere Aufgabe ist. Vielleicht war also die Auswahl des Themas der Habilitationsschrift bereits ein Indiz dahin, daß sich *Schmidt* auch später immer wieder pädagogischen Anliegen gegenüber offen zeigen würde.

Leider stehen die Akten über das Habilitationsverfahren nicht mehr zur Verfügung, so daß ich über diesen Processus nicht so gründlich berichten kann wie über die Promotion.

In den folgenden Jahren, 1915—1917, arbeitete *Schmidt* vor allem auch im Römischen Recht und im Zivilprozeßrecht. Die romanistische Schrift „Divisio parentum inter liberos" habe ich nicht einsehen können. Dagegen darf ich zitieren, was in bezug auf die prozeßrechtliche Monographie „Der richterliche Eid" seiner Zeit von *Walsmann* (KritVj. 1925, 370) geäußert wurde:

„Unsere Zivilprozeßwissenschaft ist nicht reich an guten Monographien. Um so erfreulicher ist es, wenn junge Kräfte ihre Arbeitstätigkeit auf dieses Gebiet verlegen und schwierige Einzelprobleme einer gründlichen Untersuchung unterziehen. Rudolf *Schmidt* behandelte eine wichtige Frage des Beweisrechtes in tiefgehender und scharfsinniger Erörterung. Seine Arbeit verdient volle Anerkennung und wird der dauernden Beachtung seitens unserer Prozeßwissenschaft sicher sein."

Walsmann, der Rezensent, ist fürwahr ein unverdächtiger und kompetenter Gutachter; als Vertreter des Prozeßrechts rechne ich immer noch den *Seuffert-Walsmann*'schen ZPO-Kommentar zu den Spitzenleistungen, die wir in dieser Disziplin hervorgebracht haben.

1918 wurde R. *Schmidt* als a. o. Prof. an die Universität Jena berufen, um dort 1923 zum Ordinarius zu avancieren. 1925—1940 war er ord. Prof. für Römisches und Bürgerliches Recht an der Universität Halle.

In diese Zeit von Jena und Halle fallen die umfassende Abhandlung über „Unechte Solidarität" (1922), die Monographie über den „Negatorischen Beseitigungsanspruch" (1924) und auch die erste Auflage (1927) des (wie der Autor selbst formuliert hat) „Kurzgefaßten Lehrbuchs" zum gesamten „Bürgerlichen Recht". Auch hier wieder in § 5 ein Zurückgreifen auf die Themen der Dissertation und der Habilitationsschrift. Im übrigen erstaunt, daß noch in unseren Jahrzehnten — was ja nur wenige gewagt haben — ein einziger Autor es unternimmt, diesen Riesenkomplex des *ganzen* Bürgerlichen Rechts (einschl. auch der intertemporal- und internationalprivatrechtlichen Regeln, einschl. der vielen Einzelheiten des Sachen-, Familien- und Erbrechts) aus einem Guß schriftstellerisch zu behandeln. Die da und dort an dieser Gesamtleistung — auch gegenüber der 2. Aufl. — geäußerte Kritik sollte nicht übersehen, daß der Verfasser im Vorwort von 1952 selbst bemerkt, das Werk sei für Studenten des Rechts und der Wirtschaftswissenschaft bestimmt; und dann wörtlich: „Für die Juristen sollen dagegen diese Grundzüge nicht das Endstadium der Erkenntnis darstellen. Auch für sie ist es erforderlich, zunächst das Gerüst des bürgerlichen Rechtes kennenzulernen und sich einen allgemeinen Überblick zu verschaffen, den dieses Buch geben will. Dann aber ist ihnen dringend zu raten, die erworbenen Kenntnisse durch das Studium der Literatur und der Rechtsprechung zu vertiefen. ... Die großen Lehrbücher sind sowieso für ein in die Tiefe dringendes Studium unentbehrlich. ..."

In jene Hallenser Zeit fällt ferner noch eine quer durch das Bürgerliche, Handels- und Zivilprozeßrecht sich hinziehende breite Darstellung über den „Pfandbesitz" (AcP 134/1931). Sie zeigt in erfreulicher Weise auch die Heranziehung ausländischer Rechtsordnungen zum Vergleich mit dem heimischen Recht; und man ist stark beeindruckt durch die fleißige und sinnvolle Auswertung der französischen, italienischen, englischen, schweizerischen und österreichischen Doktrin und Judikatur.

In der Reichsgerichts-Festgabe von 1929 finden wir eine m. E. besonders interessante Darlegung von *Schmidt* unter dem Titel „Die rechtliche Wirkung der Befolgung sittlicher Pflichten". Hauptthema: Ist die Erfüllung (nur) sittlicher Pflichten eine Schenkung? Ist also z. B. die Alimentationszusage des reichen Bruders an die arme Schwester — angesichts des Fehlens gesetzlicher Unterhaltspflicht im deutschen Recht — ein formbedürftiges Schenkungsversprechen i. S. des § 518 BGB?

Wiederum erfolgt hier (neben breiten historischen Erörterungen) eine sehr subtile und fruchtbare Heranziehung des französischen, italienischen, schweizerischen, österreichischen und englischen Materials; und die schließlich erfolgte Feststellung des Autors geht dahin, daß es mindestens eine Menge von Fällen geben *könne,* in denen die Erfüllung sittlicher Pflicht *nicht* dem Schenkungsbegriff subsumiert werden dürfe, eine Feststellung, die dann sauber bis in die verschiedensten Einzelbereiche hinein untersucht wird, z. B. auch im Hinblick auf die Anfechtbarkeit solcher Vermögensverschiebung im Konkurs dessen, der geleistet hat. — Ich halte diese letztgenannte Arbeit des verehrten Jubilars für besonders verdienstvoll und nur für bedauerlich, daß eben Festschriften-Beiträge bloß relativ selten in praxi herangezogen werden.

Dies letztere hinderte *Schmidt* — der 1940 von Halle nach Köln überwechselte und damit in seine rheinische Heimat zurückkehrte — indes nicht, sich seinerseits weiter mit wissenschaftlichen Beiträgen an solchen Festgaben zu beteiligen, z. B. 1937 mit dem Beitrag „Der Ort der unerlaubten Handlung" an der (I.) *Lehmann*-Festschrift, 1941 mit einer Erörterung über „Das italienische internationale Privatrecht" an der Festschrift der Universität Köln.

Überhaupt tritt Rudolf *Schmidts* Interesse am italienischen Recht in den letzten 20 Jahren sehr stark immer wieder hervor. Er schrieb 1940 über das neue ital. Verschollenheitsrecht (RabelsZ 13, 103 ff.), 1952 über „Die Rechtsstellung des Gläubigers im ital. Zivilgesetzbuch von 1942 — Insbes. der Einfluß des Handelsrechts" (ZHR 115, 15 ff.), 1956 zum Thema „Verträge und einseitige Rechtsgeschäfte nach dem ital. Zivilgesetzbuch von 1942" in der (II.) *Lehmann*-Festschrift.

Lassen Sie mich wenigstens noch nennen auch die Abhandlung „Rechtsmängelhaftung und überholende Kausalität" (AcP Bd. 152 — 1952) — ich brauche nicht hervorzuheben, wie diese Frage der überholenden Kausalität mit im Zentrum der schuldrechtlichen Arbeiten der letzten Jahre gestanden hat und steht —, erwähnen auch etliche tiefgründige Buchbesprechungen (z. B. zu *Larenz'* Schuldrecht in AcP 156, 65 und zu *Wolf-Naujoks,* Anfang und Ende der Rechtsfähigkeit des Menschen, in AcP 155, 73), hervorheben schließlich noch seinen so wichtigen Beitrag über den „Schutz der Leibesfrucht gegen unerlaubte Handlung" (JZ 1952, 167) und eine Erörterung über den Testamentswiderruf (MDR 1951, 321—326).

Neben all dem stand Jahre hindurch (bis einschl. 1957) die Bearbeitung der 2. Aufl. des schon genannten Lehrbuchs des Bürgerl. Rechts. *Schmidts* Kurzdarstellung des Familienrechts war wohl die erste, die auch das Gleichberechtigungsgesetz von 1957 mit einbezog — ein Zeichen dafür, daß er noch im 8. Lebensjahrzehnt alle neuesten Entwicklungen lebhaft mit verfolgt hat. Auf *Nipperdeys* so positive Äußerung in NJW 1957, 944 zu dieser Zweitauflage darf ich kurz Bezug nehmen.

Wahrscheinlich hat der Referent innerhalb dieses bescheidenen Rechenschaftsberichts noch etliches übersehen. Man wolle es dem in letzter Zeit recht geplagten Bonner Dekan gütigst nachsehen.

Feststeht in jedem Falle auch schon auf Grund dieser Daten, daß sich Rudolf *Schmidt* durch alle diese Werke — die insgesamt eine deutliche Absage an die Begriffsjurisprudenz enthalten und entscheidendes Gewicht auf den von den Gesetzen verfolgten Zweck legen — außerordentlich verdient gemacht, daß sich derselbe auch durch Ausübung des akademischen Lehramtes seit 1913 hohe und höchste Verdienste um

Recht und Rechtswissenschaft erworben hat, „ita ut nomen clarum et auctoritatem magnam assecutus sit" (wie es in unserer Urkunde vom 27. April 1960 heißt).

Und so ist es eine fast selbstverständliche Feststellung, bloß eine Deklaration, daß auch diese Bonner „Mutter-Fakultät" unseres Jubilars heute die Worte über ihn spricht:

Rudolfus *Schmidt* de iurisprudentia bene meritus est.

Um dies zu bekräftigen, ist das Doktor-Diplom vom 27. April 1910 50 Jahre später erneuert worden mit einem Wortlaut, den ich nun zu verlesen die Ehre habe:

QVOD DEVS OPTIMVS MAXIMVS BONVM FELIX FAVSTVMQVE ESSE IVBEAT

VNIVERSITATIS FRIDERICIAE GVILELMIAE RHENANAE

RECTORE MAGNIFICO

MAXIMILIANO BRAVBACH

PHILOSOPHIAE DOCTORE AC DOCTORE HONORIS CAVSA
HISTORIAE MEDIAE NOVAEQVE
PROFESSORE PVBLICO ORDINARIO

RVDOLFO SCHMIDT

RHENANO

PROFESSORI EMERITO PVBLICO ORDINARIO
IVRIS PRIVATI ROMANI ET THEODISCI, IVRIS ACTIONVM CIVILIS, IVRIS PRIVATI INTERNATIONALIS
IN VNIVERSITATE COLONIENSI

QVI IN VNIVERSITATE BONNENSI NON SOLVM STVDIA SVA CVM SVCCESSV OPTIMO ABSOLVIT, SED ETIAM CVRSVM SVVM PRAECEPTORIS ACADEMICI ANNO MCMXIII PRIVATIM DOCENDO INGRESSVS EST,

QVI POSTHAC IN VNIVERSITATIBVS IENENSI, HALENSI, COLONIENSI OFFICIO PROFESSORIS PVBLICI ORDINARII FVNCTVS IVVENTVTEM STVDIIS DEDITAM PER QVINQVE FERE DECENNIA FACVNDE ET DILIGENTER INSTITVIT ET EXCOLVIT,

QVI LIBRIS SVIS DIDACTICIS IVS CIVILE EXPLICANTIBVS PECVLIARITER EO MERVIT, QVOD OPERAM SVAM SOLLERTER AD ID DIREXIT, VT STVDIVM ADVLESCENTIVM IVRISPRVDENTIAE CVPIDORVM AB INITIIS ELEVARET,

QVI PORRO MVLTIS ET VARIIS OPERIBVS DOCTRINA SPLENDENTIBVS AD IVS CIVILE, ACTIONEM CAVSARVM PRIVATARVM, GENVS COMPARATIVVM IVRISPRVDENTIAE PERTINENTIBVS SCIENTIAM IVRIS PRO VIRILI PARTE AVXIT, ITA VT NOMEN CLARVM ET AVCTORITATEM MAGNAM ASSECVTVS SIT,

QVI ETIAM CVRAS SPECIALES SOLVENDIS QVAESTIONIBVS GRAVIBVS DICAVIT DE LEGIBVS FRANCOGALLICIS, ITALICIS, ALIARVMQVE NATIONVM EXTERNARVM,

QVI IVSTITIAM PECTORE FOVIT, VSQVE QVAQVE PARATVS ADVERSVS INIVRIAM INSISTERE REMQVE DEBILIVM MAGNANIMITER DEFENDERE,

DOCTORIS IVRIS VTRIVSQVE SVMMOS HONORES

IN VNIVERSITATE FRIDERICIA GVILELMIA RHENANA

ANTE HOS QVINQVAGINTA ANNOS IN EVM DELATOS

EX DECRETO FACVLTATIS IVRIS ET RERVM POLITICARVM
RITE INSTAVRAT
INSTAVRATOSQVE ESSE TESTATVR

FRIDERICVS GVILELMVS BOSCH

IVRIS VTRIVSQVE DOCTOR ET PROFESSOR ORDINARIVS
IVRIS ET RERVM POLITICARVM FACVLTATIS H. T. DECANVS
ATQVE
HVIVS REI HASCE LITTERAS TESTES SIGILLO FACVLTATIS MVNIIT

DATVM BONNAE DIE XXVII MENSIS APRILIS ANNI MCMLX

Erster Teil

Geltendes Recht

Rechtswissenschaft und Rechtsstaat*)

Von Theo Mayer-Maly, Köln

Die Lehre vom Rechtsstaat gilt als Domäne der Wissenschaft vom öffentlichen Recht. Nur selten nahmen Zivilisten zu den Fragen um den Rechtsstaat Stellung[1]. Auch romanistische Beiträge zum Thema sind rar[2]. Ob und in welchem Ausmaß sich diese Abstinenz nachteilig auf die Ausgestaltung der Lehre vom Rechtsstaat ausgewirkt hat, ist schwer zu entscheiden. Besser faßbar dagegen sind die Schäden, die im eigenen Bereich der Zivilisten auftreten: Die nun ausgebrochene Diskussion über Zulässigkeit und Grenzen richterlicher Rechtsfortbildung[3] offenbart ja viel Unsicherheit und viel Apodiktisches in allem, was mit der Lehre von der Gewaltentrennung und daher mit der Theorie des Rechtsstaates zusammenhängt. So wurden wichtige Partien der zivilistischen Rechtsquellenlehre zu einer Zeit problematisch, da eine Abwandlung des Rechtsstaatsgedankens — der in Art. 28 Abs. 1 GG proklamierte soziale Rechtsstaat[4] — in Teilgebieten des Privatrechts größere normative Bedeutung erlangt. Es erscheint mir gerade in dieser Situation angezeigt, zum einen nach dem Platz zu fragen, den die Theorie vom Rechtsstaat der Lehre vom Recht zuweisen kann[5], zum andern aber auch zu diskutieren, was die Rechtswissenschaft für den Rechtsstaat leisten kann.

---

* Erweiterte Wiedergabe eines Vortrages, den der Verfasser am 25. Mai 1965 an der Universität Salzburg vor der Österr. Sektion der Internationalen Juristen-Kommission gehalten hat.

[1] Vgl. vor allem Heinrich *Stoll*, Rechtsstaatsidee und Privatrechtslehre, Jher. Jahrb. 76 (1926) 134 ff.; ferner: *Oertmann*, Die staatsbürgerliche Freiheit und das Ermessen der Behörden, 1912; *Rümelin*, Rechtssicherheit, 1924.

[2] Vgl. aber C. A. *Maschi*, RIDA 1959, 337 ff.; Studi Betti III 411 ff.

[3] Vgl. *Ramm*, JZ 1964, 494 ff.; *Stein*, NJW 1964, 1745 ff.; *Zippelins*, NJW 1964, 1981 ff.; *Larenz*, Festschr. Olivecrona (1964), 384 ff.; Kennzeichen geglückter richterlicher Rechtsfortbildung, 1965; NJW 1965, 1 ff.; *Bydlinski*, JBl. 1965, 249 ff.; *Gamillscheg-Hanau*, Die Haftung des Arbeitnehmers (1965), 21 ff.; *Broggini*, Ztschr. f. Schweizerisches Recht NF 84 (1964), 4, Anm. 6; *Flume*, Steuerberater-Jahrbuch 1964/65, 55 ff.

[4] Vgl. F. Chr. *Menger*, Der Begriff des sozialen Rechtsstaates, 1953; *Fechner*, RdA 1955, 161 ff.; Gerhard *Müller*, DB 1956, 524 ff.; *Hecklinger*, Die normative Kraft der grundgesetzlichen Sozialstaatsklausel, Freiburger Diss. 1960; W. *Weber*, in: Schriftenreihe der Bundesvereinigung d. Dt. Arbeitgeberverbände, Heft 40 (1965), 17 ff.

[5] Zur Frage nach einem „richtigen Ort der Jurisprudenz“: *Mayer-Maly*, Öst. Ztschr. f. öffentl. Recht 11 (1961), 412 ff.; R. *Walter*, Der Aufbau der Rechtsordnung (1964), 13 f.

Mehr als Legislative, Justiz oder Exekutive hat die Lehre vom Recht zur Entstehung des rechtsstaatlichen Prinzips und zur Prägung des Verfassungsbegriffes „Rechtsstaat" beigetragen. Es war ein Tübinger Professor, Robert *Mohl*, der den Ausdruck „Rechtsstaat" im Gespräch der Juristen heimisch gemacht hat[6]. Daß er nicht als Vater aller tragenden Gedanken der Idee des Rechtsstaates gelten darf, daß diese vielmehr das meiste der Tradition, Bedeutendes auch dem Staatsdenken von *Kant*[7] zu danken hat, berührt den uns interessierenden Befund nicht. Und es berührt ihn auch nicht, daß *Mohl* vor allem einen historischen Typus meinte, wie seine Konfrontation[8] des Rechtsstaates mit Theokratie, Despotie und patriarchalischem Staat lehrt. Noch weniger verschlägt es, daß *Mohls* Konzeption tendenzgeladen war, zielte sie doch auf jene Ordnung des Zusammenlebens, die es ermöglichen sollte, „daß jedes Mitglied" des Volkes „in der möglichst *freien* und allseitigen Übung und Benützung seiner sämtlichen Kräfte unterstützt und gefördert werde"[9]. Worauf es ankommt, ist vielmehr der *maßgebliche Anteil der Rechtswissenschaft an der Ausprägung und vielfachen Umgestaltung des rechtsstaatlichen Prinzips*. Erst die Arbeit der Professoren hat die Praxis, vor allem die Gerichtsbarkeit des öffentlichen Rechts, dazu gebracht, das Prinzip der Rechtsstaatlichkeit als Interpretationsmaxime und dann auch als ratio decidendi heranzuziehen. Im Verhältnis zur Legislative blieb der Gedanke des Rechtsstaates lange Zeit auf die Funktion einer die Vorbereitungsarbeit von Verfassungsschöpfern beherrschenden Leitidee beschränkt. Relativ spät stößt der Begriff des Rechtsstaates so wie in Art. 28, Abs. 1 S. 1 GG in den Text der Verfassungsurkunden vor.

Begriff, Idee und Ausgestaltung des Rechtsstaates sind also *in ihrer Genese* weniger Gesetzes- oder Richterrecht als vor allem *Gelehrtenrecht*. So wie dieses einst als communis opinio doctorum das gemeine *Zivil*recht des kontinentalen Abendlandes geprägt hatte, so gestaltete sich der Rechtsstaat als Element eines *gemeineuropäischen Staatsrechts* auf doktrineller Basis. Die erschreckende Vielfalt konkurrierender Definitionen des Rechtsstaates und die bestürzende Widersprüchlichkeit der als rechtsstaatlich proklamierten Konzeptionen zeigen uns das Ge-

---

6 Vgl. R. *Mohl*, Die Polizei-Wissenschaft nach den Grundsätzen des Rechtsstaates, Bd. 1 (1832), 6 ff.; zur Geschichte von Begriff und Idee des Rechtsstaates besonders L. *Stein*, Die vollziehende Gewalt², Bd. 1 (1869), 296 ff. und *Gneist*, Der Rechtsstaat (1872), 183 ff.; über *Mohl* nun vorzüglich E. *Angermann*, Robert von Mohl (Politica 8, 1962).

7 Metaphysik der Sitten. ed. K. Vorläufer (1907), 133 ff.; Idee zu einer allgemeinen Geschichte in weltbürgerlicher Absicht, ed.: Kleine Schriften zur Geschichtsphilosophie, Ethik und Politik (1913), 10; vgl. dazu *Darmstaedter*, Die Grenzen der Wirksamkeit des Rechtsstaates (1930), 1 ff.

8 *Mohl*, Die Polizei-Wissenschaft 7.

9 *Mohl*, Die Polizei-Wissenschaft 7 (Hervorhebung von mir).

lehrtenrecht in all seiner Anfälligkeit. Zugleich aber präsentiert es eine Fülle faszinierender Ideen, legt es Dimensionen des Rechtsdenkens frei, zu denen Legislative oder Judikatur vielleicht nicht vorgedrungen wären.

Es waren vor allem Professoren, die jene oft als *formelle* bezeichnete *Theorie des Rechtsstaates* entwickelt haben, nach der das Wesen des Rechtsstaates darin liegt, daß die öffentliche Gewalt nur in der Form des Rechtes ausgeübt wird, wobei die Gesetzmäßigkeit der Verwaltung und die Weisungsfreiheit der Richter als Garantiefaktoren wirken[10]. Und es waren zumeist Professoren, die jene andere, nämlich die als *materielle* geltende *Konzeption* des Rechtsstaates prägten, nach der dieser sich als Gerechtigkeitsstaat präsentiert und Grundrechtsgarantien, Gewaltentrennung und ein geschlossenes System von Rechtsschutz- und Rechtskontrollmitteln als spezifische Merkmale aufweist[11]. Es war aber auch ein Professor, der in einer Rede über *Nationalsozialismus und Rechtsstaat*[12] sagte: es gebe gute und schlechte Wortverbindungen: Nationalsozialismus sei eine gute, Rechtsstaat eine schlechte.

Dem maßgeblichen Anteil der Rechtswissenschaft an der Idee des Rechtsstaates und an der normativen Konkretisierung dieser Idee entspricht gesteigerte *Verantwortung für den Rechtsstaat*, für die Verteidigung des Rechtsstaatsgedankens. In dieser Relation liegt die Wurzel der Unruhe, die einst die Abkehr bedeutender Rechtswissenschaftler vom Rechtsstaat ausgelöst hat, liegt auch die Wurzel der Beschämung, mit der wir heute auf diese Abkehr blicken, liegt schließlich die Quelle der Empörung, die ausbricht, wenn wir den Rechtsstaat aufs neue gefährdet glauben[13].

Die so enge *Bindung des Rechtsstaatsgedankens an die Wirksamkeit der Rechtswissenschaft* gebietet es, eingehender über eine bisher zu wenig beachtete Frage nachzudenken: Wieviel Raum für einen Einfluß der Rechtswissenschaft auf die Gestaltung des Rechts läßt das Prinzip des Rechtsstaates? Steht nicht gerade dieses Prinzip, das der Jurisprudenz seine Ausprägung verdankt, dem Einfluß der Jurisprudenz auf die Rechtsordnung entgegen? Droht dann, wenn Juristen Recht fort-

---

[10] F. J. *Stahl*, Die Philosophie des Rechts, 2 Bde., 2. Abt., 5. Aufl. (1870), 137 f.; *Bähr* (ein Praktiker), Der Rechtsstaat, 1864; *Gneist*, Der Rechtsstaat und die Verwaltungsgerichte in Deutschland, 1872; R. *Thoma*, Jahrb. d. öff. Rechts d. Gegenwart 4 (1910), 196 ff.

[11] Vgl. zur Renaissance des materiellen Rechtsstaatsbegriffes H. *Peters*, in: Recht — Staat — Wirtschaft 3 (1951), 66 ff.; F. *Klein*, Ztschr. f. d. ges. Staatswiss. 106 (1950), 395 (mit der historisch freilich kaum haltbaren Annahme, Rechtsstaat „im Sinne der klassischen Lehre" sei ein Staat, „dessen Zweck die Schaffung und Erhaltung eines materiell gerechten Rechtszustandes ist"); *Maunz-Dürig*, 59 zu Art. 20 GG.

[12] JW 1934, 713 ff.

[13] Vgl. G. *Winkler*, Forum 10 (1963), Heft 115 und 116.

bilden oder auch nur ergänzen, nicht ein Einbruch in die als erschöpfendes Organisationsprinzip gedachte Gewaltenteilung, so daß es nahe läge, von einer Revolution, ja einem Putsch der Juristen zu sprechen?

Das alte Problem des Juristenrechts ersteht so in neuem Gewand. Die Frage nach dem Standort der Lehre im Rechtsstaat macht deutlich, daß jede Aussage über den Rechtsstaat an schwerwiegende rechtsquellentheoretische Voraussetzungen geknüpft ist. Die Verflochtenheit der Lehre vom Rechtsstaat mit der Lehre von den Quellen des Rechts erweist sich schon am Programm einer formellen Konzeption des Rechtsstaates. Die Maxime, daß jeder Staatsakt auf eine geltende Rechtsnorm zurückführbar sein müsse, zwingt ja zur Frage nach Grund und Grenzen der Rechtsgeltung[14]. Wird das Recht dem Staat gleichgesetzt, so bleibt für rechtsstaatliches Denken nur wenig Entfaltungsmöglichkeit. Es wirkt aufs erste konsequent, wenn Hans *Kelsen*[15] ausführt, das Wort „Rechtsstaat“ sei ein Pleonasmus, wenn man erkenne, daß jeder Staat Rechtsordnung sei. Daher meine „Rechtsstaat“ nur einen Staatstypus, nämlich den, der den Forderungen der Demokratie[16] und der Rechtssicherheit entspricht.

Die Selbstverpflichtung des Staates, die nur dem formellen, nicht auch einem materiellen Rechtsstaatsprinzip entspricht, muß in der Tat den Inhalt des je-positiven Rechtes dahingestellt lassen. Die Rechtsquellentheorie des formellen Rechtsstaates wäre widerspruchsvoll, wollte sie eine materiale Sinngebung der Rechtsidee versuchen, wollte sie behaupten, daß dem Gesetzgeber vorgegebene Werte rechtlich relevant sind. Wie aber *Marcic*[17] richtig gesehen hat, gelangt auch eine nur der formellen Rechtsstaatsidee verpflichtete Ordnung *nicht zu einem wirklich wertfreien System*. Bei aller Beliebigkeit des Inhalts der vorauszusetzenden staatlichen Rechtssätze liegt doch schon im Ausschluß der Willkür durch gleichmäßige Beurteilung wiederkehrender Tatbestände ein Wertmoment, eben die im Rahmen des wissenschaftlichen Rechtspositivismus durchaus nicht selbstverständliche Entscheidung *gegen das Belieben* der im Normvollzug wirkenden Organe. Beriefe ein Staat alle seine Organe zur *Entscheidung nach Willkür*, so hätte er zwar auch ein Recht, entspräche aber mit solcher Gestaltung der Entscheidungsgrundlagen nicht mehr den Kriterien des formellen Rechtsstaatsprinzips.

Daß wir es bei diesem Argument nicht mit unrealistischer Theorie zu tun haben, lehrt ein Blick in die römische Rechts- und Verfassungs-

---

[14] Zum Konzept der Geltung vgl. *Schambeck*, Öst. Ztschr. f. öffentl. Recht 11 (1961), 470 ff.; R. *Walter*, ebenda 531 ff.

[15] Reine Rechtslehre [2](1960), 314 f.

[16] Über Rechtsstaat und Demokratie besonders *Bäumlin*, Die rechtsstaatliche Demokratie, 1954.

[17] Kath. Soziallexikon (1964), 923 f. (Art. „Rechtsstaat“).

geschichte. Für das Jahr 67 v. Chr. hören wir von einem Plebiszit, das für die Zukunft gebot, *ut praetores ex edictis suis perpetuis ius dicerent*[18]. Es wäre zwar methodisch verfehlter Evolutionismus, wollte man nur für die Zeit bis zu diesem meist als *lex Cornelia de edictis* zitierten Gebot behaupten, die Prätoren hätten nach Willkür verfahren und von ihren eigenen Rechtsschutzverheißungen frei abgehen können. Es wird vielmehr anzunehmen sein, daß des römischen Magistrates unausgesetzte Besinnung auf sein *officium* gegen jede willkürliche Abweichung eines Prätors von seinem eigenen Edikt ins Gewicht fiel. Auch Interzessionen anderer Magistrate gegen den, der anders vorging, als er ediziert hatte, mögen als potentielle Sanktion von Willkür abgehalten haben[19]. Dennoch bleibt als rechtshistorische Erfahrung: *Es gibt Rechtsschutzsysteme mit und ohne positivierte Selbstbindung der Rechtserzeugungsautorität*[20]. Diese Selbstbindung ist daher auch dann nicht bedeutungslos, wenn man von einer Rechtsquellentheorie ausgeht, die den Inhalt des positiven Rechts als Ergebnis freier Gestaltung einer staatlichen Rechtserzeugungsautorität begreift.

Der Rechtswissenschaft bleibt in einem rechtsstaatlichen System, das sich allein dem Prinzip der Selbstverpflichtung des Staates verschreibt, kein unmittelbar zugänglicher Anteil an der Gestaltung des Rechts. Sie ist von dieser ausgeschlossen oder wird auf jene Bereiche beschränkt, die ihr eine staatliche Rechtserzeugungsautorität delegiert. Als Beispiele für den *Ausschluß der Lehre* von der Fortbildung des Rechts sind das Kommentierungsverbot von Justinian[21] und die Interpretationsbeschränkung durch § 26 des Josefinischen Gesetzbuches anzuführen. Als Beispiel für die Annahme einer *staatlichen Delegation des Juristenrechts* kann die Etablierung des *ius respondendi ex auctoritate principis* gelten[22], das nach dem Zeugnis von Pomponius D. 1, 2, 2, 49 seit Augustus zu einer Differenzierung im Juristenstand[23] und nach dem Zeugnis von Gai. inst. 1, 7 zur Vorstellung einer kaiserlichen Gestattung des *iura condere* führte. Allerdings wirkte das *ius respondendi* noch nicht im Rahmen

---

[18] Asconius in Cornel. 58; dazu *Mommsen*, Röm. Staatsrecht I, 208; *Rotondi*, Leges publicae populi Romani (1912), 371; v. *Lübtow*, Das römische Volk (1955), 534 (der auch die Zusammenhänge mit dem Gedanken der Rechtssicherheit beachtet).

[19] Vgl. Cic. in Verrem I 46, 119.

[20] Kennzeichnend die Position der Severenkaiser zur Bindung des *princeps* an die *lex: licet enim legibus solute sumus, attamen legibus vivimus* (Pauli sent. V 12, 9 a; Inst. II 17, 8).

[21] Const. Tanta, §§ 12 und 21; dazu *Pringsheim*, RIDA 1950, 383 ff.; A. *Berger*, BIDR 55/56 (1951), 124 ff.; Labeo 4 (1958), 66 ff.

[22] Vgl. *Mayer-Maly*, Öst. Ztschr. f. öffentl. Recht 11 (1961), 419.

[23] Zu ihr *Daube*, SZ 67 (1950), 511 ff.; *Kunkel*, Herkunft und soziale Stellung der röm. Juristen (1952), 281 ff.; v. *Lübtow*, Studi Arangio-Ruiz II, 368 ff.; *Schönbauer*, Iura 4 (1953), 224 ff.; *Horvat*, Synteleia *Arangio-Ruiz* (1964), 710 ff.

einer monolithisch geformten Rechtserzeugung: Es kennzeichnet ja Pluralismus, nämlich das Nebeneinander von *mores maiorum*, Gesetzesrecht, ediktalen Rechtsschutzverheißungen und Juristenlehren das Rechtsquellengefüge des klassischen römischen Rechts. Die einzige Definition des Rechtsbegriffes[24], die aus dieser Ordnung auf uns gekommen ist, entspricht nicht einer formellen, sondern einer materiellen Sinngebung der Rechtsidee. Es ist der durch D 1, 1, 1 pr tradierte Satz des Celsus: *Ius est ars boni et aequi.*

Damit fällt unser Blick auf die Idee des Gerechtigkeitsstaates und wir kommen zur Frage: Welchen Standort nimmt die Lehre vom Recht nach dem *materiellen Rechtsstaatsbegriff* ein?

Aufs neue ist es angezeigt, sich der Nähe der Rechtsstaatskonzepte zur Rechtsquellentheorie zu entsinnen. Von einer mit formaler Sinngebung der Rechtsidee verwandten formalen Rechtstheorie möchte man nun freilich erwarten, daß sie den Standort der Lehre vom Recht dem *Belieben der Rechtserzeugungsautorität* anheimgibt. Der unlösbare Bund des Rechtspositivismus mit dem *wissenschaftlichen Relativismus* steht der These, es dürfe a priori kein Juristenrecht geben, ebenso entgegen wie der Gegenthese, jeder Jurisprudenz stehe die Rechtsfortbildung zu. Dagegen möchte man für den Gerechtigkeitsstaat annehmen, daß er die Juristen *immer* zur Rechtsfortbildung aufruft; und es liegt nahe, als Beispiel die Ausweitung der richterlichen Rechtsfortbildung durch jene oberen Bundesgerichte Deutschlands anzuführen, die ihrer Judikatur naturrechtliche Positionen zugrunde legen[25].

Beide Annahmen sind jedoch trügerisch. Aller Relativismus positivistischer Konzeptionen hat diese nicht daran gehindert, zum Standort der Rechtslehre eine nachgerade *absolute Haltung* einzunehmen: Die Beschränkung der Rechtswissenschaft auf Beschreibung, auf dogmatisch eindringende Darstellung von jeweils geltendem Recht bildet ein zentrales Element aller neueren positivistischen Lehren. Der Grund dafür liegt wohl vor allem in der Annahme, daß nur durch *Verzicht auf jurisprudentielle Rechtsfortbildung* der objektive Charakter rechtswissenschaftlicher Aussagen verteidigt werden könne.

---

[24] Vgl. *Mayer-Maly*, Öst. Ztschr. f. öffentl. Recht H. 9 (1958/9), 151 ff.

[25] Über ein unkritisches Naturrechtsbewußtsein in der Rechtsprechung der Gegenwart besonders *Evers*, JZ 1961, 241 ff.; vgl. neuestens *Wieacker*, Zum heutigen Stand der Naturrechtsdiskussion, 1965; JZ 1964, 633 ff. — Aus dem neuesten Schrifttum zum Naturrechtsproblem seien hier hervorgehoben: *Drath*, Grund und Grenzen der Verbindlichkeit des Rechts, 1963; *Suy*, in: Justice dans le Monde IV (1963), 351 ff.; *Henkel*, Einführung in die Rechtsphilosophie (1964), 393 ff.; J. *Messner*, Öst. Ztschr. f. öffentl. Recht 15 (1965), 163 ff.; *Leinweber*, Gibt es ein Naturrecht?, 1965; *Mayer-Maly*, in: Wissenschaft und Weltbild 18 (1965), 91 ff.

Andererseits kann richterliche oder doktrinelle Rechtsfortbildung dann *nicht* als Gestaltung des Rechts durch Juristen, als kreativer Akt qualifiziert werden, wenn man von einer dem positiven Recht vorgegebenen Gerechtigkeit ausgeht. Dem positiven Recht Vorgegebenes ist nicht zu gestalten, sondern zu erkennen. Nicht anders als im System der Reinen Rechtslehre ist der Jurist in naturrechtlichen Konzeptionen auf das beschreibende Erkennen von Richtigem, von Geltendem verwiesen. *Der Unterschied zwischen Positivismus und Naturrechtslehre liegt nicht im Standort der Rechtswissenschaft, sondern in ihrem Erkenntnisobjekt.* Der Standort der Lehre vom Recht ist hier wie da absolut konzipiert — und das hier wie da im Sinn einer Ablehnung der Rechtserzeugung durch Juristen.

Es soll nicht geleugnet werden, daß daneben die Annahme einer *wirklich relativen Position der Jurisprudenz* durchaus vorstellbar ist. Sie macht eine zweifache Voraussetzung nötig: Erstens, daß Recht durch Menschen nach ihrem Belieben und frei von höheren, metaphysischen oder aus der humanen Anlage sich ergebenden Werten geschaffen werden könne. Zweitens, daß den Juristen größerer Anteil an solcher Rechtserzeugung zukomme als den anderen Angehörigen einer Rechtsgemeinschaft.

Nur die Besinnung auf diese beiden Voraussetzungen erschließt die volle Problematik der Behauptung, auch durch Juristenlehre oder Gerichtspraxis könne Recht geschaffen werden. Diese Behauptung muß nämlich einen *Vorrang der Juristen bei gesellschaftlicher Willensbildung* zugrunde legen. Die Annahme eines Vorranges der Juristen aber verstieße nicht nur gegen demokratischen Egalitarismus, sondern auch gegen die Konzentration der Weiterbildung des Rechts bei einer gesetzgebenden Gewalt und damit gegen ein wichtiges Element des Prinzips der Gewaltentrennung, also auch des Rechtsstaates. Ohne Entscheidung für ein Naturrechtskonzept gibt es daher keine mit dem Rechtsstaatsgedanken vereinbare Rechtsfortbildung durch Juristen; im Rahmen eines Naturrechtskonzepts aber ist Rechtsfortbildung durch Juristen nicht wirklich kreativ, sondern ein Akt der Beschreibung vorpositiv geltender Normen.

In diesem Zusammenhang ist daran zu erinnern, daß Heinrich *Stoll* in seiner Abhandlung „Rechtsstaatsidee und Privatrechtslehre“[26] mit Nachdruck gemahnt hat, gegenüber unbillig erscheinender Gesetzesanwendung hätte man, soweit sich derogatorisches Gewohnheitsrecht nicht durchzusetzen vermag, den Weg der Gesetzgebung zu beschreiten.

---

[26] Jher. Jahrb. 76 (1926), 188 ff.

Mit der These, ohne Entscheidung für ein Naturrechtskonzept gebe es keine dem Rechtsstaatsgedanken entsprechende Rechtsfortbildung durch Juristen, wird die säkulare Konfrontation positivistischer und naturrechtlicher Konzeptionen, wird die uns immer aufs neue aufgegebene *Entscheidung zwischen formeller und materieller Sinngebung der Rechtsidee* angesprochen.

Es wäre vermessen, für diese Entscheidung Argumente anzubieten, die den Anspruch erheben, ein für allemal Klarheit zu schaffen. Wir begnügen uns diesmal mit dem Hinweis auf einen Umstand, der mit der Frage nach dem Standort der Lehre im Rechtsstaat enger zusammenhängt.

Eine dem Rechtsstaatsgedanken verpflichtete Jurisprudenz muß normativ, muß als Lehre vom Sollen konzipiert sein. Orientiert sich Jurisprudenz am Effektiven und geht sie statt vom Gesollten vom Seienden aus, so gerät sie in Gefahr, Recht und Macht zu wenig zu scheiden oder gar der Ideologie von einer normativen Kraft des Faktischen zu verfallen. Derart würde ebenso das materielle wie das formelle Rechtsstaatsprinzip verlassen.

Die Gefahr zu starker Orientierung an Seiendem ist bei positivistischen Rechtstheorien im allgemeinen nicht groß[27]; bei den Anhängern der phänomenologischen Methode[28] und bei manchen Zweigen der Interessenjurisprudenz[29] ist diese Gefahr gewiß deutlicher ausgeprägt. Es muß aber positivistischen Konzeptionen und insbesondere der Reinen Rechtslehre vorgehalten werden, daß sie gerade dort vom Prinzip des Normativismus abweichen, wo es auf dieses ankommt — nämlich bei der Frage nach dem Geltungsgrund des Rechts. Während die bei Völker- und Verfassungsrecht einsetzende Lehre vom Stufenbau der Rechtsordnung konsequent normativen Charakter hat, gerät bei der *Lehre von der Grundnorm* eine effektivistische Komponente ins Spiel: Kelsen[30] lehrt ja, die Grundnorm als die den Verfassungsgeber ermächtigende Norm werde von der Rechtswissenschaft im Hinblick auf eine „im großen und ganzen wirksame Ordnung" vorausgesetzt. Gegenüber der Frage[31], ob demnach eine Doppelfunktion der Rechtswissenschaft anzunehmen sei (je nachdem, ob sie der Beschreibung positiver Normen oder der Grundnormvoraussetzung diene), wurde von einem scharfsinnigen An-

---

[27] Gegen Seins-Aussagen im Bereich der Rechtswissenschaft besonders *Kelsen*, Reine Rechtslehre ²(1960), 91 ff.

[28] Vgl. *Reinach*, Die apriorischen Grundlagen des bürgerlichen Rechts, 1913; eine gerade ob ihrer Problematik lehrreiche Nutzanwendung kürzlich bei *Nipperdey*, RdA 1964, 361.

[29] Dazu *Larenz*, Methodenlehre d. Rechtswissenschaft (1960), 54 ff.

[30] Reine Rechtslehre ²(1960), 207 ff.; Festschr. Verdroß (1960), 161.

[31] *Mayer-Maly*, Öst. Ztschr. f. öffentl. Recht 11 (1961), 415 ff.

hänger der Reinen Rechtslehre[32] ausgeführt, die Grundnormvoraussetzung habe nicht normwissenschaftlichen, sonder denkökonomischen Charakter. Diese Auskunft gibt aber erst recht zu Bedenken Anlaß: Es ist ja nur mit Hilfe einer *Wertung des gerade Effektiven* zu erklären, daß die Reine Rechtslehre die Grundnormvoraussetzung von Effektivem ausgehen läßt. Daher entbehrt die von der Reinen Rechtslehre angebotene Antwort auf die Frage nach dem Geltungsgrund des Rechts den Vorzug der Wertfreiheit. Wenn aber, so meine ich, schon gewertet werden muß, so spricht für die Orientierung an Effektivem nicht mehr als für die Orientierung am Gerechten oder von einer Mehrheit für gerecht Gehaltenem.

Hier, in der Inkonsequenz unzureichender Distanzierung vom Effektiven, scheint mir die hauptsächliche Schwäche der Reinen Rechtslehre zu liegen. Keine Zustimmung dagegen verdient der nach 1945 wiederholt erhobene Vorwurf, der wissenschaftliche Rechtspositivismus und insbesondere *Kelsens* Lehre sei für die Perversion des Rechts im Nationalsozialismus mitverantwortlich, weil die Jurisprudenz durch den Positivismus gelähmt worden sei und dem Totalitarismus wehrlos gegenübergestanden habe.

Dieser Vorwurf gegen den Rechtspositivismus mag mitunter dazu helfen, individuelle Verantwortung für verwerfliche Anwendung ungerechter Gesetze auf eine Methode abzuladen, sachlich gerechtfertigt ist er nicht[33]. Dies erweist sich nicht nur an der Verfolgung vieler führender Rechtspositivisten durch den Nationalsozialismus, sondern auch daran, daß die totalitären Systeme des 20. Jhs. durchwegs mit wertbeladenen Konzepten auftreten, die sich zum Teil sogar den Anschein von Naturrechtslehren geben. Wie *Evers* in seinem guten Buch „Der Richter und das unsittliche Gesetz“[34] gezeigt hat, gehen die nach 1945 über Juristen des nationalsozialistischen Staates gefällten Urteile regelmäßig *nicht* von der schlichten Anwendung der damals geltenden Gesetze aus, sondern handeln von Fällen, in denen die Rechtsanwendung den Weg willkürlicher, ja mißbräuchlicher Verschärfung des geltenden Rechtes wählte.

Mit rassischer Verfolgung läßt sich die ablehnende Stellung des Nationalsozialismus gegenüber den Rechtspositivisten nur zum Teil erklären. Die Abwertung des Rechtspositivismus als Objektivismus, die in anderen totalitären Staaten üblich wurde, lehrt, daß den positivistischen Systemen *ein* richtiger Gedanke innewohnen muß, den die gängigen Naturrechtssysteme zu Unrecht vernachlässigen. Einer ehrlich ver-

---

[32] R. *Walter*, Der Aufbau der Rechtsordnung (1964), 13 f.
[33] Treffend H. *Peter*, AcP 165 (1965), 176, A. 11.
[34] 1956, S. 138 f.

fahrenden Lehre vom gerechten Recht ist es aufgegeben, auch dann, wenn sie nach materieller Sinngebung der Rechtsidee strebt, dieses von den Totalitarismen durch ihren unversöhnlichen Haß als richtig legitimierte Element des relativistischen Positivismus aufzuspüren und in seiner vollen Bedeutung zu würdigen.

Dieses richtige Element relativistisch-positivistischer Konzeptionen liegt meines Erachtens in der Antwort, die bei *Kelsen*[35] auf die Frage „Was ist Gerechtigkeit?" gegeben wird. Diese Antwort lautet bekanntlich: Toleranz.

Verhängnisvoll blind ist die Stellungnahme aller Kritiker Kelsens, die in dieser Antwort nicht mehr als billige Ausflucht sehen wollen. Das Gewicht einer Deutung der Gerechtigkeit als Toleranz wird ja schon von der eben berührten Verfolgung der Reinen Rechtslehre durch totalitäre Systeme dargetan. Freilich, wer sich für eine naturrechtliche Konzeption entscheidet, wird sich nicht dazu finden können, die Gerechtigkeit *nur* als Toleranz zu begreifen. Doch ist gerade ein Versuch materialer Sinngebung der Rechtsidee gehalten, richtige Elemente überall dankbar aufzunehmen, wo man sie findet.

Die Bedeutung des Toleranzgedankens[36] sollte von Verfechtern einer Naturrechtslehre schon deshalb hoch eingeschätzt werden, weil die Toleranz das Korrelat eines Grundprinzips aller Naturrechtslehren, nämlich der *normativen Anerkennung der Menschenwürde* darstellt. Positivrechtliche Erfassung der Menschenwürde in Sätzen wie Art. 1 GG muß ja, wie die Judikatur zu dieser Bestimmung lehrt, nicht Deklaration bleiben, sondern kann sehr oft Interpretationsbehelf, mitunter sogar Anspruchsgrundlage und ratio decidendi werden.

Neben der Verbindung mit Rechtsnormen zur Wahrung der Menschenwürde verschafft aber auch eine erkenntnistheoretische Einsicht dem Toleranzprinzip großes Gewicht: Auch naturrechtliche Konzeptionen dürfen nicht daran vorbeigehen, daß Fragen der gesellschaftlichen Ordnung *nicht rechenbar* sind. Daraus folgt ein beträchtlicher Unsicherheitsfaktor aller Aussagen im Bereich von Recht und Gesellschaft. Die Probleme der Rechtslehre vom Ermessen, der Handhabung unbestimmter Rechtsbegriffe, die Fülle einander widersprechender Thesen der Interpretationstheorie und schließlich die übergroße Zahl strittiger Sachfragen erweisen das allzu deutlich. Wissenschaftliche Ehrlichkeit gebietet es, in allen derartigen Zweifelsfällen die Schwächen menschlichen Erkennens nicht nur beim Verfechter einer Gegenansicht, sondern auch bei

[35] Was ist Gerechtigkeit?, 1953.

[36] Vgl. F. *Werner*, Recht und Toleranz, Verh. d. 44. Dt. Juristentages (1962), II B.

sich selbst zu suchen. Der Gerechtigkeitswert der Beachtung des Toleranzprinzips in der Rechtslehre kann nicht hoch genug eingeschätzt werden. Juristische Theorien, die den Gehalt von Gegenmeinungen nicht oder mit intoleranter Schärfe würdigen, führen erfahrungsgemäß rasch zum sachlich Falschen, zur Ungerechtigkeit.

Mit besonderer Sorge sei auf die gelegentlich im rechtswissenschaftlichen Schrifttum zu beobachtende Tendenz zum *Grobianismus* hingewiesen. Dabei ist es nicht der Verstoß gegen die guten Sitten des intellektuellen Dialogs, der so sehr zu denken gibt. Bloße Unerzogenzeit im Ausdruck stört ja nicht ernstlich, ja wirkt bisweilen erheiternd. Gelehrtenfehden zu zivilistischen Streitfragen des 19. Jhs. zeigen die Harmlosigkeit einer nur die Diktion erfassenden Schärfe. Wenn aber zur persönlichen Spitze die Intoleranz im Sachlichen tritt und wenn überdies Probleme der Gesellschaftsordnung ins Spiel kommen, so droht Gefahr: *Die gesellschaftsgestaltenden Elemente demokratischer Ordnungen können nämlich unschwer mit totalitärem Charakter ausgestattet werden, wenn man sie vom Toleranzprinzip löst.*

Im bekannten Satz „Demokratie ist Diskussion" steckt also noch viel mehr Sachgehalt, als man gemeiniglich annimmt. Die Gefahr des totalitären Absolut-Setzens von Elementen der Gesellschaftsordnung sowie die Bedrohung der Freiheit durch gesellschaftliche Tabus zeigt übrigens auch, daß dem *Grundrecht der Freiheit der Wissenschaft und ihrer Lehre* eminent demokratischer Charakter zukommt. Der Sinn des Schutzes der Wissenschaft und ihrer Lehre liegt meines Erachtens nicht in der Immunisierung oder Privilegierung des Berufsstandes der Hochschullehrer, sondern in der Absicherung der für alle Wissenschaft wesentlichen Bereitschaft, daß jede Lehre und jede Erkenntnis stets aufs Neue in Frage gestellt, jede Begründung stets aufs Neue geprüft wird. Wer irgendeinen Satz, und sei es auch einen Satz aus dem Bereich der Rechts- und Sozialordnung, dieser Revision zu entziehen sucht und die Diskussion über ihn ablehnt, bricht mit den Lebensgesetzen der Wissenschaft, aber auch mit denen der Demokratie, wird totalitär.

Bisher haben wir mehr auf die Bedeutung des Toleranzprinzips für Rechts*erkenntnis* und Rechts*anwendung* gesehen. Noch größeres Gewicht eignet der Toleranz aber in jenem Bereich, in dem das Standortproblem der Rechtswissenschaft am schwierigsten und am weitesten von einer Lösung entfernt ist: im Bereich der Rechts*politik*. Weder der wissenschaftliche Rechtspositivismus noch die bisher entwickelten Naturrechtslehren sind zu einer befriedigenden Aussage über das Verhältnis der Rechtswissenschaft zur Rechtspolitik gelangt.

Kelsens unausgesetzte Mahnung, rechtspolitische Postulate nicht mit dem Anspruch auf wissenschaftliche Richtigkeit von in Wahrheit bloß

Erstrebtem vorzutragen, ist gewiß berechtigt. Sie darf aber nicht dahin simplifiziert werden, daß der Jurist der Rechtspolitik gegenüber überhaupt Abstinenz üben solle. Es kommt vielmehr darauf an, daß rechtspolitisches Engagement von Juristen stets als solches deklariert wird und daher nicht im Zeichen der Behauptung dogmatischer Eindeutigkeit einer Aussage, sondern im Zeichen des Plädierens für eine von mehreren möglichen Lösungen steht.

Die zu geringe Beachtung des Toleranzprinzips bei rechtspolitischen Diskussionen ist es, die viele Juristen von jedem Engagement im Bereich der Rechtspolitik abhält. Sie fürchten, „in die politische Schußlinie zu geraten". Und sind doch inkonsequent genug, zugleich über die Niveaulosigkeit und Prinzipienarmut der Gesetzgebung von heute zu klagen. Oder: Man trachtet darnach (oft unter Berufung darauf, daß die Legislative leistungsunfähig sei), daß rechtspolitisch als richtig Erkannte direkt in Judikatur umsetzen.

Sieht man dagegen auf bewährte Gesetzeswerke der Vergangenheit, so muß man mit einiger Beschämung konstatieren, daß ihre Qualität nicht zuletzt dem großen Anteil der Rechtswissenschaft an ihrer Vorbereitung zuzuschreiben ist. Man lamentiere nicht, der Gesetzgeber von heute berufe zu selten Kommissionen von Fachleuten ein. Es sollte nicht erst staatlicher Initiative bedürfen, um die Juristen zur verantwortlichen Erfüllung ihrer Aufgabe als Fachleute für gesellschaftliche Probleme zu bewegen. Auch in früheren Jahrhunderten waren es oft genug ungebetene Privatentwürfe, die der Gesetzgebungsarbeit Niveau gegeben haben.

Die Bedeutung des Toleranzprinzips für eine derart präparatorisch und nicht direkt-gestaltend verstandene Teilnahme der Juristen an der Rechtsfortbildung möge folgende Erwägung dartun: Wir verstehen die Gesellschaft unserer Zeit durchwegs als eine *pluralistische*[37]. Damit verbindet sich oft der Zweifel, ob es in einer pluralistischen Gesellschaft überhaupt möglich sei, größere Gesetzeswerke (wie z. B. eine Kodifikation des Arbeitsrechts) zu schaffen; man meint, für diese fehle es an jenen gemeinsamen Wertvorstellungen, ohne die fruchtbare legislative Arbeit nicht möglich sei.

Solche Skepsis übersieht jedoch, daß *nicht einmal der Bestand* einer Rechtsordnung gesichert ist, wenn es keine gemeinsamen Wertvorstellungen gibt, die sie tragen. Das historisch erfahrbare Auseinanderbrechen von Rechtsgemeinschaften (Bürgerkriege und die Katastrophe des Völkerbundes) geben Anschauung genug. Daher erkennen wir als

---

[37] Vgl. E. *Fraenkel*, Der Pluralismus als Strukturelement der freiheitlich-rechtsstaatlichen Demokratie, Verh. d. 45. Dt. Juristentages (1964), II B.

wichtigste Aufgabe der Juristen im Bereich der Rechtspolitik, die ihnen *auch im gewaltentrennenden Rechtsstaat* zusteht: Es ist vor allem Sache der Juristen, jene Wertungen freizulegen, sie bewußt zu machen, die auch in der pluralistischen Gesellschaft, trotz aller Interessen- und Weltanschauungsgegensätze, gemeinsam sind. Dies kann aber nur gelingen, wenn Analyse und Diskussion ganz im Zeichen der Toleranz stehen.

Nur präparatorisch, nicht auch kreativ sehe ich die rechtspolitische Aufgabe der Juristen im Rechtsstaat. Pervertiert aber eine Rechtsordnung, so liegen die Dinge anders. Dann ist es Recht und Pflicht der Juristen, auf den materiellen Rechtsstaatsbegriff zurückzugreifen, dann kommt es vor allem ihnen zu, zunächst durch Kritik und als ultima ratio durch Widerstand dem Rechtsstaat zu dienen.

Das alte Bedenken, es fehle ein Maßstab des Gerechten und damit die Grenze zwischen Gehorsamspflicht und Widerstandsrecht, kann nicht überzeugen. Es verkennt die Bedeutung des Rechtsgewissens, es unterschätzt dessen Objektivierbarkeit. Das Rechtsgewissen[38] des einzelnen führt, wenn man nur ehrlich bleibt, sehr wohl zu präziser Bewertung von positivem Recht als ungerecht und gerecht. Solcher Gewissensentscheid ist der Aussage zugänglich. Wird in einer Rechtsgemeinschaft deutlich, daß in ihr positiv geltendes Recht nicht mehr dem Rechtsgewissen der Mehrheit entspricht, so stellt sich das Problem der Zulässigkeit des Widerstandes[39], insbesondere der Rechtskorrektur durch die zur Rechtsanwendung berufenen Juristen.

Das Recht zum Widerstand erwächst aber nicht einfach aus dem Faktum der Kollision zwischen Rechtsgewissen und Gesetz. Daran, daß diese Kollision für sich allein besehen noch nicht ausreicht, erweist sich, daß auch dem *materiellen Rechtsstaatsbegriff* die Orientierung an der *Rechtssicherheit* nicht fremd ist. Es bedarf noch einer *Güterabwägung*, ehe der Jurist zur Korrektur des positiven Rechtes schreiten, ehe er die von anderen angestrebte Korrektur legitimieren kann: Das mit jedem Ordnungsbruch verbundene Übel muß geringer sein als jenes Übel, das von fortdauerndem Gesetzesgehorsam zu befürchten wäre. Diese Güterabwägung mag scholastisch wirken: Doch im Widerstreit von Gesetz und Gewissen, von Ordnung und Gerechtigkeit wären Pathos oder simplifikatorischer Radikalismus fehl am Platz.

Es soll nicht verkannt werden, wie schwierig solche Güterabwägungen sein müssen, will man sie praktizieren. Es muß auch zugestanden werden, daß sie überreich an Fehlerquellen sind, so daß es noch eine

---

[38] Vgl. E. *Jung*, AcP 118 (1920), 1 ff.
[39] Vgl. K. F. *Bertram*, Widerstand und Revolution, 1965; *Wertenbruch*, Festschr. E. v. Hippel (1965), 318 ff.

ganz andere Frage ist, ob wir den, der geirrt hat, der sich zu früh oder zu wenig aufgelehnt hat, *verantwortlich* machen dürfen[40]. Eines aber sei festgehalten: Gerade wegen der Schwierigkeit der Kollisionssituation gehört es zu den wichtigsten Aufgaben rechtsstaatlicher Rechtswissenschaft, über das Verhältnis des Juristen zum unsittlichen Gesetz nachzudenken, darüber offen und tolerant zu diskutieren.

[40] Zu den Problemen um das Handeln auf Befehl nun D. *Oehler* und G. *Schnorr*, Juristische Schulung 1963, 293 ff.

Die positivistische Staatslehre im Nürnberger Prozeß und nach dem Grundgesetz

Von Ernst von Hippel, Köln

Im Jahre 1940 begegnete der Verfasser dieses Beitrages zuerst dem Jubilar, mit dem er gleichzeitig nach Köln berufen worden war. Damals schritten wir gemeinsam durch die noch unversehrte Stadt, vor deren Trümmern wir fünf Jahre später stehen sollten.

Nun geschah jedoch in den Kriegsgewittern nicht nur die Zerstörung einer *Außenwelt*, die Menschen Heimat gewesen war, sondern zugrunde ging auch eine *Weltanschauung*, an die viele geglaubt hatten, und die als solche im Nürnberger Prozeß nun gleichsam vor Gericht stand. Zwar hat das Urteil des Nürnberger Tribunals bei allem, was im einzelnen an ihm berechtigt ist, nicht seinerseits einen neuen Anfang setzen können, da man im entscheidenden Ansatz auf dem Boden der positivistischen Machtlehre stehenblieb. Denn offenbar war es ungerecht, *fremde* Verbrechen zu richten, ohne auch die Verfolgung *eigener* zuzulassen, bedeutete der Sieg keinen hinlänglichen *Rechts*grund ,um sich selber jedem Gericht zu entziehen, und mußte nicht zuletzt die Mitwirkung Sowjetrußlands als einer Macht, die durch ihre Taten ständig die Humanität verletzt und die heute noch den Frieden der Welt bedroht, dem Urteil die moralische Grundlage vorenthalten.

Trotzdem entstand in Nürnberg die einmalige Situation, daß die *positivistische Staatslehre als solche*, deren Machtdenken dem Dritten Reich juristisch zugrunde lag[1], abgeurteilt werden mußte, da bei ihrer Anerkennung auch die Untaten des Nationalsozialismus nicht hätten gerichtet werden können. Denn wenn man im Sinne des Positivismus Gesetz und Recht für identisch hält, so waren die Verbrechen des Dritten Reichs weitgehend durch ihre „Legalität" gedeckt, da sie den Zielen der „souveränen Gewalt" und also dem Willen des „Führers" offenbar entsprochen hatten.

Damit ergab sich für die *Verteidigung* im Nürnberger Prozeß notwendig die Aufgabe, die *positivistische* Staatslehre zum Ausgang zu nehmen und sie bis zum äußersten durchzuhalten, da nur von ihrem

---

[1] Vgl. E. *v. Hippel*, Allgemeine Staatslehre 1963, S. 162 ff.

Boden aus sich die Taten der Angeklagten juristisch als vertretbare, ja als gebotene darstellen ließen. Dagegen war die *Anklage* aus dem gleichen Grunde genötigt, *überpositive* Gesichtspunkte verbindlicher Menschlichkeit und also das *Naturrecht* heranzuziehen, selbst wo dieses, wie etwa im Sowjetstaat, abgelehnt, ja verfolgt wurde.

a) Nürnberger Prozeß und Rechtsbegriff

In seinem Plädoyer vor dem internationalen Militärgerichtshof zu Nürnberg im Prozesse „gegen Hermann Göring und andere" kam der Vertreter der *Verteidigung* zu dem Ergebnis, daß eine Strafbarkeit der Angeklagten aufgrund des „geltenden" Rechtes nicht bestünde: „Ich habe eine rein wissenschaftliche Aufgabe zu erfüllen und behandle nur die Frage des geltenden Rechtes, nicht die Frage des Rechtes, das im Namen der Moral oder des Menschheitsfortschritts gefordert werden könnte oder sollte[2]". Dies aber führe zu dem Ergebnis, daß die „Bestrafung einzelner wegen Bruchs des zwischenstaatlichen Friedens im geltenden Völkerrecht" nicht begründet sei[3]. Insbesondere habe der *Briand-Kellogg*-Pakt den Krieg als Mittel der Streiterledigung nicht verboten. Soweit daher die Anklage „nicht politisch oder moralisch, sondern rechtlich" argumentiere[4], sei sie unbegründet. Denn „im Bewußtsein der leitenden Staatsmänner und der Völker" habe „keine wirksame allgemeine völkerrechtliche Regelung über verbotene Kriege" existiert[5].

Wohl beklagt der Verteidiger, daß es mißlungen sei, den Krieg als eine Einrichtung des Völkerrechts abzuschaffen. Doch könne diese nun einmal bestehende Tatsache auch durch *Auslegung* rechtlich nicht behoben werden. Denn „Nicht aus der Logik kommt, was rechtens ist, sondern aus Geschichte"[6]. Insbesondere unterlägen „die Entscheidungen über die letzten Existenzfragen des Staates" nicht „einer überstaatlichen Kontrolle"[7]. Habe doch „für die Europäer jedenfalls ... der Staat seit den letzten vier Jahrhunderten, vor allem seit dem immer stärkeren Vordringen des Nationalstaatsgedankens die Würde einer Überpersönlichkeit gewonnen"[8].

Allerdings fühlte sich der Verteidiger von diesem Ergebnis, das die herrschende positivistische Staatslehre treffend wiedergab, selber nicht

---

2 H. *Jahrreiß*. Plädoyer, in: Der Prozeß gegen die Hauptkriegsverbrecher vor dem Internationalen Militärgerichtshof, Bd. XVII, Nürnberg 1948, S. 500.
3 A.a.O., S. 501.
4 A.a.O., S. 512.
5 A.a.O., S. 517.
6 A.a.O., S. 516 siehe auch S. 517.
7 A.a.O., S. 519.
8 A.a.O., S. 520.

recht befriedigt. Und so konstatiert er: „Manche Zeit vergöttert die Souveränität des Staates. Manche andere verflucht sie. Manche vergöttert und verflucht sie in einem. So unsere Zeit. Vielleicht sind wir im Übergang, vielleicht findet eine Umwandlung der Werte statt. Vielleicht wird die Weltgemeinschaft der höchste politische Wert der Völker an Stelle der einzelnen Staaten, die es bisher jedenfalls waren.“[9]

b) Der „Befehl des Führers“

Nun kam es im Nürnberger Prozeß nicht nur auf das *Völkerrecht* an, sondern auch auf das *Staatsrecht*. Hier aber mußte sich zum mindesten am Rande alsbald das Problem des *Widerstandes* erheben. Hing doch die Verurteilung der Angeklagten nicht zuletzt davon ab, ob sie den „Befehlen des Führers“ unbedingten Gehorsam schuldeten, oder ob sie etwa im Gegenteil berechtigt, ja vielleicht verpflichtet gewesen waren, ihnen Gehorsam überhaupt oder im Einzelfalle zu verweigern. Unter diesem Gesichtspunkt aber hat das Plädoyer, indem es die herrschende positivistische Staatslehre zugrunde legte, eine gleichsam exemplarische Bedeutung.

Es kam hier der Verteidiger, indem er die Entwicklung im *Dritten Reich* summarisch zusammenfaßte, zu dem Ergebnis: „Im Laufe der Jahre hat *Hitler* den Befehl mehr und mehr vor den Akten der Führung bevorzugt und schließlich so sehr in den Vordergrund geschoben, daß der Befehl und nicht der Führungsakt die alles entscheidende Tatsache wurde. ... Der Befehl des Führers wurde zum zentralen Element des deutschen Staatsgefüges.“[10]

Als aber so „der Befehl *Hitlers* das große A und O wurde, fühlten sie (die deutschen Beamten und Offiziere) sich sozusagen wieder im gewohnten Gleis... Sie waren wieder in ihrer Welt der Subordination.“[11] Denn „gegen den Befehl des Führers gab es keinen Widerspruch. Man mochte allenfalls Bedenken vorbringen; blieb aber der Führer bei seinem Befehl, so war die Sache entschieden.“ War doch „sein Befehl etwas ganz anderes als der Befehl irgend eines Funktionärs der Hierarchie unter ihm.“[12]

Zwar sieht auch die Verteidigung: „Irgendwer, und wäre es das eigene Gewissen des Befehlenden, fragt immer: Hat der Befehlende etwas befohlen, das er nicht befehlen durfte?“ Doch bedeutet dies „ein unver-

---

9 A.a.O., S. 520.
10 A.a.O., S. 524 f.
11 A.a.O., S. 525
12 A.a.O.

meidbares Problem für jede Herrschaft." Denn „soll oder kann sie den Gliedern der Hierarchie, ihren Beamten und Offizieren das Recht einräumen oder gar die Pflicht auferlegen, jeden Befehl, der von ihnen Gehorsam verlangt, jederzeit darauf zu prüfen, ob er rechtens ist und danach zu entscheiden, ob sie Gehorsam leisten oder verweigern?" Und indem der Verteidiger feststellt: „Keine Herrschaft, die bisher in der Geschichte aufgetreten ist, hat diese Frage bejaht", kommt er zu dem Ergebnis: „Soweit ein solches Prüfungsrecht den Gliedern der Hierarchie nicht eingeräumt wird, ist für sie der Befehl rechtens."[13] Dies sei „in keinem Staat der Welt anders. Es war nie anders und kann auch nicht anders sein."[14]

Zwar mögen die „höchsten Befehle, die für die Hierarchie verbindlich sein müssen, wenn die Staatsordnung überhaupt bestehen soll, gelegentlich in Widerspruch stehen zu außerstaatlichen Normen, zu göttlichem Recht, zu natürlichem Recht, zu vernünftigem Recht." Auch habe „zum Schmerz, ja zur Verzweiflung von vielen Deutschen *Hitler* häufig solche Konflikte und schwere Konflikte geschaffen."[15] „Irdisches und göttliches Recht standen je länger je mehr und je öfter gegeneinander."[16] Dennoch aber gilt: „In einem Staat ..., in dem die gesamte Macht der letzten Entscheidungen in der Hand eines einzelnen Menschen zusammengefaßt ist, sind die Befehle dieses einen für die Glieder der Hierarchie schlechthin verbindlich."[17]

Wohl habe „die deutsche Staatsordnung der Hitlerzeit ... im Inland und Ausland besonders viele und zunehmend mehr Menschen mißfallen." Das ändere „aber nichts daran, daß sie eben gegolten" habe[18]. Und da die Macht *Hitlers* in der Gefolgschaft „fest verankert" war und „Auflehnung ... völlig nutzlos", hatten „die Funktionäre weder das Recht noch gar die Pflicht, die Befehle des Monokraten auf ihre Rechtmäßigkeit nachzuprüfen." Denn: „Hitlers Wille war eben die letzte Instanz für ihre Erwägungen über das, was zu tun oder zu lassen sei. Der Befehl des Führers schnitt jede Erörterung ab." Wer daher sich auf einen solchen Befehl berief, bestritt damit zugleich die Möglichkeit zu behaupten, „sein Verhalten sei rechtswidrig."[19]

Nur eine, nach *Ansicht der Verteidigung* „allerdings nur scheinbare" Ausnahme bestand für jene „Fälle, in denen sich der Monokrat nach den undiskutierbaren Wertungen unserer Zeit außerhalb jeder menschlichen

[13] A.a.O., S. 526.
[14] A.a.O., S. 527.
[15] A.a.O.
[16] A.a.O., S. 530 f.
[17] A.a.O., S. 526.
[18] A.a.O., S. 529 f.
[19] A.a.O., S. 530.

Ordnung stellte, in denen eine echte Frage, ob Recht oder Nichtrecht gar nicht gestellt und somit eine echte Prüfung gar nicht aufgegeben war."[20] Die „unbegrenzte Vollmacht", die das Volk *Hitler* erteilte, hatte eine Grenze; sie war „nie und nimmer ... als Vollmacht zu Unmenschlichkeiten gemeint."[21] „Jenseits der Grenze war *Hitlers* Befehl keine Rechtsgrundlage"[22] mehr. Damit aber erhob sich hier auch das Problem des Widerstandes.

c) Ordnung und Freiheit im Verständnis der Völker

Das Problem des Widerstandes, juristisch betrachtet, ist eine Teilfrage oder auch -antwort auf die *grundsätzliche* Vorstellung von Ordnung und Freiheit und ihrem Verhältnis zueinander. Hier hat das positivistische Staatsdenken in *Deutschland* zur Folge gehabt, daß Ordnung zur leeren Autorität entartete, die zuletzt als Tyrannis jede Freiheit verschlang. Dem entspricht es, wenn die Verteidigung in Nürnberg ausführen konnte: „Vielleicht ist das deutsche Volk, wenn auch mit starken Unterschieden zwischen Nord und Süd, West und Ost — besonders leicht der tatsächlichen Macht untertan, besonders leicht durch Befehl zu lenken, besonders gewohnt an den Gedanken der Obrigkeit."[23] Und in der Tat, wer unbefangen die positivistische Staatslehre Deutschlands betrachtet, die etwas wie ihr Modell in der „Allgemeinen Staatslehre" *Georg Jellineks* gefunden hat, muß feststellen, daß trotz liberaler Ansätze hier Ordnung mit staatlicher Allmacht als identisch erscheint[24]. Von einem Widerstandsrecht, das über die Anwendung gegebener Rechtsordnungen hinausgeht, kann so von diesem Boden aus nicht die Rede sein.

Sieht man demgegenüber etwa hin auf die Demokratie in *Frankreich*, so erscheint hier nicht die *Autorität* des *Staates* und seine *Allmacht*, sondern die *Freiheit* des *Bürgers* als politisches Grundaxiom. In seinem Vortrag „Die Entwicklung der Demokratie in Frankreich", den *Maurice Duverger*, Professor an der Universität von Paris, im Sommer 1962 an der Freien Universität Berlin hielt[25], heißt es diesbezüglich: „Für die Franzosen ist Demokratie zuerst einmal und vor allen Dingen ein

---

[20] A.a.O.
[21] A.a.O., S. 533.
[22] A.a.O.
[23] A.a.O., S. 528 f.
[24] Wie tief diese Vorstellung sich auch in das Volksbewußtsein eingelebt hatte, bezeugt das im ersten Weltkrieg unter Soldaten gängige Wort: „Was befohlen wird, das wird gemacht." Denn auch der häufige Zusatz: „und wenn es noch so dumm ist", unterstrich nur die unbedingte Gehorsamspflicht, der auch Vernunft und Moral sich zu beugen haben.
[25] In: „Die Demokratie im Wandel der Gesellschaft", hrsg. von R. *Löwenthal*, Bln. 1963, S. 68 ff.

System, in dem der Staatsbürger frei ist, in dem Sinne, daß er die weitestgehende Möglichkeit hat, dem Druck der Autorität, also dem Staat, Widerstand zu leisten. Im Gegensatz dazu glaubt man in den angelsächsischen und in vielen anderen Ländern, die die angelsächsische Form der Demokratie übernommen haben, daß Demokratie ein System ist, in dem der Staatsbürger an den politischen Entscheidungen teilnehmen kann. Diese staatsbürgerliche Gesinnung, die mit der Beteiligung an der Macht verbunden ist, war in Frankreich niemals sehr stark entwickelt. Frankreich ist eine Demokratie, in der man sich immer nur sehr wenig um die Beteiligung des Staatsbürgers an der Macht gekümmert hat."[26] Entsprechend „versteht es sich leicht, daß der Kampf *für* die Demokratie in Frankreich der Kampf *gegen* eine politische Autorität war, an der sich der Bürger nur schwach beteiligte."[27]

Auf die „fundamentalen öffentlichen Freiheiten" und hier insbesondere auf die Meinungs- und Gedankenfreiheit kommt es für die Franzosen zunächst an, nicht auf die Institutionen. Und dieser Freiheitsdrang ist universal, bedeutet doch nach Duverger „Freiheit für die Franzosen nicht nur Widerstand gegen die Staatsgewalt, sondern in einem viel allgemeineren Sinne Freiheit gegenüber Vorurteilen und konventionellen Ideen" überhaupt[28]. Mag immer diese Grundhaltung eine Schwäche der politischen Institutionen zur Folge haben, so erscheint dennoch für französisches Empfinden es als wichtiger, die *persönliche Freiheit zu bewahren,* als den *Staat zu vergotten.*

Auch die Demokratie *Englands,* bei allem Wert, der auf die politische Mitwirkung des Bürgers hier gelegt wird, ist zutiefst verbunden mit dem Gedanken des *Widerstandes* gegenüber zu Unrecht geübter Gewalt. Ja, das Widerstandsrecht stand geradezu Pate am Anfang der englischen Demokratie. Als nämlich Johann ohne Land (1199—1216), in seinem Ansehen durch die Niederlage von Bouvines geschwächt, Maßnahmen ergriff, welche die Großen Englands als Bedrückung empfanden, kündigten diese die Gefolgschaft auf und sagten dem König Kampf an. Dies aber stellte juristisch nichts anderes dar als eine Anwendung der mittelalterlichen Lehren vom Widerstandsrecht. So entstand im Endergebnis jene „Magna Charta libertatum", die noch heute ein Grundgesetz Englands darstellt. Durch Ausübung des Widerstandsrechts wurde die *Freiheit,* nicht aber souveräne *staatliche Allmacht* zur Grundlage der englischen Demokratie.

Nicht minder bezeugen in ihrer Art die *Vereinigten Staaten,* daß nicht souveräne *Allmacht,* sondern *Bürgerfreiheit* ihre geistige Grundlage

---

26 A.a.O., S. 69.
27 A.a.O., S. 70.

und ihren politischen Ausgang bildet. So begründet die Unabhängigkeitserklärung vom 4. Juli 1776 den Abfall der einstigen Kolonien ausdrücklich mit dem Widerstandsrecht und betrachtet den Abbruch der Beziehungen zu England entsprechend als einen *Rechts*akt, zu dessen Rechtfertigung das göttliche wie das natürliche Recht herangezogen werden[29].

Der Ausgang von der *Freiheit,* nicht von der *Macht,* läßt die Regierung in einem Treueverhältnis zu den Regierten stehen, was es jener verbietet, ihre Macht egoistisch zu mißbrauchen. Und da nach Ansicht der Staaten „eine lange Reihe von Mißbräuchen und Übergriffen" die Absicht des Königs bezeugten, die von Natur freien Menschen einem „absoluten Despotismus" zu unterwerfen, so sei es deren „Recht und ihre Pflicht, eine solche Regierung zu beseitigen und neue Wächter für ihre zukünftige Sicherheit zu bestellen."

Auch versäumen es die Staaten nicht, ausführlich auf die „Tatsachen" hinzuweisen, welche ihren Widerstand als einen notwendigen und *rechtlich* begründeten zu erweisen scheinen.

Es steht weiter das Widerstandsrecht auch am Anfang der Verfassung des *Königreichs der Niederlande.*

Nachdem *Wilhelm von Oranien* die Herrschaft über Holland und Zeeland erlangt hatte, wurde am 26. Juli 1581 die Freiheit der Vereinigten Provinzen proklamiert. Es heißt hierzu in der Unabhängigkeitserklärung: „Ein Volk ist nicht wegen des Fürsten, sondern ein Fürst um des Volkes willen geschaffen, denn ohne das Volk wäre ja kein Fürst. Er ist dazu vorhanden, daß er seine Untertanen nach Recht und Billigkeit regiere und sie liebe, wie ein Vater seine Kinder, daß er treu walte, wie ein Hirt über seine Herde. Behandelt er sie aber nicht so, sondern bloß wie Sklaven, dann hört er auf, ein Fürst zu sein, und ist ein Tyrann. Die Untertanen aber haben das Recht, nach gesetzlichem Beschluß ihrer Vertreter, der Stände, wenn kein anderes Mittel mehr übrig ist, wenn sie durch keine Vorstellung ihrer Not irgendeine Versicherung der Freiheit für Leib und Gut, für Weib und Kind von dem Tyrannen erwerben können, diesen zu verlassen."[30]

Endlich sei noch erwähnt, daß auch die heutige Republik in *Italien* im Widerstandsrecht, der „Resistenza", den Ursprung und die Existenzgrundlage des Staates sieht.

---

[28] A.a.O.

[29] Es bezeugt die Bedeutung der Unabhängigkeitserklärung für das politische Empfinden auch der Gegenwart in den USA, daß die „Declaration of Independance" dort in Faksimile auf Pergament an den verschiedensten Verkaufsständen feilgehalten wird.

[30] Nach D. *Albers,* Der europäische Absolutismus, Stuttgart o. J., S. 10. Siehe auch W. *Schendell,* Wilhelm von Oranien, Berlin 1935, S. 353 f.

Diese Beispiele dürften genügen, um zu bezeugen, daß jene Autoritätshörigkeit, welche die Verteidigung als für *Deutschland* kennzeichnend andeutete, keineswegs den Normalfall im Bereich der europäischen Staatslehre darstellt, die mit der Freiheit des Bürgers auch das Widerstandsrecht anerkannte und praktizierte.

d) Widerstandsrecht und Transzendenz

In ihrem Plädoyer weist die Verteidigung darauf hin, daß nie ein Widerstandsrecht vom Staat anerkannt wurde oder anerkannt werden könne. Und in der Tat trifft dies zu, wenn man den Staat im Sinne des *Positivismus* als souveräne und rechtsentbundene, da selber das Recht erst schaffende, *Macht* versteht.

Nun war jedoch eine solche Vorstellung früheren Zeiten ganz fremd. Ja man kann feststellen, daß durch die ganze Geschichte hindurch solange ein Widerstandsrecht anerkannt wird, wie eine *transzendente Ordnung* gegenüber menschlichem Willen als diesen verpflichtend angenommen wird.

Auch ist für *frühe Zeiten* kennzeichnend, daß sie die Welt als eine *kosmische Ordnung* verstehen, die für den Menschen vorbildlich ist, weshalb ihre Verletzung zum Widerstand berechtigt, ja eventuell verpflichtet. Denn menschliche Ungerechtigkeit bringt die kosmische Ordnung, die noch kein leerer Weltenmechanismus ist, aus dem Gleichgewicht. Und insoweit fordert der Himmel selbst zum Widerstand auf.

In diesem Sinne etwa erklärte vor rund 4000 Jahren[31] ein chinesischer Fürst seiner Gefolgschaft: „Gebt acht auf meine Worte! Nicht meine Wenigkeit wagt es, einen Aufstand zu verkünden; weil der Herr von Hsia sich viel hat zuschulden kommen lassen, gebietet der Himmel, ihn zu vernichten." Auch ist es wie eine Erläuterung hierzu, wenn es fast 2000 Jahre später heißt[32]): „Ein Übermaß von Regen weist auf des Kaisers Ungerechtigkeit hin, anhaltende Dürre auf schwere Fehler ... Allzu große Hitze überführt ihn der Nachlässigkeit, extreme Kälte eines Mangels an Aufmerksamkeit und Stürme der Gleichgültigkeit."[32]

Es zieht sich dann durch die *Antike* die Lehre vom Widerstandsrecht insbesondere dort, wo menschliche Hybris sich über höhere Ordnungen hinwegsetzt. Als Beispiel sei auf das Verhalten der Antigone hingewiesen. Auch Sokrates lehnte es ab, den 30 Tyrannen zu gehorchen.

---

[31] Im 18. Jahrhundert v. Chr. Nach K. *Mehnert*, Peking und Moskau, 1962, S. 112.

[32] A.a.O.

Als diese, um mit E. v. Lasaulx zu sprechen, „von ihm forderten ..., seine Vorträge an die Jugend einzustellen, gehorchte er ihnen nicht; und als sie außerdem ihm und vier anderen Bürgern befohlen hatten, den Leon von Salamis zur Hinrichtung herüberzuholen, da leistete er allein diesem schändlichen und ungerechten Befehl keine Folge."[33]

Als aktiver Widerstand gipfelt das Widerstandsrecht in der Lehre vom Tyrannenmord[34], die etwa auch Cicero die Ermordung Cäsars billigen ließ.

Den Anfängen des *Mittelalters* steht dann die Weigerung der Christen vor Augen, vor einem Bild des Kaisers oder der Götter zu opfern. Als Beispiel sei die Verurteilung Justins und seiner Gefährten im 2. Jahrhundert genannt: „Weil sie den Göttern nicht opfern und den Befehlen des Kaisers nicht gehorchen wollen, sollen sie dem Gesetz gemäß gegeißelt und zur Enthauptung abgeführt werden."[35] Daß hier der Widerstand der Machtlosen zur Tragödie für diese wird, wie schon bei den Propheten des alten Bundes bis hin zu Johannes dem Täufer, macht ihn nicht unberechtigt, sondern besiegelt gleichsam das Zeugnis mit Blut und gibt ihm so moralische Vorbildlichkeit.

Auch findet die Lehre vom Widerstand gegen die Tyrannei etwas wie ihre Fortsetzung und Urbildlichkeit in der *Taufe* der Christen. Denn indem hier Satan abgesagt wird als dem Tyrann aller Tyrannen — „Widersagst du dem Teufel?" „Ich widersage."[36] — wird zugleich auch die Grundverbindung des Täuflings mit dem *Guten* gegenüber der Macht des *Bösen* bezeugt.

Es hat dann das *6. Ökumenische Konzil* von 680 die Streitfrage der Zeit, ob Christus zwei Willen, einen göttlichen und einen menschlichen, oder nur einen Willen gehabt habe, im Sinne des doppelten Willens entschieden[37]. Darin aber war zugleich angelegt ein *Widerstandsrecht* sowohl der weltlichen wie der geistigen Gewalt jeweils gegen die andere, die in der Lehre von den zwei Schwertern dann durch das Mittelalter geht. Als so im Jahre 712 der oströmische Kaiser die Lehre vom *einen* Willen wiederholte und damit der Sache nach eine unbeschränkte Herr-

---

[33] E. *v. Lasaulx*, Des Sokrates Leben, Lehre und Tod, Neuausg. der ausgewählten Werke, 1925, S. 257.

[34] *Jaszi*, O., und J. D. *Lewis*, Against the Tyrans, The Tradition and Theory of Tyrannicide, Glencoe, 1957.

[35] Act. Just. 5, 8, nach *v. Campenhausen*, Griechische Kirchenväter, 2. A., 1956, S. 22. Weitere Beispiele siehe bei W. Schamoni, Märtyrer der Frühkirche, Düsseldorf 1964.

[36] Siehe auch die sächsische Taufformel, nach einer Handschrift des 9. Jahrh., abgedruckt bei H. *Bartels*, Die Anfänge des Christentum, 1926, S. 45.

[37] Dazu W. *Sickel*, Die Verträge der Päpste mit den Karolingern und das neue Kaisertum, in: Deutsche Ztschr. für Geschichtswissensch., Bd. 11, 1894, S. 311 ff.

schaftsgewalt auch über die Kirche beanspruchte, führte dies zu dem Beschluß der Römer, jedem Befehl des Kaisers den Gehorsam zu verweigern. Am Ende dieser Ereignisse aber steht die Hinwendung von Byzanz zum Frankenreich.

Das *christliche Mittelalter*, dem transzendente Ordnungen den Charakter geben und für das entsprechend „Satzung kein natürliches Recht verdrängen kann", anerkennt Vereinbarungen und überkommene Rechte und in ihnen die persönliche Freiheit. Von einer souveränen Rechtsmacht und sich selbst bezeugender menschlicher Autorität im Sinne des Positivismus kann also hier nicht die Rede sein. In lapidarer Kürze, ja, fast grob heißt es so im Treueschwur der Landstände von Aragon: „Wir, von denen jeder ebensoviel ist wie du und wir alle zusammen mehr sind als du, machen dich zu unserm König. Wenn du unsere Privilegien und Gesetze achtest, werden wir dir gehorchen, wenn nicht, nicht."[38]

e) Der Verlust der Transzendenz im souveränen Machtstaat

Das Erlöschen der Lehre vom Widerstandsrecht im deutschen Staatsdenken, von dem als einer Tatsache am Ende des zweiten Weltkrieges die Verteidigung im Nürnberger Prozeß ausgehen konnte, hängt aufs engste mit dem positivistischen Staatsbegriff zusammen. Dieser aber kennzeichnet den *Staat* als *souveräne Macht in Raum und Zeit*, d. h. er bestimmt ihn ohne Hinblick auf Gut und Böse wie einen *Gegenstand der äußeren Natur*[39].

Hier nun erhebt sich gegenüber einem Staatsbegriff, der potentiell *bösen* Willen zu einem *rechtmäßigen* werden läßt, die Frage nach seiner geistigen *Herkunft*, die hier nur prinzipiell gestellt und beantwortet werden kann. Es steht da historisch auch für den Positivismus fest, daß der moderne Staat sein Urbild oder Modell in der *sizilianischen Staatsordnung* Friedrichs II. von Hohenstaufen findet[40]. Auch wird kaum übersehen, daß unter Hinwendung auf das spätrömische Staatsrecht hier ein Absolutismus begründet wird, der seine persönliche Form in der Neuzeit etwa bei Ludwig XIV. von Frankreich findet und seine sachliche oder abstrakte seit dem 19. Jahrhundert in der Souveränität des modernen Staates selbst.

---

[38] Nach R. *Hinterloher*, Umgang mit Spaniern, 1954, S. 15.

[39] Vgl. dazu E. *v. Hippel*, Allgemeine Staatslehre, 1963, S. 85 ff.

[40] Siehe E. *v. Hippel*, Geschichte der Staatsphilosophie, I. Bd., 2. A., 1958, S. 344 ff.

Auch der Materialismus des modernen Staatsdenkens findet sich bereits dem Staat Friedrich II. verbunden. Denn die Ansicht des Kaisers, derzufolge der Mensch nichts glauben dürfe, „was nicht durch Natur und Vernunft (vi et ratione) zu beweisen" sei, entspricht der Meinung des Modernismus, daß die menschliche Vernunft nur sinnlich wahrnehmbare Dinge zu erkennen vermöge. Hierin aber ist ebenso Agnostizismus gegenüber der Transzendenz der Welt enthalten wie auch die Aufgabe *moralischer Rechtsprinzipien*, die das positive Recht nicht nur überhöhen, sondern es als ein verbindliches auch erst konstituieren.

Dabei bedeutet die Hinwendung Friedrichs II. auf einen moralisch leeren Naturbegriff, welcher der Souveränität des herrscherlichen Willens keine Grenzen mehr setzt, zugleich auch seine Verbindung mit der Welt des *Islam*, in der die Naturwissenschaft damals zwar blühte, jedoch die Transzendenz bereits verloren hatte. Die von Friedrich bei den Muselmanen vorgefundenen Grundlagen einer zuletzt materialistischen Aufklärung aber haben sich ebenso der *europäischen Naturwissenschaft* eingelebt, wie sie den *souveränen Machtstaat* theoretisch erst ermöglichten.

Im frühen Mittelalter hatte der *islamische Staat* der *Abbassiden* (750—947) seine Hauptstadt Bagdad im Hinblick auf *China* als das Reich des Himmels in der Form eines Kosmogramms gebaut, welches dem vorgestellten Aufbau des Himmels entsprach. Hier bezeichnete der Kalifenpalast — die „grüne Kuppel" — die Mitte der Stadt und des politischen Kosmos. Und um ihn herum lagen genau „in den vier Himmelsrichtungen je der Palast eines Emirs oder Fürsten, der mit der Verwaltung eines Viertels der islamischen Welt beauftragt war". Endlich bildeten die Peripherie der kreisförmig eingeteilten Stadt die 12 Paläste der leitenden Beamten, den 12 Sternbildern des Tierkreises entsprechend[41].

Der ganze Staat war damit auf den Kalifen ausgerichtet, der wie die Sonne durch den Tierkreis wanderte, um aus den verschiedenen „Häusern" jeweils nach ihrer Art zu wirken. Das kosmologische Weltbild verband sich so dem politischen und ließ zugleich den Herrscher als die Mitte seiner Welt erscheinen.

Der hierin angelegte Absolutismus der Herrschaft mußte dabei um so krasser heraustreten, je mehr die Transzendenz einer kosmisch-moralischen Weltenordnung verblaßte. In dieser Richtung aber wirkte eine Aufklärung, die der europäischen geistig und zeitlich voranging, und welche diese, wenn ihr auch meist unbewußt, tief beeinflußt hat.

---

[41] A. *Mazahéri*, So lebten die Muselmanen im Mittelalter, deutsch Stuttgart 1957, S. 113 f.

[42] A.a.O., S. 125.

Bereits in der ersten Hälfte des 10. Jahrhunderts schrieb der berühmte Philosoph *Al-Farâbi* ein Buch „Vom Spiel der Meinung in einem auf der Vernunft gründenden Staatswesen“[42], in welchem das *Glück* der *Bürger* als letzter Zweck des Gesellschaftsvertrages bezeichnet wird. Dabei dient der gleiche Schematismus eines rationalen Freidenkertums dem *Fürsten,* welchem er Wege weist, seinen Staat nach Vernunft zu beherrschen, wie er andererseits die *Demokratie* als das anzustrebende Ziel preist. Darüber hinaus tritt in dem Werke *Razis* (gest. 935) „die geistige Medizin“, die *Vernunft,* an die Stelle *Allahs.* Und wenn weiter *Razi* mit Vernunftgründen zu beweisen sucht, daß es ein Jenseits nicht geben könne[43], wird insoweit von ihm der Standpunkt des materialistischen Atheismus der Gegenwart vorweggenommen.

Diese Anschauung vervollständigt endlich eine im zweiten vorchristlichen Jahrhundert aus Turkistan überkommene *Abstammungslehre,* derzufolge der Mensch vom Affen, der Affe vom Pferd usw. abstamme. Von diesen Grundlagen her versteht sich auch, daß *Razi* 912 eine „Kritik der Religionen“ veröffentlichen konnte.

Mit dieser Welt der Ratio und der Empirie verband sich Friedrich II., wenn er lehrte, der Mensch dürfe nichts glauben, was nicht durch Natur und Vernunft zu beweisen sei. Und wenn Friedrich weiter das ihm vom Sultan geschenkte Planetarium nach seinem Sohn Konrad als das ihm Liebste auf der Erde bezeichnet hat[44], so bekannte er sich auch so zu der Welt des Fatums und der Naturgesetze, die im Planetarium gleichsam sichtbar Ausdruck fanden.

Zu dieser *geistigen* Verbindung mit der muselmanischen Welt, die Friedrich in ihrer Spätform begegnete, kam eine *persönliche* Hinneigung des Kaisers zu ihr, welche durch die Übernahme muselmanischer Lebensformen, in der Verwendung sarazenischer Truppen, in dem Heranziehen arabischer Gelehrter selbst in Grundfragen des Glaubens wie in der Freundschaft des Kaisers zu dem Sultan von Ägypten sich bezeugt.

Obwohl das christliche Mittelalter sehr tolerant gegenüber den „Ungläubigen“ geworden war[45], deren Kultur, Mut, Ritterlichkeit, Reichtum und Macht insbesondere die Kreuzfahrer kennenlernten[45a], wurde doch von den Zeitgenossen die zu enge Verbindung Friedrichs mit der Welt des Sarazenentums vielfach getadelt und als ein Abfall von den Grundlagen des Heiligen Reichs empfunden[46].

---

[43] A.a.O.

[44] K. *Plister,* Kaiser Friedrich II., 1942, S. 68.

[45] Siehe dazu S. *Stein,* Die Ungläubigen in der mittelhochdeutschen Literatur, 1933, Neudr. d. wissenschaftl. Buchgesellschaft, Darmstadt 1963.

[45a] Siehe dazu R. *Pernoud,* Die Kreuzzüge in Augenzeugenberichten, Deutsch v. H. Thürnau, 2. A., Düsseldorf 1962.

[46] Vgl. etwa Matthäus *v. Paris,* abgedruckt bei J. *Bühler,* Die Hohenstaufen, Leipzig, 1922, S. 443 f.

So gewann im sizilischen Staatsmodell nicht nur die Erinnerung an den Herrschaftsanspruch der *römischen Cäsaren* Form, sondern auch die Gegenwart des *Sultanats*. Dabei bedeutet der Titel „Sultan", der zur Bezeichnung einer Alleinherrschaft gegen Ende des 11. Jahrhunderts zuerst auftritt, seinerseits nichts anderes als Imperator und Cäsar[47]. Und diesem Sultanat, das mit der Tradition nicht mehr zusammenhing, fehlte jeder im eigentlichen Sinne transzendente Bezug.

Auch in der *neuzeitlichen Aufklärung* des Westens ist bei Geistern wie Bacon, Voltaire[48] und vielen anderen[49] die innere Zuneigung zur muselmanischen Welt unverkennbar. Und in der heraufziehenden Naturwissenschaft des Westens, in der das *Fatum* der islamischen Welt sich zum unentrinnbaren *Naturgesetz* umwandelte, finden sich auch die Grundlagen für die positivistische Jurisprudenz mit ihrer Vorstellung von staatlicher Allmacht und Souveränität. Denn indem der Positivismus die Transzendenz leugnete oder als juristisch relevant überhaupt nicht sah, wurde der staatliche Machtbereich rechtlich total und erstreckte sich so zugleich über die Kirche, die einst das Schwert des Wortes als das ihre geführt hatte.

In diesem Sinne lehrte *Hobbes:* „Diejenigen, welche die herrschende Gewalt haben, sind auch unmittelbare Leiter der Kirche ... Es gibt keinen gerechten Grund für irgend jemand, seinen Gehorsam dem souveränen Staate aufzukündigen[50]." Ja, *Hobbes* versichert: „Der christliche Staat ist dasselbe wie die christliche Kirche[51]." Damit war die auch juristische Allmacht des Staates im Prinzip ausgesprochen. Zugleich schloß die Souveränität einer Herrschaft, die hier im Sinne des Cäsarentums erneuert wurde, von Rechts wegen nun jeden Widerstand aus[52].

Auch die *Stände* erscheinen dem Positivismus nicht mehr als Inhaber und Vertreter besonderer *Rechte*, sondern als störende Sondergewalten

---

[47] *Mazahéri*, a.a.O., S. 131 f.

[48] *Voltaire* veröffentlichte 1742 eine Tragödie „Mahómed".

[49] So war es durchaus modisch im Sinne der Zeit, wenn 1718 die Lady Montague dem Abbé *Conti* versicherte: „Über den Koran haben die griechischen Priester (die größten Schurken der Erde) eine Menge lächerlicher Märchen erfunden, mit der Absicht, die Lehre Mohameds in Verruf zu bringen. Reisebriefe, übers. v. I. *Pappenheim*, 1927, S. 80.

[50] *Hobbes*, The Elements of Law, 1640, II, c. 8, § 10 f.

[51] *De Cive*, 1647, Kap. XVII, § 21.

[52] Bezeichnenderweise wird das Widerstandsproblem bei *Hobbes* aus einem rechtlich-moralischen zu einem naturwissenschaftlichen Problem, wo nun Unmöglichkeit oder Möglichkeit an die Stelle von Recht oder Unrecht treten. So heißt es in der Schrift „Vom Bürger" (S. 94 der Übers. v. G. *Gawlick*, Hamburg, 1959): „Niemand ist durch irgendeinen Vertrag verpflichtet, dem, der ihn töten oder verwunden oder sonst verletzen will, keinen Widerstand zu leisten; denn bei jedermann gibt es einen höchsten Grad der Angst, der ihm das drohende Übel als das größte erscheinen läßt, so daß er mit Naturnotwendigkeit (!) mit aller Kraft ihm zu entgehen sucht. . . "

und zu beseitigende Hindernisse. In diesem Sinne versicherte *Ludwig XIV.* in seinen Aufzeichnungen für seinen Nachfolger, daß er das Pariser Parlament „vollständig unterworfen" habe, bei welcher Gelegenheit sich herausgestellt hätte, „daß diese Art von Körperschaften nur für diejenigen bedrohlich ist, die sich fürchten." Und Ludwig beteuert seinem Nachfolger, daß Sie „in dem Staate, in dem Sie nach mir regieren müssen, keinerlei Gewalt finden werden, die es sich nicht zur Ehre anrechnet, von Ihnen ihren Ursprung und Inhalt zu haben; keine Körperschaften, deren Beschlüsse es wagen, sich von den Grenzen des Respekts zu entfernen, keine Gesellschaft, die sich nicht verpflichtet fühlt, ihre Hauptgröße im Glück Ihres Dienstes zu sehen und ihre einzige Sicherheit in ihrem demütigen Gehorsam"[53].

Der hier von Ludwig XIV. praktizierten Absolutismus, nicht ohne literarische Eleganz vertreten, tritt dann im *Preußen Friedrich Wilhelms I.* vergröbert und wie mit Soldatenstiefeln auf. So vermerkte der König auf einem durch Graf Dohna als Landesmarschall der ostpreußischen Landstände 1717 eingereichten Bericht, der gegen die Einführung des Generalhufenschoßes protestierte — „Tout le pays sera ruiné" —: „Nihil Kredo, aber das Kredo, daß die Junkers ihre Autoritaet Nie pos volami wird ruiniert werden[54]. Ich stabiliere die Souveranité wie einen Rocher von Bronce[55]."

Es steht hier nicht zur Diskussion, ob dieser so gewalttätig sich begründende Absolutismus zu seiner Zeit nötig oder doch unvermeidbar war. Denn immerhin hat er in Preußen zuwege gebracht, was der Gegenwart mit ihrer Berufung bloß auf *Rechte* und Unwilligkeit gegenüber jedweden *Pflichten* so schlecht nur gelingt, daß nämlich „alsdann unser Dienst rechtschaffen, fleißig und getreulich wird befördert werden"[56].

Gegenüber solchen Grundlagen staatlicher Allmacht konnte *Widerstand* als Zeugnis für die Verbindlichkeit *transzendenter Ordnungen* nur als „Ungehorsam" erscheinen, der zu politischem Märtyrertum führen mußte. Als leuchtendes Beispiel hierfür sei aus den Anfängen des Positivismus *Thomas Morus* genannt, der den Suprematseid verweigerte und schrieb: „Man darf nicht schwören, daß ein ungerechtes Gesetz rechtmäßig sei[57]."

---

[53] Nach D. *Albers*, Der europäische Absolutismus, Stuttgart o. J., S. 12 f.

[54] Gemeint ist „Niepoz vollom" — ich bewillige nicht —, die Formel für das Veto der polnischen Adligen im Reichstag.

[55] *Albers*, a.a.O., S. 31.

[56] Aus der Instruktion Friedrich Wilhelms I. für das General-Ober-Finanz-Kriegs- und Domänen-Direktorium vom 22. Dezember 1722.

[57] Die Briefe des heiligen *Thomas Morus* aus dem Gefängnis, übers. v. K. *Schmitthüs*, 4. A., Freiburg, 1951, S. 47. Siehe auch den Brief von Morus an seine Tochter Margarete bei B. v. Blarer, Die Briefe des Sir Thomas More, 1949, S. 161: „Meine Tochter Margret ... jedesmal erklärte ich dir, daß kein

Aber auch in weniger bedeutsamen Fällen zieht sich der Widerstand unabhängiger Geister gegen den Positivismus dort, wo dieser die Prinzipien höherer Ordnungen verleugnet, durch die Jahrhunderte. Genannt sei das Beispiel des Obersten *v. d. Marwitz*, das Theodor *Heuss* in seiner Gedenkrede zum 20. Juli 1944 in Erinnerung brachte[58]. Im Siebenjährigen Kriege hatte Friedrich der Große v. d. Marwitz, Kommandeur des Regiments Gens d'armes, befohlen, ein Schloß des sächsischen Staatsministers Graf Brühl zu plündern. Die Maßnahme war als Vergeltung gedacht für die Plünderung königlicher Sammlungen in Charlottenburg durch die Sachsen. Marwitz verweigerte den Befehl, der eines Kommandeurs unwürdig sei, und quittierte den Dienst. Die Inschrift auf seinem Grabstein in Friedersdorf lautet:

„Sah Friedrichs Heldenzeit
und kämpfte mit ihm
in allen seinen Kriegen,
wählte Ungnade,
wo Gehorsam nicht Ehre brachte."

Endlich sei noch *Lavater* in diesem Zusammenhang erwähnt, der während politischer Unruhen in der Schweiz 1798 dem Statthalter Pfenniger schrieb: „Ich mische mich in nichts Politisches — aber ich nenne Unrecht Unrecht. Man kann mich deswegen von meinem Amte removieren. Ich erwarte alles, wo Gewalt über das Recht herrscht, aber man kann mich, so lang ich Prediger bin, in Sachen des Rechtes nicht schweigen machen[58a]."

Wohin im Endergebnis der *Absolutismus* bloßer *Legalität* führen muß, der eine Transzendenz als auch für sich verbindlich nicht anerkennt, hat *Bernanos* so vorausgesagt: „Der Tag ist vielleicht nicht mehr fern, an dem wir es für ganz natürlich halten, unsern Schlüssel draußen stecken zu lassen, damit die Polizei Tag und Nacht bei uns hereinkann, um unsere Brieftasche auf jede Aufforderung hin zu öffnen. Und wenn es der Staat eines Tages für praktischer hält, nur weil er seinen zahlreichen Aufsichtsbeamten Zeit sparen will, uns mit einem äußeren Kennzeichen zu versehen: warum zögern wir dann noch, uns wie das Rindvieh ein Zeichen an der Stirn oder auf den Hintern einbrennen zu lassen? Die Ausrottung der Widerspenstigen, der sogenannten unbelehrbaren Elemente, die den totalitären Systemen so am Herzen liegt, wäre dadurch ungemein vereinfacht[59]."

Mann den Eid mit mehr Freude geschworen hätte als ich, wenn ich eine Möglichkeit sähe, des Königs Willen zu erfüllen, ohne gleichzeitig Gott zu beleidigen ... ich muß mich doch an mein Gewissen halten."

[58] Aus: Dank und Bekenntnis, Tübingen 1954, S. 9.

[58a] Original des Briefes in der Sammlung Kippenberg.

[59] Aus dem „Beamtenbrevier", hrsg. v. A. *Rehkopp*, 1953.

f) Die rechtliche Undurchführbarkeit des Positivismus

Das Nürnberger Plädoyer der Verteidigung, in dem diese die positivistische Rechts- und Staatslehre zugrunde legte, besitzt über den Prozeß hinaus auch eine *exemplarische* Bedeutung, daß es die *rechtliche Undurchführbarkeit* des Positivismus deutlich macht. Zugleich beschloß es für Deutschland oder doch die Bundesrepublik eine Epoche, in welcher *Jurisprudenz* und *positivistische Rechtsauffassung* identisch zu sein schienen.

Am Eingang seines Plädoyers erklärte der Verteidiger: „Ich behandle nur die Frage des geltenden Rechtes, nicht die Frage des Rechtes, das im Namen der Moral oder des Menschheitsfortschrittes gefordert werden könnte oder sollte[60].“ Auch wird diese Aufgabe als eine „rein wissenschaftliche“ bezeichnet[61]. Damit aber wird vorausgesetzt und für juristisch allein vertretbar erklärt der *Wissenschaftsbegriff des Positivismus,* für den Recht ein Gegenstand der *Erfahrung* ist, die durch die Existenz bestehender Machtverhältnisse ihre auch *juristische* Maßgeblichkeit findet.

Andererseits durchzieht das Plädoyer wie ein Oberton ein nicht nur *faktischer,* sondern *normativer* und damit *geistig-moralischer* Rechtsgedanke, der zwar nicht „wissenschaftlich“ im Sinne des Positivismus ist, der aber in seinem Dasein und zuletzt selbst in seiner *juristischen Verbindlichkeit* nicht geleugnet werden kann. Und so darf man feststellen, daß das Plädoyer, welches das Motiv zunächst nur zart anschlägt, im weiteren es immer stärker und maßgeblicher herausstellt, bis es zu einer Kapitulation bloßer Legalität vor der Idee, dem Dasein und der Verbindlichkeit des *Rechtlichen an sich* kommt.

Bereits im Eingang des Plädoyers wird von einer den Angeklagten unbewußten „Rechtswidrigkeit“ oder auch „Normwidrigkeit“ ihres Verhaltens gesprochen[62], wobei ein transzendenter Rechtsbegriff hier zumindest hindurchscheint. Es ist im weiteren von aufgezwungenen ungerechten Verträgen die Rede[63], deren Ungerechtigkeit offenbar nicht aus Legalität folgen kann, sondern nur aus der Idee des Rechtlichen an sich. Wohl unterscheidet die Verteidigung zwischen politischer oder moralischer und rechtlicher Argumentation[64], womit sie das positivistische Grundmotiv noch einmal aufnimmt. Doch wenn „lex auch eine eingewurzelte Norm der Moral, der guten Sitten sein kann“[65], so wird

---

60 Prozeß, S. 500.
61 Ebendort.
62 A.a.O., S. 501 f.
63 A.a.O., S. 504.
64 A.a.O., S. 512.
65 A.a.O., S. 523.

hier der Positivismus bereits leise in Frage gestellt. Erst recht aber ist dies der Fall, wo sich die Frage erhebt, ob der Befehlsempfänger jeden Befehl daraufhin zu prüfen habe, ob er „rechtens" sei[66], da der hier gebrauchte Rechtsbegriff die bloße Legalität offenbar überhöht.

Zwar setzt die Antwort, daß mangels eines positiven Prüfungsrechts „der Befehl rechtens" sei[67], den positivistischen Standpunkt nochmals voraus, läßt ihn zugleich aber bereits als problematisch erscheinen. Und vollends problematisch wird er dort, wo die Verteidigung versichert, daß, „wenn die Staatsordnung überhaupt bestehen soll", er (der Staat) „es erlaubt, daß seine letzten Befehle, seine höchsten Befehle ... gelegentlich in Widerspruch stehen zu außerstaatlichen Normen, zu göttlichem Recht, zu natürlichem Recht, zu vernünftigem Recht"[68]. Werden hier doch *transzendente* Ordnungen sowohl ihrer *Existenz* wie auch ihrer *Verbindlichkeit* nach anerkannt. Zugleich erhebt sich dabei die Gegenfrage, warum eigentlich ein Staat bestehen „soll", der diesen Ordnungen so zuwiderhandelt, wie dies das Dritte Reich doch offenbar getan hat. Kann doch das egoistische Interesse am Fortbestehen willkürlicher Macht kaum als hinlängliches Argument für eine *rechtliche* Betrachtung gelten.

Endlich bricht die positivistische Argumentation dort vollends zusammen, wo sich der „Monokrat" nach den undiskutierbaren Wertungen unserer Zeit außerhalb jeder menschlichen Ordnung stellte, indem eine echte Frage, ob Recht oder Nichtrecht, gar nicht gestellt und somit eine echte Prüfung gar nicht aufgegeben war"[69]. Denn wenn man davon absieht, daß es „undiskutierbare Wertungen" nicht gibt, da über *alles* diskutiert werden kann, wird hier jedenfalls anerkannt, daß verbindliche Grundordnungen transzendenter Art bestehen, von denen kein Mensch entbinden kann oder entbunden ist, und die auch für *jede* positive Satzung gelten. Damit aber ist die *Verbindlichkeit höherer Rechtsstufen* gegenüber bloßer *Legalität* und ihre Maßgeblichkeit für jede Satzung *juristisch* anerkannt.

Auch können die *gröbsten* Verstöße gegen die Grundlagen des Rechtlichen nicht wohl als außerhalb der *rechtlichen* Betrachtung liegend angesehen werden. Denn offenbar gehören „Wertungen" oder, objektiv gewendet, Ordnungsprinzipien, die Befehle des „Monokraten" *rechtlich* unverbindlich machen, zum *juristischen* Bereich. Wird doch die Frage nach Recht oder Unrecht durch die Totalität oder Schwere der Ungerechtigkeit keineswegs aufgehoben und eine „echte Prüfung" bleibt auch und gerade hier Aufgabe des Juristen.

---

[66] A.a.O., S. 526.
[67] A.a.O.
[68] A.a.O., S. 527.
[69] A.a.O., S. 530.

Insgesamt ergibt sich so, daß der positivistische Rechtsbegriff nur dann durchgeführt werden kann, wenn man *bösen* Willen, ja, das totale Verbrechen — die Begriffe „Teufel" und „diabolisch"[70] treten so im Zusammenhang mit Hitler bedeutungsvoll auf — als *maßgebliche Rechtsquelle* anerkannt. Indem der Verteidiger dies als *Mensch* nicht kann und sich auch als *Jurist* genötigt sieht, auf die Begriffe des Naturrechts und des göttlichen Rechts zurückzugreifen, anerkennt er damit auch höhere Rechtsstufen als maßgeblich für das positive Recht.

Dies aber bedeutet: Der Positivismus und das bloße Legalitätsprinzip, aus dem naturalistischen Weltbild zu Unrecht in die Jurisprudenz hineingetragen, führen ins Außermenschliche eines leeren Natur- und Machtdenkens sowie zuletzt zur Rechtmäßigkeit des schlechthin Ungerechten. Dies ist kein möglicher *juristischer* Standpunkt mehr.

g) Positivismus und Grundgesetz

Das Verhältnis der Bundesrepublik zu der Frage *Positivismus* oder *Anerkennung höherer Rechtsstufen* kann an den verschiedensten Bestimmungen des Grundgesetzes gleichsam getestet werden, wie am Problem der Menschenwürde, den Grundrechten oder dem Artikel 20 mit seiner Nebenstellung von Gesetz und Recht. Doch wird hier ein anderer Weg eingeschlagen werden, der seinen Ausgang vom *Nürnberger Prozeß* nimmt. Denn wie damals der Positivismus das Legalitätsprinzip vertrat und entsprechend eine unbedingte Gehorsamspflicht, die jeden Widerstand juristisch ausschloß, soll nunmehr die Frage nach Gehorsam und Widerstand im Hinblick auf das Bonner Grundgesetz gestellt werden.

In den Verfassungen von Hessen (Art. 147), Bremen (Art. 19) und Berlin (Art. 23) wird Widerstand unter bestimmten Voraussetzungen erlaubt, ja, bei einem Angriff auf die Verfassung oder die in ihr verbürgten Rechte geradezu gefordert. Dagegen enthält das Bonner Grundgesetz keine Regelung des Widerstandsrechts, und ein dahin zielender Antrag im parlamentarischen Rat wurde abgelehnt. Doch gilt demgegenüber, daß das Widerstandsrecht im engeren Sinne, d. h. ein solches, das sich gegen die Legalordnung oder einzelne Akte ihrer Organe richtet, durch diese Ordnung weder gegeben noch genommen werden kann, da es nicht auf ihr, sondern auf der Anerkennung höherer Rechtsstufen beruht. Und insofern bedeutet ein Widerstandsrecht, das seine Grund-

---

[70] A.a.O., S. 532. Auch in der Wendung, daß Hitlers Befehl „das große A und O wurde" (S. 3) wird die Umkehrung des Logos als das Alpha und Omega der Welt, unbewußt, deutlich.

lage in der Legalordnung selber findet, nur etwas wie einen letzten Rechtsbehelf *innerhalb* derselben.

Im übrigen wird man Hermann *Weinkauff*, der von 1950—1960 Präsident des Bundesgerichtshofes war, nur zustimmen können, wenn er aus der Anerkennung vorstaatlicher und überstaatlicher Rechte durch das Grundgesetz, die auch den Gesetzgeber binden, schließt: „Folglich muß es mittelbar auch das vorstaatliche Widerstandsrecht anerkennen gegen diejenige Verletzung der elementaren Grundsätze durch die Staatsgewalt, der mit den normalen Mitteln des Rechtsstaats nicht abgeholfen werden kann[71]."

Enthält das GG keine direkte Stellungnahme zum Widerstandsproblem, so wird dafür das Widerstandsrecht im *Bundesentschädigungsgesetz* für Opfer der nationalsozialistischen Verfolgung vom 18. September 1953 ausdrücklich anerkannt. Es heißt hierzu in der Präambel: „In Anerkennung der Tatsache, daß Personen, die wegen ihrer politischen Überzeugung, aus Gründen der Rasse, des Glaubens oder der Weltanschauung unter der nationalsozialistischen Gewaltherrschaft verfolgt worden sind, Unrecht geschehen ist, und daß der aus Überzeugung oder um des Glaubens oder Gewissens willen gegen die nationalsozialistische Gewaltherrschaft geleistete Widerstand ein Verdienst um das Wohl des deutschen Volkes und Staates war, hat der Bundestag mit Zustimmung des Bundesrates das nachstehende Gesetz beschlossen."

---

[71] H. *Weinkauff*, in: Staatslexikon der Görres-Gesellschaft, 6. A., Bd. 8, 1963, Sp. 662. Literatur zum Widerstandsproblem bei Weinkauff, Das Widerstandsrecht in juristischer Sicht, a.a.O., Sp. 683. Siehe dort auch den Beitrag über Widerstandsbewegungen mit Lit. Einige Angaben im Duden-Lexikon, Bd. 5, 1963, unter den gleichen Stichworten. Weiter seien, außer der hier im Text angegebenen Literatur, noch genannt: H. *Heller*, Staatslehre, 1934, S. 225 ff.; P. *Tischleder*, Das Notwehrrecht gegen die Tyrannei, in: Frankfurter Hefte, 3. Jg., Heft 1, Jan. 1948; Behandlung des Widerstandsproblems und Lit. dazu bei R. *Marcic*, Vom Gesetzesstaat zum Richterstaat, 1957, S. 91 ff.; D. *Roth*, Zur Ideengeschichte und zum Begriff des Widerstandes gegen staatliche Unterdrückung, in: Ztschr. f. öff. Recht, 1955, Heft 4—5; Th. *Friedenau*, Grenzen des Widerstands, in: Informationsbrief des Untersuchungsausschusses freiheitlicher Juristen, 1955, Nr. 63; KPD-Prozeß, hrsg. v. G. *Pfeiffer* u. H. G. *Strickert*, 3. Bd., 1955—56; J. *v. Gierke*, Widerstandsrecht und Obrigkeit, 1956; G. *Winkler*, Die absolute Nichtigkeit von Verwaltungsakten, 1960; G. *Giere*, Karl Goerdeler, in: Männer der deutschen Verwaltung, Köln und Berlin, 1963, S. 349 ff. P. Schneider, Widerstandsrecht und Rechtsstaat, Archiv d. öffentl. Rechts, Bd. 89, 1964, Heft 1; neue Literatur zum Widerstandsproblem in Übersichten bringt W. *Schmitthenner* in: Geschichte in Wissenschaft und Unterricht, Stuttgart, 1958, S. 189 ff., und 1959, S. 317 ff.

Von Beiträgen des Verf., hier nicht herangezogen, seien genannt: Zum Problem des Widerstandes gegen rechtswidrige Machtausübung, in: Die Kirche in der Welt, Jg. 4, 1951, S. 267 ff. (auch in: Mechanisches und moralisches Rechtsdenken, 1959, S. 161 ff.); ferner: Widerstand als Recht der Treue, in: Schicksalsfragen der Gegenwart, hrsg. v. Bundesminister f. Verteidigung, Bd. 2, 1957, S. 208 ff.

Hier wird das Widerstandsrecht also ausdrücklich gewährt und wird dem Dritten Reich, obwohl es im Sinne des Positivismus unbezweifelbar „in Kraft stand“, als bloßer Gewaltherrschaft der *Rechts*charakter abgesprochen.

Daß dabei Widerstand nicht nur als passive Resistenz verstanden wird, ergibt sich weiter aus § 1, Abs. 2 desselben Gesetzes, wo als entschädigungspflichtiger Tatbestand auch eine Verfolgung anerkannt wird, „die darauf beruhte, daß der Verfolgte aufgrund eigener Gewissensentscheidungen sich unter Gefährdung seiner Person aktiv gegen die Mißachtung der Menschenwürde oder gegen die sittlich, auch durch den Krieg nicht gerechtfertigte Vernichtung von Menschenleben eingesetzt hat“.

Auch wird der positivistischen Vorstellung, nach der eine *Legal*ordnung schon eine *Rechts*ordnung bedeutet, durch § 2 Abs. 2 entgegengetreten, der feststellt: „Der Annahme nationalsozialistischer Gewaltmaßnahmen steht nicht entgegen, daß sie auf gesetzlichen Vorschriften beruht haben ...[72]“

Endlich wird das Widerstandsrecht noch in einem anderen Gesetz der Bundesrepublik nicht nur als *berechtigt* anerkannt, sondern auch *gefeiert*. In der Präambel des Gesetzes vom 2. August 1953, welches den 17. Juni zum gesetzlichen Feiertag erklärt, heißt es: „Am 17. Juli 1953 hat sich das deutsche Volk in der SBZ und in Ost-Berlin gegen die kommunistische Gewaltherrschaft erhoben und unter schweren Opfern seinen Willen zur Freiheit bekundet. Der 17. Juni ist dadurch zum Symbol der deutschen Einheit geworden.“

h) Rechtsprechung und Widerstandsproblem

In einer Entscheidung des Reichsgerichts vom Jahre 1928 wird die positivistische Grundthese von der Souveränität des Gesetzgebers nochmals aufgenommen und als für das Urteil maßgeblich zugrunde gelegt: „Der Gesetzgeber ist selbstherrlich und an keine anderen Schranken gebunden als diejenigen, die er sich selbst in der Verfassung oder in anderen Gesetzen gezogen hat[73].“

Doch hatte das gleiche Reichsgericht, als die positivistische Rechtslehre zu dem nominalistischen Grundsatz „Mark = Mark“ führte, da es nicht

[72] Siehe auch H. C. *Nipperdey*, Die Haftung für politische Denunziation in der Nazizeit, in: Festschrift für Heinrich Lehmann, 1956, S. 285 ff. Mit Grund wird hier von *Nipperdey* ein Urteil des BGH vom 25. Mai 1955 (BGHZ, Bd. 17, S. 327 ff.) kritisiert.

[73] RGZ, Bd. 118, S. 325 ff. Dazu und dagegen E. v. Hippel, Sind sittenwidrige Gesetze ungültig?, in: DJZ 1928, Sp. 1517 ff. (auch in E. *v. Hippel*, Mechanisches und moralisches Rechtsdenken, 1959, S. 62 ff).

auf die *Sache*, sondern nur auf den *Begriff* anzukommen schien, bereits früher sich veranlaßt gesehen, die Möglichkeit, ja eventuelle Notwendigkeit des Widerstandes gegen den Gesetzgeber zu bejahen.

Als um die Jahreswende 1923/24 die Reichsregierung die Absicht bekundete, im Verordnungswege aufgrund von Ermächtigungsgesetzen die Aufwertung zu verbieten, nahm der Richterverein am Reichsgericht in einer Entschließung vom 1. August 1924 hiergegen Stellung. Er erklärte unter anderem, ein weiteres Festhalten an dem Grundsatz Mark = Mark würde zu einem Höchstmaß des Unrechts führen, „unerträglich für einen Rechtsstaat". Das Reichsgericht glaube von der Reichsregierung erwarten zu dürfen, daß die von ihm entwickelten Grundsätze über die Aufwertung nicht durch einen „Machtspruch" des Gesetzgebers umgestoßen würden. Auch wurde in der Entschließung angesagt, das Reichsgericht werde einem Gesetz, welches gegen diese Grundsätze verstoße, den *Gehorsam verweigern* müssen.

Es handelte sich also, um mit Brüggemann zu sprechen, dem diese Angaben entnommen sind, bei jener Entschließung wirklich um ein „frühes Aufleuchten des Willens zum Widerstand gegen eine ungerechte Obrigkeit, auch wo sie (die Entschließung) nicht ausdrücklich mit diesem Gedanken arbeitet"[74].

Nach Ende des Dritten Reiches wurde weiter, teilweise bereits vor Erlaß des Grundgesetzes, die Rechtswidrigkeit seiner Grundlagen wie die Unverbindlichkeit einzelner Anordnungen desselben durch die Gerichte festgestellt. Von den zahlreichen Entscheidungen, welche die Geltung überpositiver Rechtsstufen und entsprechend auch das Widerstandsrecht juristisch anerkennen[75], seien exemplarisch wenigstens einige genannt. In einem Urteil des BVG vom 23. Oktober 1951[76] heißt es: „Die ausnahmslose Geltung des ... Grundsatzes, daß der ursprüngliche Verfassungsgeber alles nach seinem Willen ordnen kann, würde einen Rückfall in die Geisteshaltung eines wertungsfreien Gesetzespositivismus bedeuten, wie sie in der juristischen Wissenschaft und Praxis seit längerem überwunden ist... Auch ein ursprünglicher Verfassungsgeber ist der Gefahr, jene obersten Grenzen der Gerechtigkeit zu überschreiten, nicht denknotwendig entrückt."

---

[74] D. *Brüggemann*, Die rechtsprechende Gewalt, Berlin, im Erscheinen; nach der Leseprobe des Verlages de Gruyter.

[75] Siehe E. *v. Hippel*, Das Naturrecht in der Rechtsprechung der Bundesrepublik, in: Mechanisches und moralisches Rechtsdenken, 1959, S. 224 ff.; A. *Langner*, Der Gedanke des Naturrechts seit Weimar und in der Rechtsprechung der Bundesrepublik, Bonn, 1959.

[76] BVerfGE, Bd. 1, S. 18 ff.

Auch der BGH hat in einem Urteil vom 12. Februar 1952[77] ausdrücklich die Ungültigkeit von Gesetzen des Nazistaates festgestellt: „Die Machthaber des Dritten Reiches haben zahlreiche Vorschriften erlassen, die mit dem Anspruch auftraten ‚Recht' zu setzen und dem ‚Recht' zu entsprechen, die aber trotzdem der Rechtsnatur ermangelten, weil sie jene rechtlichen Grundsätze verletzten, die unabhängig von jeder staatlichen Anerkennung gelten und stärker sind als ihnen entgegenstehende obrigkeitliche Akte; obrigkeitliche Anordnungen, die die Gerechtigkeit nicht einmal anstreben ..., schaffen kein Recht und ein ihnen entsprechendes Verhalten bleibt Unrecht."

Die Transzendenz höherer Rechtstufen gegenüber bloßer Legalität und ihre Verbindlichkeit für diese kommt besonders deutlich in einem Urteil des Schwurgerichts Köln vom 24. Oktober 1951[78] zum Ausdruck: „Über allem gesetzten Recht steht ein höheres ungeschriebenes Recht ... Vom Menschen geschaffenes Recht kann keinen Anspruch auf Gültigkeit erheben, wenn es dem Naturrecht zuwiderläuft."

Endlich heißt es in den Urteilsgründen des Schwurgerichts Ulm in der Mordsache Fischer/Schweder, bei der die Frage des Widerstandsrechts im Mittelpunkt stand: „Ein normaler Mensch kann sich nicht mit Erfolg darauf berufen, kein Gewissen gehabt und ohne Gewissen gehandelt zu haben[79]."

In seiner Abschiedsrede als Präsident des BGH hat Hermann *Weinkauff* warnend auf die Notwendigkeit hingewiesen, die transzendenten Voraussetzungen des Rechts zu bewahren: „Nur von dieser naturrechtlichen Grundlage her kann das Recht einer erneuten totalitären Bedrohung Widerstand leisten, während der Rechtspositivismus einer solchen erneuten Bedrohung, die doch jederzeit möglich und im östlichen Teil unseres Vaterlandes schon wieder Wirklichkeit ist, abermals nichts, aber auch gar nichts, entgegenzusetzen hätte." Auch sprach Weinkauff in diesem Zusammenhang von der Führung, welche die Rechtsprechung in dieser Frage übernommen habe, „vor einer unsicheren, zögernden, im Grunde skeptischen und in sich tief uneinigen Rechtswissenschaft"[80].

Daß nicht die Souveränität der Macht den Ausgang rechtlichen Geltens bilden kann, soll es nicht bei der Despotie enden, brachte bei seiner An-

---

[77] BGHSt, Bd. 2, S. 117.

[78] NJW 1952, S. 358.

[79] Nach J. *Martin*, Widerstand gegen Unrechtsbefehle, in: Die Neue Ordnung, 1962, Heft 2, S. 132 ff.

[80] H. *Weinkauff*, Rede, S. 48 f., in: Ansprachen zur Verabschiedung des Präsidenten des Bundesgerichtshofes Dr. h. c. Hermann Weinkauff und zur Amtseinführung des Präsidenten des Bundesgerichtshofes Dr. Bruno Heusinger am 31. März 1960, S. 41 ff., Karlsruhe, 1960.

sprache zur Amtseinführung von Gebhard *Müller* als Präsidenten des BVG Eugen *Gerstenmaier* treffend zum Ausdruck, wenn er hinwies auf die „Souveränität des Rechtes, dem sich die Macht beugen muß“[81].

i) Das Widerstandsproblem in sonstigen Bereichen

1. Die Stellung der Kirchen

Von den Gemeinschaften und Personen, welche das Widerstandsrecht als aktuelles Problem besonders angeht, sind in einem Zeitalter materialistischer und atheistischer Staatslehren und Methoden in erster Linie die *Kirchen* und die *Gläubigen* zu nennen. So sei auf die hier vertretenen Ansichten zum Widerstandsproblem wenigstens in aller Kürze eingegangen.

Es bestimmt sich da der Standpunkt der *katholischen* Kirche grundsätzlich durch ihre Anerkennung transzendenter Voraussetzungen des positiven Rechts, d. h. die Anerkennung der lex divina und der lex naturalis als höhere Rechtsstufen. Entsprechend wurzelt die Verbindlichkeit des Rechts zuletzt in der moralischen Natur des Angeordneten und nicht in souveräner Macht. Das Recht ist notwendig verbunden mit der *Gerechtigkeit* als einem objektiven, an sich geltenden Prinzip, weshalb gegenüber rechtloser Gewalt notfalls Widerstand, gegebenenfalls auch aktiver, zulässig und eventuell geboten ist[82].

Praktisch wurde diese Situation insbesondere im *Kulturkampf*, wie er in Frankreich, in Deutschland, in Mexiko usw. und heute gegenüber dem Bolschewismus und Kommunismus sich erhob beziehungsweise noch besteht.

Die positivistische Grundthese von der staatlichen Allmacht und rechtlichen Souveränität auf allen Bereichen wurde hier bereits von *Mallinckrodt* 1874 im preußischen Abgeordnetenhaus zurückgewiesen: „Der Grund, weshalb den Anforderungen der preußischen Regierung so entschiedener Widerspruch von kirchlicher Seite entgegengestellt wird, liegt darin, daß die Staatsgewalt das selbständige Recht der Kirche

---

[81] E. *Gerstenmaier*, Rede, S. 12, in: Ansprachen zur Amtseinführung des Präsidenten des Bundesverfassungsgerichts Dr. Gebhard Müller am 13. Februar 1959, S. 11 f., Karlsruhe, 1959.

[82] Literatur bringt R. *Angermair*, Das Widerstandsrecht in theologischer Sicht, in: Staatslexikon der Görres-Gesellschaft, 6. A., Bd. 8, 1963, Sp. 682 f; A. Koch, SJ., Vom Widerstand der Kirche 1933—1945, Stimmen der Zeit, 72. Jg., 1947, S. 468 ff. Auf einer Tagung der Katholischen Akademie in München im März 1965 erklärte Rudolf *Hofmann:* „Wir leben alle unter der Drohung des totalitären Staates, der Widerstand gegen ihn muß heute einsetzen.“ Die Welt v. 29. März 1965.

schlechthin negiert und die Forderung stellt, die Kirche solle vor allen Dingen anerkennen, daß sie dem Staate gegenüber rechtlos sei, daß sie zur unbedingten Unterwürfigkeit verpflichtet sei, und dann stellt der Herr Kultusminister hie und da eine gewisse Großmut in der Ausübung der staatlichen Machtfülle in Aussicht[83]."

Eine kurze Zusammenfassung der Voraussetzungen des Widerstandsrechts unter katholischer Sicht gab unlängst A. *Hartmann* mit folgender Formulierung[84]: „Handeln die höchsten Träger der staatlichen Gewalt grundsätzlich und dauernd gegen das Gemeinwohl des Volkes, werden sie also im eigentlichen Sinne ‚Tyrannen', so hören sie auf, legitime Organe des Staates zu sein, und Widerstand gegen sie, selbst bis zur gewaltsamen Entfernung aus ihrer Stellung, kann berechtigt oder sogar geboten sein[85]."

Die Stellung zum Widerstandsrecht innerhalb des *protestantischen* Bereichs und insbesondere im *Luthertum*[86], wo nicht von einer einheitlichen Lehrmeinung gesprochen werden kann, wird mehr durch seine philosophische als durch die theologische Grundlage und weiter durch die historische Ausgangssituation bestimmt. Der Zusammenhang des Luthertums philosophisch mit dem *Nominalismus*[87] und politisch mit dem *Staat*, nicht mit dem *Reich*, ließ lange das Widerstandsproblem als wenig aktuell erscheinen. Dazu mußte die Abstellung nur auf das Gewissen und der darin liegende persönliche Ausgang, verbunden mit dem Verlust objektiver Werte, deren Geltung oder doch Erkennbarkeit als zweifelhaft erschienen, die Grundlagen des Widerstandsrechts treffen. Hinzu kam endlich Luthers persönliche Stellung zum Widerstandsproblem und mehr noch die im positivistischen Zeitalter herrschend gewordenen Auslegungen seiner Ansichten.

Andererseits kann man feststellen, daß der Bedrückungen auch der evangelischen Christen durch den atheistischen Staat heute wie auch das

---

83 Nach H. *Reinartz*, Der Kulturkampf, Düsseldorf 1962, S. 27.

84 A. *Hartmann*, Katholik und Obrigkeit, in: Gesellschaftspolitische Kommentare 1959, S. 233. Siehe ebendort, S. 231 ff., M. *Pribilla*, Katholik und Widerstandsrecht des Volkes, zum Römerbrief 13. Weitere Beiträge von *Pribilla* zum Widerstandsrecht ebendort S. 253 ff. und 1960, S. 28 ff. und 40 ff.

85 Auch R. *Darell Lumb* stellt neuestens — The Duty of Obeying the Law, im: ARSP 1963, S. 195 ff. — in Übereinstimmung mit Thomas von Aquino fest, daß „eine Norm des positiven Rechts dann nicht befolgt zu werden" braucht, „wenn sie wesentliche Grundsätze der Gerechtigkeit verletzt". (S. 217).

86 Siehe außer der genannten Literatur: Widerstandsrecht und Grenzen der Staatsgewalt, Bericht über die Tagung der Hochschule für politische Wissenschaften, München, und der Evangelischen Akademie, Tutzing, 18.—20. Juni 1955, in der Akedemie Tutzing, hrsg. v. B. *Pfister* und G. *Hildmann*, Berlin 1956.

87 Siehe E. *v. Hippel*, Geschichte der Staatsphilosophie, Bd. 2, 2. A., 1958, S. 21 ff.

aufkeimende Gefühl für die Schwäche bloß empirischer Grundlagen vielfach zu einem Umdenken und zu neuen Ansätzen geführt haben. Symptomatisch ist hierfür insbesondere der Wandel der Ansichten, wie er bei Bischof Otto *Dibelius* zutage tritt. So hat *Dibelius*, der ursprünglich im Hinblick auf Römer 13 dem Dritten Reich wie dem Pankow-Regime den Charakter einer Obrigkeit zuerkannte, später diesen Standpunkt aufgegeben und selbst aktiv Ungehorsam gegenüber ihren Anordnungen geübt[88]. Auch erklärte Dibelius 1960: „Für mich war es unmöglich, den NS-Staat als von Gott legitimiert zu betrachten. Mir wurde klar, daß einer solchen Diktatur gegenüber die Gehorsamspflicht, wie sie die Bibel verlangt, nicht mehr gilt[89]."

Im Anschuß an die Obrigkeitsschrift von Dibelius, welche dem Sowjetzonenstaat den Charakter einer von Christen zu respektierenden Obrigkeit abspricht, fand im Oktober 1959 ein Rundfunkgespräch zwischen Dibelius, Lilje und Scheuner statt, in dem Dibelius erklärte: „Wenn die Staatsgewalt sich bewußt außerhalb des auf Gott bezogenen Rechts stellt, dann verliert sie ihren rechtlichen Status[90]."

Doch bringt es die Abstellung auf das Gewissen und der dadurch gegebene subjektive Einschlag mit sich, daß dieser Standpunkt von andern Vertretern der evangelischen Kirche, wie etwa Gollwitzer, nicht geteilt wird.

2. *Zur Lage in der Bundesrepublik*

Das Widerstandsproblem als noch zu bewältigende Vergangenheit zeigt sich insbesondere in den Verfahren gegen Machthaber oder Funktionäre des Dritten Reichs. So erklärte etwa im Auschwitzprozeß der Angeklagte Dülewski (Sitzung v. 13. Juli 1964): „Ich habe damals die Exekutionsbefehle für rechtmäßig gehalten, denn sie kamen direkt aus Berlin[91]."

Der Erlaß des Befehls von der „höchsten Stelle" im Sinne des Positivismus, d. h. vom Zentrum der Macht, und die Gleichsetzung des Rechts mit der Legalordnung machten für den Angeklagten das Befohlene rechtmäßig. Zugleich aber bezeugt es das durch positivistische Gewalt-

---

[88] „In der nationalsozialistischen Zeit ist es mir gelungen, in einem kleinen Büro, das ich damals hatte, zwei Nichtarier durch die ganzen Jahre hindurchzubringen entgegen allen gesetzlichen Anordnungen des Staates. Ich habe auch eine ganze Reihe von illegalen Schriften schreiben und verteilen können. Damit habe ich gegen staatliche Vorschriften gehandelt, aber ich habe ein gutes Gewissen gehabt." So im Rias, November 1959 (in: Gesellschaftspolitische Kommentare, 15. November 1959, S. 230).

[89] Nach: Bonner Rundschau, 26. Januar 1960.

[90] Abgedr. in: Gesellschaftspolitische Kommentare, 15. November 1959.

[91] Nach: Allgemeine Zeitung (Bingen), 14. Januar 1964.

lehren nur unterdrückte Wissen der Seele um Recht und Unrecht, wenn derselbe Angeklagte im weiteren versicherte: „Das Unrecht habe ich als junger Mensch, der direkt von der Schul- und Studienbank nach Auschwitz gekommen war, damals noch nicht erkannt.“

Es taucht weiter das Problem des Widerstandes als aktuelles in der Bundesrepublik auf im Hinblick auf die *Sowjetzone* und insbesondere auf die Berliner Mauer. Hierzu kann in Kürze gesagt werden: Das Verbot der Machthaber im Zonenbereich, die Zone ohne besondere Erlaubnis zu verlassen, welches im Sinne des Positivismus als ein rechtskräftiges anzusehen wäre, ist im Hinblick auf höhere Rechtsstufen und auf die Freiheit des Menschen unverbindlich[92]. Entsprechend leisten diejenigen, die sich durch Flucht dem Gefängnis der Zone entziehen, berechtigten Widerstand und sind jene Grenzposten, die befehlsgemäß auf Flüchtlinge schießen, und die für deren Tötung mit Lob und Belohnung durch das Zonenregime rechnen können[93], im Bereich der Bundesrepublik strafbare Verbrecher. Indem aber so von ihnen verlangt wird, ausdrücklichen Befehlen zuwider zu handeln, wird nicht nur ein Widerstands*recht*, sondern eine Widerstands*pflicht* juristisch vorausgesetzt.

Auch das Abhören westlicher Sender entgegen dem Verbot der Sowjetzone stellt eine Anwendung des Widerstandsrechts dar.

Die Rechtswidrigkeit des Zonenregimes als bloßer Zwangsordnung hat weiter zur Folge, daß der Juniaufstand von 1953, auch wenn er nicht gelang, als rechtmäßig anzusehen ist. Und Entsprechendes gilt allgemein bei Erhebungen gegen rechtswidrige Gewalt, wie etwa im Ungarnaufstand 1956.

Im übrigen ist das Widerstandsrecht in der Bundesrepublik heute aktuell insbesondere im *militärischen* Bereich, da die Art der hier zu treffenden Maßnahmen sofortigen Widerstand verlangen kann. So erregte es Verwunderung im Prozeß gegen „Schleifer“ der Nagolder Ausbildungskompanie, daß die offenbar entwürdigenden Befehle ausgeführt wurden[94].

---

[92] Siehe dazu auch die Allgemeine Erklärung der Menschenrechte der Generalversammlung der Vereinten Nationen v. 10. Dezember 1948, wo es in Art. 13 (2) heißt: „Jeder Mensch hat das Recht, jedes Land, einschließlich seines eigenen, zu verlassen.“

[93] So soll nach dem Ostberliner Gesetzblatt v. August 1962 die „Medaille für vorbildlichen Grenzdienst“ auch erhalten, wer „vorbildliche Leistungen und persönliche Einsatzbereitschaft bei der Sicherung der Grenze der DDR“ zeige.

[94] Dazu der Vorsitzende des Schöffengerichts Calw zu den als Zeugen auftretenden ehemaligen Rekruten: „Was seid ihr eigentlich für Kerle? Solche Befehle hätte bei uns kein Mensch ausgeführt, nicht einmal der dümmste Trottel.“ Nach: Allgemeine Zeitung (Bingen), 10. Dezember 1963.

Daß Widerstand auch einem Vorgesetzten gegenüber nicht nur rechtmäßig, sondern geradezu *Pflicht* sein kann, bezeugte das Winsener Schöffengericht im November 1961. Hier hatte ein Oberleutnant seinem Fahrer, einem Gefreiten, befohlen, einen Laster zu überholen, wodurch es zu einem Unfall gekommen war. Er hätte den Befehl, wie das Gericht feststellte, verweigern müssen. Nicht besser dürfte es den Fahrern zweier Offiziere der Bundeswehr ergangen sein, welche von einem Dienstfahrzeug aus in fremden Jagdrevieren Fasanen und Rebhühner schossen. Denn schwerlich dürfte das Bogener Amtsgericht, vor dem sie im Februar 1962 standen[95], ihre Erklärung angenommen haben, sie hätten „auf Befehl" gehandelt.

Endlich erhebt sich das Widerstandsproblem etwa auch im Steuerrecht wie als Weigerung, sich oder seine Kinder impfen zu lassen (Impfgegner).

3. *Das Widerstandsproblem in der Welt*

Eine nähere Besinnung zeigt das Widerstandsproblem in bestürzender Weise heute in der *ganzen Welt* als aktuell, worin das Unbefriedigende, Ungeordnete und Ungerechte vieler Verhältnisse zum Ausdruck kommt.

Der Widerstand im ehemaligen Kolonialbereich erhielt etwas wie sein Urbild, als 1930 Gandhi durch seinen „Marsch ans Meer" zur Salzgewinnung bewußten Ungehorsam gegen die britischen Salzgesetze beging. Aber das gleiche Indien, nun souveräner Staat, mußte es 1959 erleben, daß die Bischöfe von Kerala Widerstand gegen den damals kommunistischen Bundesstaat übten. Aus Protest gegen ein Schulgesetz, welches das staatliche Schulmonopol einführte, um kommunistische Lehren ungehindert verbreiten zu können, wurden von den Bischöfen alle katholischen Schulen geschlossen.

Im übrigen hat die Neubildung von Staaten dazu geführt, daß unter diesen, sei es unter kommunistischem oder nationalistischem Vorzeichen sich Despotien befinden, welche den schlimmsten Formen der antiken Tyrannis um nichts nachstehen. Damit aber wird auch das Problem des Widerstandes gegen die Gewaltordnung wie gegenüber den Tyrannen neu aktuell. Daß umgekehrt pervertiertes Fühlen dort ein Recht zur Tötung sich anmaßt, wo eine freiheitliche Ordnung nur *legale* Mittel rechtfertigt, bezeugt die Ermordung *Kennedys* am 22. November 1961. Doch auch die Taten der OAS sind in diesem Zusammenhang zu nennen.

Es stellt sich weiter das Widerstandsproblem, ob zu Recht oder Unrecht, in Südafrika; es zeigt sich im Kampf schwarzer Bevölkerungsteile

---

[95] Nach: Rheinzeitung, 13. Dezember 1963.

gegen die portugiesische Regierung in Mozambique und Angola; ja, es tritt auf innerhalb der Vereinigten Staaten selber als Kampf der Neger um ihre Gleichberechtigung. Doch auch im europäischen Bereich erhebt sich die Widerstandsfrage in den Vorgängen um Südtirol, wo in dem Mailänder Prozeß der Hauptangeklagte Josef *Kerschbaumer* am 16. Dezember 1963 erklärte: „Ich habe die Welt auf das Unrecht aufmerksam machen wollen, das den Südtirolern widerfährt[96]."

Einen weiteren Fall des Widerstandes stellt der Kampf der *Tibetaner* gegen die chinesische Invasion dar. Hier verdient Interesse, daß der *Dalai Lama,* welcher als Buddhist zunächst nur passiven Widerstand als vertretbar ansah, diesen Standpunkt später aufgegeben hat[97].

Endlich sei in diesem Zusammenhang noch an den Widerstand gegen das Besatzungsregime in Frankreich und die ihm verbundene Regierung *Pétain* erinnert. Während *de Gaulle* damals Ungehorsam übte und im Sommer 1940 von London aus zum Widerstand aufrief[98], betrachtete seinerseits der Marshall *Juin* die Regierung Pétain als für ihn rechtmäßige Autorität[99].

4. Der Umfang des Widerstandsrechts

Das Widerstandsrecht kann sich im äußersten Fall auf eine *Legalordnung* und Herrschaft *als solche* erstrecken, deren Rechtmäßigkeit bestritten wird, ohne sich deswegen notwendig auch gegen *einzelne* Anordnungen zu richten, die, wie etwa solche auf dem Bereich des Verkehrs, durch die grundsätzliche Problematik nicht betroffen werden. Umgekehrt kann sich der Widerstand beziehen bloß auf konkrete *Einzelfragen,* ohne daß deswegen die Gesamtordnung angezweifelt wird.

So waren etwa im Januar 1959 Londoner U-Bahnbenutzer in einen Zug gestiegen, der das Richtungsschild Dagenham-Ost trug. Als ihnen dann eröffnet wurde, sie müßten aussteigen, da der Zug dorthin nicht fahre, verweigerten die Fahrgäste geschlossen unter Hinweis auf das Richtungsschild den Gehorsam und nötigten im Endergebnis die Bahnverwaltung, den Zug zum angegebenen Ziel fahren zu lassen.

---

[96] Nach: Die Welt, 17. Dezember 1963. Daß hier die an sich berechtigte Forderung nach Autonomie innerhalb des italienischen Staates mit unzulässigen Terrormitteln verfolgt wurde, sei nur am Rande vermerkt.

[97] *Dalai Lama,* Mein Leben und mein Volk, Die Tragödie Tibets, München, 1962, S. 138 ff.

[98] Abdruck des Aufrufs bei J. *Pirenne,* Weltgeschichte, Neueste Zeit, Bern, 1949, S. 961.

[99] A. *Juin,* Trois Siècles d'Obéissance Militaire, Paris, 1964. Es heißt hier (nach Die Welt, 4. Februar 1964): „Ich habe immer der Regierung Frankreichs gehorcht, ohne mich zum Richter ihrer Legitimität zu machen ... Ich habe auch unter Umständen gehorcht, unter denen viele glauben — oder geglaubt haben —, daß es notwendig gewesen wäre, den Gehorsam zu verweigern."

Grundsätzlicher und weniger erfolgreich war dagegen der Sitzstreik der Atombombengegner auf dem Parlamentsquare in Westminster, der im September 1961 zur gerichtlichen Verurteilung von Bertrand *Russel* als Vorsitzendem des „Komitees der Hundert" führte.

Welch weltweite Folgen der Widerstand eines einzelnen gegenüber dem Staat haben kann, auch wo er als fast querköpfig erscheint, zeigt der Fall des Amerikaners Henry David *Thoreau* (1817—62). Thoreau weigerte sich, Kopfsteuer an einen Staat zu bezahlen, der die Sklaverei dulde, und wurde eingesperrt. Er schrieb daraufhin im Gefängnis eine Abhandlung, deren Grundthese besagt, ein freier Mann habe das Recht, ungerechte Gesetze zu mißachten, auch wenn sie mit Mehrheit angenommen seien, und schlug für solche Fälle passiven Widerstand vor.

So wenig überzeugend in diesem Falle das beanspruchte Widerstandsrecht war, so hat es doch *Thoreau* heute zu einem politischen Propheten für viele Menschen in den amerikanischen Südstaaten sowie in Asien und Afrika werden lassen. Auch erklärte *Gandhi* gegenüber Bluce *Bliven,* wie dieser selber berichtete[100], er (Gandhi) habe seine Idee des passiven Widerstandes von Thoreau übernommen.

Das Widerstandsproblem gegenüber wirklichem oder vermeintlichem Unrecht hat stets auch die *Volksphantasie* stark beschäftigt. Es sei hierfür auf das Beispiel der „edlen" Räuber hingewiesen, die nur den Bösen etwas tun, und die etwa der Roman „Die Räuber vom Liang Schan Moor" verherrlicht. Seine Helden stehen im Widerstand gegen korrupte Bonzen und Bürokraten, bis ihnen schließlich Gerechtigkeit zuteil wird. Seit rund 500 Jahren ist dies Buch das populärste Werk der chinesischen Literatur[101].

Es sei erinnert auch an *Kleist*'s Michael Kohlhaas oder an die Volkstümlichkeit, die Andreas *Hofer* als Held des Widerstandes noch heute besitzt. Endlich sei für die Gegenwart etwa auf den chilenischen Roman von Eduardo *Barjos* „Der Huaso" hingewiesen. Der Held dieses Romans leistet aus dem trotzigen Herrengefühl ererbter Freiheit des alten Besitzes heraus der Gesetzgebung des Massenstaates, der diese Freiheit ignoriert, und seiner Bürokratie tätlichen Widerstand und verliert dabei sein Leben[102].

Die bisherigen Ausführungen dürften genügen, um die Aktualität des Widerstandsproblems in aller Welt vor Augen zu stellen. Dies Problem kann vom Boden des Positivismus aus weder verstanden noch gelöst werden, da dieser eben jene transzendenten Voraussetzungen

---

[100] Nach: Das Beste aus Readers Digest, 1962, Nr. 6, S. 166 ff.
[101] Deutsch v. F. *Kuhn,* Düsseldorf o. J.
[102] Deutsch o. J.

verlor, auf denen das Widerstandsrecht seinerseits beruht. Zugleich zeigt sich hier der Verlust der objektiven Wertordnung und die Relativierung von Gut und Böse im bloß technischen Rechtsdenken der Neuzeit.

In einer Rede vor Akademikern über die Aufgabe des Gebildeten, welche Anton *Hilckmann,* der große Kenner der Staaten und Völker, am 23. Juli 1963 in Köln hielt[103], heißt es: „Wer den *Sinn für die Werte,* die das Leben beherrschen oder doch beherrschen sollen und für die *Rangordnung der Werte untereinander* verloren hat, ist gleichsam ein geistig *Blinder;* diese geistige Blindheit können wir nur als *Barbarei* bezeichnen. Und eine Zeit, in der diejenigen Menschen, die noch Werte zu erkennen und Werte richtig einzuordnen vermögen, in der Minderheit sind, ist eine *barbarische* Zeit." —

Möge unser Jubilar, der das Ende der Barbarei des Dritten Reichs wie die Erschütterung der Staatslehre des Positivismus erlebte, sich auch des Lichtes und der Wärme einer moralischen Rechtslehre und Rechtswirklichkeit noch erfreuen können.

---

[103] Abgedruckt in: Die Begegnung, November 1963.

Rechtsformalismus und Wirtschaftsleben

Von Fritz Brecher, Saarbrücken

I

Dem Ungenügen des modernen Menschen am Juristen entspricht ein Unbehagen des Juristen an sich selbst. Nicht ganz ohne geheimen Neid schaut er bisweilen auf andere Bereiche des Denkens und Handelns, die geschlossen in sich zu ruhen scheinen, ihren Repräsentanten gelassene Selbstverständlichkeit verleihen und dabei des Respekts, wenn nicht gar der Bewunderung der Umwelt teilhaftig werden. Wenn der Jurist mit ihnen konfrontiert wird, stößt er oft auf eine nahezu glaubensartige Selbstgewißheit, die ihn in eine Verteidigungsposition drängt. — Vor dem forum des homo religiosus ist das positive Recht letztlich wesenlos[1], für den Philosophen erscheint es als unreines Gemenge faktischer und normativer Elemente, der Ethiker verweist auf die Unvereinbarkeiten von Recht und Moral, auf den Schurken, der das Recht auf seiner Seite haben kann, der Arzt empfindet es häufig als lästige Fessel eigenverantwortlicher Heilbehandlung, der empirische Naturforscher bezweifelt den Charakter der Jurisprudenz als Wissenschaft überhaupt[2], der Politiker sieht die Rechtsordnung vielfach als organisatorisch-apparateskes Instrumentarium, gültig nur für eine Sekundärebene unter dem Vorbehalt der Neu- und Umgestaltung durch Entscheid des Gemeinwillens — das Stichwort *Politikum* schlägt für ihn jede juristische

---

[1] Vgl. etwa *Radbruch*, Rechtsphilosophie, 4. Aufl., 1950, S. 191 f. Auch da, wo ein religiös verstandenes Naturrecht dem positiven Recht eine mittelbare religiöse Weihe und Verbindlichkeit gibt, steht der (relative) Wert des letzteren doch unter einem radikalen Vorbehalt. Vom Gedanken der christlichen caritas her, wird die „Gesetzlichkeit" als Versuchung empfunden. Vgl. zu dieser „Versuchung von oben", zu der Andersheit des göttlichen Willens und zu der Schuld, die von dieser Sicht her gerade in dem menschlichen Bemühen um absichernde Ordnungssysteme liegt, Leopold *Ziegler*, Menschwerdung, Olten, 1948, II, S. 250 ff. — Besonders eindrucksvoll findet der Appell zur Überwindung des Gesetzes Ausdruck in der *Kafka*schen Parabel vom Türhüter vor dem Gesetz, der dem ängstlich und bis zum Tode vergeblich auf Erlaubnis wartenden Menschen den gerade für ihn bestimmten Zugang verwehrt (Der Prozeß, 9. Kap., Im Dom).

[2] Zum Streit um den Wissenschaftscharakter und dessen Zusammenhang mit dem positivistischen (mathematisch-naturwissenschaftlichen) Wissenschaftsbegriff vgl. etwa *Larenz*, Methodenlehre der Rechtswissenschaft, 1960, S. 4 f., 34 f.

Argumentation —, der Mann der Wirtschaft schließlich wird geneigt sein, Rechtssätze und Rechtsverhältnisse zu beurteilen nach ihrer Brauchbarkeit für die objektiven Zwecke der Bereitstellung und Verteilung knapper Mittel der Bedürfnisbefriedigung oder auch für die subjektiven Tendenzen der Gewinnmaximierung[3].

Alle jene Bereiche, so extrem verschieden, ja widersprüchlich sie dem Ansatz ihrer Weltsicht und Weltbewältigung nach sein mögen, haben doch gegenüber dem des Rechts eines gemeinsam: Es ist für sie möglich, *materiale* Inhalte der Erkenntnis oder des praktischen Verhaltens auf ihrer *eigenen* Denk- und Seinsebene zu entwickeln. Dies gilt unbeschadet allen Streits um die Richtigkeit der Methoden und der Ergebnisse im einzelnen. — Glaubensinhalte werden vom Menschen kraft seiner irrationalen Rückverbindung zum Mysterium des Göttlichen aufgenommen und bekannt, — philosophische Wahrheiten von dem über-empirisch-transzendentalen Ich konzipiert, — ethische Gebote entnimmt der Handelnde den drängenden Forderungen seines sittlichen Bewußtseins, — naturwissenschaftliche Gesetze sind empirisch fixierbar und rational verifizierbar, — Grundsätze des ärztlichen, des politischen oder des wirtschaftlichen Handelns ergeben sich aus den spezifisch ärztlichen, politischen oder wirtschaftlichen Zielsetzungen.

Der sachliche Gehalt entspringt und entspricht also jeweils unmittelbar dem Sinnzusammenhang des betreffenden Gebiets. Das gilt jedenfalls relativ und ganz sicher für die heute praktizierte Auffassung, die geneigt ist, weitgehend autonome Eigenbereiche des Politischen, des Wirtschaftlichen usw. anzuerkennen. Daß letztlich jeder solche Bereich an Substanz verliert und seine Gesetze als solche fragwürdig werden, wenn er nur aus sich bestimmt ist, trifft zwar zu, läßt aber seine materiale Erfülltheit unberührt.

Anders beim Recht!! Das Spezifikum des *positiven* Rechts liegt im Formalen; alles was an substantiellem Gehalt im Rechte steckt, stammt nicht aus dem Recht[4]! Das klingt provozierend und scheint dem Recht

---

[3] Das Wirtschaftsrecht erscheint dann weitgehend als in rechtlichen Formen praktizierte Nationalökonomie. In diesem Sinne z. B. *Schmölders*, Die Weiterbildung des Wirtschaftsrechts — Untertitel: Das Wirtschaftsrecht als angewandte Wirtschaftswissenschaft, ZGesStW 101 (1941), S. 64 f. und Wirtschaftslenkung als angewandte Wirtschaftswissenschaft, Köln. Univ.-Reden Nr. 39 (1940), S. 7 ff. — Gegen solche Ineinssetzung von ökonomischer Zweckmäßigkeit und rechtlicher Richtigkeit neuerdings wieder *Schmidt-Rimpler*, Handw.-Buch d. Sozialwiss., Stichwort Wirtschaftsrecht, III, B. Zur Rechtswerterfülltheit des Wirtschaftsrechts vgl. auch — trotz zeitgebundener Beispielswahl — Martin *Busse*, Wirtschaftspolitische Praxis und Rechtsbildung, Stgt, Berlin 1941, S. 24 f.

[4] „Recht" verwenden wir hier im üblichen Sinne von positivem Recht, d. h. gleichbedeutend mit „Inbegriff der Rechtsnormen", also nicht im Sinne von „Rechtsidee", die mehr als Recht ist, und nicht im Sinne des in der Rechtsent-

seinen Eigenwert zu nehmen. Und doch liegt gerade dort der einzige Raum seiner Freiheit; denn seitdem die Jurisprudenz sich ihrer selbst bewußt geworden ist und von der Theologie und Philosophie gelöst hat — soweit das möglich ist —, muß sie sich vorsehen, daß sie die kaum errungene Mündigkeit nicht an andere Mächte verliert. Die Rechtsnorm als solche, an und für sich betrachtet, ist ein bloßer Rahmen, ist leer, sie hungert nach Wirklichkeit, um werthafte Gestalt zu gewinnen. Und die Wirklichkeiten bieten sich ihr an, die ganze Reihe der Stufung des Seins hindurch. Wenn es nicht mehr die der Meta-Physis sind oder des ontischen Logos, so sind es die der schlichten Physis, der natürlichen Gegebenheiten und des faktischen Pragma. So bezieht sie Inhalt und Maßstab, wo immer auch her, doch nie aus sich selbst: Die Gerechtigkeit aus der Transzendenz, die Sachlogik, die sog. „Natur der Sache" aus der Immanenzphilosophie[5], der Phänomenologie oder der Empirie, das Gemeinwohl und die soziale Bedeutung der Rechtsverhältnisse aus der Politik, — Zweck, Funktion und Interesse aus Wirtschaft und Soziologie, wenn nicht gar aus der Statistik.

Der Rechtssatz reduziert auf sich allein bleibt Form; zu ihr muß der Jurist in asketischer Selbstbeschränkung stehen — ohne doch dabei stehen zu bleiben. Denn solange er Jurist ist und nichts als das, bleibt er ein Wanderer zwischen zwei Welten, zwischen vielen Welten, ortlos im Raum, *ou topos* ist dann seine Losung, die den Idealisten zur Utopie, den nüchternen Praktiker zur Standpunktlosigkeit des de omnibus dubitandum, zur Technik des sophistischen Dialektizismus führen mag. Erst wenn die Form des Rechts prinzipiell das Ganze des Seins umgreift, nach den beiden Seiten der Idealität und der Realität hin, ohne irgendeine Schicht auszusparen, ist die Rechtswelt vollendet, wird das Recht der Welt „gerecht", indem es spiegelgleich eine zweite Welt „im Recht" aufbaut, nicht in blinder

---

scheidung und rechtlichen Gestaltung des Sachverhalts verwirklichten, voll konkretisierten Rechts; dieses ist Leben in rechtlicher Ordnung. Anders Arthur *Kaufmann*, Analogie und Natur der Sache, Heft 65/66 der Schriftenreihe der Jur. Stud.-Gesellschaft Karlsruhe, 1965, S. 8—10, der formal-positives und materiell-positives Recht unterscheidet.

[5] Diese ist letztlich auch der Ausgangspunkt Arthur *Kaufmanns* (a.a.O. S. 14 f.), unter Zugrundelegung der gradualistischen Analogia-entis-Lehre und bei arbeitshypothetischer Ausklammerung des Gottesproblems und damit des Problems der absoluten Transzendenz. — Eine gewisse Relativierung der Sachlogik findet sich bei *Stratenwerth*, Das rechtstheoretische Problem der Natur der Sache, in Recht und Staat Nr. 204, Tübingen 1957, indem er eigentlich nur eine sachlogisch bestimmte Widerspruchsfreiheit des Rechts fordert (S. 13 f., 24), die Frage der Bindung der ersten Wahl („ob das positive Recht den Gesichtspunkt, in dem die sachlogischen Strukturen ihre Einheit finden, *überhaupt* aufnehmen muß") (z. B. Mensch als Person) dahingestellt sein läßt und insoweit nur auf die rechtsgeschichtliche Kontinuität und die rechtsvergleichende Parallelität verweist (S. 18, 26).

Identität, nicht in sklavischer Nachahmung, sondern gestaltet nach den wesenseigenen Kategorien des Rechts: Das Wesen des Rechts *an sich* aber ist Form. So erklärt sich die Forderung, daß der Jurist von allem etwas wissen muß, denn wie sollte er sonst alles in den Griff, in den Rechtsbe*griff* bekommen; aber auch seine oft ironisierte Neigung zum „Besser-Wissen" hat hier ihre legitime Wurzel, da er das Wissen zwar übernimmt, aber nie einfach hinnimmt, sondern um*formt*, rechtsförmig macht, ansonsten er nur ein Sekretär wäre, ein Protokollant, der nichts eigenes hinzutäte.

II

Das formale Moment am Recht gerät also unausweichlich in einen Antagonismus zu jedwedem materialen Bestimmungsfaktor, und dieser Gegensatz ist über die allgemein bekannte Polarität von Form und Gehalt hinaus gesteigert zu einer Antinomie, eben deshalb, weil der Formwert vom Recht um seiner selbst willen gesucht wird und insofern hier mehr bedeutet als nur die abgezogene Außenseite des Inhalts. Eitel wäre die Hoffnung, jenen Widerstreit jemals dialektisch in höherer Einheit voll versöhnen zu können.

1. Im Laufe der historischen Entwicklung tritt in dieser Auseinandersetzung jeweils ein anderer Bereich als Inhaltskomponente des Rechts besonders hervor, entsprechend der Abfolge der kulturellen Wertpräponderanzen. Die Kulturgeschichte ließe sich am Kampf um den Rechtsformalismus paradigmatisch darstellen, womit sich das Recht als Spiegel auch in der Zeitdimension bewährt. Die gegenüber formaler Argumentation angeführten materialen Gesichtspunkte stammen stets überwiegend aus dem Bereich, der in den Wertvorstellungen einer Epoche als vorrangig gilt[6]. Dabei tritt vielfach dasjenige Rechtsgebiet, welches jenem Bereich speziell zugeordnet ist und im Denkstil eine besondere Affinität zu ihm besitzt, verstärkt hervor, ja man hört dann die Meinung, daß die anderen Rechtsgebiete letztlich nur Zweige jenes zentralen oder Wurzelgebietes seien, daß alles Recht im Grunde nur

---

[6] Unzweifelhaft weist der gesamte Kulturstil einer Zeit eine einheitliche Prägung auf, die auf axiomatische Wertentscheidungen zurückgeht (dazu *Raiser*, Wirtschaftsverfassung als Rechtsproblem, in: Festschr. J. v. Gierke, 1948, S. 181 (190 f.); das ändert aber nichts daran, daß der Denk- und Erlebniszusammenhang, dem der jeweilige Grundwert entstammt, einem bestimmten Kultursektor innerlich besonders nahe steht und in ihm repräsentativ Ausdruck findet. Die Kultur als Ganzheit durchläuft diese in gewisser Gesetzlichkeit geschichtlich aufeinanderfolgenden Wirkungsräume geistiger Prägepotenzen. Man kann z. B. Naturforschung betreiben aus magischem Denken heraus, unter theologischen Vorstellungen, unter wirtschaftlichen Aspekten u. a. m. Die mathematisch-empirische Methode der Weltbewältigung aber ist die der Naturwissenschaft spezifisch zugeordnete. — Analoge Entsprechungen lassen sich für den Bereich des Rechts darstellen.

Kirchenrecht, Staatsrecht, öffentliches Recht, privates Bürgerliches Recht oder ... Wirtschaftsrecht sei. — Zwar mögen so extreme Formulierungen selten vorkommen, aber der erste Schritt in dieser Richtung ist schon getan, wenn der bestimmende Grundzug des Rechtes einer Zeit dem spezifischen Denken *eines* Lebensbereiches entnommen werden soll und in diesem Sinne man dann z. B. unter „Wirtschaftsrecht" die gesamte Rechtsordnung versteht, sofern sie nur gestaltet und ausgelegt wird aus dem modernen Wirtschaftsgeiste heraus, wie das etwa *Hedemann* bereits 1929 in seinem Werk „Reichsgericht und Wirtschaftsrecht" versucht hat[7].

Zwar würde eine solche Betrachtungsweise bezogen auf die Rechtssituation in Westdeutschland ganz sicher eine Blickverengung bedeuten, doch darf man trotz allen Wertepluralismus' die Augen nicht verschließen vor dem akuten Übergewicht des wirtschaftlichen Denkens — im weitesten Sinne genommen. Dies wird nur erwähnt, um dem Einwand zuvorzukommen, es werde ein allzu abstraktes Modellverfahren angewandt, dessen Ergebnisse wegen der vielfältigen anderen antiformalen Faktoren keinen realen Erkenntniswert besäßen.

Es sind in immer steigendem Maße wirtschaftliche Tatsachen, Funktionen, Bedürfnisse, Zwecke und Motive, die gegenüber rechtlicher Beurteilung geltend gemacht werden. Wer dies tut, hat es psychologisch verhältnismäßig leicht, Gefolgschaft zu finden. Mit der Chiffre *wirtschaftlich* wird — wenn man wirtschaftswissenschaftliche Definitionen einmal beiseite läßt — keineswegs ein schlicht homogener Begriff wiedergegeben, vielmehr ein ganzer Bedeutungskomplex umschrieben, ein Syndrom — würde der Mediziner sagen — von Sinngehalten. Das „Wirtschaftliche" hat nämlich ein rational-abstraktes Element (das Rechnerische, Kalkulatorische), ein ökonomisch-utilitäres Element (Aufwand-Erfolg-Verhältnis, Gewinnstreben), ein existenzbezogenes (Bedürfnisbefriedigung, Versorgung), ein irrationales (Risiko, Wagnis) und alles in allem auch noch ein symbolhaft-numinoses (die Wirtschaft als säkularer Heilsträger). Wie sollen demgegenüber Rechtssatz und Rechtsbefehl in ihrer Kargheit bestehen?

2. Alle Überlegungen zum Verhältnis Wirtschaft und Recht müssen von der fundamentalen Einsicht ausgehen: Es gibt gegenüber dem echten Rechtsbefehl im Raume des Rechts keine Appellation an vorjuristische oder metajuristische Werte als solche; sie können nur berücksichtigt werden, soweit sie in die Rechtsnorm als deren materialer Inhalt eingegangen sind. So groß subjektiv und objektiv die Schwierigkeiten sein mögen, zu entscheiden, ob dies im Einzelfall so ist, so bleibt doch die

---

[7] Vgl. S. 1 ff. (eine später von ihm selbst nicht mehr so extrem vertretene Auffassung).

Inkommensurabilität wirtschaftlicher und rechtlicher Überlegungen bestehen. Es kann sich also immer nur um das Widerspiel materieller und formaler Momente innerhalb des Rechts handeln[8]; der Richter darf nur die ins Gesetz eingegangenen materialen Wertungen berücksichtigen und muß andererseits doch sein Urteil formal, d. h. nach den Maximen abstrakter Logik und Begrifflichkeit aus dem Gesetzestext ableiten. Daß er dadurch oft zu Scheinbegründungen gezwungen wird, zeigt den dunklen Schatten innerer Widersprüchlichkeit, in dem der Jurist schicksalhaft steht. Jurist kann man nur mit schlechtem Gewissen sein! — Nicht selten ist die formal richtige Entscheidung die dem Recht gemäße, die rein material, etwa ethisch oder wirtschaftlich begründete, aber dem Recht widersprechend — so sehr sie dem gesunden Menschenverstand einleuchten mag. Der Versuch, juristische Entscheidungen durchgängig nur an materialen Werten zu orientieren, müßte zur Auflösung der Rechtsordnung führen, nicht nur im praktischen Ergebnis wegen der Gefahren des Werterelativismus und -subjektivismus, sondern weil ein solcher Versuch schon gedanklich eine Verneinung der spezifischen Rechtswerte mit einschlösse.

Selbstverständlich kann der Rechtsgenosse in einen Konflikt geraten zwischen Recht und materialen Wertanforderungen, und dieser kann zu einem tragischen werden, weil vielleicht auch umfassendere, etwa philosophische oder religiöse Ordnungssysteme keine Lösung bieten, so daß in persönlicher Entscheidung das Opfer eines Wertes zu verantworten ist. *Juristisch* ist ein solcher Konflikt nicht lösbar.

Wir können hier nur handeln von den zwei rechtsimmanenten Komponenten, deren keine sich verselbständigen und absolut setzen darf. Denn ebenso wie die Isolierung des materialen, so stellt auch die Isolierung des formalen Elements die Rechtsordnung in Frage, indem beides ihr die gestalthafte Konkretheit nimmt. Der isolierende Ansatz erfolgt zwar jeweils von verschiedenen Seiten her, die Folgen sind aber gleichartig. Damit erklärt sich ein auf den ersten Blick paradox erscheinender Vorgang: Bisweilen verbünden sich Wirtschaft und Rechtsformalismus, bloße Interessenziele werden mit formalistischen Mitteln verfolgt, das Recht wird mit den scheinbar eigenen Waffen bekämpft. Besonders täuschend wirkt diese Methode, weil weithin formal mit „formalistisch“ und dieses wieder mit juristisch gleichgesetzt wird. Das Recht wehrt sich dann mit sog. „wirtschaftlicher Betrachtungsweise“. Ein seltsam unbewußtes doppeltes Verkleidungsspiel, bei dem Spieler und Zuschauer irregeführt werden, würdig einer ins Psychoanalytische transponierten commedia-dell'arte; wenn die Partner, ohne sich selbst und ohne

[8] Betont in diesem Sinne auch *Schönfeld,* Rechtsperson und Rechtsgut im Lichte des Reichsgerichts, in: RG-Festgabe 1929, II, S. 191 f. (239 f.).

den anderen zu kennen, die Masken verwechseln, kommt schließlich doch das richtige Paar zusammen. List der schöpferischen Natur!? — Das Gebiet des Steuerrechts gibt die Bühne ab, auf der dieses Stück am häufigsten zu sehen ist, doch manches Gastspiel wird auch im Recht der Allgemeinen Geschäftsbedingungen geboten[9]. Um aber im Bilde von den Paaren zu bleiben: wenn zwei Geschäftsleute wechselseitig die Ehefrau des anderen anstellen und sie sich dann wieder in Leiharbeit einander zur Verfügung stellen (als Sekretärin z. B.), damit die gezahlten Gehälter als Geschäftsunkosten anerkannt werden — ein Verfahren, das erst in jüngster Zeit durch die Rechtsprechung des Bundesverfassungsgerichts zum Ehegattenarbeitsverhältnis[10] unnötig geworden ist —, so wird dabei die verschränkende Vertauschung von Rechtsform und wirtschaftlichem Sinn besonders deutlich.

III

Welches ist nun der *Sinn des Formalen* im Recht und wie bestimmt sich von daher sein Verhältnis zur Wirtschaft?

1. Zunächst einmal hat jede Form ganz allgemein die Bedeutung eines *Gefäßes*. Man kann des Inhalts nicht habhaft werden, ihn nicht fassen, mit ihm nicht umgehen, es sei denn eben in und mittels der Form. Dabei muß freilich differenziert werden nach der Art der Inhalte und nach den Zwecken des Umgehens mit ihnen. Wer wirtschaften will, kann dies nicht tun in einem Chaos amorpher, rein zufallsbedingter Geschehnisse und Verhaltensweisen. Wirtschaftliches Handeln setzt die Möglichkeit des Planens und Organisierens voraus, damit eine gewisse Orientierung an äußeren Merkmalen, eine Regelhaftigkeit und das Stehen zum gesprochenen Wort. Dies gilt selbst da, wo praeter oder contra legem Bedürfnisse befriedigt werden — auf dem Schwarzmarkt, im illegalen Waffengeschäft, beim Rauschgifthandel oder der gewerbsmäßigen

---

[9] Letzlich beruht die Einführung der AGBen überhaupt und dem Grunde nach auf einem Vorgang der im Text kritisierten Art. Die Rechtsform des Vertrags wird für einseitige Regelsetzung verwendet. Der Meinung, daß die Rspr. über die AGB Herr geworden sei (so jüngst noch *Helm*, JuS 65, S. 121) vermag ich nicht zu folgen. Die allgemeinen Wendungen des BGH mögen diesen Eindruck erwecken, effektiv sind nur wenige kraß mißbräuchliche Einzelklauseln ausgeschaltet worden.

An neuerer Literatur (grundlegend bleibt das Standardwerk von *Raiser*, Recht der AGB, Neudruck 1961) vgl. *Flume*, Allg. T. II, (Das Rechtsgeschäft) 1965, S. 668 ff.; E. *Mroch*, Zum Kampf gegen die unlauteren Geschäftsbedingungen, Freibg. Rechtsw. Abh. Bd. 12, 1960, dazu die Rezension *v. Brunn*, AcP 159, 547; *Krause*, BB 1955, 265; R. *Fischer*, BB 1957, 481; M. *Etzler*, Der Geltungsgrund der AGB, Diss. Göttingen 1961; *Lukes*, Gedanken zur Begrenzung des Inhalts der AGB in Festschr. A. Hueck, 1959, S. 459 f.; ders. NJW 1963, 1897 f.; *Lukes* und *Isele*, JuS 1961, 301 f.; *Brandner*, AcP 162, 237 f.

[10] BVerfG 13, 291; 13, 318; 13, 332.

Prostitution. Es werden dort nicht nur faktisch Abreden getroffen und eingehalten, Leistungen und Gegenleistungen getauscht, hierarchische Gruppen oder Ringe und Märkte organisiert, sondern bei all dem werden gewisse spezielle Ausdrücke — mögen sie dem rechtlichen Vokabular entlehnt sein oder dem Jargon entstammen — angewandt, der konkrete Vorgang wird als typischer und in typischer Weise abzuwickelnder empfunden und wird stillschweigend einrubriziert. So bildet sich dort eine partielle, nicht fixierte, labile und diffuse, aber doch irgendwie ansatzweise formelle Regelung, die nur deshalb keine rechtliche ist, weil ihr der ethische Grundbezug wie auch die positive Anerkennung fehlen. Man sieht aber dabei schon wie die Form als Gefäß, als Handhabe gedanklichen Ergreifens zuerst einfach eine *Bezeichnung* darstellt — Sprache ist schon Form —, wie damit jeder bezeichnete Gegenstand aus der Masse des gleichgültig Unbestimmten herausgehoben, als Besonderheit gesehen, insofern bestimmt und damit identifiziert wird. So war die Aufnahme des Terminus „Konzern" ins rechtliche Vokabular der erste Schritt zur juristischen Erfassung der Konzerneinheit. Eine rein willkürliche Setzung punktueller nomina würde jedoch für die Kommunikation unter Menschen wenig helfen, es ergibt sich die Notwendigkeit der Klassifikation, um durch Definition und Subsumtion eine allgemein gültige praktikable Erfassung des fraglichen Gegenstandsbereichs zu ermöglichen. Das setzt begriffliche Abstraktion im Wege logischen Verfahrens voraus. — Es ist also im Gefäßdenken bereits die weitere Funktion der Form als Ordnung, d. h. hier als formalbegriffliche Ordnung angelegt.

Wir haben sie bisher nur statisch betrachtet; wo es um Geschehensabläufe geht, gehört zu deren Erfassung zugleich die Prognose über den Ablauf; in der Einordnung liegt eine Aussage über künftiges Geschehen, ein Erwartungsmoment tritt hinzu, und damit die Kategorie der *Gesetzlichkeit*. Diese ist im Reich der Natur eine streng kausal notwendige, im Bereich der menschlichen Handlungsfreiheit muß sie eine solche des Sollens sein.

So läßt sich die Wirklichkeit nur durch die Form gedanklich ergreifen, in gesetzmäßige Ordnung bringen und damit bewältigen.

An dieser Stelle stoßen wir auf den *ersten Einwand,* den wirtschaftliches Denken gegen die formale Norm erhebt: Die *Wirklichkeit,* die sie zu ordnen vorgebe, sei gar nicht die wahre; sie verkenne ihr Objekt. Es geht dabei also noch nicht um die Form *als* Form, ihre Angepaßtheit oder Überbewertung, sondern um den vorgegebenen Inhalt. Es geht des näheren darum, inwieweit Recht und Rechtswissenschaft auf Erkenntnisse der Wirtschaftswissenschaft zurückgreifen sollen. Muß sie ihnen nicht das Material liefern für die Ordnung der Wirtschaft?

Nun hat unzweifelhaft das Recht zahlreiche Gegebenheiten auf der Ebene des Faktischen hinzunehmen. Doch zunächst einmal läuft die Grenze des unter dieser und nur dieser Kategorie Unausweichlichen haargenau beim Unmöglichen. „Ultra posse nemo obligatur", in diesem Axiom ist komprimiert die einzige natürliche Grenze des Rechtsbefehls aufgezeigt. Sie ist naturwissenschaftlich, mathematisch-logisch nachweisbar. „Den lieb ich, der Unmögliches begehrt" kann ein Appell an Helden und Heilige, doch niemals eine Maxime der Juristen sein. Die Grenze des Möglichen gilt quer durch alle Seinsebenen hindurch — mit Ausnahme des Religiösen, wo das Wunder zugelassen ist —, sie ist eine schlechthin zwingende, und für die Frage, ob sie in die Wertungen des positiven Rechts eingeschlossen ist, bleibt kein Raum. Mit der Tatfrage ist die Rechtsfrage beantwortet. Die sog. „wirtschaftliche Unmöglichkeit" dagegen ist *unmittelbar* ein Rechtsbegriff, sobald daran irgendwelche rechtlichen Folgerungen geknüpft werden sollen[11]. Eine Norm, die anordnen würde, daß Preßlufthämmer lautlos arbeiten, daß Verbrennungsgase aus reinem Sauerstoff bestehen müßten, wäre rechtsunwirksam; ob aber die Anordnung des Einbaus schalldämpfender oder entgiftender Vorrichtungen deshalb ungültig ist, weil die betroffenen Unternehmen schwere Gewinneinbußen erleiden, vielleicht gar in ihrer Existenz gefährdet oder vernichtet werden, das ist aus dieser faktischen Wirkung allein nicht abzuleiten. Hier bedarf es der Prüfung, welchen Platz im System der Werte das geltende Recht dem wirtschaftlichen Unternehmen zuweist, inwieweit dieses geschützt ist, etwa schon durch die Wirtschaftsverfassung, und ob es höherrangige Rechtswerte gibt, denen gegenüber es graduell zurücktreten oder schlechthin geopfert werden muß. Und dabei wird — das sei in diesem Zusammenhang nur am Rande vermerkt — auch die formalbegriffliche Erfassung des Unternehmens zum Teil mitentscheidend sein: ob es ein „Rechtsgegenstand" im technischen Sinne ist, an dem ein „subjektives Recht" besteht, ob dieses Recht als Unterart des sachenrechtlichen Eigentums oder der Immaterialgüterrechte oder des Persönlichkeitsrechts einzuordnen ist oder ob der Unternehmer eine öffentlich-rechtliche Aufgabe, einen sozialrechtlichen Auftrag wahrnimmt und damit eine begrifflich neu abzugrenzende Treuhänderstellung für die Rechts- und Wirtschaftsgemeinschaft innehat, das alles kann um der Ordnungs-

---

[11] Das verkennt die ältere Meinung, die vielfach allzu kurzschlußartig wirtschaftliche und rechtliche Unmöglichkeit identifiziert oder doch den Begriff der Unmöglichkeit einfach wirtschaftlich ausdeutet; vgl. etwa RG 107, 156. — Korrekter, wenngleich dogmatisch bisweilen zu wenig ausgeformt, die jüngere Lehre, die allgemein auf § 242, speziell auf Zumutbarkeit und Wegfall der Geschäftsgrundlage abstellt (*Esser*, SchR 2. A., § 34, 9; *Larenz*, SchR I, 7. A., S. 244 f.; vermittelnd [in krassen Fällen „praktische" Unmöglichkeit] *Fikentscher*, SchR, 1965, § 42, IV, 1).

funktion des Rechts willen nicht außer acht gelassen werden. Im übrigen wissen wir uns hier einig mit *Zacher*: „Selbst wirtschaftlich evident unvernünftige Entscheidungen" (gemeint des Gesetzgebers) „sind grundsätzlich verbindlich"[12].

Es ist dann weiterhin kritisch zu untersuchen, inwieweit sich Wirtschaftswissenschaft einerseits, Recht und Rechtswissenschaft andererseits überhaupt mit denselben Dingen befassen. Unterstellt, daß der Lebensabschnitt „Wirtschaft" eindeutig abgrenzbar ist, so kann man sagen, daß das nackte Material, das vom Denken des Beurteilenden noch ungeformte „Ding an sich" der Wirtschaft — sit venia verbo — beidemal dasselbe ist. Wenn es sich dabei auch um einen denktechnischen Grenzbegriff handelt, dessen reale Entsprechung aus der komplexen Wirklichkeit gar nicht herausgelöst werden kann, so läßt sich die Unterscheidung im Groben doch praktisch verwenden. Das, was ein banal referierender Bericht gleichsam als photographisches Abbild gibt vom äußerlichen wirtschaftlichen Geschehen, das kann als identisches *Substrat* beider Wissenschaften bezeichnet werden. Ihr *Gegenstand* aber ist ein verschiedener. Denn der Gegenstand im streng erkenntniskritischen Sinne wird erst konstitutiert in und mit der Wahrnehmung bzw. Beurteilung durch das Subjekt. Seine nähere Qualifikation erfährt er durch die dabei angewandte Methode. Sie gestaltet und schafft ihn erst, indem sie das amorphe Kontinuum des Substrats nach ihren Denkformen oder Wertungskriterien differenzierend und komponierend erfaßt. Daß aber die Methoden von Jurisprudenz und Wirtschaftswissenschaft nicht die gleichen sind, wird kaum bestritten werden. Der Streit um den Gegenstand ist damit in Wahrheit mitentschieden. Die wirtschaftswissenschaftlichen Aussagen sind entweder wertfrei-deskriptiven Charakters, wie die der Wirtschaftstheorie, sowohl wenn sie empirisch beschreibend, als auch wenn sie mathematisierend verfährt, oder aber sie geben praktische, generell formulierte Handlungsanweisungen zur Erreichung bestimmter wirtschaftlicher Ziele, so in der „Wirtschaftspolitik" (i. S. der wissenschaftlichen Disziplin)!

Zur Verwendung in der Jurisprudenz müssen sie jedoch in jedem Fall qualitativ der rechtlichen Ebene adaptiert, in sie transformiert, man könnte vielleicht sagen *normativ-formiert* werden, weil darin das spezifische Sollensmoment und das spezifische Formmoment des Rechts zum Ausdruck kommen. An den Pforten des Rechtsraums werden die wirtschaftlichen Begriffe einer Investitur und Initiation unter-

---

[12] In: Das Verhältnis d. Wirtschaftswissenschaft zur Rechtswissenschaft, Soziologie und Statistik, Verhandlg. der Arbeitstagung des Vereins f. Socialpolitik 1963, Berlin, 1964, S. 172. Vgl. auch *Zacher*, Aufgaben einer Theorie der Wirtschaftsverfassung, in: Wirtschaftsordnung und Rechtsordnung, Festschrift Franz Böhm, Karlsruhe 1965, S. 63 ff. (78).

worfen, sie werden rechtstechnisch eingekleidet und in einem Prozeß des Umdenkens mit Rechtssubstanz erfüllt. Dabei ist nicht ganz leicht zu sagen, was schwieriger ist, jungfräulich-wertleere Begriffe anzureichern oder von wirtschaftlichen Wertungen inhaltlich vorgeprägte Begriffe umzuwandeln. Meist pflegt man zu sagen, daß die mathematisierte Ökonometrie sich am weitesten von der Jurisprudenz entfernt habe, doch betrifft das nur die äußere terminologisch-zahlensymbolische Verständigung, dagegen finden sich in der formalisierten Abstraktheit auch verwandte Züge, die u. U. ein technisches Einsetzen von Ergebnissen als Bauelemente der Rechtsnorm ermöglichen. Hier wäre etwa zu denken an die wirtschaftswissenschaftlich errechnete Steigerung des Sozialprodukts als Bezugsgröße gesetzlicher Rentenanpassung[13] oder tarifvertraglicher Indexklauseln[14].

2. Form als ordnendes Gesetz fordert generelle Regelung, so sagten wir, und diese ist nicht möglich ohne *Abstraktion*. Hier bietet sich der *zweite Ansatzpunkt* für die Kritik der Wirtschaft am Recht. Es stellt sich damit freilich das umfassendere Problem der Begrifflichkeit im Recht überhaupt, das bei wirtschaftlichen Fragen nur mit verstärkter Dringlichkeit empfunden und in besonderer Schärfe gesehen wird. Der Kampf um die formallogische Konstruktion hat eine ganze Juristengeneration beschäftigt, insbesondere im sog. „Methodenstreit" um die Interessenjurisprudenz, und er hat dazu geführt, daß heute die Kennzeichnung irgendeiner juristischen Überlegung als „Begriffsjurisprudenz" sofort im Sinne extrem negativer Qualifizierung verstanden wird. In mehrfacher Weise erscheinen begriffliche Deduktionen formalistisch: Gerügt wird an den Rechtsbegriffen ihre Allgemeinheit, ihre Leerheit, ihre Starrheit und ihre Unwandelbarkeit in der Zeit. Alle vier Momente hängen, wie man sofort sieht, mit der Abstraktion zusammen; denn diese bedeutet Absehen von vollinhaltlicher Bestimmung, damit Absehen vom Einzelfall und von der Vielfalt der Übergänge und Entwicklungen in Raum und Zeit.

Es kann hier nicht auf die ganze Problematik der Begriffsbildung eingegangen werden; nur so viel sei gesagt: Soweit sich Bedenken gegen

---

[13] Gem. § 1272, Abs. II RVO ist der Entwicklung der Leistungsfähigkeit, der Produktivität und des Volkseinkommens nur „Rechnung zu tragen". Allg. Bemessungsgrundlage dagegen ist das durchschnittliche Bruttojahresarbeitsentgelt aller Rentenversicherten (1255, II RVO). Zu den Begriffen vgl. *K. Elsholz*, Rentenanpassung 1959, BB 1959, S. 1145; *Elsholz-Theile* Rentenversicherung, Kommentar, 1963, RandN 56 zu § 1272 RVO.

[14] Sie können am Produktivitäts- oder am Preisindex orientiert sein. Vgl. *v. Zwiedineck-Südenhorst*, Handwörterbuch d. Staatswissenschaften, 4. Aufl., 1925, Stichwort Lohnskalen, gleitende; *S. L. Gabriel*, Zeitschrift f. d. ges. Kreditwesen 1952, S. 17 ff., ders., Der Arbeitgeber 1951, S. 28 ff.; *E. Arndt*, Gewerksch. Monatshefte 1952, S. 336 ff., 416 ff.

die *Allgemeinheit* einer Regelung als solche richten sollten, würden sie eine Rechtsordnung schlechthin in Frage stellen. Denn ihnen wird keineswegs mit der Alternative Richterrecht statt Gesetzesrecht Genüge getan, es sei denn, man würde das Richterrecht in einem geradezu archaischen Sinne verstehen. Auch ein judicial law orientiert sich an allgemeinen Grundsätzen, an principles and rules und schafft stets fortzeugend neue, wie *Esser* in seinem Werk über Grundsatz und Norm meisterhaft gezeigt hat. Meist meint man aber nur, die Rechtsnormen seien zu weit gefaßt, zu hoch gegriffen in der Abstraktionsstufe, sie seien nicht genügend differenziert, um der Vielgestaltigkeit des Lebens zu entsprechen. Man erörtert, ob dies nicht z. B. für den Begriff des Eigentums gilt; ist das absolute Herrschaftsrecht an Produktionsmitteln vielleicht qualitativ etwas anderes als dasjenige an Konsumgütern oder an Geldzeichen[15]? Muß etwa unterschieden werden, je nach der wirtschaftlichen Funktion der vom Eigentum erfaßten Objekte und auch danach, ob über den unmittelbaren Nutzvorteil hinaus das Recht faktisch Macht über Menschen verleiht[16]. Vielleicht muß überdies der Inhalt formal

---

[15] Eine Differenzierung des Eigentumsinhalts — über die unabweisbare Unterscheidung Fahrnis ./. Liegenschaft hinaus — hat sich verdeckt durch die Kontinuität der Rechtsform längst vollzogen im mittelbaren Eigentum der Anteilseigner einer Kapitalgesellschaft, in der Mitbestimmung, im Eigentum der großen Wohnungsbau- und Siedlungsgenossenschaften bzw. -Gesellschaften und im währungspolitisch manipulierbaren Geldeigentum. In allen Kulturländern ist der Trend ein gegenüber der Emanzipation des souveränen, individualistischen Eigentums spiralartig rückläufiger; in den Entwicklungsländern überlagern sich verschiedene Eigentumsauffassungen. Bei allen Verschiedenheiten der Wertungskriterien für die Inhaltsbestimmung sowie der Struktur der Zuordnungssubjekte ist doch die Richtung an sich — vorbehaltlich starker Intensitätsunterschiede — in den liberal-demoraktischen, den i. e. S. sozialistischen und den totalitären Staaten eine parallele. — Vgl. zu den großen Linien: *Wieacker,* Wandlungen der Eigentumsverfassung, 1935, S 25 f.; H. *Fehr,* Recht u. Wirklichkeit, Zürich, 1938, S. 115; Tönnies, Stichwort Eigentum, Handw.-Buch d. Soziologie, Neudruck 1959; Bruno *Molitor,* Stichwort Eigentum, I, Soziologie d. Eigentums, Handw.-Buch d. Sozialwissenschaften 1961; Grundlagen des Marxismus-Leninismus (Autorenkollektiv) a. d. Russ. übersetzt, Ostberlin 1960, S. 657; *Bochenski-Niemeyer*. Handb. d. Weltkommunismus, München 1958, S. 307 f.; *Dornberger* in: D.-Kleine u. a., Zivilrecht d. DDR, Sachenrecht, Berlin 1956, S. 56 ff. — Grundsätzlich und ausdrücklich wahren den einheitl. Eigentumsbegriff *Wolff-Raiser,* Sachenrecht, 10. A., 1957, § 51, II, 2; *Westermann,* SR 4. Aufl. 1960, § 28, II, 4; etwas elastischer („Einordnungstypen") *Baur*, SR 1960, S. 195 f. Dagegen aber *Schultze v. Lasaulx,* AcP 151, 454 (Bespr. v. Westermann, Sachenrecht) und AcP 156, 457.

[16] Zum Problem der im Eigentum mittelbar enthaltenen Personengewalt vgl. H. *Sinzheimer,* Grundz. d. ArbRechts, 2. Aufl., Jena 1927, S. 25 ff. Die marxistische Eigentumstheorie lehrt, die Verbindung von Sach- und Personengewalt sei dem kapitalistischen Eigentumsbegriff immanent, während das sozialistische Eigentum auf die reine Sachgewalt reduziert sei (Verbot der Aneignung des Mehrwerts). — Vgl. auch *Larenz,* Die rechtsphilosophische Problematik des Eigentums, in: Th. Heckel, Eigentum und Eigentumsverteilung usw., München 1962, S. 21 f. (40). Er nimmt übrigens das Geldeigentum aus dem rechtsphilos. Eigentumsbegriff ganz heraus (S. 24).

desselben Rechts je nach dem Zuordnungssubjekt modifiziert werden. In der Hand einer natürlichen Person wäre er dann u. U. anders zu bestimmen als in der Hand einer anonymen Handelsgesellschaft, vielleicht sogar wieder anders in der Hand des Staates oder der Kirche. Oder: Darf die Rechtsstellung des Rentneraktionärs, dem es nur auf die Kapitalverzinsung ankommt, des Anlageaktionärs, der Vermögenssicherung sucht, und des Unternehmeraktionärs unter denselben Begriff gebracht werden? Weiter: das geplant massenhafte Auftreten von schematisch gleichen Rechtsfiguren verändert — so sind wir heute geneigt, es zu sehen — den Charakter jeder einzelnen gegenüber dem isoliert auftretenden Fall, mag es um Massenobjekte (Kauf von Serienware), Massenverhalten von Subjekten (kollektive Arbeitsniederlegung = Streik; kollektive Ablehnung des Geschäftsverkehrs = Boykott) oder um Massenverträge (AGB) gehen. Auch ist der nicht-rechtsfähige Verein, dessen Rechtsform eine Massenorganisation umschließt (Gewerkschaften), nicht gleich zu werten demjenigen, der als Klub oder Verbindung persönlichen Kontakt und Erfahrungsaustausch im engeren Freundes- oder Berufskreis vermittelt.

Wenn die Begriffshierarchie stärker unterteilt und durch Bildung von Zwischen- und Untergruppen reicher ausgestaltet werden soll, bleibt doch die Entscheidung zu treffen, welche Besonderheiten zu berücksichtigen, an welcher Stelle neue Stufen einzubauen und wie sie abzugrenzen sind. Insofern werden wir wieder auf die materialen Gründe solcher Differenzierungstendenzen verwiesen. Damit berühren wir schon die vielbeklagte *Leere* der Rechtsbegriffe. Sie besteht insoweit, als die Begriffe durch Weglassen der differentiae specificae nach formallogischer Methode gebildet werden; die Definition gibt dann nur die gedankliche Außenhaut des zu Erfassenden, über welches nichts weiter ausgesagt wird, als daß es eben in jenen Rahmen hineingehört, ein subsumierbarer „Unterfall" des Begriffs (z. B. des Eigentums) ist und daher allen andern Unterfällen gleichsteht. So gesehen sind die Rechtsbegriffe unterhalb ihrer Bestimmungsmerkmale ausgehöhlte Form. Man kann sie aber auch anders auffassen, und das tut die Lehre vom sog. konkreten Begriff ausgehend von Gedanken Hegelscher Dialektik. Sie deutet den Begriff substanzhaft, richtet den Blick nicht von außen auf seine Fassade, sondern sieht die ganzen Möglichkeiten der Inhaltserfüllung kompakt und latent in ihm angelegt, empfindet ihn nicht als totes Gefäß, sondern als lebende Potenz, als der Entfaltung fähigen Quellgrund, der in der drängenden Selbstbewegung des Begriffs — nachvollzogen im denkenden Subjekt — sich entäußernd übergeht in eine reich gegliederte Vielfalt von Gestaltungen, nie abgeschlossen, sondern offen und immer neues aus sich gebärend. So verlieren die Begriffe auch ihre *Starrheit*, werden aus fixierten Grenzbestimmungen zu sinnhaften Umschreibungen einer Wurzelidee; es gibt nicht mehr nur das Entweder — Oder des Erfaßtseins vom Begriff, sondern auch ein Mehr oder Weniger. In all dem liegt beschlossen der Wechsel von der formallogischen zur wertenden Methode, die Subsumtion wird zu einem vergleichenden Hin- und Hersehen, die Deduktion zu einer Entfaltung und Ausgliederung des Begriffsinhalts, die Induktion zu einer Art Integration. Und diese lebendige Dynamik des Begriffs gilt auch in der *Zeitdimension,* so daß er Wandlungen des geistigen Klimas und der soziologisch-wirtschaftlichen Phänomene bis zu einem gewissen Grade in sich aufzunehmen vermag.

Ein etwa aufkommender Jubel darüber, daß die vorgetragene Lehre der materialen Logik den gesuchten und willkommenden Exorzistenritus liefern könne gegen den bösen Geist des Rechtsformalismus, wäre verfehlt. Denn jener Geist, der sicher kein himmlischer ist, aber auch kein Dämon des Inferno, sondern ein durch und durch irdischer und notwendiger, ein Nothelfer menschlicher Begrenztheit in Erkenntnis- und Willensmacht, ein Mittler der Werterfassung und ein Gestalter jedes säkularen ordo, er muß allen material-konkreten Begriffen den Halt verleihen, ohne den kein Inhalt „sich hält", weil es dann kein „Halten mehr gibt", sondern nur ein unkontrolliertes Abgleiten in die Willkür des Meinens oder Wollens. So bleibt es dabei, daß jedes rechtliche Urteil auch formallogisch haltbar sein muß — den Erdenrest disharmonischer Methodendivergenz haben wir zu tragen. Jeder Rechtsbegriff hat diese antinomische Ambivalenz in sich. Er entstammt der Verbindung stiefgeschwisterlicher Symbole der Welterfassung.

Die innere Labilität ruft nach der stabilisierenden Entscheidung des Richters; diese ist mehr als Denkvollzug, stets ein Wählen, ein Akt existentieller Zustimmung. Aber nie wird sie die coincidentia oppositorum vollziehen können und auch daher rührt der nie ruhende Zweifel, das immer fortdauernde Gefühl, letztlich versagt zu haben, versagen zu müssen. Es ist dem Juristen auferlegt, ein Mann nicht zu stillender Bedenklichkeiten zu sein.

IV

Was aber gehört zur Form- und was zur Inhaltsseite des Rechts? Das mag eindeutig erscheinen, doch unterliegt wegen der im Erscheinungsbild unlösbar innigen Verbindung beider Momente der unkritische Betrachter leicht mancherlei Täuschung.

Das Gesetz der Aufzweigung in Außen und Innen gilt auch für den Begriff der Form selbst, es gibt eine reiche Auffächerung von Formtypen zwischen den Extremen der Form im formalen Sinn und *der* Form, die relativ zur letzten Substanz nach Form, relativ zur äußerst exzedierten Form aber noch Gehalt ist. Dabei müssen wir unterscheiden zwischen der rein gedanklichen, nämlich der logischen Form und der empirischen, sinnlich wahrnehmbaren Form.

Im Zentrum des formalen Bereichs steht jene erstere, die eben dargestellte Außenseite des juristischen Begriffs; dazu gehört das System (im formalen Sinne) als abgeschlossene, fixierte Einheit mit quantitativ und additiv gesehenen Teilen, dazu gehört alle ziffernmäßige Erfassung. Form ist äußeres Maß und schematische Grenze. „Gezählt, gewogen und geteilt", das waren im „Mene-tekel" Belsazars die Chiffreworte für den Verlust der Substanz und damit für die Katastrophe.

Die Form der Form jedoch ist der künstlich vom Gesetzgeber geschaffene Außentatbestand eines Rechtsverhältnisses oder Rechtsvorgangs. Das betrifft die eigentliche Formvorschrift, welche etwa Schriftlichkeit oder öffentliche Beurkundung verlangt, wie auch die öffentlichen Register. Je künstlicher die Form, desto strenger, desto stärker die Spannung zur materialen Wertung, oft fast bis zum kaum Erträglichen gesteigert, und doch: desto weniger ist Raum für den materialen Einwand. Manch verantwortungsvoller Jurist sieht daher mit Besorgnis die Tendenz der Rechtsprechung[17], den aus dem Treu- und Glaubensgedanken entwickelten Einwand des Rechtsmißbrauchs auch gegenüber der Berufung auf die Formnichtigkeit von Grundstückskaufverträgen, von Gesellschafterverträgen, ja sogar von Erbverträgen in immer steigendem Maße selbst da zuzulassen, wo weder Arglist noch einfaches Verschulden zum Formmangel geführt haben, sondern lediglich die tatsächliche Gestaltung der Verhältnisse — insbesondere die faktische Erfüllung — oder gar nur die gesamten Umstände des Falles die Folgen der Nichtigkeit unbillig erscheinen lassen. Besonders ausgeprägt ist der Formcharakter, wenn auch der Wortlaut bis ins einzelne formalisiert ist, wie im Wertpapierrecht, wo z. B. die Anwendung bestimmter termini (Wechsel, Scheck) sowie ein Mindest- und Höchstinhalt des Textes vorgeschrieben sind, derart, daß u. U. bestimmte Textteile nicht nur ungültig, sondern juristisch einfach gar nicht vorhanden, nicht existent sind: sie „gelten als nicht geschrieben", sind nicht in der Rechtswelt, in der Rechtsformenwelt.

---

[17] Bedenken äußern insbes. *Larenz*, Schuldrecht, I, 7. Aufl. S. 121; *Gernhuber*, Festschr. Schmidt-Rimpler, 1957, S. 151 ff. (158 f.); *Flume*, Allg. Teil, II, S. 276 f.; *Medicus*, JuS 1965, 209 (214). In allerjüngster Zeit scheinen vereinzelt retardierende Momente in der Rspr. erkennbar zu werden, zwar nicht im Sinne einer dogmatischen Eingrenzung, aber im Abstellen auf Extremreaktionen des Billigkeitsempfindens (sonst „untragbares", nicht nur „hartes Ergebnis"), vgl. BGH Wertp.-Mitt. 1961, 179; 1963, 407; BGH NJW 65, 812.

Auch das Geld gehört hierher, soweit die äußere währungsrechtlich festgelegte Erscheinung der Münzen und Noten in Frage steht, und auch das sog. Giralgeld, dessen sinnliche Wahrnehmbarkeit sich auf eine Kontenziffer beschränkt. Es zeigt sich deutlich, daß die extreme Formalisierung manchem der oben erwähnten Elemente des modernen Wirtschaftsgeistes gerade entgegenkommt, nämlich dem Rational-Rechnerischen, welches die Zurückführung aller Werte auf vergleichbare Einheitsgrößen verlangt, und dem Ökonomischen, welches eine Fungibilität aller Werte unter geringstem Aufwand und Reibungsverlust und unter Ausschaltung aller den Zuordnungswechsel hindernden personalen Momente fordert. Dem entspricht als Tauschmittel die reine, nur durch ein mathematisches Merkzeichen sichtbare Wertquante, dem entsprechen vom Rechtsgrund gelöste „abstrakte" Kreditverhältnisse, Verfügungen, Vollmachten — obwohl das Wort *abstrakt* in der Logik und in der Dogmatik der Rechtsgeschäfte verschiedene Bedeutung hat, läßt der gleiche Terminus doch den Sinnbezug spüren —, dem entspricht der Ausschluß „persönlicher" Einwendungen und die scripturrechtliche Natur bei Wertpapieren i. e. S. Andererseits scheitert die wirtschaftlich erwünschte Verpfändung des Unternehmens als Ganzheit letztlich daran, daß die Möglichkeit einer formalen Kundbarmachung fehlt, während das französische Recht ein öffentliches Register zur Eintragung des nantissement du fonds de commerce zur Verfügung stellt[18].

All demgegenüber gehört der *natürliche Außentatbestand* einer Rechtslage, wie er insbesondere im Besitz bei beweglichen Sachen von Bedeutung ist, zum inneren Pol der empirischen Form.

Der Besitz gibt nicht das materielle Recht im Sinne des juristischen Eigentums z. B., das ja seinerseits auf der Begriffsebene wieder Form ist gegenüber einem material, etwa ontologisch oder ethisch oder wirtschaftlich begründeten Eigentum, aber er ist auch mehr als das sinnliche Zeichen, als das Kleid, die empirische Handhabe, das Gefäß des rechtlichen Eigentums, obwohl er das *auch* ist (§§ 1006, 929) — er ist der *Körper* des Rechts, „materialisierte", seinsbezogene sinnliche Form, wenn man so will. Denn von einem bestimmten Standpunkt aus, nämlich vom wirtschaftlichen, ist die tatsächliche Sachbeherrschung und Nutzmöglichkeit nicht nur eine reale Folge, sondern ein wesentliches Element des Eigentums. — So erscheint als Form von der einen Seite her, was von der anderen Seite sich als Inhalt darstellt.

Zur formalen Seite des Rechts zählt auch der *Gleichheitsgrundsatz*. Gleichheit ist formalisierte Gerechtigkeit; die Gleich*behandlung* ist

---

[18] Dazu eingehend Gertrud *Kunzler*, Das nantissement du fonds de commerce, Arbeiten zur Rechtsvergleichung. Heft 3, Frankfurt, Berlin 1960.

notwendige Konsequenz der Generalisierung und wird daher vom Rechte postuliert überall da, wo mehrere de jure oder de facto einer Macht ausgesetzt sind, die limitiert werden soll, indem sie wenigstens an ihre eigenen Regeln gebunden wird. — Der Gedanke des Äquivalents aber, der *Austausch*gleichheit, setzt seinerseits einen generell gültigen, an abstrakten Wertgrößen orientierten Vergleichsmaßstab voraus.

In jedem Falle bleibt im Begriff der Gleichheit das inhaltliche Kriterium der Gleichheit offen. Und nicht nur dies; es liegt in jeder Gleichheitsforderung eine Verneinung materialer Individualgerechtigkeit, ein sich Zurückziehen auf die Vorläufigkeit des allgemeinen, das in der lebendigen Existenz nicht vorkommt, welche in ihrer je einmaligen Einzigkeit durch egalitäres Denken wesentlich verkürzt wird. Nur im Göttlichen deckt sich das einzelne und das allgemeine, damit auch Gerechtigkeit und Gleichheit. Das vielzitierte Wort des Aristoteles τὸ δίκαιον ἐστὶ τὸ ἴσον aber meint im Grunde die säkulare Gesetzesgerechtigkeit, womit sich die ihr zugeordnete Gleichheit eben gerade als Juristenspezifikum erweist, während jene andere, welche revolutionäre Begeisterung auf die Fahnen zu schreiben pflegt — wenn sie ernst gemeint ist —, auf einer Verwechslung von Politologie und Eschatologie beruht, womit sich auch erklärt, daß selten so oft wie hier Idealismus in Tyrannis umschlägt, in die Tyrannis erzwungener Gleichförmigkeit, d. h. Form der Gleichheit. Ihr gegenüber könnte ein Anti-Aristoteliker, als welcher sich immerhin Luther bekannt hat, wohl rufen: „Das wahrhaft Gerechte ist das Ungleiche."

So erscheint denn auch im Gesetz nicht selten das Zugeständnis der Ungleichheit als material begründete Ausnahme von der formalen Regel, wie z. B. beim Diskriminierungsverbot des § 26 Abs. II GWB, wo eine „unterschiedliche Behandlung" aus „sachlich gerechtfertigtem Grund" erlaubt wird. Die Vorrangigkeit formaler Gesichtspunkte kommt dabei in der Beweislast zum Ausdruck, welche die Berufung auf die sachliche Rechtfertigung erschwert. Wie die Regel mehr zur Form, so gehört die Ausnahme mehr zur inhaltlichen Bestimmung, — das gilt allgemein. Aber nicht nur durch die begriffliche Umschreibung der Ausnahme, sondern gerade auch durch die Beweislastverteilung wird das materiale Moment, kaum daß es eingelassen ist, schon wieder formal abgesichert und unter Kontrolle gebracht. Denn unbeschadet aller freien Beweiswürdigung muß diese sich doch an äußeren Merkmalen orientieren und eine gewisse Formalisierung ist jedem Beweisverfahren auch heute noch notwendigerweise eigen, man denke nur an die Aussagenprotokolle, an typisch eingeführte Protokollwendungen und nicht zuletzt an den Eid[19].

---

[19] Ein Bekenntnis zum Formalismus im Prozeß überhaupt vgl. bei *Baur*, Richtermacht u. Formalismus im Verfahrensrecht, in: Summum jus, summa injuria, Tübingen 1963, S. 96 f.

V

Und nun betrachten wir vor uns gedanklich aufgereiht die Phalanx all der materialen Kräfte und Ideen, die gegen den Formalismus von Fall zu Fall ins Feld geführt werden. Es sei noch einmal gesagt: Sie alle sind potentiell Inhaltsmomente der Rechtsnorm, da das Recht prinzipiell das Ganze des Seins zu umgreifen hat. Kein Inhalt ist dem Rechte a limine verschlossen, nur das Recht selbst kann ihn ausschließen. «Nihil contra jus, nisi jus ipsum» könnte man in Abwandlung einer theologischen These sagen. Nur was vom Rechte in den rechtsfreien Raum verwiesen ist, wird an den Pforten des Rechtsraums als nicht legitimiert zurückgewiesen. Erst innerhalb und unterhalb dieser Unterscheidung tritt dann der Gegensatz von formal und material auf. Viel zu früh wird er beschworen immer dann, wenn nur scheinbar juristisch, in Wahrheit außerrechtlich argumentiert wird.

Wenn wir aus den materialen Momenten einige wirtschaftliche hier herausgreifen, so müssen wir uns bewußt bleiben, daß die Kennzeichnung als „wirtschaftlich" oft eine Vereinfachung, manchmal sogar eine Fehldeklarierung bedeutet. Denn es stecken darin immanent mancherlei sachlogische Momente — was schon aus der innigen Durchdringung der verschiedenen Seinsebenen folgt — und es verbergen sich dahinter bisweilen Gesichtspunkte aus tabuierten, verdrängten oder wirtschaftstheoretisch ausgeklammerten Wertungsbereichen. Daß Selbstfinanzierung den wirtschaftlichen Marktgleichgewichtsmechanismus von Investition, Sparquote, Krediten und Preisen stört[20], daß Behinderungswettbewerb sich letztlich nicht auszahlt, daß Kartelle den Zugang der Bevölkerung zu knappen Ressourcen erschweren, solche Argumente finden in unseren Zeitläufen ein geneigteres Ohr, als wenn man einschränkende Rechtsnormen aus dem Wesen des Unternehmens[21], aus dem ethischen Unwerturteil der Unlauterkeit oder aus dem Gerechtigkeitsgedanken des freien Ausgleichs zu begründen versucht. Manchem von uns mag noch erinnerlich sein, daß zeitweise nur derjenige Aussicht hatte, erfolgreich gegen genocide Tendenzen aufzutreten, der das Arbeitskräftepotential der Bedrohten in die Waagschale warf. So muß der

---

[20] Zu diesen Argumenten vgl. insbes. H. *Rasch*, Die Selbstfinanzierung der Wirtschaft in Ordo, 1958, S. 255 ff.; ders. im Gutachten z. 42. Dt. Jur.-Tag, 1957, S. 19 f. Aus speziell aktienrechtlicher Sicht: *Würdinger*, AktR, 1959, S. 70 ff.; ders. Zum Div.-Recht d. Aktionärs, Betrieb 1958, S. 825 f. — Ein tieferer Zusammenhang klingt an in *Mestmäckers* Worten „Auf diesem Wege sind die AktGesellschaften zu modernen Fideikommissen gewachsen, die ihre feudalen Vorbilder weit in den Schatten stellen". (Verwaltung, Konzerngewalt und Rechte d. Aktionäre, Karlsruhe 1958, S. 32.)

[21] In diesem Sinne andeutungsweise *Brecher*, Das Unternehmen als Rechtsgegenstand, Bonn 1951, S. 134.

Verteidiger materialer Werte bisweilen im Gewande des „Materialisten“ auftreten, — eine Art negativer, umgestülpter Heuchelei[22].

Gegenüber der formalen Rechtslage werden insbesondere geltend gemacht:

die Funktion eines Rechtsinstituts sowie die von den Beteiligten verfolgten Zwecke — die Interessen aller Betroffenen — der faktische Vollzug rechtlich mangelhafter oder gar nicht existenter Abreden — das Auftreten völlig neuartiger Gestaltungen der Lebenswirklichkeit — und schließlich ganz allgemein die Veränderung der Verhältnisse und Auffassungen gegenüber der Zeit der Normsetzung oder der Vertragsabrede — all dies hier jeweils in wirtschaftlicher Beziehung verstanden.

Was die wirtschaftliche Funktion betrifft — als Beispiel seien die Vertragstypen Miete und Pacht genannt, wo es um die Gegenstandsnutzung auf Zeit geht oder der Gesellschaftstyp der A.-G., wo es um die Kapitalbeschaffung, Haftungsbeschränkung, fungible Beteiligung sowie Trennung von Unternehmertum und Vermögenszuordnung geht —, so hat in jüngster Zeit die Wirtschaftswissenschaft dem Juristen den Blick geschärft dafür, daß jede Rechtsstellung eine bestimmte Verteilung von Risiken involviert und gerade bei deren Akutwerden — etwa Schadenseintritt, Vermögensbewertung, Zahlungsunfähigkeit, Rückabwicklung — erst ihre volle Bedeutung entfaltet. *Jahr* hat in einem Bericht über Funktionsanalyse von Rechtsfiguren jene Gedanken für die Wahl zwischen Maschinen-Miete (Leasing), -Kauf oder -Nießbrauchstellung fruchtbar gemacht[23]. Die Risikoverteilungsfunktion kann vor allem für die Auslegung von Verträgen bedeutsam sein und u. U. deren Einordnung in einen ganz andern als den von den Partnern formell genannten Vertragstyp ermöglichen, wenn eben jene andere Risikoverteilung dem beiderseitigen Parteiwillen oder dem wirtschaftlichen Sinn der ganzen Abmachung entspricht. Freilich sollte man nicht übersehen, daß diese Auflösung der Rechtspositionen in ein Bündel von Wahrscheinlichkeiten und Unsicherheiten, was die Typologie der Rechtsgüter wie die der Arten von Rechtsmacht angeht, zwar einen bisher vernachlässigten Aspekt zutreffend hervorhebt und dem modernen Weltbild der Dynamisierung aller Seinsstrukturen entspricht — die Analogie zur gedanklichen Auflösung und Mathematisierung der physikalischen Materie in Energiepotenzen liegt nahe —, daß aber vielleicht doch die

---

[22] *Hedemann* beklagte schon das „Untereinanderwerfen nackter ökonomischer Erwägungen und sittlicher Belehrungen“, das „geradezu zum Zeitzeichen geworden“ sei (RG u. Wirtschaftsrecht S. 34).

[23] In: Das Verhältnis d. Wirtsch.-Wissensch. z. RWissenschaft usw. (vgl. oben bei FN 12), S. 14 f. — Zur wirtschaftswissenschaftlichen Erfassung solcher Entscheidungsmöglichkeiten vgl. ebenda *Stützel*, Entscheidungstheoretische Elementarkategorien als Grundlage einer Begegnung v. Wirtschaftswissenschaft und Rechtswissenschaft.

Abstufung der inneren und statischen Werthaftigkeiten jener verschiedenen Positionen vernachlässigt wird. Ob die besonderen metawirtschaftlichen Wertakzente, die etwa der Stellung als Eigentümer oder Mieter oder Geldschuldner haften, rechtlich nicht doch (auch) Berücksichtigung fordern, bedarf zumindest der Prüfung. Die Antwort mag bei der beiderseits gewerblichen Maschinenmiete negativ ausfallen, wird aber bei der Wahl der Rechtsform für die Vermögensbildung in Arbeitnehmerhand anders lauten müssen.

Eine grundsätzliche und schwierige Frage stellt sich immer da, wo die funktionswidrige Verwendung einer Rechtsfigur stattfindet. Hierher gehören vor allem auch die Fälle, wo durch geschickte Kautelarjurisprudenz oder einfach nur in der tatsächlichen Situation Rechtslage und Machtlage gegenläufig geworden sind, so z. B. wenn jeweils als *Herr* der Beziehung entgegen der Vorstellung, die dem BGB zugrunde liegt, bei der Betriebsverpachtung das pachtende Unternehmen statt des Verpächters, beim Betriebsüberlassungsvertrag der Beauftragte statt des Auftraggebers, bei der Stimmrechtslegitimation der Ermächtigte und nicht der dingliche Rechtsinhaber, beim Gelddepot die verwahrende und schuldende Bank, nicht der Gläubigerkunde erscheint. Auf doppelter Ebene findet sich eine solch gegenläufige Verteilung von Recht und Macht u. U. bei der Treuhand, dem alten Schulbeispiel für den Widerspruch von rechtlich und wirtschaftlich. Bei der Sicherungstreuhand erhält zunächst einmal der Sicherungsnehmer mehr an Rechtsmacht, mehr an *rechtlichem* Können nach außen, als ihm an *rechtlichem* Dürfen zusteht, dann aber sind die *tatsächlichen* Machtverhältnisse oft so, daß er doch wieder, etwa als kreditgebende Bank, der eigentlich beherrschende Partner des Rechtsverhältnisses ist.

Wann in solchen Fällen die formale Rechtslage gewahrt bleiben muß und nur die Aushilfen restriktiver Interpretation des Gesetzes und ergänzender Auslegung des Vertrags angewandt werden dürfen und von welcher Belastungs- oder Spannungsgrenze an der volle Durchbruch des Wirtschaftlichen zuzulassen ist, das kann abstrakt überhaupt nicht gesagt werden. Stets aber darf selbst der Meister des Rechts nur die alte Form zerbrechen und muß neue Formen schaffen der rechtlichen Begründung seiner Entscheidung[24], indem er etwa für die Treuhand ein schuldrechtlich modifizierbares „kausales Eigentum" oder eine „relative

---

[24] Das gilt auch da, wo die Rspr. auf die Generalklauseln von Treu und Glauben oder guten Sitten, auf sonstige positiv eingeplante Billigkeitsmomente oder gar unmittelbar auf die aequitas zurückgreift — nicht selten gerade wieder, um wirtschaftlichen Überlegungen rechtlich Raum zu verschaffen. *Esser*, Bligkeit u. Billigkeitsrechtsprechung in: Summum jus, summa injuria Tübingen 1963, S. 22 f. (33) warnt vor unkontrollierten Billigkeitskurzschlüssen und fordert die Systematisierung und Institutionalisierung, die Einschmelzung der Billigkeit in die Norm, damit „Normantwort und Billigkeitsantwort sich

Dinglichkeit" entwickelt (Begriffe, die im Schulsystem als contradictio in adjecto erscheinen) oder indem er für die Ermächtigung eine neue Aufteilung der Rechtsmacht in bisher nicht zugelassener Dimension konstruiert, für die Betriebsverpachtung eine neue Figur unternehmensrechtlicher, hierarchisch gegliederter Organisationsganzheit usw.

Ganz sicher ist jene Spannungsgrenze überschritten bei der andern Problemgruppe, nämlich den neuen Wirklichkeitsgestaltungen. Das evident und schlechthin neue Phänomen erfordert zwingend neue, doch auch hier stets wohl formalisierte rechtliche Lösungen. Die wirtschaftliche Auswertung bisher völlig unbekannter physikalischer Erscheinungen sprengt die Maße des traditionellen Haftungsrechts, die automatisierten Verfahren schematischster Vervielfältigung, die manchen schon in Gefahr brachten, am Begriff der Identität irre zu werden[25], sind von der Rechtsprechung zutreffend nicht in die Denkformen des um 1900 konzipierten Urheberrechts gezwängt worden, die moderne Geldschöpfung läßt sich offensichtlich nicht mit der sachenrechtlichen Vorstellung vom Eigentum am körperlichen Geldzeichen, aber nicht einmal mit der obligationenrechtlichen von der Schuldverschreibung oder auch nur von der Forderungsnatur des Geldes bewältigen[26], und die juristische Kontrolle der wirtschaftspolitischen Verantwortung für den immer

---

weithin decken" (S. 40) — der Richtung nach zutreffend, dem Ziele nach eine Pilgerfahrt zum Unerreichlichen. Absolute, schlechthin billige Fallgerechtigkeit ist rechtsfremd! (ähnlich *Gernhuber*, Die Billigkeit und ihr Preis, ebenda S. 205 (208 ff.).

[25] Zur Gefahr, daß die Technik ihre Denk- und Wertungsgesetze dem Recht unbemerkt aufzwingt, H. *Huber*, Das Recht im techn. Zeitalter, Berner Rektoratsrede 1960, S. 9 f., 13 ff.

[26] Die Aufassung vom Geld als unkörperlichem Wert — unbeschadet des nominalistischen Zwangskurses — hat sich rechtlich noch nicht in allen Konsequenzen durchgesetzt; zwar weitgehend für die Erfüllung der Geldschuld durch Giroüberweisung (vgl. — verschieden streng in den Voraussetzungen, in den prakt. Ergebnissen aber sehr ähnlich — *Isele*, Bargeldloser Zahlungsverkehr, AcP 129, 129 (165); *Larenz*, Schuldrecht I, 7. A., S. 142; *Esser*, Schuldrecht, § 45, 2; *Kaser*, Das Geld im Sachenrecht, AcP 143, S. 7 f.; *Meyer-Cording*, Das Recht der Banküberweisung, 1951, S. 127; *v. Caemmerer*, JZ 53, 446), aber nicht für die Wertvindikation: hier hat *Westermann*, Sachenrecht, 4. A., § 30, V, wenig Nachfolge gefunden (nur: *Eichler*, Inst. d. SachR I, 1954, S. 84 f.; *Simitis*, AcP 159, S. 406 ff. [460 f.]); dagegen insbes. *Reinhardt*, Vom Wesen d. Geldes usw. in Festschr. G. Boehmer, 1954, S. 60 f. (76 f.), immerhin bejaht er die Surrogation bei wirksamer Verfügung über fremdes Geld (91 f.) (ähnlich *Simitis*, a.a.O., S. 461). *Kaser*, a.a.O., gibt u. U. in Konkurs u. Zw.-Vollstr. Aussonderungs- od. Widerspruchsrechte. — Bedenken gegen die Wertvindikation auch bei *Wolff-Raiser*, SachR, 10. A., § 84, FN 6; *Erman-Hefermehl* 3. A., 4 zu § 985; *Soergel-Siebert-Mühl* 9. A., 17 zu § 985. —

Die Wirtschaftstheorie betrachtet interessanterweise alle Zahlungsmittel als Forderungen; vgl. Erich *Schneider*, Einführung in die Wirtschaftstheorie, III, 5. A., S. 4 f. Der Begriff Forderung wird dabei freilich in einem untechnischen Sinne bilanz- oder kontenmäßig als Passivseite des Volksvermögens oder als faktische Globalanwartschaft auf Güter verstanden. Die juristische Erfassung *dieses* Gedankengangs steht noch aus.

wieder aufklaffenden Zwiespalt zwischen nominellem Geldwert und Kaufkraft übersteigt offenbar bisher die Formkräfte der Lehren von der verfassungsrechtlichen Eigentumsgewährleistung und der rechtsstaatlichen Sicherung des Vertrauens in die Kontinuität hoheitlich fixierter Rechtspositionen[27].

Die andern oben angedeuteten wirtschaftlichen Gesichtspunkte können letztlich nur in rechtsphilosophischer Fundierung verantwortlich erörtert werden. Die normative Kraft des Faktischen, wie sie in der rechtsdogmatischen Anerkennung des faktischen Arbeitsverhältnisses, der faktischen Gesellschaft und des faktischen Vertrags durch sozialtypisches Verhalten anerkannt ist, kann nur durch eine Rückbesinnung auf den gemeinsamen Ursprung von Rechtsordnung und tatsächlicher Ordnung erklärt und eingegrenzt werden. Hinter den Lehren von der Interessenabwägung als Grundlage der Rechtsfindung steht eine in Wahrheit nur weltanschaulich und bekenntnishaft zu verstehende Denkmethode; selbst wenn man sich auf ihren Standpunkt stellt, müssen Gewichtssystem und Gewichtseinheiten für die Waage vom Recht bestimmt werden. — Der allgemeine Ruf schließlich nach der Anpassung der Norm wie des Vertrags an veränderte Umstände kann nur Gehör finden im Rahmen einer umfassenden Immanenzlehre zum Systemgedanken.

So hat uns das Nachsinnen über Form und Gehalt, das wir begannen mit dem Anruf des spezifisch Rechtlichen, weit hinausgeführt über den rechtlichen Raum.

Zum Schluß seien noch zwei kurze Gedanken erinnert: Wir haben das positive Recht einfach als Gegebenheit behandelt. Aber das Rechtssystem stellt nur einen Durchgang dar von der Rechtssetzung zur Rechtsanwendung auf den Einzelfall. Am Anfang und am Ende dieses Prozesses bildet der schöpferische Wille des Gesetzgebers einerseits und des Richters oder, beim konkreten Vertragsschuß bzw. rechtlichen Verhaltensentschluß, des Rechtsgenossen andererseits die Einfallspforte des Vor- und Überrechtlichen. Hier werden Gehalt zur Form und Form wieder zum unmittelbar aktuellen Gehalt.

---

[27] Vgl. *Scheuner*, Die staatl. Intervention im Bereich der Wirtschaft, VVDStRL, Heft 11, 1954, S. 1 f. (S. 43/44) („rechtlich keine Hilfe"); resignierend auch *Franzke*, Geldhoheit u. Währungssteuerung, Frankfurt 1964, S. 160 f.; *Kaulla*, Rechtsstaat u. Währung, Stuttgart, Köln 1949, S. 85 f.; ebenso schon *Klang*, Geldentwertung u. jur. Methode, Wien 1925, S. 47 f. — Mit dem Amtshaftungsgedanken ist freilich das Problem nicht adaequat erfaßt, insoweit mit Recht ablehnend RG 118, 325. — Die bekannte Aufwertungsrechtsprechung des RG berührt nicht die verfassungsrechtl. Problematik, sondern nur den Inhalt des EinzelSchuldVerh unter den Gesichtspunkten der Zumutbarkeit und der clausula rebus sic stantibus (§ 242) bei totalem Währungsverfall. — Forderungen de lege ferenda vgl. bei *Strickrodt*, Verfassungsgarantierte Währung, Z. f. d. ges. Kreditwesen 1952, S. 533 ff.

Wir haben weiter den Begriff der Form in einem jüngeren Sinne verwandt. In der älteren Philosophie der Antike und in der Scholastik des Mittelalters war Form nicht das äußere, nachträglich Abgezogene (oder Hinzugetane), das Wesenlose, sondern als ὕλη und forma die prägende kategoriale Idee, die der Materie erst ihr So-Sein gab, die erst ihr eigentliches werthaftes Sein konstituierte. Damit wird uns die besondere Würde, ja die Heiligkeit der Form wieder offenbar; sicherlich kann sie diabolisch pervertiert werden zum Formalistischen, aber daß selbst dieses nicht selten eine seltsam faszinative, magisch anmutende Wirkung hat, läßt sich nur aus seinem substanzbezogenen Ursprung erklären, woraus es noch im dialektischen Umschlag zur negativen Hohlform Kraft zieht.

So müssen wir uns hüten nicht nur vor der falschen Sicherheit zeitbedingter empirischer Formgestalten, nicht nur vor dem verführerischen Glanz und dem geistvollen Spiel der Begriffsformenwelt — solche Warnung haben wir oft gehört! —, sondern ebenso vor der Hybris des Materialen, des Suchens nach Gehalt auch dort, wo vielleicht geboten ist, sich in demütiger Selbstbeschränkung der Form zu unterwerfen, gerade auch da, wo sie herb, nüchtern und streng einen Verzicht fordert, dessen existentieller Sinn vordergründig nicht einleuchtet.

Das Recht setzt Grenzen, grenzenlos ist nur das Göttliche und das Chaotische; Form ist Grenze, menschliche Ordnung ist nur möglich durch die Form und in der Form.

Zum privatrechtsgestaltenden Verwaltungsakt

Von Wilhelm Wertenbruch, Bochum

Jeder einzelne Gedanke und jedes Rechtsinstitut drängt auf die Vorstellung eines einheitlichen Gefüges hin. Deswegen kann und muß auch der Rechtswissenschaftler von der *Einheit der Rechtsordnung* ausgehen. Auf seinem Gebiet sind es insbesondere die Sachbereiche des *öffentlichen* und des *privaten* Rechts, die, so sehr sie auch als irgendwie eigenständig erscheinen, doch auch durch den Generalnenner des Rechts verklammert sind. So wie Staat und Einzelnem Eigenstand (juristisch: Rechtssubjektivität) zuzusprechen ist, so bestehen auch deren spezifische Ordnungen neben- oder übereinandergeschichtet und ergeben erst in ihrer *Gesamtheit* denjenigen ordo, den wir — universell oder auf einen bestimmten Staat bezogen — die „Rechtsordnung" nennen.

Hier ist nicht der Ort, der komplexen Problematik des Aufeinander-Bezogenseins beider Rechtsbereiche nachzugehen. Insbesondere soll den vielen dogmatischen Versuchen, öffentliches und privates Recht aufeinander abzustimmen oder voneinander abzugrenzen, kein weiterer hinzugefügt werden.

Für die folgenden Darlegungen, welche nicht mehr als einen Versuch darstellen, Auseinandergerissenes wieder zusammenzuführen, möge zunächst die Feststellung genügen, daß im modernen „Gesetzgebungsstaat" der Gesetzgeber nicht nur das öffentliche, sondern auch das private Recht intensiv normiert. Das gilt insbesondere unter der Herrschaft der „Sozialstaatsklausel", welche das bereits lange zu beobachtende Vordringen auch der *Verwaltungs*funktion in „private" Lebensbereiche hinein noch zu steigern geeignet ist.

Von der Rechtsquelle und vom Rechtsetzungsakt her gesehen ist letztlich *alles* Recht öffentliches, da hoheitlich gesetztes Recht. Man mag die Tatsache, daß alles gesetzte Recht „in seiner Eigenschaft als grundlegender Befehl für die gesellschaftliche Einordnung wesensmäßig einen öffentlichen Wesensgehalt hat und um deswillen ... jegliche Verfügung privater Natur überragt"[1], beklagen, aber sie ist weder juristisch noch

---

[1] Giorgio *del Vecchio*, Lehrb. d. Rechtsphilosophie, 2. deutsche Aufl., übersetzt von Darmstaedter, Basel 1951, S. 403.

auf sonstige Weise zu überwinden[2]. Man wird sie ebenso hinnehmen müssen wie den Staat selbst, der unabschaffbar besteht und dessen Aufgabe es ist, eine Gemeinschaftsordnung zu garantieren. Jede individuelle „Freiheit" ist und bleibt — auch unter dem Vorzeichen des Art. 1 Abs. 1 GG — vorgeordnet. Das wäre sie — auf der Basis einer naturrechtlichen Gedankenführung — selbst dann, wenn der Staat keine Gesetze zur Ordnung des Gemeinschaftslebens ausprägen würde[3].

Der Staat ist aber nicht nur kompetent und ermächtigt, das Privatrecht durch Gesetze *abstrakt* „vorzuordnen", sondern er wirkt auch *konkret* (kasuell und aktuell) auf das Privatrecht ein, indem er es durch hoheitlichen *Einzelakt* mit- oder alleingestaltet. Nach dem Schema der klassischen Gewaltenteilung geschieht dies durch *Rechtsprechungs-* oder *Verwaltungsakt.*

I

Beides sind *Staatsakte*[4] im engeren (konkreten) Sinne. Sie sind voneinander unterscheidbar entweder formal, d. h. durch gesetzliche Kompetenzzuweisungen und die Art des Organs, welches den Staatsakt erläßt, oder material, d. h. durch den Inhalt des Aktes.

1. Des *„privat*rechtsgestaltenden *Verwaltungsakts"* ist man sich erst nach dem 1. Weltkrieg bewußt geworden[5], und zwar angesichts der sozialgestaltenden Akten auf dem Gebiet des Arbeits- und des Wohnungsnotrechts. Die Bezeichnung stammt von Erwin *Jacobi*[6]. *Bürckner* hat vorhandene Phänomene als erster zusammengestellt und eingehend untersucht[7], während *Kroeber* sie um weitere Erscheinungsformen und Zusammenhänge zu bereichern versuchte[8].

---

[2] Sicherlich nicht mit der These Fritz *Gygi's* (Verwaltungsrecht u. Privatrecht, Bern 1956, S. 52), es handele sich um eine „verschwommene Vorstellung", und es gebe auch weder „eine Vorschrift" noch „ein allgemeines, ungeschriebenes Rechtsprinzip, auf welche die These vom Vorrang des öffentlichen Rechts sich stützen könnte". Hierzu u. zu weiteren Fragen in diesem Zusammenhang vgl. ferner Herbert *Krüger*, Allg. Staatslehre, Stuttgart 1964, S. 319 ff. mit weiteren Nachweisen.

[3] Was er naturrechtlich nicht einmal unterlassen darf; vgl. *Thomas*, Sth I/II 95, 1 ff.; II/II 57, 2.

[4] Zum Begriff des Staatsakts vgl. z. B. Ernst *von Hippel*, Untersuchungen zum Problem des fehlerhaften Staatsakts, Berlin 1924, S. 1 ff.

[5] Vgl. allerdings schon Karl *Kormann*, System der rechtsgeschäftlichen Staatsakte, Neudruck der Ausg. Berlin 1910, Aalen 1962, S. 98 f., 112 f.

[6] Grundlehren des Arbeitsrechts, Leipzig 1927, S. 27, 30, 31, 97, 415 ff.; vgl. Hermann *Bürckner*, Der privatrechtsgestaltende Staatsakt, Leipzig 1930, S. 10.

[7] *Bürckner*, a.a.O., passim.

[8] Wilhelm *Kroeber*, Das Problem des privatrechtsgestaltenden Staatsakts, Stuttgart 1931.

Es fällt auf, daß man zunächst vom „privatrechtsgestaltenden *Staatsakt*“ schlechthin sprach, den sogenannten „Justizakt“ also in die Betrachtung mit einbezog[9]. Ausgeklammert wurde allein der Gesetzgebungsakt, der lediglich abstrakt und deswegen nur mittelbar auf das Privatrecht einwirkt, es grundlegend formt und gemeinwohlverträglich regelt.

2. Ich halte es für gut, daß die Analyse ursprünglich derart umfassend angesetzt wurde, möchte hier jedoch nur über den privatrechtsgestaltenden *Verwaltungsakt* berichten. Da ich andererseits von einem materialen Verwaltungsbegriff ausgehe, muß so manche Einzelaktsregelung, welche früher unter dem verschwommenen Ausdruck „Justizakt“ erfaßt worden ist, mit in die Betrachtung hineingenommen werden. Daher sollen zunächst die Begriffe *Verwaltungsakt* und *Justizakt*, wie ich sie auf der Grundlage einer fortgeschrittenen Funktionslehre verstehen muß, klargestellt werden.

Zuerst gilt es, den allzu formalen Verwaltungsaktsbegriff zu überwinden. Nach der Definition des § 25 Abs. 1 der inzwischen aufgehobenen MRVO Nr. 165 ist Verwaltungsakt „jede Verfügung, Anordnung, Entscheidung oder sonstige Maßnahme, die von einer *Verwaltungsbehörde* zur Regelung eines Einzelfalles auf dem Gebiete des öffentlichen Rechts getroffen wird“. Diese Definition ist formaler Natur. Sie stellt auf die erlassende Stelle ab. Aber mit der Klarstellung: „Verwaltungsbehörde im Sinne dieser Verordnung ist jede mit *Aufgaben* der öffentlichen *Verwaltung* ... betraute deutsche Stelle, ohne Rücksicht auf ihre Rangstufe oder Besetzung, jedoch mit *Ausnahme der Gerichte* ...“ hat Absatz 2 dieser Vorschrift bereits zwei klare Anhaltspunkte für die Ausprägung eines materialen Verwaltungsaktsbegriffs geboten, der dem damaligen Gesetzgeber schon vor Augen gestanden haben muß.

Es kommt nach dieser Formulierung nämlich auf die *Art der Aufgabe* an, und dabei bedurfte es der ausdrücklichen Ausklammerung der Gerichte, um klarzustellen, daß auch weiterhin von den Gerichten erlassene materiale Verwaltungsakte einem eigenen Verfahrensrecht unterstehen sollten.

So kennt auch die heutige Verwaltungsrechtslehre einen materialen Verwaltungsbegriff[10]. Dieser wird zur Zeit noch verdunkelt durch den unkritischen Gebrauch der Begriffe Justiz, Rechtspflege und Rechtsprechung. Es wird sich im folgenden zeigen, daß allein der Begriff

---

[9] *Bürckner*, a.a.O., S. 7 f., 10 ff., *Kroeber*, a.a.O., S. 11, 13, 36.

[10] Vgl. Hans J. *Wolff*, Verwaltungsrecht I, 6. Aufl., München u. Berlin 1965, S. 8 ff.

Rechtsprechung dem der Verwaltung entgegengesetzt werden kann und ein taugliches materiales Unterscheidungsmerkmal abgibt[11].

Zunächst stehen die Begriffe Verwaltung und *„Justiz"* nicht in einer Ebene; sie ergeben daher auch kein Gegensatzpaar. Der Ausdruck Verwaltung bezeichnet einen Aufgabenbereich und eine zugehörige Funktion, die weder Regierung noch Gesetzgebung noch Rechtsprechung ist[12]. Dagegen ist unter Justiz ein gubernatives Ressort zu verstehen, in welchem funktionell Teile der Rechtsprechung und der Verwaltung zusammengefaßt sind[13].

Das Justizressort ist ein historisch gewachsenes Regierungselement. Was beim Justizminister ressortiert, ist Justiz[14], und zwar ohne Rücksicht auf Gewaltenteilungslehren. Dazu gehören die Gerichte als Spruchkörper ebenso wie die „Gerichtsverwaltung"[15], die „Gerichtsbehörden" und sonstige Justizbehörden, welche mit „Justizverwaltungsaufgaben" betraut sind. Die Bezeichnung „Justizverwaltung" besagt klar, daß es sich hier schon funktionell um *Verwaltung* handelt. Demgemäß kann ein „Justizakt" durchaus ein Verwaltungsakt sein. Für die sogenannten „Justizverwaltungs-Akte" ist dies bereits seit Jahren gesetzlich anerkannt[16].

Die Tatsache, daß aber auch Spruchkörper („Gerichte" im eigentlichen Sinne) der ordentlichen Gerichtsbarkeit materiale Verwaltungsakte (nach Zweck und Inhalt der Sprüche) erlassen, wird weiterhin verdunkelt durch die vage Bezeichnung „Rechtspflege". Auch sie steht mit den Funktionsbegriffen Rechtsprechung und Verwaltung nicht auf einer Stufe.

---

[11] Zum materialen Rechtsprechungsbegriff vgl. z. B. Ernst *Friesenhahn*, Über Begriff u. Arten der Rechtsprechung unter besonderer Berücksichtigung der Staatsgerichtsbarkeit nach dem Grundgesetz und den westdeutschen Landesverfassungen, in Festschr. f. Richard *Thoma*, Tübingen, 1950, S. 21 ff. (27 ff.); *Holtkotten* in Kommentar zum Bonner Grundgesetz (Bonner Kommentar), Hamburg 1950 ff., Anm. II 1 b zu Art. 92 mit weiteren Nachweisen.

[12] Vgl. Wilhelm *Wertenbruch*, Die Begriffe Beamter, Richter, Soldat auf bundesrechtlicher Grundlage, in DÖV 1960, 672 ff.; Gewaltenteilung und Rechtspfleger, in Rechtspfleger 1962, 77 ff.; Das Grundgesetz u. die Ausübung hoheitsrechtlicher Befugnisse, in JuVBl. 1962, 73 ff. mit Nachweisen.

[13] Vgl. meine Darlegungen in Rechtspfleger 1962, 81; JuVBl. 1962, 77 mit Nachweisen.

[14] H. J. *Wolff*, a.a.O., S. 77.

[15] Vgl. §§ 38, 39 VwGO; § 4 Abs. 2 Nr. 2 DRiG.

[16] Vgl. §§ 179 VwGO, 23 ff. EGGVG. Allerdings fallen nicht alle „Maßnahmen der Justizbehörden" unter § 23 Abs. 1 EGGVG. Vgl. hierzu z. B. Carl Hermann *Ule*, Verwaltungsgerichtsbarkeit, Bd. I, 2 der Reihe: Verwaltungsgesetze des Bundes u. der Länder, neu hrsg. von C. H. Ule, 2. Aufl., Köln/Berlin/München/Bonn 1962, S. 155 ff.

Rechtspflege ist deswegen eine verschwommene Bezeichnung, weil sie zumindest in drei gedanklichen Ebenen verwendet werden kann[17]. Mit Rechtsprechung und Verwaltung hat sie lediglich den Umstand gemeinsam — und das ist zugleich die engste Begriffsfestlegung —, daß es auch eine Rechtspflege „auf dem Gebiete der Gerichtsverfassung und des Verfahrensrechts“[18] gibt. Gemeint ist hier die Rechtsanwendung durch bestimmte Amtsträger, welche durchaus nicht nur Richter sind, sondern auch Staatsanwälte, Urkunds-, Zustellungs- und Vollstreckungsbeamte. Gemeint ist aber auch das verfahrensrechtliche Zusammenspiel aller am „Verfahren“ Beteiligten unter Einschluß von Notaren, Rechtsanwälten, Rechtbeiständen usw. Dabei ergehen *keineswegs nur Rechtsprechungsakte.*

Rechtsprechung, Justiz und Rechtspflege sind eben inkommensurable Begriffe. Deswegen hat der Grundgesetzgeber auch davon abgesehen, über die Artikel 92 ff. GG die überkommene Bezeichnung „Die Rechtspflege“ zu setzen[19]. Was er hier regeln wollte, ist die *Funktion*: „Die Rechtsprechung“, die bereits in den Art. 1 Abs. 3 und 20 Abs. 2 und 3 GG den beiden anderen klassischen Funktionen, Gesetzgebung und vollziehender Gewalt, gegenübergestellt ist. Der Intention des Verfassungsgebers folgend muß umgedacht werden. Man muß trotz kodifiziertem Gerichtsverfassungs- und Verfahrensrecht — einem dem Grundgesetz im Range *nach*stehenden Recht — funktionell und materiell klar unterscheiden, was die „Richter“ und „Gerichte“ ihrer *Aufgabe* nach jeweils erlassen: Rechtsprechungs- oder Verwaltungsakte.

Die rechtsprechende Gewalt ist (ausschließlich) den Richtern (Gerichten) anvertraut (Art. 92 GG)[20]. Soweit ihnen jedoch „Aufgaben der Gerichtsverwaltung“ oder verfahrensrechtlich „*andere* Aufgaben“ (nämlich Verwaltungsaufgaben) kraft Gesetzes „zugewiesen sind“ (§ 4 Abs. 2 DRiG), erlassen sie auch Verwaltungsakte. Dadurch werden sie zwar nicht zu Verwaltungsstellen, sondern bleiben — formal — Gerichte[21], aber sie üben „echte Verwaltungsfunktionen“[22] aus, und ihre

---

[17] *Wertenbruch*, in Rechtspfleger 1962, 79, mit Nachweisen.

[18] So die Überschrift über dem sog. Rechtspflegergesetz v. 8. Februar 1957.

[19] So noch Art. 102 ff. WRV. Zur Entstehungsgeschichte der Art. 92 ff. GG vgl. *v. Doemming-Füßlein-Matz*, in: Jahrb. d. öffentl. Rechts d. Gegenwart, NF Bd. 1, S. 664 ff.; *Holtkotten* in Bonner Kommentar, Anm. I 2 zu Art. 92.

[20] Zum sog. „Richtermonopol“ vgl. BVerfGE 10, 200 = NJW 1960, 187; BVerfG in NJW 1965, 343; BVerwGE 8, 350 (352) = NJW 1959, 1507; ferner Andreas *Hamann*, Das Grundgesetz, 2. Aufl., Neuwied/Berlin 1960, Anm. B 3 zu Art. 92; *Holtkotten* in Bonner Kommentar, Anm. II 1 d zu Art. 92.

[21] VGH Freiburg in NJW 1952, 317. Irrig insoweit H. J. *Wolff*, Die Voraussetzungen eines „besonderen Verwaltungsgerichts“, dargestellt am Beispiel der Spruchkammern bei den Oberversicherungsämtern, in: MDR 1951, 67 ff. (68), der den Vormundschaftsrichter als Verwaltungs-„Behörde“ ansieht.

[22] Alexander *Koehler*, Verwaltungsgerichtsordnung, Berlin u. Frankfurt am Main 1960, Anm. II 2 zu § 38.

Akte sind material Verwaltungsakte. Dies gilt auch für den größten Teil der sogenannten *„freiwilligen Gerichtsbarkeit“*[23].

Daß zumindest Registereintragungen (incl. Löschungen; nach BGB, FGG, HGB, AktG, GBO usw.) Verwaltungsakte sind, ist bereits seit langem weithin anerkannt[24]. Es ist ja auch kein Grund dafür ersichtlich, Eintragungen in ein Standesamtsregister nur deswegen als Verwaltungsakte anzusehen, weil eine Verwaltungsstelle sie erledigt (§§ 51 ff. PStG), während sonstige Registereintragungen (etwa auf der Grundlage des FGG oder der GBO) „Rechtsprechungsakte“ sein sollen[25].

Diese bereits vorherrschend abgelehnte Lehrmeinung folgt einer formalen, verfahrensrechtlichen Betrachtungsweise, die mit den Intentionen des Verfassungsgebers nicht mehr übereinstimmt. Hier werden funktionale Zusammenhänge nur deswegen auseinandergerissen, weil die Registereintragungen der freiwilligen Gerichtsbarkeit, strikt dem Kodifikationsdenken des vorigen Jahrhunderts folgend[26], mehr oder weniger zufällig einen anderen Weg genommen haben als andere Einschreibungen in öffentliche Bücher und Register. Der Kodifikationsgedanke hat aber — nicht nur in bezug auf Rechtswegfragen, sondern auch in dem hier interessierenden Zusammenhang — bereits eindeutig vor dem Gewaltenteilungsprinzip, das ein verfassungsrechtliches Fundamentalprinzip ist, zurückweichen müssen[27].

So wird z. B. die Eintragung eines Grundstückskäufers als neuer Eigentümer in das Grundbuch (§§ 873 BGB, 13 ff. GBO) heute ganz un-

---

[23] BVerwGE 8, 353; Karl August *Bettermann*, Die freiwillige Gerichtsbarkeit im Spannungsfeld zwischen Verwaltung und Rechtsprechung, in Festschr. f. Friedrich *Lent*, München u. Berlin 1957, S. 17 ff.; *ders.*, Die Unabhängigkeit der Gerichte und der gesetzliche Richter, in: Die Grundrechte, Bd. III/2, hrsg. von *Bettermann-Nipperdey-Scheuner*, Berlin 1959, S. 523 ff. (633); *Hamann*, a.a.O., Einführung I D 7, 2; *Holtkotten* in Bonner Kommentar, Anm. III 1 d zu Art. 92; *Meyer-Anschütz*, Lehrb. d. Deutschen Staatsrechts, 7. Aufl., München und Leipzig 1919, S. 725; impl. bei Hans *Nawiasky*, Die Grundgedanken des Grundgesetzes für die Bundesrepublik Deutschland, Stuttgart und Köln 1950, S. 45.

[24] Vgl. *Wertenbruch*, Registereintragungen der freiwilligen Gerichtsbarkeit als Verwaltungsakte, in: DÖV 1958, 732 ff.; *ders.*, in: Rechtspfleger 1962, 83, mit Nachweisen. Vgl. auch Ernst Rudolf *Huber*, Wirtschaftsverwaltungsrecht, 2., neubearbeitete Aufl., 1. Bd., Tübingen 1953, S. 74, u. 2. Bd., 1954, S. 599 sowie H. J. *Wolff*, a.a.O., S. 73.

[25] Wie etwa Fritz *Baur* (Der Begriff der Rechtsprechung und die freiwillige Gerichtsbarkeit, in: DNotZ 1955, 507 ff. [519]) und Franz *Schlegelberger* (Die Unabhängigkeit der Rechtspfleger, in: Rechtspfleger 1957, 135) meinen. Ebenso Walther J. *Habscheid*, Grundfragen der freiwilligen Gerichtsbarkeit, in: Rechtspfleger 1957, 164 mit weiteren Nachweisen zum Meinungsstreit.

[26] s. etwa Gerhard *Anschütz*, Die Verfassung des Deutschen Reichs, 12. Aufl., Berlin 1930, Anm. 1 zu Art. 103; vgl. *Holtkotten*, in: Bonner Kommentar, Anm. II 1 b zu Art. 92; ferner *Wertenbruch*, in: Rechtspfleger 1962, 79.

[27] *Hamann*, a.a.O., Einführung I D 7; *Holtkotten* in Bonner Kommentar, Anm. II 1 a und b zu Art. 92.

befangen[28] als Verwaltungsakt angesehen. Dem privatrechtsgestaltenden Verwaltungsakt ist eben unter dem Vorzeichen des „Gewaltenteilungsstaates“ eine weit ausgedehntere Reservation zuzuweisen, als man das etwa noch vor 30 bis 40 Jahren annehmen konnte[29]. Folgt man den Aufzählungen *Bürckners*[30] oder *Kroebers*[31] und läßt man dabei ihren „Justizakt“ jeweils das Sieb einer modernen, an der Verfassung orientierten Funktionslehre passieren, so kann man nur erstaunt sein über die Fülle der privatrechtsgestaltenden Verwaltungsakte, die allein im Bürgerlichen Gesetzbuch aufgeführt sind, das entweder auch das zugehörige Verwaltungsverfahrensrecht gleich mitenthält oder insoweit mit Verfahrensgesetzen verknüpft ist. Sie alle an dieser Stelle aufzuführen, wäre einfach unmöglich.

Es kann doch wohl keinem Zweifel unterliegen, daß sich z. B. in den §§ 2353 ff. BGB (Erbschein) mit Ausnahme der §§ 2362, 2363 Abs. 2, 2364 Abs. 2, 2365—2367, 2368 Abs. 3 und 2370 kein privates, sondern öffentliches Recht vorfindet. Hier wird ein Verwaltungsverfahren geregelt. Es wird gesagt, unter welchen Voraussetzungen (verwaltungsmäßig) ein Erbschein zu erteilen ist, wie er auszusehen hat, und wann diese öffentliche Urkunde, welche die Verwaltungsfeststellung über die Erbeneigenschaft einer Person enthält, wieder einzuziehen („zurückzunehmen“) ist. Erteilung (Erlaß) und Einziehung (Rücknahme) des Erbscheins sind material Verwaltungsakte, auch solche privatrechtsgestaltender Art, wie noch näher zu erläutern sein wird. Daß ein „administratives Justizorgan“[32] solche Aufgaben erledigt, stört hier ebensowenig wie bei den amtlichen Äußerungen eines Grundbuchamtes (§ 1 GBO) oder bei Einzelfallregelungen eines Vormundschaftsgerichts (§§ 35 ff. FGG), das eine Pflegschaft anordnet, eine Ehelichkeitserklärung erteilt oder eine Fürsorgemaßregel erläßt. Kasuelle Rechts- oder Daseinsfürsorge ist eindeutig Aufgabe der Verwaltungsfunktion[33], mag sie auch in die Hände von „Richtern“ gelegt sein.

---

[28] D. h. ohne nähere Begründung; vgl. z. B. Martin *Bullinger,* Die behördliche Genehmigung privater Rechtsgeschäfte und ihre Versagung, in: DÖV 1957, 761 ff. (767); Günther *Seufert,* in: Staudinger, Kommentar zum Bürgerlichen Gesetzbuch, III. Bd , Sachenrecht, 1. Teil, 11. Aufl., Berlin 1956, § 873, Rdnr. 76 („Staatsakt“); Harry *Westermann,* Sachenrecht, 4. Aufl., Karlsruhe 1960, S. 372 („Hoheitsakt“).

[29] Allerdings hatte schon E. *Schepp* (Das Öffentliche Recht im Bürgerlichen Gesetzbuch, Freiburg 1899) auf das für den Verwaltungsbeamten wissenswerte Recht aufmerksam gemacht.

[30] A.a.O., passim.

[31] A.a.O., passim.

[32] Vgl. E. R. *Huber,* a.a.O., 1. Bd., S. 74.

[33] Vgl. Eduard *Kern,* Artikel „Rechtspflege“, in: Handb. d. Deutschen Staatsrechts, hrsg. v. Anschütz u. Thoma, Bd. II, Tübingen, 1932, S. 481.

3. Ist damit das Feld, auf dem privatrechtsgestaltende Verwaltungsakte vorkommen können, durch den Hinweis auf einen materialen Verwaltungsaktsbegriff[34] wieder etwas erweitert, so ist nun zu fragen, worin die Gestaltung zu bestehen hat, welcher Art sie sein muß, um den Verwaltungsakt als „privatrechts*gestaltend*" erscheinen zu lassen.

Vom Wortlaut her kann man bereits sagen, daß das Privatrecht *Gegenstand* der Einwirkung sein muß. Es wird durch Verwaltungsakt, d. h. durch Einzelfallregelung, auf private Rechtslagen „*eingewirkt*". Gegenüberzustellen ist — worin schon *Bürckner* ein erstes Kriterium für die Aufgliederung der Kategorie Staatsakt sah[35] — der „öffentliches Recht gestaltenden" Tätigkeit die „privatrechtsgestaltende Handlung" des Staates. Der Staat hat z. B. durch eine geschriebene Verfassung (GG) öffentliches und durch den Erlaß des Bürgerlichen Gesetzbuches privates Recht „gestaltet" (im Sinne von genormt, geregelt). Übertragen auf die Einzelfallregelungen im Bereich der Verwaltung kommt es darauf an, ob die Verwaltungsakte eine „rechtssatzmäßig vorgeschriebene Stellungnahme (Genehmigung, Bestätigung oder das Gegenteil davon: die Ablehnung) zu Rechtsgestaltungen des privaten oder öffentlichen Rechts zum Inhalt haben"[36].

Über den Gegenstand, die Wirkung oder den Inhalt der Verwaltungsakte hinaus wird es aber auch auf den *konkreten Zweck* ankommen, den der Gesetzgeber oder die den Verwaltungsakt erlassende Stelle verfolgt[37]. Sicherlich steht hinter *jeder* Betätigung staatlicher Organe — den Aufgaben des Staates entsprechend — stets eine *überlagernde öffentlich*-rechtliche Zwecksetzung (im weitesten Sinne). Gerade im

---

[34] Der allerdings in der Wissenschaft noch nicht klargestellt ist, zumal bereits der materiale Verwaltungsbegriff umstritten ist und die Verwaltung vorläufig nur umschrieben, jedoch kaum definiert werden kann. Vgl. Ernst *Forsthoff*, Lehrb. d. Verwaltungsrechts, 1. Bd., 8. Aufl., München u. Berlin 1961, S. 1 ff.; H. J. *Wolff*, a.a.O., S. 8 ff. Auch auf diesen Grundbegriff — ebenso wie auf den der Rechtsprechung — gehe ich hier aus Raumgründen nicht näher ein. Es sei auch insoweit auf meine Darlegungen in DÖV 1958, 732 ff.; 1960, 672 ff.; Rechtspfleger 1962, 77 ff. und JuVBl. 1962, 73 ff. mit Nachweisen verwiesen.

[35] A.a.O., S. 2.

[36] So *Forsthoff*, a.a.O., S. 247.

[37] Zur Bedeutsamkeit der Finalität bei der Qualifizierung von „Staatsakten" vgl. E. *v. Hippel*, a.a.O., passim, ferner *Meyer-Anschütz*, a.a.O., S. 750 und H. J. *Wolff*, a.a.O., S. 8 f.

[38] Der Verfasser verkennt nicht, daß das Entmündigungsverfahren nach ZPO-Normen (§§ 645 ff.) abläuft. Aber es gehört zur freiwilligen Gerichtsbarkeit und gipfelt in einer „Verwaltungsanordnung", die in einem fingierten Streitverfahren angefochten werden kann. Vgl. *Baumbach-Lauterbach*, Zivilprozeßordnung, 28. Aufl., München u. Berlin 1965, Übersicht vor §§ 645 ff.; *Kroeber*, a.a.O., S. 44 f. Vgl. auch H. J. *Wolff*, a.a.O., S. 73.

privatrechtlichen Bereich kann aber das Ordnungsziel am zweckmäßigsten durch eine *konkrete* zweckgerichtete Gestaltung erreicht werden. Soll ein (abstrakt umschreibbarer) *Kreis von Personen* aus Gründen des Gemeinwohls privatrechtlich schlechthin geschützt sein, so kann man sie schützende Privatrechtsfolgen gesetzlich regeln. Man muß jedoch *einzelne* Menschen aus denselben Gründen unter eine besondere Schutzglocke privatrechtlicher Art bringen (Entmündigung[38]) oder will man einzelnen zu ihrem Schutz eine möglichst weitreichende Publikationsmöglichkeit zur Verfügung stellen (Güterrechtsregister) oder erheischen die Interessen der Allgemeinheit bei Gestaltungen durch Private aus irgendwelchen konkreten Gründen Schutz, so bietet sich nur die *Einzelakts*regelung an. Sie ist materialer Verwaltungsakt, weil Rechts- und Daseinsfürsorge für die Gemeinschaft oder ihr einzelnes Mitglied Verwaltungsaufgabe ist[39]. Sie ist „privatrechts*gestaltend*", weil der öffentlich-rechtliche (konkrete) Fürsorgezweck entweder auf den privatrechtlichen Schutz einzelner gerichtet ist oder faktisch oder rechts- und sozialstaatlich nur durch Anknüpfung an den privatrechtlichen Status von Einzelpersonen oder an Vorgänge im privatrechtlichen Bereich zu verwirklichen ist. Dabei werden Inhalt, Gegenstand und Wirkung des Akts dem konkreten Zweck adäquat sein müssen[40]. Aber nur aus der generellen und konkreten Zwecksetzung wird sich letztlich beurteilen lassen, ob der „Eingriff" in private Rechtslagen nach Auslösungsursache (Frage des „ob") und gewähltem Mittel (Frage des „wie") gerechtfertigt werden kann.

Der privatrechtsgestaltende Verwaltungsakt ist also von denjenigen Einzelaktsregelungen, welche *öffentliches* Recht „gestalten" (etwa bei Erteilung oder Versagung einer Bauerlaubnis), vor allem durch die engere „Ratio" unterscheidbar. Er soll aus öffentlichem Grunde auf private Positionen, Rechte oder Rechtsverhältnisse einwirken. Mit dieser final begründeten Klarstellung wird nicht zuletzt auch dem Umstand entsprochen, daß Verwaltungsakte schlechthin *„Rechtsgeschäfte"* der Verwaltung sind[41]. Damit ist jedoch noch nicht festgelegt, was für diesen Zusammenhang unter *„Gestaltung"* zu verstehen ist.

---

[39] Vgl. *Kroeber*, a.a.O., S. 45. Man pflegte früher, als der Polizeibegriff noch nicht seine heutige Verengung erfahren hatte, insoweit von „Rechtspolizei" zu reden; vgl. etwa das Badische Gesetz, die freiwillige Gerichtsbarkeit und das Notariat betreffend (RechtspolizeiG) vom 17. Juni 1899. Vgl. auch Fußnote 33.

[40] Vgl. *Kroeber*, a.a.O., S. 45.

[41] Vgl. z. B. Hans *Peters*, Lehrb. d. Verwaltung, Berlin/Göttingen/Heidelberg 1949, S. 151: „Unter Rechtsgeschäften versteht man ... Handlungen, die im Hinblick auf einen von der Rechtsordnung vorgesehenen Rechtserfolg zwecks dessen Erreichung vorgenommen werden"; ferner Paul *Laband*, Das Staatsrecht des Deutschen Reiches, 5. Aufl., 2. Bd., Tübingen 1911, S. 188.

Betrachtet man den Staatsakt aus der Perspektive des Individuums, so muß alles, was ohne oder gar gegen den Willen der „Privaten“ erfolgt, als Gestaltung, also als konstitutiver Akt erscheinen. Die Einzelfall-„Regelung“ wird, auch wenn sie verwaltungsrechtlich „deklaratorischer“ Natur sein mag, ganz einfach deswegen als konstitutiv empfunden, weil sie auf Grund Gesetzes oder jedenfalls *hoheitlich* ergeht, damit ein bestimmter zivilrechtlicher Ablauf so und nicht anders stattfindet. Das gilt z. B. für „Genehmigungen“ im Sinne von Unbedenklichkeitsbescheinigungen ebenso wie für die Eintragung des Grundstückskäufers ins Grundbuch, durch deren Vollzug — verbunden mit der dinglichen Einigung — erst Eigentum übergehen kann (§ 873 BGB). Man sage jedoch nicht zu vorschnell, die Eintragung sei schlechthin konstitutiver Natur. Sie ist es sicherlich aus *zivil*rechtlicher Sicht[42], und dies bestätigt meine These, aber sie ist verwaltungsrechtlich gesehen ein rein *deklaratorischer* Verwaltungsakt[43]. Der Staat will zwar mitspielen, aber nicht der Kontrahenten wegen, sondern wegen *seines* Interesses an der Offenlegung der Eigentumsverhältnisse an Immobilien[44]. Ihn interessiert vornehmlich die Publizität und der Schutz des Rechtsverkehrs durch das öffentliche Register[45]. Die Publikation ist staatliches Gemeinwohl-Anliegen. Der Staat realisiert es durch ein zivilrechtliches Abhängigmachen des Eigentumswechsels von der Umschreibung im Grundbuch. Das Grundbuch weist — öffentlich-rechtlich gesehen — lediglich aus, *wer* Eigentümer ist. Es gestaltet insoweit gar nichts, sondern beläßt den Beteiligten ihren „privatautonomen“ Bereich in den Grenzen des Rechts. Das gilt im wesentlichen für Registereintragungen aller Art. Zu fragen ist immer nach der Ratio, die hinter der Einrichtung des Registers steht und nach dem Inhalt dessen, was eingetragen wird. Eintragungs*pflichtiges* soll der Rechtsverkehr unbedingt wissen oder zumindest wissen können. Was bloß eintragungs*fähig* ist, soll als geoffenbarte Rechtstatsache lediglich denjenigen schützen, der es zu seinem Schutze freiwillig eintragen läßt (vgl. etwa §§ 1560 ff. in Verbindg. m. § 1412 BGB).

Die Ausdrucksweise „Gestaltung“ kann daher aus zivilrechtlicher Sicht nur eine sehr umfassende sein, die mit dem verwaltungsrechtlichen Begriff der Gestaltung nicht ohne weiteres vergleichbar ist.

Rechtsgestaltend (konstitutiv) im verwaltungsrechtlichen Sinne sind nämlich nur solche Verwaltungsakte, „die ein konkretes Rechtsverhältnis im engeren Sinne begründen, abändern oder aufheben oder eine (neue)

---

[42] Vgl. etwa *Westermann*, a.a.O., S. 372 f.; s. allerdings ebenda, S. 378: „Die Eintragung ist die Verlautbarung der Rechtsänderung im Grundbuch.“

[43] Vgl. *Peters*, a.a.O., S. 153.

[44] Philipp *Heck*, Grundriß des Sachenrechts, Neudruck der Ausg. Tübingen 1930, Aalen 1960, § 41, 1.

[45] *Kern*, a.a.O., S. 481.

Gestaltung versagen ..."[46]. Da jedoch im Regelfall Registereintragungen, aber auch ein Erbschein, nichts konstituieren, sondern nur etwas deklarieren, fallen sie nicht unter diese enge Definition des konstitutiven Verwaltungsakts. Sie wären demnach *nicht* „privatrechts*gestaltend*".

Will man die sicherlich irritierende Ausdrucksweise dennoch vernunftgemäß halten, weder dem privaten noch dem öffentlichen Recht Gewalt antun und trotzdem auch feststellende Verwaltungsakte in den Kreis der „privatrechtsgestaltenden" mit einbeziehen, so sollte man sich zunächst daran erinnern, daß die Kategorie-Bezeichnung ursprünglich auf *„Staatsakte"* gemünzt war. Staatsakt ist (umfassend) *jede* hoheitliche Willens- und Wissensäußerung, eingeschlossen der Erlaß eines Gesetzes. Nun erscheinen aber sowohl aus der finalen Perspektive des staatlichen Gesetzgebers als auch aus der Sicht desjenigen, der über der „ursprünglichen" Regelungsbefugnis der Individuen (Privatautonomie) eine höherrangige „Rechtsquelle" (ihrer „Wirkung" nach) wahrnimmt, alle „Normen" als solche gestaltender Art[47]. Auch ein Verwaltungsakt, durch den sich der Staat in eine private Rechtslage konkret „einmischt", d. h. sie hoheitlich „gestaltet", ist nur Ausfluß des Gesetzes, das „abstrakt gestalten" (normieren) will. Deswegen kann in diesem (universellen) Sinne auch ein feststellender Verwaltungsakt einbezogen, d. h. ein „gestaltender" genannt werden[48]. Er ist es nach öffentlichrechtlicher Zwecksetzung und privatrechtlicher Wirkung. Dem überlagernden (generellen) staatlichen Regelungszweck unterstehen sowohl die Verwaltungsfunktion mit ihren spezifischen Aufgaben als auch das öffentlichrechtlich vorgeordnete und vorzuordnende „gesellschaftliche" Zusammenspiel der Privaten. Darüber hinaus wird nunmehr klar, daß der privatrechtsgestaltende Verwaltungsakt in *einer* gedanklichen (rechtlichen) Ebene mit dem (ebenso konkret) öffentlich-rechtliche Lagen gestaltenden Verwaltungsakt steht. Auch hier gibt es nicht nur konstitutive, sondern ebenso feststellende Einzelfallregelungen. Demgemäß kann insoweit (in diesem spezifischen Bereich) auch der verwaltungsrechtlichen Nomenklatur (der Gegenüberstellung konstitutiv — deklaratorisch) entsprochen werden.

---

[46] So H. J. *Wolff*, a.a.O., S. 272. Ähnlich in der Formulierung *Forsthoff*, a.a.O., S. 193 und *Peters*, a.a.O., S. 152. Letzterer nimmt — m. E. zu Recht — allerdings Gebote und Verbote mit in die Figur des konstitutiven Verwaltungsakts hinein.

[47] Zweifel könnten sich insoweit allenfalls aus naturrechtlicher Perspektive ergeben. Aber auch auf der Basis des Naturrechts bleibt dem Gesetzgeber ein quantitativ überragender Raum zum „Gestalten" übrig. Er „individualisiert" eigen-schöpferisch. Vgl. *Thomas*, Sth II/II 95 ff.

[48] Er ist es aber gerade *nicht* „im engeren Sinne", wie *Kroeber*, a.a.O., S. 17, 28 f., 40 f., aus anderer Sicht meint.

4. Was nunmehr nur noch irritiert, ist der Umstand, daß man heute den privatrechtsgestaltenden Verwaltungsakt in Lehrbüchern[49] und Abhandlungen[50] des Verwaltungsrechts als Unterkategorie des konstitutiven Verwaltungsaktes vorzufinden pflegt. Diese Einordnung trägt weder dem vertikalen Verhältnis von öffentlichem und privatem Recht noch dem öffentlich-rechtlichen Regelungszweck Rechnung. Sie verdunkelt auch die Mehrschichtigkeit des Ausdrucks „Gestaltung" und vernachlässigt hierdurch das Erfordernis hinreichend sauberer (spezifisch) verwaltungsrechtlicher Kategorien. Sie ist im Grunde eine Folge der heute weithin bestehenden Faszination durch bloße *„Wirkungen"*.

Diese Faszination kann u. a. leicht zur Überdehnung der Kategorie des privatrechtsgestaltenden Verwaltungsakts führen, da ohne Rückblick oder Ausrichtung auf die (u. U. viele Wirkungen auslösende) Zwecksetzung[51] unklar bleibt, was noch als Wirkung gewollt ist und was nicht mehr[52].

Die Bezeichnung „privatrechtsgestaltender Staatsakt" hatte bereits *Bürckner* und *Kroeber* Schwierigkeiten bereitet. In Anbetracht der Fülle und Mannigfaltigkeit der von ihnen aufgeführten „gestaltenden" (incl. feststellenden) Staatsakte hatten sie sich damit zu helfen versucht, daß sie auf die privatrechtlichen Wirkungen abstellten. Das Kriterium sei — so bemerkte *Bürckner* einleitend[53] —, daß „ohne sie die privatrechtliche Wirkung nicht eintreten kann". *Kroeber* ist dem beigetreten[54] und hat — voll unter dem Eindruck dieses Kriteriums stehend — den Kreis der privatrechtsgestaltenden Staatsakte noch um „Erscheinungen, die sich unter dem Schlagwort Kontrahierungszwang zusammenfassen lassen" sowie um „die zahlreichen polizeilichen Erlaubnisse" (insbesondere Gewerbeerlaubnisse) erweitert[55].

---

[49] Vgl. *Forsthoff*, a.a.O., S. 247; H. J. *Wolff*, a.a.O., S. 272.

[50] Vgl. z. B. Fritz *Ossenbühl*, Die Rücknahme fehlerhafter begünstigender Verwaltungsakte (Heft 29 der Reihe „Neue Kölner Rechtswissenschaftliche Abhandlungen), Berlin 1964, S. 128 f.

[51] Das Bundesverwaltungsgericht stellt neuerdings im Zusammenhang mit der „Zweistufentheorie" (vgl. Hans Peter *Ipsen*, Öffentliche Subventionierung Privater, Berlin/Köln 1956, S. 64 ff.) auch auf den Zweck ab. Vgl. BVerwGE 7, 180; 13, 47; ferner auch BGH, in: DVBl. 1964, 115, mit weiteren Nachweisen; Herbert *Krüger*, Die Auflage als Instrument der Wirtschaftsverwaltung, in: DVBl. 1955, 380 ff. (385); *Menger*, Höchstrichterliche Rechtsprechung zum Verwaltungsrecht, in: VerwArch. 1962, 277 ff.

[52] Hieraus erklärt sich z. B. der fehlgehende Angriff Wilhelm *Totzeks* (Privatrechtsgestaltende Verwaltungsakte im Mietpreisrecht, in DÖV 1953, 718 ff., 747 ff.) auf die final ausgerichteten Lehren *Bettermanns* (Grundfragen des Preisrechts für Mieten und Pachten, Tübingen 1952, S. 43 ff).

[53] A.a.O., S. 3.

[54] A.a.O., S. 14, 40, 44.

[55] *Kroeber*, a.a.O., S. 15 f.

Damit trat ein, was *Bürckner* bereits befürchtet hatte. Er hatte zu Beginn seiner Darlegungen bemerkt, er wähle trotz seiner Vorbehalte gegen die irritierende Bezeichnung „privatrechtsgestaltend" *nicht* den Ausdruck Staatsakt „mit privatrechtlichen Wirkungen", weil „dann wieder sehr schwer zu sagen ist, was noch Wirkung einer Handlung ist und was nicht mehr"[56]. In der Tat: Gemessen an bloßen Wirkungen staatlicher Akte kann die Abgrenzung der Kategorie des privatrechtsgestaltenden Akts sehr unscharf werden, es sei denn, man beschränkt „auf die *unmittelbare* Gestaltung einer Privatrechtslage"[57] und sieht darüber hinaus nicht nur auf die unmittelbare Wirkung, sondern auch auf die dahinterstehende *Zweck*setzung, die ja nichts anderes ist als die sachlich zugehörige (unabtrennbare) Finalursache. So kann z. B. eine Entmündigung[58], die zum Schutze des Einzelnen und des privaten Rechtsverkehrs (der Allgemeinheit)[59] angeordnet wird, als privatrechtsgestaltender Verwaltungsakt angesehen werden[60], weil sie die Geschäftsfähigkeit aufhebt oder beschränkt und die Geschäftsfähigkeit dem bürgerlichen Recht zuzuordnen ist[61]. Sie ist es nicht etwa deswegen, weil sie weitere gesetzliche Wirkungen hat, die zum Teil privatrechtlicher (kraft Gesetzes z. B. nach §§ 104, 114 BGB), zum anderen Teil öffentlich-rechtlicher Natur sein können, wie etwa die Anweisung an den Vormundschaftsrichter, dem Entmündigten einen Vormund zu bestellen (§ 1896 BGB).

Eine Gewerbeerlaubnis ist hingegen — ganz ohne Rücksicht auf etwaige privatrechtliche Folgen — schon deswegen kein privatrechtsgestaltender Verwaltungsakt[62], weil sie erlassen wird, um den Begünstigten, der von der Behörde für „gewerbefähig" gehalten wird, von einem repressiven oder präventiven Verbot freizustellen. Was der von ihr Begünstigte nachfolgend im Rahmen des privaten Rechts gestaltend unternimmt, ist der die Erlaubnis erteilenden Behörde gleichgültig und im einzelnen nicht vorhersehbar. Daher sind gegen die von *Kroeber* vorgeschlagene Untergruppe des privatrechtsgestaltenden Verwaltungsakts, von ihm „privatrechts*vorbereitende* Verwaltungsakte" genannt[63],

---

[56] *Bürckner*, a.a.O., S. 3.
[57] Vgl. *Kroeber*, a.a.O., S. 14.
[58] s. oben, Fußnote 38.
[59] Vgl. Paul *Oertmann*, Bürgerliches Gesetzbuch, Allgemeiner Teil, 3. Aufl., Berlin 1927, Anm. 5 zu § 6; *Wertenbruch*, Ist die Rechtspflege der Verwaltungsfunktion zuzuordnen? (Ein Gespräch), in: DRpflZ 1963, 49 ff. (53).
[60] So bereits *Oertmann*, a.a.O., Anm. 1, 3 b zu § 6 („rechtsgestaltender Staatsakt").
[61] Hierzu vgl. z. B. *Baumbach-Lauterbach*, a.a.O., Übersicht vor §§ 645 ff., Anm. 1; *Peters*, a.a.O., S. 134.
[62] So allerdings *Kroeber*, a.a.O., S. 15 f., der jedoch selbst (S. 16) Zweifel äußert.
[63] *Kroeber*, a.a.O., S. 17.

Bedenken am Platze. Mit den Rechtsfiguren des konstitutiven und des feststellenden Verwaltungsakts kann man ohne Not auskommen[64]. Allein mit ihnen ist auch den Umständen Rechnung getragen, daß der Verwaltungsakt Einzelfallregelung ist und die Verwaltung nicht die Privatinitiative des Einzelnen anzuregen oder zu beschränken gedenkt, wenn sie hierzu gar keine (öffentlich-rechtliche) Veranlassung hat.

Selbst ein behördliches Veräußerungsverbot (vgl. § 136 BGB), das zum Schutze bestimmter Personen erlassen wird[65], ist lediglich wegen seiner „unmittelbaren Wirkung" privatrechtsgestaltender Verwaltungsakt. Es dient der Schließung singulärer Lücken, die von den §§ 134 und 135 BGB nicht erfaßt werden können. Die Gleichschaltung mit diesen Normen erfolgt und kann nur erfolgen durch Einzelakt (Verfügung). Alle weiteren Wirkungen können getrost dem Gesetz überlassen werden.

5. Man kann nun die Frage stellen, welche konkreten Zwecke es eigentlich sind, die hinter solchen privatrechtsgestaltenden Verwaltungsakten stehen. Der *überlagernde* Generalzweck ist ja immer derselbe. Er kommt bereits in der Bezeichnung „privatrechts*gestaltender* Verwaltungsakt" zum Ausdruck. Es soll etwas „gestaltet", d. h. geregelt (incl. verbindlich oder zum Zwecke der Untermauerung einer Rechtsvermutung — vgl. § 891 BGB — festgestellt) werden, und zwar schlechthin zu Ordnungszwecken. Die bestehende und gesetzlich fixierte Rechtsordnung soll aufrechterhalten werden und sich auch im Singulären bewähren[66]. Das Privatrecht soll kein absolutes Eigenleben führen können, sondern aus Gemeinwohlgründen in das übrige Rechtsgefüge ein- oder an es angepaßt werden. Es ist nicht völlig selbständig, sondern ein (wenn auch eigenständiger) *Teil* der Rechtsordnung. Der Staat will, sofern durch Gestaltungen von seiten Privater öffentlich-rechtliche Interessen berührt oder verletzt werden können, ein Wort mitreden. Da er dies nicht allein mit Hilfe des Gesetzes verwirklichen kann, sondern auch — gerade bei der Vielfalt privatautonomer Einzelgestaltungen — ein konkretes Regulativ braucht, gibt es den privatrechtsgestaltenden Verwaltungsakt.

Wollte man nun alle *konkreten* Zwecksetzungen[67] erfassen, so müßte man mit Bieneneifer zunächst alle privatrechtsgestaltenden Verwal-

---

[64] Auch eines „privatrechtsbegründenden" Verwaltungsakts — vgl. BVerwGE 8, 86 — bedarf es m. E. nicht. Vom privatrechtsbegründenden Verwaltungsakt — neben vielen anderen Unterarten — spricht allerdings auch *Gygi*, a.a.O., S. 10.

[65] Vgl. RGZ 105, 72.

[66] Es handelt sich um denselben Generalzweck, der nach *Kroeber*, a.a.O., S. 44, im Bereich der streitigen Gerichtsbarkeit besonders sichtbar wird.

[67] Für den Bereich der freiwilligen Gerichtsbarkeit vgl. etwa Franz *Schlegelberger*, Gesetz über die Angelegenheiten der Freiwilligen Gerichtsbarkeit, Bd. 1, Köln — Berlin 1952, § 1, Rdnr. 3.

tungsakte, welche das geltende Recht (BGB, HGB, FGG, GBO usw.) kennt, aufsuchen und sie sodann nach Zweckgruppen zusammenstellen. Eine nachfolgende Rechtfertigungsanalyse sowie ein Extraktions- und Konstruktionsvorgang müßten weitere Anhaltspunkte für denkmögliche und billigenswerte Zwecksetzungen aufzeigen. Das Ganze wäre ein Unternehmen, welches mehrere Bände füllen würde und gerade wegen dieses Umfangs bei auf ihre Kondifikation bedachten Privatrechtlern ein gewisses Unbehagen wecken könnte. Daher gebe ich hier nur einige Fingerzeige, beginnend mit einer grundlegenden Bemerkung:

Unter „sozialstaatlichen" Vorzeichen ist nicht nur der singulär ordnende und lenkende Verwaltungsstaat in weiterem Vordringen begriffen[68]. Auch die Verwaltungsfunktion (hier als verwaltende Aufgabe und arbeitsteilig-funktionelles Element verstanden) tritt immer deutlicher hervor. Wir werden uns im Gewaltenteilungsstaat nicht nur der Rechtsprechung, sondern auch der Verwaltung zunehmend bewußt. Hinzu kommt, daß es kein Gesetz, auch kein „privatrechtliches" mehr gibt, welches sich der Beeinflussung durch übergeordnetes Verfassungsrecht zu entziehen vermag. Die in der Vergangenheit zum Teil sehr willkürlich (ideologisch) umgrenzten Sektoren Zivilrecht und öffentliches Recht beginnen unter diesen Vorzeichen wieder zu einer Einheit zusammenzuwachsen. Das wird gerade angesichts der unter einem anderen Zeitgeist zustandegekommenen Kodifikationen besonders spürbar.

Es gibt nicht nur im Bürgerlichen Gesetzbuch — wie schon aufgezeigt — verwaltungsrechtliche Regelungen, sondern auch in spezifischen Verwaltungsrechtsgesetzen können Normierungen privatrechtlichen Inhalts vorkommen oder sich zumindest direkte Verweisungen auf Normen des bürgerlichen Rechts finden. Dies zwingt den Privatrechtler, sich auch mit dem Verwaltungsrecht, und den Staats- und Verwaltungsrechtler, sich auch mit dem Zivilrecht näher zu befassen[69]. Ebenso ist die Frage nach den konkreten Zwecksetzungen privatrechtsgestaltender Verwaltungsakte nur noch befriedigend zu beantworten, wenn man sich um *beide* Sachbereiche gleichermaßen bemüht. Das gilt auch für das verwaltungsrechtliche Problem, ob es sich jeweils um einen konstitutiven oder um einen feststellenden Akt solcher Art handelt.

Was dem Generalzweck nach als Aufrichtung, Aufrechterhaltung und Förderung der Rechtsordnung (noch genereller: des Gemeinwohls) und

---

[68] Das gilt auch z. B. für das schweizerische Recht. Vgl. *Gygi*, a.a.O., S. 10 f., 12 ff.

[69] Das gilt z. B. insbesondere dann, wenn Grundgesetz-Normen auch als Grundlage eines privatrechtlichen Aktionensystems in Betracht kommen sollen. Vgl. etwa *Maunz-Dürig*, Grundgesetz, 2. Aufl., München u. Berlin, 1964, Art. 2 Abs. 1 Rdnr. 57 ff.

aus gesetzgeberischer Perspektive schlechthin als „Gestaltung" (im weitesten Sinne) angesprochen wurde, wird bei der Verengung auf spezifische Verwaltungsaufgaben sowie durch den direkten Bezug zu einzelnen Rechtsverhältnissen und Individuen zur individuellen „Rechts- und Daseinsfürsorge", die mit Hilfe konstitutiver oder deklaratorischer Einzelakte verwaltungsmäßig erledigt wird. Dabei kann der „Individuations-Prozeß" zuweilen derart fortgeschritten und auf das singulär Gegebene zugeschnitten sein, daß über individuellen „Wirkungen" der Blick auf den übergeordneten Generalzweck fast völlig verloren gegangen ist. Der Bürger meint dann, dasjenige, was der Staat unternehme, insbesondere „mitgestalte", geschehe ausschließlich zu *seinen* — des Bürgers — Gunsten. Der Staat kann es unter solchen Vorstellungen der privaten Initiative überlassen, das Verfahren durch „Antrag" des „Begünstigten" anlaufen zu lassen[70]. So überwiegt scheinbar (vordergründig) einmal das private, ein anderes Mal das „öffentliche Interesse"[71]. Doch selbst die Förderung des Einzelmenschen, seiner „Individualsphäre", ist und bleibt *öffentlich*-rechtliche Aufgabe des Staates (Art. 1 Abs. 1 Satz 2 GG). Nur aus dieser wesensgemäßen Generalaufgabe erwachsen dem Staat Verpflichtungen, aber auch Befugnisse, so z. B. das Recht, auch im Bereich des Privatrechts, konkret zu gestalten[72].

Dabei pflegt er Zweckerfüllungen, welche eine einzelne Person direkt angehen, bei welchen deren Interessen oder Aktion verfahrensrechtlich mitspielen müssen oder sich womöglich bereits in einem Rechtsgeschäft privater Art niedergeschlagen haben (z. B. Grundstückskauf), der sogenannten „freiwilligen Gerichtsbarkeit" zuzuordnen. Mit dieser Zuordnung wird die „Privatrechtsnähe" augenfällig gewahrt und der Einzelne zum initiellen Mitspielen am zwanglosesten angeregt. Gerade für rechtspräventative Zweckgestaltungen bietet die freiwillige Gerichtsbarkeit den tauglichsten Weg. Dagegen behält der Staat dann, wenn er *allein* (ex officio) gestalten muß oder aus sonstigen Gründen mit der privaten Initiative nicht auskommen kann, das Heft in der Hand und bedient sich der augenfälligeren Verwaltungsmittel. Funktionswahl und verfahrensrechtliche Besonderheit sind durch die konkreten Zwecke rechtsstaatlich vorbestimmt.

Einen Enteignungsakt, der sicherlich in Zweck und Wirkung „privatrechtsgestaltender" Art ist, kann man — ebenso wie ein Umlegungsverfahren mit seinen Zuteilungsakten — nur eindeutig *hoheitlich* (verwal-

---

70 Vgl. *Westermann*, a.a.O., S. 346.

71 Vgl. mein Gespräch mit der Deutschen Rechtspflegerzeitschrift, in: DRpflZ 1963, 52 ff.

72 Ob er hierzu im Rechtsstaat im einzelnen formell gesetzlich „ermächtigt" sein muß, mag hier angesichts einer Flut von entsprechenden BGB- usw. Normen dahinstehen.

tungsbehördlich) realisieren. Dasselbe gilt z. B. für die Ausübung und Durchsetzung eines gemeindlichen Vorkaufsrechts (§§ 24 ff. BBauG). Zweck dieser Unternehmen ist es, Sachgüter oder Rechte entweder der öffentlichen Hand selbst oder bestimmten „Begünstigten" zuzuführen, welche die Sache oder das Recht besser zum Wohle der Allgemeinheit einsetzen können als der von der Maßnahme Betroffene. Im Falle der vorbehaltlosen Genehmigung[73] eines einseitigen Rechtsgeschäfts oder eines Vertrages verfolgt der Staat Lenkungs- oder Schutzzwecke. Hier ist es entweder die Allgemeinheit oder ein einzelnes Mitglied der staatlichen Gemeinschaft, das er zu fördern oder zu schützen versucht.

Soweit ein privater Begünstigter vorhanden ist, kann es sich in allen diesen Fällen zugleich um individuelle „Rechtshilfe" oder um „Rechtsschutz" handeln. Der Begünstigte könnte ohne die staatliche Hilfsmaßnahme nicht an die Sache oder das Recht herankommen. Ohne die Genehmigung würde der Vertrag nicht rechtswirksam. Der Staat greift hier ein und gewährt Unterstützung.

Die Bezeichnungen „Rechtsschutz" und „Rechtshilfe" vermögen jedoch nur wenig zur Aufhellung staatlicher Zwecke beizutragen, sondern können im wesentlichen nur „Wirkungs"-Kategorien sichtbar machen. Sicherlich will der Staat auch demjenigen behilflich sein, der einen Eintragungsantrag zum Güterrechtsregister stellt, aber er publiziert selbst hier vorwiegend aus Gründen der Rechtssicherheit und -klarheit. Solange man versucht, die freiwillige Gerichtsbarkeit aus überwiegenden privaten Interessen, schlechthin aus privatrechtlicher Perspektive zu deuten, vermag man sie nicht befriedigend begrifflich zu erfassen und wird das auch in Zukunft nicht können. Sie stellt im wesentlichen nichts anderes zur Verfügung als einen abgeschwächten und rechtsstaatlich besonders abgesicherten Verwaltungsverfahrensweg, der entweder an bestimmte privatrechtliche Vorgänge anknüpft oder sie zum Besten des Gemeinwohls anregt oder unmittelbar erzwingt. Jedenfalls ist dem Staat eine Mitwirkungsrolle eingeräumt, die es ihm ermöglicht, einzelne, in Zeit und Raum ständig wechselnde, auf bestimmte Allgemeinbedürfnisse abgestellte (relative)[74] Zwecksetzungen nahezu reibungslos und zwanglos zu verwirklichen. Die Entmündigung ist insoweit bereits eine Randerscheinung, denn hier gestaltet der Staat — durchaus nicht im Sinne einer „iurisdictio voluntaria"[75] — *allein*, und der Entmündigte ist,

---

[73] Zur behördlichen Genehmigung privater Rechtsgeschäfte und ihrer Versagung vgl. z. B. *Bullinger*, in DÖV 1957, 761 ff.; Hubertus *Janicki*, Die Erteilung privatrechtsgestaltender behördlicher Genehmigungen nach unanfechtbarer Versagung, in NJW 1963, 838 ff.

[74] Das gilt für alle konkreten Zwecke, wie sich v. a. im sozial gesteuerten Miet-(Zwangs-) Recht der beiden Nachkriegszeiten gezeigt hat.

[75] Zum Begriff vgl. etwa Fritz *Baur*, Freiwillige Gerichtsbarkeit, 1. Buch, Tübingen 1955, S. 11 f.

wenn auch durch die Maßnahme (im Rechtsverkehr) geschützt, dennoch kein „Begünstigter", sondern ein Betroffener.

6. Über die *Rechtsnatur* dessen, was heute als privatrechtsgestaltender Staats-, insbesondere Verwaltungsakt angesehen wird, hat man lange diskutiert[76]. Diesen Streit um die Einordnung staatlicher mit- und alleingestaltender Akte im Bereich des Privatrechts kann man heute als zugunsten der öffentlich-rechtlichen Theorie erledigt ansehen. Die Kategorie ist bezeichnungsmäßig klar gesichert.

Wer gegenwärtig die öffentlich-rechtliche Natur etwa der gesetzlichen Vorkaufsrechte der öffentlichen Hand (§§ 24 ff. BBauG) leugnen will, kann dies nur tun, wenn er die Ausübung des Voraufsrechts als eine „Handlung des privaten Rechtsverkehrs" charakterisiert[77]. Die hierzu gegebenen Begründungen vermögen jedoch nicht zu überzeugen, denn für die Zugehörigkeit zum öffentlichen Recht sprechen der *Zweck* der gesetzlichen Regelung[78], die Kautelen, unter denen das Vorkaufsrecht ausgeübt werden darf, aber auch die „Wirkung" der hoheitlichen Erklärung. So hat ein solches Vorkaufsrecht z. B. nach § 24 Abs. 5 BBauG Vorrang vor allen anderen (privaten) Vorkaufsrechten. Auch ist es — ebenso zweckgebunden — nicht übertragbar (§ 24 Abs. 4 Satz 3 BBauG). Daß im übrigen bestimmte Vorschriften des Bürgerlichen Gesetzbuches auf das gesetzliche Vorkaufsrecht der Gemeinden Anwendung finden (§ 24 Abs. 4 Satz 2 BBauG), spricht nicht notwendig für seine Einordnung in das Privatrecht, es sei denn, man folgte immer noch dem Kodifikationsgedanken oder irgendwelchen Relikten einer „Fiskustheorie"[79]. Für diese ist hier jedoch keine Grundlage vorhanden, da die Gemeinden bei Ausübung des Vorkaufsrechts nicht fiskalisch, d. h. „hilfsgeschäftlich" oder „erwerbswirtschaftlich"[80], sondern in Wahrung spezifisch öffentlich-rechtlicher Zwecksetzungen tätig werden.

---

[76] Vgl. hierzu noch *Bürckner*, a.a.O., S. 53 ff., 60 ff., 112 ff.; *Kroeber*, a.a.O., S. 50 mit Nachweisen.

[77] Vgl die Nachweise bei *Ebert*, Gesetzliches Vorkaufsrecht der öffentlichen Hand, in NJW 1956, 1621 ff., der selbst (S. 1623) für den Verwaltungsaktscharakter plädiert. Im Ergebnis ebenso E. *Hering*, Verwaltungs- und Gerichtsverfahren nach dem Bundesbaugesetz, in DVBl. 1961, 217 ff. (224). Vermittelnd Friedrich *Schack*, Das gesetzliche Vorkaufsrecht, in DVBl. 1961, 229 ff. (231 ff.). Wie hier ferner OVG Münster in DVBl. 1962, 274; VG Neustadt in DVBl. 1962, 761 mit im Ergebnis zustimmender Anmerkung von Manfred *Zuleeg*, in: DVBl. 1963, 34.

[78] Angegeben in § 24 Abs. 1 u. 2 BBauG. Vgl. *Grauvogel* bei *Brügelmann*, *Förster* u. a., Bundesbaugesetz, Bd. 1, Stuttgart 1960 ff., Anm. I, 1—3 zu § 24.

[79] Vgl. die Gründe, die *Grauvogel*, a.a.O., Anm. V 4 zu § 24, zur Rechtfertigung älterer Entscheidungen angibt. Die Frage ist jedoch noch keineswegs abschließend entschieden; vgl. u. a. BVerwG in DÖV 1958, 956; OVG Münster in: NJW 1962, 653; VG Neustadt in: DVBl. 1962, 761; *Schack* in: DVBl. 1961, 229. Vgl. ferner BVerwGE 7, 180 ff.; E. R. *Huber*, a.a.O., 2. Bd., S. 89 und *Menger* in VerwArch. 1962, 278.

[80] Vgl. *Wertenbruch*, Grundrechtsanwendung im Verwaltungsprivatrecht, in: JuS 1961, 105 ff., 108 f.

Der Gesetzgeber des Bundesbaugesetzes hätte den Normenapparat durchaus vergrößern können, indem er das Vorkaufsrecht der Gemeinden gesondert und abschließend geregelt hätte. Das wäre jedoch sinnlos und auch gesetzestechnisch sinnwidrig gewesen, da sich der Eingriffszweck in der Regelung der Ausübbarkeit und der Erklärung des Vorkaufsrechts erschöpft und alles übrige den Bestimmungen des BGB überlassen bleiben kann. Da der Verwaltungsträger nach der Ausübungserklärung nicht mehr als die Position eines „Privaten" mit Berechtigungsvorrang (§ 24 Abs. 5 BBauG) braucht, bedarf es allein des Verwaltungsaktes, der ihm das Vorkaufsrecht konkret verschafft.

Das ist hier im Ergebnis nicht anders als bei einem klassischen Enteignungsakt, dessen Gegenstand ein Grundstück ist[81]. Zwar entsteht bei der Enteignung Eigentum kraft hoheitlichen Ausspruchs (originär), und das Grundbuch ist lediglich zu berichtigen, aber es deklariert auch hier am Ende denjenigen als Eigentümer, der gemäß öffentlich-rechtlicher Zwecksetzung entweder hoheitlich oder auf „privatrechtlichen" Wegen in das Eigentum gesetzt worden ist. Die Ausübung des Vorkaufsrechts mag den bisherigen Eigentümer nicht so oder überhaupt nicht belastend treffen wie ein Enteignungsakt, denn er ist unter den eingegangenen und aufrechterhaltenen Kaufbedingungen veräußerungsbereit. Aber sie belastet den Käufer, denn sie verdrängt ihn aus seiner zivilrechtlichen Position. Zumindest dieser Beteiligte, in Ausnahmefällen aber auch der Verkäufer, kann ein Rechtsschutzinteresse an der verwaltungsgerichtlichen Nachprüfung und Kassation des Eingriffsaktes haben, der einen neuen, selbständigen, von ihnen nicht gewollten Kaufvertrag begründet.

Letzteres ist wiederum nicht wesentlich anders als z. B. bei der Genehmigung der Auflassung oder Teilung eines Grundstücks (§ 19 BBauG), die unbestritten ein Verwaltungsakt ist[82].

Dieser Verwaltungsakt trifft auf Willenserklärungen von Privaten, behebt die schwebende Unwirksamkeit ihrer Erklärungen und ist daher als „privatrechtsgestaltend" anzusehen. Konkreter Zweck dieser Maßnahmen ist die „Sicherung der Bauleitplanung" (Überschrift Zweiter Teil, vor § 14 BBauG). Der Zweck wird dadurch erreicht, daß das Grundbuchamt keine Eintragung ohne Vorlage der Genehmigung oder eines Negativattestes vornimmt (§ 23 BBauG). Ob deswegen oder wegen des Umstandes, daß das Gesetz die „Wirksamkeit" der privatrechtlichen Erklärungen vom Vorliegen der Genehmigung abhängig macht, in der Erteilung der Genehmigung ein konstitutiver Verwaltungsakt zu sehen ist[83], steht auf einem anderen Blatt. Diese Frage ist übrigens zu bejahen,

---

[81] Der Streit darüber, ob die Ausübung des Vorkaufsrechts Enteignungscharakter hat, kann für diesen Zusammenhang dahinstehen. Vgl. hierzu *Grauvogel*, a.a.O., Anm. IV 3 zu § 24 und *Schack*, in: DVBl. 1961, 229 ff.

denn der Gesetzgeber verbietet durch die grundsätzliche Genehmigungspflicht nach § 19 BBauG einen freizügigen Bodenverkehr[84] und gibt der Verwaltungsbehörde die Möglichkeit, in Einzelfällen durch Genehmigung privatrechtlicher Erklärungen die Verbotsschranke zu öffnen. Die Situation ist insoweit in etwa vergleichbar mit der Sach- und Rechtslage bei Erteilung einer Gewerbeerlaubnis. Allerdings hat die Gewerbeerlaubnis nichts mit konkreten Privatrechtslagen zu tun, wohingegen der öffentlich-rechtliche Zweck bei der Genehmigung nach § 19 BBauG nur über die konkrete Einwirkung auf privatrechtliche Willenserklärungen erreicht werden kann.

Jedenfalls leuchtet nicht ein, warum das in den §§ 24 ff. BBauG geregelte Vorkaufsrecht ein privatrechtliches sein soll und die in § 19 BBauG vorgesehene Genehmigung eine öffentlich-rechtliche. Beides ist in einem typischen Verwaltungsgesetz unter derselben Zwecksetzung (Zweiter Teil §§ 14—28) geregelt. Beides verweist — ob ausdrücklich normiert oder als selbstverständlich weggelassen — auf BGB-Regelungen, denn auch auf die nach zivilrechtlichem Sprachgebrauch als „Genehmigung" bezeichnete Erlaubnis nach § 19 BBauG finden BGB-Normen (§§ 182 ff. BGB) *entsprechende* Anwendung[85].

Die Grundfrage ist immer dieselbe: Wie kann man öffentliches und privates Recht dogmatisch hinreichend sauber unterscheiden, so daß nicht nur z. B. der Rechtsweg (§§ 13 GVG, 40 VwGO)[86], sondern auch der privatrechtsgestaltende Verwaltungsakt klarer erkennbar wird? Die Fragestellung setzt die Existenz zweier irgendwie, m. E. vertikal, einander zugeordneter Rechtsbereiche voraus und negiert auch die Gegebenheit „gemischter Rechtsverhältnisse", die in unsere positive Rechtsordnung nicht hineinpassen[87]. Freilich kann die „Wirkung" eines Staatsaktes allein kein hinreichendes Unterscheidungsmerkmal sein, denn — insoweit wird der alten These Otto *Mayers* beizupflichten sein[88] — „die Wirkung ist ein Teil des Rechtsinstitutes und kann nicht anderer Natur sein als dieses". Weil die Wirkung erst Folge der Zwecksetzung ist, deswegen liegt beim privatrechtsgestaltenden Verwaltungsakt der Akzent auch nicht auf dem Attribut, sondern auf dem Substantiv „Ver-

---

[82] Auch nach Auffassung *Grauvogels* (a.a.O., Anm. IV 1 zu § 19).
[83] Wie *Grauvogel*, a.a.O., unter Hinweis auf *Forsthoff* annimmt.
[84] Zu diesen „Bodenverkehrsgenehmigungen" vgl. z. B. *Wagener*, Genehmigungsverfahren nach dem Bundesbaugesetz, in: DVBl. 1962, 737 ff.
[85] BGH in BB 1956, 385; ebenso *Grauvogel*, a.a.O.
[86] Vgl. etwa VG Neustadt, in: DVBl. 1962, 761; *Schack*, in: DVBl. 1961, 233.
[87] Vgl. *Kroeber*, a.a.O., S. 10 f. Zum Begriff des Sozialrechts in diesem Zusammenhang vgl. E. R. *Huber*, a.a.O., 1. Bd., S. 72 mit weiteren Nachweisen; *Jacobi*, a.a.O., S. 352, 382 ff.
[88] Deutsches Verwaltungsrecht, 1. Bd., 2. Aufl., München u. Leipzig 1914, S. 121.

waltungsakt". Aus der Perspektive des staatlichen Ordnungsgebers gesehen, sind zweifellos *alle* seine „Maßnahmen" öffentlich-rechtlicher Art. Sie sind eben „Staatsakte", ganz gleichgültig, ob abstrakt (durch Gesetz) oder konkret (durch Richterspruch oder Verwaltungsakt) gestaltet wird. Nur im Rahmen und auf der Basis der positiven Rechtsordnung, die allerdings der individuellen freiheitlichen Betätigung (Privatautonomie) *mehr* als nur eine Gasse bieten muß (Art. 2 Abs. 1 GG), kann sich ein Privatrecht entfalsten. Das ist der offengehaltene, für die Individualgestaltung zur Verfügung gestellte Raum. Soweit der Gesetzgeber selbst in diesem Raum ein typisiertes „Modellrecht" (Kauf, Miete usw.) ausgeprägt hat, bestehen keine Bedenken, auch dieses nachgiebige Recht als Privatrecht zu bezeichnen. Was jedoch den Rahmen absteckt (so z. B. schon §§ 134, 135 Abs. 1, 136, 138 BGB), ist nicht nur von der Rechtsquelle her gesehen öffentlich-rechtlicher Natur. Daran partizipiert unter anderem auch der privatrechtsgestaltende Verwaltungsakt als Instrument singulärer (hoheitlicher) Regelung.

II

Die vorstehenden Überlegungen mögen nicht zuletzt klarstellen, welchen Schwierigkeiten sich ein modernes Funktionsdenken ausgesetzt sieht, und wie wenig geklärt die Probleme noch sind. Die publizistische Lehre pflegt sich jedoch heute weniger um grundsätzliche Fragen, insbesondere um Begriff und Rechtsnatur des privatrechtsgestaltenden Verwaltungsaktes zu bemühen als um einzelne, spezifisch verwaltungsrechtliche Phänomene und Folgerungen, die mit dieser Rechtsfigur verknüpft sind.

Allerdings wird z. B. noch immer diskutiert, ob eine *Sonderlehre* für den *privat*rechtsgestaltenden Verwaltungsakt erforderlich sei[89]. Die Diskussion hat sich vor Jahrzehnten vor allem an der Frage entzündet, ob diesem Verwaltungsakt eine verstärkte Bestandskraft beizulegen sei.

1. Nimmt man die Verwaltungsakte der freiwilligen Gerichtsbarkeit mit in die Kategorie hinein und berücksichtigt man, daß sich auch in verwaltungsrechtlichen Spezialgesetzen eine Reihe von Vorschriften zu bestimmten privatrechtsgestaltenden Verwaltungsakten findet, so wird man gewahr, daß eine Fülle von Sonderregelungen bereits vorhanden ist. Gerade der privatrechtsgestaltende Verwaltungsakt, gleichgültig ob von Anfang an als solcher erkannt oder nicht, hat seit Jahrzehnten eine intensive positiv-rechtliche Regelung erfahren. Allerdings findet sich eine fast unüberschaubare Inhalts- und Folgen-Verschiedenheit, jeweils angepaßt an die spezielle Rechtssituation.

[89] Vgl. hierzu schon *Bürckner*, a.a.O., S. 7, 50 f., 63 f., 107 ff., 111, 115 f. und *Kroeber*, a.a.O., S. 50 f.

Das positiv-rechtliche Gesamtbild ergibt: Es bestehen — gemessen an den allgemeinen Verwaltungsaktslehren — längst viele Sonderlehren für den privatrechtsgestaltenden Verwaltungsakt. Die Autoren, welche sich mit ihm befassen, versuchen im wesentlichen nur Lücken durch Anlehnung an die eine oder andere naheliegende Norm oder an allgemeine Grundgedanken zu schließen. Einige Zivilrechtler greifen bereits seit längerer Zeit auf spezifische verwaltungsrechtliche Grundlehren und Normen zurück[90], Verwaltungsrechtler auf Vorschriften des FGG oder GBO usw. Die Frage kann nur sein, ob man das Spezielle jeweils beibehalten oder sich mehr als bisher an verwaltungsrechtlichen Grundlehren orientieren soll.

Gewiß ist auch der privatrechtsgestaltende Verwaltungsakt ein *Verwaltungsakt,* und schon diese Einordnung erzwingt eine entsprechende Behandlung. Aber wo die (normalen) Grundlehren zum Verwaltungsakt nicht passen, ist bei Lücken im Gesetz nach naheliegenden, bereits vorhandenen Spezialregelungen Ausschau zu halten. Zu berücksichtigen ist ferner, daß einige grundlegende Verwaltungsaktslehren immer noch reichlich umstritten sind und erst auf das neue verfassungsrechtliche Gefüge eingespielt werden müssen. Unter anderem deswegen ist bisher von einer Positivierung Abstand genommen worden. Man sollte m. E. in Geduld die weitere Entwicklung abwarten. Dabei kann es nicht schaden, wenn die Lehren zum „typischen" (öffentliches Recht gestaltenden) Verwaltungsakt und die insbesondere zur freiwilligen Gerichtsbarkeit entwickelten Grundsätze sich gegenseitig befruchten. Was material und funktionell derselben Art zugehört, wird im Laufe der Zeit mit Sicherheit zueinanderfinden.

2. So wird auch schon seit langem — u. a. in Anlehnung an die §§ 18, 32 und 55 FGG[91] oder an Normen verwaltungsrechtlicher Spezialgesetze[92] — der Frage nachgegangen, ob privatrechtsgestaltenden Verwaltungsakten eine *verstärkte Bestandskraft* beizulegen ist. Das bisherige Ergebnis der Recherchen ist die ganz vorherrschende Auffassung, daß auch fehlerhafte (rechtswidrige) privatrechtsgestaltende Verwaltungsakte grundsätzlich nicht frei zurückgenommen (widerrufen)[93] wer-

---

[90] Vgl. z. B. Günther *Seufert* in: Staudinger, a.a.O., § 873, Rdnr. 84 zur Frage der „Fehlerhaften Eintragungen".

[91] Vgl. *Bürckner*, a.a.O., S. 42 ff., 50 ff., 59 f., 74 ff., 92 ff., 112; *Bullinger* in: DÖV 1957, 762; *Forsthoff*, a.a.O., S. 247; *Habscheid*, Rechtspfleger 1957, 164 (der allerdings die freiwillige Gerichtsbarkeit als Rechtsprechung ansieht; vgl. Fußnote 25); *Haueisen,* Die Rücknahme fehlerhafter Verwaltungsakte, in: NJW 1954, 1425 ff. (1427); *Kroeber*, a.a.O., S. 50 f.; *Ossenbühl*, a.a.O., S. 129.

[92] *Haueisen*, Anmerkg. z. Urt. des BGH vom 24. Oktober 1956 (NJW 1956, 1918), in: NJW 1957, 385 f.; *Lange*, Ist die behördliche Genehmigung zu einem Zivilrechtsgeschäft widerruflich?, in: NJW 1950, 731 f.

[93] Ich bevorzuge die herrschende Nomenklatur. H. J. *Wolff*, a.a.O., S. 313 f., gibt sie zutreffend wieder, versagt ihr jedoch die Anerkennung.

den können[94]. Man begründet diese Meinung vornehmlich mit dem alten Hinweis, daß der privatrechtsgestaltende Verwaltungsakt Wert- und Interessenlagen schaffe, „die dadurch, daß sie privatrechtliche sind, anders betrachtet werden müssen als der gewöhnliche Staatsakt mit öffentlich-rechtlicher Wirkung"[95]. Hier mache „das Prinzip der *Rechtssicherheit* eine Sonderbehandlung nötig"[96], zumal „unbeteiligte Dritte"[97] betroffen werden könnten.

Was hinter diesen Argumenten steht, ist klar: Der Mensch, der nicht nur vom Staat und seiner Rechtsordnung „erfaßter" Bürger, sondern (gemäß der in Art. 1 Abs. 1 GG anerkannten *„Individualnatur"*[98]) auch *eigenständig* gestaltender „Privatmann" ist, möchte seinen Gestaltungswillen respektiert und gewahrt sehen, insbesondere dann, wenn dieser zivile Gestaltungswille durch singulären Staatsakt ausdrücklich als „gemeinverträglich" ausgewiesen worden ist. Auch Rechtsnachfolger, ja der gesamte (zivile) Rechtsverkehr, müssen sich auf solche staatlicherseits verfestigten Rechtslagen verlassen können. Ob allerdings der Rechtssicherheit gerade bei staatlicher Mit- oder Alleingestaltung im Bereich des Privatrechts der Vorrang vor der Rechtmäßigkeit gebührt und deswegen der privatrechtsgestaltende Verwaltungsakt bestandssicherer sein sollte als der „normale" Verwaltungsakt, ist eine Frage, die man beim derzeitigen Stande der Entwicklung weder absolut noch prinzipiell bejahen oder verneinen kann. Ihre Beantwortung wird sich nach den gesetzlich vorgeordneten und sonstigen Umständen des Einzelfalles zu richten haben[99]. So kann z. B. in allen Fällen, in denen der Drittverkehr kraft seines Vertrauens auf die durch ein staatliches Testat ausgewiesene Rechtslage geschützt ist (z. B. nach den §§ 892, 2366, 2368 Abs. 3 BGB), die Rücknahme des Verwaltungsakts dem ursprünglich materiell Berechtigten das Recht nicht wieder verschaffen und auch keine Rechte des gutgläubigen Erwerbers schmälern. Auch ist es für den gutgläubigen Erwerber einer einem behördlichen Veräußerungsverbot unterliegenden Sache im Ergebnis gleichgültig (vgl. §§ 136, 135 Abs. 2 BGB), ob das Veräußerungsverbot bestandssicher ist oder ex nunc oder ex tunc zurückgenommen werden kann. Privatrechtliche Rege-

---

[94] *Forsthoff*, a.a.O., S. 247 mit weiteren Nachweisen; *Ossenbühl*, a.a.O., S. 129.

[95] *Kroeber*, a.a.O., S. 50.

[96] So schon *Kroeber*, a.a.O., S. 50, 51 unter Hinweis auf *Bürckner*.

[97] *Ossenbühl*, a.a.O., S. 129.

[98] Vgl. *Wertenbruch*, Grundgesetz und Menschenwürde, Köln—Berlin 1958, S. 177 ff., 187 ff.

[99] Vgl. etwa die „Beispiele für verschiedene Wertlagen", insbesondere mit Bezug auf die „Wirksamkeit fehlerhafter Staatsakte im Interesse der Privaten" bei *E. v. Hippel*, a.a.O., S. 71 ff. *E. v. Hippel* betont auf der Grundlage seiner teleologischen Methode den Vertrauensschutzgedanken, differenziert jedoch auch deutlich bei seinen weiteren Darlegungen.

lungen sorgen hier gerade zum Schutze des Drittverkehrs für einen derart sicheren Bestandsschutz, daß der Verwaltung, welche die anpassungsfähigste Staatsfunktion ist[100] und sich dynamisch — in der Regel sogar ex officio — nach „Gesetz und Recht" zu richten hat, wegen schutzwerter Interessen des Drittverkehrs allein nicht die Hände gebunden zu werden brauchen. Wo das Verfahrensrecht ohnehin schon die Korrektur einer fehlerhaften Eintragung erschwert und sogar die (direkte) Beschwerde gegen eine (gutglaubensfähige) Eintragung in öffentliche Register unzulässig macht (vgl. § 71 Abs. 2 Satz 1 GBO), bleibt allenfalls der Amtswiderspruch (§ 53 GBO). Er genügt aber auch, um für die Zukunft einen gutgläubigen Erwerb auszuschließen (§ 892 Abs. 1 Satz 1 BGB). Das sind bereits seit langem vorhandene, verwaltungsverfahrens- und zivilrechtlich verankerte Grundregelungen, die sehr deutlich zeigen, daß der Gesetzgeber zugunsten einer hinreichenden Rechtsstatik (Rechtssicherheit) im Zivilrecht der dynamisch wirkenden Verwaltungsfunktion Fesseln angelegt hat. Die Interessenlagen sind hier derart intensiv durchdacht und gesetzlich adäquat geregelt, daß diese Normen allgemein Anklang gefunden haben. Man kann der Verwaltungsrechtswissenschaft, aber auch den an der Entwicklung ähnlicher Regelungen mitarbeitenden Zivilrechtlern nur wünschen, daß sie — wo die Kategorie des privatrechtsgestaltenden Verwaltungsakts noch Lücken aufweist — ebenso situations- und interessengerechte Lösungen entwickeln. Vorläufig erscheinen mir die hierzu angebotenen Argumentationen als viel zu pauschal und zu wenig differenziert.

Dies gilt übrigens nicht nur für die Kategorie des privatrechtsgestaltenden Verwaltungsakts, sondern auch für den typischen Verwaltungsakt, der öffentlich-rechtliche Rechtslagen konkret regelt. Hier durchweg mit dem Gedanken des „Vertrauensschutzes"[101] zu operieren, erscheint mir nicht als die letzte Weisheit. Überhaupt dürfte ein überzogener Individualismus, der überall nach Rechtssicherheit zugunsten des Individuums ruft und darüber das Gemeinschaftsanliegen der *Rechtmäßigkeit* staatlicher Akte (Art. 20 Abs. 3 GG) diskreditiert, kaum die zutreffende, hinreichend ausgewogene Grundhaltung zur Lösung der Probleme sein[102].

---

[100] Vgl. meine Darlegungen in: Rechtspfleger 1962, S. 78 f.

[101] Hier hat die Rechtsprechung, insbesondere die des Bundesverwaltungsgerichts — vgl. BVerwGE 5, 312; 8, 261; 9, 251; 10, 64; 10, 308; 12, 9 —, den Vertrauensschutzgedanken m. E. allzu rasant und pauschal durchgesetzt. Vgl. hierzu Otto *Bachof*, Verfassungsrecht, Verwaltungsrecht, Verfahrensrecht in der Rechtsprechung des Bundesverwaltungsgerichts, 2. Aufl., Tübingen 1964, S. 257 ff.

[102] Vgl. die auf mannigfache Gesichtspunkte hinweisende Schrift von Franz *Becker* und Niklas *Luhmann*, Verwaltungsfehler und Vertrauensschutz, Bd. 16 der Schriftenreihe der Hochschule Speyer, Berlin 1963, passim.

3. Natürlich vermag der privatrechtsgestaltende Verwaltungsakt Mängel privatautonomer Gestaltungen nicht zu heilen[103]. Als Staatsakt überlagert er zwar das private Rechtsgeschäft, er muß aber ins Leere fallen, wo er die Basis nicht vorfindet, die von „privatrechtlichen" Normen vorgezeichnet ist. Auch hier erweist sich aufs neue die Aufeinanderbezogenheit, aber auch die Eigenexistenz von öffentlichem und privatem Recht.

Dagegen halte ich es nicht für erforderlich, daß um dieser materialen Eigenexistenz willen die Entwicklung zu einem möglichst einheitlichen *Rechtsweg* (Gerichtsweg) steckenbleibt. Gerade die Figur des privatrechtsgestaltenden Verwaltungsakts hat in eine Rechtsweg-Problematik hineingeführt[104], die für den einzelnen Rechtsschutzsuchenden zum Teil unerträglich ist. Ein allzu perfekter „Rechtswegstaat", in dem der staatliche Mitgestaltungsakt vor einem Verwaltungsgericht anzugreifen ist und Mängel des privaten Rechtsgeschäfts vor einem ordentlichen Gericht gerügt werden müssen, schafft keine befriedigende Rechtssicherheit, sondern Wirrnisse auf Kosten des Rechtsschutzsuchenden. Er muß in vielen Fällen, auch wegen der Frage des Rechtsschutzinteresses, unsicher sein, welches Gericht er anzurufen hat. Hält sich das ordentliche Gericht bei der inzidenter erfolgenden Überprüfung des Verwaltungsakts an den Grundsatz, daß ein rechtswidriger, aber anfechtbarer (nicht nichtiger) Verwaltungsakt auch von ihm resepektiert werden muß, solange er nicht behördlich oder verwaltungsgerichtlich aufgehoben ist, so kann einer Partei im ordentlichen Rechtsweg sehr oft nicht geholfen werden. Setzt sich das ordentliche Gericht zum Zwecke der Abwehr rechtswidriger Staatsakte über diesen Grundsatz mit einem Kunstgriff hinweg, so entstehen andere Konflikte, die der Verknüpfung von öffentlich-rechtlicher Zwecksetzung und privater Rechtsgestaltung, schlechthin dem Gedanken der Rechtseinheit, aber auch wiederum der Rechtssicherheit, nicht förderlich sind.

Auch für die Überwindung dieser Wirrnisse könnte so mancher im Verfahren der freiwilligen Gerichtsbarkeit entwickelte Grundsatz vorbildlich sein.

Insgesamt: Man kennt den privatrechtsgestaltenden Verwaltungsakt bereits in seinen Grundzügen. Man kann auch seine Eigenart umschreiben und verfahrensrechtliche oder materiale Besonderheiten einzelner Akte dieser Art aufführen. Was jedoch fehlt, ist eine deduktiv

[103] Zu dieser Frage vgl. *Bürckner*, a.a.O., S. 23; *Bullinger* in: DÖV 1957, 762; *Kroeber*, a.a.O., S. 48; *Lange* in: NJW 1950, 731.
[104] Vgl. hierzu z. B. *Bachof*, a a.O., S. 182; *Bullinger*, in: DÖV 1957, 762; E. R. *Huber*, a a.O., 2. Bd., S. 70, 590, 669, 677, 684; *Kroeber*, a.a.O., S. 39, 49 f.; *Menger*, in: VerwArch 1962, 395; *Totzek*, in: DÖV 1953, 731 ff., 747.

und induktiv durchgeführte Durchdringung der Kategorie, welche die Interdependenz der Rechtsbereiche bestätigt und befriedigend verdeutlicht. Das mehrbändige Werk über den privatrechtsgestaltenden Verwaltungsakt wird sicherlich nicht von einem reinen Spezialisten des einen oder anderen Fachbereichs geschrieben werden können. Um der Einheit der Rechtsordnung willen halte ich dies für eine tröstliche Prognose.

Die Haftung der Bank bei Hereinnahme von Inhaberschecks vom Nichtberechtigten

Von Rudolf Reinhardt, Marburg

1. Mit dem Sachverhalt, der dieser Untersuchung zugrunde liegt, hat sich die Rechtsprechung[1] in mehreren interessanten Fällen befaßt. Ich nenne zur Einführung hier zwei Beispiele:

Der Angestellte einer Firma veruntreute bei ihr eingehende Schecks, ließ sich selbst ein Konto einrichten, reichte diese Schecks zur Einziehung ein und ließ sich den Gegenwert auf seinem Konto gutschreiben[2].

Oder: Der minderjährige Sohn einer Witwe, die einen hohen Lottogewinn gemacht hatte, nahm ohne Wissen der Mutter den über die Summe ausgestellten Scheck in Empfang und ließ ihn durch eine dritte Bank bei der bezogenen Bank einziehen.

In beiden Fällen taucht die Frage auf, ob die Bank, die vom Nichtberechtigten den Scheck hereingenommen und dann die Schecksumme gutgeschrieben und ausgezahlt hat, dem Berechtigten haftet und auf wessen Bösgläubigkeit (Kenntnis oder grobfahrlässige Unkenntnis) es dabei auf seiten der Bank ankommt.

Auch das Schrifttum ist auf die damit angeschnittenen Rechtsfragen zurückgekommen. In den Lehrbüchern des Sachenrechts[3] pflegen sie allgemein unter dem Stichwort des Besitzerwerbs durch den gut- oder

---

[1] BGHZ 5, 285, 290 = LM Nr. 1 zu Art. 22 ScheckG m. Anm. v. *Benkard* = BB 52, 387; BGHZ 26, 268, 272 = NJW 58, 462 = LM Nr. 1 zu Art. 39 ScheckG m. Anm. v. *Selowsky* = MDR 58, 217 = BB 58, 286 = WM 58, 247; BGH NJW 59, 1276 m. Anm. v. *Dempewolf* = LM Nr. 4 zu Art. 21 ScheckG = MDR 59, 550 = BB 59, 506 = WM 59, 593 = DB 59, 539; BGH NJW 62, 1056 = JZ 63, 255 m. Anm. v. *Isele:* BGH NJW 63. 1447 = LM Nr. 13 zu § 254 BGB (Da) m. Anm. v. *Reinicke* = MDR 63, 566 = BB 63, 497; BGH LM Nr. 6 zu Art. 21 ScheckG = BB 63. 957 = DB 63, 1181; OLG Frankfurt a. M. BB 65, 63; BGH DB 65, 1208. Vgl. schon RGZ 103, 87, 89; RGZ 166, 98, 101.

[2] Vgl. etwa die Fälle BGH NJW 59, 1276; BGH LM Nr. 6 zu Art. 21 ScheckG.

[3] *Baur,* 2. Aufl. 1963, § 8 II 3, S. 63 f.; *Heck,* 1930, § 69, 6., S. 289 f.; *Westermann,* 4. Aufl. 1960, § 14, 3., S. 73 f.; *Wolff-Raiser,* 10. Aufl. 1957, § 13 II, S. 45. Vgl. ferner W. *Schulze,* Gruch Beitr. 64, 400, 413 f.; *Schmelzeisen* AcP 136, 129, 157; *Hoche-Westermann* JuS 61, 73, 79; *Birk* JZ 63, 354 sowie *Soergel-Siebert* BGB, 9. Aufl. Bd. I 1959, § 166 Rn. 3, § 164 Rn. 6 *(Schultze von Lasaulx);* § 855 Rn. 9 *(Rothe);* § 990 Rn. 9 *(Mühl);* BGB-RGRK, 11. Aufl. 1959, § 854 Anm. 17; § 855 Anm. 11 *(Kregel);* § 990 Anm. 13 *(Johannsen); Staudinger,* BGB, 11. Aufl. Bd. III 1. Teil 1956, § 854 Rn. 22 *(Seufert);* § 990 Rn. 2, S. 797 *(Berg).*

bösgläubigen Besitzdiener behandelt zu werden. Das Schrifttum zum Scheckrecht[4] befaßt sich insbesondere mit der Frage der Sorgfaltspflicht der Bank.

2. Unter scheckrechtlichen Gesichtspunkten lassen sich drei Fälle unterscheiden: die Hereinnahme des Schecks zur Diskontierung, zur Einziehung oder, falls die Bank selbst die Bezogene ist, zur Einlösung.

a) *Kauft* die Bank einen Scheck von einem Nichtberechtigten an, so erwirbt sie gemäß Art. 21 ScheckG nur dann Eigentum an dem Scheck, wenn sie die Nichtberechtigung des Inhabers nicht kennt und ihre Unkenntnis auch nicht auf grober Fahrlässigkeit beruht. War die Bank nicht gutgläubig in diesem Sinne, dann muß sie den noch in ihrem Besitz befindlichen Scheck gemäß § 985 BGB dem Eigentümer herausgeben. Hat sie sich die Herausgabe schuldhaft unmöglich gemacht, dann ist sie dem Eigentümer schadenersatzpflichtig gemäß den §§ 990, 989 BGB.

b) Hat die Bank den auf eine andere Bank gezogenen Scheck *zum Einzug* übernommen, dann ist eine Eigentumsübertragung auf die Bank nicht beabsichtigt. Sie soll nur den Besitz an der Urkunde zum Zwecke der Einziehung erwerben. Solange sich die Bank, die den Scheck von einem Nichtberechtigten in Empfang genommen hat, noch im Besitz des Schecks befindet, muß sie ihn als nicht berechtigte Besitzerin genauso wie ihr Vorbesitzer, der nichtberechtigte Inhaber, gemäß § 985 BGB an den Eigentümer herausgeben. Ist sie hierzu infolge Weitergabe schuldhaft außerstande, so richtet sich auch hier ihre Schadensersatzpflicht gegenüber dem Eigentümer nach den §§ 990, 989 BGB.

Die Bank ist aber gemäß den §§ 990, 989 BGB nur dann schadensersatzpflichtig, wenn sie beim Scheckerwerb hinsichtlich ihres Rechts zum Besitz des Schecks nicht in gutem Glauben war. Nicht im guten Glauben beim Erwerb des Schecks ist die Bank in entsprechender Anwendung von § 932 Abs. 2 BGB, Art. 21 ScheckG dann, wenn sie ihr mangelndes Besitzrecht entweder kannte oder ihre Unkenntnis beim Besitzerwerb auf grober Fahrlässigkeit beruhte. Entscheidend für die Gut- oder Bösgläubigkeit ist dabei regelmäßig das Wissen oder grob fahrlässige Nichtwissen um das mangelnde Recht des Vormannes.

c) An einer ausdrücklichen gesetzlichen Regelung des Falles, daß ein Nichtberechtigter den Scheck der bezogenen Bank *zur Einlösung* vorlegt, fehlt es im Scheckgesetz. Dieser Umstand rechtfertigt aber nicht den Schluß, daß die Einlösung eines solchen Schecks durch Zahlung an den

---

[4] *Roidl* DB 59, 535; *Woeste* NJW 60, 131; *Baumbach-Hefermehl*, WechselG und ScheckG, 7. Aufl. 1962, Art. 21 SchG Rn. 3; *Jacobi*, Wechsel- und Scheckrecht 1956, S. 64. Vgl. auch die Anmerkungen zu den in Note 1 genannten Entscheidungen.

formell Legitimierten, aber materiell nicht Berechtigten, stets ohne rechtliche Wirkung sei. Im Gegenteil, mit Rücksicht darauf, daß die Scheckurkunde bei der Vorlage zur Einlösung die gleiche legitimierende Funktion haben muß wie bei der Veräußerung an einen Dritten, erscheint es auch hier allein sinnvoll, zugunsten der zahlenden Bank den gleichen scheckrechtlichen Schutz Platz greifen zu lassen. Das bedeutet dann aber, daß die Bank auch wirksam an den nichtberechtigten Einlöser zahlt, wenn die Nichtberechtigung des Einreichers der Bank weder bekannt noch grobfahrlässig unbekannt war (vgl. auch Art. 35 ScheckG)[5]. Mit der Einlösung erlöschen auch in diesem Falle alle Rechte aus dem Scheck, die Bank darf das Konto des Ausstellers mit der Schecksumme belasten und das Eigentum an dem Scheck geht mit der Einlösung kraft Gesetzes auf die Bank über[6]. Bösgläubigkeit auf seiten der Bank hingegen macht die Einlösung unwirksam. In diesem Falle geht das Eigentum nicht auf die Bank über, die Bank wird zum unrechtmäßigen Besitzer und ist bei verschuldeter Unmöglichkeit der Herausgabe (§ 985 BGB) zum Schadenersatz auf Grund der §§ 989, 990 BGB verpflichtet. Bösgläubigkeit heißt auch hier: Kenntnis oder grobfahrlässige Unkenntnis des Rechtsmangels beim Einreicher.

Sind danach die Wirkungen im Falle der Diskontierung, der Einziehung oder der Einlösung zwar verschieden — einmal führen sie zum bloßen Besitzerwerb (Einziehung), das andere Mal zum Eigentumserwerb, und zwar durch Übertragung (Diskontierung) oder kraft Gesetzes (Einlösung), — so betrifft die Gut- oder Bösgläubigkeit doch immer den gleichen Grundtatbestand, nämlich den Mangel im Recht des Vormannes. Entweder führt der gute Glaube an das Eigentum des Vormannes zum Erwerb von Eigentum durch die Bank oder die Bank wird, wo ein Eigentumserwerb nicht gewollt war, wie bei der Einziehung, wenigstens zum gutgläubigen Besitzer. In beiden Fällen scheidet auf Grund des guten Glaubens an das Recht des Vormannes eine Haftung aus den §§ 989, 990 BGB aus.

II

1. Nun kommt man aber bei genauerem Zusehen nicht mit der Vorstellung aus, daß „die Bank" gut- oder bösgläubig sei. Mag noch für die verfassungsmäßig berufenen Vertreter einer juristischen Person der Satz gelten, daß ihre Kenntnis oder grobfahrlässige Unkenntnis ohne weiteres der juristischen Person als solcher und damit dem Unternehmer zugerechnet wird, und mag man diesen Grundsatz auch auf die leitenden

---

[5] Vgl. *Ulmer*, Wertpapierrecht 1938, S. 328.
[6] *Ulmer*, S. 332.

Angestellten in sonstigen Fällen übertragen[7], so bleibt doch die Frage offen, wie es mit einer solchen Zurechnung bei den übrigen Hilfspersonen steht. Sie aber sind es, in deren Hand typischerweise alle diejenigen Funktionen liegen, die als solche zum Scheckgeschäft der Bank gehören. Der Angestellte, der die Post entgegennimmt und verteilt, der Schalterbeamte, der das Publikum bedient, die Angestellten der Scheckabteilung, die die Schecks sortieren und zur Abrechnung weitergeben, sind es, durch deren Hände der Scheck läuft, bis sein Gegenwert dem Einreicher auf seinem Konto gutgebracht werden kann. Sie pflegen, soweit sie mit dem Publikum zu tun haben, Vollmacht zu den einschlägigen Rechtsgeschäften zu besitzen, alle aber zählen sie zu denjenigen, die in den Organismus der Bank eingegliedert sind und für die Bank, d. h. den Inhaber des Unternehmens, handeln, die für ihn besitzen und dieserhalb vom Gesetz als Besitzdiener (§ 855 BGB) ausgewiesen werden.

Bei Beantwortung der Frage, auf wessen guten oder bösen Glauben es in diesem Falle ankommt, hat man nun von zwei verschiedenen Gesichtspunkten auszugehen versucht, einmal, indem man an § 166 BGB anknüpfte[8], dann, indem man sich auf § 831 BGB berief[9] oder, wie der IV. Zivilsenat des Bundesgerichtshofes[10], auch beide Vorschriften anführte.

2. In § 166 BGB ist bekanntlich der Grundsatz aufgestellt, daß dort, wo bei der Vertretung im Rechtsgeschäft die rechtlichen Folgen von einem Kennen oder Kennenmüssen abhängen, nicht die Person des Vertretenen, sondern die des Vertreters in Betracht kommt. Eine Ausnahme gilt nach Abs. 2 dann, wenn ein Bevollmächtigter nach bestimmten Weisungen des Vollmachtgebers handelt. In diesem Falle kann sich der Vollmachtgeber nicht darauf berufen, daß der Vertreter gewisse Umstände nicht kannte oder kennen mußte, die der Vertretene selbst kannte oder kennen mußte.

Seinem Wortlaut nach trifft § 166 BGB die Beeinflussung der rechtlichen Wirkungen einer Willenserklärung durch Kennen oder Kennenmüssen, nicht aber die Folgen von Tathandlungen (Realakten), zu denen die Besitzübertragung gehört. Trotzdem, so sagt man, müsse der Grund-

---

[7] BGHZ 32, 53.

[8] RG Seuff 79 Nr. 186 = Recht 25 Nr. 1289; RG v. 6. November 1931 — VII 157/31 — angeführt in BGB-RGRK § 854 Anm. 17; BGHZ 32, 53 = NJW 60, 860 = JZ 61, 24 m. Anm. v. *Raiser* S. 26, 27; W. *Schulze*, Gruch Beitr. 64, 400, 414; *Wolff-Raiser* § 13 II, S. 45; *Hoche* JuS 63, 73, 76; *Reinhardt-Hadding* JuS 63, 194, 197.

[9] *Heck* § 69, 6., S. 289 f.; *Schmelzeisen* AcP 136, 129, 157; *Westermann* § 14, 3., S. 73; ders. JuS 61, 79, 81 f.; *Baur* § 8 II 3, S. 64; ders. JZ 55, 607, 610; *Birk* JZ 63, 354; *Schultze von Lasaulx* in *Soergel-Siebert* § 166 Rn. 3, § 164 Rn. 6.

[10] BGHZ 16, 259, 264 = NJW 55, 866 m. Anm. v. *Kränzlein* S. 1275 = LM Nr. 3 zu § 990 BGB m. Anm. v. *Johannsen* = JZ 55, 501 = MDR 55, 406.

gedanke des § 166 BGB auch in den Fällen angewandt werden, in denen dem Besitzdiener, der für den Geschäftsherrn Besitz erwirbt, eigene Entscheidungsmacht und Verantwortung übertragen worden sei. Zu dieser Auffassung hat sich insbesondere der VIII. Zivilsenat des Bundesgerichtshofes[11] bekannt.

Soweit also der Bankangestellte als Bevollmächtigter handelt, ergibt sich die Anrechnung seiner Gut- oder Bösgläubigkeit zugunsten oder zu Lasten der Bank unmittelbar aus § 166 BGB, ohne daß es dazu einer weiteren Begründung bedürfte. Zu prüfen bleibt in diesem Falle evtl. nur, inwieweit der Tatbestand des § 166 Abs. 2 BGB, Bindung an bestimmte Weisungen, eingreift und Kennen und Kennenmüssen auf seiten der Bank es dieser nicht gestattet, sich auf die Gutgläubigkeit des Bevollmächtigten zu berufen. Darauf braucht an dieser Stelle nicht näher eingegangen zu werden.

Demnach besteht kein Zweifel, daß dann, wenn etwa der Bevollmächtigte im Namen der Bank Eigentum erwerben soll und er weiß oder grobfahrlässig nicht weiß, daß der Scheck dem Veräußerer nicht gehört, grundsätzlich seine Kenntnis oder grobfahrlässige Unkenntnis der Bank angerechnet wird und es also nicht zum Eigentumserwerb nach den §§ 929, 932 BGB, Art. 21 ScheckG kommt. Die auch in diesem Falle auftauchende Frage der Haftung wird uns unten noch beschäftigen. Problematisch sind aber von vornherein die Fälle, in denen es nicht um das Zustandekommen oder Nichtzustandekommen eines Rechtsgeschäfts, sondern um die Bejahung oder Verneinung einer Haftung des nicht rechtmäßigen Besitzers geht, die aber auch von der Gut- oder Bösgläubigkeit abhängt (§ 990 BGB).

Dieser Fall wird dann aktuell, wenn dem — mit entsprechender Vollmacht versehenen — Schalterbeamten der Bank der Scheck nicht zur Diskontierung, also zum Eigentumserwerb, sondern zur Einziehung eingereicht wird. Hier schließt der Schalterbeamte mit dem Einreicher im Namen der Bank einen Geschäftsbesorgungsvertrag, evtl. im Rahmen eines schon bestehenden allgemeinen Bankvertrages, und erwirbt lediglich den Besitz am Scheck für die Bank. — Von der Befugnis des Einreichers (normalerweise dem Eigentum) hängt es in diesem Falle ab, ob der Besitz, den die Bank erwirbt, auch ein rechtmäßiger ist. Fehlt dem Einreicher das Eigentum oder hat er keinen Auftrag, den Scheck vorzulegen, dann fehlt dem Besitz in der Hand des Nachfolgers die Qualität der Rechtmäßigkeit. Es entsteht ein Herausgabeverhältnis zwischen dem Besitzer und dem Eigentümer nach § 985 ff. BGB, das grundsätzlich den

---

[11] BGHZ 32, 53; vgl. schon *Wolff-Raiser* § 13 II, S. 45 und die insoweit zustimmende Anm. v. *Raiser* JZ 61, 26, 27.

allgemeinen Regeln des Schuldrechts unterliegt. Hier taucht nun die Frage auf, ob derjenige, der den Besitz erwirbt (das Bankunternehmen), auf Grund des guten Glaubens seines Angestellten (des Schalterbeamten) an das Eigentum des Einreichers eine Befreiung von der Haftung gemäß den §§ 990, 989 BGB erlangen kann.

Dieser „Erwerb" geschieht zwar nicht auf dem Wege eines Rechtsgeschäfts (Besitzübertragung ist Tathandlung), aber er fordert im Element der Gutgläubigkeit doch die Fähigkeit, sich die rechte Vorstellung von einem Rechtsverhältnis zu machen, auf das sich das Kennen oder Kennenmüssen bezieht. Ein gewisses Maß der Geschäftsfähigkeit ist daher auch für diesen Akt vorauszusetzen. Und schließlich gehört zu den Voraussetzungen der Rechtmäßigkeit des Besitzes oder der heilenden Wirkung des guten Glaubens beim Fehlen der Rechtmäßigkeit der Abschluß des Geschäftsbesorgungsvertrages, durch den die Bank ihr Recht zum Besitz vom Vormann ableiten kann. Der Abschluß dieses Vertrages geschieht aber durch den Angestellten der Bank sogar kraft einer ihm eingeräumten Vollmacht.

Alle diese Umstände sind es offenbar, die die Frage nahelegen, ob nicht auch dann, wenn die Gut- oder Bösgläubigkeit sich auf die Rechtmäßigkeit des Besitzes bezieht und die Gutgläubigkeit eine privilegierte Haftungssituation herbeiführt, der Gedanke des § 166 BGB anwendbar sei. Eine bejahende Antwort würde bedeuten: Auch in diesem Falle kommt es auf die Gut- oder Bösgläubigkeit desjenigen Angestellten an, dem ein gewisses Maß eigener Entscheidung und Verantwortung für das einzelne Geschäft übertragen ist.

Mir scheint angesichts der geschilderten Umstände in der Tat der bloße Hinweis darauf, daß die Besitzübertragung als solche nur ein Realakt sei und daß deshalb die (sinngemäße) Anwendung des § 166 BGB hier nicht in Betracht kommen könne, nicht ausreichend. Nicht der Besitzerwerb als solcher, sondern die Rechtmäßigkeit des Besitzers oder wenigstens der gute Glaube daran stehen hier zur Debatte. Das aber spricht für die Anwendung der Grundsätze des § 166 BGB.

Zur Begründung dieser Ansicht mag im vorliegenden Zusammenhang noch einmal auf den Fall der Diskontierung eingegangen werden, in dem der Bevollmächtigte Eigentum erwerben soll; denn auch in diesem Falle handelt er, soweit der Besitzerwerb in Frage kommt, ja nicht als Vertreter, sondern als Besitzdiener.

Würde man auf einen solchen Fall § 166 BGB für den Besitzerwerb nicht anwenden, dann müßte das zu einer eigenartigen Doppelrolle der auf den gleichen Grundtatbestand bezogenen Gut- oder Bösgläubigkeit in der gleichen Person führen:

Der Besitzdiener, der als Bevollmächtigter Eigentum erwerben wollte, würde wegen mangelnden guten Glaubens an das Eigentum des Veräußerers nach den §§ 932, 166 BGB kein Eigentum für den Geschäftsherrn wirksam erwerben können. Er würde diesen zum nichtrechtmäßigen Besitzer machen. Aber die Bösgläubigkeit des „Besitzdieners", die sich auf den gleichen Mangel des Rechts beim Vormann bezieht wie die Bösgläubigkeit des „Bevollmächtigten" beim Eigentumserwerb, brauchte sich der Geschäftsherr nicht anrechnen zu lassen; sie würde dem Geschäftsherrn das Privileg einer Freistellung von der Haftung belassen, das diesem seine eigene Gutgläubigkeit einbringt; und dies, obwohl dem Gehilfen als Besitzdiener das gleiche Maß an Eigenverantwortung übertragen ist wie als Bevollmächtigtem. Hier einen Unterschied zu machen, wäre in höchstem Maße lebensfremd.

Mir scheint es allein sinnvoll, mit der Bösgläubigkeit des Besitzdieners und Bevollmächtigten in gleicher Weise einmal das Nichtgelingen des sonst auf den guten Glauben des Vertretenen gestützten Eigentumserwerbs wie auch das Nichtgelingen der sonst auf die Gutgläubigkeit des Geschäftsherrn gestützten Haftungsbefreiung zu verbinden. In einem wie im anderen Falle handelt es sich ja in Wahrheit darum, *daß der Nutzen aus der eigenen Gutgläubigkeit des Geschäftsherrn durch die Bösgläubigkeit dessen zerstört wird, dem der Geschäftsherr ein Stück seiner unternehmerischen Funktion in eigener Verantwortung übertragen hat.* Diese Charakterisierung trifft den Angestellten hier sowohl in seiner Eigenschaft als Besitzdiener wie als Inhaber einer rechtsgeschäftlichen Vertretungsmacht.

In Wahrheit entspricht die der Gegenmeinung wohl zugrunde liegende Vorstellung, daß sich die Übernahme eigener Entscheidungsbefugnis und Verantwortung mit dem Bilde des Besitzdieners und seiner Abhängigkeit nicht vertrage, der heutigen Wirklichkeit in keiner Weise mehr. Das gilt typisch für den Bereich der modernen Wirtschaftsunternehmen. Der Träger eines solchen Unternehmens vereinigt nur in den seltensten Fällen — vielleicht im Kleinbetrieb noch — alle zum Unternehmen gehörenden Funktionen in seiner Hand, um sich dann im patriarchalischen Verhältnis bei deren Erfüllung der einen oder anderen Hilfsperson zu bedienen, die seine Entscheidungen nur auszuführen hat. Die Hauptaufgabe des modernen Unternehmers ist es vielmehr, sich einen sinnvoll gegliederten Organismus aufzubauen, in dem die Funktionen nach bewährten betriebswirtschaftlichen Grundsätzen aufgeteilt und von einer Vielzahl von Personen bewältigt werden, deren Sachverstand in ihrem Bereich oft größer sein wird als der des Unternehmers selbst. Die Einordnung in diesen Organismus verhindert es, jeden einzelnen zum unmittelbaren Besitzer zu machen. Diese Position steht dem Unternehmer zu. Jeder Angestellte übt hingegen den Besitz für das Unternehmen und den Unternehmer aus. Ebensowenig wie diese Position (die man als Besitzdienerschaft bezeichnet) es hindern kann, einem Angestellten Prokura zu erteilen, kann sie allgemein ein Hindernis dafür sein, einem Angestellten einen bestimmten Aufgabenbereich in weitgehender eigener Verantwortung zu überlassen. Das gilt vor allem im Hinblick auf die Prüfung der Voraussetzungen für den Abschluß einzelner Geschäfte, um die sich die Geschäftsleitung unmittelbar überhaupt nicht kümmern kann. Dieser Interessenlage wird aber der Gedanke des § 166 BGB am besten gerecht.

3. Die These, daß § 831 BGB den Schlüssel zur Lösung unseres Problems enthalte, kann demgegenüber nicht überzeugen. Sie gründet sich darauf, daß auch die Haftung in den Fällen des Besitzerwerbs durch den Besitzdiener eine deliktische sei.

So meint *Westermann*[12], in dem Falle, in dem der Besitzdiener für den Besitzherrn erwerben solle, liege auf seiten des Besitzdieners ein widerrechtlicher Eingriff in fremde Rechtssphäre vor, der zur Anwendung des § 831 BGB berechtige. Deshalb sei z. B. auch kein Unterschied in der Haftung zu machen zwischen dem Fall, daß der zur Abholung einer Maschine für den Landwirt L. ausgeschickte Gehilfe G beim Einfahren in den Hof des X die Maschine — von der sich später herausstellt, daß sie einem E gestohlen war — beschädigt, oder ob diese Beschädigung beim Aufladen geschah[13]. Die Beschädigung der Maschine bei der Einfahrt in den Hof erfüllt in der Tat den ganz normalen Tatbestand des Eingriffs in einen fremden Rechtskreis durch einen Verrichtungsgehilfen und es besteht kein Zweifel, daß § 831 BGB anwendbar ist. In der zweiten Alternative aber geht der Gehilfe als Besitzdiener von der Vorstellung aus, daß er eine Maschine für seinen Besitzherrn übernehme und mit diesem Tatbestand verbindet sich die Rechtsfolge, daß der Besitzherr von diesem Augenblick an in dem privilegierten Eigentümer-Besitzerverhältnis zu E steht. Nur aus diesem Verhältnis kann nunmehr gehaftet werden. Dabei ist zu vermerken, daß eine Verletzung des Herausgabeanspruchs durch den Besitzdiener — er beschädigt beim Aufladen die Maschine — zu einer Haftung des Besitzherrn für den Besitzdiener nach § 278 BGB führen kann. Nur entspricht es hier der eindeutigen Regelung des Gesetzes, daß der Eintritt einer solchen Haftung einen bösgläubigen Besitzerwerb ***voraussetzt.*** Auf diesen Umstand

---

[12] Sachenrecht § 14, 3., S. 73 unten: „Die unerlaubte vorsätzliche oder grobfahrlässige Einführung des fremden Gegenstandes in die Herrschaftssphäre des Besitzherrn ... gleicht auch dem schädigenden Eingriff in den fremden Rechtskreis"; JuS 61, 79, 82 1. Sp.: „Richtig ist danach, in dem bösgläubigen Besitzerwerb einen Eingriff des Besitzdieners in das Recht des Berechtigten zu sehen."

[13] JuS 61, 79, 82.

kommt es also an, und das muß uns veranlassen, zuerst die Frage zu stellen, wessen Gut- oder Bösgläubigkeit hier maßgebend ist, die des Besitzdieners oder die des Besitzherrn. In dem *Westermann*schen Beispiel hat der Besitzdiener keine Prüfungspflicht, es käme daher allein auf die Gut- oder Bösgläubigkeit des L an. Ist er gutgläubig, dann gilt die Regel, daß er nicht haftet, und zwar auch nicht für das Verschulden eines Besitzdieners als Gehilfen. Das wird besonders deutlich, wenn man sich vergegenwärtigt, daß die Haftung für den Verrichtungsgehilfen nach § 831 BGB als eine Haftung für eigenes Verschulden des Geschäftsherrn anzusehen ist, und eben für ein solches „Verschulden" nach § 990 BGB im Falle der Gutgläubigkeit *nicht* gehaftet wird.

Der Aufbau der Sonderregeln für das Eigentümer-Besitzerverhältnis in §§ 987 ff. BGB schließt daher auch den Versuch aus, den Akt des deliktischen Eingriffs in den Vorgang der Besitzübertragung vorzuverlegen, um auf diese Weise die Tür zu einer Anwendung der Vorschriften des allgemeinen Deliktsrechts zu öffnen. Diese Möglichkeit ergibt sich nur dann, wenn der Besitzerwerb selbst auf schuldhaft verbotener Eigenmacht beruht (§ 992 BGB). In den übrigen Fällen aber liegt die den Schadensersatzanspruch auslösende Verletzung fremden Rechts (§§ 990, 989 BGB) in dem Verhalten des Besitzers oder seiner Gehilfen (§ 278 BGB), das die Herausgabe (§ 985 BGB) schuldhaft unmöglich macht. Damit wird deutlich, daß das Gesetz den Besitzerwerb als solchen nicht als den Verletzungstatbestand gewertet wissen will, weil es ja sonst auch damit die Grundlage für seine Sonderregelung wieder aufhöbe. Es mißt den Modalitäten des Besitzerwerbs zwar auch eine wichtige Funktion im Rahmen des Ganzen zu, diese betrifft aber nur die subjektive Seite und wird mit den Begriffen der Gut- oder Bösgläubigkeit angesprochen. Von dieser Gut- oder Bösgläubigkeit — bezogen auf das Recht zum Besitz — soll es ja abhängen, ob der Tatbestand der Verletzung des Herausgabeanspruchs zum Schadenersatz führen kann oder nicht. Aus diesen Erwägungen ist auch der von *Westermann*[14] geäußerte Gedanke abzulehnen, daß wenigstens im Falle der Bösgläubigkeit der Besitzerwerb schon den deliktischen Eingriff darstelle, an den die Anwendung des § 831 BGB anknüpfen könne.

Aus diesen Gründen fehlt auch den immer wieder verwendeten Hinweisen die Überzeugungskraft, es handele sich hier um einen „beschränkten Deliktsanspruch"[15], „eine — abgeschwächte — quasi-deliktische" Haftung[16], einen „deliktsähnlichen gestreckten Tatbestand"[17]. Mit diesen Begriffen mag man auf gewisse allgemeine Zusammenhänge

---

[14] Vgl. Note 11.
[15] *Heck* § 69 Nr. 6, S. 289 f.; *Birk* JZ 63, 354, 355.
[16] Vgl. *Baur* § 8 II 3, S. 64.
[17] *Baur* § 8 II 3, S. 64.

aufmerksam machen. Aus ihnen folgt aber keineswegs schon die Nichtanwendbarkeit der Sonderregeln für die Haftung aus dem Eigentümer-Besitzerverhältnis. Ich vermag jedenfalls nicht einzusehen, mit welcher Begründung es immer auch möglich sein soll, einen unter die §§ 987 ff. BGB zu subsumierenden Fall nicht nach diesen Spezialregeln zu behandeln, sondern statt dessen die Lösung einfach aus den Regeln des allgemeinen Deliktsrechts abzuleiten. Begriffe wie „abgeschwächte, quasi deliktische" Haftung usw. geben das nicht her.

Allzu gewaltsam würde es auch erscheinen, kurzerhand aus § 831 BGB die These abzuleiten, die schlechte Auswahl des Besitzdieners solle als Kriterium für den bösen Glauben des Geschäftsherrn gelten. Abgesehen davon, daß man sich einen solchen Zusammenhang nicht ohne weiteres vorstellen kann, widerspricht diese These der eindeutigen Definition des guten Glaubens in § 932 BGB, Art. 21 ScheckG.

Das entscheidende Ergebnis dieser kritischen Überprüfung scheint mir dieses zu sein, daß uns die Elemente des § 831 BGB gerade dort nicht weiterhelfen, wo es darum geht, der besonderen Situation im Eigentümer-Besitzerverhältnis und den dies regelnden §§ 989, 990 BGB mit ihren Differenzierungen Rechnung zu tragen. Wunder nehmen muß eigentlich von vornherein, daß man überhaupt die Lösung eines so schwierigen und an Differenzierungen reichen Problems in Anlehnung an eine Bestimmung suchen möchte, die nach unseren heutigen Erfahrungen zu denjenigen Vorschriften des Schadensersatzrechts gehört, die am wenigsten gelungen sind. Ist man wirklich davon überzeugt, daß man die Fragen der richtigen Risikoverteilung bei der Aufgliederung unternehmerischer Aufgaben im Großbetrieb mit dem Prinzip des jetzigen § 831 BGB befriedigend lösen könne? Mir scheint das auch im Bereich der hier aufgeworfenen Fragen nicht möglich.

4. Erscheint es danach richtig, an die Grundgedanken des § 166 BGB anzuknüpfen, dann lassen sich über die Anrechnung des guten oder bösen Glaubens beim Besitzerwerb durch einen Besitzdiener etwa folgende Grundsätze aufstellen:

a) Wo der Geschäftsherr eigene Entscheidungsbefugnis und Verantwortung auf einen anderen überträgt und es auf guten oder bösen Glauben ankommt, würde es gegen Treu und Glauben verstoßen, wenn der Geschäftsherr sich bei Kenntnis oder grob fahrlässiger Unkenntnis des Gehilfen auf seine eigene Gutgläubigkeit berufen dürfte (§ 166 Abs. 1 BGB).

b) Wenn der Geschäftsherr sich bei Übertragung solcher Funktionen auf einen anderen bei eigener Gutgläubigkeit den bösen Glauben des anderen zurechnen lassen muß, muß ihm andererseits der gute Glaube des anderen zugute kommen, wenn er, der Geschäftsherr, selbst bösgläubig ist und nicht besondere Umstände vorliegen, die seine Bösgläubigkeit vorrangig erscheinen lassen.

§ 166 Abs. 2 BGB erwähnt im Sinne dieser Ausnahme den Fall, daß der Vertreter nach bestimmten Weisungen des Vertretenen handelt. Unter solchen Umständen soll, das ist der Grundgedanke, der Geschäftsherr aus der Unkenntnis des für ihn handelnden Angestellten keinen Nutzen ziehen dürfen. Aber das ist nicht der einzige Fall. Die Rechtsprechung wendet diesen Gedanken auch auf den Tatbestand an, daß der Geschäftsherr beim Vertragsschluß zugegen ist, aber nicht widerspricht (obwohl er hätte widersprechen können), oder, daß der Geschäftsherr von dem beabsichtigten Geschäftsschluß Kenntnis hat, ihn aber nicht verhindert[18].

c) Für diese Grundsätze ist dann kein Raum, wenn die Tätigkeit des Beauftragten eine rein mechanische ist, die selbständige Entscheidungen und auch eine Verantwortlichkeit für solche Entscheidungen ausschließt. Hier handelt es sich dann um den Typ des Besitzdieners, der nur nach Befehl zu handeln hat.

In diesem Falle kommt es allein auf die Gut- oder Bösgläubigkeit des Geschäftsherrn an.

III

1. Für unsere Frage der Haftung bei der Hereinnahme von Schecks von einem Nichtberechtigten ergibt sich danach, daß der Bank die Bösgläubigkeit solcher Angestellten zuzurechnen ist, die das Geschäft der Hereinnahme des Schecks in eigener Verantwortung, insbesondere hinsichtlich der Prüfung der Voraussetzungen des Erwerbs, durchzuführen haben. Dieses Geschäft besteht bei der Einreichung zur Einziehung in dem Erwerb des Besitzes am Inhaberpapier und dem Abschluß des Geschäftsbesorgungsvertrages über die Einziehung, bei der Diskontierung in der Einigung über den Ankauf und den Eigentumsübergang neben dem Besitzerwerb und bei der Hereinnahme zur Einlösung in dem Besitzerwerb und der Entgegennahme des Antrags auf Leistung aus dem Scheck. Alle diese Aufgaben erfüllt grundsätzlich der *Schalterbeamte*. Ob dabei der Eintritt der Rechtswirkungen in dem einen oder anderen Falle von weiteren Vorbehalten abhängig gemacht wird, bleibt ohne Bedeutung.

Dagegen erfüllt die *Scheckabteilung*, zu der der Scheck anschließend gelangt, eine andere Funktion; bei ihr beginnt die eigentliche Abwicklung des Scheckgeschäfts, die Durchführung des Auftrages. Sie sortiert

---

[18] Vgl. *Erman-Böhle-Stamschräder*, BGB, 2. Aufl. 1958, § 166 Anm. 8 b).

und gibt die Schecks und Buchungsbelege getrennt an die zuständigen Stellen weiter. Weil sich also ihre Mitglieder mit den Modalitäten der Hereinnahme nicht mehr zu befassen haben, scheiden sie aus dem Kreise der für die Hereinnahme Verantwortlichen grundsätzlich aus[19].

Auf den Schalterbeamten konzentriert sich mithin die Sorgfaltspflicht bei der Hereinnahme des Schecks. Neben ihm spielt nur eine ähnliche Rolle derjenige, der die durch die Post eingehenden Schecks in Empfang nimmt und überprüft und zur Bearbeitung an die Scheckabteilung weiterleitet[20].

In beiden Fällen wird die Kenntnis oder grob fahrlässige Unkenntnis der Nichtberechtigung des Einreichers also ohne weiteres der Bank zugerechnet. Geht der Scheck dann an einen Dritten weiter, so daß er infolgedessen dem Eigentümer nicht mehr herausgegeben werden kann, dann haftet die Bank dem Eigentümer nach den §§ 990, 989 BGB.

2. Vor nicht allzu langer Zeit hat sich nun der Bundesgerichtshof in seiner Entscheidung vom 2. April 1962 — II ZR 42/61[21] — mit einem Sachverhalt befaßt, der Anlaß geben muß, in diesem Zusammenhang noch eine weitere grundsätzliche Frage aufzuwerfen.

Ein Angestellter einer Bank führte mit einem Minderjährigen Verhandlungen über die Errichtung eines Kontos. Das Konto wurde eröffnet, aber es wurde vergessen, die Minderjährigkeit auf der Kontokarte zu vermerken. Als der gleiche Kunde dann später einen Scheck einreichte, entging dem Schalterbeamten, daß es sich um einen Minderjährigen handelte. Der BGH argumentierte nun so: Wenn der Angestellte die Minderjährigkeit auf der Kontokarte vermerkt hätte, wäre sie auch dem Schalterbeamten ohne weiteres aufgefallen und dieser hätte dann Verdacht schöpfen müssen, ob der Scheck auf rechtmäßige Weise erworben worden sei.

a) In diesem Falle fragt sich nun allerdings, ob die Verletzung der Sorgfaltspflicht des Angestellten, der die Minderjährigkeit auf der Kontokarte nicht vermerkt hatte, wirklich die Ursache dafür gewesen sein kann, daß der Schalterbeamte die Unredlichkeit nicht bemerkte. Hier bestehen gewisse Bedenken:

Der BGH geht ohne weiteres davon aus, daß ein Alter unter 21 Jahren ein so außergewöhnlicher Umstand ist, daß er Anlaß geben müsse, die Frage nach der Berechtigung am Scheck einer besonderen Prüfung zu unterziehen. Man kann aber zweifeln, ob das nicht zu weit geht.

---

[19] In die Organisation des Scheckgeschäftes einer Bank vermittelt die Darstellung von *Woeste* NJW 60, 131 einen ausgezeichneten Einblick.

[20] Vgl. auch OLG Frankfurt a. M. BB 65, 63 (Postkartenschecks).

[21] NJW 62, 1056.

Natürlich wird eine Bank sich überlegen, ob sie mit einem Minderjährigen laufend Verträge schließt, die schwebend unwirksam sind. Darum liegt es schon in ihrem eigenen Interesse, die Tatsache der Minderjährigkeit nicht aus dem Auge zu lassen und sie auf der Kontokarte zu vermerken, die jeweils dann beigezogen wird, wenn eine Bewegung auf dem Konto stattfindet, der Minderjährige beispielsweise einen Zahlungsauftrag gibt. Ohne Beiziehung der Kontokarte, die über die Höhe des Guthabens Auskunft gibt, würde ein solcher Zahlungsauftrag nicht ausgeführt werden. Die Einreichung eines Schecks, wenn auch mit dem weiteren Auftrag der Gutschrift, gehört nun aber gerade nicht zu den Geschäften, die — im Hinblick auf den Stand des Kontos — von sich aus Anlaß geben, die Kontokarte zu Rate zu ziehen, und damit überhaupt dem Schalterbeamten Gelegenheit zu geben, die Angaben auf der Kontokarte in Augenschein zu nehmen. Die Scheckabteilung hat ihrerseits mit der Verwaltung der Kontokarte nichts zu tun.

Noch in einem zweiten Punkt erregt die Ansicht des Bundesgerichtshofes Bedenken. Inwiefern soll die Minderjährigkeit als solche schon ein Verdachtsgrund für Unredlichkeit sein? So allgemein ist dieser Schluß sicher auch im Bankverkehr nicht richtig. In Universitätsstädten gehören z. B. minderjährige Studenten zu den üblichen Besuchern am Bankschalter. Die Einrichtung von Konten für sie erweist sich schon mit Rücksicht auf die Auszahlung der Bezüge nach dem Honnefer Modell als zweckmäßig, ja als notwendig. Sicher wird man deshalb auch als Regel davon ausgehen dürfen, daß mit der Erlaubnis zum Studium von seiten der Eltern auch die Erlaubnis zur Anlegung eines Kontos zur Entgegennahme solcher und anderer Zahlungen gestattet ist. Von einem Verdachtsgrund für Unredlichkeiten wird man deshalb nur reden können, wenn beispielsweise der Scheck in der Hand eines Jugendlichen eine außergewöhnlich hohe Summe aufweist oder in einem Zustande oder sonst unter Umständen eingereicht wird, die seine Herkunft suspekt erscheinen lassen.

Man wird also sagen müssen: Weder läßt sich allgemein das jugendliche Aussehen oder auch die Tatsache der Minderjährigkeit als ein Indiz für mögliche Unredlichkeit werten, noch ist, wie oben dargelegt, der Vermerk der Minderjährigkeit auf der Kontokarte ein geeignetes Informationsmittel für den Schalterbeamten, der die Schecks hereinnimmt.

b) Aber im vorliegenden Zusammenhang interessieren diese Bedenken nicht in erster Linie, es geht vielmehr vor allem um die *grundsätzliche Frage*, wie sich die effektive Gutgläubigkeit des Schalterbeamten auswirkt, wenn man einmal unterstellt, daß er — falls die Kontokarte richtig ausgefüllt worden wäre — bei der Hereinnahme des Schecks die Minderjährigkeit hätte ohne weiteres erkennen müssen und wenn man weiter annimmt, daß die Minderjährigkeit ein zwingender Verdachtsgrund für unredliche Manipulationen mit dem Scheck gewesen wäre. Erst diese Ausgangssituation läßt es ja zu der Fragestellung kommen, mit der sich der Bundesgerichtshof befaßt hat und die an ein besonders schwieriges juristisches Problem rührt. Könnte sich auch unter solchen Umständen die Bank noch auf die Gutgläubigkeit des Schalterbeamten berufen? Was ein solches Ergebnis bedenklich erscheinen läßt, ist die Tatsache, daß ein anderer Angestellter, der die gleiche Selbständigkeit genoß, durch seine grobe Fahrlässigkeit bei der Erfüllung seiner Aufgaben für die Bank (Einrichtung eines Kontos) die Gutgläubigkeit des Schalterbeamten verursacht hätte.

Der Bundesgerichtshof bejaht die Haftung und bringt, nachdem festgestellt wurde, daß die Sorgfaltspflicht der Bank schon mit der Errichtung des Kontos beginne, seine Lösung auf folgende lapidare Formel:

„Die hierbei (d. h. bei Errichtung des Kontos) infolge grober Fahrlässigkeit unbekannt gebliebenen Umstände, die für die Besitzberechtigung wesentlich sind, wirken im Zeitpunkt der Hereinnahme des Schecks durch den Schalterbeamten als selbständigen Besitzdiener fort und sind der Beklagten (das ist hier die Bank — d. Verf.) zuzurechnen." Es folgt dazu noch ein Hinweis auf eine frühere Entscheidung: „So hat auch bereits das Reichsgericht für den Ersatzanspruch aus § 990 BGB wegen des Diskonts veruntreuter Schecks erörtert, ob das Konto, dem die Schecks gutgebracht worden waren, ohne grobe Fahrlässigkeit hinsichtlich der Prüfung der Angaben des Antragstellers über seine Person errichtet worden war (RGZ 166, 98, 101)."

Nun ist aber nicht ohne weiteres zu verstehen, was mit den Worten gesagt sein soll: Die Umstände, die für die Besitzberechtigung wesentlich sind und die infolge grober Fahrlässigkeit unbekannt geblieben sind „wirken fort". Soll das heißen, daß die grobe Fahrlässigkeit bei der Kontoeröffnung auf den Schalterbeamten bei der Hereinnahme eines Schecks automatisch übergehe, so daß nunmehr der Schalterbeamte als bösgläubig anzusehen und damit die Haftung aus § 990 zu begründen sei? Das wäre aber sicher keine methodisch einwandfreie Rechtfertigung. Es handelte sich in Wahrheit um eine reine Fiktion.

Oder soll damit gesagt sein, daß trotz der Gutgläubigkeit des Schalterbeamten in einem solchen Falle der Geschäftsherr haften müsse? Dann fehlte darin aber jeder Hinweis auf den Umstand, aus dem sich diese Rechtsfolge sollte ableiten lassen.

An späterer Stelle beruft sich der BGH in diesem Zusammenhang auf die Kausalität, nämlich die Ursachenverknüpfung zwischen dem Verhalten des Angestellten, der das Konto eröffnet hat und der Gutgläubigkeit des Schalterbeamten. Aber mit diesem Hinweis auf die Kausalität allein läßt sich unsere Frage noch nicht beantworten; denn warum soll es auf die Kausalität ankommen und warum soll sie ausreichen?

Die entscheidenden Gesichtspunkte können nur denjenigen Rechtsgrundsätzen entnommen werden, die das Anrechnungsproblem betreffen, so wie es § 166 BGB im geltenden Recht zu lösen versucht. Die Frage müßte auf der Grundlage der in § 166 BGB enthaltenen Regel, daß es auf den „Vertreter" ankommt, so gestellt werden, ob besondere Umstände vorliegen, die es dem Geschäftsherrn verbieten, sich auf diese Regel und damit auf diese Gutgläubigkeit zu berufen. Das BGB gibt selbst eine gewisse Antwort schon in § 166 Abs. 2 BGB. Eine solche Berufung auf den guten Glauben ist danach ausgeschlossen, wenn der „Vertreter" nach „bestimmten Weisungen" handelt. Mit solchen Weisungen soll offenbar die Verantwortung insoweit auf den Geschäftsherrn wieder übergehen, als ihm nunmehr aus der Gutgläubigkeit des „Vertreters" keine Vorteile zu Lasten des Dritten (des Eigentümers) sollen erwachsen können.

Das Bild, das man aus Rechtsprechung und Rechtslehre über die Auslegung des § 166 Abs. 2 BGB gewinnt, läßt darüber hinaus aber unschwer die wohl ungeteilte Auffassung erkennen, daß § 166 Abs. 2 BGB zu eng gefaßt sei und nicht auf diesen einen Tatbestand begrenzt werden dürfe. Dabei wird, wie schon an anderer Stelle hervorgehoben[22], insbesondere auf solche Fälle hingewiesen, in denen es dem Geschäftsherrn ohne weiteres möglich gewesen wäre, den „Vertreter" aufzuklären, er davon aber keinen Gebrauch gemacht hat. Allen diesen Ausnahmefällen liegt offensichtlich der gemeinsame Leitgedanke zugrunde, daß die Berufung des Geschäftsherrn auf die Gutgläubigkeit seines Angestellten dort ihre Grenze haben muß, wo die Verletzung von Sorgfaltspflichten in der Sphäre des Geschäftsherrn die Bösgläubigkeit des „Vertreters" verhindert hat.

Dieser Fall ist in erster Linie dann gegeben, wenn dem Unternehmer, besser gesagt der Geschäftsleitung selbst, ein solcher Vorwurf zu machen ist. Zu den Sorgfaltspflichten der Unternehmensleitung gehört es angesichts der Spezialisierung und Arbeitsteilung, Anweisungen zu gegenseitigen Informationen zu geben. Wo der Mangel daran Aufklärungsmöglichkeiten verhindert, liegt ein Verschulden des Unternehmers vor, das er sich grundsätzlich anrechnen lassen muß und das ihm die Möglichkeit der Berufung auf die Gutgläubigkeit des nicht genügend informierten Angestellten nimmt. Ein Verstoß gegen die Organisationspflicht wird hier, wohl gemerkt, nicht als Ursache eines Schadensersatzes, sondern lediglich als Umstand gewertet, der es — nach Treu und

[22] Vgl. oben unter II 4. b).

Glauben — hindert, die Vorteile des § 166 Abs. 1 BGB für sich in Anspruch nehmen zu wollen.

Wenn der Unternehmer seiner Organisationspflicht genügt hat, dann taucht die weitere Frage auf, ob diese Organisation auch funktioniert, insbesondere, ob informationspflichtige Angestellte diese Pflicht auch erfüllen. Das ist im Verhältnis zum Dritten weder ein Anwendungsfall des § 278 BGB noch ein solcher des § 831 BGB; denn es geht insoweit wiederum nicht um die Begründung einer Schadensersatzpflicht, sondern um die Frage, ob solche Umstände es unbillig erscheinen lassen, daß dem Geschäftsherrn die Vorteile der Gutgläubigkeit zu Lasten des Dritten erhalten bleiben.

In diesem Zusammenhang bestehen m. E. keine Bedenken, das schuldhaft kausale Verhalten des einen Angestellten, das zur Gutgläubigkeit des anderen geführt hat, dem Geschäftsherrn ebenso zuzurechnen und damit eine Berufung auf die Gutgläubigkeit des Schalterbeamten auszuschließen. Auch das Verschulden einer Hilfsperson, das in Gestalt einer Verletzung von Informationspflichten kausal für die Gutgläubigkeit einer anderen war, muß es dem Prinzipal nach Treu und Glauben unmöglich machen, sich auf diese Gutgläubigkeit noch zu berufen.

Da böser Glaube mindestens grobe Fahrlässigkeit voraussetzt, wird man es bei dem Verschulden aller Beteiligten stets auf grobe Fahrlässigkeit abstellen müssen.

IV

Ging es bisher darum, die allgemeinen Grundlagen und Grenzen der Haftung aus § 990 BGB für den Fall der Hereinnahme von Schecks vom Nichtberechtigten zu klären, so bleibt zum Schluß noch eine Antwort auf die Frage zu geben, was von der Bank und ihren Angestellten an *Sorgfalt* gegenüber dem Eigentümer als wahrem Berechtigten gefordert werden kann und wann eine Zuwiderhandlung gegen solche Sorgfaltspflicht die Charakterisierung als *grob* fahrlässig verdient. Beide Fragen lassen sich nur in Verbindung mit der konkreten Situation, d. h. im Hinblick auf die besonderen Erfordernisse des Scheckgeschäfts der Banken und im Hinblick auf die damit verbundene mögliche Gefährdung des wahren Eigentümers, beantworten.

Aus dem Zusammenwirken der verschiedenen Umstände ergibt sich die Antwort:

1. Maßgebend ist einmal die Eigenart des Bankverkehrs, insbesondere des Scheckgeschäfts. Dieses Geschäft ist darauf abgestellt, daß die Bank in der Lage sein muß, ihren Geldverkehr mit dem Publikum in kürzester

Frist und unter günstigsten finanziellen Bedingungen für den Kunden abzuwickeln. Nur dann werden die Dienstleistungen der Bank für den Kunden interessant. Auch der Umfang des Scheckgeschäfts einer Bank ist mit entscheidend für die Zeit und das Maß an Sorgfalt, das auf den einzelnen Geschäftsgang verwendet werden kann. Der Schalterbeamte z. B. ist deshalb darauf angewiesen, an Hand des Eindrucks von der Person und dem Papier im Augenblick zu entscheiden, ob er den Scheck hereinnimmt. Auf diese Situation zugeschnitten ist auch die Qualifizierung des Schecks als Inhaberpapier. Ihm ist damit ganz bewußt die Form gegeben, die den Partner auf der Empfängerseite einer weiteren Kontrolle als der der tatsächlichen Innehabung entheben und die Nachprüfung auf die Ordnungsmäßigkeit des Papiers beschränken soll. Wer sich der Erleichterungen bedienen will, die mit der Verwendung von Inhaberpapieren im Zahlungsverkehr verbunden sind, muß grundsätzlich auch die Risiken in Kauf nehmen, die in der Vorlage durch einen Unbefugten für ihn entstehen können[23]. In diesem Zusammenhang ist schließlich auch daran zu erinnern, daß jede Frage nach den internen Verhältnissen, insbesondere eine Frage danach, wie der Kunde an den Scheck gekommen sei, mit großen Peinlichkeiten für die Angestellten der Bank verbunden sein kann und daß solche Rückfragen bei empfindlichen Kunden zu erheblicher Störung der Geschäftsbeziehung führen muß. Man vergißt bisweilen, daß dem Inhaberpapier auch nach dieser Seite eine durchaus nützliche Funktion zukommt.

2. Aus den besonderen Erfordernissen des Bankverkehrs und dem besonderen Charakter des Inhaberpapiers folgt daher, daß keine Veranlassung bestehen kann, von der Bank zu fordern, daß sie etwa durch zusätzliche Kontrollmaßnahmen nachprüfen läßt, ob der Vormann wirklich materiell berechtigt ist. Es kann sich unter Berücksichtigung der allgemeinen Grundsätze des gutgläubigen Erwerbs nur fragen, ob im normalen Geschäftsgang Umstände erkennbar geworden sind, die in besonderem Maße Verdacht erregen müssen, ob der Einreicher berechtigt ist, den Scheck zu diskontieren, einziehen zu lassen oder einzulösen. Dabei muß auch daran gedacht werden, daß die Frage nach dem Eigentümer eben gar nicht die allein zu stellende wäre; der Einreicher kann auch von einem anderen zur Vorlegung beauftragt sein. Danach aber zu fragen ist grundsätzlich nicht Sache der Bank[24].

---

[23] Vgl. auch BGH NJW 62, 1056: „Der Umfang der Scheckeingänge bei einer Großbank bringt es mit sich, daß die erforderliche Prüfung, ob besondere Gründe in der Person des bisherigen Besitzers zur Vorsicht mahnen, weitgehend undurchführbar ist". S. ferner *Baumbach-Hefermehl* Art. 21 ScheckG Rn. 3 a. E.

[24] Auch die Rechtsprechung hat einen offenen Blick für die Besonderheiten der Situation. Ich verweise nur auf die neueste zusammenfassende Formulierung in dem Urteil des OLG Frankfurt a. M. vom 1. Oktober 1964 (BB 65, 63),

Nun ist nicht zu übersehen, daß je größer ein Bankbetrieb ist und je weiter die Spezialisierung und Verselbständigung einzelner Aufgabenbereiche geht, auch die Möglichkeit des Kennens und Kennenmüssens im einzelnen Bereich oder bei einzelnen Angestellten geringer wird. In dem nur theoretisch denkbaren Fall, daß in der Hand einer Person sich die Abwicklung aller Bankgeschäfte vereinigt, würde die Erfahrung, die z. B. im Kreditgeschäft gemacht wird, ohne weiteres etwa auch dem Wechsel- oder Scheckgeschäft zugute kommen. Allerdings wäre das insofern auch wieder irreal, als in dieser Person ein Gedächtnis vorausgesetzt würde, das ebensowenig unterstellt werden kann wie die Arbeitskapazität. Immerhin dürfte nicht zu bestreiten sein, daß mit der größeren Spezialisierung auch eine gewisse Vergrößerung der Risiken für die Kunden verbunden ist, die durch die begrenztere Möglichkeit der Kenntnisnahme entstehen. Aber diese Tatsache kann an der Wirksamkeit der Grundsätze, die soeben entwickelt wurden, nichts ändern. Es kann sich nur fragen, ob die geringere Möglichkeit, das ganze Bankgeschäft zu übersehen, zu Maßnahmen zwingt, die die damit verbundenen Nachteile für den Dritten ausgleichen können. Eben hier setzt jene Organisations- und Informationspflicht ein, von der schon vorne[25] die Rede war, und deren Verletzung u. U. dazu führt, daß der Unternehmer sich auf den guten Glauben des im konkreten Falle tätig werdenden Angestellten nicht berufen darf. Auf diese Organisations- und Informationspflichten wird man allerdings die gleichen Grundsätze hinsichtlich der Sorgfalt anzuwenden haben, die oben entwickelt wurden. Die Informationspflicht als Sorgfaltspflicht setzt deshalb voraus, daß die Kenntnis der einen Abteilung offensichtlich für die Geschäfte der anderen Abteilung von Bedeutung ist und daß dieser Zusammenhang für die Beteiligten auf der Hand liegen mußte. Sie setzt ferner voraus, daß der Umstand, auf den sich die Informationspflicht beziehen soll, als ein zwingender Verdachtsgrund bei Abwicklung des Geschäfts in der anderen Abteilung zu werten wäre.

Die gleichen Vorstellungen liegen der Berufung auf die Organisationspflicht zugrunde insofern, als es Aufgabe des Unternehmers ist, diejenigen Anweisungen zu geben, die derartige Informationen sicher-

---

wo es wörtlich heißt: „Da es zu der Eigenart eines Inhaberschecks gehört, daß sein Besitz die Berechtigung aufweist, ist der Scheckerwerber in der Regel nicht gehalten, die Berechtigung des bisherigen Inhabers nachzuprüfen. Eine solche Pflicht ist jedoch ausnahmsweise anzuerkennen, wenn die besonderen Umstände des Einzelfalles nach der allgemeinen Lebenserfahrung den Verdacht nahelegen, daß der Scheck abhanden gekommen ist. Dies trifft insbesondere in den Fällen zu, in denen besondere Gründe in der Person des bisherigen Inhabers oder in denen das Ungewöhnliche des Geschäfts einen sorgfältigen Kaufmann zur Vorsicht und zu Nachforschungen veranlassen würden.“

[25] Unter III. 2. b).

stellen. Auch für den Unternehmer gilt also sowohl, daß der Zusammenhang offensichtlich ist, wie auch, daß der Gegenstand der Mitteilung einen besonderen Verdachtsgrund betrifft.

Zu betonen bleibt in diesem Zusammenhang aber auch, daß man von derartigen Organisations- und Informationspflichten nicht zuviel fordern darf. So wäre es beispielsweise unmöglich und mit den Grundsätzen des Bankgeschäfts nicht vereinbar, etwa von der Kreditabteilung laufend Informationen über Kunden und ihre Zuverlässigkeit an den Schalterbeamten zu geben.

Auch hier werden nur die außergewöhnlichen Fälle zum Anlaß von Mitteilungen genommen werden können, und derartige Mitteilungen werden an die Bankleitung zu machen sein, die dann ihrerseits die nötigen Vorsichtsmaßnahmen zu bestimmen hat.

Der zivilrechtliche Tatbestand im Steuerrecht

Von Roland Löhlein, München

Steuerrecht und Privatrecht haben trotz aller naturgegebenen Verschiedenheiten, die nicht zuletzt eine Folge der gänzlich anders gearteten Interessenlage sind, miteinander gemeinsam, daß sie — als nationales Recht — beide derselben nationalen Rechtsordnung angehören, Teile einer einheitlichen Rechtsordnung sind und deshalb der Einheit der Rechtsordnung folgen, deren Kennzeichen *Henkel*[1] darin sieht, daß die Verbindung ihrer Sachbereiche einen gegliederten Aufbau, ein System, errichten läßt. Sie beruhen „als Schöpfung eines Gemeingeistes"[2] auf grundlegenden Regelungstendenzen und haben damit in einem gemeinsamen Bereich eine gemeinsame Wurzel. Ebenso wie alle anderen Glieder der Rechtsordnung knüpfen Steuerrecht und Privatrecht an den Tatbestand an, das „nur mit den Mitteln begrifflicher Umschreibung darstellbare und auch deshalb ... abstrahierende Sinngebilde"[3], das wegen der notwendigen Abstraktion von den typischen Erscheinungsformen der Lebensvorgänge ausgehen muß.

Es wäre jedoch zu eng, wollte man im „Tatbestand" nur einen dynamischen Lebensvorgang sehen, ohne die Situation zu beleuchten, in die der Lebensvorgang gestellt ist. Im Vertragsrecht genügt es nicht, daß zwei Partner durch übereinstimmende Willenserklärungen auf ein ihren gemeinsamen Interessen dienendes Ziel hinarbeiten, die Rechtsordnung muß ihnen vielmehr auch in Form der Geschäftsfähigkeit die Möglichkeit dazu eröffnen. Die Geschäftsfähigkeit gehört demnach jedenfalls in einem weiteren Sinn auch zum Tatbestand. Dasselbe läßt sich von dem Erfordernis sagen, daß der Inhalt vertraglicher Abmachungen, soll nicht die rechtliche Anerkennung aufs Spiel gesetzt werden, dem Gesetz und den guten Sitten entsprechen muß. Hier nun zeigt sich ein grundlegender Unterschied zwischen Privatrecht und Steuerrecht. Muß einem Vertrag wegen Verstoßes gegen die guten Sitten die rechtliche Anerkennung versagt werden, wird ihm also jede Rechtswirkung, nach außen wie auch im Verhältnis der Partner zueinander, abgesprochen, so ist der erstrebte zivilrechtliche Tatbestand nicht vorhanden, er ist ein „nullum", damit

[1] Einführung in die Rechtsphilosophie, S. 59.
[2] *Henkel*, a.a.O.
[3] *Henkel*, a.a.O., S. 63.

als Lebensvorgang aber noch keineswegs bedeutungslos. Es erweist sich aber nunmehr als nötig, ihn unter anderen Aspekten zu betrachten, in ihm etwa einen gesetzlichen Tatbestand zu sehen, der, weil trotz zivilrechtlicher Bedeutungslosigkeit Leistungen bewirkt wurden, zum Ausgleich einer ungerechtfertigten Bereicherung führen muß. An die Stelle des beabsichtigten vertraglichen tritt dadurch der gesetzliche Tatbestand, ohne daß allerdings die Annahme berechtigt wäre, daß sich in solchen Fällen die Tatbestandsmerkmale decken müßten.

Ein zivilrechtlicher, aus diesem Grund von der Rechtswirkung ausgeschlossener Tatbestand kann nun aus diesem Grund allein nicht auch auf anderen Rechtsgebieten seine Bedeutung verlieren, wenn nicht die Identität des rechtspolitischen Zwecks dies erfordert. In der Tat ignoriert das Steuerrecht die Nichtigkeit eines Rechtsgeschäfts, wenn es von den Partnern trotz seiner Nichtigkeit durchgeführt wird[4]. Dies scheint zunächst den Forderungen zu widersprechen, die die Einheit der Rechtsordnung stellt. Bei näherem Zusehen zeigt sich jedoch, daß dieser scheinbare Widerspruch durch die Verschiedenheit der Interessenlage bedingt ist. Deren Analyse ergibt folgendes:

Im Bereich einer freiheitlichen Lebensordnung, die auch durch eine mit weitgehenden Garantien ausgestattete Eigentumsverfassung gekennzeichnet ist, kann auf die Privatautonomie nicht verzichtet werden, die *Henkel*[5] als das Fundament der personalen Selbstentfaltung bezeichnet. Sie stellt die Möglichkeit dar, als selbständige und selbstverantwortliche Person durch die von der Privatrechtsordnung zur Verfügung gestellten Mittel den eigenen Rechtskreis so zu gestalten und auf andere Rechtskreise so einzuwirken, daß dem individuellen Interesse, das auf ökonomische oder andere Ziele gerichtet ist, Befriedigung zuteil wird. Jedes derartige Interesse ist, sofern sein Ziel mit rechtlichen Mitteln überhaupt erreicht werden kann, grundsätzlich schutzwürdig, wenn auch zunächst nur in der Form, daß die Rechtsordnung, wenn es rechtlich gestaltet ist, ihm die Mittel zu seiner Betätigung nicht versagt. Findet das private Interesse des einzelnen Rechtsgenossen im Bereich des Zivilrechts, soweit es darauf angewiesen ist, das ihm entsprechende Komplementärinteresse, so gewährt dem Gestaltungswillen die Privatautonomie das adaequate Gestaltungsmittel. Nur zwingende Gründe können und dürfen diese Wirkung verhindern, Gründe, die im privaten Bereich übergeordneten Kategorien entnommen sind, wie etwa Gesetzlichkeit des Handelns, Übereinstimmung mit der Moralordnung, Schutz des Schwächeren und ähnliche, fast schon aus der Natur der Sache sich ergebende Schranken. Dabei ist aber nicht zu übersehen, daß die private

---

[4] § 5 Abs. 2 des Steueranpassungsgesetzes.
[5] a.a.O., S. 194.

Rechtsordnung diese Grenzen zwar ziehen, nicht aber ausschließen kann, daß die Partner eines nicht anerkannten Rechtsgeschäfts im Vertrauen auf gegenseitige Loyalität doch zu ihrem Wort stehen.

Dazu kommt, daß in der überwiegenden Mehrzahl der Fälle auf dem Gebiet bürgerlicher Rechtsbeziehungen die verfolgten Interessen individuellen Bereichen angehören, an denen die Öffentlichkeit und Allgemeinheit keinen Teil hat. Die Allgemeinheit hat daher auch keine Veranlassung, durch irgendwelche Organe in diesen Bereich hemmend oder regulierend einzugreifen. Im eigentlichen Bereich der Privatautonomie bestimmen also die Partner oder bestimmt der einzelne Rechtsgenosse selbst, welche von der Rechtsordnung zur Verfügung gestellten Mittel eingesetzt werden sollen, um das privat verfolgte Interesse in eine einen Rechtsschutz ermöglichende Gestalt zu bringen. Der Rechtsschutz tritt in jedem Fall auch ein, wenn die gewählten Gestaltungsmittel dem verfolgten Interesse adaequat sind.

Im Bereich des Steuerrechts finden wir nun eine völlig veränderte Interessenlage. Sie läßt sich nicht in einem einzigen Bild erfassen. Der Einzelne oder eine Mehrzahl von einzelnen Personen sieht sich hier dem fiskalischen, durch die Grundsätze der Gerechtigkeit und Gleichmäßigkeit der Besteuerung modifizierten Interesse eines Hoheitsträgers gegenüber, der zur Erfüllung seiner über die Sphäre des einzelnen hinausgehenden Aufgaben auf die Steuerleistung angewiesen ist. Diesem Interesse stellt er sein eigenes entgegen, das aus privatwirtschaftlichen Gründen auf eine Begrenzung der Steuerlast gerichtet ist. Hier ergibt sich nun eine Schwierigkeit daraus, daß dieses „Begrenzungsinteresse" ein legitimes, aber auch ein illegitimes sein kann, was im Einzelfall dazu nötigt, die Grenze zwischen Legitimität und Illegitimität festzustellen.

Verdankt eine privatrechtliche Gestaltung ihre Existenz ausschließlich der Abwehr eines erhobenen oder erwarteten Steueranspruchs, so ist der Fall durch das Vorhandensein eines reinen „Gegeninteresses" gekennzeichnet, dem offensichtlich zunächst überhaupt keine privatrechtliche Bedeutung zukommen soll. Diese Erscheinungsform fordert eine andere rechtliche Würdigung als jene, bei der ein legitimes privatrechtliches Interesse verfolgt wird, an dessen echte oder unechte Ausdrucksform das Steuerrecht Folgen knüpft. Da man wohl generell behaupten kann, daß die Interessen des Steuergläubigers und die des Steuerschuldners jedenfalls wirtschaftlich einen unvereinbaren Gegensatz bilden, treten bei zahlreichen privatrechtlichen Rechtsvorgängen Interessenüberschneidungen auf, die das Verhältnis einerseits zum Partner, andererseits zum Steuergläubiger bestimmen, und die zu Ausgleichshandlungen führen, wenn sich beide Interessen als gleich stark erweisen.

Ist so das privatrechtliche Geschehen in ein Spannungsverhältnis gestellt, dessen Kennzeichen die Polarität gegensätzlicher Interessen ist, oder, anders ausgedrückt, sollen die privatrechtlichen Mittel mit einem Minimum steuerlicher Belastung ein Maximum rechtlich garantierter Wirkungen erreichen, so tritt noch ein weiterer charakteristischer Umstand hinzu, dem dogmatisch eine erhebliche Bedeutung eigen ist: Die Anknüpfung der Steuerfolge an einen „Tatbestand“. Unter den für den Eintritt von Steuerfolgen bedeutsamen Tatbeständen lassen sich nun solche unterscheiden, die ursprünglich solche des Steuerrechts selbst sind, und andere, die das Steuerrecht von anderer Seite her „zu leihen nimmt“. Dabei zeigt sich, daß die genuinen Tatbestände nur eine kleine Zahl umfassen, während das Hauptgewicht auf jenen liegt, die eine Privatinitiative, ein privates, aber nicht notwendig privatrechtliches Handeln voraussetzen. Wo nun nicht die Dynamik persönlichen Handelns, sondern vom Willen eines Subjekts unabhängige Zustände oder Ereignisse als Sachverhalt die Steuerfolge auslösen, wird es regelmäßig zu einer privatrechtlichen Einflußnahme auf den Sachverhalt nicht kommen können. Solche dem Interessenwiderstreit entzogenen Sachverhalte sind etwa der Erbschaftsteuerpflicht auslösende Todesfall oder der Besitz eines mit Grundsteuer belasteten Hauses, auch das Entstehen von zum Lastenausgleich heranzuziehenden Schuldnergewinnen. Beschränkte Einflußmöglichkeiten bieten sich hier höchstens hinsichtlich der Höhe der Steuer, indem etwa ein Erblasser zur Verminderung der Erbschaftsteuer bereits zu Lebzeiten unter Ausnutzung von Steuerfreibeträgen Vermögensteile verschenkt. Hier ist aber eben doch wieder die Dynamik eines Handelns wirksam geworden.

Ist Gegenstand der steuerlichen Beurteilung ein von privater Willensbetätigung unabhängiger privatrechtlicher Tatbestand, so gibt der Gesetzgeber durch die Wahl dieses Tatbestandes zu erkennen, daß er ihn in der Bedeutung würdigt, die er im Privatrecht, und zwar ausschließlich dort, besitzt. Es gibt keinen eigenen steuerlichen Begriff des „Erbfalles“ und darum auch keine Erbschaft im „wirtschaftlichen“ Sinn. Erbschaftsteuer kann sich, wie der Bundesfinanzhof[6] mit Billigung durch *Spitaler*[7] ausführt, nur auf Grund zivilrechtlicher Beurteilung ergeben. Hier entsteht kein Problem, weil sich auf dem Gebiet der Erbschaftsteuer das Steuerrecht in der Rolle eines „Folgerechts“ befindet[8].

---

[6] Urteil vom 30. Juni 1960 — BStBl 60 III 348.

[7] Die Annäherung des Steuerrechts an das Privatrecht, Deutsches Steuerrecht 62, S. 29, 30.

[8] Siehe dazu auch das den Begriff des Abkömmlings gleichlautend mit dem des bürgerlichen Familienrechts auslegende Urteil des BFH vom 24. Juni 1964 — BStBl 64 III 483 —, ferner sein Urteil vom 20. Juli 1964 — BStBl 64 III 529 —, in welchem eine von den Vorschriften des bürgerlichen Rechts abweichende Auslegung des Zugewinnbegriffs abgelehnt wird.

Diese Feststellung ermöglicht es im Steuerrecht drei Kategorien von Tatbeständen zu unterscheiden: die eines uneingeschränkten Folgerechts, bei denen vom vorhandenen privatrechtlichen Tatbestand nicht abgewichen werden kann, weil das Steuerrecht an vorhandene objektive, dem Bereich des Zivilrechts angehörende Merkmale anknüpft, die der ausschließlich steuerlichen Normierung, bei denen das Steuerrecht den Tatbestand „erfindet", und — in der Mitte zwischen beiden — die von der Dynamik handelnder Personen geschaffenen und in diesem Sinn zivilrechtlichen, bei denen das Steuerrecht der Polarität der Interessengegensätze nicht ausweichen kann und gezwungen ist. sich mit ihr auseinanderzusetzen. Die Tatbestände ausschließlich steuerlicher Normierung sind nicht eigentlich „privatrechtliche", wenn sie auch letztlich privatrechtlichen Vorgängen ihre Existenz verdanken. Diesen können sie aber wegen ihrer autonomen steuerlichen Gestaltung nicht gleichgesetzt werden, haben sie vielmehr regelmäßig nur zur Voraussetzung. Trotzdem ist auf sie kurz einzugehen, um sie von den eigentlich zivilrechtlichen Tatbeständen mit steuerrechtlichen Bedeutung abzugrenzen.

Einkommen- und Gewerbesteuerrecht verwenden den Begriff von Personenvereinigungen, bei denen die Mitglieder als Unternehmer (Mitunternehmer) anzusehen sind[9]. Mitunternehmerschaft ist kein zivilrechtlicher Tatbestand, ihr Inhalt wird vielmehr allein von Auslegungsgrundsätzen bestimmt, deren sich das Steuerrecht bedienen muß. Das sind nach § 1 StAnpG wirtschaftliche Gegebenheiten, darum kommt es für die Frage der Unternehmerschaft und Mitunternehmerschaft wesentlich auf die tatsächliche Gestaltung an, wofür der Bundesfinanzhof[10] die Risikoverteilung und ferner als wesentlich ansieht, bei wem die Erträge tatsächlich verbleiben. Ob der Mitunternehmer privatrechtlich Gesellschafter ist oder nicht, ist nicht entscheidend.

Wenn nun das Gesetz steuerliche Folgen an die Mitunternehmerschaft knüpft, dieser Begriff aber mit dem des Gesellschafters nicht identisch ist, so kann nicht verlangt werden, daß typische gesellschaftsrechtliche Regeln des Zivilrechts, wie die beschränkte Haftung des Kommanditisten, auch steuerrechtlich gelten müssen. Als Gesellschafter haftet der Kommanditist für Gesellschaftsschulden gewiß regelmäßig nur beschränkt; ist er aber nach steuerlichen Gesichtspunkten Mitunternehmer, so bestimmt sich seine Haftung für Steuerschulden des Personenverbandes, dem er angehört, nach seiner Mitunternehmerschaft und nicht nach seiner Gesellschafterstellung. Macht das Steuergesetz in einem Personenverband die Mitunternehmer für betriebliche Steuerschulden verantwortlich ohne die Haftung zu beschränken, so muß auch der

[9] Vgl. § 15 Z. 2 EStG, § 2 Abs. 2 Z. 1 GewStG.
[10] Vgl. Urteil vom 11. April 1961 — BStBl 61 III 352 —.

Kommanditist dafür einstehen, wenn er Mitunternehmer ist, und zwar gerade deshalb, weil er in diesem Zusammenhang steuerlich nicht Gesellschafter, sondern Mitunternehmer ist. Den von *Blenke*[11] gegen die ständige neuerdings[12] bestätigte Rechtsprechung erhobenen Bedenken kommt daher de lege lata keine Durchschlagskraft zu, womit über die Zweckmäßigkeit dieser Regelung allerdings nichts ausgesagt ist. Es gibt hier aber in Wirklichkeit keine Unstimmigkeit, weil der Ausgangspunkt der Haftungsgrundlagen handelsrechtlich und steuerrechtlich ein verschiedener ist[13]. Damit sollen die Bedenken nicht gering geachtet werden, die *Paulick*[14] gegen die Verfassungsmäßigkeit der Haftungsbestimmung geltend macht und die er damit begründet, diese vom bürgerlichen Recht abweichend geregelte Haftung verstoße gegen die Verfassungsgrundsätze der inneren Autorität der Rechtsordnung sowie der Ordnungsstruktur des Zivilrechts. Das berührt aber nicht die Frage, ob der Steuergesetzgeber aus eigenständigen steuerlichen Bedürfnissen einen eigenen steuergesetzlichen Tatbestand schafft, sondern die, ob er dazu befugt ist. Dies zu prüfen, ist jedoch nicht Gegenstand der vorliegenden Untersuchung[15].

Auch der umsatzsteuerliche Begriff der Verfügungsmacht, welcher[16] den Lieferungstatbestand abgrenzt, wird nicht im Sinn der rechtsgeschäftlichen Verfügung des Zivilrechts verstanden, sondern als eigenständiger Begriff, dem nur mit wirtschaftlichen Überlegungen näherzukommen ist.

Für die weiteren Betrachtungen sollen nur die beiden extremen Fälle ausscheiden, nämlich die steuerlichen Tatbestände, bei denen das Steuerrecht reines Folgerecht ist, und jene, bei denen es unabhängig vom Zivilrecht erkennbar eigene Tatbestände mit wirtschaftlichem Inhalt schafft. Es verbleiben die Fälle, in denen das Steuerrecht steuerliche Folgen aufgrund privatrechtlicher Tatbestände eintreten läßt, welche aus der Dynamik eines privaten Interesses hervorgegangen und dazu bestimmt sind, dieses Privatinteresse zu fördern. Hier ist das eigentliche Gebiet jener Gedanken, die zu dem Postulat einer „Einheit der Rechtsordnung“ geführt haben. Die These von der Einheit der Rechtsordnung ist als solche noch nicht zwingend, bedarf vielmehr einer inneren Begründung, die sich allerdings auf gewichtige Grundsätze stützen kann. Ob man

---

[11] Gestaltungsfreiheit im Steuerrecht und ihre Grenzen, S. 46.

[12] Vgl. BFH Urteil vom 29. November 1963 — NJW 64 S. 2273.

[13] Vgl. § 5 Abs. 1 GewStG, der aber in der nunmehr vorliegenden Fassung die Haftung des Kommanditisten den handelsrechtlichen Vorschriften angleicht.

[14] Betriebsberater 1964, S. 1337.

[15] Vgl. zu dem hier Ausgeführten auch Buchwald, Steuer und Wirtschaft 1960, Sp. 469, 470.

[16] Vgl. BFH Urteil vom 14. Mai 1964 — BStBl 64 III 395.

nun mit *Spitaler*[17] die Rechtsstaatlichkeit, Rechtsklarheit und Rechtssicherheit in den Vordergrund rückt, oder mit dem Bundesverfassungsgericht[18] die innere Autorität der Rechtsordnung anspricht, oder ob schließlich, wie im Urteil des Bundesfinanzhofs vom 11. 5. 62[19] geschehen, innerhalb des Prinzips der Rechtssicherheit die Vorausberechenbarkeit der Folgen von Rechtshandlungen als Forderung erhoben wird, immer handelt es sich um die Ordnungsfunktion des Rechts, immer erweist sich das Recht als Bestandteil der Sozialordnung, „dessen besondere Funktion darin besteht, dem sozialen Leben eine feste Gestalt und Form zu geben“[20].

Die Verselbständigung einzelner Rechtsgebiete bringt diese umgreifende Funktion der Rechtsordnung in Gefahr, doch ist es andererseits verständlich, daß eine noch junge Rechtsmaterie, innerhalb deren weitgehend Neuland betreten werden muß, leicht eine gewisse Hypertrophie annimmt, weil sie ihren Eigenwert zu stark betont. Dies kann allerdings Folge einer grundsätzlichen Einstellung sein, wie sie die Steuerrechtsprechung namentlich in der Zeit zwischen den beiden Weltkriegen hat erkennen lassen. Doch scheint es, daß sich demgegenüber im Laufe der Zeit die zentrifugale Kraft der Eigenständigkeit abschwächt und dem Gedanken der universalen Ordnungsfunktion Raum gibt. Dem Bundesverfassungsgericht ist in unserem Bereich dabei die Rolle des Schrittmachers zugefallen, auch wenn es sich dabei auf schon vorhandene Tendenzen stützen konnte. In seinem Urteil vom 24. 1. 62[21] findet sich der entscheidende Satz: „Privat- und Steuerrecht sind aber dort tiefgreifend verbunden, wo das Steuerrecht nicht nur an die gegebenen Lebensverhältnisse und damit auch an ihre zivilrechtliche Ordnung anknüpft, sondern den Steuergegenstand prinzipiell nach Rechtsformen des bürgerlichen Rechts bestimmt.“ Daß damit nicht der alleinigen Maßgeblichkeit der privatrechtlichen Gestaltung das Wort geredet wird, werden spätere Ausführungen zeigen. Die „Einheit der Rechtsordnung“ macht die verantwortliche Prüfung der Interessenlage nicht entbehrlich.

Wenden wir uns nunmehr den eigentlichen Kernpunkten unserer Untersuchungen zu, so ist es zunächst nötig, diese genau zu charakterisieren. Es handelt sich nicht um die Fälle, in denen das Steuerrecht „den Steuergegenstand prinzipiell nach Rechtsformen des bürgerlichen Rechts bestimmt“; in diesen ist davon auszugehen, daß steuerliche Abweichungen von der Wirkungsbreite dieser Rechtsformen als „venire contra factum

[17] a.a.O., S. 29.
[18] Urteil vom 24. Januar 1962 — BStBl 62 I 500.
[19] BStBl 62 III 310.
[20] *Henkel*, a.a.O., S. 27.
[21] a.a.O.

proprium" (des Gesetzgebers oder des Richters) grundsätzlich unzulässig sind. Vielmehr sind die Fälle gemeint, in denen das Steuerrecht an die dynamisch geschaffenen Lebensverhältnisse des privaten Bereichs und damit auch an ihre zivilrechtliche Ordnung anknüpft. Es ist der große Bereich der privaten Gestaltung rechtlicher Beziehungen, die auf die Kraft privater Interessen zurückzuführen ist.

Das Privatrecht gibt den Rechtsgenossen in Form der Privatautonomie die Mittel, ihren privaten Interessen durch Einkleidung in eine rechtliche Form Verbindlichkeit zu verleihen. Die gewählte Rechtsform spiegelt das Interesse, das zu ihrer Wahl geführt hat. Daß dies, so selbstverständlich es klingen mag, keine Selbstverständlichkeit ist, zeigt die auch im Privatrecht nicht ausschließbare Möglichkeit des Mißbrauchs[22].

Am einfachen Beispiel des Kaufvertrags läßt sich die Kraft des Interesses schon ganz klar erkennen. Ein bestimmtes an einem Bedürfnis sich orientierendes Interesse eines Rechtsgenossen veranlaßt ihn, den Gegenstand des Bedürfnisses dort aufzusuchen, wo ein korrespondierendes Interesse eines anderen Rechtsgenossen besteht, diesen Gegenstand gegen ein Entgelt abzugeben. Decken sich die Interessen, ist der eine Teil bereit, den Gegenstand seines Bedürfnisses zu den Bedingungen zu erwerben, zu denen der andere bereit ist ihn abzugeben, so wird den insoweit übereinstimmenden Interessen durch Abschluß eines Kaufvertrages rechtliche Verbindlichkeit beigelegt. So soll die privatrechtlich gewählte Rechtsform der Ausdruck der das Lebensverhältnis kennzeichnenden Interessen werden und sein.

Von diesem Ausgangspunkt aus stellen sich die zivilrechtlichen Normen als Regelung eines durch eine bestimmte Interessenkonstellation eingeleiteten und durch Anwendung der Privatautonomie gestalteten Lebensverhältnisses dar. Hier nun werden sich die Geister scheiden: sieht man die von der Privatautonomie geschaffene Rechtsform nicht absolut und positivistisch, sondern als Ausdruck eines nunmehr rechtlich geschützten Interesses, so ist es nur konsequent zu verlangen, daß die Rechtsform des geregelten Lebensverhältnisses auch im Einzelfall kongruenter Ausdruck des geschützten Interesses ist, oder anders gesehen: die im Einzelfall verfolgten privaten Interessen sollen durch die den Rechtsgenossen zur Verfügung gestellten rechtlichen Mittel eine Gestaltung finden, bei der sie erkennbar übereinstimmen mit den diesen rechtlichen Mitteln als Schutzgegenstand zugrunde liegenden, die wir als die typischen bezeichnen wollen. Nur dort machen die Rechtsgenossen von ihrer Privatautonomie den richtigen Gebrauch, wo die von ihnen

[22] s. u. a. BGH Urteil vom 4. November 1964 — BB 64 S. 1451 —: wer in allgemeinen Geschäftsbedingungen nur seine eigenen Interessen zur Geltung bringt, mißbraucht die Vertragsfreiheit.

verfolgten Interessen sich mit den typischen, vom Gesetz anerkannten und geschützten decken. Wo es an dieser Übereinstimmung fehlt, wird die Rechtsform mißbraucht. *Müller-Erzbach* hat in dem dem Mißbrauch des Rechtsschutzes gewidmeten Kapitel seiner Schrift über „Die Rechtswissenschaft im Umbau“[23] ebenfalls darauf hingewiesen, daß eine Rechtsvorschrift mißbraucht, wer „sich auf sie beruft, obschon er offenbar nicht das Interesse verfolgt, welches da geschützt ist“. Er geht hier zwar davon aus, daß die Berufung auf eine Rechtsvorschrift in einen anderen Interessenbereich eingreift, wo dadurch Abwehrkräfte geweckt werden; im Grundsatz trifft diese Vorstellung aber auch dort zu, wo keine Gegenkräfte ausgelöst werden, wo ein überlagerndes Interesse aber alle Teilnehmer an einer rechtlichen Gestaltung veranlaßt, gemeinschaftlich eine Rechtsvorschrift zu mißbrauchen. Denn daß es an einer Abwehr des Mißbrauchs fehlt, kann ihm seinen Charakter nicht nehmen. Gemeinsamer Mißbrauch wird durch seine Gemeinsamkeit nicht legitimiert.

Es liegt in der Natur der Sache, daß ein Rechtsmißbrauch, der Interessen der Allgemeinheit berührt, andere Wirkungen haben muß als der gemeinsame Mißbrauch der privatrechtlichen Norm, die nur in den privaten Bereich eingreift. Hier fehlt die Instanz, der ein Interesse eigen ist, den keine weiteren Kreise ziehenden Mißbrauch als solchen zu bekämpfen. Der Mißbrauch bleibt hier ein theoretischer und als solcher im allgemeinen ohne rechtliche Folgen. Doch kennt auch das Privatrecht Fälle, in denen es den Mißbrauch rechtlicher Institutionen erfaßt und verurteilt. Wer eine zivilrechtliche Willenserklärung abgibt, den ihr als treibende Kraft typisch zugrunde liegenden rechtsgeschäftlichen Willen aber nicht hat, mißbraucht die Rechtsform der Willenserklärung[24]. Was den Gesetzgeber hindert, die in diesem Fall von dem Erklärenden sogar gewünschte Folge der Nichtigkeit in Erkenntnis des Mißbrauchs eintreten zu lassen, ist, daß der Mißbrauch in eine fremde Rechtssphäre hinübergreift, wo er als solcher nicht erkannt wird. Wird er aber erkannt, so zeigt sich, daß eine mißbräuchliche Anwendung der von der Privatrechtsordnung zur Verfügung gestellten Mittel keine Rechtswirkung erzeugen kann[25]. Daß der Gesetzgeber im Falle des einseitigen Scheingeschäfts mit Scherzcharakter[26], folgt man dem hier aufgezeigten Gedanken, nicht ganz folgerichtig vorgegangen ist, sei nur nebenbei erwähnt.

Auch sonst lassen sich im Bereich des Privatrechts zahlreiche Fälle finden, die zeigen, daß das Gesetz den Mißbrauch einer Rechtsstellung

---

[23] S. 117.
[24] Vgl. § 116 BGB.
[25] § 117 BGB.

oder rechtlichen Möglichkeit mißbilligt[27]. Wenn § 6 StAnpG von Mißbrauch von Formen und Gestaltungsmöglichkeiten des bürgerlichen Rechts spricht, so beruht dies also nicht auf einer neuen, erst durch das Steuerrecht eingeführten Betrachtungsweise, sondern auf einer Fortentwicklung von Gedanken, die dem bürgerlichen Recht selbst keineswegs fremd sind. Es ist wichtig dies festzuhalten, weil hier zwischen Privatrecht und Steuerrecht eine dogmatische Gemeinsamkeit besteht, die geeignet ist, den Gegnern einer Einheit der Rechtsordnung ein Argument zu nehmen. Man gewinnt eine Ausgangsbasis für die These, daß nur das ein Mißbrauch von Formen und Gestaltungsmöglichkeiten sein kann, was auch unter bürgerlich-rechtlichem Aspekt ein Mißbrauch ist, wobei es jedoch nicht darauf ankommt, ob der Mißbrauch auch von bürgerlich-rechtlichen Folgen begleitet ist.

Der zivilrechtliche Tatbestand im Steuerrecht erfordert dort eine kritische Würdigung, wo er rechtsgeschäftlich oder auf sonstige Weise von einem oder mehreren Rechtsgenossen gestaltet wurde und Ausdruck eines Interesses ist. In ähnlicher Weise wie §§ 133 und 157 BGB ein Abgehen von der reinen Wortinterpretation zugunsten des wirklichen Willens und unter Berücksichtigung der Interessenlage fordern, verlangt § 1 Abs. 3 mit Abs. 2 StAnpG, bei der Beurteilung von Tatbeständen deren wirtschaftliche Bedeutung zu berücksichtigen. Die Frage erscheint angebracht, ob die auf unseren beiden Rechtsgebieten vorgeschriebenen Auslegungsgrundsätze systematisch verschieden sind oder nicht vielmehr mit anderen Worten das gleiche aussagen. Man sollte der zweiten Ansicht den Vorzug geben. Die wirtschaftliche Bedeutung eines von Privatpersonen geschaffenen Tatbestandes bestimmt sich doch offensichtlich von den Interessen her, die diese mit der Rechtsgestaltung verfolgen. Sieht man zunächst einmal davon ab, daß steuerliche Erwägungen die Wahl eines zivilrechtlichen Weges beeinflussen können und tatsächlich auch häufig beeinflussen werden, so führt in erster Linie ein Bedürfnis, das die Form eines rechtlich relevanten Interesses annimmt, zu einer rechtlich erheblichen Betätigung. Dieses Interesse findet seinen Ausdruck in einer ihm gemäßen, von der Rechtsordnung zur Verfügung gestellten und zu seiner Befriedigung geschaffenen rechtlichen Gestaltungsform. Bedarf diese der Auslegung, so erscheint es nur als logisch, zur Gewinnnug zuverlässiger Anhaltspunkte den Weg zum Inhalt von der Form aus rückwärts zu gehen und auf diesem Wege den verfolgten Interessen zu begegnen. Hier finden wir an Hand des wahrgenommenen Interesses sowohl den wirklichen Willen wie auch die wirtschaftliche Bedeutung des rechtlich zu beurteilenden Handelns. Der „wirkliche

---

[26] § 118 BGB.
[27] Beispiele in §§ 226, 1353 Abs. 2, 1357 Abs. 2 BGB, 243 Abs. 2 AKTG.

Wille" des Privatrechts und die „wirtschaftliche Bedeutung" des Tatbestands führen also auf dieselbe Wurzel zurück.

Nun ist zu der Frage Stellung zu nehmen, ob in den Fällen, in denen das Steuerrecht an einen vom Parteiinteresse geschaffenen Tatbestand anknüpft, der Forderung nach Berücksichtigung der wirtschaftlichen Bedeutung des Tatbestands schon ausreichend entsprochen wird, wenn diese Parteiinteressen genau analysiert werden. Dazu ist zu untersuchen, ob es auch eine „wirtschaftliche Bedeutung" von Tatbeständen gibt, die sich von den Parteiinteressen abstrahiert und in diesem Sinn zu einer objektivierten wird. Gibt es neben dem subjektiven Interesse eine dann aus anderen Elementen abzuleitende wirtschaftliche Bedeutung objektiven Charakters?

Sicherlich gibt es sie dort, wo der steuergesetzliche Tatbestand ein in sich selbst ruhender, von privater Gestaltung unmittelbar unabhängiger ist, wie etwa der einer Verfügungsbefähigung im Sinne des § 1 Abs. 2 des Grunderwerbsteuergesetzes. Solche Fälle sollen aber nicht Gegenstand dieser Untersuchung sein. Die Ermittlung der wirtschaftlichen Bedeutung eines Tatbestandes ist Aufgabe der „wirtschaftlichen Betrachtungsweise", die bereits frühzeitig durch die Steuerrechtsprechung entwickelt wurde, und deren Bedeutung nach *Kühn*[28] „für eine treffsichere und wirtschaftsnahe Durchführung der Steuergesetze unschätzbar geworden ist". Daß diese Betrachtungsweise die Gefahr des Subjektivismus enthält, wenn sie sich nicht an sicheren Anhaltspunkten orientieren kann, darf nicht übersehen werden. Dieser Gefahr ist die Rechtsprechung mit einer sehr weitgehenden typisierenden Betrachtungsweise schon einmal erlegen, und es ist gewiß von tieferer Bedeutung, daß es gerade die Wiederherstellung des Rechtsstaates war, die zu einer erheblichen Einschränkung dieser Rechtsfindungsmethode geführt hat. Auch Gerechtigkeit und Gleichmäßigkeit der Besteuerung sollten keine Rechtfertigung dafür geben, an die Stelle des gegebenen Tatbestandes die Fiktion typischer Zustände oder typischen Geschehens zu setzen.

Auf der Suche nach sicheren Anhaltspunkten für eine lebensnahe Beurteilung bleiben nun Divergenzen von Form und Inhalt, von typischer Erscheinung und spezieller Wirklichkeit[29] nicht verborgen. Wo innerer Gehalt und wirtschaftliche Bedeutung der zugrunde liegenden Verhältnisse in den privatrechtlichen Gestaltungen einen formalen, nicht aber den wirklichen Ausdruck finden, bedarf es einer Analyse der „Wirklichkeit". Daß Rechtsreform und Rechtswirklichkeit auseinanderfallen können, ist keine dem Steuerrecht vorbehaltene Erscheinung. So

[28] Anmerkung 4 zu § 1 StAnpG.
[29] *Kühn*, a.a.O.

weist *Mattern*[30] darauf hin, daß die wirtschaftliche Betrachtungsweise dem bürgerlichen Recht nicht fremd sei. Auch die Besteuerung gesetzwidrigen Handelns stehe mit der Einheit der Rechtsordnung nicht in Widerspruch. Diese Ausführung ist wohl so zu verstehen, daß — sicherlich richtig — die „Einheit der Rechtsordnung" nicht dazu führen kann, aus einem in Privatrecht und Steuerrecht einheitlich beurteilten Tatbestand um der Einheit willen die gleiche Rechtsfolge eintreten zu lassen. Auch *Kaiser*[31] sieht in der Forderung, die wirtschaftliche Bedeutung eines Tatbestandes zu berücksichtigen, keinen dem Steuerrecht eigentümlichen Gedanken, vergleicht vielmehr diese Forderung mit der im Zivilrecht zu beachtenden Verkehrsauffassung und gibt der Gesetzesinterpretation den Vorzug, die sich, weil sie den Gesetzessinn wahrhaftig verwirklichen soll, einer teleologischen Methode bedient. Ein grundsätzlicher Unterschied in der Erkenntnis privatrechtlicher und steuerrechtlicher Tatbestände ist nur für die vorhanden, die diese Methode ablehnen.

Wie aber wird, das ist die entscheidende Frage, die Rechtswirklichkeit erkannt, ohne daß diese Erkenntnis von subjektiven Vorstellungen und Annahmen getrübt wird? Es liegt auf der Hand, daß die Berufung auf eine wirtschaftliche Betrachtungsweise für sich allein keine bindende Begründung für eine zu treffende oder getroffene Entscheidung sein kann. Das ist weder rechtsdogmatisch noch rechtstheoretisch angängig. Wo das Steuergesetz an den privatrechtlich geschaffenen Tatbestand anknüpft, kann die wirtschaftliche Betrachtungsweise nur mehr die Aufgabe haben zu untersuchen, ob das von den Partnern Erstrebte und Gewollte in der privatrechtlichen Form auch seinen homogenen Ausdruck gefunden hat. Wer den aus einer privatrechtlichen Interessenbetätigung hervorgegangenen Tatbestand auf seine steuerlichen Auswirkungen hin zu prüfen hat, wird also immer auf das zurückgehen müssen, was die Partner erstrebt und gewollt haben. Dabei würde eine Betrachtung an der Oberfläche bleiben, die das als gewollt und erstrebt ansieht, was die Parteien in die gewählte Rechtsform gebracht haben; nicht einmal im Privatrecht selbst kann die Form eine allgemein entscheidende Stellung beanspruchen, wenn ein hinter ihr stehender Wille fehlt. So kommt etwa der Abtretung einer Hypothek[32] keine rechtliche Bedeutung zu, wenn der Abtretungsempfänger nicht wirklicher Gläubiger werden, sondern nur die Aufgabe haben soll, die Hypothek einer übernommenen Rangeinräumungsverpflichtung zu entziehen. Das wirtschaftliche Ziel des Übertragungsaktes, nämlich die Substanzverlage-

[30] Zivilrechtliche und steuerrechtliche Betrachtungsweise, NJW 52 S. 371.

[31] Zur Auslegung im Steuerrecht nach § 1 Abs. 2 des StAnpG. StW 1959 Sp. 431.

[32] Vgl. den in RGZ Band 95, S. 160 entschiedenen Fall.

rung von einem auf den anderen Gläubiger, die das Typische des Abtretungsgeschäfts ausmacht, war hier offensichtlich überhaupt nicht angestrebt worden. Der Mangel des gesetzlich vorausgesetzten Motivs hatte so lange noch keine Bedeutung, als das Rechtsgeschäft noch keine Außenwirkung zeigte; als es aber in die Interessensphäre eines Dritten eingriff, mußte sich ergeben, daß dieser Mangel dem Rechtsgeschäft die Grundlage nahm.

Auf ein anderes Beispiel weist mit Recht *Buchwald*[33] hin: wird eine Familiengesellschaft in einer Form betrieben, die keine steuerrechtliche Anerkennung finden kann, so muß eine Interessenkonstellation gegeben sein, die einem Zivilgericht die Anerkennung bei der den bürgerlichen Rechtsstreit beherrschenden Parteimaxime nur ermöglicht, wenn das Bestehen der so gearteten Gesellschaft unwidersprochen bleibt; bei Streit über das Bestehen eines echten Gesellschaftsverhältnisses aber wäre dessen Bestand keineswegs gesichert. Auch *Buchwald* bekennt sich übrigens dazu, daß der im Zivilrecht herrschende Grundsatz gerechter Abwägung der einander entgegenstehenden Interessen mit einer wirtschaftlichen Betrachtungsweise identisch sei.

Nunmehr läßt sich bereits folgendes feststellen: Ebensowenig wie ein unerkannt gebliebenes Motiv im Privatrecht Bedeutung beanspruchen kann, ebenso groß ist seine Bedeutung, wenn es erkennbar das Vertragsgeschehen beeinflußt. Ursachenforschung — und im Bereich der Tatbestandsaufhellung gehören die Motive zu den Ursachen — ist überall unerläßlich, wo Gesetze auszulegen und Tatbestände zu prüfen sind. Ergibt sich dabei, daß die von den den Tatbestand schaffenden Rechtsgenossen verfolgten Interessen andere sind als diejenigen, die das Gesetz als typische seiner Regelung zugrunde legt, so mag dies folgenlos bleiben, solange es von den Beteiligten selbst erkannt und übereinstimmend anerkannt wird. Greift die Gestaltung aber in Interessensphären anderer Personen ein, so brauchen sich diese eine Beeinträchtigung ihrer Rechtsstellung nicht gefallen zu lassen. Dies ist zivilrechtlich übrigens nur eine besondere Seite des Grundsatzes, daß durch privatrechtliche Vereinbarung nicht auf schutzwürdige Interessenbereiche eines anderen ohne dessen Einverständnis eingewirkt werden darf.

Im Steuerrecht ist dies grundsätzlich nicht anders. Gebrauchen Rechtsgeschäftspartner privatrechtliche Rechtsformen in offenbarer Übereinstimmung mit der durch diese geschützten typischen Interessenlage, so hat das Steuerrecht keine Veranlassung, diese Gestaltung abzulehnen. Wird aber das fiskalische Interesse dadurch beeinträchtigt, daß rechts-

[33] a.a.O. Sp. 465.

geschäftliche Gestaltungen mit der vom Zivilgesetz vorausgesetzten Interessenlage nicht mehr im Einklang stehen, so kann es dem nunmehr in seinem eigenen Interessenbereich berührten Steuergläubiger nicht mehr zugemutet werden, diese Divergenz hinzunehmen, da sie auch zivilrechtlich gesehen Ausdruck eines Mißbrauchs ist. Wenn die wirtschaftliche Betrachtungsweise nach den Grundlagen eines zivilrechtlichen Tatbestandes forscht, so ist der Zweck die Ermittlung des wirtschaftlichen Zieles, das durch die Mittel des Rechtsgeschäfts erreicht werden soll; diese Erkenntnis läßt sich aber ohne Berücksichtigung der Motive nicht gewinnen. Knüpft das Steuerrecht an einen zivilrechtlichen Tatbestand an, so sind die Beweggründe für die privatrechtliche wie für die steuerrechtliche Beurteilung in gleichem Maße wichtig und bedeutsam. Daraus folgt, daß der Beurteilungsmaßstab im Privatrecht und im Steuerrecht ein grundsätzlich gleicher ist. Auf die Verschiedenartigkeit der Folgen kommt es dabei nicht an; der Charakter des „Mißbrauchs" wird kein anderer, ob er nun im Privatrecht folgenlos bleibt oder im Steuerrecht zu Folgerungen führt.

Mit dieser Erkenntnis wird nicht nur der Einheit der Rechtsordnung gedient; es werden auch Grenzpfähle für eine wirtschaftliche Betrachtungsweise aufgestellt, die eine zuverlässige Erfassung des Tatbestandes ermöglichen unter gleichzeitigem Ausschluß der Gefahr eines der Kontrolle sich entziehenden Subjektivismus. Damit wird ein zusätzlicher Rechtfertigungsgrund für die Forderung gewonnen, daß dort, wo das Steuerrecht die privatrechtliche Gestaltung voraussetzt, diese grundsätzlich auch maßgebend sein muß. Im Interesse der Rechtssicherheit ist die Steuerrechtsprechung in steigendem Maß geneigt, dieser Forderung zu entsprechen, wenn auch die theoretischen Grundlagen noch keineswegs so gefestigt sind, daß eine zuverlässige Rechtsbasis geschaffen werden konnte. Einige Beispiele sollen zur Erläuterung dienen.

Daß Maßgeblichkeit einer bürgerlich-rechtlich ernsthaft vereinbarten und durchgeführten Regelung hat der Bundesfinanzhof[34] grundsätzlich auch für die einkommensteuerliche Beurteilung anerkannt, als es sich darum handelte, ob Bezüge, die ein Landratsamt an einen Orden für die Abstellung von geistlichen Lehrkräften entrichtete, der Lohnsteuer zu unterwerfen seien. Die hier entstandenen Rechtsbeziehungen seien ausschließlich nach den Grundsätzen des bürgerlichen Rechts zu beurteilen. Die bürgerlich-rechtliche Gestaltungsfreiheit dürfe in Ermangelung einer steuerrechtlichen Sondervorschrift nicht dadurch beschränkt werden, daß, vor allem zur Erweiterung der Steuerpflicht, die zivilrechtlich wirksamen Rechtsformen nicht beachtet oder umgedeutet würden. Es gehe nicht an, einen Sachverhalt zu fingieren, den die Beteiligten nicht

[34] Urteil vom 11. Mai 1962 — BStBl 62 III 310 —.

geschaffen haben. Eine andere Beurteilung wäre nur möglich, wenn die abgeschlossenen Verträge etwas anderes zum Ausdruck brächten als das, was wirtschaftlich war und sein sollte; sie seien aber eine sachgemäße Form für das, was von den Beteiligten wirtschaftlich erstrebt wurde.

Solche Gedankengänge wird jeder, dem die Einheit der Rechtsordnung ein Postulat ist, nur begrüßen können, lassen sie doch erkennen, daß vom Gericht untersucht wurde, ob die zivilrechtliche Gestaltung der sachgemäße Ausdruck für das war, was den Partnern wirtschaftlich vorschwebte. Man sieht in diesen Überlegungen das Ergebnis einer Prüfung dahin, welcher Art die verfolgten Interessen waren, und ob die gewählte bürgerlich-rechtliche Gestaltung diesen Interessen adaequat war. Ist eine solche Angemessenheit zu bejahen, so kann nicht eine von den zugrunde liegenden Interessen abgehende „wirtschaftliche Betrachtungsweise" dazu führen, den zivilrechtlichen Vorgängen die steuerrechtliche Maßgeblichkeit zu versagen.

Eine Wiederannäherung des Steuerrechts an das Privatrecht hat sich besonders auch bei der stillen Gesellschaft vollzogen. Hier ist die Rechtsentwicklung in Etappen vorgegangen, deren einzelne Endpunkte nicht dargestellt werden sollen, da die neueste Rechtsprechung[35] gerade in der auch zivilrechtlich nicht leicht zu entscheidenden Frage, ob eine Gesellschaft oder ein Pachtverhältnis gegeben ist, den privatrechtlichen Abmachungen den Vorrang einräumt. Es wird hier ausgeführt, der Inhalt der aus dem bürgerlichen Recht übernommenen Rechtsbegriffe müsse wegen der Einheit der Rechtsordnung grundsätzlich nach bürgerlichem Recht bestimmt werden, wenn nicht Sinn und Zweck des Steuerrechts zwingend eine andere Auslegung erforderten. Diese Rechtsprechung bekennt sich, was besonders hervorgehoben werden soll, ausdrücklich zu der Einheit der Rechtsordnung. Noch bedeutsamer scheint mir allerdings zu sein, was *Grieger*[36] zur Frage der Abgrenzung zwischen stiller Gesellschaft und partiarischem Rechtsverhältnis bemerkt. Es ist geeignet auch die Einschränkung aufzulösen, daß Sinn und Zweck des Steuerrechts eine andere als die zivilrechtliche Auslegung erfordern könnten. *Grieger* erkennt, für bürgerliches wie für Steuerrecht gleichmäßig wichtig, den Interessengesichtspunkt als maßgebend an. Er mißt der Risikolage und dem über die Gewinnbeteiligung hinausgehenden Gemeinschaftsinteresse erhebliche Bedeutung bei. Darin kommt deutlich zum Ausdruck, daß die Ursachenforschung gleichermaßen im Zivilrecht wie im Steuerrecht eine zuverlässige Grundlage für die Tatbestandsauslegung zu schaffen vermag, indem sie die rechtsgestaltende Kraft des Interesses freilegt. Wenn nun andererseits *Spitaler*[37] empfiehlt, die Steuerpflich-

[35] s. Urteil des BFH vom 5. Juni 1964 — BB 64 S. 1415.
[36] BB 64 S. 1416.
[37] Deutsches Steuerrecht 1962 S. 29, 33.

tigen davon zu verschonen, daß auf die Wertung des wirtschaftlichen Gehalts der Sachverhalte zu wenig Rücksicht genommen wird, so muß demgegenüber betont werden, daß auch auf dem Gebiet des Privatrechts erst die Würdigung des wirtschaftlichen Gehalts eines Tatbestands eine lebensechte Entscheidung gewährleistet[38].

Erwägungen aus der Ordnungsfunktion des Rechts haben auch in anderer Beziehung den Bundesfinanzhof veranlaßt, keinen vom handelsrechtlichen Begriff der stillen Gesellschaft mehr abweichenden steuerlichen Begriff anzuerkennen[39]. Hiernach läßt es die Ordnungsfunktion des bürgerlichen Rechts im allgemeinen nicht zu, „im bürgerlichen Recht geprägte Begriffe in anderen Rechtsgebieten in einem anderen Sinn anzuwenden". Allerdings müßte die Rechtsprechung noch einen Schritt weitergehen und eine Begriffsabweichung nicht nur im allgemeinen, sondern überhaupt ausschließen, wenn der Tatbestand einer bürgerlichrechtlichen Erscheinungsform nicht nur äußerlich, sondern auch dem Inhalt nach gegeben ist. Das aber ist der Fall, wenn der Tatbestand vom typischen Interesse getragen ist; umgekehrt: wo das typische Interesse fehlt, ist der dieses voraussetzende, zivilrechtliche Tatbestand nicht in der reinen Form gegeben, so daß das Steuerrecht ihn auch nicht zu unterstellen braucht. So ist im Fall der zuletzt zitierten Entscheidung der Bundesfinanzhof mit Recht auf eine Untersuchung der Interessenlage eingegangen, die ihn zu der Feststellung geführt hat, daß nicht nur Anhaltspunkte für ein gesellschaftsähnliches Verhältnis fehlten, sondern daß das feststellbare Interesse der Begründung eines Gesellschaftsverhältnisses sogar entgegenstand.

Auch die allmählich klarere Konturen gewinnende Rechtsprechung über die steuerliche Auswirkung von Unterbeteiligungen innerhalb gewerblicher Unternehmungen knüpft an den privatrechtlichen Tatbestand an und vermeidet es, „die Krücke der wirtschaftlichen Betrachtungsweise" zu gebrauchen, deren es nach *Esch*[40] nicht bedarf, wenn die steuerliche Abgrenzung mit der handelsrechtlichen übereinstimmt.

Die hier zitierten Beispiele sind dadurch gekennzeichnet, daß dem zur Entscheidung gestellten Tatbestand erkennbar das Interesse zugrunde lag, auf das er zugeschnitten war. Wo das Bestehen eines partiarischen Rechtsverhältnisses und das Fehlen eines Gesellschaftsvertrages behauptet worden war, ließen sich die Interessen nachweisen, die diese Behauptung stützten. Wo man sich auf das Fehlen direkter vertraglicher

---

[38] Zur Veranschaulichung sei in diesem Zusammenhang auf das Urteil des BGH vom 31. Oktober 1963 — BGHZ Band 40, S. 272 — hingewiesen, nach welchem Wille und Interesse darüber entscheiden, wer bei einer Leistungskondiktion Leistender und Leistungsempfänger ist.

[39] Urteil vom 3. Juli 1964 — BStBl 64 III 511 —.

[40] Die Unterbeteiligung im Steuerrecht, NJW 64, S. 2044.

Beziehungen berief, ließ sich belegen, daß auch kein Interesse an deren Begründung bestand. Hier zeigte sich nicht nur, daß die gewählte privatrechtliche Form von dem Interesse getragen wurde, dessen Ausdruck sie nach dem Willen des Gesetzgebers sein soll, sondern daß auch die Berücksichtigung dieses typischen Interesses der steuerlichen Entscheidung die Lebensnähe und Überzeugungskraft verleiht, deren sie aus Gründen der Rechtssicherheit bedarf.

Über den Einzelfall hinaus kann auf der Grundlage der hier gewonnenen Erkenntnisse folgende These aufgestellt werden: Wird ein mit den Mitteln des Privatrechts geschaffener Tatbestand durch das Vorhandensein des Interesses gekennzeichnet, dessen Schutz der Gesetzgeber offenbar durch die gewählte Rechtsform gewährleisten wollte, so kann steuerlich von diesem Tatbestand nicht auf dem Wege der Umdeutung abgewichen werden, weil es neben der Berücksichtigung der verfolgten legitimen Interessen keine wirtschaftliche Betrachtungsweise gibt, die diese Abweichung noch rechtfertigen könnte. Auch die wirtschaftliche Betrachtungsweise des Steuerrechts kann nicht davon absehen, die Interessen zu ermitteln und auf ihre Übereinstimmung mit den vom Zivilgesetz vorausgesetzten zu prüfen. Daß damit in manchen Fällen den Steuerbeamten eine schwierige und undankbare Aufgabe auferlegt wird, soll nicht übersehen werden; auf sie zu verzichten würde aber bedeuten, die Einheit der Rechtsordnung an einer empfindlichen Stelle zu gefährden.

Es kann keine Rede davon sein, daß sich ein solcher Grundsatz im Steuerrecht schon allgemein durchgesetzt hätte; die die Zeit nach dem ersten Weltkrieg kennzeichnende Selbstherrlichkeit des Steuerrechts[41] ohne Einbuße an Selbständigkeit abzubauen, ist noch nicht überall gelungen. Es sei hierzu verwiesen auf die von *Vogel*[42] gegen die Rechtsprechung erhobenen Bedenken, die für Kaufleute mit Buchführungspflicht gegebene Entscheidung über den Umfang des gewillkürten Betriebsvermögens einzuschränken. Diesen Bedenken kann man sich von dem hier vertretenen Standpunkt aus nur anschließen, ebenso wie jenen, die sich gegen eine Einengung der freien Entscheidung des Kaufmanns über die Geldeinlagen richtet[43], auch wenn der Kaufmann durch die Einlage eine Gefährdung der Steuervergünstigung für einen nicht entnommenen Gewinn abwenden will. Die Mißachtung der freien Entschließung kann in solchen Fällen auch nicht mit dem Grundsatz der Gleichmäßigkeit der Besteuerung gerechtfertigt werden.

---

41 Vgl. *Hopfenmüller*, Privatrecht und Steuerrecht BB 59 S. 965.
42 Zum Verhältnis Handelsrecht — Steuerrecht, Steuerkongreßreport 1963 S. 117/127/129.
43 Vgl. *Vogel* a.a.O. S. 130.

Gewöhnt man sich an den Gedanken, in der „wirtschaftlichen Betrachtungsweise" an Stelle eines dirigistischen Hilfsmittels nur den Ausdruck für eine Methode zur Erforschung der Interessenlage zu sehen, so wird sich auch eine überzeugendere Begründung für die steuerliche Behandlung von Geldbeschaffungskosten bei Kreditaufnahmen finden lassen, als sie derzeit der übrigens in sich als widersprüchlich bezeichneten Rechtsprechung zugrunde liegt[44]. In Betracht kommen hier vor allem die Urteile des Bundesfinanzhofs vom 8. November 1963[45] und vom 10. Januar 1964[46], denen bemerkenswerte Ausführungen über die Maßgeblichkeit zivilrechtlicher Vereinbarungen eigen sind. Beide Urteile unterscheiden sich allerdings im Tatbestand; für unsere Betrachtung wichtiger ist das frühere, das sich mit dem regelmäßigen Fall befaßt, in welchem eine Bank den vereinbarten Darlehensbetrag von vornherein um die Geldbeschaffungskosten in Form eines Abgeldes bei der Auszahlung kürzt. Es geht hier um die Frage, in welchem Zeitpunkt der Schuldner eines nicht laufend zu tilgenden Darlehens das Abgeld entrichtet, bei Entgegennahme des um das Abgeld gekürzten Darlehensbetrags, oder aber erst bei Rückzahlung der vereinbarten Darlehenssumme. Im Verfahren war mit dem Gedanken der zivilrechtlichen Aufrechnung gearbeitet worden. Ihn hat der Bundesfinanzhof mit der Begründung abgelehnt, der Darlehensvertrag sei ein Realvertrag, aus dem ihm vorausgehenden Vorvertrag entstünde für den künftigen Darlehensschuldner nur ein Anspruch auf Erfüllung durch Abschluß des eigentlichen Darlehensvertrags. Dieser Anspruch sei aber mit dem Anspruch der Bank auf das Abgeld nicht gleichartig und deshalb nicht zur Aufrechnung geeignet. Daher könne nur eine tatsächliche Zahlung des Schuldners, nicht aber eine Verrechnung den Zeitpunkt der schuldnerischen Leistung bestimmen.

Ob wirklich hier eine Aufrechnung am Mangel der Gleichartigkeit scheitert, soll dahingestellt bleiben, weil sich aus der Interessenlage eine sachgerechte Lösung finden läßt. Diese ist in der Regel so beschaffen, daß sowohl der Gläubiger wie auch der Schuldner ein Interesse daran haben, daß die Nebenkosten, zu denen außer den Prüfungs- und Schätzungsgebühren auch die Geldbeschaffungskosten zählen, zunächst getilgt werden, so daß, wenn nicht der Fall einer Tilgungshypothek vorliegt, der Schuldner nur noch mit der laufenden Verzinsung bis zum Zeitpunkt der Rückzahlung belastet bleibt. Das Vorherrschen dieses Interesses wird durch die Übung bezeugt, mittels einer „Tilgungsstreckung" zuerst das Damnum dem Kreditgeber zu vergüten. Die hier bedeutsame Frage

---

[44] Vgl. *Schulze*, BFH-Rechtsprechung zur Abzugsfähigkeit eines Damnums in: Deutsches Steuerrecht 1964, S. 572.
[45] BStBl 64 III 31.
[46] BStBl 64 III 157.

taucht bei buchführenden Schuldnern nicht auf, da bei ihnen auch noch der Begriff des steuerlichen Wirtschaftsgutes zu beachten ist. Sie stellt sich bei Schuldnern ohne Bücher führenden Gewerbebetrieb aber dahin, ob im reinsten Fall einer Kürzung des Ausgabebetrags bei gleichzeitiger Vereinbarung eines festen Rückzahlungstermins für die gesamte Darlehensschuld das Abgeld so, wie es die Vertragspartner wollen, bereits bei Auszahlung oder erst bei Rückzahlung entrichtet wird.

Privatrechtlich richtig ist, daß der Darlehensvertrag erst mit der Auszahlung der Darlehensvaluta zustande kommt[47], und daß aus dem Darlehensvorvertrag nur ein Anspruch des künftigen Darlehensschuldners auf Gewährung des Darlehens (Abschluß des eigentlichen Darlehensvertrags) entsteht. Will der Darlehensgeber im Einverständnis mit dem Darlehensempfänger das Abgeld durch Kürzung des Ausgabebetrags einbehalten, so kommt hinsichtlich des ausbezahlten Betrags der versprochene Realvertrag zustande, hinsichtlich des Restes bleibt jedoch das Darlehensversprechen zunächst noch unerfüllt. Da nun ein Schuldner mit seinem Gläubiger jederzeit vereinbaren kann, daß im Wege der Leistung an Erfüllungsstatt eine andere Leistung an die Stelle der ursprünglich versprochenen tritt, treffen die Partner die Verabredung, daß die Erfüllung des Darlehensversprechens über den noch nicht ausgezahlten Betrag ersetzt wird dadurch, daß der Darlehensgläubiger die Restleistung einbehält und zur Deckung der Schuld verwendet, die der Darlehensempfänger in Form der offenen Geldbeschaffungskosten ihm gegenüber noch hat. Damit gleicht sich dieser Fall dem an, in welchem der Darlehensschuldner den Gläubiger anweist, einen Teil der Darlehensvaluta nicht ihm, sondern einem Dritten auszuzahlen. Ebenso wie hier der Schuldner mit der Leistung der angewiesenen Zahlung an den Dritten seine Verpflichtung diesem gegenüber erfüllt, ist es der Fall, wenn die Bank zur Deckung ihrer eigenen Forderung gegen den Schuldner einen Teil der Darlehensvaluta an sich selbst bezahlt. Mit dem vereinbarungsgemäßen Verzicht auf Auszahlung hat der Schuldner seine Verbindlichkeit der Bank gegenüber erfüllt. Er schuldet das Darlehen in der vollen vertragsmäßigen Höhe, die Geldbeschaffungskosten in der Form des Abgeldes hat er aber bereits bei Entgegennahme des Auszahlungsbetrags vergütet. Hält sich der der steuerlichen Streitfrage wegen angerufene Große Senat des Bundesfinanzhofs an die Interessenlage, so vermeidet er nicht nur die, wie zugegeben wird, etwas schwierige Konstruktion einer Aufrechnung, sondern findet in wirtschaftlicher Betrachtungsweise auch ein wegen seiner inneren Folgerichtigkeit überzeugendes Ergebnis.

---

[47] § 607 Abs. 1 BGB.

Das Verhältnis zwischen Privatrecht und Steuerrecht auf dem Gebiet rückwirkender Verträge muß einer gesonderten Untersuchung vorbehalten bleiben. Dabei sind von vornherein die Fälle auszuschalten, in denen die vereinbarte Rückwirkung ausschließlich steuerlichen Zwecken dienen soll. In diesem Zusammenhang mag nur das Urteil des Bundesfinanzhofs vom 24. Juli 1963[48] erwähnt werden, in dessen Tatbestand die Rückwirkung einer Gesellschaftsbeteiligung auch zivilrechtlich gewollt war. Solche Fälle sind gerade bei Aufnahme neuer Gesellschafter häufig, da oft eine Gewinnbeteiligung schon ab einem Zeitpunkt ausgemacht wird, in welchem der Neueintretende noch nicht Gesellschafter war. Wie aber *Buchwald*[49] mit Recht hervorhebt, gibt es auch im Zivilrecht streng genommen keine Rückwirkung von Verträgen, sondern nur die Verpflichtung der Vertragspartner, „so untereinander abzurechnen, und auch sonst so zu handeln, als ob der Vertrag schon seit dem Rückwirkungsdatum in Kraft wäre". Auf diesem Gedanken beruht das angezogene Urteil, wenn es erbschaftsteuerlich die rückwirkende Gewinnbeteiligung als Inhalt einer gesellschaftsrechtlichen Verpflichtung behandelt und als solche auch steuerlich anerkennt.

Es entspricht allgemeiner Auffassung in Praxis und Rechtsprechung, daß es keinem Rechtsgenossen verwehrt ist, bei Gestaltung seiner Rechtsbeziehungen zur Umwelt den für ihn steuerlich günstigsten Weg zu gehen[50], nur darf er dabei die ihm zur Verfügung stehenden Gestaltungsmöglichkeiten nicht mißbrauchen[51]. Wo liegt die Grenze zwischen erlaubtem und mißbilligtem Gebrauch? Auch hier kann die sorgfältig untersuchte und zutreffend ermittelte Interessenlage wertvolle Aufschlüsse geben. Es ist zunächst festzustellen, ob die bei der privatrechtlichen Gestaltung erkennbar verfolgten Interessen mit jenen übereinstimmen, die innerhalb der gesetzlich ermöglichten Gestaltung als typische vom Gesetz anerkannt und geschützt werden sollen. Ist die Frage zu bejahen, so sind in jedem Fall die Interessen legitim. Daran ändert sich auch nichts, wenn neben sie noch das Interesse tritt, durch die gewählte Gestaltung Steuern zu sparen. Ein einfaches Beispiel soll dies erläutern:

Ein Wirtschaftsprüfer wird von einem Unternehmer beauftragt, Maßnahmen zur Rationalisierung des Unternehmens vorzuschlagen und durchzuführen. Die Ausführung des Auftrags macht die Erstellung eines steuerlichen Gutachtens durch einen Steuerberater erforderlich. Läßt der Wirtschaftsprüfer das Gutachten im Rahmen des von ihm selbst mit dem Steuerberater geschlossenen Vertrags ausarbeiten, so muß er, wenn

---

[48] Steuer und Wirtschaft 1964 Nr. 57.

[49] a.a.O. StW 60 Sp. 465, 471.

[50] Vgl. etwa BFH Urteil vom 8. Januar 1958 — BStBl 58 III 97/99.

[51] § 6 StAnpG.

er die Gebühren des Steuerberaters seinem Auftraggeber in Rechnung stellt, neben seinem eigenen Honorar auch das des Steuerberaters als ihm von dem Auftraggeber gezahlten Auslagenersatz mit der Umsatzsteuer versteuern. Schließt er den Vertrag mit dem Steuerberater jedoch namens seines Auftraggebers, so ist das Honorar des Steuerberaters, auch wenn es über den Wirtschaftsprüfer an den Steuerberater gezahlt wird, bei ersterem ein steuerfrei durchlaufender Posten. Die Prüfung der Interessenlage ergibt nun, daß es für den mit dem Abschluß des Gutachtervertrags angestrebten Erfolg nicht darauf ankommt, mit wem dieser Vertrag geschlossen wird, wenn nicht ein besonders nachzuweisendes Interesse des Wirtschaftsprüfers daran besteht, daß er selbst der Vertragspartner ist. Im Normalfall ist es gleichgültig, ob der Gutachtervertrag mit dem Steuerberater von dem Wirtschaftsprüfer oder von dessen Auftraggeber geschlossen wird. Die Einschaltung des Wirtschaftsprüfers als eines Vertreters des Auftraggebers entspricht im Hinblick auf den vorgestellten Vertragszweck der Interessenlage in gleichem Maß und in gleicher Weise wie ein gesonderter, selbständiger Abschluß. Wählt der Wirtschaftsprüfer den Weg der Vertretung, so dient dieser in völlig kongruenter Weise dem typischen, vom Gesetzgeber bei der Regelung des Werkvertragsrechts vorausgesetzten Interesse; also ist der gewählte Weg ein legitimer. Wird nun zwischen mehreren in diesem Sinne legitimen Wegen derjenige gewählt, auf dem sich auch das Interesse an Steuereinsparung verwirklichen läßt, so kann dieses zusätzliche steuerliche Interesse die Maßgeblichkeit des gewählten Weges auch für die steuerliche Beurteilung nicht mehr beeinflussen.

Wird jedoch eine Gestaltung gewählt, bei der die Kongruenz der verfolgten Interessen mit den typisch vom Gesetz geschützten fehlt, und läßt sich feststellen, daß nur mehr das steuerliche Interesse den gewählten Weg beeinflußt hat, so wurde ein auf bestimmte gesetzlich anerkannte Interessen zugeschnittener Weg einem sachfremden Interesse dienstbar gemacht und insofern mißbraucht. Ist dieser Mißbrauch ausschließlich auf ein steuerliches Interesse zurückzuführen, so greift die Gestaltung in öffentliche Belange ein, über die zu verfügen dem oder den die privatrechtlichen Möglichkeiten einsetzenden Rechtsgenossen die Zuständigkeit fehlt. Eine solche Gestaltung braucht keine steuerliche Anerkennung zu finden. Die steuerliche Rechtsprechung folgt solchen Grundsätzen jedoch nur zögernd. Es fehlt allerdings nicht an deutlichen Bekenntnissen zur Maßgeblichkeit bürgerlich-rechtlicher Gestaltungen auch für das Steuerrecht[52]. Unter ihnen sind bemerkenswerte Aussprüche in den Urteilen des Bundesfinanzhofs vom 25. November 1952[53]

---

[52] z. B. OFH Urteil vom 9. März 1948 — RFH Band 54, S. 231; BFH Urteil vom 17. Oktober 1958 — BStBl 58 III 475.

[53] BStBl 53 III 13.

und vom 30. November 1960[54], welche sich dahin äußern, daß Vertragsgestaltungen, denen bürgerlich-rechtliche Bedenken nicht entgegenstehen, steuerlich anerkannt werden müssen, wenn sie ernsthaft gemeint und der vertraglichen Regelung entsprechend auch durchgeführt sind, und daß dem auch nicht im Wege steht, daß die Beteiligten möglicherweise auch Ziele auf steuerlichem Gebiet verfolgt haben; daß ferner Steuerumgehung zu verneinen ist, wenn außer der Steuereinsparungsabsicht noch andere stichhaltige Gründe für die Wahl des beschrittenen Weges vorgelegen haben.

Die hier ausgesprochenen Grundsätze werden jedoch nicht bis zur letzten Konsequenz eingehalten, wie die nachfolgend zu besprechenden Beispiele beweisen:

Die Entscheidung des Bundesfinanzhofs vom 8. Januar 1958[55] behandelt den Mantelkauf mit Verlustvortrag. Sie sieht im Erwerb des Mantels einer vermögenslos gewordenen Kapitalgesellschaft eine Steuerumgehung, wenn die Gesellschaft aus erheblichen Verlusten der Vergangenheit die Möglichkeit des Verlustabzugs gehabt hätte und der Erwerb des Mantels dem Erwerber dazu dient, der Gesellschaft unter Einbringung eines andersartigen Unternehmens und Zuführung neuen Kapitals eine neue Betätigung zu geben und dabei die Verlustabzüge sich auswirken zu lassen. Da in solchen Fällen der bürgerlich-rechtliche Fortbestand der Kapitalgesellschaft nicht bezweifelt werden kann, so daß das Problem der Übertragung des Verlustabzugs nicht auftritt, läßt sich die Entscheidung nur rechtfertigen, wenn man den Absichten der hinter der Gesellschaft stehenden Personen Raum gibt. Systematisch ist dies schon deswegen bedenklich, weil hier ein „Durchgriff" stattfindet, der die Zivilrechtsordnung durchbricht[56]. Aber auch wenn man diese Grundsatzfrage außer Betracht läßt, ist das Problem noch nicht entschieden. Die im Urteil zitierte wirtschaftliche Betrachtung darf nicht an der Tatsache vorbeigehen, daß es mit dem Interesse des Anteilserwerbers doch nicht in Widerspruch stehen kann, wenn das weitergeführte Unternehmen nunmehr von einer Kapitalgesellschaft betrieben wird, deren steuerliche Verhältnisse in wesentlichen Beziehungen anders gelagert sind und in der Zukunft gelagert sein werden. Der Anteilserwerber nimmt in Kauf, daß die Gesellschaft der im allgemeinen höheren Körperschaftsteuer unterworfen ist, daß Gewinnausschüttungen zweifacher Belastung unterliegen, daß Möglichkeiten der Annahme verdeckter Gewinnausschüttungen gegeben sind, und daß auch auf anderen Gebieten, z. B. dem der Kapitalverkehrsteuer, aus dem Tatbestand besondere Folgen ent-

[54] BStBl 61 III 21.
[55] BStBl 58 III 97.
[56] s. dazu BVG Urteil vom 24. Januar 1962 a.a.O.

stehen. Nun ist es sicherlich richtig, daß es einen Unterschied macht, ob das Interesse des Anteilserwerbers auf die Entstehung solcher Rechtsfolgen gerichtet ist, oder ob er sie nur als eine unvermeidliche Konsequenz in Kauf nimmt. Würde aber die Fortführung seines Unternehmens in der Form einer Kapitalgesellschaft seinen Interessen schlechthin nicht entsprechen, so dürfte auch die zeitlich begrenzte Möglichkeit eines Verlustabzugs kaum im Stande sein, in ihm den Entschluß zum Erwerb der Anteile wachzurufen. Zeigt sich allerdings im weiteren Verlauf, daß ein außersteuerliches Interesse an der Fortführung der Kapitalgesellschaft nicht bestand, indem etwa nach Ausschöpfung des Verlustabzugs die Kapitalgesellschaft wieder in eine andere Unternehmensform umgewandelt wird, so kann dies den Schluß rechtfertigen, daß dem Anteilserwerb nicht das vom Gesetz vorausgesetzte Interesse zugrunde lag, so daß schon die richtig verstandene wirtschaftliche Betrachtungsweise dazu führen könnte, der Entscheidung des Bundesfinanzhofs eine zuverlässige Grundlage zu geben, ohne daß es dazu noch der Anwendung der Mißbrauchsvorschrift bedürfte. Umgekehrt kann es einen die Grundlage der Entscheidung zerstörenden Einfluß ausüben, wenn festgestellt wird, daß ein positives wirtschaftliches Interesse den Anteilserwerber veranlaßt hat, sein bisher in anderer Rechtsform betriebenes Unternehmen nunmehr in der Form der Kapitalgesellschaft fortzuführen.

Stärkeren Bedenken von dem hier vertretenen Standpunkt aus begegnet das Urteil des Bundesfinanzhofs vom 21. November 1963[57]. Es behandelt die Zuwendung eines Kraftwagens durch eine Brauerei an einen ihrer ständigen Abnehmer aus Anlaß der Erreichung seines 70. Lebensjahres nicht, wie der Kunde es angesehen wissen wollte, als Schenkung, sondern als Betriebseinnahme, die der Einkommensteuer unterliege. Eine spezielle Gegenleistung des Wirts für den Kraftwagen war nicht festzustellen. Zivilrechtlich handelt es sich wohl eindeutig um eine Schenkung, eine Annahme, die sich auch mit der Übernahme der Schenkungsteuer durch die Brauerei nachweisen ließ. Die Vorinstanzen blieben davon denn auch nicht unbeeindruckt. Es ist hier zu fragen, ob die wirtschaftliche Betrachtungsweise es zuläßt oder gar fordert, daß bei der steuerlichen Entscheidung von der bürgerlich-rechtlichen Grundform abgegangen wird. Nach dem Urteil soll es nicht maßgebend sein, ob zivilrechtlich eine Schenkung vorliegt, oder ob mit der Zuwendung ein bestimmtes Tun oder Unterlassen des Begünstigten in Zusammenhang gebracht werden kann; entscheidend sei nur die betriebliche Veranlassung. Da das Urteil die Möglichkeit einer bürgerlich-rechtlichen Schenkung nicht ausschließt, läßt sich die Annahme eines dem Grundsatz

[57] BStBl 64 III 183.

der Entgeltlichkeit der Leistungen unterworfenen gewerblichen Einkommens nur unter Anwendung einer wirtschaftlichen Betrachtungsweise rechtfertigen. Nur eine solche kann zu dem Schluß führen, daß die Zuwendung einen betrieblichen Anlaß hatte. Stellt man nun die Untersuchung des Falles unter die hier entwickelten Grundsätze, so lautet die Frage, ob eine Schenkung der sachgerechte Ausdruck für die hier verfolgten Interessen war. Das hängt nicht zuletzt davon ab, ob man die langjährigen guten Beziehungen zwischen einem Lieferanten und seinem Abnehmer nur noch von der materialistischen Seite aus sehen oder aber annehmen darf, daß sich im Laufe der Zeit aus einem zunächst rein geschäftlichen auch ein persönliches Verhältnis entwickelt haben kann. Hält man letzteres für möglich — und sicherlich wird es häufig möglich sein —, so muß man auch anerkennen, daß es dem Lieferanten ein persönliches Bedürfnis sein kann, aus besonderem Anlaß seinem Abnehmer eine Freundlichkeit zu erweisen, ohne gleichzeitig den Gedanken an eine irgendwie geartete Gegenleistung zu hegen. Die Anregung zu einer Freigebigkeit aus diesem besonderen Anlaß ohne den Blick auf eine Gegenleistung liegt also durchaus nahe. Das Interesse des Lieferanten, durch eine Freigebigkeit die persönliche Verbundenheit zu dem Abnehmer zu bekunden, findet zivilrechtlich seinen einzig adaequaten Ausdruck in dem Rechtsinstitut des Schenkungsvertrags. Daran kann eine wirtschaftliche Betrachtungsweise nichts ändern, wenn anders sie nicht verstanden wird als eine sich von den privatrechtlich verfolgten Interessen lösende und selbständige Instanzgewalt beanspruchende Erkenntnismethode.

Die hier vorgetragenen Gedanken gelten ganz allgemein überall dort, wo der steuerrechtliche Tatbestand den privatrechtlichen zugrunde legt oder mit ihm übereinstimmt. Selbstverständlich soll aber beispielsweise das Umsatzsteuergesetz nicht dazu gezwungen werden, auch nur an privatrechtliche Tatbestände anzuknüpfen. Seine Eigengesetzlichkeit wird ihm nicht bestritten; ihm fehlt weitgehend der Charakter des „Folgerechts". Wenn aber *Wauer*[58] ausführt, neben der im Umsatzsteuerrecht besonders bedeutsamen wirtschaftlichen Betrachtungsweise träten formell bürgerlich-rechtliche Rechtsgestaltungen zurück, so kann auch hier nur die Mahnung ausgesprochen werden, bei Prüfung des wirtschaftlichen Gehalts der zu beurteilenden Vorgänge nicht die Interessen der an der privatrechtlichen Gestaltung Beteiligten aus dem Auge zu verlieren, weil die erkennbar verfolgten Interessen einen wichtigen Fingerzeig für das geben, was wirtschaftlich gewollt ist, und den Nachweis ermöglichen, ob das Gewollte in der Gestaltung seinen adaequaten Ausdruck findet.

---

[58] BB 1964 S. 1293, 1296.

Zeigt die Prüfung der Interessenlage, daß die verfolgten Interessen den ihnen gemäßen Ausdruck in der gewählten Rechtsgestaltung gefunden haben, und ist der privatrechtliche Tatbestand Grundlage eines Steueranspruchs, so kann sich eine „wirtschaftliche Betrachtungsweise" über das erkenntnismäßig gewonnene Ergebnis nicht mehr hinwegsetzen, auch wenn daneben ein Interesse an Einsparung von Steuern wirksam geworden ist. Ist aber der gewählte Weg den verfolgten Interessen nicht adaequat, wird ein Weg beschritten, der dem angestrebten wirtschaftlichen Erfolg nicht gemäß ist[59], und führt dieser Weg zu einer erkennbar beabsichtigten Steuereinsparung, so kann bereits eine geläuterte wirtschaftliche Betrachtungsweise zur Annahme einer mißbräuchlichen Steuerumgehung führen. Dann leistet schon § 1 des Steueranpassungsgesetzes die Dienste, für die § 6 nicht mehr in Anspruch genommen zu werden braucht.

Wenn im Falle des Urteils des Bundesfinanzhofs vom 25. Oktober 1963[60] festgestellt werden mußte, daß ein über Gasflaschen abgeschlossener Miet-Kaufvertrag, in welchem innerhalb der zehnjährigen Vertragsdauer praktisch keine Möglichkeit einer Flaschenrückgabe bestand, von einem echten Verkaufsinteresse des Herstellers und einem entsprechenden Erwerbsinteresse des Kunden getragen wurde, so ließen sich die von den Vertragspartnern verfolgten Interessen nicht kongruent durch einen Mietvertrag darstellen. Der angestrebte, nur noch auf steuerlichem Gebiet liegende Vorteil konnte für sich allein kein legitimes Interesse begründen, weshalb, auch von dem hier vertretenen Standpunkt aus, mit Recht die Anerkennung eines Mietvertrags abgelehnt wurde.

Zum gleichen Ergebnis führen diese Erwägungen in der Frage der Anerkennung von Versicherungsverträgen mit Einmalprämie. Wird der Vertrag nicht in Befolgung des typischen Interesses an Risikoverminderung geschlossen, vielmehr so ausgestaltet, daß durch Zusatzabreden der Versicherungsnehmer den als Prämie einbezahlten Betrag alsbald zurückerhält, so handelt es sich nicht mehr um eine dem typischen Interesse entsprechende Vertragsvereinbarung. Das Fehlen dieses notwendigen Interesses läßt als Vertragsziel nur noch den Steuervorteil erscheinen; als solches kann es aber den privatrechtlichen Vertrag nicht tragen[61].

Schließlich sind auch Darlehens- und Beteiligungsverträge zwischen nahen Verwandten der Gefahr des Vorherrschens sachfremder Interessen ausgesetzt[62]. Solche Vertragsformen führen nach den sie typisch

---

[59] *Blencke* a.a.O. S. 72.

[60] BStBl 64 III 44.

[61] Urteil BFH vom 11. Januar 1963 — BStBl 63 III 138.

[62] Vgl. BFH Urteile vom 22. November 1963 — BStBl 64 III 74 — und vom 13. Dezember 1963 — DStR 1964 S. 202.

beherrschenden Interessen zu einer Verminderung der rechtlichen Machtstellung auf der einen, zu deren Vermehrung auf der anderen Vertragsseite. Sind die Abreden so gestaltet, daß diese Wirkung tatsächlich ausgeschlossen wird, so fehlt es an der diesen Verträgen typischen Interessensituation. Erkennbar bleibt nur noch das Interesse, durch die zivilrechtlich freie Gestaltung die Steuerlast zu verringern. Dieses Interesse genügt aber nicht zu einer steuerlichen Anerkennung der privatrechtlichen Vertragsform.

Versuchen wir zum Schluß, die gewonnenen Ergebnisse in ein System zu bringen, so muß in erster Linie noch einmal betont werden, daß jene Fälle ihren fest bestimmten Ort im System haben, in denen auf der einen Seite ein außerhalb der Privatinitiative stehender zivilrechtlicher Sachverhalt der Besteuerung unterworfen wird, und in denen auf der anderen Seite vom Steuerrecht außerhalb des und unabhängig von dem privatrechtlichen Vorgang ein eigener, rein steuerlicher Tatbestand geschaffen wurde. Die hier geforderte und als aufschlußreich erkannte Berücksichtigung der Interessenlage hat dort einzusetzen, wo der steuerlich relevante Tatbestand seine Entstehung einer Parteiinitiative verdankt. Auch hier erwachsen die Probleme aber erst, wenn die Schaffung des Tatbestandes durch die Beteiligten von steuerlichen Interessen beeinflußt wird, sei es daß das steuerliche Interesse ein vorhandenes typisches begleitet, oder daß ein solches neben dem steuerlichen überhaupt fehlt. Wenn auch zugegeben werden soll, daß die Klärung der Interessen den zur Entscheidung Berufenen manchmal vor eine schwierige Aufgabe stellen wird, so zeigt sich doch auch hier, daß sie wie im Privatrecht geeignet ist, der Beurteilung eine zuverlässige Grundlage zu geben und der zu fällenden Entscheidung Überzeugungskraft zu verleihen.

Das Recht auf Identität

Von Heinrich Hubmann, Erlangen-Nürnberg

In seinem Urteil vom 8. Dezember 1964 hatte der BGH[1] eine Klage der Exkaiserin *Soraya* gegen eine deutsche Illustrierte auf Zahlung einer Genugtuung von 15 000,— DM wegen Abdrucks eines erdichteten Exklusivinterviews zu entscheiden. Die Zeitschrift hatte den Wortlaut eines frei erfundenen Interviews über Privatangelegenheiten der Klägerin, vor allem über ihre Beziehungen zu ihrem geschiedenen Gatten und ihre Heiratsabsichten veröffentlicht. Der BGH gab der Klage unter dem Gesichtspunkt der Verletzung des allgemeinen Persönlichkeitsrechts statt. Entscheidend sei, führt er aus, daß der Klägerin Äußerungen über ihre Privatsphäre in den Mund gelegt wurden, die sie nie getan hat. Damit sei in ihr Recht eingegriffen worden, selbst darüber zu bestimmen, ob sie mit eigenen Äußerungen über ihre Privatsphäre öffentlich hervortreten wolle und, wenn sie diesen Wunsch hatte, in welcher Form dies geschehen solle. Dadurch, daß man sie in einem Massenblatt mit erfundenen persönlichen Äußerungen der Öffentlichkeit vorstellte, sei der Kernbereich ihres Persönlichkeitsrechts berührt worden. Die spezifische Persönlichkeitsverletzung liege darin, daß man in dem Bestreben, die öffentliche Anteilnahme an der Klägerin noch stärker geschäftlich auszuwerten, über ihre Person verfügte und sie in einer Zeitung selbst sprechen ließ, obwohl sie nicht gesprochen hatte und auch nicht sprechen wollte. Ein solcher Eingriff in die Selbstbestimmung der Person sei gegenüber der Klägerin in eben dem Maße rechtswidrig wie gegenüber jedem Menschen.

Man wird dem BGH darin beistimmen müssen, daß die unrichtige Berichterstattung über eine Person durch die Presse oder ein anderes Massenkommunikationsmittel einen Eingriff in die Persönlichkeit und damit eine Verletzung des allgemeinen Persönlichkeitsrechts darstellt. Jedoch kann man bezweifeln, ob er mit seiner These, daß das Selbstbestimmungsrecht der Klägerin verletzt worden sei, das betroffene Persönlichkeitsgut richtig erfaßt hat.

Die Rechtsprechung hatte sich schon öfter mit Fällen unrichtiger Berichterstattung über eine Person oder falscher und entstellter Wieder-

[1] NJW 65, 685.

gabe von mündlichen oder schriftlichen Äußerungen zu befassen. Meist konnten sie als Ehrverletzungen charakterisiert werden. So hat der BGH[2] in der entstellten Wiedergabe eines Altherrenrundschreibens durch eine Zeitschrift eine Ehrverletzung erblickt, weil der Presseartikel, indem er Äußerungen des Klägers aus ihrem Zusammenhang löste und sie im übrigen noch inkorrekt zitierte, dem Leser nur eine Teilwahrheit vermittelt und so die Grundlage für eine dem Kläger nachteilige Fehleinschätzung seiner Persönlichkeit gelegt habe.

Ähnlich erblickte der BGH[3] in der unrichtigen öffentlichen Mitteilung, der Kläger, ein Professor der Rechte, sei ein bedeutender Ginsengforscher und habe sich über die günstigen Wirkungen der Ginsengwurzel auf den Kreislauf und bei Drüsen- und Potenzschwäche geäußert, eine Minderung seines wissenschaftlichen Rufes. In anderen einschlägigen Fällen hat der BGH von einer Verfälschung des Persönlichkeitsbildes gesprochen. So sagte er in der ersten Entscheidung[4], in der er das allgemeine Persönlichkeitsrecht anerkannte, daß der veränderte Abdruck eines anwaltschaftlichen Berichtigungsschreibens als Leserbrief die persönlichkeitsrechtliche Eigensphäre des Verfassers deshalb verletze, weil solche vom Verfasser nicht gebilligte Änderungen ein falsches Persönlichkeitsbild vermitteln könnten. Einen Eingriff in die Privatsphäre nahm das OLG München[5] in einem Fall an, in dem eine Illustrierte einen Fortsetzungsbericht über einen Frauenarzt mit dem Untertitel „Vertrauter von Königinnen, Filmstars und Dollarprinzessinnen" veröffentlichte, wobei der falsche Eindruck erweckt wurde, als habe der Frauenarzt selbst über seine ärztliche Tätigkeit geplaudert. Auch unter dem Gesichtspunkt der Namensverletzung wurden von der Rechtsprechung unrichtige Mitteilungen über Personen beurteilt. So hat das LG Freiburg[6] eine Namensverletzung angenommen, als eine Zeitung die Heiratsanzeige eines Weingutsbesitzers ein Jahr später nochmals mit neuem Datum für Werbezwecke abdruckte, und zwar gerade zu einem Zeitpunkt, als ihm ein Kind geboren wurde. Dadurch, daß die Zeitung ein neues, falsches Datum einsetzte, erweckte sie den Eindruck, als habe der Weingutsbesitzer erst in diesem Zeitpunkt geheiratet.

---

[2] BGHZ 31, 318: Altherrenrundschreiben.

[3] BGHZ 35, 363: Ginseng. Vgl. auch BGH in: NJW 63, 904: Gerichtsberichterstattung; NJW 62, 1004: Kinoreportage.

[4] BGHZ 13, 334: Leserbriefe. Vgl. auch BGHZ 31, 318 f.; KG Ufita 30 (1960), 108; LG München I *Schulze* LGZ 38, S. 1: 20. Juli.

[5] Ufita 29 (1959), 107: Frauenarzt Dr. R. Vgl. auch LG München I *Schulze* LGZ 43.

[6] BB 63, 329. Zur Rechtsprechung über die Verletzung des § 12 BGB bei Verwendung des Namens zur Personendarstellung in schriftstellerischen Erzeugnissen vgl. RG JW 39, 153; KG in OLG Rspr. 30, 312; OLG München Ufita 20 (1955), 222: Cox; LG München I *Schulze* LGZ 38: 20. Juli; KG in JW 21, 1551; LG Berlin I JW 29, 451.

Anzuerkennen ist, daß sich die Rechtsprechung in diesen Fällen unrichtiger Mitteilungen über Personen nicht damit zufrieden gab, von einer Verletzung des allgemeinen Persönlichkeitsrechts zu sprechen, sondern versuchte, das verletzte Persönlichkeitsgut zu benennen und zu umschreiben. Die Unbestimmtheit, die dem allgemeinen Persönlichkeitsrecht anhaftet, und die daraus resultierende Unsicherheit in der Rechtsanwendung kann ja im Einzelfall nur dadurch überwunden werden, daß das beeinträchtigte persönliche Interesse klar erfaßt wird. Nicht allen Persönlichkeitsgütern kommt nämlich die gleiche Schutzwürdigkeit zu. Für die Entscheidung der Frage, ob ein Rechtsschutz überhaupt angebracht ist und welche Grenzen sich aus den Erfordernissen des Gemeinschaftslebens oder aus einer Abwägung mit berechtigten Gegeninteressen ergeben, ist es notwendig, sich Klarheit über das verletzte Gut und seine Bewertung zu verschaffen. Man kann wohl nicht behaupten, daß in den erwähnten Urteilen der Unrechtsgehalt, der einer falschen Mitteilung über eine Person anhaftet, richtig umschrieben und das verletzte Persönlichkeitsgut eindeutig und klar erfaßt wurde.

Wenn der BGH in der Exklusivinterview-Entscheidung das Selbstbestimmungsrecht als verletzt ansieht, so kommt er damit dem Unrechtsgehalt, der in der Veröffentlichung eines erdichteten Interviews liegt, nicht einmal nahe. Die Klägerin konnte doch sehr wohl, wenn sie wollte, mit eigenen Äußerungen an die Öffentlichkeit treten. Daß man über sie etwas zusammendichtete, verletzte ihre Freiheit, über sich selbst und über ihre Äußerungen zu bestimmen, nicht. Überhaupt kann das Selbstbestimmungsrecht nicht als besonderes Persönlichkeitsgut betrachtet werden, aus dem sich etwas über die Abgrenzung des Persönlichkeitsschutzes entnehmen ließe; denn es ist mit jedem einzelnen Persönlichkeitsgut verbunden und empfängt seinen Inhalt und Umfang erst aus diesem Gut. Inwieweit der einzelne über seinen Körper, seine Gesundheit, sein Leben, seine Ehre, seinen Namen, sein Bildnis usw. bestimmen kann und inwieweit Eingriffe rechtswidrig sind, hängt offenbar von der Natur und dem Wert der genannten Güter ab; das Persönlichkeitsgut also ist entscheidend für das damit verbundene Selbstbestimmungsrecht.

Auch die Ehrverletzung erfaßt den Unrechtsgehalt unrichtiger Mitteilungen über eine Person nicht unbedingt. Eine solche liegt ja nur vor, wenn eine Behauptung den Ausdruck von Mißachtung oder wenigstens eine Ansehensminderung enthält, nicht jedoch, wenn sie in dieser Hinsicht neutral ist oder vielleicht gar etwas Lobendes aussagt. Noch weniger geeignet ist das Namensrecht, um unwahren Berichten begegnen zu können; der Name ist das Individualisierungsmittel einer Person, er steht dem Verkehr zur Kennzeichnung des Namensträgers zur Verfügung, wenn etwas über ihn ausgesagt werden soll, wobei es gleichgültig ist, ob das, was ausgesagt wird, richtig oder falsch ist[7]. Auch von einer Verletzung der Privatsphäre kann nicht gesprochen werden, wenn etwas Falsches berichtet wird, mag es auch die privaten Lebensumstände einer Person betreffen. Der Entwurf eines Gesetzes zur Neuordnung des zivilrechtlichen Persönlichkeits- und Ehrenschutzes[8] bestimmt zwar in § 15, daß eine widerrechtliche Persönlichkeitsverletzung immer vorliegt, wenn jemand unbefugt Behauptungen tatsächlicher Art über das Privat- oder Familienleben eines anderen öffentlich aufstellt oder verbreitet. Er sagt in der Begründung dazu, daß dies ohne Rücksicht darauf gelten soll, ob die Behauptungen wahr oder unwahr sind. Der Schutz der Privatsphäre sei nur dann gesichert, wenn er so weit gehe, daß eine Auseinandersetzung darüber, ob Behauptungen über das Privat- und Familienleben eines anderen wahr oder unwahr sind, ausgeschlossen wird. Danach läge grundsätzlich eine Verletzung der Privatsphäre auch vor, wenn bei einem Film, der eine Person der Zeitgeschichte behandelt, die Umstände aus dem Privatleben hinzugedichtet werden, um ihre Privatsphäre zu respektieren, und dies in einem Vorspann ausdrücklich hervorgehoben wird. In einem solchen Fall ist offenbar die Privatsphäre der Person der Zeitgeschichte nicht verletzt, sondern gerade geachtet. Eine Verletzung der Privatsphäre ist also nur bei wahren Berichten über sie gegeben.

Näher kommt die Rechtsprechung dem Problem unrichtiger Mitteilungen über eine Person, wenn sie in einzelnen Entscheidungen von einer Verfälschung des Persönlichkeitsbildes spricht[9]. Allerdings ist der Begriff Persönlichkeitsbild zu unklar und zu weit, weil er das Erscheinungsbild, das Lebensbild, das Charakterbild, die Ehre, überhaupt die gesamten Äußerungen des Menschen und den Eindruck, den die Umwelt von ihm hat, umfaßt. In Wirklichkeit geht es weniger um das Persönlichkeitsbild als um die Verfälschung, es geht darum, ob das, was vom einzelnen ausgesagt wird, wahr ist, ob es mit dem, was er getan hat, identisch ist. Das berührte Persönlichkeitsgut ist also das der Identität.

Es gehört zum Wesen des Menschen, zu seiner Eigenschaft als Individuum, daß er trotz allen Wandlungen und Veränderungen, denen er während seines Lebens unterworfen ist, eine in sich geschlossene, mit

---

[7] BGH NJW 59, 525: Gedenktafel; BGHZ 30, 9: Caterina *Valente*. Schon RGZ 91, 353: *Weberlied*, sagt: „Es ist niemals eine Verletzung des Namensrechts, wenn der berechtigte Träger des Namens selbst mit seinem Namen bezeichnet, von ihm aber etwas Unrichtiges ausgesagt wird."

[8] Veröffentlicht in Ufita 29 (1959), 39 ff.

[9] So schon die erste Entscheidung, in der das allgemeine Persönlichkeitsrecht anerkannt wird: BGHZ 13, 339 (Leserbriefe); ferner BGHZ 31, 318, 319; KG Ufita 30 (1960), 108; LG München I *Schulze* LGZ 38 S. 10 (20. Juli). OLG München NJW 59, 389 (Nachsynchronisation) spricht von Zerreißung und Verzerrung der Persönlichkeit.

sich selbst identische Einheit bildet. Obwohl sich sein Körper in den äußeren Zügen wie auch im Zellenaufbau ständig ändert, obwohl das Innenbild, das er von sich selbst hat, und das Außenbild, das andere von ihm haben, sich ununterbrochen fortentwickeln, fühlt er sich doch ständig als derselbe, er weiß sich mit sich selbst identisch. Diese Identität ist nicht nur eine durch die Erinnerung erzeugte Kontinuität der Bewußtseinsinhalte, sondern eine Konstanz des Wesenskerns im Wandel der Erscheinungsweisen. Die Identität ist aber nicht nur bedeutsam für das Wissen des einzelnen um sich selbst, sondern auch für das Wissen seiner Mitmenschen um ihn. Jeder wird im menschlichen Zusammenleben als eine mit sich identische, von anderen unterschiedene Einheit, eben als Individuum betrachtet. Jeder hat sein eigenes Schicksal, seinen eigenen Charakter, seinen eigenen Wert, seine eigenen Handlungen, für die er einstehen muß. Im Verkehr der Menschen untereinander wird die Identität zu einem schützenswerten Rechtsgut. Der einzelne hat ein berechtigtes Interesse daran, in der Identität und Wahrheit seines Wesens und seiner Handlungen, in der Einzigartigkeit seines Menschentums und in seinem Unterschiedensein von anderen respektiert zu werden. Er muß verlangen können, daß seine Persönlichkeit in den Augen der Umwelt nicht verfälscht wird, daß ihm keine unrichtigen Worte, Handlungen oder Lebensumstände unterschoben werden. Auf Grund der Art. 1 und 2 GG, die die Würde des Menschen und das Recht auf freie Entfaltung seiner Persönlichkeit sichern, ist dieses Interesse durch ein privatrechtliches Persönlichkeitsrecht, nämlich das Recht auf Identität[9a], zu schützen.

Die Herausstellung der Identität als eines besonderen, im Rahmen des allgemeinen Persönlichkeitsrechts zu schützenden Persönlichkeitsgutes, und ihre Unterscheidung von der Ehre und Privatsphäre ist nicht nur zur Festlegung und Abgrenzung des Unrechtsgehalts einer Eingriffshandlung, sondern auch für die Beweislast wichtig. Bei einer Beleidigung hat der Verletzter den Wahrheitsbeweis zu führen, bei einer Identitätsverletzung muß der Verletzte darlegen, daß die über ihn aufgestellte Behauptung unwahr ist. Eine Beeinträchtigung der Privatsphäre dagegen ist gerade bei wahren Berichten gegeben. Vielfach braucht allerdings bei einer Äußerung, die die Privatsphäre betrifft, der Beweis nicht erhoben zu werden. Ist die Behauptung nämlich beleidigend, so stellt sie bei Unwahrheit eine Ehrverletzung, bei Wahrheit eine Beeinträchtigung der Privatsphäre dar. Ist sie nicht beleidigend, so beeinträchtigt sie bei Unwahrheit die Identität, bei Wahrheit die Privatsphäre. In jedem Fall ist also eine Verletzung des allgemeinen Persönlichkeitsrechts gegeben.

[9a] Zum diritto all' identità personale vgl. *De Cupis*, I diritti della personalità II, Mailand, 1961, S. 3 ff.; ferner Vittorio Italia, Identità personale e cronaca fotografica, in Riv. dir. ind. 1960, 392 ff.

In Einzelfällen kann aber eine Beweiserhebung notwendig werden, weil für die Beurteilung der Rechtswidrigkeit der Handlung und der Schwere des Eingriffs[10] die Feststellung, welches Gut verletzt wurde, erforderlich ist.

Eine Mißachtung der Identität liegt z. B. in folgenden Fällen vor: Eine mündliche[11] oder schriftliche[12] Äußerung einer Person wird bei der Wiedergabe durch Zusätze, Weglassungen oder in sonstiger Weise verändert. Ein Berichtigungsverlangen wird als Leserbrief abgedruckt[13]. Es werden ausdrücklich oder schlüssig unzutreffende Angaben über einzelne Eigenschaften, Handlungen oder Umstände eines anderen gemacht[14] oder frei erfundene, die Privatsphäre betreffende Dinge werden über eine Person erzählt[15]. In einem schriftstellerischen Erzeugnis wird das Lebens- oder Charakterbild des Dargestellten verzeichnet[16]. Eine Leistung, in der sich die Persönlichkeit ausdrückt, wird verändert[17] oder einem anderen zugeschrieben[18]. Auch die unbefugte Benutzung des Namens oder Bildes einer Person für Reklamezwecke gehört hierher, wenn dabei der falsche Eindruck erweckt wird, sie habe sich gegen Geld für diese Zwecke zur Verfügung gestellt[19], ohne daß eine sonstige Ansehensminderung damit verbunden zu sein braucht.

---

[10] Die Schwere des Eingriffs ist wichtig für die Frage, ob Schmerzensgeld verlangt werden kann. vgl. BGHZ 35, 363: Ginseng; *Schulze* BGHZ 90: Hochzeitsbild; *Schulze* BGHZ 92: Mörderbild; BGHZ 39, 124: Fernsehansagerin; BGH NJW 65, 685: Exklusiv-Interview; BGH FamRZ 65, 209: Gretna Green; vgl. dazu *Wiese*, Der Ersatz des immateriellen Schadens, in: Recht und Staat 1964, mit zahlreichen Literaturangaben.

[11] z. B. ein Tonband wird durch Schnitt verändert, vgl. *Erman-Weitnauer*, Anh. zu § 12 Anm. 8 k.

[12] BGHZ 13, 339 f.: Leserbriefe; 31, 316: Altherrenrundschreiben.

[13] BGHZ 13, 339 f.: Leserbriefe; 31, 319: Altherrenrundschreiben; vgl. auch OLG Köln NJW 62, 50: Der falsche Scheich.

[14] Vgl. BGH NJW 62, 1004: Kinoreportage; BGH LM § 23 KUG Nr. 5, wo durch Abdruck des Hochzeitsbildes der Eindruck erweckt wurde, als stehe die Abgebildete mit einer Eheanbahnung in Verbindung; BGHZ 35, 365: Ginseng; LG Berlin *Schulze* LGZ 70 S. 7 f.: Junges Ensemble; LG Stuttgart Ufita 40 (1963), 232 f.: Zwischen Glück und Krone.

[15] BGH NJW 65, 685: Exklusiv-Interview.

[16] Vgl. BGHZ 26, 67: Sherlock Holmes; KG Ufita 30 (1960), 108: Joseph Schmidt; OLG Hamburg Ufita 26 (1958), 109 ff., 118: Massenmörder; LG Berlin Ufita 34 (1961), 233 ff.: Renate Müller; LG München I *Schulze* LGZ 38 S. 11: 20. Juli; LG Berlin ArchPR Übers. VI (1961), 45: Sauerbruch; *Ramelow*, Der Lebensbildschutz, Diss. 1963, S. 67 ff.

[17] OLG München NJW 59, 389, wo es darum handelte, daß einem Filmschauspieler durch Nachsynchronisation in derselben Sprache die Stimme eines anderen unterlegt wurde.

[18] Vgl. das Beispiel bei *Ulmer*, Urheber- und Verlagsrecht, § 7 IV: Der Maler A gibt seine Bilder als solche des Malers B aus.

[19] Vgl. BGHZ 20, 352: Paul Dahlke; 30, 12 f.: Caterina Valente; 35, 370: Ginseng. Der BGH hat in den beiden letzten Fällen allerdings eine Ansehensminderung angenommen. Ferner OLG Karlsruhe *Schulze* OLGZ 45 S. 5; LG Freiburg BB 63, 329.

Die Grenzen des Rechts auf Identität ergeben sich einmal aus der Natur dieses Persönlichkeitsgutes. Schon tatbestandsmäßig liegt eine Verletzung nicht vor, wenn in einem frei gestalteten literarischen Werk zwar Umstände, die künstlerisches Gemeingut sind, auf eine bestimmte Person passen, aber keine charakteristischen Merkmale, die zu einer Identifizierung nötig sind, gebracht werden[20]. Dasselbe gilt, wenn eine Schilderung erkennbar gar keinen Anspruch auf Richtigkeit erhebt[21] oder wenn bei einem Roman oder Film in einem Vorwort oder Vorspann ausdrücklich gesagt wird, daß die Handlung frei erfunden ist.

Aus den Erfordernissen des Gemeinschaftslebens ergibt sich, daß unrichtige Mitteilungen über Dritte, die in privater Unterhaltung gemacht werden, sofern nicht eine weitere Persönlichkeitsverletzung, z. B. Ehrenminderung, damit verbunden ist, hingenommen werden müssen; denn der Gesprächsstoff würde in einer dem menschlichen Mitteilungsbedürfnis widersprechenden Weise allzusehr beschränkt, wenn man auch jedes nicht ehrverletzende Wort über den Nächsten auf die Goldwaage legen müßte.

Bei Verletzungen des Rechts auf Identität in der Öffentlichkeit spielt die Rechtfertigung durch überwiegende Interessen eine besondere Rolle. Im Interesse des künstlerischen Schaffens, das den dem Leben entnommenen Stoff den künstlerischen Zwecken anpassen muß, braucht die Darstellung einer Persönlichkeit der Zeitgeschichte in Literatur, Film, Fernsehen usw. an Ausführlichkeit und Vollständigkeit mit der Wirklichkeit nicht übereinzustimmen, solange das Persönlichkeitsbild im wesentlichen nicht verfälscht wird[22]. Da der Dichter Umstände aus dem Privatleben des Dargestellten nicht in der Öffentlichkeit behandeln darf, solche aber zur Ausschmückung des Lebensbildes unentbehrlich sind, darf er sie hinzudichten, sofern er dem Publikum zu erkennen gibt, daß sie frei erfunden sind[23]. Bei Presseberichten ist das Informationsinteresse der Allgemeinheit zu berücksichtigen. Da ein solches jedoch nur an Darstellungen, die der Wahrheit entsprechen, besteht, vermag es die Verbreitung bewußt falscher Nachrichten nicht zu rechtfertigen[24]. Jedoch

---

[20] Vgl. LG München I Ufita 26 (1958), 370: Prinzessin von St. Wolfgang.

[21] Vgl. BGHZ 26, 67: Sherlock Holmes.

[22] Vgl. KG JW 28, 365: Piscator; Ufita 30 (1960), 108: Joseph Schmidt; OLG Hamburg Ufita 26 (1958), 118: Massenmörder; LG Berlin ArchPR a.a.O.: Sauerbruch; LG München I *Schulze* LGZ 38 S. 9 ff.: 20. Juli; LG Frankfurt *Schulze* LGZ 37 S. 5 ff.: 20. Juli; LG Berlin Ufita 34 (1961), 234: Renate Müller. Aus der Lit. vgl. z. B. *Schäffer*, Ufita 27 (1959), 138.

[23] Vgl. *Hubmann*, Ufita 26 (1958), 19 ff.

[24] Vgl. BVerfGE 12, 130: Schmid; BGHZ 31, 318: Altherrenrundschreiben; BGH NJW 63, 904: Gerichtsberichterstattung; OLG Celle NJW 64, 1806; LG Berlin *Schulze* LGZ 70, S. 8: Junges Ensemble; *Coing*, Ehrenschutz und Presserecht, 1960, S. 19; *Rehbinder*, Die öffentliche Aufgabe und rechtliche Verantwortlichkeit der Presse, 1961, S. 85; *Rinck*, BB 60, 953.

kann sich die Presse durch Kürzungen, Straffungen und Beschränkungen auf Ausschnitte, die das Wesentliche wiedergeben, dem Interesse und dem Verständnis der Leser anpassen, sofern dadurch nicht eine Fehleinschätzung der Persönlichkeit oder eine Entstellung und Verzerrung hervorgerufen wird[25]. Fahrlässig unrichtige Berichte, die keine schwerwiegenden Beeinträchtigungen enthalten, können durch die öffentliche Aufgabe[26] von Presse und Rundfunk, nicht jedoch durch die Befriedigung der Sensationslust oder des Unterhaltungsbedürfnisses gerechtfertigt werden, wenn die diesen Massenkommunikationsmitteln zumutbare Informations- und Prüfungspflicht beobachtet wurde[27]. Im einzelnen ist eine sorgfältige Interessenabwägung erforderlich.

Ein besonders ausgestalteter Rechtsschutz des Rechts auf Identität ist der presserechtliche Entgegnungsanspruch, der in § 11 RPresseG und in den Pressegesetzen der Länder[28] verankert ist. Soweit in den Landespressegesetzen der Zivilrechtsweg nicht ausdrücklich vorgesehen ist, hat der BGH in neuerer Zeit unter Aufgabe seiner früheren Ansicht die zivilrechtliche Erfüllungsklage zugelassen[29]. Zur Begründung führte er aus, das Entgegnungsrecht trage „starke persönlichkeitsrechtliche Züge“, es müsse „geradezu als ein gesetzlich näher ausgestalteter Rechtsschutz des allgemeinen Persönlichkeitsrechts auf einem Sondergebiet“ verstanden werden. Streit besteht jedoch über die Rechtsnatur dieses Anspruchs[30]. Als ratio legis wird der Grundsatz des audiatur et altera pars,

---

[25] Vgl. BGHZ 31, 316, 318: Altherrenrundschreiben; BGHZ 13, 339 f.: Leserbriefe.

[26] Vgl. BGHZ 31, 308, 312; BGH NJW 63, 904; OLG München NJW 63, 493.

[27] Vgl. BVerfGE 12, 130; BGH NJW 63, 904; Ufita 40 (1963), 190; OLG Köln NJW 63, 1634.

[28] § 11 des Pressegesetzes von Baden-Württemberg vom 14. Januar 1964 (GBl S. 11), § 10 des Bayerischen Gesetzes über die Presse vom 3. Oktober 1949 (GVBl S. 243), § 10 des Berliner Pressegesetzes vom 15. Juni 1965 (GVBl S. 744), § 11 des Bremischen Gesetzes über die Presse vom 16. März 1965 (GBl Nr. 10, S. 63), § 11 des Hamburgischen Pressegesetzes vom 29. Januar 1965 (GVBl Nr. 5, S. 15), § 10 des Hessischen Gesetzes über Freiheit und Recht der Presse in der Fassung vom 20. November 1958 (GVBl S. 183), § 11 des Niedersächsischen Pressegesetzes vom 22. März 1965 (GVBl Nr. 4, S. 9), § 11 des Pressegesetzes von Rheinland-Pfalz vom 14. Juni 1965 (GVBl Nr. 28, S. 107), § 13 des saarländischen Gesetzes Nr. 817 — Saarländisches Pressegesetz vom 12. Mai 1965 (ABl S. 409), § 11 des Schleswig-Holsteinischen Gesetzes über die Presse vom 19. Juni 1964 (GVBl S. 71).

[29] BGH NJW 63, 151: Staatskarossen; 63, 1155: Physikalische Blätter; 64, 1132: DM. Schon vorher hatten das OLG Hamburg (JZ 56, 344), Köln (NJW 62, 48, 1348) und Stuttgart (NJW 62, 2066) und das LG Mannheim (NJW 56, 384) in diesem Sinn entschieden.

[30] Vgl. *Kitzinger*, ZStW 27 (1907), 872 ff.; *Zellner*, Der Berichtigungsanspruch aus § 11 des Reichspreßgesetzes, Diss. 1909, S. 11 ff.; *Riss*, JW 11, 385 ff.; *Gross*, NJW 63, 479 ff.; ders., DVBl 63, 710 ff.; *Reh-Gross*, Hessisches Pressegesetz, 1963, § 10 Anm. 2; *Rebmann-Ott-Storz*, Das badenwürttembergische Gesetz über die Presse, 1964, Rdnr. 3 vor § 11; *Löffler*, Presserecht, § 11 RPresseG Rdnr. 1, 9 ff.; ders., JZ 56, 345; BB 56, 359; NJW 57, 715; ArchPR 62, 229; *Buss-*

der Waffengleichheit, der Schutz des Betroffenen oder das Interesse der Allgemeinheit an vollständiger Unterrichtung angegeben. Seiner Rechtsnatur nach wird er teils als Ausfluß des Rechts auf freie Meinungsäußerung oder des allgemeinen Persönlichkeitsrechts, teils als besonderer presserechtlicher Anspruch, teils als ein aus § 823 Abs. 2 BGB folgender Schadensersatzanspruch, teils — mit Rücksicht auf die Monopolstellung der Presse — als ein Fall des Kontrahierungszwanges betrachtet.

Mit dem BGH und der heute in der Literatur überwiegenden Meinung wird man annehmen müssen, daß der Entgegnungsanspruch dem Schutz der Persönlichkeit dient. Allerdings ist er nicht selbst ein Persönlichkeitsrecht, da er keinen absoluten Charakter besitzt, sondern sich nur gegen eine bestimmte Person, nämlich den verantwortlichen Redakteur und — nach den neuen Landespressegesetzen den Verleger —, richtet, insbesondere kann er nicht aus dem Recht auf freie Meinungsäußerung fließen, da dieses niemand zu einer positiven Handlung verpflichtet. Er entspringt auch nicht aus einer Verletzung des allgemeinen Persönlichkeitsrechts; denn er verlangt keinen Nachweis einer Verletzung. Daher läßt er sich nicht als Schadensersatzanspruch erklären. Vielmehr gewährt er ähnlich wie die vorbeugende Unterlassungsklage einen vorbeugenden Rechtsschutz, der nicht eine Verletzung, sondern eine Gefährdung eines Persönlichkeitsrechts voraussetzt. Gefährdet wird durch Pressemitteilungen über eine Person nicht unbedingt ihre Ehre, wie man vielleicht zunächst annehmen könnte — der Bericht kann ja sogar etwas Lobendes über sie enthalten —, wohl aber ihr Recht auf Identität. Wie dargelegt wurde, hat jedermann ein Recht darauf, daß ihn betreffende Aussagen der Wahrheit entsprechen und sein Persönlichkeitsbild nicht verfälschen[31]. Nun setzt zwar der Entgegnungsanspruch den Nachweis der Unrichtigkeit der Pressemeldung nicht voraus, er darf aber nicht eine offensichtlich unwahre Gegendarstellung zum Ziele haben. Er verlangt also von seiten des Betroffenen wenigstens die Behauptung der Unwahrheit der Meldung. Wegen der besonderen Gefährlichkeit der

---

mann, Verhandlungen des 42. Deutschen Juristentages, Bd. 1, Teil 1, 1957, S. 18; *Becher*, Das Recht der Gegendarstellung, Diss. 1956, S. 97 ff.; *Neumann-Duesberg*, NJW 56, 833; DB 57, 861; NJW 60, 2033; *Helle*, Der Schutz der persönlichen Ehre und des wirtschaftlichen Rufes im Privatrecht, 1957, S. 116; ders., DRiZ 63, 336; *Uhlitz*, NJW 62, 526; *Leinveber*, GRUR 61, 20; *Nipperdey* in *Enneccerus-Nipperdey*, Allgem. Teil, § 101 IV 5 und Ufita 30 (1960), 27; *Koebel*, NJW 63, 791; *Coing*, Ehrenschutz und Presserecht, 1960, S. 19; *Wenzel*, JZ 62, 112; NJW 63, 1710; *Scholz*, WRP 61, 337; *Thies*, Widerruf und Entgegnung in Presse, Film und Funk, Diss. 1963, S. 104; *Köbl*, Das presserechtliche Entgegnungsrecht und seine Verallgemeinerung, Diss. Erlangen 1965; vgl. auch *Greiff*, NJW 56, 384; 61, 99; 63, 1139.

[31] Schon *Kitzinger*, a.a.O., S. 884, hat das Entgegnungsrecht aus dem „rechtlich geschützten Interesse der Persönlichkeit, daß nichts Unwahres oder Unrichtiges über sie in die Öffentlichkeit gelangt“, hergeleitet.

Presse[32], deren Berichterstattung einem großen Leserkreis dient und von diesem meist kritiklos hingenommen wird, läßt der Gesetzgeber eine solche genügen. Er will dem Betroffenen die Möglichkeit geben, selbst zu Wort zu kommen und dadurch der Gefahr einer Verfälschung seiner persönlichen Verhältnisse entgegenzuwirken[33].

Da der presserechtliche Entgegnungsanspruch einen vorbeugenden Rechtsschutz des Persönlichkeitsgutes der Identität und damit des allgemeinen Persönlichkeitsrechts darstellt, ist er verallgemeinerungsfähig. Aus den Art. 1 und 2 GG wird man folgern müssen, daß der Persönlichkeit auch ein möglichst umfassender vorbeugender Rechtsschutz gewährt werden muß, zumal eingetretene Verletzungen in der Regel nicht mehr vollständig wiedergutgemacht werden können. § 20 des Entwurfs des Gesetzes zur Neuordnung des zivilrechtlichen Persönlichkeits- und Ehrenschutzes[34] sieht ein solches allgemeines Entgegnungsrecht vor. De lege lata wird man, um den in den erwähnten Bestimmungen des GG enthaltenen Auftrag zu verwirklichen, die presserechtlichen Vorschriften über die Gegendarstellung analog auf die übrigen Massenmedien, nämlich die nichtperiodische Presse, den Film und den Rundfunk[35] anwenden müssen. Dagegen kann ein Entgegnungsrecht auf Behauptungen, die bei öffentlichen Veranstaltungen, z. B. Wahlversammlungen, aufgestellt wurden, nur durch den Gesetzgeber geschaffen werden, da die presserechtlichen Vorschriften auf sie nicht passen.

---

32 Nicht mit Unrecht spricht *Rehbinder,* Die öffentliche Aufgabe und rechtliche Verantwortlichkeit der Presse, 1962, S. 126 ff., von der Presse als einem gefährlichen Betrieb.

33 *Köbl,* a.a.O., § 9, bezeichnet ihn mit Recht als eine Art Vorstufe zum Widerrufsanspruch, der schon bei Gefährdung des Rechts auf Identität gegeben sei, während letzterer eine Verletzung voraussetzte.

34 Vgl. Ufita 29 (1959), 42.

35 Für den Rundfunk ist das Recht der Gegendarstellung teilweise bereits gesetzes vom 22. März 1965 (GVBl Nr. 4 vom 24. März 1965, S. 9), § 2 des Gesetzes Nr. 806 über die Veranstaltung von Rundfunksendungen im Saarland vom 2. Dezember 1964 (ABl S. 1111), § 24 des Pressegesetzes von Rheinland-Pfalz vom 14. Juni 1965 (GVBl Nr. 28, S. 107), § 2 des Staatsvertrages über den Süd-West-Funk vom 27. August 1951 (GVBl Baden S. 40) und Art. 6 der Satzung über den Süd-West-Funk vom 20. Juni 1952 (BAnz Nr. 138, S. 15), § 3 Abs. 2 der Satzung des Westdeutschen Rundfunks Köln vom 27. Januar 1956 (GVBl Nordrhein-Westfalen S. 107), § 25 des Gesetzes über die Errichtung von Rundfunkanstalten des Bundesrechts vom 29. November 1960 (BGBl I, S. 862), § 4 des Staatsvertrags über die Errichtung der Anstalt des öffentlichen Rechts „Zweites Deutsches Fernsehen" vom 6. Juni 1961 (GBl Baden-Württemberg, S. 215).

Zur Haftung der BGB-Gesellschaft für unerlaubte Handlungen aus der Geschäftsführung von Gesellschaftern*

Von Fritz Fabricius, Bochum

I. Einleitung

Es ist völlig unbestritten, wenn auch nicht durch Gerichtsentscheidungen zu belegen, daß § 831 BGB die Rechtsgrundlage für die Haftung einer BGB-Gesellschaft aus unerlaubten Handlungen von geschäftsführenden Gesellschaftern darstellt. Eine abweichende Auffassung wird im Schrifttum überhaupt nicht vertreten. Trotzdem sind Bedenken gegen die Auffassung nicht ohne weiteres von der Hand zu weisen. Diese ergeben sich — vom Ergebnis her gesehen, aus der Tatsache, daß sich bei einer Geschäftsführung durch nur einen Gesellschafter die von der Geschäftsführung ausgeschlossenen Gesellschafter oder aber — bei Einzelgeschäftsführungsbefugnis aller oder mehrerer Gesellschafter — die nicht deliktisch Handelnden regelmäßig werden entlasten können. Das hat zur Folge, daß der Geschädigte sich aus dem Gesellschaftsvermögen nicht unmittelbar befriedigen, sondern nur den Anteil des schuldhaft handelnden geschäftsführenden Gesellschafters pfänden kann (§ 725 Abs. I BGB). Das Gesellschaftsvermögen also, dem die Vorteile aus der Tätigkeit des die Gesellschaftszwecke verfolgenden geschäftsführenden Gesellschafters zugute kommen, kann für dessen unerlaubte Handlungen nicht in Anspruch genommen werden. Die Entlastungsmöglichkeit in § 831 wird zwar angesichts der fortgeschrittenen und noch zunehmenden arbeitsteiligen Wirtschaftsweise ganz allgemein als rechtspolitisch bedenklich angesehen[1]. Man könnte daher geneigt sein, dem wenig befriedigenden Ergebnis bei der Anwendung des § 831 auf die BGB-Gesellschaft kein besonderes Gewicht beizulegen. Es ergeben sich jedoch über den Rahmen der allgemein gegenüber § 831 erhobenen Bedenken Zweifel, ob § 831 überhaupt auf die BGB-Gesellschaft angewendet werden kann. Diese folgen aus den Besonderheiten der BGB-Gesellschaft, die von § 831 BGB anders erfaßt wird als der Normalfall, was im folgenden dargelegt werden soll.

---

* Abgeschlossen am 31. Mai 1965.

[1] Vgl. zu den rechtspolitischen Überlegungen des Gesetzgebers Fritz *Baur*, Zur dogmatischen Einordnung der Haftung für „Verrichtungsgehilfen", in: Karlsruher Forum, 1962, Beiheft zum „Versicherungsrecht", S. 14 ff.

II. Probleme bei der Anwendung des § 831 BGB auf die BGB-Gesellschaft

§ 831 BGB geht davon aus, daß eine Person eine andere Person zu einer Verrichtung bestellt hat. Nach herrschender Meinung in Rechtsprechung und Schrifttum ist zu einer Verrichtung derjenige bestellt, dem ein anderer, von dessen Weisungen er mehr oder minder abhängig ist, eine Tätigkeit übertragen hat. Der Besteller muß der „Geschäftsherr" des Bestellten sein, „der Bestellte muß also von dem Willen des Bestellers wenigstens in gewissem Umfang abhängen"[2].

Überträgt man die von der herrschenden Meinung herausgearbeiteten Voraussetzungen der Geschäftsherrneigenschaft des § 831 BGB auf das Verhältnis zwischen einem geschäftsführenden und den von der Geschäftsführung ausgeschlossenen oder — bei Einzelgeschäftsführungsbefugnis — auf das Verhältnis zwischen den einzelnen geschäftsführungsbefugten Gesellschaftern, so ergeben sich, unabhängig von der nicht unproblematischen Frage danach, wer bei der BGB-Gesellschaft als „Besteller" in Betracht zu ziehen wäre, erhebliche Bedenken im Hinblick auf die Weisungsgebundenheit des „Gehilfen". Durch die Verweisung auf die §§ 664 bis 670 BGB in § 713 BGB scheint die Rechtsstellung des geschäftsführenden Gesellschafters einer BGB-Gesellschaft von einer Weisungsgebundenheit getragen zu werden (arg. § 665 BGB), welche den geschäftsführenden Gesellschafter als Verrichtungsgehilfen qualifizieren könnte. Indessen ergeben sich sowohl aus der gleichzeitigen Gesellschafterstellung des Geschäftsführers als auch aus der Rechtsstellung der von der Geschäftsführung ausgeschlossenen Gesellschafter gegen diese Annahme erhebliche Bedenken.

Den Geschäftsführern kann die Befugnis zur alleinigen Geschäftsführung (vgl. § 710 BGB), die in dieser Abhandlung allein in Betracht gezogen wird, nur aus dem Gesellschaftsvertrag erwachsen[3]. Bei Abschluß des Vertrages stehen sich die Parteien als gleichgeordnete Partner gegenüber. Diese Gleichordnung wird durch den Abschluß des Gesellschaftsvertrages auch dann nicht verändert, wenn darin vereinbart worden ist, daß die Geschäftsführung in Abweichung von § 709 BGB einem Gesellschafter oder mehreren Gesellschaftern einzeln zustehen soll. Damit werden nur organisatorische Wahrnehmungszuständigkeiten geschaffen, um den Gesellschaftszweck zu verwirklichen. Der im Rahmen seiner Geschäftsführungsbefugnis handelnde Gesellschafter wird daher ausschließlich in Ausführungen des Gesellschaftsvertrages tätig. Er

[2] Vgl. hierzu statt vieler *Soergel-Siebert-Schräder*, BGB, 9. Aufl., 1962, § 831 Rdn. 4.

[3] Ob es sich hierbei um den ursprünglichen Gesellschaftsvertrag oder einen diesen ergänzenden oder abändernden späteren Gesellschaftsbeschluß handelt, kann dahingestellt bleiben.

unterliegt keinen weiteren Weisungen, da der Gesellschaftsvertrag kein Abhängigkeitsverhältnis schafft. Auch selbst dann, wenn im Gesellschaftsvertrag keine generelle, sondern eine gegenständlich beschränkte Geschäftsführungsbefugnis vereinbart ist, handelt es sich bei deren Wahrnehmung nur um einen eigenverantwortlichen Vertragsvollzug auf Grund inhaltlich beschränkter Geschäftsführungsbefugnis, nicht aber um Weisungen eines „Bestellers".

Auch nachträgliche Änderungen der Geschäftsführungsbefugnis sind grundsätzlich nur mit der Zustimmung des geschäftsführenden Gesellschafters möglich, so daß eine echte Weisungsbefugnis der übrigen Gesellschafter nicht gegeben ist. § 665 BGB ist dementsprechend auch nur mit der Einschränkung anzuwenden, daß sich aus dem Gesellschaftsverhältnis nicht ein anderes ergibt (§ 713 BGB).

Die für § 831 typischen Bestellungsverhältnisse wie Dienstvertrag, Auftrag, Geschäftsbesorgungsvertrag sind zwar auch solche Verträge, bei deren Abschluß sich die Vertragspartner gleichgeordnet gegenüberstehen. Mit dem Vertragsabschluß entstehen aber rechtliche Abhängigkeitsverhältnisse, aus denen ein mehr oder minder weites Weisungsrecht des Geschäftsherrn und eine dementsprechende Weisungsgebundenheit (Gehorsamspflicht) des Verrichtungsgehilfen folgen[4]. An dieser Weisungsgebundenheit fehlt es beim geschäftsführenden Gesellschafter der BGB-Gesellschaft. Soweit z. B. *Fischer*[5] von „Weisungen" spricht, die im Gesellschaftsvertrag enthalten sein sollen, kann es sich hierbei nicht um Weisungen, sondern nur um besondere vertragliche Vereinbarungen handeln, denen der geschäftsführende Gesellschafter zustimmen muß. Allein schon dieses Zustimmungserfordernis zeigt, daß diese vertragliche Abmachung keine Weisungsgebundenheit begründet, auf die es im § 831 BGB ankommt, damit dem Zweck der dieser Vorschrift zugrunde liegenden allgemeinen Aufsichtspflicht genügt werden kann.

Daß der geschäftsführende Gesellschafter ausschließlich eigenverantwortlich im Rahmen des Gesellschaftsvertrages und nicht weisungsgebunden handelt, bestätigen das Widerspruchsrecht geschäftsführender Gesellschafter gem. § 711 und das Nachprüfungsrecht von der Geschäftsführung ausgeschlossener Gesellschafter gem. § 716 BGB.

§ 831 BGB gründet sich auf dem *Prinzip einer* dem Geschäftsherrn obliegenden *allgemeinen Aufsichtspflicht,* welche mit einem einseitigen

[4] So z. B. für den Auftrag, Motive zu dem Entwurf eines BGB, Bd. II, 1888, § 590: „Auch nachträgliche Anweisungen des Auftraggebers hat er zu befolgen, soweit ihm nicht eine Tätigkeit angesonnen wird, zu welcher er sich nicht verpflichtet hat." Rudolf *Bruns,* Recht und Pflicht als Korrespondenzbegriffe des Privatrechts, Festschrift für H. C. Nipperdey, 1965, S. 14, spricht für den Dienstvertrag zutreffend von „Weisungen des Dienstherrn ... kraft seiner Organisations- und Leitungszuständigkeit".

[5] *BGB-RGRK,* 11. Aufl., 1960, § 713 Anm. 2; ebenso z. B. *Schulze-v. Lasaulx* in: *Soergel-Siebert,* § 713 Rdn. 5; *Planck-Lobe,* § 713 Anm. 1.

Weisungsrecht des Geschäftsherrn korrespondiert, dem wiederum eine Weisungsgebundenheit (Gehorsamspflicht) des Verrichtungsgehilfen entsprechen muß. Diese Voraussetzungen sind auf Grund der Rechtsstellung, wie sie einem von der Geschäftsführung ausgeschlossenen Gesellschafter in § 716 BGB zuerkannt werden, gegenüber dem geschäftsführenden Gesellschafter nicht gegeben. Danach hat ein solcher Gesellschafter lediglich das Recht, nicht aber die Verpflichtung, sich über die Angelegenheiten der Gesellschaft persönlich zu unterrichten. Dieses Informationsrecht des von der Geschäftsführung ausgeschlossenen Gesellschafters umfaßt nicht einmal das Recht, vom geschäftsführenden Gesellschafter zu verlangen, ihm Auskunft zu erteilen oder Rechenschaft abzulegen. Eine solche Verpflichtung liegt dem geschäftsführenden Gesellschafter nur gegenüber der Gesamtheit der Gesellschafter ob. Selbst wenn ein von der Geschäftsführung ausgeschlossener Gesellschafter von einer unerlaubten Handlung des Geschäftsführers erfährt, hat er mangels eines Aufsichtsrechts kein Weisungsrecht gegenüber diesem; er kann nur im Einvernehmen mit den übrigen Gesellschaftern auf den Geschäftsführer einwirken. Gegebenenfalls kann die Gesamtheit der Gesellllschafter dem Geschäftsführer die Befugnis zur Geschäftsführung gem. § 712 BGB entziehen.

Selbst von seinem Nachprüfungsrecht kann der nicht geschäftsführungsbefugte Gesellschafter ausgeschlossen sein. Wenn dieser Gesellschafter als einzelner gleichwohl nach § 831 BGB mit seinem ganzen Vermögen haftbar gemacht werden könnte, so müßte man ihm ein mit einer Aufsichtspflicht korrespondierendes Weisungsrecht einräumen, in dessen Ausübung er sich haftungsausschließend verhalten könnte. Nur die Anerkennung einer solchen Aufsichtspflicht, verbunden mit einem Weisungsrecht, würde die rechtliche Beherrschbarkeit des Organisationsbereichs gewährleisten, für den der Geschäftsherr verantwortlich sein soll. In der Konsequenz dieser Sicht liegt es jedoch, daß über die Vorschrift des § 831 gesetzliche bzw. vertragliche Regelungen über bestehende Kontrollmöglichkeiten von der Geschäftsführung ausgeschlossener Gesellschafter unterlaufen und gegenstandslos würden. Jeder von der Geschäftsführung ausgeschlossene Gesellschafter müßte zum Zwangskontrolleur seiner geschäftsführenden Mitgesellschafter werden, um sein gesetzliches Haftungsrisiko einzuschränken.

An einer mit § 831 zu harmonisierenden Weisungsgebundenheit mangelt es aber auch, wenn allen oder mehreren Gesellschaftern Geschäftsführungsbefugnis derart erteilt worden ist, daß jeder gem. § 710 BGB allein zu handeln berechtigt ist. Diese Vorschrift gibt den einzelnen zur Geschäftsführung befugten Gesellschaftern ein Widerspruchsrecht gegenüber Geschäftsführungshandlungen geschäftsführender Mitgesellschafter. Der Gesellschafter, dessen Handlungen widersprochen wird, hat dann die Ausführung des Geschäfts zu unterlassen, so daß man zwar dieses sich nur negativ auswirkende Widerspruchsrecht als Weisungsrecht — bei weiter Auslegung dieses Begriffs — deuten könnte. Dagegen spricht aber, daß dem Weisungsrecht des § 831 eine allgemeine Aufsichtspflicht entsprechen muß, an der es nach dem Recht der BGB-Gesellschaft jedoch fehlt. Eine Verpflichtung, die mitgeschäftsführenden Gesellschafter in ihrer Tätigkeit zu beaufsichtigen, steht nämlich im Gegensatz zu den Grundlagen einer gem. § 711 BGB strukturierten Gesellschaft. Wenn die Gesellschafter sich im Gesellschaftsvertrag Einzelgeschäftsführungsbefugnis eingeräumt haben, so haben sie damit ihr besonderes gegenseitiges Vertrauen bekundet. Dem hierauf aufbauenden Rechtsverhältnis entspricht es nicht, wenn über § 831 wieder eine allgemeine gegenseitige Aufsichtspflicht in das Gesellschaftsverhältnis hereingetragen würde. Die Gesellschafter hätten es für diesen Fall bei der Gesamtgeschäftsführungsbefugnis belassen können.

Nipperdey[6] führt für den nicht rechtsfähigen Verein zutreffend aus, daß eine Überwachungspflicht von dem willensbildenden Organ — das sind die von der Geschäftsführung ausgeschlossenen Mitglieder — im allgemeinen nicht zu fordern sei. Mit Rücksicht auf § 54 BGB, der auf §§ 705 ff. BGB verweist, kann die Rechtslage für die von der Geschäftsführung ausgeschlossenen Gesellschafter einer BGB-Gesellschaft nicht anders sein. Für den Fall, daß allen oder mehreren Gesellschaftern einzeln Geschäftsführungsbefugnis eingeräumt worden ist, muß mit Rücksicht auf das gesellschafterliche Vertrauensverhältnis das gleiche gelten. Dann kann aber § 831 nicht, jedenfalls nicht unmittelbar, zur Anwendung kommen[7].

Planck[8] und *Oertmann*[9] wollen allerdings den im Gesetz verwendeten Begriff des „Geschäftsherrn" im Gegensatz zur herrschenden Meinung

---

[6] Haftung der Berufsvereine für unzulässige Kampfhandlungen, in: Verhandlungen des 34. Deutschen Juristentages, 1. Bd., 1926, S. 395 ff, 413.

[7] Nipperdey wollte jedoch damit die Haftung gem. § 831 nicht ausschließen. Noch in dem Rechtsgutachten „Die Ersatzansprüche für die Schäden, die durch den von den Gewerkschaften gegen das geplante Betriebsverfassungsgesetz geführten Zeitungsstreik vom 27.—29. Mai 1952 entstanden sind", Köln 1953, in dem jedoch bereits Zweifel an der Anwendung des § 831 auf den nicht rechtsfähigen Verein angemeldet werden, wird S. 56 ausgeführt: „Darüber hinaus setzt der Entlastungsbeweis aus § 831 BGB voraus, daß die Handlungen des Vorstandes und anderer Funktionäre gegen oder jedenfalls ohne den Willen der obersten willensbildenden Organe geschehen sind." Hier scheint Nipperdey von einer allgemeinen Aufsichtspflicht ohne weiteres auszugehen. Neuerdings wendet Nipperdey auf nicht rechtsfähige Vereine den § 31 BGB entsprechend an; vgl. *Enneccerus-Nipperdey*, Allgem. Teil, 15. Aufl., 1. Halbbd., 1959, § 116, IV, 7, S. 708.

[8] *Planck-Greiff*, Kommentar zum BGB, 4. Aufl., 1928, Bd. II, 2, § 831, Anm. 1, a, *α*.

[9] *Oertmann*, Kommentar zum BGB, 5. Aufl., 1928, § 831, Anm. 2, a, der allerdings gegenüber *Planck* erhebliche Einschränkungen macht.

nicht vom Merkmal der Weisungsgebundenheit des Gehilfen abhängig machen, wobei sie sich nicht zuletzt auf die Entstehungsgeschichte des § 831 BGB berufen. Dieser ausdehnenden Auslegung kann jedoch nicht gefolgt werden. Die Verpflichtung des § 831 Abs. I Satz 1 ist nur verständlich von der Annahme, daß demjenigen eine allgemeine Aufsichtspflicht obliegt, der eine andere Person zu einer Verrichtung in seinem von ihm beherrschbaren Organisationsbereich bestellt hat. Nur eine (schuldhafte) Pflichtverletzung ist grundsätzlich geeignet, an ein deliktisches Fremdverhalten die Rechtsfolge einer Schadensersatzverpflichtung einer nicht handelnden natürlichen Person zu knüpfen. Eine solche allgemeine Aufsichtspflicht bildet die gesetzgeberische Grundlage des § 831, was durch § 711 des Ersten Entwurfs des BGB (1888)[10] bestätigt wird, in dem eine Aufsichtspflicht des Bestellenden ausdrücklich normiert war. Die Neufassung der §§ 711/712 des E I hat nur redaktionelle Bedeutung[11].

Von einer Aufsichtspflicht kann aber sinnvoll nur dann ausgegangen werden, wenn eine rechtlich sanktionierte Einflußnahme auf die Handlungsweise des Verrichtungsgehilfen seitens des Geschäftsherrn möglich ist. Der zu selbständiger Tätigkeit Bestellte, der ganz nach eigenem Ermessen zu handeln berechtigt und verpflichtet ist, kann daher im Gegensatz zu der Meinung von Planck in die Haftung aus § 831 BGB nicht einbezogen werden[12].

Abgesehen von den oben dargestellten Schwierigkeiten erscheint es fraglich, wer denn der „Besteller" sein würde. Die Frage wird insbesondere praktisch, wenn eine Geschäftsführungsbefugnis durch einen einzelnen Gesellschafter bei gleichzeitigem Ausschluß der übrigen Gesellschafter von der Geschäftsführung im Gesellschaftsvertrag vorgesehen ist und bei einem Wechsel in der Geschäftsführung Mehrheitsentscheidungen zulässig sind. Dann könnte man entweder die Gesamtheit der Mitglieder als Besteller betrachten und eine gegen die Bestellung stimmende Mehrheit mitverpflichten — ein krasser Widerspruch zu dem Grundgedanken der Beherrschbarkeit des Organisationsrisikos, der sich in der Pflicht zur sorgsamen Auswahl des Gehilfen bzw. der Über-

[10] Fortan mit E I angegeben.

[11] Vgl. Denkschrift zum Entwurf eines Bürgerlichen Gesetzbuches, 1896, S. 150/151.

[12] Soweit sich *Planck* darauf beruft, daß der Ausdruck „Geschäftsherr" schon in den Motiven gebraucht werde, aber ohne jede Andeutung, daß er die von der herrschenden Meinung einschränkende Bedeutung haben solle, übersieht er, daß § 711 E I ausdrücklich eine Aufsichtspflicht normiert; diese muß notwendig mit einer Weisungsbefugnis gekoppelt sein, da andernfalls der Zweck der Aufsichtspflicht nicht erfüllt werden könnte. Aus diesem Grunde entfällt auch die Erheblichkeit der Argumente, die Planck aus Satz 2 des § 831 Abs. I herleitet.

wachungspflicht gem. § 831 niedergeschlagen hat —, oder man bezeichnet als Besteller nur diejenigen, die bei der Wahl für den betreffenden Geschäftsführer gestimmt haben und nicht auch die, welche nicht erschienen sind, sich der Stimme enthalten oder dagegen gestimmt haben; auch das wäre in vielfacher Hinsicht unerfreulich. Diese Fragen sind im Hinblick auf den nicht rechtsfähigen Verein eingehend erörtert worden, so daß auf das einschlägige Schrifttum dazu verwiesen werden kann[13]. Für den nicht rechtsfähigen Verein wendet man heute wegen der aufgezeigten Schwierigkeiten fast einmütig § 31 BGB an[14].

Die Unzuträglichkeiten der Anwendung des § 831 auf die BGB-Gesellschaft haben ihren Grund darin, daß § 831 von einem Über- und Unterordnungsverhältnis zwischen dem „Besteller" und dem Verrichtungsgehilfen ausgeht, die Gesellschafter der BGB-Gesellschaft aber auf der Grundlage der Gleichordnung zusammenarbeiten, die BGB-Gesellschaft aber sozialrechtlich ausgestaltet ist.

§ 831 geht von dem Grundgedanken aus, daß derjenige, der andere Personen in einem seiner Organisationsgewalt und objektiven Beherrschbarkeit unterliegenden Organisationsbereich beschäftigt, für rechtswidrige Handlungen dieser Personen mit seinem Vermögen einstehen soll. Die BGB-Gesellschaft ist dagegen als Gesamthandsgemeinschaft ausgestaltet. Es tritt nicht etwa ein Gesellschafter unter die Organisationsgewalt seines oder seiner einzelnen Mitgesellschafter, sondern er begründet als gleichgeordneter Mitgesellschafter und Partner mit den Mitgesellschaftern einen selbständigen Organisationsbereich, welcher in die Organisationsgewalt und Beherrschbarkeit der Gesamtheit der Gesellschafter als solcher fällt. Das spiegelt sich insbesondere darin wider, daß im Regelfall ein der Gemeinschaft als solcher zustehendes, selbständiges Gesellschaftsvermögen gebildet wird. In diesem von den persönlichen Sphären der einzelnen Gesellschafter abgesonderten Organisationsbereich herrscht nur die Gemeinschaft als solche (§§ 709, 714 BGB), die als solche auch nur über Vermögensgegenstände zu ver-

---

[13] Vgl. insbesondere Hans *Schumann*, Zur Haftung der nicht rechtsfähigen Vereine, 1956, S. 34 ff., mit weiteren Angaben, ferner die neueren Kommentare und Lehrbücher.

[14] Wenn *Soergel-Siebert-Schräder*, § 831 Rdn. 7., die Anwendung des § 31 auf den nicht rechtsfähigen Verein damit begründen, daß die Mitgliedergesamtheit selbst weder Willenserklärungen abgeben, noch sonstige Rechtshandlungen vornehmen könne, beides vielmehr durch die satzungsmäßigen Vertreter, ihre Organe, geschehen müsse — die Handlungen der satzungsmäßigen Vertreter daher keine Handlungen von Hilfspersonen seien —, geht diese Begründung fehl; denn für das Verhältnis Geschäftsherr—Verrichtungsgehilfe entscheidet allein das Innenverhältnis zwischen beiden, an dem die Gesamtheit der Mitglieder aber beteiligt ist. Es ist allein darauf abzustellen, ob durch das Rechtsverhältnis eine Beaufsichtigungspflicht begründet wird; so zutreffend *Haupt-Reinhardt*, Gesellschaftsrecht, 4. Aufl., 1952, § 29, II, 6, c.

fügen berechtigt ist. Durch besondere Vereinbarung kann die Beherrschbarkeit dieses Organisationsbereichs der Gesellschaft auch derart geregelt sein, daß sie bei nur einem Gesellschafter liegt und die übrigen völlig davon ausgeschlossen sind. Die Strukturprinzipien der BGB-Gesellschaft sind daher mit Rücksicht auf das Innenverhältnis der Gesellschafter mit dem Strukturprinzip des § 831 BGB kaum vereinbar. Wenn § 831 überhaupt angewendet werden kann, dann jedenfalls nur in entsprechender Anwendung.

Der erste Entwurf zum Bürgerlichen Gesetzbuch (§§ 629 ff. E. I) hatte die BGB-Gesellschaft allerdings nach den Grundsätzen der römischen Sozietät ausgestaltet, welche sich in rein individualistischen Beziehungen unter den Gesellschaftern erschöpft und irgendeine Personeneinheit der Gesellschafter nicht hervorbringt. Der Vertrag bezweckt und erzeugt dann nur ein obligatorisches Rechtsverhältnis jeweils zwischen den einzelnen Gesellschaftern. Jeder wird als Beauftragter des oder der anderen Gesellschafter angesehen. Ein besonderes Gesellschaftsvermögen gibt es nicht; was man Gesellschaftsvermögen nennt, sind zusammengefaßte Bestandteile des Vermögens der einzelnen Gesellschafter. Die Vermögensstücke der Gesellschaft stehen den Gesellschaftern nach festen Bruchstücken zu, über die der einzelne Gesellschafter zu verfügen berechtigt ist. Die tatsächliche gemeinschaftliche Verwaltung des Gesellschaftsvermögens beruht nur darauf, daß jeder Gesellschafter den anderen gegenüber verpflichtet ist, hinsichtlich der ihm gehörenden Vermögensstücke eine solche Verwaltung zu dulden[15].

Ob eine solche Struktur der BGB-Gesellschaft den soziologischen Gegebenheiten gerecht geworden wäre, mag dahingestellt bleiben[16]. Jedenfalls erklärt sie, daß in den Motiven zum E I[17] auch eine Haftung der „Gesellschafter für Handlungen der zur Geschäftsführung oder zu ihrer Vertretung bestellten Gesellschafter" gem. §§ 711, 712 E I (§ 831 BGB) ohne jegliche Bedenken bejaht wird.

Im BGB hat sich aber nicht das individualistische Prinzip der römischen Sozietät durchgesetzt, sondern es wurde ausdrücklich das Prinzip der gesamten Hand angenommen[18], das in seinen sozialrechtlichen Auswirkungen oben dargestellt wurde. Während des Gesetzgebungsver-

[15] Motive, Bd. II, S. 591; Denkschrift S. 130; Protokolle, Bd. II, S. 429.

[16] In den Protokollen a.a.O., S. 430, wird von den Gegnern des E I von „innerer Unwahrheit" gesprochen. Gegen die individualistische Struktur hat sich vor allem Otto *von Gierke* in den Verhandlungen des 19. Deutschen Juristentages, 2. Bd., 1888, S. 259 ff., 260, gewandt.

[17] a.a.O. §§ 711, 712, S. 737.

[18] Protokolle a.a.O. S. 433; dabei sollte „einerseits eine Entscheidung der wissenschaftlichen Frage nach dem Wesen der Gesamthand" vermieden, „andererseits das Prinzip selbst möglichst deutlich und verständlich" herausgestellt werden.

fahrens in der zweiten Lesung, in der die Änderung der Gesamtkonzeption für die BGB-Gesellschaft beschlossen wurde, hat man sich über das Verhältnis der Gesamthandstruktur zum § 831 BGB allerdings keine Gedanken gemacht. Der historische Gesetzgeber hat es unterlassen, eine der sozialrechtlich ausgestalteten Gesamthandsgemeinschaft entsprechende, auf die Gemeinschaft als solche bezogene Haftungsnorm zu schaffen. Das wäre insbesondere deshalb erforderlich gewesen, weil die in § 831 vorausgesetzte individualrechtliche Pflichtverletzung bei der BGB-Gesellschaft jedenfalls dann nicht angenommen werden kann, wenn die Beherrschbarkeit des gesellschaftlichen Geschehensablaufs durch einen von der Geschäftsführung ausgeschlossenen Gesellschafter allein rechtlich nicht gewährleistet ist. Es muß daher eine echte Gesetzeslücke angenommen werden. Diese Lücke könnte allenfalls durch eine analoge Anwendung des § 831 BGB geschlossen werden. Da es aber gerade an einem entscheidenden Anknüpfungspunkt der Haftung aus § 831 BGB, der Aufsichtspflicht von der Geschäftsführung ausgeschlossener Gesellschafter oder von mitgeschäftsführenden Gesellschaftern bei Einzelgeschäftsführungsbefugnis fehlt, stößt eine analoge Anwendung des § 831 auf erhebliche Bedenken. Es soll daher zunächst § 31 BGB auf seine tragenden Grundgedanken hin untersucht werden, um festzustellen, ob diese Vorschrift sich möglicherweise besser für die Ausfüllung der aufgezeigten Gesetzeslücke eignet als § 831 BGB. § 31 BGB heranzuziehen bietet sich vor allem deshalb an, weil § 31 auf nicht rechtsfähige Idealvereine, die nach dem BGB den §§ 705 ff. unterstehen sollen, nach fast einmütiger Meinung[19] angewendet wird.

III. Die systematisch-dogmatische Stellung und die wertkausalen Grundlagen des § 31 BGB

§ 31 ist, systematisch gesehen, eine für juristische Personen normierte Vorschrift. Wenn sie auf Stiftungen und Körperschaften des öffentlichen Rechts nur entsprechend anzuwenden ist (§§ 86, 89 BGB), so erklärt sich das daraus, daß § 31 BGB speziell für rechtsfähige Vereine vorgesehen ist. In richtiger Fortführung dieser Systematik wendet man § 31 BGB auf alle juristischen Personen des privaten und öffentlichen Rechts an. Über diesen absolut gefestigten Anwendungsbereich hinaus wird § 31 BGB seit langem auch für die OHG und nach der heute herrschenden Meinung auch für den nicht rechtsfähigen Verein herangezogen, obwohl es sich hierbei nach der Meinung der Vertreter dieser Auffassung nicht

[19] Abweichend, soweit ersichtlich, nur *Palandt-Danckelmann*, BGB, 22. Aufl., 1963, § 54, Anm. 2, d.

um juristische Personen handelt. Angesichts dieser Ausdehnung des § 31 auf nicht rechtsfähige Sozialgebilde rückt die Anwendbarkeit dieser Vorschrift auf die BGB-Gesellschaft zumindest in den Bereich der Möglichkeiten. Denn wenn schon die angeblich fehlende Rechtsfähigkeit bei der OHG und beim nicht rechtsfähigen Verein für die Heranziehung des § 31 BGB nicht entscheidend sein soll, dann kann dieser Gesichtspunkt auch für die BGB-Gesellschaft nicht erheblich sein. Die Anwendung der Haftungsnorm auf die OHG und den nicht rechtsfähigen Verein muß also an andere wertkausale Elemente anknüpfen. Deren Analyse könnte solche Gründe offen legen, die auch für die BGB-Gesellschaft verwendbar wären. Es soll daher im folgenden den tragenden Gründen für die Ausweitung des Anwendungsbereichs des § 31 BGB bei der OHG und bei dem nicht rechtsfähigen Verein nachgegangen werden.

1. Die Haftung der OHG gem. § 31 BGB wird einmal damit begründet, daß die OHG selbständig im Rechtsverkehr als Einheit auftrete, zum andern beruft man sich auf Gewohnheitsrecht[20]. Ferner wird auf den Gesichtspunkt einer Repräsentanz der OHG durch die geschäftsführungsbefugten Gesellschafter abgestellt[21].

Mit dem Gesichtspunkt des einheitlichen Auftretens der OHG im Rechtsverkehr wird offenbar auf § 124 Abs. I HGB Bezug genommen. Ein rechtlich anerkanntes Auftreten unter einem gemeinschaftlichen Namen im Rechtsverkehr ist jedoch sowohl für die BGB-Gesellschaften als auch für den nicht rechtsfähigen Verein nach herrschender Meinung ausgeschlossen, wenn das auf der tatsächlichen Ebene auch häufig geschieht. Daraus folgt, daß dieser Gesichtspunkt nicht geeignet ist, die Anwendung des § 31 BGB auf die BGB-Gesellschaft irgendwie zu tragen, das um so mehr, als mit dem Auftreten unter einem Gesamtnamen ein Merkmal angesprochen wird, das für die juristische Person gerade typisch ist. Aus dem Gedanken einer gewohnheitsrechtlichen Anwendung des § 31 auf die OHG, der ohnehin in Zweifel gezogen wird[22], lassen sich keine tragenden Gründe für die Ausdehnung der Vorschrift auf andere Gemeinschaftsformen gewinnen; denn mit der ausschließlichen Berufung auf ein Gewohnheitsrecht verzichtet man darauf, wertkausale Anknüpfungsmomente offenzulegen. Soweit auf den Gesichtspunkt der Repräsentanz der OHG durch die geschäftsführenden Gesellschafter abgestellt wird, tritt der Gedanke einer körperschaftlichen

[20] Vgl. statt vieler Alfred *Hueck*, Das Recht der offenen Handelsgesellschaft, 3. Aufl., 1964, S. 199; *derselbe*, Gesellschaftsrecht, 12. Aufl., 1965, S. 39, 72; Heinrich *Lehmann*, Gesellschaftsrecht, 2. Aufl., 1959, S. 121; *Soergel-Siebert*, § 31, Rdn. 5; Hans *Schumann*, a.a.O., S. 48 ff., der insbesondere eine eingehende Darstellung der Rechtsprechung gibt, auf die verwiesen wird.

[21] Harry *Westermann*, Haftung für fremdes Handeln, JuS, 1963, S. 334.

[22] So *Westermann* a.a.O.

Verfassung als Grundlage für den § 31 BGB hervor[23]. Dieser Gedanke gehört aber auch zu den entscheidenden Argumenten, die für eine Anwendung des § 31 auf den nicht rechtsfähigen Verein geltend gemacht werden, so daß die Erheblichkeit dieses Gesichtspunkts im Zusammenhang mit dem nicht rechtsfähigen Verein abgehandelt werden soll, auf den jetzt näher einzugehen ist.

2. Auf den nicht rechtsfähigen Verein hat die früher herrschende Meinung im Schrifttum[24] ebenso wie die ständige Rechtsprechung des Reichsgerichts[25] § 831 BGB angewandt. Im Schrifttum hat sich in letzter Zeit, insbesondere auf Grund der Arbeiten von Heinrich *Stoll*[26], Gustav *Boehmer*[27] und Walter *Habscheid*[28], mehr und mehr die Auffassung durchgesetzt, daß § 31 die für nicht rechtsfähige Vereine angemessene Vorschrift sei, und die Untersuchungen von Hans *Schumann*[29] haben diese Auffassung in der Rechtslehre zur absolut herrschenden Meinung gemacht.

Schumann, dessen Gedankengänge repräsentativ zugrunde gelegt werden sollen, sieht die Vorschrift des § 31 BGB nicht als Folge der Rechtsfähigkeit, sondern als Folge soziologischer Gegebenheiten an, die daher über den Bereich juristischer Persönlichkeit hinausgehe. Daß § 31 ausschließlich auf juristische Personen angewendet werden dürfe, wird geleugnet: Ein Vergleich der Motive zum E I mit der späteren Literatur zeige, daß man die Deutung von § 31 erst später mit der juristischen Person in Zusammenhang gebracht habe. Dieser Gedanke trifft jedoch nicht zu. Wenn auch der Gesetzgeber die Vorschrift des § 46 E I (§ 31 BGB) mit Zweckmäßigkeitserwägungen und einem Verkehrsbedürfnis begründet hat, so verband er diese entscheidenden rechtspolitischen Erwägungen doch ausschließlich mit der juristischen Person[30]. Daß der Anwendungsbereich des § 31 nach der Absicht der Gesetzgeber ausschließlich von soziologischen Erwägungen, ohne Rücksicht auf die juristische Personqualität, zu bestimmen sei, kann daher nicht an-

---

[23] *Westermann*, a.a.O., faßt den Bereich der Repräsentation zwar weiter; jedoch wird bei der OHG eine körperschaftliche Verfassung angenommen, was sich aus der Gleichstellung der Repräsentanz eines Vereins durch den Vorstand ergibt.

[24] Vgl. die Literaturnachweise bei *Enneccerus-Nipperdey*, § 116, III, 7, Fußnote 61, S. 708; *Schumann* a.a.O., S. 43 ff.

[25] Vgl. die Angaben bei *Enneccerus-Nipperdey* a.a.O., Fußnote 62; *Schumann*, a.a.O., wo auch abweichende Urteile einzelner Instanzgerichte angeführt werden.

[26] Gegenwärtige Lage der Vereine ohne Rechtsfähigkeit, in: Die Reichsgerichtspraxis im deutschen Rechtsleben, 1929, S. 49 ff.

[27] Grundlagen der Bürgerlichen Rechtsordnung, Bd. II, 2, S. 180 ff.

[28] AcP, 155, 1956, S. 375 ff.

[29] a.a.O.

[30] Eingehender zur Kritik vgl. *Fabricius*, Relativität der Rechtsfähigkeit, 1963, S. 201, Fußnote 2.

genommen werden. Die Frage, ob und mit welcher Begründung der § 31 aus seinen eindeutigen systematisch-dogmatischen Bezügen zur juristischen Person herausgenommen und für eine Anwendung auf den nicht rechtsfähigen Verein und auf die BGB-Gesellschaft herangezogen werden könnte, bleibt daher weiter offen.

Schumann erklärt die Anwendung des § 31 auf den nicht rechtsfähigen Verein ferner aus den Wurzeln des Gerechtigkeitsgedankens und einem praktischen Verkehrsbedürfnis, weil nämlich beim nicht rechtsfähigen Verein ein Sondervermögen gebildet werde, das die Vorteile einer eigenen Verwaltung genieße und daher auch den Schaden tragen müsse, der durch diese Verwaltung angerichtet werde. Die Anwendung dieses Prinzips, das, wie bereits die Motive zu § 46 E I ergeben, dem § 31 BGB zugrunde liegt, wird von Schumann dadurch begrenzt, daß er sie nur dort für sinnvoll hält, wo eine *körperschaftlich organisierte Personenmehrheit* im Rechtsverkehr als Einheit auftritt, Sondervermögen bildet und sich Organe schafft, die ihre Angelegenheiten verwalten und im Rechtsverkehr handelnd für sie auftreten. Damit soll insbesondere auch eine Abgrenzung zur BGB-Gesellschaft erfolgen, auf welche § 31 BGB für nicht anwendbar erklärt wird[31].

Durch diese Betrachtungsebene wird eine sogenannte *körperschaftliche Organisation* zum entscheidenden Kriterium einer Unterscheidung von nicht rechtsfähigen Vereinen und der BGB-Gesellschaft; sie soll nicht nur für die Frage der Anwendung des § 31 auf den nicht rechtsfähigen Verein, sondern auch für die Anwendung der §§ 51 Abs. II, 735 ZPO, 217 KO maßgeblich sein.

Eine Durchsicht des alten[32] wie des neueren und des neuesten Schrifttums[33] zeigt jedoch, daß über die Merkmale einer körperschaftlichen Organisation keine hinreichende Klarheit zu gewinnen ist. An eine „voll entwickelte Körperschaftsverfassung" hat *Otto von Gierke*[34] folgende Anforderungen gestellt: Ein besonderer Vereinsname, Festsetzung des Zwecks und des Sitzes des Vereins, Angaben einer etwaigen beschränkten Zeitdauer, Regelung der Bedingungen des Ein- und Austritts und der Ausschließung von Mitgliedern, Festsetzung der Beitrags- und Leistungspflichten, ein nach außen und innen leitender Vorstand und eine Mitgliederversammlung. Dieser Katalog von Voraussetzungen ist im sonstigen Schrifttum um das Mehrheitsprinzip erweitert worden. Da

---

[31] a.a.O., S. 53, Fußnote 122, b.

[32] Vgl. insbesondere Otto *von Gierke*, Die Genossenschaftstheorie und die deutsche Rechtsprechung, 1887, S. 41, 44, 68 ff., 70 ff., 608 ff., 911.

[33] Vgl. die Angaben in den Kommentaren und Lehrbüchern zum BGB zu § 54.

[34] An welche rechtlichen Voraussetzungen kann die freie Korporationsbildung geknüpft werden?, 19. DJT, 1888, Bd. II, S. 259 ff.; 298.

aber diese Merkmale einzeln oder in Kombination auch bei der BGB-Gesellschaft vorkommen können, die im Gegensatz zum Verein gerade nicht körperschaftlich organisiert sein soll, hat man lange vergeblich nach dem entscheidenden strukturellen Abgrenzungskriterium gesucht. Man hat es sowohl in subjektiven als auch in objektiven tatsächlich-organisatorischen Voraussetzungen erblickt. Aber selbst hierbei ist man nicht stehengeblieben, sondern hat das wesentliche Unterscheidungsmerkmal von der Rechtsfolgenseite her zu bestimmen versucht. So haben z. B. *Oertmann*[35] und *Planck-Lobe*[36] den Unterschied darin gesehen, ob eine von den Mitgliedern verschiedene Persönlichkeit *gewollt* sei. Andere haben — objektiv — auf den Gesichtspunkt des Mitgliederwechsels[37] oder sogar auf die angebliche Unmöglichkeit einer Beschränkung der Haftung auf das Gesellschaftsvermögen für die Gesellschaftsschulden abgestellt[38]. Es hat sich jedoch herausgestellt, daß es ein „aussichtsloses Unterfangen" ist, „einzelne Eigenschaften als dem Verein wesentlich herauszugreifen und mit ihnen die Abgrenzung gegenüber der Gesellschaft vorzunehmen"[39]. Dies hat dazu geführt, daß man sich auf die „Betonung des Gesamtcharakters"[40] beschränkt hat. „Allein die typische Gesamtstruktur" soll „die Handhabe zur Abgrenzung" bilden[41]. Dieser Verzicht auf festliegende Tatbestandsvoraussetzungen, der m. E. nicht notwendig gewesen wäre, erklärt sich wie folgt:

§ 54 BGB, der sich auf „Vereine, die nicht rechtsfähig sind", erstreckt, hätte seinem Wortlaut nach die Möglichkeit eröffnet, von den für den rechtsfähigen Verein in §§ 24, 26, 27, 32, 56, 57 BGB aufgestellten organisatorischen Voraussetzungen auszugehen und nach den zwingenden Merkmalen die *erforderliche* Organisation des nicht rechtsfähigen Vereins zu bestimmen. Lediglich die Rechtsfolgen würden dann den Vorschriften über die BGB-Gesellschaft zu entnehmen gewesen sein. Von diesem Ausgangspunkt wäre eine klare organisatorische Abgrenzung zwischen nicht rechtsfähigen Vereinen und BGB-Gesellschaft möglich gewesen.

Die herrschende Meinung in Rechtsprechung und Schrifttum hat aber darauf verzichtet, von einem gesetzlich vorgezeichneten Organisationstypus für den nicht rechtsfähigen Verein auszugehen, um die in der Lebenswirklichkeit vorkommenden Sachverhalte bei der rechtlichen

---

35 a.a.O. Bd. I, § 54, 1, b, S. 180.

36 a.a.O. Bd. II, Vorbemerkung zu § 705, III, S. 1265.

37 *Zitelmann*, Das Recht des BGB, Allgem. Teil, 1900, S. 68; *Binder*, Das Problem der juristischen Persönlichkeit, 1907, S. 93 ff.; *RGZ* 60, S. 94.

38 So *Hölder*, Natürliche und juristische Personen, 1905, S. 266 ff.

39 So im Anschluß an H. Stoll, a.a.O., Hermann *Schultze-v. Lasaulx*, Festschrift für Alfred Schultze, 1934, S. 5.

40 *Stoll*, a.a.O.

41 *Schultze-v. Lasaulx*, a.a.O.

Beurteilung an diesem Typus rechtlich messen zu können. Man ist vielmehr für die Organisation des nicht rechtsfähigen Vereins von den dispositiven, die Organisation der BGB-Gesellschaft regelnden Vorschriften der §§ 705 ff. BGB ausgegangen. Das führt praktisch dahin, daß immer dann, wenn eine BGB-Gesellschaft ein atypisches, für einen rechtsfähigen Verein typisches Merkmal aufweist, die Frage gestellt wird, ob nicht ein nicht rechtsfähiger Verein vorhanden ist. Bei der Beantwortung dieser Frage orientiert man sich zwar an einer Sammlung typischer Vereinsmerkmale, ohne diese jedoch als subsumtionsfähigen, gesetzlichen Typus anzuerkennen. Dabei wird auch nicht unterschieden, ob diese Merkmale nach der Einteilung für den rechtsfähigen Verein zwingenden oder dispositiven Charakter haben. Theoretisch gelangt man dann zu einer gleitenden Reihe von Organisationsmerkmalen, deren Glieder zwar einzelne Merkmale eines Vereins darstellen, die aber wegen ihrer nicht mit normativer Verbindlichkeit ausgestatteten Reihenstruktur eine sichere Basis dafür, den nicht rechtsfähigen Verein typisch zu erfassen, nicht abgeben. Man verzichtet auf einen rechtlich anerkannten Typus für die Organisation des nicht rechtsfähigen Vereins. Sieht man die möglichen Organisationsmerkmale für den nicht rechtsfähigen Verein auf diese Weise lediglich in einer logischen Reihe, dann hat man es mit „verschwommenen Grenzen und fließenden Übergängen zu tun", dann gibt es „wohlbegründete Zweifel an dem Unterfallen des einzelnen Objektes, gibt es Zugehörigkeit ‚bis zu einem gewissen Grade'"[42]. *Stoll*[43] spricht in diesem Sinne im Hinblick auf den Unterschied von nicht rechtsfähigem Verein und BGB-Gesellschaft (im Anschluß an *Neubecker*) von „konträren Gegensätzen mit allmählichen Übergängen"[44].

Geht man bei der Bestimmung des Vereinscharakters von den §§ 705 ff. BGB und deren dispositiver Natur aus, dann wird der Vereinsbegriff zum unbestimmten Rechtsbegriff, die Frage, ob ein Verein oder eine Gesellschaft vorliegt, wird zum Problem einer „rechtspolitischen Wertung"[45]. Denn die dispositive Natur der §§ 705 ff. BGB nötigt dazu, die besonderen Umstände der jeweiligen Vergemeinschaftung im Einzelfall zu werten, ohne daß auf feststehende Merkmale eines gesetzlich vorgezeichneten Typus Bezug genommen werden kann. Damit ist der

---

[42] Vgl. zu diesem „lebensnahen Typus" *Engisch*, Die Idee der Konkretisierung in Recht und Rechtswissenschaft unserer Zeit, 1953, S. 243.

[43] a.a.O.

[44] Ebenso *Larenz*, Methodenlehre der Rechtswissenschaft, 1960, S. 310, Fußnote 4; *Esser*, Schuldrecht, 2. Aufl., 1960, § 173, 2, S. 710, hebt ähnlich die „restlose Ablösung des Kollektivs", *Haupt-Reinhardt*, a.a.O., S. 13, eine „Tendenz zur Verselbständigung" hervor.

[45] So *Würdinger*, Gesellschaften, 1. Tl., Recht der Personalgesellschaften, 1937, S. 72.

Boden verlassen, auf dem der Rechtsanwender normalerweise zu arbeiten hat. Denn der Rechtsanwender ist gehalten, „dem gesetzlichen Typus gemäß zu konkretisieren"[46]. Er darf nicht den Einzelfall als Individualfall, sondern muß ihn „mindestens als Konkretion eines Typus" ansehen und beurteilen[47]. Wenn die herrschende Meinung, diesen Grundlagen der Rechtsanwendung zuwider, das Wesentliche des nicht rechtsfähigen Vereins gewissermaßen aus einer, wenn auch durch eine Kette einzelner Organisationselemente verdichteten Generalklausel zu gewinnen trachtet, dann erheben sich dagegen mit Rücksicht auf die Rechtssicherheit erhebliche Bedenken[48], zumindest im Hinblick auf die Anwendung des § 31 BGB. Diese Vorschrift verlangt als Haftungsnorm, daß die Voraussetzungen klar festgelegt sind und nicht an gleitenden Übergängen gemessen werden[49]. Diese Unsicherheit wird auch nicht dadurch behoben, daß man sich als Leitlinie auf eine „geschlossene Einheit" beruft, die als solche im Verkehr anerkannt wird; denn dadurch wird das Problem der körperschaftlichen Organisation nur erneut aufgerollt. Der so verstandene Begriff der körperschaftlichen Organisation vermag mithin die Anwendung des § 31 BGB auf den nicht rechtsfähigen Verein und erst recht auf die BGB-Gesellschaft nicht überzeugend zu begründen. Eine für die Rechtspraxis notwendige Einschränkung des dem § 31 BGB zugrunde liegenden Prinzips ist daher durch ein Erfordernis besonderer soziologischer Gegebenheiten nicht als gelungen anzusehen.

Ob es überhaupt möglich ist, auf dem von der herrschenden Meinung eingeschlagenen Weg sichere Merkmale für eine körperschaftliche Organisation herauszuarbeiten, kann jedoch zumindest für die Anwendung des § 31 BGB dahingestellt bleiben. Diese Vorschrift findet nämlich auch auf Stiftungen Anwendung (§ 86 BGB), bei denen es fraglich sein muß, ob sie eine körperschaftliche Verfassung haben, weil auf jeden Fall kein personelles Substrat vorhanden ist, das bei der Frage der körperschaftlichen Verfassung des nicht rechtsfähigen Vereins gerade die entscheidenden Schwierigkeiten bereitet hat. Es stellt sich daher die Frage, welche wertkausalen Anknüpfungselemente denn die Anwendung dieser Vorschrift auf die Stiftung rechtfertigen.

3. Für die Entstehung einer Stiftung ist ein Stiftungsgeschäft erforderlich (§ 80 BGB), in welchem der Stifter die Erklärung abgegeben hat, daß er ein bestimmtes Vermögen auf die Stiftung zu übertragen sich

---

[46] So Hans J. *Wolff*, Typen im Recht und in der Rechtswissenschaft, in: Studium Generale, 1952, S. 201.

[47] *Engisch*, a.a.O., S. 238, Fußnote 8.

[48] Vgl. dazu Karl *Michaelis*, Logische und praktische Richtigkeit bei der Subsumtion, Festschrift für das OLG Celle, 1961, S. 135; *Esser*, Grundsatz und Norm in der richterlichen Fortbildung des Privatrechts, 1956; *Wieacker*, Zur rechtstheoretischen Präzisierung des § 242 BGB; *Larenz*, a.a.O., S. 130 f.

[49] In diesem Sinne auch Karl *Michaelis*, a.a.O., S. 136.

verpflichtet (vgl. § 82 BGB). Diese Verpflichtung wird mit der Genehmigung der Stiftung wirksam. Mit der Übertragung des gestifteten Vermögens auf die Stiftung wird das Stiftungsvermögen dem Stifter als Gegenstand seines Individualinteresses entzogen und der ausschließlichen Verwaltung des Stiftungsvorstandes unterstellt[50]. Dieser hat es nach der im Stiftungsgeschäft niedergelegten, verobjektivierten Willens- und Interessenordnung, die ggf. durch gesetzliche Vorschriften ergänzt wird, zu verwalten (§§ 85, 86 BGB).

Die nur entsprechende Anwendung des § 31 BGB auf die rechtsfähige Stiftung erklärt sich, wie bereits gesagt worden ist, daraus, daß § 31 eine für rechtsfähige Vereine normierte Vorschrift ist. Da die Stiftung als juristische Person in jedem Fall kein personelles Substrat haben kann, § 31 aber gleichwohl auf sie entsprechend anzuwenden ist, muß die ratio des § 31 auch bei der Stiftung gegeben sein, während es auf das beim Verein vorhandene personelle Substrat nach Grundgedanken und Normzweck des § 31 nicht ankommen kann. Wie schon in den Motiven zum E I (§ 46) gesagt und von *von Tuhr*[51] präzisiert worden ist, muß ein Sondervermögen, das die Vorteile einer eigenen Verwaltung genießt, auch den Schaden tragen, der durch diese Verwaltung angerichtet wird. Dieses Prinzip weist keinen Bezug auf irgendeine Mitgliedermehrheit auf, so daß die dem § 31 insoweit zugrunde liegende Ordnungslage beim rechtsfähigen Verein mit dem organisatorischen Aufbau einer Stiftung korrespondiert. Man kann allenfalls noch die Frage aufwerfen, ob sich durch das Hinzutreten eines personellen Substrates insofern etwas ändert, als die Personenmehrheit im Hinblick auf seine Einflußmöglichkeiten auf das Sondervermögen, zu dem sie als Einzelpersonen beitragen, besonders organisiert sein muß, z. B. derart, daß die Mehrheit von der Vermögensverwaltung ausgeschlossen und durch ein Fremdorgan vertreten sein muß. Das ist jedoch nicht der Fall. Jedes Mitglied eines rechtsfähigen Vereins kann, abgesehen von seiner Gliedstellung in der Mitgliedergemeinschaft, allein oder in Verbindung mit einzelnen anderen oder sogar allen Mitgliedern oder Außenstehenden gleichzeitig Glied des die Organisation vertretenden Vorstandes sein (§ 26 Abs. I BGB). Entscheidend ist allein, daß der einzelne in bezug auf das Vereinsvermögen seine Individualinteressen insoweit zurückzustellen hat, als er als Einzelperson über das Vermögen nicht verfügen, sondern nur im Rahmen der Organisation bei der Vermögensverwaltung mitwirken kann. Diese Gesichtspunkte entsprechen den zwingenden Erfordernissen eines rechtsfähigen Vereins (vgl. §§ 57, 26 BGB).

---

[50] Vgl. dazu Fritz *Brecher*, Subjekt und Verband, in Festschrift für A. Hueck, 1959, S. 244: „Die ‚Organschaft' wird über die Bedenklichkeit des Vergleichs hinaus zur instrumentalen Zweck-Mittel-beziehung."

[51] Allgem. Teil, Bd. I, S. 539.

§ 31 beruht dann auf der Grundlage, daß Vermögensgegenstände von mehreren Personen oder auch einer Einzelperson zusammengetragen und derart verselbständigt worden sind, daß der einzelne als solcher von der Vermögensverwaltung ausgeschlossen ist. Soweit er als Organ verfügen kann, ist er Sachwalter der Organisation, der unter Zurückstellung seiner Individualinteressen die Verwaltung nach Maßgabe einer festgelegten Interessenordnung durchzuführen hat.

Will man für die Anwendung des § 31 BGB an dem Gedanken einer körperschaftlichen Organisation festhalten, dann kann diese nur funktionell dadurch bestimmt sein, daß diejenigen Personen, „welche die Betätigung ihrer Rechte und Pflichten einer Organisation anvertrauen . . ., sich selbst von dieser Betätigung ausschließen“[52]. Anderenfalls muß man auf den Gedanken der körperschaftlichen Organisation zur Begründung einer über den Bereich juristischer Personen hinausgehenden Anwendung des § 31 BGB verzichten.

Die Frage, welchen Inhalt man dem Begriff der körperschaftlichen Organisation beilegen soll, kann in dieser Untersuchung dahingestellt bleiben. Für die Anwendung des § 31 BGB auf den nicht rechtsfähigen Verein wie auf die BGB-Gesellschaft kann nur das funktionell bestimmte Merkmal der Vermögensverselbständigung unter Ausschluß der Individualinteressen der zu dem Vermögen beitragenden Einzelpersonen maßgebend sein.

Es fragt sich nunmehr, inwieweit diese Gedanken auch für die BGB-Gesellschaft verwendbar sind. Unter grundsätzlicher Abänderung der im E I vorgezeichneten rein individualistischen Struktur der BGB-Gesellschaft hat der E II unter dem Einfluß *Otto von Gierkes* die BGB-Gesellschaft in ihrer Grundform als reine Gesamthandsgemeinschaft ausgestaltet. Wie man diese Gesamthandsgemeinschaft auch rechtskonstruktiv erfassen mag, so steht auf jeden Fall doch fest, daß, wie die §§ 718, 719 BGB ergeben, ein Sondervermögen gebildet wird; dieses steht den Gesellschaftern nur in ihrer gemeinschaftlichen Verbundenheit zu, die über das Maß einer bloßen obligatorischen Verbindung hinausgeht. Von der Verfügung über dieses Sondervermögen ist der einzelne als solcher ausgeschlossen; die Verfügungsmacht steht nur allen Gesellschaftern gemeinschaftlich zu; deren Verfügungsmacht ist an dem verfolgten Zweck der Gesellschaft ausgerichtet (§§ 709, 714 BGB). Damit erscheinen die Voraussetzungen als erfüllt, die dem Grundgedanken des § 31 BGB entsprechen. Es kann auch nicht erheblich sein, daß diese Organisation der Gesellschaft auf einem schuldrechtlichen Vertrag und

---

[52] Walther *Burckhardt*, Die Organisation der Rechtsgemeinschaft, 2. Aufl., 1943, S. 296.

nicht auf einer vereinsrechtlichen Satzung aufbaut[53]. Auch für die Errichtung einer Stiftung genügt eine einfache, in Schriftform abgegebene rechtsgeschäftliche Erklärung als Organisationsgrundlage. § 31 BGB kann daher, wenn man an das dieser Vorschrift zugrunde liegende Prinzip anknüpft, jedenfalls nicht ohne weiteres als Rechtsgrundlage für eine Haftung wegen rechtswidriger Handlungen von geschäftsführenden Gesellschaftern einer BGB-Gesellschaft abgelehnt werden. Der geschäftsführende Gesellschafter einer BGB-Gesellschaft wird zwar nicht, wie der Vorstand eines rechtsfähigen Vereins, nach der üblichen, jedoch nicht im Gesetz verankerten Terminologie „Organ" genannt, weil er nicht auf Grund einer Satzung tätig wird; aber rechtlich macht auch das keinen Unterschied; wir „wagen" nur nicht, ihn „Organ zu nennen"[54].

Gleichwohl darf nicht unberücksichtigt bleiben, daß bis zu diesem Stand der Untersuchung nur auf das Prinzip des § 31 BGB abgestellt worden ist, der Gesetzgeber dieses Prinzip aber durch das Erfordernis juristischer Persönlichkeit in seinem Anwendungsbereich eingeschränkt hat. Es fragt sich daher, ob man sich über diese gesetzliche Schranke hinwegsetzen darf.

Allgemeine Rechtsgrundsätze sind als solche nur Richtlinien für den Gesetzgeber, welche die Tendenz einer gesetzlichen Regelung festlegen. Sie sind für die Rechtsanwendung aber noch zu unbestimmt, als daß ohne weitere tatbestandliche Fixierungen und Konkretisierungen Rechtsfolgen aus ihnen abgeleitet werden könnten. Jedes Prinzip bedarf für die Rechtsanwendung nämlich deshalb einer Abgrenzung, weil eine Rechtsnorm regelmäßig nicht nur von einem einzigen, sondern von mehreren Prinzipien getragen wird, die miteinander in Widerstreit treten können, der durch das Gesetz ausgeglichen wird[55]. Da die juristische Persönlichkeit gerade die Vermögensabsonderung von den zum Sondervermögen beitragenden Einzelpersonen entscheidend und weitergehend als bei der Bildung von Gesamthandsvermögen bedingt, erscheint die Verknüpfung des oben herausgestellten Prinzips mit der juristischen Persönlichkeit geradezu erforderlich. Die oben III, 2 a. E. noch offen gelassene Frage, ob § 31 BGB aus seinen eindeutigen systematisch-dogmatischen Bezügen zur juristischen Person herausgenommen werden kann, ist daher jetzt zu beantworten.

---

[53] Gegen eine Überbetonung dieses Gesichtspunkts auch *Brecher*, a.a.O., S. 243.

[54] *Esser*, Schuldrecht, § 173, 2, S. 710.

[55] In diesem Sinne z. B. Philipp *Heck*, Das Problem der Rechtsgewinnung, 1932, S. 30; Josef *Esser*, a.a.O., S. 132, 137, 154 ff., 157 ff.; *Larenz*, Methodenlehre, a.a.O., S. 253 ff.; *Engisch*, Die Einheit der Rechtsordnung, 1935, S. 64 ff.; Fritz *Rittner*, FamRZ, 1964, S. 4 f.; Fritz *Baur*, Der Testamentsvollstrecker als Unternehmer, in Festschrift für Hans Dölle, Bd. I, 1964, S. 249 ff. (269).

IV. Die Wertgleichheit der Zuordnung von Berechtigungen und Verpflichtungen bei juristischen Personen und Gesamthandsgemeinschaften im Rahmen des § 31 BGB

Die juristische Persönlichkeit einer Organisation schafft für die zu ihrem Vermögen gehörenden Berechtigungen und Verpflichtungen ein von den zu dem Vermögen beitragenden einzelnen Personen scharf zu trennendes, neues Zuordnungssubjekt. Daran ändert sich auch dann nichts, wenn man die juristische Person nicht nur als Fiktion ansieht, zu der das personelle Substrat institutionell nicht gehört, sondern wenn man die zu ihrem Vermögen Beitragenden als zur juristischen Person gehörig und damit als an dem Vermögen sekundär rechtlich beteiligt ansieht[56]. Auch in diesem Fall ist primär die juristische Person als solche rechtszuständig. Die juristische Persönlichkeit ist es also, welche die für das dem § 31 zugrunde liegende Prinzip entscheidende Vermögensabsonderung gegenüber den einzelnen, die zu diesem Vermögen beitragen, bewirkt.

Da weder der nicht rechtsfähige Verein noch die BGB-Gesellschaft juristische Persönlichkeit wie eine gesetzlich anerkannte juristische Person besitzen, fragt es sich daher, wer denn für die in einem Gesamthandsvermögen zusammengefaßten Berechtigungen und Verpflichtungen die Zuordnungssubjekte sind, insbesondere, ob es die einzelnen Mitgesellschafter sind, oder ob es die Gemeinschaft als solche ist. Nur wenn wenigstens auf eine der juristischen Persönlichkeit angenäherte Zuordnungssubjektivität erkannt werden könnte, wäre es möglich, § 31 BGB über den Bereich juristischer Persönlichkeit hinaus auf die genannten Sondergebilde anzuwenden.

Die Möglichkeit, daß eine Gesamthand als Zuordnungssubjekt angesehen werden kann, wird im Schrifttum ganz überwiegend abgelehnt[57]. Das Problem, wie *ein* subjektives Recht als Objekt einer Mehrzahl von Personen zuständig sein kann, versucht man auf verschiedenen Wegen zu lösen. Entweder stellt man auf eine solidarische Rechtszuständigkeit ab oder erkennt die Gesamthand zwar als Einheit an, ohne ihr Zu-

---

[56] Vgl. dazu *Bartholomeyczik*, Juristische Personen, in Hdwb. der Rechtsw., Bd. VIII, 1937, S. 292 ff., insbesondere unter III.

[57] Zu den Einzelheiten der Auseinandersetzungen zum Gesamthandsprinzip, die hier nur thesenhaft erfolgt, vgl. *Fabricius*, Relativität, a.a.O., S. 117 ff.; 133 ff., wo auch das gesamte Schrifttum angegeben ist. Neuerdings hat sich *Bartholomeyczik*, Das Gesamthandsprinzip beim gesetzlichen Vorkaufsrecht der Miterben, in Festschrift für Nipperdey, 1965, S. 173, der Theorie der Einheitszuständigkeit angeschlossen. Zu dem bei *Bartholomeyczik*, Fußnote 72, aufgezeigten Widerspruch in den Ausführungen von *Buchda* sei bemerkt, daß das Gesamthandsprinzip sowohl ein Prinzip gemeinschaftlichen Handelns, als auch der Einheitszuständigkeit ist; vgl. dazu *Fabricius*, a.a.O., S. 43 ff., 118, und die Auseinandersetzung mit der Lehre *Buchdas*, S. 117 ff.

ordnungssubjektivität zu geben. Wiederum andere wollen den Rechtsinhalt in Rechtsanteile aufteilen und die Zuständigkeitsfrage durch eine eigenartige Verflochtenheit der einzelnen Anteile beantworten. All diese Theorien geben jedoch keine befriedigende Antwort auf die nach dem Gesetz aufzuwerfende Frage, wie *ein* subjektives Recht als Objekt einer Mehrzahl von Personen zuständig sein kann.

Die Annahme einer Solidarzuständigkeit umgeht diese Frage schon im Ansatz dadurch, daß sie das *eine* Recht entsprechend der Anzahl der Mitglieder der Gesamthand vervielfältigt und jedem Mitglied das Recht als Vollrecht zuordnet. Die so dem einzelnen Mitgesellschafter zugeordneten Rechte werden aber durch ein soziales Band wiederum zusammengefaßt, indem man das dem einzelnen zuständige Individualrecht inhaltlich aushöhlt und die Rechtsausübung, d. h. die einzelnen Verwaltungs- und Verfügungsbefugnisse, der Gemeinschaft als solcher zuordnet. Das ist in mehrfacher Hinsicht angreifbar und verschiebt nur das Problem.

Wenn man dem einzelnen Mitgesellschafter ein subjektives Individualrecht zuordnet, ihm aber gleichzeitig den gesamten Inhalt dieses Rechts dauernd wieder entzieht, ohne daß er ihn, wenn er will, wieder an sich ziehen kann, ihm also nur die Form beläßt, dann entfernt man sich von der Aufgabe des subjektiven Rechts, welche dieses in unserer Rechtsordnung erfüllen soll. Denn das subjektive Recht soll dem einzelnen ermöglichen, seine Interessen in Freiheit und Selbstverantwortung zu befriedigen. Abgesehen davon wird durch diese Konstruktion die Kernfrage aber auch nur verschleiert, weil die durch die Sozialbindung vorgenommene Verlagerung der Verwaltungs- und Verfügungsbefugnisse auf die Gemeinschaft das Zuständigkeitsproblem unter dem Gesichtswinkel der Zuständigkeit dieser oder jener *einen* Befugnis erneut aufwirft. Von der Theorie der Solidarzuständigkeit werden „die Ansätze zu einer selbständigen größeren Einheit vernachlässigt, um die Eigenständigkeit der einzelnen formal aufrechtzuerhalten“[58], und zwar ohne zwingende Notwendigkeit, da der Gesetzgeber die Konstruktion der Gesamthand bewußt der Wissenschaft überlassen hat[59]. Ebenso wie bei einer Solidarzuständigkeit werden aber auch die Probleme nur verschleiert, wenn man in der Gesamthand zwar eine „Zusammenfassung“ der Gesellschafter „zu einer Personeneinheit“ erblickt, ohne aber dieser Einheit die Eigenschaft eines Zuordnungssubjektes zuzuerkennen. Damit wird eine Lösung des Gemeinschaftsproblems vorgetäuscht, die in Wahrheit keine ist, weil sich ja gerade fragt, ob diese Gesamtheit für die Rechtszuständigkeit Einheit oder Vielheit ist.

---

[58] Fritz *Brecher*, a.a.O., S. 243.

[59] Protokolle der Kommission für die zweite Lesung des Entwurfs des BGB, Bd. II, S. 433.

Schließlich verzichtet auch die Lehre von der Aufgliederung des einen Rechtsinhalts in Rechtsanteile, welche das subjektive Recht „repräsentieren", darauf, dem subjektiven Recht als Objekt eine unmittelbare Zuständigkeit zu vermitteln.

All diese wenig überzeugenden und in sich widerspruchsvollen Erklärungen der Rechtszuständigkeit bei der Gesamthand sind auf die Prämisse zurückzuführen, daß eine verbundene Personenmehrheit kein Zuordnungssubjekt und damit kein Rechtssubjekt sein könne. Diese Prämisse ist aber unrichtig und aus dem geltenden Recht nicht herzuleiten[60], so daß sie der Anerkennung einer Einheitszuständigkeit bei der Gesamthand nicht entgegensteht.

Will man den Widerspruch zwischen Einheit von Form und Inhalt beim subjektiven Recht einerseits und Mehrheit der Rechtsträger andererseits befriedigend lösen, so muß man die Mehrheit von Subjekten organisatorisch zu einer Einheit zusammenfassen und dieser Einheit das subjektive Recht zuordnen, sie zu einem Zuordnungssubjekt machen. Denn die Zuständigkeit eines Rechtes als Objekt ist nur für eine Einheit begründbar. Da das subjektive Recht dieser Einheit nicht als Selbst- und Endzweck, sondern nur als Mittel für ihre Zwecke zugeordnet wird, und ihr eine rechtliche Erlaubnis zum gemeinschaftlichen Handeln einräumt, muß das Zuordnungssubjekt auch rechtsfähig sein. Dabei kann es sich allerdings nur um eine relative, und zwar kollektive Rechtsfähigkeit handeln, da die in der Gemeinschaft zur Einheit zusammengefaßten Mitglieder nicht hinter einem durch einen rechtlich anerkannten, individualisierenden Gesamtnamen erzeugten Schirm individueller juristischer Persönlichkeit auftreten.

Von der anzuerkennenden Zuordnungssubjektivität der BGB-Gesellschaft werden nicht nur Berechtigungen, sondern auch Verpflichtungen erfaßt[61]. Neben die Verpflichtungen der Gesellschaft als solcher tritt allerdings häufig eine gesamtschuldnerische Haftung der einzelnen Gesellschafter, was sich im einzelnen aus §§ 420 ff. ergibt. Wird die BGB-Gesellschaft als solche rechtsgeschäftlich verpflichtet, so ergibt sich die gesamtschuldnerische Haftung aus § 427 BGB. Haben die Gesellschafter in Gesellschaftsangelegenheiten gemeinsam eine unerlaubte Handlung begangen, so haften sie gemäß § 830 BGB als Gesamtschuldner. Handelt nur ein geschäftsführender Gesellschafter in Ausführung seiner Geschäftsführungsbefugnis, so könnte sich eine gesamtschuldnerische Haftung aus § 830 nur dann ergeben, wenn § 831 BGB auf die Gesellschaft anwendbar wäre.

---

[60] Vgl. *Fabricius*, a.a.O., S. 57 ff., 61.
[61] Vgl. *Fabricius*, a.a.O., S. 131 f.

Die weitgehende gesamtschuldnerische Haftung der einzelnen Gesellschafter ist dadurch wertkausal begründet, daß die Gesellschaft keine feste Haftungsgrundlage hat, auf deren Sicherung bei den Kapitalgesellschaften rechtlich hingewirkt wird. Die gesamtschuldnerische Haftung ist aber immer nur dann gegeben, wenn ein entsprechender Tatbestand, z. B. der §§ 420 ff., erfüllt ist. Man kann nicht, wie das im Schrifttum häufig anklingt, einfach sagen, daß sich die gesamtschuldnerische Haftung „ohne weiteres aus der Struktur der Gesellschaft des Bürgerlichen Rechts“ ergebe[62].

Die sowohl Berechtigungen als auch Verpflichtungen umfassende Zuordnungssubjektivität der Gesamthand führt zu einer klaren, rechtskonstruktiv erfaßbaren Trennung der Vermögen der einzelnen Mitgesellschafter von dem Gesellschaftsvermögen, die auch nicht dadurch beeinträchtigt wird, daß die Gesellschafter selbst in sekundärer Zuständigkeit an dem Vermögen beteiligt bleiben (vgl. §§ 718, 719, 725, 738 BGB) und gegebenenfalls gesamtschuldnerisch für die Gesellschaftsverbindlichkeiten haften.

Daß die Annahme einer kollektiven Rechtsfähigkeit der Gesamthand nicht nur eine konstruktiv durchsichtigere, sondern sogar eine rechtsnotwendige Lösung ist, zeigen die Fälle, in denen eine rechtsgrundlose Bereicherung in das Gesellschaftsvermögen gelangt ist und herausverlangt wird.

Wenn Sacheigentum ohne Rechtsgrund in das Gesellschaftsvermögen gelangt ist, so geht der Anspruch aus § 812 BGB auf Rückübereignung der Sache. Dieser Anspruch kann nur gegen die Gesellschaft als solche, d. h. gegen die Gesellschafter in ihrer gesamthänderischen Verbundenheit geltend gemacht werden[63]. Ein auf einer gesamtschuldnerischen Haftung aufbauender Anspruch gegen die einzelnen Gesellschafter ist undenkbar. Auch § 431 BGB ändert dieses Ergebnis nicht. Dem Wortlaut nach könnte man die Voraussetzungen dieser Vorschrift allerdings als gegeben erachten, wenn man außer acht lassen würde, daß bei dem ins Auge gefaßten Bereicherungsanspruch ausschließlich die Gesellschaft als solche die Herausgabe verwirklichen kann. Für solche Ansprüche kann

---

[62] So z. B. bei *Staudinger-Kessler*, BGB, 11. Aufl., 1958, § 714, Rdn. 13.

[63] Wenn man sich allerdings auf den Standpunkt einer Solidarzuständigkeit stellen würde, hätte formal der Entreicherte einen Anspruch gegen jeden einzelnen Gesellschafter, der aber angesichts der Sozialbindung des Inhalts dieses Rechts nicht durchsetzbar wäre. Die Klage gegenüber dem einzelnen Gesellschafter müßte abgewiesen werden. Die Geltendmachung der Ansprüche gegenüber *allcn* Gesellschaftern *zusammen* würde dem Bereichungskläger zum Ziele verhelfen. Dann ist aber nicht mehr einzusehen, weshalb nicht eine Einheitszuständigkeit begründet werden soll und die BGB-Gesellschaft als Zuordnungsobjekt eines Bereicherungsanspruchs anzusehen ist.

§ 431 jedoch nicht vorgesehen sein[64]. Nicht ohne Grund scheint in dieser nach herrschender Meinung zwingenden Vorschrift, im Gegensatz zu der dispositiven Norm des § 427 BGB, das Merkmal der Gemeinschaftlichkeit nicht erwähnt worden zu sein. Im Ergebnis hat denn auch im neueren Schrifttum die Meinung an Boden gewonnen, daß der Bereicherungsanspruch eine reine Gesellschaftsschuld sei[65].

Das Reichsgericht[66] hat zwar den Bereicherungsanspruch als eine gesamtschuldnerische Verbindlichkeit der Gesellschafter angesehen. Die Begründung hierzu ist allerdings unhaltbar. Sie beruht nicht nur auf einem unzulässigen Umkehrschluß aus § 427 BGB, sondern ist darüber hinaus auch noch mit einer die Tragfähigkeit der Argumentation nur scheinbar verbergenden Fiktion verbunden. Wenn auch die Gesellschafter bei rechtsgeschäftlichen Verbindlichkeiten der Gesellschaft gem. § 427 BGB Gesamtschuldner werden, rechtfertigt das nicht den Umkehrschluß, die bei der Gesellschaft eingetretene Bereicherung als bei den einzelnen Gesellschaftern eingetreten zu betrachten und den Bereicherungsanspruch als gesetzlichen Anspruch gegen die Gesellschaft auf die einzelnen Gesellschafter als Gesamtschuldner zu erstrecken. Mit der Fiktion, deren sich das Reichsgericht bedient, daß sich nämlich aus § 427 ergebe, daß auch die Vorleistung des anderen Teils, die an die Gesellschafter gemeinsam erfolgte, als jedem ganz geleistet zu gelten habe, vermag das Reichsgericht den Wechsel in der Zielrichtung des Anspruchs nur deshalb zu begründen, weil es sich hier um eine vertretbare Geldleistung handelt. Hätte der Bereicherungsanspruch auf Rückgewähr einer bestimmten Sache abgezielt, wäre dieses Argument in sich zusammengebrochen.

Ähnliche Problemstellungen ergeben sich bei Ansprüchen eines Geschäftsführers aus nicht genehmigter Geschäftsführung ohne Auftrag gem. § 684 BGB. Bei der Anwendung des § 684 BGB ist eine in sich geschlossene und widerspruchsfreie Lösung, welche die tatsächliche Rückgewähr ermöglicht, nur dann gewährleistet, wenn man von der Zuordnungssubjektivität der Gesellschaft ausgeht[67].

---

[64] Vgl. hierzu *Reimer Schmidt* in Soergel-Siebert, § 431, Rdn. 1; die gesamtschuldnerische Haftung einer BGB-Gesellschaft ist im übrigen ein Feld, das noch nicht hinreichend erforscht ist und näherer Untersuchung bedarf.

[65] Vgl. z. B. *Staudinger-Kessler*, § 718, Rdn. 13, allerdings in Widerspruch zu § 714, Rdn. 14, wo die gegenteilige Auffassung vertreten wird; *Fischer* in BGB-RGRK, 11. Aufl., 1960, § 718, Anm. 9, wobei auf die rechtliche Verselbständigung des Gesellschaftsvermögens hingewiesen wird; *Würdinger*, a.a.O., S. 89, der sich allerdings zu Unrecht auf § 431 BGB beruft; *Esser*, Schuldrecht, S. 732; *Erman-Schultze-Wenck*, BGB, 3. Aufl., 1962, § 718, Anm. 3, a, bb.

[66] *RGZ* 67, 1908, S. 260; auf diese Entscheidung berufen sich *Staudinger-Kessler*, § 714, Rdn. 14.

[67] Auch vermögenswerte Leistungen, die dem Gesellschafter aus dem Gesellschaftsverhältnis gegen die Gemeinschaft zustehen, kann er nicht gegen

Da die Theorie der Zuordnungssubjektivität der Gesamthand gegenüber den übrigen Theorien den Vorzug verdient, ist damit eine tragfähige Grundlage für die Anwendung des § 31 BGB sowohl auf den nicht rechtsfähigen Verein, als auch auf die BGB-Gesellschaft geschaffen worden. Zweifelhaft kann nur noch sein, ob nicht die individuelle Rechtsfähigkeit der juristischen Person für die Anwendung des § 31 BGB entscheidend ist. Geht man von der Zuordnungssubjektivität der Gesamthand aus, die ihrerseits eine kollektive rechtliche Einheit ist, so unterscheidet sich die Gesamthand von der mit individueller Rechtsfähigkeit ausgestatteten juristischen Person nur noch dadurch, daß sie nicht unter einem rechtlich anerkannten Namen am Rechtsverkehr teilnimmt[68].

Ein rechtlich anerkannter Name einer Organisation ist jedoch kein notwendiges Erfordernis für eine entsprechende Anwendung des § 31 BGB. Der Name einer juristischen Person dient dazu, eine in ihr zusammengefaßte oder durch sie repräsentierte organisatorische Einheit für den Verkehr mit der Außenwelt zu individualisieren, sie verkehrsfähiger zu machen, insbesondere ihre Teilnahme am rechtsgeschäftlichen Verkehr zu erleichtern. Ferner bewirkt er mittelbar die generelle Beschränkung der Haftung auf das der juristischen Person zugeordnete Vermögen. Beide Gesichtspunkte (Verkehrsfähigkeit, Haftungsbeschränkung) stehen jedoch in keiner wertkausalen Verknüpfung mit der Frage, ob das Vermögen einer kollektiven Einheit als solches überhaupt haftet. Diese Haftung ist auch ohne einen individualisierenden Namen der Organisation gerechtfertigt, so daß § 31 BGB deshalb analogiefähig ist.

Für die Ausfüllung der oben (unter II a. E.) aufgezeigten Lücke bieten sich mithin zwei Normen an, nämlich § 831 und § 31 BGB, und es ist jetzt im folgenden abzuwägen, welcher der beiden Normen der Vorrang für die Lückenausfüllung zu geben ist.

V. Die Vorzugswürdigkeit des § 31 BGB für die BGB-Gesellschaft

§ 831 BGB regelt eine Haftung einer Einzelperson für eine schuldhafte Verletzung ihrer aus der Organisationsgewalt über einen rechtlich beherrschenden Organisationsbereich[69] sich ergebenden Aufsichtspflicht. Derjenige, der Vorteile daraus zieht, daß eine Drittperson in seinem Herrschaftsbereich mit seinem Willen tätig wird, soll zum Ausgleich für

die einzelnen Gesellschafter persönlich geltend machen; es haftet nur das Gesellschaftsvermögen (herrschende Meinung).

[68] Vgl. zu dem Problem Rechtsfähigkeit und Organisation *Fabricius*, a.a.O., S. 61 ff., 143.

[69] Fritz *Baur*, Karlsruher Forum, a.a.O., S. 16, spricht in gleichem Sinne von einer Haftung für den „eigenen Lebensbereich".

solche rechtswidrigen Handlungen des Dritten verpflichtet sein, die mit der intendierten Förderung seines Vermögens verbunden sind[70]. Es sind mithin vier Leitprinzipien, welche im § 831 miteinander verknüpft sind, nämlich a) die Beherrschbarkeit eines Organisationsbereichs, aus der eine Aufsichtspflicht über darin tätige Dritte folgt, b) Tätigkeit eines Dritten in diesem Organisationsbereich zum Vorteil des Inhabers der Organisationsgewalt, c) die Zurechnung eines widerrechtlichen Drittverhaltens, d) Eigenverschulden des Geschäftsherrn.

§ 31 BGB deckt sich mit § 831 BGB nur insoweit, als ein Vermögen für Schäden einstehen soll, die ein Sachwalter rechtswidrig verursacht, dessen Verwalterhandeln diesem Vermögen generell zugute kommt. Im Gegensatz zu § 831 ist dieses Vermögen von den einzelnen Personen, die zu ihm beitragen, durch eine rechtliche Zuständigkeitsänderung getrennt und einer rechtstechnischen, juristischen Einheit zugeordnet. Es wird dadurch, nicht zuletzt auch im Hinblick auf das Vermögen, ein von einem Sachwalter wahrgenommener, besonderer Organisationsbereich geschaffen.

Die entscheidende Frage ist jetzt die, welche dieser Normelemente für eine Ausfüllung der Lücke besser geeignet sind, die des § 831 oder die des § 31 BGB.

Wollte man bei Delikten eines geschäftsführenden Gesellschafters eine Haftung aus § 831 BGB herleiten, so müßte man im Hinblick auf die organisatorische Struktur der BGB-Gesellschaft rechtlich Unmögliches möglich machen. Wenn auch von der Geschäftsführung ausgeschlossene Gesellschafter Mitinhaber des Organisationsbereichs der BGB-Gesellschaft als solcher sind, so wird doch ein geschäftsführender Gesellschafter nicht innerhalb des persönlichen Organisationsbereichs der einzelnen von der Geschäftsführung ausgeschlossenen Gesellschafter tätig. Er unterliegt nicht ihrer individuellen Organisationsgewalt. Daraus folgt, daß ihn auch keine gesetzliche Aufsichtspflicht gem. § 831 BGB im Hinblick auf den geschäftsführenden Gesellschafter treffen kann. Denn individuelle Pflichten können für den einzelnen nur insoweit bestehen, als dem jeweils Verpflichteten die rechtlich gedeckte Möglichkeit eröffnet ist, diese Pflichten zu erfüllen. Das ist aber durch die inner-

[70] Auf diesen Gedanken weist insbesondere Ernst *von Caemmerer*, Festschrift zum hundertjährigen Bestehen des DJT, Bd. II, 1962, S. 117, hin. Wenn dieser Gedanke in der Kurzfassung einer „Bereicherungshaftung" eingefangen wird, so bestehen dagegen in mehrfacher Hinsicht Bedenken. Denn es handelt sich einmal nicht um eine rechtsgrundlose Vermögensverschiebung, sondern um Zurechnung eines rechtswidrigen Verhaltens; zum andern steht das Handeln des Gehilfen regelmäßig nur intentionell mit einer auf eine Vermögensförderung zugunsten des Geschäftsherrn gerichteten Tätigkeit in unmittelbarem Zusammenhang.

organisatorische Struktur der BGB-Gesellschaft ausgeschlossen. Die Möglichkeit eines Verschuldens entfällt dann ohnehin. Wenn man also den § 831 BGB entsprechend anwenden wollte, müßte man einige für diese Norm entscheidende Wertprinzipien außer acht lassen.

Gerade die persönlichkeitsbezogenen Momente des § 831 sind aber im Rahmen des § 31 BGB entbehrlich. Es entspricht der dieser Vorschrift zugrunde liegenden Wertgesetzlichkeit, daß die Einzelperson nur insoweit vermögensmäßig betroffen wird, als sie die Verselbständigung eines Vermögens veranlaßt hat. Dann wird das von ihr beigetragene Vermögen einer Haftung aus einem rechtswidrigen Verhalten der Sachwalter unterworfen, das diese in Ausübung ihrer Tätigkeit als Sachwalter verwirklichen. Zwar ist nicht zu verkennen, daß in den von § 31 gesetzlich erfaßten Fällen die Sachwalter für eine zur juristischen Person erhobene, individualisierte Rechtseinheit tätig werden. Die hieraus sich ergebende Kluft zur BGB-Gesellschaft ist aber deshalb nicht als unüberbrückbar anzusehen. Auch der geschäftsführende Gesellschafter der BGB-Gesellschaft wird für eine rechtliche Einheit tätig. Diese hat mit der zur juristischen Person erhobenen Rechtseinheit alle Merkmale bis auf das einer durch einen rechtlich anerkannten Namen individualisierten Zuordnungssubjektivität gemein. Für eine Haftung des Sondervermögens ist seine nur für den Rechtsverkehr erhebliche Individualisierung aber nicht von entscheidender Bedeutung, so daß dieser Gesichtspunkt der Analogie zu § 31 BGB nicht entgegensteht. Der sozialrechtliche Tatbestand des § 31 BGB ist daher die für die kollektivrechtliche Einheit der BGB-Gesellschaft angemessene Rechtsnorm[71].

Aus der entsprechenden Anwendung des § 31 BGB auf die BGB-Gesellschaft ergeben sich, ähnlich wie bei der Anwendung auf den nicht rechtsfähigen Verein, verfahrensrechtliche Probleme insbesondere deshalb, weil die ZPO keine Möglichkeit eröffnet, eine Gesellschaftsschuld in dem vollstreckbaren Titel kenntlich zu machen[72]. Es geht nicht an, § 31 in eine individualrechtliche Norm umzuwandeln, die Gesellschafter aus dieser Norm als einzelne zu verklagen[73] und die Beschränkung der

---

[71] Daß die Haftung der BGB-Gesellschaft für rechtswidriges Verhalten ihrer geschäftsführenden Gesellschafter über einen sozialrechtlichen Tatbestand abgewickelt werden muß, ergibt sich auch aus der Bereicherungshaftung gem. §§ 819, 818, Abs. IV. 292, 987 ff. Wenn man in diesem Zusammenhang den von der Geschäftsführung ausgeschlossenen Gesellschaftern im Rahmen des § 819, Abs. I, auch noch die Kenntnis des geschäftsführenden Gesellschafters zurechnen würde, so müßte der Schadensersatzanspruch gegen die Mitgesellschafter an dem gem. §§ 989, 990, 992/823 BGB erforderlichen Verschulden mangels eines besonderen Zurechnungstatbestandes scheitern. Das Gesellschaftsvermögen, das bereichert war, würde nunmehr nicht mehr in Anspruch genommen werden können.

[72] Darauf wird schon in den Protokollen, a.a.O., S. 435 hingewiesen.

[73] So allerdings *Schumann*, a.a.O., S. 90; dagegen schon *Fabricius*, a.a.O., S. 205, 206.

Haftung auf das Gesellschaftsvermögen dann wiederum auf Grund der §§ 785, 876 ZPO herbeizuführen. Diese Fragen, die über die Anwendung des § 31 BGB hinaus von allgemeiner Bedeutung sind, können in diesem Zusammenhang nur angedeutet und müssen gesondert untersucht werden.

Ergebnis

Eine BGB-Gesellschaft haftet wegen unerlaubter Handlungen von geschäftsführenden Gesellschaftern gem. § 31 BGB, der entsprechend anzuwenden ist.

Eine Haftung in entsprechender Anwendung des § 831 BGB kann deshalb nicht in Betracht kommen, weil die Prinzipien, auf denen § 831 BGB beruht, mit der inneren Verbandsorganisation der BGB-Gesellschaft und der Verselbständigung des Gesellschaftsvermögens nicht zu harmonisieren sind.

Aufschiebungsrecht des Schuldners wegen fälliger Gegenforderung bei Kaufverträgen mit mehreren Leistungspaaren

Ein Streifzug durch die deutsche und österreichische Rechtsprechung

Von Heinrich Demelius, Wien

I. Einleitung

Bei Kaufverträgen mit mehreren Leistungspaaren, auch Sukzessivlieferungsverträge benannt, kommt das Aufschiebungsrecht des Schuldners wegen einer fälligen Forderung gegen den Gläubiger, die sog. Einrede des nicht erfüllten Vertrages, die das deutsche und das österreichische Recht aus dem gemeinen Recht[1] bezogen haben, auf das Zeitverhältnis der beiden Leistungen des einzelnen Leistungspaares, — Lieferung des Verkäufers, Zahlung des Käufers, — ohne weiteres zur Anwendung: monatlich wird ein Waggon Kohle geliefert und gleichzeitig bezahlt, nicht anders, als wenn jeden Monat ein neuer Kaufvertrag geschlossen würde.

Ist Vorauslieferung — Kassa binnen 8 Tagen nach Erhalt der Ware — oder Vorauszahlung — Lieferung erfolgt nach Einlangen des Geldes — vereinbart, so kann die Einrede der Unsicherheit, auf das einzelne Leistungspaar angewendet, die Vorleistungspflicht beseitigen und zum gleichzeitigen Vollzug der Leistungen oder zum endgültigen Unterbleiben des Leistungsaustausches führen. Die Mehrheit der Leistungspaare eines Vertragsverhältnisses läßt aber auch noch eine zweite Anwendung des der Einrede des nicht erfüllten Vertrages zugrundeliegenden Gedankens zu: Ein Recht des Verkäufers oder Käufers, zur Zeit der Erfüllung eines späteren Leistungspaares darauf hinzuweisen, daß er, Verkäufer oder Käufer, die ihm aus einem früheren Leistungspaar gebührende Leistung, der Verkäufer die Zahlung, der Käufer die Lieferung, nicht erhalten habe und zu dem Leistungsaustausch, der nun an der Zeit sei, nur unter gleichzeitigem Erhalt der Leistung aus dem früheren Leistungspaar bereit sei.

Eine vor wenigen Jahren erschienene wissenschaftliche Untersuchung, die sich allerdings den weiteren Rahmen der Dauerschuld-

[1] B. *Windscheid*, Lehrbuch des Pandektenrechts, 8. Auflage, 2. Band, § 321.

verhältnisse gesteckt hat und besonderes Interesse an der Einrede des nicht erfüllten Vertrages im Arbeitsverhältnisse zeigt, vertritt schlechthin die Anwendung der genannten Einrede im Dauerschuldverhältnis mit der Begründung, nach der Absicht der Partner stünden eben alle Leistungen der einen Seite mit allen Leistungen der anderen Seite im Austauschverhältnis, was sich insbesondere aus der Regelung des Rücktrittsrechtes bei Verzug mit einer Teilleistung ergebe[2].

Gegen diese Berufung auf die Absicht der Partner läßt sich aber einwenden, daß die Parteien gerade durch die Abrede der zeitlich getrennten Austauschtermine („allmonatlich") die Gleichzeitigkeit der Leistungen verschiedener Leistungspaare ausgeschlossen haben.

So kommt also, vom logischen Standpunkt, nur die entsprechende Anwendung der Gleichzeitigkeitsvorschrift in Frage und es bedarf genauerer Erwägung, unter welchen Voraussetzungen die vertraglich gewollte Ungleichzeitigkeit der Leistungen aus verschiedenen Leistungspaaren ausnahmsweise in Gleichzeitigkeit umgestaltet werden kann.

Muß sich also der Jurist vom Festland des gesetzlichen Rechts auf das offene Meer freierer Rechtsfindung wagen, so gibt es da doch — wie Inseln — gerichtliche Entscheidungen, die ihm als Stützpunkte dienen können.

Die folgende Auswahl will erst zwei Fälle entsprechender Anwendung der Aufschiebungseinrede auf Leistungen, die verschiedenen Leistungspaaren angehören, vorstellen:

Den Fall des Käufers, der weitere Vorauszahlung aufschiebt, weil er eine von ihm bezahlte Lieferung früherer Provenienz noch nicht erhalten hat (Eisensteine 1877) und den kongruenten Fall des Verkäufers, der eine spätere Lieferung zurückhält, da der Käufer Waren, die er erhalten und zu bezahlen hat, schuldig bleibt (Bausteine 1884).

Im nächsten Fall ist das Steuer umgeworfen: die österreichischen Gerichte lehnen die entsprechende Anwendung des § 1052 ABGB ab: der Käufer ist nicht berechtigt, die Bezahlung gelieferter Ware eines späteren Leistungspaares abzulehnen, weil ein früheres beiderseits unerfüllt ist; das frühere unerfüllte Leistungspaar wächst nicht dem späteren zur gleichzeitigen Erfüllung an (Zehn Waggon Hafer 1891).

Einem besonderen Sachverhalt sind die drei folgenden Urteile, zwei des Reichsgerichts in Leipzig, eines des Obersten Gerichtshofes in Wien gewidmet:

Gewöhnlich sind die aufeinander folgenden Leistungspaare in sich geschlossen. In jedem Leistungspaar sind die Leistungen gleichzeitig

[2] F. *Bydlinski*, Die Einrede des nicht erfüllten Vertrages in Dauerschuldverhältnissen, Festschrift Artur Steinwenter, 1958, S. 140—151.

zu erbringen oder die Nachleistung des früheren Leistungspaares wird eher fällig als die Vorleistung des nächsten Austausches.

Ausnahmsweise aber greift die Fälligkeit der Nachleistung des vorgehenden Leistungspaares in das folgende Leistungspaar ein, indem sie später eintritt, als die anschließende Vorleistung fällig wird. Die Leistungspaare sind durch die besondere Bestimmung ihrer Fälligkeiten ineinander gefügt wie Glieder einer Kette. Bei solchen Kettenverträgen entsteht nicht nur die erste Frage, ob überhaupt eine schuldende Partei wegen einer fälligen Gegenforderung ein Aufschiebungsrecht haben soll, sondern es ergibt sich, wenn man das annimmt, die zweite Frage, welche Partei ihre Leistung aufschieben darf. Ist es der Käufer, der die für erhaltene Ware fällige Kaufpreisleistung, da der Verkäufer schon früher fällige weitere Leistung nicht erbracht hat, zurückhält, oder darf der Verkäufer die bis dahin fällige Lieferung aufschieben, sobald der Käufer den für erhaltene Lieferung fällig gewordenen Kaufpreis zu entrichten unterlassen hat?

Im Walzdrahturteil 1908 hat das Reichsgericht den Knoten dieses Sachverhalts nicht zu lösen versucht, sondern ihn durchgeschnitten, indem es das Aufschiebungsrecht des Schuldners nicht auf eine fällige Gegenforderung, sondern auf eine schwere Vertragsverletzung des Gläubigers stützte.

Die zwei folgenden Urteile dieser Gruppe, das des Reichsgerichts über die Kölner Webwaren 1928 und das des Obersten Gerichtshofes in Wien über das Steirische Schnittholz 1951 haben das Dilemma „Wer von den Parteien hat das Aufschiebungsrecht?" zu lösen versucht, sind aber zu entgegengesetzten Ergebnissen gelangt.

Ein letzter Rechtsfall, wieder österreichischer Herkunft, aus dem Kartoffelgroßhandel (1957), soll nicht nur die Umwandlung eines erst einpaarigen Lieferungsvertrages in einen mit zwei aufeinander folgenden Leistungspaaren illustrieren, sondern auch noch die Geduld des Jubilars und anderer Leser für ein Beispiel in Anspruch nehmen, daß auch Handelsgebrauch oder Allgemeine Geschäftsbedingungen auf das Aufschiebungsrecht des Schuldners wegen fälliger Gegenforderung bei Verträgen mit mehreren Leistungspaaren Einfluß nehmen können.

II. Rechtsfälle

1. Eisensteine 1877

Der älteste der angekündigten Rechtsfälle, fast schon so alt, wie einer der führenden Rechtsfälle des englischen Rechts, ereignete sich zwar im deutschen Reich, war aber nach dem französischen Zivilgesetzbuch zu entscheiden, da er dem rheinischen Rechtskreis des preußischen Staates angehörte[3].

Die Wissener Bergwerks- und Hütten-Aktiengesellschaft hatte im Jahre 1871 mit einem Käufer namens *Kalb* einen Vertrag über die Lieferung von Eisensteinen abgeschlossen, nach dem dieser in den Jahren 1871 und 1872 300 000 Zentner und im Jahre 1873 monatlich 20 000 Zentner der genannten Ware zu einem vereinbarten Preis abnehmen sollte; auf diese Monatsmengen sollten monatlich 8000 Thaler vorausbezahlt werden. Nachdem im Jahre 1872 die Vorausbezahlungen schon etwas ins Stocken geraten waren, erlahmte, so scheint es, die Kraft oder Lust des Käufers im Jahre 1873 ganz, was die Verkäuferin nicht nur zu einer starken Verringerung der Eisenerzlieferungen, sondern auch zu einer Klage veranlaßte, in der sie die bedungenen Vorauszahlungen für die ersten 4 Monate des Jahres 1873 begehrte. Als das Jahr, aber nicht der Prozeß abgelaufen war, brachte die Verkäuferin eine zweite Klage ein, die Zahlung für die restlichen 8 Monate 1873 forderte.

Erst um die Jahreswende 1875/76 endete der erste Prozeß mit der Verurteilung *Kalbs*, der demnach am 19. 1. 1876 der Verkäuferin den ersiegten Betrag bezahlte.

Hätte der Käufer damit nur von ihm empfangenes Eisenerz bezahlt, wäre diese Zahlung ohne Einfluß auf den zweiten Rechtsstreit, in dem ja andere Monatszahlungen begehrt wurden, geblieben; doch hatte der Käufer, vermöge seiner Verpflichtung zur Vorauszahlung, mehr gezahlt als ihm geliefert worden war, und dies bewog ihn, da der Verkäufer sich nicht rührte, in dem zweiten Prozeß, der inzwischen — nach Verurteilung des Käufers durch das Erstgericht in Bonn, in zweiter Instanz beim Appellationsgerichtshof Köln weiterlief, die Einrede des nicht erfüllten Vertrages vorzubringen: er sei zu den in diesem Rechtsstreit von ihm begehrten Vorauszahlungen für Leistungspaare der Monate Mai bis Dezember 1873 nicht eher verpflichtet, als bis die Verkäuferin ihm die schon bezahlte Ware der Monate Jänner bis April 1873 geliefert habe.

Das Kölner Gericht vermeinte, der Käufer hätte die Verkäuferin zur Nachlieferung der auf Grund des Urteils im ersten Prozeß bezahlten Ware auffordern sollen; da er die Verkäuferin nicht in Verzug gesetzt habe, sei die Einrede nicht stichhaltig; so bestätigte Köln das Bonner Urteil.

---

[3] U. v. 15. 9. 1877, Entscheidungen des Reichsoberhandelsgerichts XXIII. Band 1878 Nr. 26. — Art. 1612 Code Civil: „Le vendeur n'est pas tenu de délivrer la chose, si l'acheteur n'en paye pas le prix, et que le vendeur ne lui ait pas accordé un delai pour le payement."

Das Reichsoberhandelsgericht kassierte das Urteil der 2. Instanz. Es billigt dem Käufer das Recht zu, die Vorauszahlung der Kaufpreise für die 8 Waggons, die auf die Zeit von Mai bis Dezember 1873 entfallen, zurückzuhalten, da der Verkäufer die schon bezahlten Lieferungen der ersten 4 Monate 1873 noch nicht vollständig geleistet habe.

Das in zweiter Instanz für entscheidend gehaltene Argument, der Käufer habe es unterlassen, die Verkäuferin in Lieferungsverzug zu setzen, verwirft das Höchstgericht mit dem kurzen Satz, die Einrede des nicht erfüllten Vertrages beruhe nicht auf einem schuldhaften Verzug des Gegners. Zur näheren Begründung ließe sich etwa sagen, die Einrede bezwecke nur den Verkäufer zur Lieferung zu bewegen, nicht ihn wegen Vertragsbruches zu bestrafen; setze daher nur das Recht des Käufers, Lieferung zu verlangen, nicht die Verletzung der Pflicht des Verkäufers zu liefern, voraus.

Sehr richtig hebt das ROHG hervor, daß die Vorleistungspflicht des Käufers im Rahmen des ersten und jedes Leistungspaares kein Hindernis sei, ihm bei Lieferungsrückstand in einem früheren Leistungspaar das Recht, die Vorauszahlung des späteren Leistungspaares aufzuschieben, zuzubilligen.

Die Reihenfolge der Leistungen innerhalb des Leistungspaares ist offenbar gleichgültig, da Zahlung und Lieferung verschiedener Leistungspaare zur Gleichzeitigkeit verbunden werden sollen.

Man beachte auch, das ROHG stellt nicht schlechthin auf den Bestand gegenseitiger Leistungspflichten ab; es ruft dem Verkäufer zu: Liefere, was Dir bezahlt ist, wenn Du neue Zahlung erhalten willst.

Es ist die austauschfördernde Funktion des Aufschiebungsrechtes, die auch bei der entsprechenden Anwendung auf Sukzessivlieferungsverträge zur Geltung kommt.

2. *Bausteine 1884*

Wenn man den Eisensteine-Fall durch Austausch der Rollen variiert, kommt man auf den Verkäufer, der für frühere Lieferung keine oder keine volle Bezahlung erhalten hat und daher eine an sich fällige weitere Lieferung von der gleichzeitigen Begleichung des Preisrückstandes abhängig macht[4].

Da Vorauslieferung häufiger ist als Vorauszahlung, ist es meist der Verkäufer, der wegen eines Rückstandes aus einem früheren Leistungs-

[4] Ob der Verkäufer auch gleichzeitig den Kaufpreis für die neue Lieferung verlangen kann, hängt von der *unmittelbaren* Anwendbarkeit der Einrede des nicht erfüllten Vertrages (Erfüllung Zug um Zug) oder der Einrede der Unsicherheit (bei Vorleistungspflicht des V) ab.

paar die Erfüllung aus einem späteren aufzuschieben erklärt. Dieses Verkäuferrecht kraft entsprechender Anwendung des Rechts der Einrede des nicht erfüllten Vertrages hat der österr. Oberste Gerichtshof von 1884 bis zur Gegenwart in vielen, von *Bydlinski* gewissenhaft verzeichneten Entscheidungen anerkannt, von denen ich nur die älteste zur Illustration heranziehe[5].

Es waren wieder Steine im Spiele, aber diesmal Bausteine, die vom Verkäufer (V) aus seinem Steinbruch zum Bau zweier Häuser, in oder bei Meran in Südtirol, nach Bedarf, jedoch nicht mehr als fünf Waggon täglich, zum Preis von 9 Gulden für den Kubikklafter, geliefert werden sollten; Beginn acht Tage nach Vertragserrichtung (Sommer 1882). V begann zu liefern, hörte aber Ende Oktober auf, obwohl erst ein Haus fertig gebaut war, und setzte der Klage des Käufers (K) auf weitere Lieferung und Schadenersatz wegen Verzugs die Einwendung entgegen, der Kläger habe ihm für die von ihm schon gelieferten Steine noch keine Zahlung geleistet.

Ursache des Prozesses war offenbar, daß die Kontrahenten unterlassen hatten, die Zahlungszeit zu vereinbaren. So glaubte der Käufer, erst nach vollständiger Lieferung zahlen zu müssen, was den Beifall des OLG Innsbruck fand, wogegen der OGH, indem er das abweisende Meraner Urteil wiederherstellte, aus dem Mangel einer Vereinbarung die Pflicht des Käufers herleitete; „für jede einzelne Lieferung den entfallenden Kaufpreis sogleich bar zu bezahlen". Was „jede einzelne Lieferung" ist, sagt der OGH nicht; kaum ein Waggon, eher die jeweilige Tagesmenge; wodurch dann auch die Anzahl der Leistungspaare bestimmt war.

Nur bei einer solchen Zahlungsart konnte es schon während der Lieferung zur Fälligkeit von Kaufpreisforderungen kommen, die dann dem Verkäufer das Recht gaben, weitere Lieferung bis zur Zahlung des Rückstandes zu verschieben, auch wenn der Käufer den auf die neue Lieferung entfallenden Kaufpreis zu zahlen bereit gewesen wäre. Ist erst nach Ablauf aller Lieferungen zu bezahlen, dann mag das auch ein Sukzessivlieferungsvertrag genannt werden, aber ein Aufschub während der Lieferung kommt nicht in Frage; der Waggon oder die Tagesmenge der Bausteine stellt keine Teilleistung, sondern eine unvollständige Leistung dar, die, wenn sie nicht die letzte ist, zu keiner Zahlung verpflichtet.

---

[5] E. d. OGH. v. 25. 6. 1884, Sammlung von Civilrechtlichen Entscheidungen des k. k. obersten Gerichtshofes, 22. Band Nr. 10 090; der einschlägige § 1052 AbGb. (in der seit 1916 gültigen Fassung) lautet: „Wer auf die Übergabe dringen will, muß seine Verbindlichkeit erfüllt haben oder sie zu erfüllen bereit sein. Auch der zur Vorausleistung Verpflichtete kann seine Leistung bis zur Bewirkung oder Sicherstellung der Gegenleistung verweigern, wenn diese durch schlechte Vermögensverhältnisse des anderen Teiles gefährdet ist, die ihm zur Zeit des Vertragsabschlusses nicht bekannt sein mußten."

3. Zehn Waggon Hafer 1891

Auch der nächste Fall, über den ich kurz berichten will, spielt in Österreich, doch auf dem Gebiete der Landwirtschaft[6]. Wieder war jeden Monat zu liefern, zu bezahlen nach Erhalt der Einzellieferung, des Waggons Hafer; im ganzen umfaßte die Abrede zehn Waggon. Von diesen waren anstandslos vier geliefert und bezahlt worden. Der 5. war geliefert, aber als vertragswidrig (zuviel Knoblauchbeisatz) zurückgewiesen, vom Verkäufer für Rechnung des Käufers (um den gleichen Preis, trotz des Knoblauchbeisatzes) veräußert, vom Käufer nicht bezahlt worden.

Sohin lieferte der Verkäufer die restlichen fünf Waggon, die angenommen wurden. Abschlagszahlungen auf die Lieferungen erfolgten, die einen Rest von 107 fl. 85 xr. offen ließen. Der Verkäufer klagte diese Summe ein, der Käufer verwies darauf, daß er noch die verbesserte Lieferung des von ihm zurückgewiesenen 5. Waggons erwarte und erst bei Erhalt dieses Waggons den eingeklagten Rest (und den Kaufpreis für den 5. Waggon) bezahlen werde.

Das Erstgericht ging auf diesen Gedanken ein und wies die Klage derzeit ab; der 5. Waggon sei (die Sachverständigen hatten den Knoblauchbeisatz als vertragswidrig bezeichnet) als nicht geliefert anzusehen. Das Oberlandesgericht gab der Klage statt, indem es die Einrede des Beklagten verwarf; wegen des 5. Waggons habe der Käufer nur die ihm nach dem Handelsrecht für den Fall der Nichterfüllung des Verkäufers zustehenden Rechte.

Der Oberste Gerichtshof bestätigte, ohne weiteres hinzuzufügen, das Urteil der zweiten Instanz; wie ich glaube, völlig zu Recht: es wäre doch ganz unzweckmäßig, in einem solchen Fall der Leistungsstörung, die beide Leistungen eines Leistungspaares, Lieferung und Zahlung, ausfallen läßt, jedem Teil das Recht zu geben, die weitere Abwicklung des Geschäftes bis zur friedlichen oder prozessualen Beseitigung des Zwischenfalles aufzuschieben. In dem vorgeführten Falle waren die Parteien ja auch so vernünftig, den Vertrag fortzusetzen, als ob nichts geschehen sei; unberechtigt war aber die schließliche Zurückbehaltung eines Kaufpreisteiles beim 10. Waggon.

Ob der Käufer überhaupt zu dieser Zeit noch Lieferung des 5. Waggons (in knoblauchfreierer Qualität) verlangen konnte, ist sehr zweifelhaft; das beiderseitige Schweigen dürfte als einverständliche Aufhebung der gegenseitigen Pflichten aus diesem Leistungspaar zu deuten sein; aber auch wenn der Käufer noch das Recht hatte, daß nach dem

---

[6] E. d. OGH. v. 3. 3. 1891, Sammlung von Entscheidungen zum Handels-Gesetzbuche *(Adler-Clemens)* Band IX, Nr. 1591.

10. Waggon noch der 5. nachgeliefert werde, konnte er doch daraus nicht die Befugnis ableiten, den Kaufpreis für einen Waggon zu kürzen, der ihm ohne Zweifel vom Verkäufer in der sicheren Erwartung vollständiger Bezahlung geliefert worden war.

Hier hätte das OLG seine Entscheidung mit gutem Recht durch den Hinweis bekräftigen können, die vom Käufer nicht gerade aus der Luft, aber aus dem 5. Waggon gegriffene Zurückbehaltung verstoße gegen Treu und Glauben, die er seinem Vertragsgegner, dem Verkäufer, schuldig sei.

Was lehrt der Haferfall?

Wie der Eisensteinefall der führende Fall für die entsprechende Anwendung der Einrede des nicht erfüllten Vertrages auf Leistungen aus verschiedenen Leistungspaaren ist, dem nicht nur die deutsche, sondern auch die von *Bydlinski* zusammengestellte österreichische Rechtsprechung folgte; bietet der Haferfall das Gegenstück der Unabhängigkeit der Leistungen, sofern sie verschiedenen Leistungspaaren angehören; in den Fällen dieser Gruppe ist die entsprechende Anwendung des Aufschiebungsrechtes zur Verbindung von Leistungen, die miteinander nicht im Austauschverhältnis stehen, ausgeschlossen.

4. Walzdraht 1908[7]

Auf Grund eines im Jahre 1903 abgeschlossenen Vertrages hatte die V der K im Jahre 1904 monatlich 200 bis 250 Tonnen Flußeisenwalzdraht zu liefern; die Lieferungen jedes Monats sollten am 20. des folgenden Monats bezahlt werden. Als Preis waren 115 M für 1000 Kilogramm bedungen; er sollte stets 5 M weniger betragen als der Grundpreis des Walzdrahtverbandes. Bis zum August 1905 — der Vertrag war auf die Jahre 1905 und 1906 verlängert worden — wurde anstandslos geliefert und bezahlt. Da wurde die K durch ein Rundschreiben des Walzdrahtverbandes veranlaßt, am 12. 8. von der V eine dem Rundschreiben entsprechende Ermäßigung des Drahtpreises seit 1. 7. 1905 zu verlangen. Die V hielt den vertraglichen Ermäßigungsfall für nicht gegeben und teilte dies der K am 16. 8. mit; diese erwiderte am 18., sie werde sich wegen der Preisvergütung näher erkundigen und behalte sich ihren Anspruch darauf vor; sie wies aber den Preis für die Julilieferung unverkürzt an.

---

[7] U. d. RG. v. 7. 2. 1908, RGE. 18 (68) 17—24. Anzuwendende Vorschrift: „Wer aus einem gegenseitigen Vertrage verpflichtet ist, kann die ihm obliegende Leistung bis zur Bewirkung der Gegenleistung verweigern, es sei denn, daß er vorzuleisten verpflichtet ist" (§ 320 I S. 1 BGB.).

Im September lieferte die V anfangs, erwiderte aber auf eine Betreibung der K nach der Mitte des Monats, sie werde den Versand erst wieder aufnehmen, sobald die K sich einverstanden erklärt habe, den vertraglichen Preis ohne Abzug zu zahlen. Die K, genötigt, den Betrieb teilweise einzustellen, setzte der V am 18. 9. eine Lieferfrist bis 25. und zahlte die am 20. für die Augustlieferungen fälligen Preise nicht.

Die V klagte auf Zahlung des von ihr gelieferten Walzdrahts. Die K machte eine Gegenforderung auf Schadenersatz wegen Nichterfüllung geltend.

Die Parteien waren im Rechtsstreit so klug, einen Vergleich abzuschließen, nach dem die Lieferungen mit 2. 1. 1906 wieder aufgenommen wurden, aber rechthaberisch genug, um den Prozeß um des Schadenersatzes wegen Nichterfüllung willen fortzusetzen.

Die beiden Unterinstanzen gaben der Verkäuferin Recht, sprachen der Käuferin den von ihr begehrten Schadenersatz wegen Nichterfüllung ab. Nur bis 20. sei die Verkäuferin in Lieferungsverzug gestanden, an diesem Tage habe sich das Blatt gewendet, die Käuferin sei durch das Unterlassen der fälligen Kaufpreiszahlung, von der nur der bis zu diesem Termin erlittene Verspätungsschaden abzuziehen gewesen wäre, in Verzug geraten. Dieser Verzug habe die Verkäuferin berechtigt, die Lieferungen zurückzuhalten.

Das Reichsgericht hob das Berufungsurteil auf, indem es der Käuferin unter der noch zu erhebenden Voraussetzung, daß ihr die Preisermäßigung gebühre, das Recht auf Schadenersatz wegen Nichterfüllung zubilligt.

Die Entscheidung zugunsten der Käuferin begründet das Reichsgericht aber nicht durch den Hinweis auf den folgenschweren Lieferungsverzug der Verkäuferin, sondern führt sie auf das „schroffe" Verhalten der Verkäuferin vor dem 20. zurück, das die Untätigkeit der Käuferin an diesem Tage gerechtfertigt habe. Ein sonderbarer Weg: im allgemeinen, da das Reichsgericht das Einrederecht des § 320 von einer Vertragsverletzung des Gläubigers abhängig macht und sich nicht mit einer fälligen Gegenforderung begnügt (wir erinnern uns an den Eisensteinefall); im besondern, da die Verkäuferin ohnehin knapp vor dem Zahlungstermin eingelenkt und der Käuferin Zahlung der unverkürzten Preise unter Vorbehalt vorgeschlagen hatte, so daß der Käuferin durchaus zuzumuten war, am 20. der Verkäuferin nicht nichts, sondern den Kaufpreis unter Vorbehalt der Rückforderung der behaupteten Preisvergütung, unter Abzug des Schadenersatzes wegen der Lieferungslücke im September, zu bezahlen.

5. *Kölner Webwaren 1928*

Nach einem im Januar 1924[8] abgeschlossenen Kaufvertrag sollte die Klägerin der Beklagten in den Monaten März—April 1924 verschiedene Webwaren liefern. Einen Teil lieferte die Klägerin und erhielt dafür die bei Eintreffen der Ware fällige Bezahlung; später stockten ihre Lieferungen, so daß die Beklagte an sie ein Schreiben vom 1. Mai 1924 richtete, in dem sie die Klägerin in Verzug zu setzen erklärte und ihr zur Auslieferung des Abschlusses eine Frist von 4 Wochen setzte, nach deren fruchtlosem Ablauf sie die Schadenersatzansprüche ihrer (der Beklagten) Kunden an sie (die Klägerin) weiterleiten werde. Bald darauf, am 7. Mai 1924, also noch lange vor Ablauf der Frist, langte bei der Beklagten eine vom 16. April 1924 fakturierte Lieferung der Klägerin ein, die gemäß der oben wiedergegebenen Kassakondition sofort zu bezahlen war; doch die Beklagte fügte ihrem ungeschickten Schreiben vom 1. d. M. eine weitere Ungeschicklichkeit hinzu: sie bezahlte die erhaltene Ware nicht. Ende Mai 1924 (d. h. nach Ablauf der vier Wochen) bot die Klägerin der Beklagten die restliche Ware aus dem Januarschluß an; als diese die Annahme verweigerte, ließ die Klägerin die Ware auf Rechnung der Beklagten versteigern und begehrte von ihr im Klageweg die Bezahlung der ausständigen Kaufpreise mit Zinsen (unter Abzug des Erlöses aus dem Selbsthilfeverkauf) und Ersatz weiteren Verzugschadens.

Aber seit wann war der Käufer, dessen zweifelhafte Fristsetzung vom 1. Mai das Reichsgericht nicht als Rücktrittserklärung anerkannte, in Zahlungsverzug?

Mit dem Kaufpreis für die Ende Mai angebotenen Webwaren sicherlich erst, seitdem er das Anbot unberechtigt abgelehnt hatte; seit wann aber mit dem Kaufpreis für die am 7. Mai bezogene Ware?

Geriet der Käufer in Zahlungsverzug, als er den 7. (oder 8.) Mai ohne Zahlung verstreichen ließ, und konnte also von diesem Termin an der Verkäufer die Lieferung aufschieben, was seinen Lieferungsverzug beendete, oder gab der am 7. (oder 8.) bestehende Lieferungsverzug des Verkäufers dem Käufer das Recht, die Zahlung für die am 7. Mai erhaltene und prompt zu zahlende Ware aufzuschieben, so daß der Lieferungsverzug des Verkäufers bis zum nachträglichen Anbot der Ware zu Ende Mai andauerte?

Das Reichsgericht hat sich, wie es scheint, aus voller Überzeugung der zweiten, den Käufer begünstigenden Meinung angeschlossen. Zwei Gründe führt es für seine Entscheidung an:

---

[8] U. d. RG. v. 22. 2. 1928, RGE. 120, 193—198.

1. „Die Klägerin würde andernfalls aus ihrem eigenen Leistungsverzug einen Vorteil ziehen." Dieses Argument ist nicht ganz von der Hand zu weisen. In der Tat ist die Stellung des Verkäufers, der rechtzeitig vor der Fälligkeit seiner Kaufpreisforderung geliefert hat, etwas schwächer, als wenn er diese Lieferung unterlassen hat, da er den durch das Zurückhalten der Lieferung auszuübenden Druck zur Zahlung des Kaufpreises nicht anwenden kann. Doch für durchschlagend kann ich dieses Argument nicht halten. Die Umwandlung des Lieferungsverzuges des Verkäufers in ein Aufschiebungsrecht tritt ja nicht durch bloßen Zeitablauf ein, sondern kann und soll vom Käufer durch rechtzeitige Zahlung des fälligen Kaufpreises hintangehalten werden. Zudem hat der Käufer die Möglichkeit, den bis zur Nichtzahlung des fälligen Kaufpreises bestehenden Lieferungsverzug durch Schadenersatzansprüche wegen Verspätung oder, wenn die Zeit reicht, selbst wegen Nichterfüllung geltend zu machen; er kann also einer Neigung des Verkäufers, die Lieferung II bis zur Fälligkeit des Kaufpreises I hinauszuzögern, wirksam entgegenarbeiten.

2. „Das würde der allgemein gültigen Rechtsregel widersprechen, daß bei einem gegenseitigen Vertrag der vertragsuntreue Teil aus einer später eingetretenen Vertragsuntreue des anderen Teils keine diesem ungünstigen Rechtsfolgen ableiten darf."

Ist diese Rechtsregel nicht zu allgemein, um gültig zu sein? Nimmt sie nicht die Entscheidung voraus, die sie begründen will?

Soll für die Vertragsuntreue beim gegenseitigen Vertrag in der Tat der Satz „prior tempore, peior iure" gelten?

Nicht ein zeitliches, sondern ein sachliches Moment muß entscheidend sein, womit denn auch der Gedanke der Einrede des nicht erfüllten Vertrages entsprechend angewendet wird: Es ist wichtiger, daß gelieferte Ware bezahlt, als daß unbezahlte Ware geliefert wird.

Dieser Grundsatz müßte auch einer Mittelmeinung entgegengehalten werden, die es bei dem Verzug und den Verzugsfolgen jedes Teiles bewenden lassen wollte, ohne eine Beziehung zwischen den Leistungen verschiedener Leistungspaare herzustellen: Lieferungsverzug des Verkäufers von Anfang bis Ende Mai, Zahlungsverzug des Käufers seit 7. (oder 8.) Mai; beiderseitige Schadenersatzansprüche, beiderseitige Rücktrittsrechte.

6. Kärntner Schnittholz 1951

Am 2. 4. 1947 hatte die spätere Klägerin von dem dann Beklagten 1000 m^3 Schnittholz (Fichten und Tannen) gegen Zahlung nach Einsendung der Abmeßliste, Lieferzeit bis Oktober 1947 gekauft. Ende

Oktober war die bestellte Menge noch nicht ausgeliefert, die Käuferin hatte weitere Lieferungen betrieben. Es waren dann weitere Sendungen bis Ende März 1948 erfolgt. Die letzte Zahlung war am 12. 6. 1948 dem Verkäufer gutgeschrieben worden; doch bestand seither noch immer ein Saldo für den Verkäufer im Betrage von S 1474,55.

Im November 1948 teilte die Käuferin dem Lieferanten mit, es seien aus dem Kauf vom 2. 4. 1947 noch über 420 m^3 nicht geliefert; sie behalte sich einen Schadenersatzanspruch vor. Einige Zeit später erhob sie Klage gegen den Verkäufer, indem sie für jeden nicht gelieferten Kubikmeter einen Verdienstentgang von S 60 berechnete; den aushaftenden Kaufpreis von S 1474,55 brachte sie in Abzug.

Das die Klage abweisende Urteil des Kreisgerichts Leoben wurde vom Oberlandesgericht Graz bestätigt, der Oberste Gerichtshof gab der Revision nicht Folge[9].

Das Höchstgericht führt aus, die Käuferin habe zunächst von dem ihr wegen des Lieferungsverzuges des Verkäufers zustehenden Recht, vom Vertrag zurückzutreten, keinen Gebrauch gemacht. In der Folge, nach Erhalt der letzten Lieferung vom 31. 3. 1948, sei der Käuferin ein Rücktritt wegen Lieferungsverzuges des Verkäufers nicht mehr möglich gewesen, „da der Beklagte nach § 1052 ABGB fortan weitere Lieferungen, während der Dauer des Zahlungsverzuges der Klägerin in Ansehung der früheren Sukzessivlieferungen, zurückbehalten durfte“.

Anschließend sagt der Oberste Gerichtshof: „Niemand kann gezwungen werden, Ware auf Borg weiter zu liefern, wenn ihm die auf eine Partie dieser Ware entfallende, bereits fällige Kaufpreisquote nicht bezahlt wird[10].“

7. *Kartoffeln 1957*

Zuletzt wenden wir uns nochmals dem Agrarsektor, dem Kartoffelgroßhandel zu; als Streitteile treten zwei Obst- und Gemüsehändler auf.

Mitte September 1955 hatte sich V verpflichtet, dem K „in den nächsten Tagen“ Kartoffeln, zwei Waggon einer Sorte und einen Waggon anderer Sorte, zu einem bestimmten Preis zu liefern; wann zu zahlen sei, war nicht gesagt.

V lieferte am 23. 9. je einen Waggon jeder Sorte. Eine Woche später (30. 9.) betrieb K fernmündlich die Lieferung des dritten Waggons. Dem

---

[9] E. d. OGH. v. 29. 6. 1951, SZ. XXIV/174.

[10] E. d. OGH. v. 4. 9. 1957, Handelsrechtliche Entscheidungen, herausgegeben v. G. *Stanzl* †, Erg. Bd. 1964 770 Nr. 127.

K wurde die Lieferung der Kartoffeln, dem V die Bezahlung der bisherigen Lieferung zugesagt.

Da K trotz der im Kartoffelgroßhandel üblichen prompten Zahlung (nach Erhalt der Ware) am 8. 10. nur eine Teilzahlung leistete, hielt V den dritten Waggon zurück. Daraufhin forderte K den V mit Schreiben vom 14. 10. auf, bis 19. 10. zu liefern, sonst wäre er gezwungen, Dekkungskäufe auf Gefahr und Kosten des V durchzuführen.

V antwortete am 17. 10., er werde bei Begleichung der früheren Lieferung den Waggon sofort absenden. K zahlte den Restkaufpreis für die erste Lieferung erst nach wiederholter Mahnung und zog noch S 1500,— als Verdienstentgang ab.

V erkannte diesen Abzug nicht an, sondern klagte die Summe von S 1500,— als Kaufpreisrest ein; K wendete eine Gegenforderung aus Schadenersatz wegen Nichtlieferung des dritten Waggons ein. Er hatte aber nur beim Bezirksgericht Hollabrunn Erfolg, das Kreisgericht Korneuburg verurteilte ihn zu ungeschmälerter Bezahlung des Kaufpreisrestes; der Oberste Gerichtshof bestätigte dieses Urteil. Der diesen Entscheidungen zugrundeliegende Sachverhalt ist mehrfach von Interesse.

Erstens scheint er geeignet, den Unterschied zwischen einer unvollständigen und einer Teilleistung klarzustellen. Der Mitte September zwischen den Streitteilen abgeschlossene Kaufvertrag war zunächst gar kein Sukzessivlieferungsvertrag, die drei Waggon waren, wenn sie auch nicht gerade am gleichen Tage geliefert werden mußten, ein einheitlicher Gegenstand, den V durch die Lieferung der zwei Waggon noch nicht vollständig geleistet hatte, so daß K, der nach dem Handelsgebrauch im Kartoffelgroßhandel erst nach Erhalt der Lieferung, d. h. der vollständigen Lieferung, zu zahlen hatte, in der Tat nach Empfang der zwei Waggon noch gar nichts zu tun hatte, sondern den Empfang des dritten Waggons abwarten konnte, um dann durch prompte Zahlung aller drei Waggon seine Zahlungspflicht vollständig und rechtzeitig zu erfüllen.

So war K durchaus berechtigt, die Lieferung des dritten Waggons zu betreiben, ohne irgend eine Zahlung anzubieten. Doch war diese Urgenz Anlaß zu einer zwischen den Parteien getroffenen Abrede, die das Vertragsverhältnis zu einem mit zwei Leistungspaaren umgestaltete. Als erstes Leistungspaar wurden die zwei schon gelieferten Waggon und die auf sie entfallende, noch ausständige Zahlung, die K zu-

[11] Das Reichsgericht hatte dagegen (im Kölner Webwaren-Fall) gesagt: Niemand kann gezwungen werden, den später fällig gewordenen Kaufpreis für erhaltene Ware zu bezahlen, wenn ihm die schon früher fällig gewesene weitere Lieferung vorenthalten wird.

sagte, ausgeschieden; die zweite Lieferung sollte der dritte Waggon sein, über dessen Bezahlung nichts gesagt war, so daß er branchenüblich nach Empfang der Lieferung zu zahlen gewesen wäre.

Damit war das wohlbekannte Schema hergestellt: Der Verkäufer hat die erste Lieferung erbracht, aber nur etwa die Hälfte des Kaufpreises erhalten. Wie im Bausteinefall war der V berechtigt, seine an sich fällige Lieferung bis zum gleichzeitigen Empfang des Zahlungsrückstandes aufzuschieben.

Zweitens gibt der Kartoffelfall Anlaß zu einigen Bemerkungen über die Frage, ob in die vorstehend geschilderten Rechtsverhältnisse bei Sukzessivlieferungsverträgen Handelsgebräuche und allgemeine Geschäftsbedingungen abändernd eingreifen können.

Denn das Erstgericht hat sein den K begünstigendes Urteil auf einen von ihm durch Vernehmung eines Sachverständigen ermittelten angeblichen Handelsgebrauch gestützt: Es sei im Kartoffelgroßhandel nicht handelsüblich, mit den einzelnen Teillieferungen bis zur vollständigen Bezahlung der Vorauslieferung zuzuwarten, weil gerade beim Kartoffelgroßhandel sehr häufig rasche und beträchtliche Preisschwankungen stattfinden und im Fall der Rückbehaltung einer Teillieferung durch den Verkäufer der Käufer unter Umständen einen großen Schaden erleiden könne.

Ich will es dem Sachverständigen und dem Erstgericht gerne glauben, daß im Kartoffelgroßhandel die Preise oft und sehr schwanken und daß der Verzugsschaden des Käufers meist größer ist als der des Verkäufers, der gewöhnlich auf die Verzugszinsen beschränkt ist. Aber damit ist der behauptete Handelsgebrauch mitnichten bewiesen. Dazu bedürfte es des Nachweises, daß bei den Kontrahenten des Kartoffelgroßhandels das Aufschiebungsrecht, das dem V wegen Zahlungsrückstandes des K zusteht, meist im Einzelvertrag oder durch allgemeine Geschäftsbedingungen ausgeschlossen werde. Ich glaube, den Bestand eines solchen Handelsgebrauches, der allerdings gemäß § 346 HGB die dem K günstige Entscheidung des Erstgerichts rechtfertigen würde[12], als höchst unwahrscheinlich bezeichnen zu können[13].

Wenn ein Käufer die Absicht hat, beim Vertragsabschluß die Lieferungspflichten des Verkäufers von der eigenen Pflichterfüllung unab-

---

[12] Der unter Berufung auf das Reichsgericht vertretenen Meinung des österreichischen Obersten Gerichtshofes, Dispositivnormen (wie § 1052 ABGB.) könnten nicht durch einen Handelsgebrauch, sondern nur durch Einzelabrede verdrängt werden, kann ich mich nicht anschließen.

[13] Ob der Feststellung des Bezirksgerichts Hollabrunn im Kartoffelfall unrichtige Annahmen des Sachverständigen oder, wie der Oberste Gerichtshof zu vermuten scheint, ein Mißverständnis der ersten Instanz zugrunde lagen, muß ich dahingestellt lassen.

hängig zu stellen, so wird er nicht die Abwicklung des Schlusses in Leistungspaaren verabreden, sondern seine Zahlungspflicht derart gestalten, daß er sie in *einem* Betrag erst nach Empfang aller Teillieferungen zu erfüllen hat.

Im Anhang an den allerdings mißglückten Versuch, das nachgiebige Recht des Sukzessivlieferungsvertrags für einen bestimmten Geschäftszweig durch Annahme eines Handelsgebrauches zugunsten des Käufers abzuändern, darf ich endlich noch auf die Möglichkeit verweisen, daß es der *Verkäufer* ist, der durch entsprechende Abrede seine rechtliche Lage gegenüber dem nachgiebigen Recht der Dauerleistung verbessert.

Im allgemeinen muß der Verkäufer darauf verzichten, eine spätere Lieferung wegen Zahlungsrückstandes aus früherer Lieferung bis zur gleichzeitigen Erfüllung aufzuschieben, wenn er nicht *einen* Kaufvertrag mit mehreren Leistungspaaren, sondern mehrere Kaufverträge mit je einem Leistungspaar abgeschlossen hat. In einem vom österreichischen Obersten Gerichtshof im Jahre 1932 entschiedenen Fall[14] ergab sich das Dasein allgemeiner Geschäftsbedingungen des V, die ihn schlechthin berechtigten, mit späteren Lieferungen innezuhalten, solange ältere Rechnungen unberichtigt aushaften. Dagegen ist eine Abrede, daß der Käufer zu den vereinbarten Terminen jedenfalls vorauszuzahlen habe, auch wenn der Verkäufer mit schon bezahlten Lieferungen in Rückstand ist, nicht bezeugt und wenig wahrscheinlich; eine solche Abrede hätte die Entscheidung im Eisensteinefall, um zu unserem Ausgangspunkt zurückzukehren, geändert.

Schluß

Auf dem Gebiet der Rechtswissenschaft sind neben vielen anderen zwei Gedankenströme festzustellen, die in entgegengesetzter Richtung fließen: der eine sucht einer Rechtsregel oder einem Rechtsbegriff möglichst weitgehende Wirkung zuzuschreiben, etwa die Einrede des nicht erfüllten Vertrages dem Schuldner im Sukzessivlieferungsvertrag wegen jeder fälligen Gegenforderung zu geben; der Gegenstrom glaubt eine vorgefundene allgemeine Regel durch Beschränkung auf ein engeres Gebiet berichtigen oder gar einen allgemeinen Begriff als wertlos erweisen zu können, wie dies dem Jubilar vor langem mit dem Begriff der unechten Solidarität gelungen ist.

In welchem Verhältnis logisches und wertendes Denken in solcher rechtswissenschaftlicher Arbeit gemischt sind, dürfte vielfach von der

---

[14] OGH. E. v. 20. 10. 1932, Rechtsprechung 1933 Nr. 3.

Begabung und Neigung des einzelnen Autors abhängen. Aber ein Grundsatz sollte von jedem Juristen anerkannt sein:

Das Recht ist nicht dazu da, zu beweisen, daß die Menschen richtig denken können, sondern zu bewirken, daß sie in Frieden miteinander auskommen.

Die Bankgeschäfte im deutschen internationalen Privatrecht*

Von Gerhard Kegel, Köln

Vorbemerkung

Von Bankgeschäften ist im deutschen *internationalen* Privatrecht selten die Rede. Seit rund 40 Jahren sind, wenn ich recht sehe, kaum mehr als zwei Dutzend Entscheidungen veröffentlicht worden. Sogar im *materiellen* Bankrecht hat man in Deutschland und in anderen Ländern einen Mangel an Entscheidungen beobachtet[1].

Daß es so wenig Entscheidungen über Bankgeschäfte gibt, mag daran liegen, daß sich die Banken mit Umsicht und reicher Erfahrung verpflichten und daß sie Prozesse scheuen. Ferner mag es zum Teil daran liegen, daß die vorhandenen Rechtssätze klar sind. Findet man doch auch im Wertpapierrecht und im Grundstücksrecht in Deutschland nur noch vereinzelt Entscheidungen, weil diese Gebiete gut durchgearbeitet sind und praktisch funktionieren. Selbst die USA zeigen in den letzten Jahrzehnten im Wechselrecht zwar eine Menge Entscheidungen, aber sie bringen kaum Neues[2].

Die *wissenschaftliche* Bedeutung des internationalen Rechts der Bankgeschäfte wird überdies dadurch gemindert, daß für Banken im wesentlichen dasselbe gilt wie für andere Unternehmen: für Versicherungsgesellschaften, Transportunternehmen, Lagerhalter, Werkunternehmer und Verleger[3]. Für Bankgeschäfte gelten die allgemeinen Regeln des internationalen Schuldvertragsrechts. Man könnte daher das Vorhandensein eines eigenen internationalen Rechts der Bankgeschäfte leugnen. Indessen bringt nähere Prüfung doch interessante Aufschlüsse.

I. Vertragsstatut

Auszugehen ist vom internationalen Statut der Schuldverträge.

Hier entscheidet in Deutschland, wie überall an erster Stelle, der *Parteiwille*. Er kann ausdrücklich oder stillschweigend erklärt sein.

---

* Erweiterte Fassung eines in Clermont am 19. 3. 1965 gehaltenen Vortrags, dessen französischer Text erscheinen wird in den Annales de la Faculté de Droit et des Sciences Economiques de l'Université de Clermont.

1 Für das Akkreditiv *von Caemmerer* JZ 1959, 362 f.; für die Bankbürgschaft *von Caemmerer* Festschrift Otto Riese, 1964, 300.

2 *Britton*, Bills and Notes, 2. Aufl. 1961, IX.

3 *Kegel* in Soergel-Siebert, BGB V, 9. Aufl. 1961, Vorbem. 193 vor Art. 7 EGBGB S. 562 f.

Hilfsweise entscheidet in Deutschland der *„hypothetische Parteiwille“*. Das war ursprünglich das Recht, das die Parteien erkoren hätten, wenn sie gewählt hätten. Heute aber sehen die meisten und vor allem der BGH im hypothetischen Parteiwillen eine *objektive* Anknüpfung[4]. Die Interessen der Parteien an der Anwendung bestimmter Rechte werden gegeneinander abgewogen. Der BGH spricht häufig von „vernünftiger Interessenabwägung auf rein objektiver Grundlage“[5]. Es wird also unmittelbar die internationalprivatrechtliche Gerechtigkeit gesucht[6]. Die objektive Fassung des hypothetischen Parteiwillens ist im wesentlichen nur eine Verallgemeinerung der subjektiven Fassung, wenn man — wie angängig — verständigen Parteien eine gerechte Anknüpfung als hypothetisch gewollt unterstellt und einen im Einzelfall erweislichen abweichenden, aber gemeinsamen subjektiven hypothetischen Parteiwillen vorgehen läßt.

In der Regel ist jedoch jede Partei daran interessiert, nach dem Recht des Staates beurteilt zu werden, dem sie am engsten verbunden ist, gleich ob dies Recht ihr nützt oder schadet. Dieses Recht ist nach deutscher Ansicht bei der natürlichen Person in ihren persönlichen Dingen (Personen-, Familien- und Erbrecht) das Recht des Staates, dem sie angehört („Heimatrecht“)[7]. In geschäftlichen Dingen, mit denen wir es hier zu tun haben, ist mehr an das Recht der geschäftlichen Umwelt der Person zu denken. Das ist bei einem Privatmann das Recht seines *gewöhnlichen Aufenthalts,* bei einem Geschäftsmann für Geschäfte seines Unternehmens das Recht seines *Geschäftssitzes*[8], bei der nicht rechtsfähigen Handelsgesellschaft und bei der juristischen Person das Recht des *Sitzes* ihrer (Haupt-) Verwaltung. Bei Geschäften einer *Zweigniederlassung* (eines Geschäftsmanns, einer nicht rechtsfähigen Handelsgesellschaft oder einer juristischen Person) tritt deren Sitz an die Stelle; doch lassen wir Zweigniederlassungen vorerst beiseite.

Kommt man mit dem hypothetischen Parteiwillen nicht ans Ziel, dann entscheidet an letzter Stelle über die Pflichten jeder Vertragspartei das Recht ihres *Erfüllungsorts.*

1. Ausdrücklicher Parteiwille

Anfangs wurde das maßgebende Recht selten vereinbart. Allmählich aber hat sich in Deutschland und in anderen Ländern herumgesprochen, daß die Parteien das auf Schuldverträge anwendbare Recht wählen

---

[4] Ebenda Vorbem. 190 vor Art. 7 EGBGB S. 561 mit Nachweisen in Fn. 48.
[5] Nachweise in Fn. 48 ebenda.
[6] *Kegel,* IPR, 2. Aufl. 1964, 33 f.
[7] Vgl. hierzu und zum Folgenden *Kegel* (oben Fn. 6) 35—38.
[8] Vgl. *Kegel* (oben Fn. 3) Vorbem. 156 vor Art. 7 EGBGB S. 551 für die Vollmacht und Vorbem. 201 S. 565 für den Kauf beweglicher Sachen.

dürfen. Daher ist die Bestimmung des maßgebenden Rechts in die allgemeinen Geschäftsbedingungen und in die Vertragsformulare eingedrungen[9]. Natürlich nimmt jede Partei in ihre allgemeinen Geschäftsbedingungen und in ihre Vertragsformulare auf, es solle das Recht gelten, dem sie selbst am engsten verbunden ist, also das Recht ihres Geschäftssitzes (es handelt sich immer um Gewerbetreibende) oder des Sitzes ihrer (Haupt-) Verwaltung.

Schon vor dem ersten Weltkrieg ließ sich eine schweizerische Bank für ein Darlehn, das sie in Baden wohnhaften Eheleuten gewährte, eine Hypothek und zwei Bürgschaften geben. In den Bürgschaftsurkunden unterwarfen sich die Bürgen dem schweizerischen Recht. Das *RG* hatte 1929 über einen Ausgleichsanspruch des einen Bürgen gegen den anderen zu entscheiden und beurteilte auch diesen nach schweizerischem Recht[10].

Nach dem zweiten Weltkrieg hatte sich ein US-Amerikaner in West-Berlin niedergelassen und aus Mitteln der Stadt Berlin von einer Finanzierungsbank einen sog. Berliner Investitionskredit erhalten. Nr. 21 der „Allgemeinen Kreditbedingungen" der Finanzierungsbank bestimmte:

> „Die Geschäftsräume der Bank in Berlin sind für beide Teile Erfüllungsort. Die Bank kann nur im Gerichtsstand des Erfüllungsorts verklagt werden. Für alle Rechtsbeziehungen zwischen dem Kunden und der Bank ist das am Erfüllungsort geltende Recht maßgebend."

Das Darlehn wurde demgemäß 1957 vom *OLG Hamm* nach deutschem Recht beurteilt, ebenso aber eine Bürgschaft, die der Amerikaner ohne Vereinbarung des maßgebenden Rechts im Namen einer amerikanischen corporation übernommen hatte, deren Präsident und Mitinhaber er war[11].

2. *Stillschweigender Parteiwille*

Der stillschweigende Parteiwille läßt sich *begrifflich* scharf vom hypothetischen trennen. Stillschweigend ist ein Wille, der wirklich vorhanden, aber nicht geäußert ist. Hypothetisch ist nach der älteren Ansicht ein Wille, der nicht vorhanden ist, der aber gebildet worden wäre, wenn ein Entschluß gefaßt worden wäre. Nach der neueren und jetzt in Deutschland herrschenden Meinung enthält der hypothetische Partei-

---

[9] KG IPRspr. 1930 Nr. 28a bezeichnet als „allgemein üblich", daß die Bank in ihren Geschäftsbedingungen die Geltung ihres Rechts bestimme.
[10] RG IPRspr. 1929 Nr. 3 = WarnR 1929 Nr. 138.
[11] OLG Hamm IPRspr. 1956/57 Nr. 27 = RiW 1957, 186.

wille die Anknüpfung, die der internationalprivatrechtlichen Gerechtigkeit am nächsten kommt (und die man daher *verständigen* Parteien auch als hypothetisch gewollt unterstellen dürfte).

Praktisch gehen indessen stillschweigender und hypothetischer Parteiwille ineinander über[12]. Im einen wie im anderen Falle entscheiden weithin *typische Umstände.* Sie können nicht zwingend dem stillschweigenden oder dem hypothetischen Parteiwillen zugerechnet werden, weil die hauptsächliche Rechtsfolge dieselbe ist, eben die Anwendung eines bestimmten Rechts auf Grund dieser Umstände. An dem begrifflichen Unterschied besteht daher kein großes Interesse und, welche typischen Umstände man einen stillschweigenden und welche man einen hypothetischen Parteiwillen tragen läßt, bleibt insoweit zum Teil Geschmacksache[13].

Mit diesem Vorbehalt kann man einen stillschweigenden Parteiwillen daraus folgern, daß die Parteien auf Vorschriften eines bestimmten Rechts verweisen oder auf Usancen, die von einem bestimmten Recht ausgehen, oder daß sie ein Formular benutzen, das von einem bestimmten Recht ausgeht, oder daß sie denselben Erfüllungsort für beide Teile oder einen einheitlichen Gerichtsstand oder ein Schiedsgericht eines bestimmten Landes vereinbaren, und unter Umständen auch, daß sie im Prozeß über das maßgebende Recht einig sind[14].

Die Vereinbarung eines *gemeinsamen Erfüllungsorts* finden wir in dem erwähnten Fall des *OLG Hamm*[15]. Aber dort ist außerdem ausdrücklich das an diesem Erfüllungsort maßgebende Recht vereinbart.

Auch eine Entscheidung des *AG Bremen* aus dem Jahre 1951 gibt nichts her[16]. Hier hatte ein in Helsinki wohnender finnischer Kaufmann von einer Bank in Helsinki Kredit erhalten. Anscheinend zwar durch einen *Formular*vertrag. Aber da keinerlei Auslandsberührung vorhanden war, konnte die Geltung finnischen Rechts nicht zweifelhaft sein.

Mehr ergibt ein Beschluß des *LG Karlsruhe*[17]. Hier hatte eine schweizerische Bank an einen Deutschen ein Darlehn gewährt, das durch

---

12 *Kegel* (oben Fn. 3) Vorbem. 189 vor Art. 7 EGBGB S. 561; aus der neueren Rspr. z. B. BGH NJW 1962, 1005.

13 Ein Unterschied in den Rechtsfolgen ergibt sich allerdings, wenn man einen *Renvoi* des vom realen Parteiwillen gewählten Rechts ausschließt, dagegen einen Renvoi des vom hypothetischen Parteiwillen berufenen Rechts zuläßt. Die in Deutschland h. M. schließt freilich den Renvoi auch dann aus, wenn das maßgebende Recht durch den hypothetischen Parteiwillen bestimmt wird: *Kegel* (oben Fn. 3) Vorbem. 218 vor Art. 7 EGBGB S. 569 Fn. 95.

14 *Kegel* (oben Fn. 3) Vorbem. 182, 183 vor Art. 7 EGBGB S. 559 f.

15 Oben Fn. 11.

16 IPRspr. 1950/51 Nr. 17.

17 IPRspr. 1956/57 Nr. 28a; näher unten S. 227.

Hypothek an einem deutschen Grundstück gesichert worden war. Der Sitz der Gläubigerin war als *Erfüllungsort für beide Teile* vereinbart und das Gericht entnimmt daraus die stillschweigende Erklärung, es solle schweizerisches Recht gelten. Außerdem begründet es die Herrschaft des schweizerischen Rechts mit dem hypothetischen Parteiwillen, da Bankkredite Massengeschäfte seien. Trotz sauberer begrifflicher Trennung sieht man auch hier, wie dicht stillschweigender und hypothetischer Parteiwille beieinander liegen.

Der BGH allerdings hat in einem Fall, der einen ähnlichen Kredit derselben Bank betraf, der Vereinbarung Basels als *Erfüllungsort beider Teile* kein Gewicht beigelegt, und auf Grund anderer Umstände deutsches Recht angewandt[18].

Einen der *Formular*benutzung *ähnlichen* Fall hat *LG Frankfurt* NJW 1963, 450 entschieden. Hier verpflichtete sich eine deutsche Firma (Klägerin), einer ausländischen Firma für eine in deren Land zu errichtende Großanlage Teile zu liefern. Die ausländische Firma hatte die letzte Rate des Preises durch Bankgarantie in Höhe von rund 87 000 £ zu sichern. Die Klägerin beauftragte eine deutsche Bank, die Garantie zu beschaffen. Diese entwarf den Text auf deutsch und übersetzte ihn ins Englische. Je eine Kopie übersandten die deutsche Bank und die ausländische Firma einer ausländischen Bank (der Beklagten). Diese verpflichtete sich nach dem Wortlaut des Entwurfs und schickte die Urkunde der deutschen Bank zur Aushändigung an die Klägerin. Auch den weiteren Schriftwechsel führte die Beklagte mit der deutschen Bank. Eine von deren Filialen war als Zahlstelle vorgesehen. Zur Sicherung ihrer Garantieverpflichtung zahlte die Beklagte die Garantiesumme auf ein Konto bei der Hauptverwaltung der deutschen Bank.

Das LG Frankfurt beurteilt die Garantie kraft stillschweigenden Parteiwillens nach deutschem Recht. Es entnimmt ihn dem Verhalten beider Parteien, insbesondere dem Umstand, daß die deutsche Bank bei der Ausarbeitung des Garantietextes von deutschen Rechtsvorstellungen ausgegangen sei, und dem Sicherungsbedürfnis der Klägerin, die „aus der kaufmännischen Erfahrung handelte, nach der vertragliche Sicherungen dem eigenen Recht unterstellt werden müssen, wenn sie im Ernstfall ohne weiteres realisierbar sein sollen". Man zögert zuzustimmen, weil möglicherweise das Interesse der Beklagten an der Anwendung ihres Rechts zu gering veranschlagt ist (vgl. unten S. 240—242 zum Akkreditiv). Auch wird nicht deutlich, ob es auf das maßgebliche Recht ankam.

---

[18] BGHZ 26, 91 = IPRspr. 1956/57 Nr. 28; dazu näher unten S. 227 f.

3. Hypothetischer Parteiwille

a) Rechte der Parteien

Der hypothetische Parteiwille wird in Deutschland, wie bemerkt, meist als Interessenabwägung und damit als freie Suche nach der internationalprivatrechtlichen Gerechtigkeit verstanden. Wir haben auch bereits festgestellt, daß jede Partei an der Anwendung des Rechts interessiert ist, dem sie am engsten verbunden ist, und daß hier für den Privatmann das Recht seines gewöhnlichen Aufenthalts, für den Geschäftsmann das Recht seines Geschäftssitzes und für die nicht rechtsfähige Handelsgesellschaft und für die juristische Person das Recht des Sitzes ihrer (Haupt-) Verwaltung in Betracht kommt[19]. Wir wollen ein solches Recht der Kürze halber im Folgenden als das *Recht der* betreffenden *Partei* bezeichnen.

Führen diese Anknüpfungen für beide Teile eines Schuldvertrags auf *denselben* Staat, so ist dessen Recht anzuwenden. Ebenso wird es oft, aber nicht immer sein, wenn die Vertragsparteien demselben Staate *angehören*[20].

Führen die genannten Anknüpfungen für beide Parteien des Schuldvertrags auf *verschiedene Staaten,* dann muß entweder eine Partei durch die Anwendung ihres Rechts bevorzugt werden oder man muß in das Recht eines dritten („neutralen“) Staates ausweichen.

b) Prinzip der geringsten Störung

Als Regel empfiehlt sich das *Prinzip der geringsten Störung:* Es wird das Recht der Vertragspartei angewandt (gewöhnlicher Aufenthalt des Privatmannes, Geschäftssitz des Geschäftsmannes, Sitz der nicht rechtsfähigen Handelsgesellschaft und der juristischen Person), die von der Anwendung des fremden Rechts härter betroffen würde als ihr Gegner.

c) Öffentliche Hand

Aus diesem Grunde läßt sich ableiten, daß Schuldverträge der *öffentlichen Hand* (Staaten, Körperschaften und Anstalten des öffentlichen Rechts) grundsätzlich dem Rechte des Staates unterliegen. Die öffentliche Hand neigt zu Bürokratismus und Schwerfälligkeit, hat zum Teil auch Prestige zu wahren. Daher trifft es sie stärker als Personen des Privatrechts, wenn sie fremdem Recht unterstellt wird. Allerdings sind

---

19 Oben S. 216.

20 *Kegel* (oben Fn. 3) Vorbem. 202 vor Art. 7 EGBGB S. 565.

deutsche Entscheidungen spärlich[21] und man sollte das Interesse der öffentlichen Hand zwar ernst nehmen, aber nicht absolut setzen[22].

d) Berufstypische Leistung

Für Schuldverträge zwischen Personen des Privatrechts bedeutet das Prinzip der geringsten Störung u. a.: die *berufstypische* Leistung muß grundsätzlich vorgehen[23]. Maßgebend sollte daher sein das Recht des Berufstätigen (natürliche Person, nicht rechtsfähige Handelsgesellschaft, juristische Person)[24] bei Schuldverträgen mit Ärzten, Notaren, Anwälten, Gastwirten; mit Inhabern von Läden, Werkstätten, Fabriken; mit Transportunternehmern, Lagerhaltern, Versicherungsgesellschaften, Banken, Verlegern. Das Recht des Patienten, Mandanten, „Kunden" sollte zurückstehen. Die deutsche Rechtsprechung kommt überwiegend zu diesen Ergebnissen[25] außer beim Kauf beweglicher Sachen[26].

---

21 Nachweise bei *Kegel* (oben Fn. 3) Vorbem. 193 vor Art. 7 EGBGB S. 562 Fn. 51, 52; außerdem obiter KG IPRspr. 1930 Nr. 31, siehe unten S. 229 f.

22 Vorsichtig auch *Reithmann*, Internationales Vertragsrecht, 1963, Nr. 27 S. 15; für Staatsanleihen kritisch *Schönenberger* in: *Schönenberger-Jäggi*, Das Obligationenrecht (Kommentar zum Schweizerischen Zivilgesetzbuch V 1 a), 3. Aufl. 1961, Nr. 281 S. 102 und ablehnend *Vischer*, Internationales Vertragsrecht, 1962, 119.

23 *Berufs-*, *gewerbe-*, *betriebs*typisch? Die Wahl ist schwer. Berufe haben z. B. Ärzte und Anwälte. Gewerbe treiben z. B. Versicherungsgesellschaften und Banken. Genau wäre „berufs- oder gewerbetypisch". Aber das ist zu schleppend. Von „Betriebsstatut" spricht man im internationalen Versicherungsrecht OLG Hamburg MDR 1957, 679; OLG Stuttgart VersR 1960, 722; *Keller*, Das internationale Versicherungsvertragsrecht der Schweiz, in: *Roelli-Jaeger*, Kommentar zum Schweizerischen Bundesgesetz über den Versicherungsvertrag, IV, 2. Aufl. 1962, 1—24, 39). Jedoch ist dieser Ausdruck meist bezogen auf den versicherungstechnischen oder den aufsichtstechnischen Bestand, während es uns um die Art der Tätigkeit geht.

24 Oben S. 216, 220.

25 Nachweise bei *Kegel* (oben Fn. 3) Vorbem. 193 vor Art. 7 EGBGB S. 562 f. Fn. 53—59 für Ärzte, Anwälte, Notare, Banken, Versicherungsgesellschaften, Transportunternehmer, Lagerhalter, Werkunternehmer, Verleger (für See- und Binnenschiffahrtstransporte siehe aber Vorbem. 196 S. 564); Vorbem. 199 S. 565 Fn. 69 für Gastwirte. Nachweise ferner bei *Reithmann* (oben Fn. 22) Nr. 439—444 S. 241—243 für Anwälte; Nr. 380 S. 211, Nr. 385 S. 213, Nr. 391 S. 216 für Transportunternehmer (für Seefrachtvertrag aber Nr. 400 S. 219); Nr. 318 S. 171 f. für Bankkredit; Nr. 434 S. 239 für Verleger; siehe ferner allgemein Nr. 10 S. 8 und Nr. 24 S. 14 für Verträge über staatlich kontrollierte Tätigkeit (z. B. Anwälte, Ärzte, Apotheker, Architekten, Banken, Versicherungen). Für die Schweiz Nachweise bei *Schönenberger* (oben Fn. 22) Nr. 288 S. 106 für Werkunternehmer; Nr. 301 S. 111, Nr. 303 S. 112, Nr. 307—308 S. 113 bis 115 für Transportunternehmer; Nr. 310 S. 115 für Gastwirte und Lagerhalter; Nr. 289 S. 107 für Verleger. Nachweise ferner bei *Vischer* (oben Fn. 22) 121—125 für Werkunternehmer, Transportunternehmer, Verleger, Lagerhalter, Gastwirte und 127 f. für Versicherungsunternehmen.

26 Nachweise bei *Kegel* (oben Fn. 3) Vorbem. 201 S. 565 Fn. 72. In der Schweiz dagegen wird das Recht des Verkäufers angewandt: Nachweise bei *Schönenberger* (oben Fn. 22) Nr. 266 S. 97 und *Vischer* (oben Fn. 22) 115 Fn. 1.

Nehmen wir z. B. einen Modesalon in Paris mit internationaler Kundschaft. Zwar ist die *Summe des Verdrusses,* der hundert ausländischen Kundinnen durch Anwendung des französischen Rechts entsteht, ebenso groß, ja wahrscheinlich größer als der Verdruß des Modisten bei Anwendung der Rechte der einzelnen Kundinnen. Aber jede Kundin wird nur einmal, der Modist wird hundertmal verdrossen.

Auch wird sein Inlandsgeschäft überwiegen und, selbst wenn das Auslandsgeschäft überwiegt, werden die Kundinnen doch aus verschiedenen fremden Staaten kommen oder bestellen. Die Kundinnen eines bestimmten fremden Landes (z. B. aus der Schweiz, aus Schweden, aus den USA) bilden daher eine *Minderheit.* Darum ist es angemessen, daß sie sich dem überwiegend geübten Recht, dem des Modisten, beugen.

Das wird am deutlichsten, je seltener die Ausnahme ist. Zwar könnte sie eben deswegen der Modist am ehesten ertragen. Aber um so mehr kann auch der Kundin zugemutet werden, sich rechtlich anzupassen, auf eine kollisionsrechtliche Extrawurst zu verzichten. Hierin dürfte der berechtigte Kern des häufigen Arguments liegen, für *Massenverträge* müsse einheitliches Recht gelten[27].

Außerdem wird im Beispiel des Modesalons die Kundin nur in ihrer *Privatsphäre* getroffen, nämlich als Konsumentin. Der Modist aber wird in seiner berufstypischen Tätigkeit gestört. Während die Kundin äußerstenfalls ein einziges Mal in den Beutel greifen muß, wenn französisches Recht gilt und ihr ungünstig ist, müßte der Modist seinen Betrieb ändern, wenn jede Kundin nach ihrem Heimatrecht zu beurteilen wäre: er müßte Zeit aufwenden für die Auseinandersetzungen mit den Kundinnen und Geld für die Ermittlung des ausländischen Rechts; entsprechend müßte er seine Preise erhöhen.

Aber auch, soweit er es nicht mit privatrechtlicher, sondern mit gewerblicher Auslandskundschaft zu tun hat (z. B. mit einer Filmgesellschaft, einer Oper, einem Theater, die Garderobe für die Hauptdarstellerin verlangen), geht es für sie doch nur um *Hilfsgeschäfte,* bei denen sich die Geltung fremden Rechts eher verschmerzen läßt als bei den *berufstypischen* Geschäften des Modisten, die in einer arbeitsteiligen Welt seine Hauptleistung darstellen, die Leistung, die seinen Beruf ausmacht und aus der er sein Einkommen zieht.

Manche Gewerbe sind durch *öffentliches Recht* stark eingeschränkt, insbesondere Versicherungsgesellschaften und Banken[28]. Das öffent-

---

27 Vgl. z. B. unten S. 227.

28 Vgl. z. B. in Deutschland für *Zinsen* die VO über die Bedingungen, zu denen Kreditinstitute Kredite gewähren und Anlagen entgegennehmen dürfen (ZinsVO) vom 5. 2. 1965 (BGBl. I 33); für *Emissionen* das Gesetz über die staatliche Genehmigung der Ausgabe von Inhaber- und Orderschuldverschrei-

liche Recht verfolgt jedoch andere, nämlich politische und wirtschaftspolitische Ziele als das Privatrecht, das der Gerechtigkeit zwischen den Einzelnen dienen will. Daher gelten verschiedene Regeln im internationalen öffentlichen Recht und im internationalen Privatrecht[29]. Deswegen sollte man die Anknüpfung an das Recht des berufstypisch Leistenden nicht damit begründen, daß man auf diese Weise das öffentliche und Privatrecht desselben Staates anwenden könne[30]. Zwar wird so der „innere Entscheidungseinklang"[31] gefördert; aber das ist nur eine erfreuliche Nebenfolge.

e) Vertragstypische Leistung

Neben dem Vorrang der berufstypischen Leistung verlangt das „Prinzip der geringsten Störung" den Vorrang der *vertragstypischen* Leistung. Das ist in der Regel die *Waren-* oder *Dienst*leistung, nicht die Zahlung. Daher sollte grundsätzlich gelten das Recht des Verkäufers, Vermieters, Verpächters, des zu selbständigen Diensten Verpflichteten, des Werkunternehmers einschließlich des Transporteurs.

Nur für Leistungen von und an *Grundstücken* (Verkauf, Vermietung, Verpachtung, Ausbesserung, Reinigung, Bewachung, Verwaltung, Errichtung von Gebäuden) sollte grundsätzlich die lex rei sitae gelten[32]. Denn diese Leistungen können nur im Belegenheitsland erbracht werden und werden daher im Interesse des „inneren Entscheidungseinklangs" zweckmäßig dem Recht des Belegenheitslandes unterstellt, zumal wenn zugleich dingliche Rechte übertragen werden (z. B. bei Kauf und Übereignung). Daß auf diese Weise auch Einklang mit dem öffentlichen Grundstücksrecht erzielt wird, ist wie in manchen Fällen der Anknüpfung an das Recht des *berufs*typisch Leistenden erfreuliche Nebenfolge[33].

---

bungen vom 26. 6. 1954 (BGBl. I 147), das Gesetz über die Pfandbriefe und verwandten Schuldverschreibungen öffentlich-rechtlicher Kreditanstalten in der Fassung vom 8. 5. 1963 (BGBl. I 312), das Hypothekenbankgesetz in der Fassung vom 5. 2. 1963 (BGBl. I 9), das Gesetz über Schiffspfandbriefbanken (Schiffsbanken) in der Fassung vom 8. 5. 1963 (BGBl. I 302).

[29] *Kegel* (oben Fn. 6) 43—46, 387—416.

[30] *Keller* (oben Fn. 23) 18—23, 39.

[31] *Kegel* (oben Fn. 6) 39 f.

[32] Nachweise bei *Kegel* (oben Fn. 3) Vorbem. 200 vor Art. 7 EGBGB S. 565 Fn. 70; *Reithmann* (oben Fn. 22) Nr. 301—302 S. 159—161 für Kauf, Nr. 312 S. 168 für Miete und Pacht, Nr. 34 S. 17 allgemein. Für die Schweiz ebenso *Schönenberger* (oben Fn. 22) Nr. 261 S. 96 für Kauf, Nr. 274 S. 100 für Miete und Pacht, Nr. 276 S. 100 für Leihe, Nr. 288 S. 106 f. für Werkvertrag; *Vischer* (oben Fn. 22) 115 a. E. für Kauf, 118 für Miete und Pacht, aber skeptisch 121 Fn. 2 für Werkvertrag.

[33] Oben zu Fn. 30, 31.

Der Vorrang der vertragstypischen Leistung vor der gleichförmigen, einfachen und farblosen Zahlung hat seinen Grund darin, daß der vertragstypisch Leistende viele Vorschriften zu beachten hat (man denke nur an den großen Bereich der mangelhaften Leistung), der Zahlende wenige. Der Zahlende wird daher durch die Geltung des Rechts des Waren- oder Dienstleistenden gering, der letztere würde durch Geltung des Rechts des Zahlenden erheblich gestört.

f) Darlehn und Anleihe

Etwas anders liegt es beim *Darlehn.* Denn hier stehen sich *zwei Zahlungen* gegenüber: die frühere des Geldgebers, die spätere des Entleihers. Dennoch hat auch hier eine der beiden Zahlungen den Vorrang und kann in diesem Sinne (obwohl der Ausdruck nicht mehr recht paßt) als „vertragstypisch" bezeichnet werden: die Leistung des Geldgebers, des *Gläubigers*[34]. Denn der Geldgeber ist regelmäßig der wirtschaftlich Stärkere und hätte die Maßgeblichkeit seines Rechts durchsetzen können, wenn es zu einer Vereinbarung des anwendbaren Rechts gekommen wäre. Dieser Grund wirkt zwar auch teilweise beim Vorrang der berufstypischen Leistung mit, insbesondere gegenüber Privatkunden. Aber er gibt nicht den Ausschlag. Denn Patient, Mandant und Gast können reicher sein als Arzt, Anwalt und Wirt; dennoch gilt deren Recht. Der Warenkäufer kann wirtschaftlich stärker sein als der Verkäufer; gleichwohl gilt Verkäuferrecht.

Einen Sonderfall des Darlehns bildet die *Anleihe.* International sehr unterschiedlich beurteilt[35], wird sie in Deutschland meist (nicht wie das Darlehn — bei richtiger Anknüpfung — dem Recht des Gläubigers, sondern) dem *Recht des Schuldners* unterworfen[36]. Sicherlich ist die Herrschaft eines einzigen Rechts anzustreben, teils zur Gleichbehandlung aller Gläubiger, teils zur Vereinfachung für den Schuldner. Aber natür-

---

[34] Die deutsche Rechtsprechung ergibt die regelmäßige Anwendung des Gläubigerrechts nicht. Die Gerichte entscheiden nach den Umständen des Falles, lassen also den hypothetischen Parteiwillen unfixiert (Nachweise bei *Reithmann* [oben Fn. 22] Nr. 316 S. 170 f.). Sog. *„echte Realkredite"* werden der lex rei sitae unterworfen (BGHZ 17, 89; siehe ferner die Nachweise bei *Reithmann* Nr. 317 S. 171). In Fällen, die keine „echten Realkredite" sind, wird bei *Bankkrediten* leicht überwiegend das Recht des Sitzes der Bank angewandt (Nachweise bei *Reithmann* Nr. 318 S. 172 f.); hier entscheidet also die *berufs*typische, nicht die *vertrags*typische Leistung. Dagegen wird in der Schweiz das Recht des Geldgebers angewandt: *Schönenberger* (oben Fn. 22) Nr. 279, 280 S. 101 mit Nachweisen; *Vischer* (oben Fn. 22) 118 mit Nachweisen in Fn. 4.

[35] Zum internationalen Streitstand *van Hecke,* Problèmes juridiques des emprunts internationaux, 1955, 64—72.

[36] *Kegel* (oben Fn. 3) Vorbem. 245 vor Art. 7 EGBGB S. 574 mit Nachweisen in Fn. 21; *Reithmann* (oben Fn. 22) Nr. 322 S. 175 f. mit Nachweisen.

lich braucht das einheitliche Recht nicht das des Schuldners zu sein. So hat man in den Anleihen, die nach dem 1. Weltkrieg von deutschen Schuldnern in den USA aufgenommen worden sind, in denjenigen Fällen, in denen das maßgebende Recht vereinbart worden ist, mit Rücksicht auf die Masse der Gläubiger und auf den Treuhänder das amerikanische Recht (insbesondere das New Yorker Recht) vereinbart[37]. Wird dagegen die Anleihe nicht in einem einzigen ausländischen Staate (z. B. in den USA) emittiert (so daß die Masse der Gläubiger diesem ausländischen Staat angehört), sondern wird sie zugleich im Inland und/oder in anderen ausländischen Staaten emittiert, dann führen das Bedürfnis nach einem einheitlichen Recht und die einander aufhebenden Interessen der Gläubiger aus verschiedenen Staaten zur Maßgeblichkeit des Rechts des Schuldners[38]. Nur bei *Emission in einem einzigen Staat* (Inland oder Ausland) herrscht das *Gläubigerrecht*, d. h. das Recht der Masse der Gläubiger (das bei Inlandsemission mit dem Recht des Schuldners zusammenfällt)[39].

g) Verhältnis von berufs- und vertragstypischer Leistung

Das *Bankgeschäft* ist dadurch gekennzeichnet, daß die Bank als Geld- und Kreditvermittler auftritt: sie wechselt Geld, sie nimmt Geld auf und verleiht es, sie kauft und verkauft Wertpapiere. Tritt sie einem Kunden gegenüber, dann sollte ihr Recht als das Recht der *berufstypischen* Leistung vorgehen[40]. Tritt sie dagegen einer anderen Bank gegenüber, dann sollte das Recht derjenigen Bank gelten, die die *vertragstypische* Leistung erbringt, z. B. Geld verleiht, Wertpapiere verkauft[41].

---

[37] LG und OLG Düsseldorf IPRspr. 1934 Nr. 93 a und b; LG Essen ebenda Nr. 99; RG JW 1936, 2058 mit Anm. von *Mügel* = RabelsZ 1936, 385.

[38] RGZ 146, 1 (3, 6); ähnlich *Lochner*, Darlehen und Anleihe im internationalen Privatrecht, 1954, 48, 54.

[39] RG IPRspr. 1929 Nr. 36 = SeuffArch. 83, 209 (vor dem ersten Weltkrieg hatte eine estnische Tochtergesellschaft einer deutschen AG eine Markanleihe aufgenommen, deutsches Recht wurde kraft stillschweigenden Parteiwillens angewandt; Emissionsland nicht angegeben, mutmaßlich Deutschland); *Reithmann* (oben Fn. 22) Nr. 323 S. 176 f. (mit Nachweis ausländischer Entscheidungen, die bei Amerikaanleihen nach dem ersten Weltkrieg auch ohne ausdrückliche Vereinbarung das Recht der USA angewandt haben, Anleiheschuldner waren u. a. zwei europäische Banken). Dagegen wollen auch bei Emissionen in *mehreren* Ländern das Recht des jeweiligen Emissionsorts anwenden *Schönenberger* (oben Fn. 22) Nr. 281 S. 102 f.; *Vischer* (oben Fn. 22) S. 119.

[40] *Niquille*, Anknüpfungsprobleme im internationalen Vertragsrecht unter besonderer Berücksichtigung der Verhältnisse zwischen Bank und Kunde, Diss. Zürich 1950, 70—82.

[41] *Niquille* (oben Fn. 40) 93.

Die grundsätzliche Anwendung des Rechts der *vertragstypischen* Leistung hat sich durchgesetzt in der Schweiz[42]. Die von Savigny auf den hypothetischen Parteiwillen gestützte und als „ursprünglich und natürlich" bezeichnete[43] Anknüpfung an den Erfüllungsort jeder Partei, die den Vertrag verschiedenen Rechten unterwirft, ist damit von der Schweiz verlassen.

In Deutschland ist die grundsätzliche Anknüpfung an die vertragstypische Leistung noch nicht so weit vorgedrungen. Immerhin tendieren die Entscheidungen in diese Richtung, freilich noch mit der wichtigen Ausnahme des Kaufs beweglicher Sachen[44]. Im Ganzen aber ist der hypothetische Parteiwille in Deutschland noch flüssiger, weniger zu Einzelregeln verdichtet als in der Schweiz. Die Folge ist größeres Schwanken der Gerichte, das ein Autor sogar als verfassungswidrig tadeln zu können geglaubt hat[45].

Unsere Analyse, die vom Interesse jeder Partei an der Anwendung „ihres" Rechts[46] und von einer Lösung nach dem „Prinzip der geringsten Störung"[47] ausgegangen ist, hat gerade am Beispiel der Bankgeschäfte, wie wir hoffen, gezeigt: berufs- und vertragstypische Leistung, die sich meist decken, können auch auseinanderfallen und dann geht die berufstypische Leistung vor (im Verkehr der Bank mit dem Kunden entscheidet das Recht der Bank) und nur bei beiderseitiger Berufstypik gibt die vertragstypische Leistung den Ausschlag (im Verkehr zwischen Banken entscheidet das Recht der Bank, die die vertragstypische Leistung zu erbringen hat). Im Ganzen werden also die Ergebnisse der Rechtsprechung besser mit dem Begriff der berufstypischen als mit dem der vertragstypischen Leistung erklärt.

h) Rechtsprechung zu Bankgeschäften

In LG Karlsruhe IPRspr. 1956/57 Nr. 28 a und in BGHZ 26, 91 = IPRspr. 1956/57 Nr. 28 ging es um Darlehen, die eine Baseler Hypothekenbank 1931 Deutschen gewährt hatte. Die Darlehen sollten durch Hypotheken an deutschen Grundstücken gesichert werden. Als Erfüllungsort beider Teile wurde der Sitz der Gläubigerin vereinbart. Aus steuerlichen Gründen übertrug die Baseler Bank ihre Rechte und Pflichten aus dem Vertrag auf eine Tochtergesellschaft in Frankfurt.

---

[42] Vgl. oben Fn. 26; ferner *Schönenberger* (oben Fn. 22) Nr. 212—242 S. 77—91; *Vischer* (oben Fn. 22) 108—111.
[43] *von Savigny*, System des heutigen Römischen Rechts VIII, 1849, 202.
[44] Oben Fn. 26.
[45] *Beitzke*, Grundgesetz und Internationalprivatrecht, 1961, 12—14.
[46] Oben S. 216, 220.
[47] Oben S. 220.

Diese zahlte die Darlehen aus und zu ihren Gunsten wurden die Hypotheken bestellt, aber alsbald an die Baseler Bank abgetreten.

Im Fall des *LG Karlsruhe* stritten der Erbe des Darlehns- und Hypothekenschuldners (Antragsteller) und die Baseler Bank (Antragsgegnerin) darüber, wie die Hypothek in der westdeutschen Währungsreform von 1948 von RM in DM umgestellt worden sei: 10 : 1 (Antragsteller) oder 1 : 1 (Antragsgegnerin).

Nach Art. I § 2 Nr. 1 der 40. DVO zum UmstG werden Hypotheken 1 : 1 umgestellt, „wenn die ... gesicherte Forderung nicht den Vorschriften des Umstellungsgesetzes unterliegt". Das Gericht meint, die Darlehensforderung unterliege dem Umstellungsgesetz, wenn sie dem deutschen Recht unterliege. Daher prüft es nach deutschem IPR, ob deutsches Recht für die Darlehensforderung gilt oder nicht[48].

Hier stellt es zunächst fest, die Frankfurter Tochtergesellschaft sei nur Treuhänderin der Baseler Bank gewesen. Nicht die Tochtergesellschaft, sondern die Bank habe daher das Darlehen gewährt. Auf die Bank beziehe sich deswegen auch die Vereinbarung, der Sitz der Gläubigerin sei Erfüllungsort beider Teile. Dadurch sei stillschweigend die Geltung schweizerischen Rechts vereinbart.

Außerdem sei das Darlehn ein „Massenvertrag". Deswegen sei nach dem hypothetischen Parteiwillen schweizerisches Recht berufen. Da die Frankfurter Tochtergesellschaft nur als Treuhänderin gedient habe, sei durch sie kein „besonderer abgespalteter Massenvertragskomplex" begründet worden. Der Vereinbarung deutscher Währung wird kein Gewicht beigelegt.

Wegen Anwendbarkeit schweizerischen Rechts auf die Forderung unterliege sie nicht dem Umstellungsgesetz. Deswegen sei die Hypothek nach Art. I § 2 Nr. 1 der 40. DVO 1 : 1 umgestellt. Offen, weil nicht in dieses Verfahren gehörend, bleibt, ob Kriegszerstörung des Grundstücks dem Antragsteller Entlastung schafft. Für die Darlehensforderung müsse darüber das schweizerische Recht entscheiden.

Den Gesichtspunkt des *Massenvertrags* haben wir schon erwähnt[49]. Er geht u. E. auf im Gesichtspunkt der *berufstypischen* Leistung, hier der Kreditgewährung durch eine Bank, noch genauer: der Gewährung hypothekarisch gesicherter Kredite durch eine Hypothekenbank.

Im *BGH*-Fall hatte das Deutsche Reich das Grundstück enteignet und der Beklagten übereignet. Die Beklagte hatte die Haftung für das

---

[48] Das Gericht folgt hier der „privatrechtlichen" Theorie, die zum Teil auch vom BGH vertreten wird. Mehr Entscheidungen des BGH vertreten die „öffentlichrechtliche" Theorie, die m. E. zutrifft. Näher *Kegel* (oben Fn. 3) Vorbem. 484, 485 vor Art. 7 EGBGB S. 644 f., Vorbem. 531 S. 565 und (oben Fn. 6) 404 f.

[49] Oben S. 222.

Darlehn übernommen, nach Behauptung der klagenden Baseler Bank mit ihrer Zustimmung. Die Bank klagte auf Rückzahlung des Darlehns. Der BGH prüft eingangs das anwendbare Recht, offenbar im Hinblick auf die Passivlegitimation der Beklagten.

Der BGH geht von der Entscheidung des LG Karlsruhe aus, aber folgt ihr nicht. Zwar sei Basel als Erfüllungsort beider Teile vereinbart. Aber das Darlehn sei verhältnismäßig langfristig gewesen und durch Hypotheken auf einem deutschen Grundstück gesichert worden. Die Darlehensschuldner seien Deutsche gewesen und die Bank habe sich einer deutschen Tochtergesellschaft bedient und ihr die Rechte und Pflichten aus dem Darlehn abgetreten. Zwar sei die Abtretung nur treuhänderisch erfolgt. Aber das Verhalten der Bank zeige, daß sie auf die Herrschaft schweizerischen Rechts keinen Wert gelegt habe.

Die Schwäche beider Fälle für das internationale Bankrecht liegt darin, daß es auf die Bestimmung des maßgeblichen Rechts schwerlich ankam. Im Fall des LG Karlsruhe bleibt außerdem nach dem Sachverhalt zweifelhaft, ob wirklich Basel und nicht vielmehr Frankfurt als Erfüllungsort vereinbart wurde. Abgesehen davon, fragt sich, was die Beteiligung der Frankfurter Tochtergesellschaft kollisionsrechtlich bedeutet. Da die Tochtergesellschaft erst nach Abschluß der Verträge zwischen der Bank und den Darlehnsnehmern eingeschaltet wurde, wird man sie für die Bestimmung des maßgeblichen Rechts übergehen müssen. Dann aber sollte mit dem LG Karlsruhe der Charakter des Bankgeschäfts — den wir als Anknüpfung an die berufstypische Leistung verstehen würden — zur Anwendung des schweizerischen Rechts führen. Der BGH scheint dagegen den Gedanken des „echten Realkredits“[50] im Auge zu haben.

4. Erfüllungsort

Die in der deutschen Rechtsprechung an letzter Stelle stehende Anknüpfung an den Erfüllungsort[51] führt auf verschiedenes Recht, wenn die Erfüllungsorte beider Parteien in verschiedenen Ländern liegen. Indessen zieht jede Partei vor, nach dem Recht *„ihres“ Staates* beurteilt zu werden (Recht des gewöhnlichen Aufenthalts beim Privatmann, Recht des Geschäftssitzes beim Geschäftsmann für Geschäfte seines Unternehmens, Recht des Sitzes der [Haupt-] Verwaltung bei der nicht rechtsfähigen Handelsgesellschaft und bei der juristischen Person)[52]. Daher kommt beim Gleichgewicht der Interessen beider Parteien (z. B.

50 Oben Fn. 34.
51 Oben S. 216.
52 Oben S. 216, 220.

beim Tausch zwischen Privatleuten oder zwischen Geschäftsleuten) für jede Partei eher das Recht *„ihres" Staates* als das Recht des *Erfüllungsortes ihrer Leistung* in Betracht.

Z. B. ein Münchener und ein Pariser Violinvirtuose vereinbaren einen Geigentausch, bei dem der Deutsche seine Geige in Rom, der Franzose sie in Zürich liefern soll. Hier leuchtet die Anwendung deutschen und französischen Rechts mehr ein als die Anwendung italienischen und schweizerischen Rechts.

Nur wenn am selben Orte zu übergeben wäre, würde die Anwendung des Rechts dieses Ortes als eines „neutralen"[53] Rechts einleuchten. Bloß befände man sich dann schon entweder im Bereich des stillschweigenden Parteiwillens, der durch Vereinbarung eines einheitlichen Erfüllungsortes für beide Parteien erklärt wäre[54], oder wenigstens im Bereich des hypothetischen Parteiwillens, falls man nämlich als stillschweigende Erklärung des Parteiwillens nur die Vereinbarung eines gemeinsamen Erfüllungsortes im streng rechtlichen Sinne und nicht die Vereinbarung eines bloß tatsächlichen Leistungsortes genügen lassen sollte.

De lege ferenda spricht daher nicht viel dafür, die Herrschaft verschiedenen Rechts über denselben Vertrag gerade darauf zu gründen, daß die *Erfüllungsorte* in verschiedenen Ländern liegen. Allerdings kommt es darauf für Bankgeschäfte nicht an, weil hier entweder die berufs- oder wenigstens die vertragstypische Leistung eine befriedigende Anknüpfung liefert. Die deutschen Gerichte halten indessen auch bei Bankgeschäften am Erfüllungsort als letzter Anknüpfungsmöglichkeit fest.

In RG IPRspr. 1930 Nr. 30, KG ebenda Nr. 31 und RG IPRspr. 1931 Nr. 30 = SeuffArch. 85, 97 ging es um einen Streit, der offenbar darin wurzelte, daß nach dem 1. Weltkrieg österreichische Schillinge einen geringeren Kurs hatten als tschechoslowakische Kronen. Während des 1. Weltkriegs hatte ein in Deutschland lebender Deutscher, der spätere Beklagte, bei der Prager Filiale einer österreichischen Bank österreichische und ungarische Kriegsanleihe gezeichnet. In Höhe eines Teils des Kaufpreises wurden die Anleihestücke in österreichischen Kronen (der damaligen Währungseinheit) beliehen. 1919 übernahm eine tschechoslowakische Bank, die Klägerin, durch Rechtsgeschäft die Filiale der österreichischen Bank einschließlich der Forderung gegen den Beklagten. Sie berechnete die Forderung in tschechoslowakischen Kronen. 1924 wurden die Anleihestücke des Beklagten ausgelost. 1927 auf Zahlung seiner Schuld verklagt, wandte der Beklagte ein, der ausgeloste Betrag sei in entsprechender Höhe anzurechnen.

---

[53] Oben S. 220.
[54] Vgl. oben S. 218.

Das KG hatte (wie das RG berichtet) im ersten Durchgang die Klage abgewiesen. Der Erfüllungsort für den Beklagten liege in Deutschland. Daher sei deutsches Recht anwendbar. Ein vertragliches Anerkenntnis einer auf tschechoslowakische Kronen gerichteten Forderung liege nicht vor und die tschechoslowakische Währungsgesetzgebung habe bei Maßgeblichkeit deutschen Rechts keinen Einfluß.

Das *RG* verweist im ersten Durchgang zurück. Es hält die Frage eines Anerkenntnisvertrags nach deutschem Recht nicht für ausreichend geprüft. Fehle ein Anerkenntnis und sei deutsches Recht anwendbar, dann habe allerdings die tschechoslowakische Währungsgesetzgebung die Klageforderung nicht berührt. Ob deutsches Recht anzuwenden sei, könne davon abhängen, daß der *Erfüllungsort* für den Beklagten in Deutschland liege. Es könne aber nach dem *Parteiwillen* (ob stillschweigender oder hypothetischer, wird nicht gesagt) auch österreichisches Recht anzuwenden sein, nämlich dann, wenn „das Anleihegeschäft seinen Schwerpunkt in Österreich hatte und den Anlaß zu der Entstehung der streitigen Verpflichtung bildete". Sowohl für die Bestimmung des Erfüllungsorts wie für die Feststellung einer Verknüpfung zwischen Anleiheemission und Vertragsverhältnis der Parteien müsse der *Rechtsgrund* der Klageforderung geklärt werden. Einkaufskommission, Geschäftsbesorgung, Darlehn kämen in Betracht. Nach dem so ermittelten Recht müsse der Anerkenntnisvertrag geprüft werden und gegebenenfalls festgestellt werden, welchen Einfluß das anwendbare Recht der tschechoslowakischen Währungsgesetzgebung beimesse.

Im zweiten Durchgang beurteilt das *KG* die Klageforderung als Forderung aus einem Lombardgeschäft (Beleihung der Anleihestücke), mithin als *Darlehnsforderung*.

Der *Parteiwille* führe nicht auf österreichisches oder tschechoslowakisches Recht. Eine freiwillige Unterwerfung des Beklagten unter österreichisches Recht würde nicht bedeuten, daß er sich auch dem damals noch nicht vorhandenen tschechoslowakischen Recht unterworfen habe, wenn auch Österreich für sich und seine Staatsbürger die tschechoslowakische Währungsgesetzgebung anerkannt habe. Aber auch österreichisches Recht sei vom Beklagten nicht gewollt. Österreichisches Recht sei zwar auf die Anleihe anwendbar, da sie vom österreichischen Staat aufgenommen worden sei, nicht aber auf das Lombardgeschäft.

„Aus dem Umstand allein, daß der ausländische Vertragsteil eine Bank ist, kann auf einen solchen Parteiwillen nicht geschlossen werden... Wenn eine Erschwerung im Bankbetriebe dadurch eintreten kann, daß in den von der Bank zu führenden Prozessen verschiedene Rechtsordnungen maßgebend sind, so ist daraus nichts zu folgern. Diese Erschwerungen können ohne weiteres dadurch vermieden werden, daß die Bank die Unterwerfung unter ihr Heimatrecht zur Geschäftsbedingung macht... Bei der Ermittlung des anzuwendenden Rechts darf auch das Interesse des Kunden nicht unberücksichtigt bleiben, dabei ist zu beachten, daß einer Bank von vornherein ganz andere Mittel jeder Art zur Rechtsverfolgung zur Verfügung stehen als dem einzelnen Kunden."

Allerdings sei Prag in den Geschäftsbedingungen der Darlehnsgeberin als Gerichtsstand beider Parteien vereinbart worden. Weil aber die Geschäftsbedingungen in erster Linie für die Inlandskunden der Bank bestimmt gewesen seien, könne darin keine Vereinbarung des maßgebenden Rechts gesehen werden.

Da somit der Parteiwille nichts ergab, wandte das KG das Recht des *Erfüllungsorts* an. Für die Rückzahlung eines Darlehns sei Erfüllungsort nach § 269 BGB der Wohnsitz des Schuldners. Deswegen sei deutsches Recht maßgebend. Nach ihm sei die Klage nicht begründet, u. a. weil die tschechoslowakische Währungsgesetzgebung auf das dem deutschen Recht unterliegende Rechtsverhältnis der Parteien ohne Einfluß sei und eine Aufwertung wegen eigenen Verschuldens der Klägerin (verspäteter Klageerhebung) nicht stattfinde; der Verrechnungseinwand des Beklagten greife durch.

Das *RG* verweist im zweiten Durchgang abermals zurück. Allerdings billigt es jetzt die internationalprivatrechtlichen Ausführungen des KG. Es bindet wiederum die Anwendung der tschechoslowakischen Währungsgesetzgebung an die Maßgeblichkeit tschechoslowakischen Rechts für das Darlehn („Schuldrechts-, nicht ... Währungstheorie"). Auch leugnet es wiederum einen hypothetischen Parteiwillen, das Darlehn einer bei seiner Begründung noch nicht vorhandenen Rechtsordnung (der tschechoslowakischen) zu unterstellen.

„Daß der Bekl. im besonderen zu der Prager Zweigniederlassung der Creditanstalt in Beziehungen trat, genügt nicht als Anhaltspunkt zur Erschließung eines auch nur mutmaßlichen Willens der Vertragsparteien, zum mindesten aber des Bekl., für den noch gar nicht vorauszusehenden Fall einer Spaltung der die Haupt- und Zweigniederlassung gemeinsam beherrschenden Rechtsordnung und der Bildung einer die Zweigniederlassung allein beherrschenden gesonderten Rechtsordnung eine Unterstellung der Rechtsbeziehungen der Beteiligten unter diese anzunehmen."

Ebenso leugnet es einen hypothetischen Parteiwillen, das gesamte Darlehn dem österreichischen Recht als dem Recht der Bank zu unterstellen. Das RG hält jedoch die Abweisung der Klage unter dem Gesichtspunkt des deutschen Aufwertungsrechts für nicht hinreichend begründet.

Ebenfalls deutsches Recht als Recht des Erfüllungsorts des deutschen Schuldners wendet das *RG* an in dem Parallelfall IPRspr. 1932 Nr. 113 = JW 1932, 1048 = SeuffArch. 86, 106.

In einem anderen Parallelfall — IPRspr. 1931 Nr. 31 — bestätigte dagegen das *RG* das klageabweisende Urteil des KG. Der Unterschied lag hier darin, daß der Darlehnsnehmer und spätere Beklagte ein in Berlin lebender *Österreicher* war. Aus dem gemeinsamen Recht von Darlehnsgeber und -nehmer in Verbindung mit der Vereinbarung eines österreichischen Gerichtsstands (Prag) wird der (teils als mutmaßlich, teils als stillschweigend bezeichnete) Parteiwille hergeleitet, österreichisches Recht solle maßgeben.

„Dafür, daß die Vertragsparteien sich nicht dem österreichischen Recht schlechthin, sondern dem jeweils in Prag, als dem Sitz der Rechtsvorgängerin der Kl. [?] geltenden Recht, auch bei einem Wechsel der Gebietshoheit hätten unterwerfen wollen, hat der Berufungsrichter mit Recht irgendwelche Anhaltspunkte vermißt."

Eine Prüfung, welchem Recht die Parteien das Darlehn unterstellt haben würden, wenn sie an eine Änderung der Rechtsordnung gedacht hätten, komme nicht in Betracht; denn sie hätten die Geltung ihres eigenen Rechts, des österreichischen, gewollt. Keinesfalls hätte der Beklagte seine Verpflichtung dem Recht der Tschechoslowakei, in deren Gebiet er sich nicht befand, unterwerfen wollen[55].

Zwar wird Prag vom RG als Erfüllungsort angesehen. Aber die Anwendung österreichischen Rechts wird auf den Parteiwillen gegründet.

Als in der Revisionsinstanz nicht nachprüfbar vermerkt das RG die Ausführungen des KG über die Einstellung des österreichischen Rechts zum tschechoslowakischen Währungsrecht, insbesondere zu einem Staatsvertrag zwischen Österreich und der Tschechoslowakei, mit dem Ergebnis, daß die Forderung nicht in tschechoslowakische Währung übergegangen, sondern der neuen österreichischen Währung anzupassen sei, und ebenso die Feststellung des KG, daß Österreich, jedenfalls für den vorliegenden Sachverhalt, keine Aufwertung kenne.

In einem weiteren Parallelfall hatte durch Vermittlung derselben Prager Filiale ein *Deutscher* österreichische Kriegsanleihe gezeichnet. Das *BayObLG* gelangt in BayObLGZ 1931, 354 = IPRspr. 1931 Nr. 32 kraft *Parteiwillens* zum *österreichischen Recht*. Es erklärt die diesbezüglichen Feststellungen des Berufungsgerichts, die es im einzelnen nicht mitteilt, für in der Revisionsinstanz nicht nachprüfbar.

---

[55] Das RG verweist hier auf die Grundsätze, die es bei Rechtsänderungen infolge Souveränitätswechsels befolgt hat; vgl. dazu *Kegel* (oben Fn. 3) Vorbem. 215 vor Art. 7 EGBGB S. 567 f. mit Nachweisen in Fn. 88 und *Ernst*, Die Bedeutung des Gesetzzweckes im internationalen Währungs- und Devisenrecht, 1963, 50—56, insbesondere für Polen.

Wie die Fälle der Baseler Hypothekenbank[56] haben die Fälle der Prager Bankfiliale ihren Schwerpunkt nicht im Darlehnsrecht. Denn das Recht des ABGB galt in der Tschechoslowakei fort. Dadurch ist ihr Wert für das internationale Bankrecht gemindert.

Er wird freilich wieder erhöht, soweit es auf Wegfall der Geschäftsgrundlage ankam. Denn insoweit ist das Schuldstatut maßgebend (mit Ausnahmen bei der Aufwertung)[57].

Die Anknüpfung an den Erfüllungsort, die das RG schließlich billigt[58], befriedigt nicht. Es war das Recht der Bank und nach Eintritt der Rechtsspaltung das Recht der Bankfiliale, d. h. das Recht der Tschechoslowakei, anzuwenden. Eine andere Anknüpfung wäre nur nötig gewesen, wenn in Österreich zur Zeit der Darlehnsgewährung interlokal eine solche gegolten hätte, wofür ein Anhalt fehlt. Da übrigens eine solche abweichende Anknüpfung mutmaßlich in der Tschechoslowakei fortgegolten hätte, wäre sie auch bei direkter Anknüpfung an den Sitz der Filiale über einen Renvoi zum Tragen gekommen[59].

Mit der Maßgeblichkeit tschechoslowakischen Rechts für das Darlehn mochte der Übergang der Darlehnsforderung in tschechoslowakische Kronen gegeben sein. Weiterhin mochte die Höhe der Darlehnsforderung von der Höhe der Forderung aus den Anleihestücken abhängen[60] oder nicht abhängen: in beiden Fällen war die *Geschäftsgrundlage* entfallen (im ersten Fall für die Darlehnsgläubigerin, im zweiten für den Darlehnsschuldner). Die entscheidende Frage war daher: wie wirkte nach tschechoslowakischem materiellen Recht der Wegfall der Geschäftsgrundlage? Nach *deutschem* materiellen Recht wäre m. E. der Schaden zu teilen gewesen[61].

II. Vertragsarten

1. *Innenverhältnis: Zentrale — Filiale*

Wenn wir hier vom „Innenverhältnis" sprechen, so meinen wir nicht das Verhältnis zwischen Zentrale und Filiale (das grundsätzlich dem

[56] Oben S. 226—228.

[57] *Kegel* (oben Fn. 3) Vorbem. 247 vor Art. 7 EGBGB S. 575 a. E. bei Fn. 4.

[58] IPRspr. 1931 Nr. 30 = SeuffArch. 85, 97; IPRspr. 1932 Nr. 113 = JW 1932, 1048 = SeuffArch. 86, 106.

[59] Zur Anknüpfung bei Souveränitätswechsel *Kegel* (oben Fn. 6) 11 und (oben Fn. 3) Vorbem. 108 vor Art. 7 EGBGB S. 538, Vorbem. 215 S. 567 f. Zur Anknüpfung an das Recht der Filiale unten S. 233—236. Zum Renvoi oben Fn. 13.

[60] Die Forderung aus den Anleihestücken konnte ihrerseits *aufgewertet* sein. Die Aufwertung ist grundsätzlich nach dem Recht der Forderung zu beurteilen: z. B. RG IPRspr. 1931 Nr. 30 = SeuffArch. 85, 97; IPRspr. 1931 Nr. 31; IPRspr. 1932 Nr. 113 = JW 1932, 1048 = SeuffArch. 86, 106. Siehe ferner *Kegel* (oben Fn. 3) Vorbem. 529—531 vor Art. 7 EGBGB S. 655 f.

[61] Dagegen z. B. *Flume*, Allgemeiner Teil des bürgerlichen Rechts II, 1965, 525 Fn. 77.

Recht der Zentrale unterliegt), sondern das Verhältnis Dritter, die mit der Zentrale oder Filiale Geschäfte abschließen. Soweit hier das Recht „der Bank“ anzuwenden ist, muß entschieden werden, ob es auf das Recht des Sitzes der Zentrale oder der Filiale ankommt.

Die richtige Lösung ist: es kommt darauf an, mit wem der Dritte *abgeschlossen* hat, mit der Zentrale oder mit der Filiale. Bei Abschluß mit der Zentrale gilt das Recht des Sitzes der Zentrale; bei Abschluß mit der Filiale gilt das Recht des Sitzes der Filiale. Der Abschluß mit der rechtlich unselbständigen Filiale ist also ebenso zu behandeln wie der Abschluß mit einer rechtlich selbständigen Tochtergesellschaft.

Der Grund liegt im *Verkehrsinteresse:* wer in einem Staate einen Geschäftsbetrieb eröffnet, muß im Interesse der Kundschaft im Verkehr mit ihr das Recht dieses Staates hinnehmen. Er muß sich ebenso behandeln lassen wie die Masse der inländischen Betriebsinhaber. Hier gilt wirklich einmal der Satz: wer in Rom lebt, muß wie ein Römer leben.

Die deutsche Rechtsprechung ergibt die Maßgeblichkeit des Sitzes der Zweigniederlassung für von ihr mit Kunden geschlossene Geschäfte deutlich nur bei Versicherungsverträgen[62]. Für Bankgeschäfte zeigen sich dagegen nur Ansätze.

In den Baseler Hypothekenbankfällen[63] handelte es sich nicht um eine Zweigniederlassung, sondern um eine Tochtergesellschaft der Baseler Bank in Frankfurt. Auch waren die Darlehnsgeschäfte mit der Mutter geschlossen. Es kam also auf das Statut von Geschäften der Zweigniederlassung nicht an[64]. Immerhin läßt das LG Karlsruhe erkennen, daß es bei Verträgen mit einer Zweigniederlassung deren Recht als das eines „besonderen abgespalteten Massenvertragskomplexes“ kraft hypothetischen Parteiwillens anwenden würde, wenn ein realer Parteiwille fehlt[65]. Aus der Entscheidung des BGH lassen sich keine sicheren Schlüsse ziehen, da er die Einschaltung der Frankfurter Tochtergesellschaft nur neben anderen Umständen erwähnt[66].

In den Prager Filialfällen war wahrscheinlich das tschechoslowakische Recht als Recht des Sitzes der Zweigniederlassung anzuwenden[67]. Die Entscheidungen lassen jedoch das Filialstatut nur gelegentlich anklingen[68]: sie stehen zu sehr unter dem Eindruck der Fragen nach den Wir-

---

[62] Z. B. BGHZ 9, 34 (41) = IPRspr. 1952/53 Nr. 37 = NJW 1953, 542 = VersR 1953, 106 mit Anm. von Prölss; BGHZ 17, 74 = IPRspr. 1954/55 Nr. 32 = MDR 1955, 351; siehe auch oben Fn. 23 zum „Betriebsstatut“.

[63] Oben S. 226—228.

[64] Oben S. 228.

[65] Oben S. 227 f.

[66] Oben S. 227 f.

[67] Oben S. 233.

[68] Siehe die oben S. 231, 232 wörtlich abgedruckten Stellen.

kungen des Souveränitäts- und Währungswechsels infolge der Gründung der Tschechoslowakei.

Wenig ergibt schließlich auch *KG* WM 1958, 655. Hier klagte die Witwe eines Bankdirektors auf Pension. Der Mann war Ende 1930 in den Ruhestand getreten und 1943 gestorben. Er war von der Zentrale einer Großbank, nämlich ihrer Berliner Niederlassung, angestellt und als Leiter einer Niederlassung nebst den ihr unterstellten Filialen beschäftigt worden, die im heutigen Gebiet der DDR lag; seine Versetzung an andere Niederlassungsorte blieb vorbehalten. Der Witwe war ihre Pension gleichfalls von der Zentrale zugesagt worden; die Pension sollte am Ort der Zentrale gezahlt werden. 1947 zog die Witwe aus dem Orte der Niederlassung nach West-Berlin. 1957 stellte die Bank die Zahlungen ein. Sie berief sich auf § 5 I b (mit § 7 I) AltbG, nach dem sie (wegen Verlustes ihres Ostvermögens) nicht für Ostschulden hafte.

Das KG legt § 5 I b AltbG dahin aus: es komme nicht darauf an, mit welcher Stelle der Anstellungs- und der Pensionsvertrag geschlossen seien, sondern wo der Angestellte, auch der leitende Angestellte, seine Dienste zu leisten hatte. Das war hier grundsätzlich die Niederlassung im heutigen Gebiet der DDR. Danach war die Klageforderung unbegründet. Das KG verweist jedoch zur Aufklärung zurück. Denn möglicherweise habe der Verstorbene nicht nur seine Niederlassung geleitet, sondern auch die ihr unterstellten Filialen beaufsichtigt und, da jede Filiale einer Großbank ein eigener „Betrieb" sei, auf diese Weise einen Aufgabenkreis gehabt, der als Delegierung von Aufgaben der Zentrale angesehen werden könnte. In dieser Hinsicht könne auch bedeutsam sein, daß der Verstorbene möglicherweise Revisions- und Kreditangelegenheiten an Orten der heutigen Bundesrepublik durchgeführt hätte und daß er möglicherweise Vorstands- oder Aufsichtsratsmitglied der Bank gewesen sei.

Der Fall des KG betrifft die Schuldenhaftung mit Rücksicht auf verlorenes Ostvermögen, also die Zuordnung von Schulden zu Vermögen in verschiedenen Gebieten. Uns dagegen beschäftigt die Zuordnung von Bankgeschäften zur Filiale oder Zentrale, um festzustellen, ob im Interesse des Verkehrs das Recht des Filial- oder des Zentralorts anzuwenden ist. Daher ist die Entscheidung des KG und sind einige spätere Entscheidungen, die den „Geschäftsbetrieb der Berliner Niederlassung" nach § 7 I AltbG betreffen und Zentrale und Filiale gegeneinander abgrenzen[69], für uns nicht unmittelbar verwertbar. Immerhin geben sie beachtliche Hinweise. Es liegt ähnlich wie mit der Rechtsprechung zur „Geschäftsleitung" nach §§ 7 I, VI, 17 AltbG und nach

---

[69] z. B. BAG WM 1960, 1070; KG ebenda 1217.

Vorschriften anderer Gesetze[70], denen man Anhaltspunkte entnehmen kann für die Bestimmung des „Sitzes" einer juristischen Person (und einer nicht rechtsfähigen Personenverbindung oder Vermögensmasse), von dem das auf sie anwendbare Recht abhängt.

2. *Außenverhältnis*

a) Guthaben

Beim Fehlen eines realen Parteiwillens ergibt der hypothetische Parteiwille[71]: ein Bankguthaben unterliegt in jeder Hinsicht (Begründung, Führung, Abtretung, Beendigung) dem Recht der Bank, bei der das Guthaben besteht, sei es wegen der berufstypischen Leistung der Bank (im Verkehr mit Kunden), sei es wegen der vertragstypischen Leistung der Bank (im Verkehr mit anderen Banken).

Zu diesem Ergebnis kommt der *BGH* in IPRspr. 1956/57 Nr. 32 = WM 1957, 1574. Ein Devisenausländer hatte sich freie DM verschafft, indem er eine deutsche Bank, die Beklagte, veranlaßte, einer ihm als Strohmann dienenden Firma Kredit zu geben. Als Deckung ließ er von einer gutgläubigen Züricher Bank Sperrmark auf ein Konto dieser Bank bei der Beklagten überweisen. Die Züricher Bank übertrug später das Sperrmarkguthaben für Rechnung und zugunsten des Devisenausländers einer anderen Züricher Bank. Diese wollte durch Überweisung über das Guthaben verfügen. Die Beklagte wollte jedoch die Überweisung nicht ausführen; denn sie habe mit dem Devisenausländer vereinbart, das Sperrguthaben solle nicht vor Rückzahlung des der Strohmannfirma gewährten Kredits abgezogen werden. Die Zessionarin fiel in Konkurs und der Konkursverwalter klagte das Guthaben ein.

Der BGH beurteilt die Rechte und Pflichten aus dem Guthaben nach deutschem Recht.

„Das ergibt sich schon daraus, daß es sich um ein bei einem deutschen Bankinstitut errichtetes Guthaben handelt, das den besonderen deutschen Devisenbestimmungen unterlag und nach deren Maßgabe in Deutschland zu erfüllen war."

Auch die Übertragung dieses Guthabens unterliege deutschem Recht[72].

---

[70] Dazu *Fögen* WM 1962, 230—235; *Gurski* WM 1963, 1088—1091; *Knapp* WM 1964, Sonderbeilage Nr. 1 zu Teil IV Nr. 4 vom 25. 1. 1964, 15 f.; *Pagenkopf* NJW 1965, 225—228. Vgl. auch *Kegel* (oben Fn. 3) Art. 10 EGBGB Bem. 5 S. 679 f. Fn. 5.

[71] Oben S. 220—228.

[72] Die Abtretung unterliegt dem Recht der abgetretenen Forderung: z. B. *Kegel* (oben Fn. 3) Vorbem. 250 vor Art. 7 EGBGB S. 576 f. mit Nachweisen.

Der BGH nimmt an, die gutgläubige Züricher Bank, die die Sperrmark überwiesen hatte, habe ihre Forderung stillschweigend dem Devisenausländer abgetreten. Die Abtretung sei jedoch wegen Verstoßes gegen das deutsche Devisenrecht nach § 134 BGB nichtig.

Die Unterstellung des Guthabens unter das Recht der Bank wird vom BGH auch mit dem Eingreifen des deutschen Devisenrechts begründet. Nach unserer Ansicht ist der Einklang mit dem für die Bank geltenden öffentlichen Recht nur eine angenehme Nebenfolge[73]. Doch bleibt auch hier, wie in den Fällen der Baseler Hypothekenbank und der Prager Bankfiliale[74], anzumerken, daß das internationalprivatrechtliche Gewicht des Urteils dadurch vermindert ist, daß es in der Hauptsache auf andere Fragen ankam als auf die Bestimmung des für Darlehn oder Guthaben geltenden Rechts, im BGH-Fall auf die privatrechtlichen Folgen der Verletzung deutschen Devisenrechts.

b) Überweisung

Fehlt ein realer Parteiwille, dann bedeutet der hypothetische[75]: eine Überweisung unterliegt dem Recht der Bank, die mit der Überweisung beauftragt ist. Die Ausführung von Überweisungen ist berufstypische Leistung der Bank; daher gilt ihr Recht im Verhältnis zum Kunden, der ihr die Überweisung aufträgt. Die Ausführung von Überweisungen ist zugleich vertragstypische Leistung der Bank; daher gilt ihr Recht im Verhältnis zu einer anderen Bank, die eine Überweisung verlangt.

Dem Recht der beauftragten Bank folgt der *BGH* in BGHZ 25, 127 = IPRspr. 1956/57 Nr. 34 = WM 1957, 1047. In dem verwickelten Fall ging es u. a. darum, ob eine niederländische Bank (die Klägerin), die während des zweiten Weltkriegs im Auftrag ihres Kunden N. auf dem Wege über die Nederlandsche Bank und die Deutsche Reichsbank eine Überweisung an eine deutsche Bank (die Rechtsvorgängerin der Beklagten) ausgeführt hatte, dadurch eigene Ansprüche gegen die deutsche Bank und weiterhin die Beklagte erworben hatte. Der BGH prüft (unter C I) das Zustandekommen eines Vertrags. Das maßgebende Recht bestimmt er an Hand des hypothetischen Parteiwillens, da ein realer Parteiwille fehlte, und sagt:

„Mit der Annahme der Überweisung zugunsten des N. übernahm die Rechtsvorgängerin der Bekl. eine Geschäftsbesorgung. Sie sollte für den ihr zugeflossenen Gegenwert N. das Recht einräumen, den überwiesenen Betrag von ihr zu verlangen. Die Erledigung des Überwei-

---

[73] Oben S. 223 zu Fn. 31 und 33.
[74] Oben S. 226—228, 229—232.
[75] Oben S. 220—228.

sungsauftrags ging im Geltungsbereich des deutschen Rechts vor sich. Die Rechtsvorgängerin der Bekl. hatte, wie auch jetzt die Bekl., ihren Sitz im Inland. Etwaige vertragliche Beziehungen zwischen den Parteien hinsichtlich der Überweisung an N. haben somit eindeutig ihren Schwerpunkt im Geltungsbereich deutschen Rechts, dem sie deswegen auch unterliegen[76]."

Nach deutschem materiellen Recht sei aber durch die Überweisung kein Vertrag zwischen der Klägerin und der Rechtsvorgängerin der Beklagten zustande gekommen.

Das Guthaben des N. bei der Klägerin stammte aus Erlösen, die N. durch Liquidation meist jüdischer Unternehmen erzielt hatte. Der BGH prüft (unter D II 2 a) auch, ob die Betroffenen und nicht N. dadurch Gläubiger des überwiesenen Betrags geworden seien. Offenbar wird auch diese Frage nach deutschem materiellen Recht beurteilt. Der BGH verneint sie.

Die Überweisung fand statt zwischen Banken: der niederländischen Absendebank, der deutschen Empfangsbank sowie der Nederlandschen Bank und der Deutschen Reichsbank, bei denen die Überweisung durchlief. Der Gedanke, daß die vertragstypische Leistung über das Vertragsverhältnis zwischen Banken entscheidet, klingt an in dem Hinweis des BGH auf die von der Empfangsbank übernommene Geschäftsbesorgung. Deren Erfüllungsort zusammen mit dem Sitz der Empfangsbank bestimmt dann nach Ansicht des BGH das für beide Teile maßgebende Recht.

c) Darlehn

Soweit es auf den hypothetischen Parteiwillen ankommt, entscheidet über Kredite, die eine Bank gewährt, das Recht der Bank als der berufstypisch Leistenden (beim Kredit an Kunden) oder als Recht der vertragstypisch Leistenden (beim Kredit an eine andere Bank)[77]. Bei Krediten, die eine Bank von Kunden aufnimmt, entscheidet das Recht der Bank als der berufstypisch Tätigen, dagegen bei Krediten, die eine Bank bei einer anderen Bank aufnimmt, wie bemerkt, das Recht der anderen Bank als das Recht der vertragstypisch Tätigen.

Allerdings sind zwei Warnungen angebracht.

Einmal: wenn eine Bank einen Kredit nicht im normalen Geschäftsbetrieb aufnimmt (z. B. als Spareinlage), sondern die *individuelle Leistung* eines Kunden in Anspruch nimmt (z. B. ein ausländischer Wirt-

---

[76] IPRspr. 1956/57 Nr. 34 S. 130 = WM 1957, 1048 (in BGHZ 25, 127 nicht mitabgedruckt).

[77] Vgl. oben S. 220—228.

schaftsmagnat kommt der Bank durch einen Großeinsatz zu Hilfe), dann sollte das Recht dieses Kunden gelten. Denn hier handelt es sich kaum noch um ein berufstypisches Geschäft der Bank, sondern eher um ein außergewöhnliches Hilfsgeschäft und daher muß das Interesse des vertragstypisch Leistenden, des Darlehnsgebers, an der Anwendung seines Rechts vorgehen.

Zum anderen: die Kreditgewährung ist zu unterscheiden vom *Guthaben,* das immer dem Recht der Bank unterliegt, bei der das Guthaben besteht, auch wenn Berechtigter eine andere Bank ist oder ein Kunde, der einen außergewöhnlichen Kredit gewährt hat[78]. Das Guthaben kann verschiedene Gründe (causae) haben: es mag in der Hauptsache Auslagenvorschuß sein im Rahmen des auf Kontoführung gerichteten Geschäftsbesorgungsvertrags; es mag ein Darlehn des Kunden an die Bank darstellen oder auf einem Darlehn der Bank an den Kunden beruhen; es mag eine Sicherheit sein für einen Kredit, den die Bank im Auftrag des Kunden einem Dritten gewährt hat[79]. Soweit es um Fragen des Guthabens geht (z. B. Ansprüche der Bank auf Auslagenersatz und Provision, Ansprüche des Kunden auf Unterrichtung), entscheidet immer das Recht der Bank. Soweit es dagegen um Fragen eines der Bank gewährten Kredits geht, auf dem das Guthaben beruht (z. B. Gültigkeit des Darlehnsvertrags, Verpflichtung zur Leistung von Sicherheiten, Zeit und Art der Rückzahlung), kann das Recht des Darlehnsgebers anwendbar sein, nämlich wenn Gläubiger eine andere Bank ist oder ein außergewöhnlich kreditierender Kunde.

Die deutsche Rechtsprechung zeigt kein klares Bild. Das AG Bremen arbeitet mit stillschweigendem Parteiwillen und hatte zudem einen reinen Inlandsfall zu entscheiden[80]. In den Prager Filialfällen hätte tschechoslowakisches Recht als Recht der Filiale[81], in den Baseler Hypothekenbankfällen[82] schweizerisches Recht als Recht der kreditgewährenden Bank[83] angewandt werden müssen; doch ging es hier im wesentlichen meist überhaupt nicht um Darlehnsrecht[84] oder man sieht keinen Unterschied der in Betracht kommenden materiellen Rechte[85]. Der BGH-Fall des Devisenausländers betraf ein Guthaben, das nicht Darlehns-, sondern Sicherungszwecken diente; auch ging es hier hauptsächlich um die Wirkungen des deutschen Devisenrechts[86].

---

[78] Oben S. 236.
[79] Vgl. den Fall des Devisenausländers oben S. 236 f.
[80] Oben S. 218.
[81] Oben S. 229—232.
[82] Oben S. 226—228.
[83] Vorbehaltlich der Vereinbarung Frankfurts als Erfüllungsort beider Teile im Fall des LG Karlsruhe: oben S. 228.
[84] Vgl. oben S. 227 (Baseler Fall des LG Karlsruhe), 229—232 (Prager Fälle).
[85] So im Baseler Fall des BGH: oben S. 227 f.
[86] Oben S. 236 f.

d) Akkreditiv

Beim Akkreditiv haben wir es meist mit vier Parteien zu tun:

1. Verkäufer,
2. Käufer,
3. eröffnende Bank (im folgenden einfach „Käuferbank“ genannt),
4. anzeigende oder bestätigende Bank (im folgenden einfach „Verkäuferbank“ genannt).

Fehlt ein realer Parteiwille, dann sollte m. E. über das Verhältnis der Käuferbank zum Käufer, aber auch zum Verkäufer grundsätzlich das Recht der Käuferbank entscheiden, weil sie *berufs*typisch leistet. Aus dem gleichen Grunde sollte über das Verhältnis der Verkäuferbank (gleich ob sie das Akkreditiv bestätigt oder nur anzeigt) zum Verkäufer, aber auch zum Käufer m. E. grundsätzlich entscheiden das Recht der Verkäuferbank. Im Verhältnis der beiden Banken sollte entscheiden das Recht der *vertrags*typischen Leistung. Das ist, soweit es sich um eine entgeltliche Geschäftsbesorgung handelt[87], das Recht der Verkäuferbank. Soweit es dagegen um die Zahlungspflicht der Käuferbank geht, sollte deren Recht maßgeben; denn diese Pflicht geht über einen Geschäftsbesorgungsvertrag hinaus (in dem nur Auslagenersatz in Betracht käme) und ist daher eigene typische Leistung des Akkreditivvertrages. Die Lage ist von ferne vergleichbar dem Tausch, bei dem wir ebenfalls (und anders als beim Kauf) *zwei* vertragstypische Leistungen haben.

Die Meinungen im Schrifttum sind geteilt. *Von Caemmerer* will unterscheiden zwischen unbestätigtem und bestätigtem Akkreditiv: beim unbestätigten soll das Recht der Käuferbank gelten, beim bestätigten das Recht der Verkäuferbank[88]. Andere wollen grundsätzlich das Recht der Verkäuferbank[89] oder das Recht der Käuferbank[90] oder das Recht der Zahlstelle[91] anwenden.

Freilich kommt es selten auf die Festlegung des maßgebenden Rechts an. Denn oft sind die „Einheitlichen Richtlinien und Gebräuche für Dokumenten-Akkreditive“ (1962) der Internationalen Handelskammer

---

[87] Dazu z. B. BEG 90 II 302 (306) und *Reichwein* SchweizJZ 1965, 57.

[88] JZ 1959, 363. Ebenso im wesentlichen *Gutteridge-Megrah*, The Law of Bankers' Commercial Credits, 3. Aufl. 1965, 168—171, 174.

[89] *Stoufflet*, Le crédit documentaire, 1957, Nr. 117—122 S. 115—120, Nr. 220 S. 209, Nr. 291 S. 263, Nr. 337 S. 290 f., der allerdings das Verhältnis zwischen Käuferbank und Käufer dem Recht der Käuferbank unterstellt.

[90] *Käser* RabelsZ 21 (1956), 118, der allerdings vom „Recht der verpflichteten Bank“ spricht und daher vielleicht beim bestätigten Akkreditiv das Recht der Verkäuferbank auf deren Rechte und Pflichten anwenden würde.

[91] *Zahn*, Zahlung und Zahlungssicherung im Ausland, 3. Aufl. 1964, 38, 40 f.

vereinbart. Aber auch die materiellen Rechte dürften sich nicht allzusehr unterscheiden, jedenfalls soweit Sonderregeln des Akkreditivs und nicht allgemeine Regeln über Rechtsgeschäfte und Schuldverträge in Betracht kommen[92]. Immerhin sind z. B. im New Yorker Recht die Pflichten der Bank, die die Dokumente aufnimmt, gegenüber Verkäufer und Käufer verschieden: dem Verkäufer gegenüber haftet die Bank nicht, wenn sie Dokumente zurückweist, die nicht „strictly" mit den Akkreditivbedingungen übereinstimmen; der Käufer dagegen kann keinen Schadenersatz von ihr fordern, wenn die Dokumente „reasonably" den Bedingungen entsprechen[93]. Bei den Anforderungen, die an die Beschaffenheit von Dokumenten zu stellen sind, werden im übrigen, gleich welchen Staates Recht anwendbar ist, die Gebräuche des Ausstellungsorts der Dokumente zu beachten sein[94]; es ist hier ähnlich wie bei den Regeln des Straßenverkehrs, die dem Recht des Unfallorts zu entnehmen sind, auch wenn das Delikt einem anderen Recht, nämlich dem gemeinsamen Personalstatuts von Täter und Verletztem unterliegt[95].

In Deutschland hat der BGH in IPRspr. 1954/55 Nr. 17 = WM 1955, 765 die Pflichten der Käuferbank nach dem Recht ihres *Erfüllungsorts* beurteilt[96].

Die Klägerin, eine türkische Firma, verkaufte rund 23 Tonnen frische türkische Hühnereier für 600 US-Dollar je Tonne an eine Firma in München. Die Eier sollten in Izmir cif Triest an die Münchener Anschrift der Käuferin verladen werden. Gezahlt werden sollte gegen handelsübliche Dokumente in Izmir durch die Bank der Klägerin, eine in Izmir tätige italienische Bank. Verklagt wurde die deutsche Bank der Käuferin auf Zahlung gegen Dokumente aus einem Akkreditiv, das sie unwiderruflich bei der Bank der Klägerin eröffnet hatte. Sie hatte dann jedoch die von der Bank der Klägerin übersandten Dokumente auf Wunsch der Käuferin zurückgewiesen, da angeblich ein Teil der Eier mangelhaft war. Die Bank in Izmir hatte ihre Ansprüche an die Klägerin abgetreten.

Der BGH prüft den hypothetischen Parteiwillen: „Hierfür wäre es erheblich, ob bei den verschiedenen räumlichen Beziehungen des Schuldverhältnisses eine gegenüber den anderen ein solches Gewicht

---

92 Vgl. *Stoufflet* (oben Fn. 89) Nr. 114 S. 112 f., Nr. 123 S. 121, Nr. 220 S. 209, Nr. 337 S. 290 f.

93 z. B. Report of the *Law Revision Commission* for 1955, *State of New York*, Study of the Uniform Commercial Code, Band 3, S. 66 f.

94 Vgl. *Stoufflet* (oben Fn. 89) Nr. 119 S. 117 f. (Übernahme- und Bordkonnossement), Nr. 121—122 S. 119 f., Nr. 291 S. 263, Nr. 337 S. 290 f.

95 *Kegel* (oben Fn. 3) Art. 12 EGBGB Bem. 27 S. 705.

96 Der Fall kam ein zweites Mal vor den BGH, aber allein aus Gründen des *materiellen* deutschen Akkreditivrechts: BGHZ 28, 129 = JZ 1959, 361 mit eingehender Anm. von *von Caemmerer*.

hat, daß sie den Ausschlag gibt (... [Belege])." Ein solches Übergewicht fehle. Daher entscheide das Recht des Erfüllungsorts, der sich nach deutschem materiellen Recht bestimme. Nach § 269 I BGB sei Erfüllungsort für die streitige Pflicht der Beklagten deren Sitz. Deswegen sei deutsches Recht anzuwenden.

Auch m. E. war deutsches Recht anzuwenden. Allerdings nicht wegen des deutschen *Erfüllungsorts,* sondern deswegen, weil die Beklagte eine *vertragstypische Leistung* aus dem Akkreditiv schuldete[97], das sie unwiderruflich eröffnet hatte, und weil deswegen das Recht ihres Sitzes anzuwenden war.

Schlußbemerkung

Wir haben eingangs festgestellt: deutsche Entscheidungen zum internationalen Recht der Bankgeschäfte sind spärlich und für Bankgeschäfte gelten grundsätzlich dieselben Anknüpfungen wie für andere Schuldverträge.

Die Untersuchung hat gezeigt, daß im Bereich des hypothetischen Parteiwillens von den wenigen Entscheidungen eine Reihe deswegen geringes Gewicht hat, weil es entweder um andere als bankrechtliche Fragen ging oder weil kein Unterschied der in Betracht kommenden materiellen Rechte ersichtlich war[98].

Zur Sache ergab sich die Unterscheidung zwischen *berufstypischer* und *vertragstypischer* Leistung. Vorrang hat die berufstypische Leistung: der Kunde unterliegt im Verkehr mit der Bank grundsätzlich dem Recht des Sitzes der Bank oder ihrer Zweigniederlassung, und zwar auch dann, wenn er selbst die vertragstypische Leistung erbringt, z. B. auf Sparkonto einzahlt. Im Verkehr zwischen Banken entscheidet dagegen die vertragstypische Leistung.

Unter Umständen gibt es *vertragstypische Leistungen jeder Partei.* So zwischen Banken im Akkreditiv: die Zahlungspflicht der eröffnenden Bank ist vertragstypisch und daher gilt für sie das Recht der Bank; aber auch die Geschäftsbesorgung durch die anzeigende oder bestätigende Bank ist vertragstypisch und deswegen gilt ihr Recht für ihre Rechten und Pflichten aus der Geschäftsbesorgung.

---

97 Oben S. 240.
98 Vgl. oben S. 239.

Deutsche Ehescheidungsurteile vor englischen Gerichten

Von Ernst J. Cohn, London und Frankfurt a. M.

Die Vorschriften des englischen internationalen Prozeßrechts über die Anerkennung ausländischer Scheidungsurteile sehen an sich Unterschiede zwischen den Scheidungsurteilen verschiedener Länder nicht vor[1]. Was für ein deutsches Scheidungsurteil rechtens ist, gilt auch für ein französisches, liechtensteinisches oder türkisches Urteil. In der Praxis ergeben sich dennoch Verschiedenheiten. Einmal gibt es Fragen, welche aus tatsächlichen Gründen zwar im Verhältnis zwischen Großbritannien zu einem Lande, nicht aber im Verhältnis zu einem anderen auftauchen können: so werden — um nur ein Beispiel zu nennen — Fragen der Anerkennung, die sich aus dem Domizilproblem ehemaliger britischer Kolonialbeamter ergeben, zwar bei der Anerkennung burmesischer, nicht aber bei der österreichischer Scheidungsurteile eine Rolle spielen können. Zum anderen enthält, wie alsbald zu zeigen sein wird, das englische internationale Zivilprozeßrecht zwar keine Bezugnahme auf ausländisches Recht, wohl aber ist der Inhalt der ausländischen Vorschriften über das materielle Scheidungsrecht und über die internationale Zuständigkeit in Ehescheidungssachen doch in mehrfacher Hinsicht für die Entscheidung des englischen Richters von Bedeutung. Es liegt auf der Hand, daß sich auch hieraus Verschiedenheiten in den Resultaten ergeben, welche die Anwendung der gleichen Vorschrift im Verhältnis mit verschiedenen Ländern herbeiführt. So mag es als gerechtfertigt erscheinen, die Fälle, in denen deutsche Scheidungsurteile vor englischen Gerichten erörtert worden sind, zum Gegenstand einer eigenen knappen Studie zu machen, die als Beitrag zur Lehre vom

---

[1] Art. IV (1) (c) des deutsch-englischen Abkommens über die gegenseitige Vollstreckung von Urteilen sieht zwar im Zusammenhang mit Art. 4 (1) (c) des Foreign Judgment (Reciprocal Enforcement) Act, 1933, vor, daß der Kostenausspruch eines deutschen Ehescheidungsurteils in England vollstreckt werden kann, wenn das deutsche Gericht nach englischem Recht zuständig war, aber diese Vorschrift ermöglicht — wie überhaupt das gesamte Abkommen — nur eine Erleichterung des Vollstreckungsverfahrens, nicht aber eine substantielle Änderung: in allen Fällen, in denen das deutsche Urteil auf Grund des Abkommens durch Registrierung vollstreckt werden kann, konnte es nach dem richterlichen Spruchrecht (common law) schon bisher — freilich im Wege einer besonderen Vollstreckungsklage — vollstreckt werden: so richtig jetzt — im Gegensatz zu RGZ 7, 406 — BGH in JW 1964, 2350 mit eingehender und zutreffender Begründung.

bilateralen deutsch-englischen internationalen Prozeßrecht im Sinne *Nussbaums* gelten mag[2].

Vorab darf bemerkt werden, daß die Bedeutung des Problems für die Praxis keineswegs etwa nach der verhältnismäßig bescheidenen Zahl veröffentlichter englischer Gerichtsurteile beurteilt werden darf. Unter allen Abteilungen des englischen High Court of Justice ähnelt die Scheidungsabteilung in bezug auf die Masse der von ihr erledigten Sachen am stärksten einem vielbeschäftigten deutschen Landgericht. Zur Veröffentlichung gelangen nur die wenigen Fälle, in denen ein neues, d. h. bisher noch nicht höchstrichterlich entschiedenes Problem auftaucht. Die Lehre von der bindenden Kraft der Vorentscheidungen sichert die unbedingte Befolgung des einmal anerkannten Grundsatzes in künftigen Fällen. Die Sorgfalt der auf dem Gebiet des Scheidungsrechts spezialisierten Barrister verhütet ein Übersehen einer irgendwann einmal ergangenen und veröffentlichten Entscheidung.

Deutsche Scheidungsurteile haben in den letzten zwei Jahrzehnten die Ehescheidungsabteilung des High Court verhältnismäßig häufig befaßt. In allen Fällen handelte es sich um die Frage, ob ein zwischen den Parteien ergangenes deutsches Ehescheidungsurteil hier anzuerkennen war. Das Ergebnis der Prüfung dieser Frage ist nicht immer für die Parteien von praktischer Bedeutung. Sehr häufig entsteht die Frage in einem Verfahren, in welchem der Kläger vor dem englischen Gericht alternativ Anerkennung des deutschen Ehescheidungsurteils oder — für den Fall der Nichtanerkennung — Erlaß eines neuen englischen Scheidungsurteils beantragt[3]. Indessen gibt es natürlich auch Fälle, in denen es für die Parteien schlechthin entscheidend ist, ob das in ihrer Sache ergangene deutsche Urteil in England anerkannt wird. Nicht in allen Fällen, in denen ein deutsches Gericht eine Scheidung zu gewähren

2 Die fleißige und dankenswerte Arbeit von *Brintzinger*, Zur Anerkennung von Scheidungen englischer Ehen durch deutsche Gerichte in England JZ 1960, S. 346, bedarf in einer ganzen Reihe von Punkten der Berichtigung und Ergänzung. Der Titel ist übrigens irreführend. Darauf, ob das deutsche Gericht nun gerade eine „englische Ehe" geschieden hat, kommt es in keiner Weise an.

3 Eine solche Anerkennung erfolgt durch ein Feststellungsurteil (declaratory judgment) wie etwa in dem Falle *Har Shefi v. Har Shefi* (no. 2) 1953/P. 220 (C. A.), vgl. hierzu die ausgezeichneten Ausführungen von *North*, Declaratory Judgment in the Divorce Court, Int. and Comp. L. Q., Bd. 14 (1965) S. 579 ff In einfach liegenden Fällen — etwa wenn es völlig klar ist, daß der Ehemann zu allen rechtserheblichen Zeiten sein „domicil" in dem Lande hatte, von dessen Gerichten die Scheidung ausgesprochen wurde, — ist ein solches Urteil nicht erforderlich. Der englische Standesbeamte kann sich alsdann auf ein Gutachten eines Barristers, der mit dem betreffenden ausländischen Rechte vertraut ist und bestätigt, daß die Voraussetzungen der Anerkennung nach englischem Rechte erfüllt sind, verlassen und jeder der Parteien gestatten, in England eine neue Ehe einzugehen.

vermag, kann auch ein englisches Gericht dies tun. Eine rechtsvergleichende Darstellung des deutschen und englischen Scheidungsrechts liegt außerhalb des Rahmens dieser Studie. Es mag hier genügen zu betonen, daß den beiden in der Praxis am häufigsten in die Erscheinung tretenden Scheidungsgründen des deutschen Rechts, nämlich der Ehezerrüttung des § 43 EheG und der Auflösung der ehelichen Gemeinschaft des § 48 EheG., in der cruelty und desertion des englischen Rechts weit enger gefaßte Tatbestände gegenüberstehen. Vom Standpunkt des englischen Rechts aus kann die Bundesrepublik auch heute noch als ein Zufluchtsland für scheidungsbedürftige Parteien gelten. In anderen Fällen wiederum ist der für den Scheidungsausspruch erforderliche Nachweis nur mit erheblichem Kostenaufwand zu erbringen, während eine Anerkennung eines deutschen Scheidungsurteils einen Zeugenbeweis und eine unter Umständen langwierige Verhandlung nicht erfordert und daher nur verhältnismäßig geringfügige Kosten verursacht.

Indessen spielt es für die englischen Gerichte gar keine Rolle, ob für die Parteien irgendeine praktische Folge von der Entscheidung über die Anerkennung des ausländischen Ehescheidungsurteils abhängt. Sie untersuchen die Frage mit nicht geringerer Gründlichkeit, wenn das ganz und gar nicht der Fall ist. Das englische Scheidungsurteil, der „decree“, hat rechtsgestaltende Kraft. Er soll eine bestehende Ehe auflösen. Ist die Auflösung bereits durch ein rechtskräftiges ausländisches Urteil erfolgt, so kann und darf ein „decree“ nicht erlassen werden. Auch wenn es daher sonnenklar ist, daß eine Ehe entweder aufgelöst ist oder doch aufgelöst werden muß, wird mit einer den Parteien oft völlig unverständlichen Sorgfalt untersucht, welche der beiden Alternativen denn im Einzelfall zutrifft.

Bis vor verhältnismäßig kurzer Zeit kannte das englische internationale Zivilprozeßrecht nur eine einzige, sehr einfache Regel: ein ausländisches Ehescheidungsurteil war dann in England anzuerkennen, wenn es von dem Gerichte eines Landes gefällt worden war, in welchem der Ehemann zur Zeit des Beginnes des dortigen Verfahrens sein „domicil“ hatte. Auf die interessante Entstehungsgeschichte dieser Regel braucht hier nicht eingegangen zu werden[4]. Es mag genügen an dieser

---

[4] Über die Einzelheiten vergleiche *Brintzinger*, a.a.O., sowie die dort angeführte Literatur sowie sämtliche englischen Lehrbücher und Handbücher des Eherechts und internationalen Privatrechts. Das Entscheidungsmaterial ist am vollständigsten zusammengestellt bei *Rayden*, Practice and Law of Divorce (9. Auflage von *Jackson* und *Turner*, 1964) S. 858 ff., wo auch einige nicht in den Entscheidungssammlungen veröffentlichten Urteile angeführt werden. Über die geschichtliche Entwicklung orientieren am besten die älteren Auflagen von *Dicey*, Conflict of Laws z. B. 5. Aufl. (1932) S. 940, wo in einer besonderen Note (von *Berriedale Keith*) die früheren Urteile geschildert werden. Die neue Entwicklung nimmt ihren Ausgangspunkt von der Entscheidung *Shaw v. Gould* (1868) L. R. 3 H. L. 55. Der heute maßgebende

Stelle darauf hinzuweisen, daß der hier verwandte „domicil"-Begriff der bekanntlich sehr besonders gestaltete Begriff des englischen Rechts ist, der mit dem deutschrechtlichen Wohnsitzbegriff in keiner Weise identisch ist. Nach der heute im englischen Schrifttum herrschenden Lehre ist es hierbei unerheblich, ob das ausländische Ehescheidungsurteil von demjenigen Gericht erlassen worden ist, das nach dem Rechte des ausländischen Staates zur Entscheidung örtlich zuständig war. War also etwa nach der Regel des § 606 I ZPO das Landgericht in Köln zur Entscheidung berufen, so ist dessenungeachtet durch ein englisches Gericht auch ein fehlerhafterweise ergangenes Urteil des Landgerichts in Düsseldorf anzuerkennen[5]. Ob etwa ein Ehescheidungsurteil eines deutschen Amtsgerichts, wenn ein solches sich veranlaßt gesehen haben sollte, sich über die Zuständigkeitsregelung in so grober Weise hinwegzusetzen, anzuerkennen wäre, ist allerdings nicht völlig unzweifelhaft, praktisch aber natürlich ohne jede Bedeutung[6].

Das Erfordernis, daß das domicil des Ehemannes zur Zeit des Beginnes des Verfahrens in Deutschland gewesen sein muß, macht es nicht selten notwendig, dem englischen Richter nachzuweisen, wann die Zustellung der Ehescheidungsklage erfolgt ist. § 606 I ZPO erfordert eine richterliche Feststellung hierzu nicht, so daß die Gründe des deutschen Urteils hierzu meistens nichts enthalten. Der Nachweis bereitet jedoch kaum jemals Schwierigkeiten, besonders dann nicht, wenn die Zustellung durch die Botschaft der Bundesrepublik erfolgt ist, weil in diesem Falle die Vorlegung von Beweisurkunden möglich ist. In manchen Fällen ergibt sich aus den Urteilsgründen, wo sich zur Zeit der Erhebung der Klage der „gewöhnliche Aufenthalt" des Ehemannes befunden hat, weil diese Feststellung im Falle des § 606 II ZPO erforderlich sein kann. In einem solchen Falle sind zwar die Angaben des Urteils über den gewöhnlichen Aufenthalt des Ehemannes an sich für das englische Gericht nur

---

Leitfall ist *Le Mesurier v. Le Mesurier* (1895) A. C. 517. Die Rechtslage in Schottland ist die gleiche, vergleiche *Warden v. Warden* (orse *Brotzen*) (1951) S. C. 508, 510; über kanadisches Recht vergleiche *Payne*, Recognition of Foreign Divorce Decrees in the Canadian Courts, I. C. L. Q. Bd. 10 (1961) S. 846 ff.; über australisches Recht siehe *Cowen and da Costa*, Matrimonial Causes Jurisdiction (Law Book Co. of Australia Pty. Ltd., 1961) und hierzu *Morris*, I. C. L. Q., Bd. 11 (1962) S. 641 ff.

5 *Pemberton v. Hughes* (1899) 1 Ch. 781 auf S. 790. *Dicey-Morris*, Conflict of Laws, 7. Aufl. (1958) S. 307.

6 In dem Falle *Papadopoulos v. Papadopoulos* (1930) P. 55 wurde einem Urteil eines Gerichts in Cyprus wegen mangelnder sachlicher Zuständigkeit die Anerkennung versagt. Indessen dürfte die in der Entscheidung niedergelegte Regel im Falle der rechtskräftigen Entscheidung eines deutschen Gerichts deshalb keine Anwendung finden, weil nach deutschem Recht ein rechtskräftiges Urteil eines sachlich unzuständigen Gerichts der Rechtskraft fähig ist, vgl. *Baumbach-Lauterbach*, Übersicht vor § 300 Anm. 3 C. Vgl. auch *Morris*, Cases on Private International Law, 2. Aufl. (1951) S. 394.

von beschränkter, immerhin jedoch von gewisser Bedeutung, weil der englische Domizilbegriff von dem deutschen Begriffe des gewöhnlichen Aufenthalts allzu stark abweicht. Dagegen wird das englische Gericht einem gerichtlichen Ausspruch über den Zeitpunkt der Klagezustellung maßgebende Wirkung beilegen, weil es sich hier um einen Vorgang innerhalb des Verfahrens vor dem deutschen Gericht handelt. Auf die Frage, ob die Klageerhebung stets als „Beginn des Verfahrens" vor dem deutschen Gericht anzusehen ist, wird unten in anderem Zusammenhange einzugehen sein.

Der englische Domizilbegriff ist im deutschen Schrifttum wiederholt erörtert worden. Nach der jetzt maßgebenden Auffassung ist eine Person dort domiliziert, wo sie sich mit dem Willen aufhält, für eine unbestimmte Dauer zu verbleiben. Läßt sich ein solcher nicht nachweisen, so verbleibt es bei dem Ursprungsdomizil, d. h. bei dem Domizil, das der Sorgeberechtigte zur Zeit der Geburt des betreffenden innehatte[7]. Im Verhältnis zu Deutschland ist der Domizilbegriff in bemerkenswert wohlwollender Weise bei rassisch und politisch Verfolgten ausgelegt worden. In den Fällen *May v. May*[8] und *Cruh v. Cruh*[9] war der Kläger ein rassisch Verfolgter aus Deutschland bzw. Österreich. In dem erstgenannten Falle

---

[7] Die Darstellung bei *Brintzinger* a.a.O. S. 346 ff. ist leider irreführend. Sie beruht auf der stark übertreibenden Schilderung von *Cheshire*, die bei letzterem im wesentlichen unverändert durch die Auflagen seines Lehrbuchs (neueste z. Z. die 6. Aufl., 1961 S. 166 ff.) läuft, obwohl der Zahn der Zeit an der überkommenen Doktrin in erheblichem Umfange genagt hat. Mr. Justice *Willmer* in *Cruickshanks v. Cruickshanks* (1957) 1 W. L. R. 564 hat mit Recht erklärt, daß die letzten Jahre eine nicht unwesentliche Auflockerung gebracht haben und daß die überstrengen Anforderungen der alten Entscheidungen — auf denen die Ausführungen von *Cheshire* und ihm folgend von *Brintzinger* beruhen — heute nicht mehr gelten. Die auflockernde Tendenz ist gerade in Ehesachen am stärksten erkennbar, vgl. unten Anmerkungen 9—11 für bezeichnende Beispiele, vollständiges Material bei *Rayden* a.a.O. S. 36 ff. Vergleiche im übrigen *Stone v. Stone* (1958) 1 W. L. R. 1287, *Graveson*, Conflict of Laws 4. Auflage (1960) S. 91 ff., *Farnborough*, NJW 1953 S. 1781, *Graupner*, 1954, S. 825. Die übertreibende Auffassung liegt auch der Entscheidung des LG Hamburg in NJW 1954, S. 1894, zugrunde, deren Billigung durch *Brintzinger* daher zu bedauern ist. Die Entscheidung des LG Köln in NJW 1959 S. 1591, unterschiebt dagegen deutsche Begriffe anstelle der englischen und ist deshalb im Ergebnis ebenfalls unzutreffend. Beide Entscheidungen — ebenso wie die Entscheidung des OLG Koblenz in NJW 1959, S. 1591 — zeigen, daß bei der Feststellung englischen Rechts durch deutsche Gerichte nicht selten allzu unvorsichtig vorgegangen wird, vgl. hierzu unten Anmerkung 14. Zum Ursprungsdomizil neuerdings *Fabbri v. Fabbri*, [1962], W. L. R. 13, *Henderson v. Henderson* [1965] 2 W. L. R. 218.

[8] (1943) 2 A. E. R. 146; siehe auch *Boldrini v. Boldrini* (1932) P. 9.

[9] (1945) 2 All E. R. 546 und hierzu *Graveson* a.a.O. S. 92. In *Smith v. Smith*, 1962 (3) S. A. 930 erkannte der Federal Court von Rhodesien und Nyassaland, daß ein illegaler Emigrant in dem Einwanderungsland keinen Wohnsitz erwerbe, vgl. hierzu E. *Spiro*, Domicil of Illegal Immigrant, in I. C. L. Q. Bd. 12 (1963) S. 680. Die Richtigkeit der Entscheidung ist im Hinblick auf *Cruh v. Cruh* zu bezweifeln.

befand er sich in England auf Grund einer Aufenthaltserlaubnis, die zeitlich beschränkt war. In dem zweiten Falle hatte der Kläger ein schweres Vergehen in England begangen, weshalb er zu einer längeren Freiheitsstrafe verurteilt worden war. Infolge dieser Verurteilung war angeordnet worden, daß er nach Abbüßung der Strafe deportiert werden sollte. Dessenungeachtet wurde in beiden Fällen angenommen, daß der Kläger in England „domiziliert" sei, was zur Folge hatte, daß das englische Gericht sich für befugt hielt, dem Scheidungsbegehren stattzugeben. Heute, da die Bundesrepublik selbst zu einem Lande geworden ist, in dem politisch Verfolgte Zuflucht suchen und finden, haben diese Entscheidungen naturgemäß erhebliche praktische Bedeutung. So wird z. B. ohne weiteres angenommen werden können, daß Personen, die sich als Vertriebene im Sinne des Bundesvertriebenengesetzes in der Bundesrepublik befinden, dortselbst auch domiziliert sind und deutsche Ehescheidungsurteile, welche solche Personen betreffen, daher in England anzuerkennen sind[10]. Bei englischen Soldaten liegt der Fall natürlich anders. Indessen sind auch hier Fälle denkbar, in denen der Soldat ein Domizil in der Bundesrepublik begründet hat, etwa wenn er sich mit einer Deutschen verheiratet und die Absicht hat, nach Beendigung seiner Militärdienstzeit in der Bundesrepublik zu verbleiben[11]. Bei englischen Geschäftsleuten in der Bundesrepublik muß jeder Einzelfall sorgfältig geprüft werden. Hierbei ist nicht außer acht zu lassen, daß insbesondere die Erbschaftsteuer in England außerordentlich hoch ist, so daß bei älteren Leuten keineswegs ohne weiteres anzunehmen ist, daß sie die Absicht haben, nach Beendigung ihrer geschäftlichen Tätigkeit nach ihrem Ursprungsland zurückzukehren. Bei Gastarbeitern muß ebenfalls jeder einzelne Fall geprüft werden. Auch hier sind Fälle denkbar, in denen die Begründung eines „domicil" in der Bundesrepublik vorstellbar ist. Scheidungsurteile deutscher Gerichte in Fällen von Fremdarbeitern oder Kriegsgefangenen, die nach Beendigung ihrer Gefangenschaft in Deutschland verblieben, sind bisher nicht Gegenstand gerichtlicher Entscheidung in England oder schriftstellerischer Erörterung gewesen, sodaß es nicht möglich ist, über den allgemeinen Grundsatz hinausgehend die Chancen einer Anerkennung eines deutschen Urteils in Fällen dieser Art vorherzusagen.

---

[10] BGBl 1957 I S. 1715.

[11] *Donaldson v. Donaldson* (1949) P. 363, *Cruickshanks v. Cruickshanks* (1957) 1 W. L. R. 564; Angaben über die Stellungnahme in anderen commonlaw-Gebieten bei *Cheshire* a.a.O. S. 184 Anm. 3. Die Entscheidung des OLG Koblenz in NJW 1959 S. 1591 ist ganz und gar irrig und beruht auf einem Mißverständnis der Ausführungen bei *Bülow-Arnold*, Internationaler Rechtsverkehr in Zivil- und Handelssachen, 991 S. 92 ff., die sich nicht auf Ehescheidungsurteile beziehen. Richtig dagegen für amerikanisches Recht *Beckmann*, Deutsche Zuständigkeit zur Scheidung amerikanischer Soldatenehen, NJW 1962 S. 2282 ff.

Steht fest, daß sich der Wohnsitz des Ehemannes zur Zeit des Beginns des Verfahrens in der Bundesrepublik befunden hat, so ist praktisch die Anerkennung des deutschen Urteils in England gesichert. Eine Prüfung der Frage, aus welchem Grunde die deutsche Ehescheidung erfolgt ist, ist weder notwendig noch auch zulässig. Nach englischer Auffassung hat das Domizilstatut hierüber ohne jede Einschränkung zu befinden. Einer der Leitfälle, in welchem diese Regel zur Anwendung gelangte, nämlich der Fall *Mezger v. Mezger*[12], hat die Vorschrift des § 43 EheG zum Gegenstande: eine auf diese Vorschrift gestützte Ehescheidung durch ein deutsches Gericht ist hiernach in England anzuerkennen, auch wenn die Tatsachen eine Ehescheidung nach englischem Recht in keiner Weise gerechtfertigt haben würden. Während der Zeit des nationalsozialistischen Regimes sind in Deutschland eine Reihe von Ehescheidungen unter Umständen erfolgt, die möglicherweise zu Bedenken hätten Anlaß geben können, wie etwa Fälle erzwungener oder auch nur vorgetäuschter Ehescheidungen. In einem Falle ließ sich die „arische" Ehefrau von ihrem in England lebenden jüdischen Ehemann durch ein deutsches Gericht mit der Begründung scheiden, daß der Ehemann durch Nichtachtung des Nationalsozialismus die Ehe zerrüttet habe. Das Grundvermögen des Ehemannes wurde durch einen Unterhaltsabfindungsvertrag auf die Frau übertragen. Hierdurch wurde es vor den üblichen Zugriffen gesichert. Die tapfere „geschiedene" Frau begab sich danach auf dem Umwege über die Schweiz nach England, wo die Eheleute mit Recht von der Ehescheidung keine weitere Notiz nahmen, da diese, weil nicht in dem Domizillande des Ehemannes erfolgt, hier ohne rechtliche Bedeutung war.

Diese Lehre des englischen Rechts, die im Zusammenhange mit dem ferneren Grundsatz zu verstehen ist, demzufolge englische Gerichte stets ausschließlich englisches Scheidungsrecht anwenden, ist von der deutschen Rechtsprechung übrigens mit vollem Recht seit langem als eine Rückverweisung auf deutsches Scheidungsrecht verstanden worden[13].

---

[12] (1937) P. 19. *Graveson*, Recognition of Foreign Divorce Decrees, in Transactions of the *Grotius* Society, Bd. 37 (1952 S. 156 will dieser Entscheidung eine gewisse Bereitwilligkeit entnehmen, die Entscheidung eines ausländischen Gerichts dann anzuerkennen, wenn beide Parteien die Staatsangehörigkeit des Gerichtsstaates besitzen und sich der Gerichtsbarkeit des entscheidenden Gerichts unterworfen haben. Die Bemerkungen des Richters a.a.O. S. 24 scheinen mir diese liberale Auffassung indessen nicht zu bestätigen. Die im Falle *Mezger* vertretene Auffassung ist zum ersten Male in *Bater v. Bater* (1906) P. 206 zur Anerkennung gelangt.

[13] *Cheshire* a.a.O. S. 392 f., *Graveson*, Conflict of Laws S. 447 f. und in Choice of Law and Choice of Jurisdiction in the English Conflict of Laws, (1951) B. Y. B. I. L. Bd. 28 S. 273. Die deutsche Rechtsprechung ist zusammengestellt bei *Soergel-Kegel*, BGB, 9. Aufl. Art. 17 EGBGB Anm. 104 Fußnote 2. Anders allerdings *Wengler* in NJW 1959 S. 129 und *Beitzke*, NJW 1960 S. 249. Indessen ist der Rechtsprechung, insbesondere der sorgfältig begründeten KG

Ein interessantes Beispiel für die Anwendung der englischen Grundsätze bildet der Fall *Igra v. Igra*[14]. Hier war während des zweiten Weltkrieges in Deutschland eine Ehescheidung erfolgt. Die „arische" Ehefrau hatte sich in Berlin im Jahre 1942 unter dem Drucke der Gestapo von ihrem „nichtarischen", in England lebenden, aber noch in Deutschland „domizilierten" Ehemann scheiden lassen. Die Scheidungsklage wurde dem Ehemann während des Krieges natürlich nicht zugestellt. Nach dem Ende des Krieges kam zwischen den Eheleuten eine Einigung zustande. Die eheliche Lebensgemeinschaft wurde in England wieder aufgenommen. Der Versuch, die Ehe zu heilen, mißlang jedoch. Der Ehemann begab sich nach den Vereinigten Staaten, wo er eine neue Ehe einging. Die Ehefrau klagte vor dem englischen Gericht auf Anerkennung der Gültigkeit des deutschen Ehescheidungsurteils. Nach der Auffassung des Richters sprachen eine Reihe von Gesichtspunkten für die Annahme, daß diskriminatorische Gründe bei dem Berliner Urteil eine Rolle gespielt hatten. Hierher gehört der Umstand, daß das Verfahren auf Wunsch der Gestapo stattgefunden hatte. Aber ein Verstoß gegen die englische öffentliche Ordnung wurde deshalb nicht angenommen, weil durch Artikel 77 Abs. 4 des Kontrollratsgesetzes Nr. 16 grundsätzlich Ehescheidungen, die während der nationalsozialistischen Periode erfolgt sind, aufrechterhalten werden und weil auch der Ehemann durch seine Wiederverheiratung dargetan hatte, daß er das Faktum der Ehetrennung, ungeachtet der Tatsache, daß das Verfahren seinerzeit ohne seine Kenntnis stattgefunden habe, annehme. Daß ein bundesrepublikanisches Ehescheidungsurteil wegen eines Verstoßes gegen „natural justice" oder „public policy", der in dem Ehescheidungsgrund gefunden wird, von der Anerkennung ausgeschlossen wird, darf unter den heutigen Verhältnissen als praktisch ausgeschlossen bezeichnet werden.

Die Praxis hat bisher übrigens noch keinen Unterschied in der Frage der Anerkennung zwischen Urteilen der Bundesrepublik und Urteilen der DDR gemacht, ebensowenig übrigens zwischen Eheschließungen hier und dort. Das kürzlich ergangene, zur Zeit der Abfassung dieser Zeilen noch nicht rechtskräftige Urteil des Appellhofs in der Sache der *Carl-Zeiss-Stiftung*[15] mag diese Praxis problematisch erscheinen lassen. Wenn,

---

Entscheidung NJW 1959 S. 248 mit *Dölle*, DNotartag 1961, S. 38, und *Arndt*, in *Erman's* Kommentar 3. Aufl. zu Art. 17 Anm. 5 b beizutreten. Die oft recht unbefriedigenden Ausführungen deutscher Landgerichte, in denen diese ausführen, daß eine Scheidung in dem gegebenen Falle nach englischem Recht zulässig sei, sind daher durchaus überflüssig.

[14] (1951) P. 404. Die Stellungnahme des Richters zu der Domizilfrage ist allerdings recht bedenklich. Im Lichte der oben 9) bis 11) angeführten Grundsätze hätte keinesfalls angenommen werden dürfen, daß der Beklagte im Jahre 1942 noch in Deutschland domiziliert war.

[15] *Carl Zeiss* Stiftung v. *Rayner & Keeler* Ltd. (No. 2) (1965) 2 W. L. R. 277; (1965) 1 All E. R. 300; hierzu zutreffend *Wengler* in JZ 1965, S. 278.

so könnte man argumentieren, die Auffassung des Appellhofs richtig ist, welche besagt, daß der Rat des Kreises Gera infolge der Nichtanerkennung der DDR durch die britische Regierung nicht fähig ist, Handlungen vorzunehmen, die in England anerkannt werden können, so mögen auch Bedenken gegen die Annahme bestehen, daß das Kreisgericht Gera in der Lage ist, eine hier anzuerkennende Ehescheidung auszusprechen. Es kann mit erheblicher Zuversicht vorhergesagt werden, daß die Praxis dieses an sich logische Argument überwinden wird — schon seiner unmöglichen Konsequenzen wegen. Vielleicht wird darauf abgestellt werden, daß solche Urteile in dem Umfange anzuerkennen sind, in welchem sie in der Bundesrepublik zur Anerkennung gelangen.

Diese Annahme gewinnt dadurch an Wahrscheinlichkeit, daß nach englischem Recht außer den Urteilen des ehemännlichen Domizilstaates auch die Urteile der Gerichte derjenigen Länder anzuerkennen sind, die von dem Rechte des Domizillandes ihrerseits anerkannt werden[16]. Diese Regel hat indessen, soweit ich sehen kann, im Falle der Bundesrepublik bisher in keiner veröffentlichten Entscheidung Anwendung gefunden. Sie könnte z. B. dazu führen, daß etwa die Scheidung eines in der Bundesrepublik domizilierten Ehepaares schweizerischer Staatsangehörigkeit durch ein schweizerisches Gericht ohne weiteres in England anerkannt werden würde — nicht aber auf Grund des Nationalitätsprinzips, sondern auf Grund der eben erwähnten Erweiterung des Domizilprinzips.

Das Domizilprinzip in seiner ursprünglichen Form hatte eine positive und eine negative Seite: es besagte einerseits, daß Urteile des Domizilstaates anzuerkennen waren, andererseits aber auch, daß Scheidungsurteile eines Drittstaates nicht anzuerkennen waren. In diese negative Seite des Domizilprinzips ist in den letzten Jahren eine Bresche geschlagen worden. Daß das Domizilprinzip den Anforderungen unserer Tage nicht länger entspricht, wurde in der Praxis zuerst im innerenglischen Raume erkannt. Das Domizilprinzip bestimmte — sowohl im positiven wie im negativen Sinne — nicht nur die Zuständigkeit des ausländischen, sondern auch die des englischen Gerichts. Konsequenterweise lehnten die englischen Gerichte es daher ab, eine Ehescheidung auszusprechen, wenn der Ehemann nicht in England im technischen Sinne des englischen Rechts domiziliert war. Schon vor dem zweiten Weltkriege, aber in noch

---

[16] *Armitage v. Attorney* General (1906) P. 135. Diese Entscheidung stellt die zeitlich früheste Erweiterung des Grundsatzes von der ausschließlichen Maßgeblichkeit des Domizils des Ehemannes dar. Das ist z. B. von *Brintzinger* a.a.O. S. 346 ff. unerwähnt gelassen; richtig dagegen schon *Schwenn*, JZ 1955 S. 567 und *Graupner* a.a.O. Die Tragweite der Entscheidung ist nicht unbestritten, vergleiche hierzu *Dicey-Morris* a.a.O. S. 314 ff. mit weiteren Angaben und *Mountbatten v. Mountbatten* (1959) P. 43 auf S. 76.

stärkerem Umfange nach 1945, wurde das Unbefriedigende dieser Regelung erkannt. Die Gesetzgebung griff ein und gestattete der Ehefrau, die englischen Gerichte zum Zwecke der Erhebung einer Scheidungsklage auch dann anrufen, wenn entweder der Ehemann sie böswillig verlassen hatte oder deportiert worden war, unmittelbar vor diesen Ereignissen aber in England domiziliert gewesen war. Später wurde die Zuständigkeit der englischen Gerichte auch auf die Fälle ausgedehnt, in denen zwar der Ehemann niemals in dem Vereinigten Königreich domiziliert war, die Ehefrau jedoch zur Zeit der Erhebung der Scheidungsklage hier mehr als drei Jahre ihren ständigen Aufenthalt („residence" — nicht „domizile") gehabt hatte[17].

Diesen Eingriff des Gesetzgebers benutzte die Rechtsprechung dazu, ihrerseits die Grenzen der Anerkennung ausländischer Urteile in gleicher Weise auszudehnen, wie ihre eigene Zuständigkeit durch den Gesetzgeber ausgedehnt worden war. In dem Leitfalle *Travers v. Holley*[18] war in New South Wales eine Ehescheidung auf Grund eines Gesetzes erfolgt, welches dem die Zuständigkeit der englischen Gerichte erweiternden englischen Gesetze in vollem Umfange entsprach. Der Appellhof erkannte, daß ein in dieser Weise zustande gekommenes Urteil auch in England anzuerkennen sei, weil ja die Vorschriften, auf Grund deren das australische Gericht seine Zuständigkeit bejaht hatte, auch von den englischen Gerichten zu befolgen seien. Das im Schrifttum viel erörterte Urteil ließ manche Frage offen, zeigte aber, daß die Rechtsprechung gewillt war, die Tür der Anerkennung ausländischer Urteile weiter als bisher zu öffnen. Fraglich war allerdings verhältnismäßig lange, wie weit sie zu öffnen war.

Auf den ersten Blick jedenfalls konnte der Eindruck entstehen, daß *Travers v. Holley* für die Anerkennung deutscher Scheidungsurteile ohne Bedeutung sein werde. Denn die Zuständigkeitsregelung des § 606 ZPO hat ja in der Tat mit der soeben geschilderten Erweiterung der Zuständigkeit der englischen Gerichte nicht das Mindeste gemein. Nach dem Rechte der ZPO ist es offensichtlich ohne jede Bedeutung, ob die klagende Ehefrau von ihrem Manne verlassen oder dieser deportiert worden war. Ebenso unwesentlich ist es, ob sie nun wirklich volle drei Jahre vor der Klageerhebung in der Bundesrepublik ihren ständigen

---

17 Diese Entwicklung ist in der deutschen Literatur mehrfach geschildert worden, so z. B. von *Schwenn, Graupner* und *Brintzinger* a.a.O., auf deren Darstellung Bezug genommen werden kann. Die letzte, jetzt geltende Kodifikation der im Jahre 1937 beginnenden Maßnahmen stellt auch heute noch Art. 18 des Matrimonial Causes Act, 1950, dar. Bei *Rabel-Drobnig*, Conflict of Laws, Bd. 1, 2. Aufl. (1958) ist den gesetzgeberischen Änderungen seit 1937 nicht Rechnung getragen.

18 (1953) P. 246; hierzu E. J. *Cohn*, The External Effects of the *Travers v. Holley Doctribe*, in I. C. L. Q. Bd. 7 (1958) S. 637 ff.

Aufenthalt gehabt hatte. War Übereinstimmung oder doch Ähnlichkeit der Gesetzgebung Voraussetzung für die Anwendung der *Travers v. Holley* Doktrin, so konnte diese der Anerkennung deutscher Scheidungsurteile offensichtlich nicht nutzbar gemacht werden. Die Erfahrung lehrte indessen bald ein anderes.

Nach einer kurzen Periode des Schwankens[19] stellten sich die Gerichte nämlich auf den Standpunkt, daß es auf den Inhalt der Vorschrift des ausländischen Prozeßrechts, welche das entscheidende ausländische Gericht dazu veranlaßt hatte, sich für zuständig zu erklären, überhaupt nicht ankomme. Maßgebend sei lediglich, ob das ausländische Gericht dann zuständig gewesen wäre, wenn die Vorschriften des englischen Gerichts maßgebend gewesen wären. Diese Ausdeutung der Entscheidung in *Travers v. Holley*, die gedanklich an § 328 Z. 1 ZPO anklingt, bedeutete, daß nunmehr der Weg für die Anerkennung deutscher Urteile geöffnet war, ungeachtet der Tatsache, daß § 606 ZPO völlig andere Zuständigkeitsvoraussetzungen vorsieht. Es genügt daher für die Anerkennung eines deutschen Scheidungsurteils, daß die folgenden Voraussetzungen erfüllt sind:

a) die Ehefrau muß die Klägerin gewesen sein,

b) sie muß während dreier, dem Verfahrensbeginn vorangehender Jahre in der Bundesrepublik ihren ständigen Aufenthalt gehabt haben,

c) der Ehemann muß die Ehefrau böslich verlassen haben oder aus der Bundesrepublik deportiert worden sein, bis dahin aber seinen Wohnsitz in der Bundesrepublik gehabt haben.

Diese Erweiterung hat zweifellos dazu geführt, daß eine Reihe deutscher Scheidungsurteile in England anerkannt werden können, die bis dahin einer Anerkennung nicht fähig waren, weil der Ehemann zur Zeit des Beginnes des deutschen Verfahrens nicht in der Bundesrepublik (im Sinne des englischen Rechts) domiziliert war.

Für die Gerichte der Bundesrepublik hat die Entscheidung in dem Falle *Travers v. Holley* insofern eine besondere Bedeutung, als sie die

---

[19] Vgl. *Carr v. Carr* [1955] 1 W. L. R. 422; *Dunne v. Saban* [1955] P. 178; *Arnold v. Arnold* [1957] P. 237; *Robinson-Scott v. Robinson-Scott* [1958] P. 71; jüngst *Rumsey v. Rumsey* (vgl. unten Anm. 21); aus der Literatur vergleiche *Korah*, Modern Law Review Bd. 20 (1957) S. 280; *Grodecki*, British Yearbook of International Law Bd. 35 (1959) S. 63; *Carter*, daselbst, S. 265; *Webb* in Modern Law Review Bd. 21 (1958) S. 169 und International and Comparative Law Quarterly, Bd. 10 (1961) S. 832. Über die Bedeutung von *Travers v. Holley* in Australien siehe *Morris*, International and Comparative Law Quarterly Bd. 11 (1962) S. 648. Weitere Nachweise in *meinem* Artikel (vgl. Anm. 45) S. 641, Anm. 10; zu *Robinson-Scott v. Robinson-Scott* siehe *Dopffel* in Rabels Zeitschrift Bd. 23 (1958) S. 288 ff.

Zuständigkeit der deutschen Gerichte dann sehr wesentlich erweitert, wenn keine der beiden Parteien die deutsche Staatsangehörigkeit besitzt. In Fällen dieser Art konnte nach § 606 ZPO in einer Reihe von Fällen bislang ein Scheidungsurteil in der Bundesrepublik nicht ergehen, weil infolge der Ausnahmslosigkeit des Domizilprinzips ein deutsches Scheidungsurteil in England nicht anerkannt wurde. Die Regel des *Travers v. Holley* und ihre erweiternde Auslegung sichert nun eine Anerkennung in Fallgruppen, in denen eine solche bisher nicht möglich war. Damit erweitert sich automatisch auch die Zuständigkeit der deutschen Gerichte nach deutschem Recht — eine bemerkenswerte Einwirkung einer Zuständigkeitsnorm auf die andere, die übrigens, wie ein unveröffentlichtes Urteil des Landgerichts in Bielefeld zeigt, der deutschen Rechtspraxis nicht unbekannt geblieben ist.

Die beiden bisher veröffentlichten Entscheidungen englischer Gerichte, die sich mit der *Travers v. Holley* Regel im Verhältnis zu deutschen Entscheidungen befassen, haben seltsamerweise beide zur Versagung der Anerkennung geführt. In dem Falle *Levett v. Levett*[20] hatte ein in England nach englischem Recht domizilierter Ehemann eine deutsche Staatsangehörige geheiratet, die zur Zeit der Eheschließung in Deutschland wohnhaft war. Fünf Jahre später verließ die Ehefrau den Mann, kehrte nach Deutschland zurück und erhob vor dem Landgericht in Münster Scheidungsklage. Der Ehemann, dem das Gericht Armenrecht gewährte, erhob Widerklage. Das Gericht wies die Klage ab und gab der Widerklage statt. Der Ehemann erhob alsdann vor dem englischen Gericht Klage auf Anerkennung des deutschen Urteils, eventuell auf Ehescheidung. Der Appellhof wies den Antrag auf Anerkennung, ebenso wie der erstinstanzliche Richter, zurück und erkannte nach dem Eventualantrage. An der Richtigkeit der Entscheidung über den Antrag kann kein Zweifel bestehen. Der Ehemann hatte kein „domicil" in der Bundesrepublik und die Ehefrau war erst ein Jahr vor der Erhebung der Klage nach der Bundesrepublik zurückgekehrt. Das Argument, welches der Anwalt des Ehemannes geltend gemacht hatte und demzufolge ein auf eine Widerklage hin ergangenes Urteil ohne Rücksicht darauf anzuerkennen sei, ob die besonderen Zuständigkeitsvoraussetzungen vorlägen, würde offensichtlich zu ganz unmöglichen Folgen geführt haben.

Juristisch wesentlich interessanter ist der Fall *Rumsey v. Rumsey*[21]. Hier hatte ein Engländer eine Deutsche geheiratet, die mit ihm in England domizilierte. Die Ehefrau, die die deutsche Staatsangehörigkeit behalten hatte, verließ ihren Ehemann, kehrte nach Hamburg zurück und erhob dort etwa drei Jahre nach ihrem Eintreffen in Deutschland

---

20 [1957] P. 156.

21 The Times, Ausgabe für 15. April 1965, S. 16.

Ehescheidungsklage, der stattgegeben wurde. Der Ehemann versuchte erfolglos, die Anerkennung des Hamburger Urteils zu erwirken. Diese scheiterte daran, daß er nicht in der Lage war nachzuweisen, daß zur Zeit des Prozeßbeginns in Deutschland die klagende Ehefrau bereits mehr als drei Jahre in der Bundesrepublik ansässig gewesen war. Da die Klage im Auslande zuzustellen gewesen war, lagen zwischen der Einreichung der Klage in Hamburg und deren Zustellung in London mehrere Monate. Der Ehemann konnte jedoch vor dem englischen Gericht nicht einmal nachweisen, daß die Ehefrau schon zur Zeit der Einreichung der Klage drei Jahre in der Bundesrepublik ansässig gewesen war. Dennoch untersuchte der Richter in eingehenden Ausführungen und nach gründlicher Beweisaufnahme über die Frage, wann eigentlich nach deutschem Recht das Hamburger Verfahren begonnen hatte, ob denn als „commencement of the proceedings" vor dem Hamburger Gericht die Einreichung oder die Zustellung der Klage anzusehen sei. Mit Rücksicht auf § 263 ZPO erklärte er den Zeitpunkt der Zustellung für maßgebend[22]. Zur Begründung berief er sich darauf, daß es sich hier um eine prozessuale Frage handele, welche nach dem Rechte des ausländischen Gerichts zu beantworten sei, dessen Verfahren in Frage stände. Die deutsche Regel, welche den Zeitpunkt der Zustellung für maßgebend erklärte, sei auch sachlich gegenüber der englischen Vorschrift, nach der es auf die Einreichung bei dem Gericht ankomme, vernünftiger. Diese beiden Erwägungen dürften indessen kaum überzeugen. Sie waren vermutlich auch tatsächlich weit weniger ausschlaggebend als der Wunsch, für künftige Fälle eine Richtlinie zu geben, die deutschen Scheidungsurteilen in möglichst vielen Fällen zur Anerkennung verhelfen könnte. Denn natürlich muß die Zahl der Fälle, in denen zur Zeit der Zustellung der Klage die Drei-Jahres-Frist gewahrt ist, größer sein als die Zahl der Fälle, in denen dies schon zur Zeit der Einreichung zutrifft. Weil diese Erwägung der jetzt herrschenden Tendenz möglichst weitgehender Anerkennung ausländischer Urteile entspricht, braucht auch dem Umstande keine große Bedeutung beigemessen werden, daß die von dem Richter so eingehend erörterte Frage gerade in dem vorliegenden Falle eigentlich überhaupt keiner Entscheidung bedurfte, da ja die Einhaltung der Drei-Jahres-Frist weder in dem einen noch in dem anderen Zeitpunkte nachgewiesen werden konnte. *Rumsey v. Rumsey* enthält daher allerdings hinsichtlich der interessanten Frage, ob eine Einreichung oder erst die Zustellung der Klage in einem deutschen Verfahren dessen commencement darstellt, nur ein obiter dictum. Indessen spricht alles dafür, daß spätere Entscheidungen sich der hier ausgesprochenen Auffassung

[22] § 261 b III ZPO war selbstverständlich in der Verhandlung eingehend erörtert worden. Der dort vorgesehenen Rückdatierung wurde jedoch mit Rücksicht auf §§ 263 I, II, 264 ZPO keine ausschlaggebende Wirkung beigemessen.

anschließen werden. Sowohl in dem Falle *Levett v. Levett* als in dem Falle *Rumsey v. Rumsey* wurde übrigens die in Deutschland geschiedene Ehe in England nochmals geschieden: das Ergebnis war daher keineswegs etwa eine „hinkende Ehe", ein Umstand, der von dem Richter in dem Falle *Rumsey v. Rumsey* ausdrücklich als begrüßenswert bezeichnet wurde.

Zu Schwierigkeiten besonderer Art haben Fälle Anlaß gegeben, in denen in der Bundesrepublik eine Ehescheidungsklage im Wege öffentlicher Zustellung erhoben wurde, so daß die beklagte Partei von dem Verfahren erst nach dessen rechtskräftigem Abschluß erfuhr, da natürlich auch die Urteilszustellung in der gleichen Form stattfand. Ungeachtet der Tatsache, daß eine ganze Reihe oberlandesgerichtlicher Entscheidungen[23] den Gerichten Vorsicht und Zurückhaltung bei der Anwendung des § 203 ZPO nahegelegt haben, erweisen sich, wie die Erfahrungen der englischen Gerichte gerade in jüngster Zeit gezeigt haben, eine Reihe von Landgerichten erstaunlich weitherzig. In England gibt es für britische Staatsangehörige keine Einwohnermeldepflicht. Die Polizeibehörden leisten bei der Auffindung von Personen, deren Aufenthalt gesucht wird, keinerlei Hilfe. Es gilt als ein Grundrecht eines jeden, sich dort aufzuhalten, wo er will und ohne daß andere davon wissen. Wer den unbekannten Aufenthalt einer Person feststellen will, muß sich daher der Hilfe eines privaten Detektivbüros bedienen, die naturgemäß nicht immer zum Ziele führt und auch häufig nicht billig sein kann. Diese Umstände sollten aber nicht dazu führen, daß nun dem klagenden Teil gestattet wird, lediglich eine Bestätigung der Botschaft der Bundesrepublik in London über das Fehlen eines Einwohnermeldewesens und die Notwendigkeit privater Ermittlungen vorzulegen und uneidlich zu erklären, der gegenwärtige Aufenthalt der beklagten Partei sei ihm nicht bekannt. Dies ist schon deshalb bedenklich, weil das Fehlen der Beeidigung die Vorschrift des § 580 Nr. 1 unanwendbar macht und unweigerlich dazu führt, daß das Urteil völlig unangreifbar wird[24]. Daß aber einige Gerichte in der Bundesrepublik sich häufig über diese Bedenken hinwegsetzen, ist leider zweifellos[25].

---

[23] OLG Koblenz, Jur. Rundschau 1948, S. 337; OLG Celle Jur. Rundschau 1948, S. 366; OLG Nürnberg MDR 1957, S. 45 mit weiteren Nachweisen; *Baumbach-Lauterbach*, Kommentar zu § 203 ZPO, Anm. 1.

[24] Eine Wiedereinsetzung in den vorigen Stand ist bei unverschuldeter Unkenntnis allein nach dem BGH nicht möglich, vgl. BGH in NJW 1957, S. 1400; *Johannsen* in *Lindenmaier-Möhring*, Nachschlagewerk (Nr. 1) § 203 ZPO.

[25] In dem Falle eines sehr großen Landgerichts hat mir ein bei diesem zugelassener, sehr erfahrener Anwalt auf Befragen mitgeteilt, daß „die öffentliche Zustellung in Ehesachen durch das Gericht routinemäßig nach kurzer, informeller, uneidlicher Vernehmung des Antragstellers und Vorlage einer öffentlichen Bestätigung der zuständigen deutschen Botschaft, daß dieser die Anschrift des Gegners unbekannt sei, erteilt zu werden pflege".

Wie ist ein auf diese Weise zustande gekommenes Urteil in England zu behandeln? Ein durch Prozeßbetrug erschlichenes Urteil eines englischen Gerichts besitzt innerhalb Englands, wie schon seit dem 17. Jahrhundert feststeht, keine Rechtskraft[26]. Selbstverständlich gilt das gleiche auch für ausländische Urteile[27]. Indessen ist im Schrifttum noch bis vor einigen Jahren bezweifelt worden, ob das gleiche auch für ausländische Urteile in Statussachen, insbesondere in Ehescheidungssachen, gelte[28]. Diese Zweifel sind indessen nunmehr durch zwei Urteile des High Court beseitigt worden[29] und es kann jetzt als anerkannt gelten, daß ein ausländisches Ehescheidungsurteil dann in England nicht anerkannt werden kann, wenn eine vorsätzliche Täuschung, welche durch den Kläger in dem ausländischen Verfahren zustande gekommen ist, dazu geführt hat, daß der oder die Beklagte von dem Verfahren keine Kenntnis erlangt hatte. Das gleiche gilt aber keineswegs, wenn eine derartige vorsätzliche Täuschung nicht nachgewiesen werden kann[30]. Hat also die klagende Partei in dem Verfahren vor dem deutschen Gericht nicht vorsätzlich die Unwahrheit gesagt, so wird und muß das Urteil in England anerkannt werden. Zwar finden sich in einer früheren Entscheidung einige gegenteilige Bemerkungen[31], aus denen geschlossen werden könnte, daß es auf die Gründe dafür, daß die beklagte Partei von dem deutschen Verfahren keine Kenntnis erlangt hatte, nicht ankomme. Aber diese dürften durch die seitherige Entwicklung als überholt gelten.

Im Schrifttum ist bereits darauf hingewiesen worden, daß der Nachweis der vorsätzlichen Täuschung des deutschen oder sonstigen nichtenglischen Gerichts selbstverständlich nicht selten schwer zu führen sein wird. In den bisher praktisch gewordenen Fällen, die durchweg nicht zu veröffentlichten Entscheidungen geführt haben, ist ein solcher Nachweis auch nicht versucht worden. In diesen Fällen hatte das englische Gericht über Klagen auf Anerkennung eines deutschen Scheidungsurteils zu erkennen. Die Kläger, denen an dieser Anerkennung selbstverständ-

---

26 Das ist der Grundsatz des berühmten Leitfalles i. S. *Duchess of Kingston* (1776) 20 State Tr. 619, in dem daher das von der Rechtsprechung des RG entwickelte und im Schrifttum noch heute unbestrittene Prinzip schon um anderthalb Jahrhunderte antizipiert worden ist, vgl. hierzu E. J. *Cohn*, Die Lehre von der materiellen Rechtskraft im englischen Recht, Festschrift für *Nipperdey* (1965) S. 875 ff.

27 *Ochsenbein v. Papelier* (1873) L. R. 8 Ch. 695, vgl. *Dicey-Morris* a.a.O. S. 997 ff. mit weiteren Nachweisen.

28 *Latey*, a.a.O. S. 487.

29 *Mac Alpine v. Mac Alpine* [1958] P. 35; *Ormerod v. Pittman (formerly Ormerod)* and *Pittman* (1961) 105 Sol. Jo. 283; zu dem erstgenannten Urteil vgl. die interessante Note von Alan *Milner* in International and Comparative Law Quarterly, Bd. 7 (1958) S. 170 ff.

30 Hierzu *Pemberton v. Hughes* [1899] 1 Ch. 781; *Bater v. Bater* [1906] P. 209, 237; *Rudd v. Rudd* [1924] P. 72.

31 *Shaw v. Att. General* (1870) L. R. 2 P. & M. 156.

lich gelegen war, hatten keinen Anlaß, von sich aus Tatsachen vorzutragen, aus denen das englische Gericht auf eine solche vorsätzliche Irreführung des deutschen Gerichts — die in mindestens einem der in Frage stehenden Fälle übrigens zweifelsohne begangen worden war — hinzuweisen. Dennoch fand in beiden dem Verfasser bekanntgewordenen Fällen in der mündlichen öffentlichen Verhandlung eine Erörterung der Umstände statt, die dazu geführt hatten, daß Klage und Urteil der in England wohnhaften Partei im Wege der öffentlichen Zustellung zugestellt worden waren, obgleich die klagende Partei des deutschen Verfahrens verhältnismäßig kurze Zeit nach Ablauf der deutschen Rechtsmittelfrist in der Lage gewesen war, das deutsche Urteil der in England ansässigen Partei bekanntzugeben. In einem solchen Falle kann ein englisches Gericht anordnen, daß die Akten des Falles dem Queen's Proctor, dem die Rolle eines Staatsanwalts in Ehesachen zufällt, zu übersenden sind, wodurch diesem die Möglichkeit des Erscheinens als Partei in dem Verfahren eröffnet wird[32]. Von dieser Möglichkeit ist bisher in der Praxis noch nicht Gebrauch gemacht worden. In den beiden in letzter Zeit bekannt gewordenen Fällen ist das deutsche Scheidungsurteil anerkannt worden. Daß indessen die Ermahnungen zur Vorsicht gegenüber Anträgen gemäß § 203 ZPO in vollem Umfange begründet sind, dürfte gerade durch diese sozusagen erweiterte Wirkung der auf diese Weise zustande gekommenen Urteile nachdrücklichst bestätigt werden[33].

Die vorstehenden Darlegungen werden genügen, um zu zeigen, daß die Anerkennung deutscher Scheidungsurteile in England in sehr weitgehendem Umfange eine rechtstechnische Frage geworden ist, bei der es leider auf Grundsatzfragen des Rechts und der Gerechtigkeit weit weniger als auf Formalpunkte ankommt. In dem Falle *Rumsey v. Rumsey* hat der entscheidende Richter das Gefühl der Unzufriedenheit hiermit offen zum Ausdruck gebracht. Bisher ist es allerdings deshalb niemals zu ernsthaften menschlichen Problemen gekommen, weil das englische Gericht in jedem einzelnen Falle, in dem das deutsche Urteil nicht anerkannt werden konnte, seinerseits eine Scheidung ausgesprochen hat. Das ändert indessen nichts daran, daß die Rechtslage nach einem rationalisierenden Eingreifen des Gesetzgebers geradezu schreit. Dies gilt um so mehr, als die Regeln, welche für die Anerkennung deutscher Ehenichtigkeitsurteile gelten, völlig andere Probleme aufwerfen und andere Lösungen bieten[34]. Die Frage der Anerkennung deutscher Eheauf-

---

32 Matrimonial Causes Act 1950, section 10.

33 Eine ganz ähnliche Warnung findet sich übrigens in dem Urteile *Mac Alpine v. Mac Alpine* [1958] P. 35 auf S. 46.

34 Es darf hierzu auf die Entscheidungen in den Fällen *De Gasquet James v. Mecklenburg-Schwerin* [1914] P. 53, *Mitford v. Mitford* [1933] P. 130, *Salvesen* v. *Administrator of Austrian Property* [1927] s. C. 641 und den in jeder Richtung besonders interessanten Fall *Merker v. Merker* [1963] P. 283 hingewiesen werden.

hebungsurteile ist zudem überhaupt noch nirgends — weder in Entscheidungen noch im Schrifttum — erörtert worden.

Es ist indessen sehr zu bezweifeln, daß es zu einem solchen Eingreifen in den nächsten Jahren kommen wird. Die Law Reform Commissioners, deren Amt soeben errichtet worden ist, sehen sich einem außerordentlich großen Maß an Arbeit gegenübergestellt. Ob und wann Fragen von der Art der hier erörterten ihre Aufmerksamkeit und alsdann die des überlasteten Parlaments finden werden, ist unmöglich vorauszusagen. Nicht weniger zweifelhaft ist, ob und wann die Bemühungen um eine internationale Vereinbarung über Anerkennung ausländischer Scheidungsurteile[35] zu greifbaren Ergebnissen führen werden und ob und wann eine solche Vereinbarung dann ratifiziert werden wird. Die englische Lehre von der Anerkennung ausländischer Ehescheidungsurteile mag sehr unbefriedigend anmuten. Daraus aber zu schließen, daß sie nicht mehr lange die Praxis beherrschen wird, würde von einem Optimismus zeugen, für den die Erfahrungen auch der letzten Jahre durchaus keine Rechtfertigung liefern.

---

35 Vgl. hierzu *Graveson*, The Tenth Session & the Hague Conference in I. C. L. Q. Bd. 14 (1965) S. 528 ff., insbes. S. 550 ff. und 577 f.

Zur Pfändbarkeit der Ansprüche eines Kontokorrentkunden gegen seine Bank aus deren Kreditzusage

Von Walter Erman, Köln

A. Gewährung des Kredits nach der Einkonto-Methode

I. Einleitung

Nach dieser gebräuchlichsten Methode wird die Kreditzusage selbst buchungsmäßig nicht erfaßt; sie wird nur auf dem Kopf des Kontoblatts vermerkt. Dem Kunden wird eine Kreditlinie eingeräumt, bis zu welcher er im Kontokorrent ins Debet geraten darf. Die Bank verpflichtet sich also, ihm Leistungen im Giroverkehr auch über ein Guthaben des Kunden hinaus so lange zu erbringen, als der Kunde damit nicht über die Kreditlinie hinweg ins Debet gerät. Wenn nichts anderes vereinbart wird, kann es so mehrfach zur Gewährung des Kredits in der vorgesehenen Höhe kommen. Denn in dem Maße, in welchem der Kunde durch Gegenposten den Debetsaldo auf seinem Kontokorrentkonto verringert, hat er erneut das Recht, die Bank bis zur Kreditlinie in Anspruch zu nehmen.

Die Buchungen, in denen die Gewährung des Kredits kontenmäßig in Erscheinung tritt, sind stets nur Belastungen. Das bedeutet, daß die Kreditzusage von Gläubigern des Kunden nicht in Gestalt der Pfändung des Kontokorrentsaldos erfaßt werden kann, eben weil im Kontokorrent die Kreditzusage nur zu Belastungen des Kunden, nicht zu Gutschriften für ihn führt.

Der Gläubiger des Kunden kann also die Kreditzusage, wenn überhaupt, nur durch Pfändung erfassen, bevor sie oder soweit sie nicht jeweils durch Gewährung des Kredits im Rahmen des Kontokorrentkontos erfüllt ist, d. h. zum Debet auf dem Kontokorrentkonto geführt hat. Es geht somit darum, ob es sich bei der Kreditzusage als solcher um eine Verpflichtung der Bank handelt, die von der Seite des Kunden aus gesehen einen pfändbaren Anspruch des Kunden darstellt.

Die Kreditzusage an einen Kontokorrentkunden kann unter zwei Aspekten gesehen werden, die erst zusammen das richtige Bild ergeben:

Einerseits kommt, da dem Kunden Geld vorübergehend zur Verfügung gestellt wird, das Recht des Darlehns- oder Darlehnsvorvertrags in Betracht, andererseits ist die Kreditzusage in den zwischen Bank und Kunden bestehenden Girovertrag eingeordnet und stellt sich so gesehen als Verpflichtung innerhalb eines auf Geschäftsbesorgung gerichteten Dienstvertrags (§§ 611, 675 BGB) dar; die Bank verpflichtet sich nicht nach Art eines einfachen Darlehnsgebers zur Auszahlung des Kreditbetrages an den Kunden, vielmehr zur Bedienung des Kunden im Rahmen des Giroverhältnisses, solange sich daraus auf dem Kontokorrent des Kunden kein die Kreditlinie übersteigendes Debet ergibt.

Der rechtliche Mischcharakter der Kreditzusage wird durch die auf den ersten Blick denkbare Formel: Darlehns- oder Darlehnsvorvertrag, der lediglich in den Modalitäten der Darlehnsgewährung durch den Girovertrag eine besondere Prägung erfährt, ebensowenig erschöpfend gekennzeichnet wie durch die ebensowohl denkbare umgekehrte Formel: Geschäftsbesorgungsvertrag, bei welchem aber die darlehnsgleiche Aufwendung von Geldbeträgen die Tätigkeitsverpflichtung an Gewicht übertrifft. Beide Formeln sagen etwas Richtiges, beide stellen aber auch eine der zwei Seiten für die Einordnung zu sehr in den Vordergrund. Einordnungsfragen sind nicht von entscheidender Bedeutung. Vielmehr ist von Einzelproblem zu Einzelproblem zu prüfen, ob eine Norm des einen oder eine Norm des anderen Typs oder keine typgebundene, sondern eine verbindende, ausgleichende „Norm" mit Mischcharakter der Lebenserscheinung gerecht wird. Wir können uns hier jedoch diese Prüfung schenken und statt dessen dartun, daß von beiden Seiten her gesehen dieselben Ergebnisse erzielt werden.

II. Die Kreditzusage, gesehen als Teil des Girovertrags

1. Der juristischen Deutlichkeit halber unterstelle ich im folgenden einmal, daß der Girovertrag den Kunden zu Verfügungen über sein Konto nur durch Überweisung an Dritte, nicht auch durch Überweisung an sich selbst oder durch Abhebung befuge. Dann ergibt sich folgende Rechtslage: Die Bank braucht nur Weisungen (§§ 675, 665 BGB) des Kunden auszuführen, die eine Überweisung an Dritte zum Gegenstand haben. Soweit sie die Weisungen ausführt, erwirbt sie den Aufwendungsersatzanspruch aus §§ 675, 670 BGB und belastet mit ihm das Konto des Kunden[1].

Es fragt sich, ob ein Gläubiger des Kunden dessen Anspruch auf Durchführung von Überweisungen dergestalt pfänden und sich überweisen

---

[1] Vgl. *Meyer-Cording*, Das Recht der Banküberweisung, 1951, 10 ff.; *Scherer* in NJW 1952, 1397; *Beeser* in AcP 1956, 423.

lassen kann, daß die Bank eine einerseits durch die Höhe der Forderung des pfändenden Gläubigers, andererseits durch den nichtausgenutzten Betrag der Kreditzusage begrenzte Summe zu Lasten des Kunden an den Gläubiger zu überweisen hat.

Es ergeben sich drei Bedenken:

a) Zunächst könnte man die Pflicht der Bank als inhaltlich dahin begrenzt betrachten, daß sie schlechthin nur auf Weisungen des Kunden zu reagieren habe. Dann bedeutete das Fehlen dieser Weisung Verneinung jedes Anspruchs auf Überweisung. Sicherlich kann die Bank ihrem Kunden keine Kreditinanspruchnahme aufoktroyieren. Insoweit ist sie ebenso weisungsabhängig wie bezüglich des Betrages und der Richtung der einzelnen vom Kunden begehrten Überweisung. Ist aber der Anspruch des Kunden aus der Kreditzusage überhaupt übertragbar, dann kann der Zessionar, ist er pfändungs- und überweisungsfähig, dann kann der Gläubiger im Maße des Anspruchsübergangs auch die Weisungsbefugnis des Kunden ausüben, allerdings entsprechend seinem Interesse als Geldgläubiger nur in der Richtung der Überweisung an ihn selbst. Die Weisungsbefugnis gehört mit zur Anspruchsberechtigung und ist nicht etwa ein selbständiges, trotz des Anspruchsübergangs beim Kunden zurückbleibendes Recht.

Das vorerörterte Bedenken greift also nicht durch.

b) Der Anspruch des Kunden selbst auf Dienstleistungen der Bank könnte aber — ungeachtet der Frage, ob es sich um Dienstleistungen mit Auslagendeckung aus einem Guthaben des Kunden oder um solche im Rahmen einer Kreditzusage handelt — nach der Regel des § 613, 2 BGB unübertragbar sein. Da der Tätigkeitsgehalt der Dienstleistung der Bank jedoch an Bedeutung gegenüber der Geldaufwendung stark zurücktritt, wird man die Ansprüche des Kunden aus dem Girovertrag nicht generell für unübertragbar erachten dürfen, ohne daß man damit aber aus dem Rahmen des Dienstvertragsrechts nach §§ 611, 675 hinausgeriete. Die Auslegungsregel des § 613, 2 BGB ist auf andere Lebensbilder zugeschnitten, bei denen die stärker mit der Persönlichkeit des Dienstverpflichteten verbundene Tätigkeit als solche im Vordergrund steht. Soweit man gleichwohl Unübertragbarkeit annehmen wollte, würde das trotz § 851 I ZPO noch nicht Unpfändbarkeit bedeuten; denn § 851 II ZPO erklärt Ansprüche, deren Übertragung nach § 399 BGB ausgeschlossen ist, für gleichwohl pfändbar, soweit der Gegenstand des Anspruchs der Pfändung unterworfen ist. Dabei ist entsprechend dem starken praktischen Akzent gerade des Vollstreckungsrechts ein mehr wirtschaftlicher als juristisch-technischer Maßstab anzulegen. In diesem Sinne ist aber Gegenstand des Anspruchs letztlich Geldleistung, und damit trifft der Grundgedanke des § 851 II zu, daß es dem Schuldner verwehrt sein soll, pfändbare Werte, über die er selbst frei verfügen kann, seinen Gläubigern vorzuenthalten.

Es ändert auch nichts, daß die Unübertragbarkeit hier nicht unmittelbar aus § 399, sondern aus § 613, 2 BGB gefolgert wird. § 613, 2 ist nur ein Unterfall der allgemeinen Regel des § 399 und damit in § 851 II ZPO mitumfaßt. Wäre er es nicht unmittelbar, so müßte man durch Sinnauslegung oder letztlich durch entsprechende Anwendung des § 851 II zu demselben Ergebnis kommen.

Im übrigen wird auf die letztgenannte Vorschrift in anderem Zusammenhang noch näher einzugehen sein. Nur eines sei hier noch bemerkt: Wollte man die Weisungsbefugnis entgegen den Ausführungen oben unter a) ganz von der Anspruchsberechtigung trennen, sie ferner für höchstpersönlich und unübertragbar halten, dann müßte auch dieses Hindernis durch eine sinngemäße Anwendung des § 851 II überwunden werden: So wenig wie der Schuldner durch Vereinbarung eines Abtretungsverbotes die Vollstreckung hintanhalten kann, so wenig darf geduldet werden, daß er für ihn frei verfügbare Werte durch Unterlassung entsprechender Weisungen „unpfändbar stellt"; anders gesagt: Zugunsten des vollstreckenden Gläubigers müßte vom Erfordernis einer Weisung des Schuldners abgesehen werden.

c) Greift so auch das zweite Bedenken nicht durch, so ist ein nun zu erörterndes, aus der Kreditzusage als solcher abgeleitetes gewichtiger.

Ist der Kredit zu völlig freier Verfügung durch den Kunden ohne jede Zweckbindung zugesagt, so muß er allerdings auch den Gläubigern des Kunden bei der Vollstreckung jedenfalls dann zur Verfügung stehen, wenn die Zusage nicht im unten zu erörternden Sinne wirksam widerrufen wird.

Ist der Kredit dagegen zweckgebunden zugesagt, so wird eine Unterscheidung je nach der Forderung wesentlich, die im Wege der Vollstrekkung befriedigt werden soll. Es fragt sich dann, ob der pfändende Gläubiger eine Forderung geltend macht, die der Kunde nach dem Zweck der Kreditgewährung an und für sich freiwillig durch Veranlassung der Überweisung tilgen sollte, oder ob der Gläubiger außerhalb des Kreises steht, der nach dem Zweck der Kreditzusage für die Hilfstätigkeit der Bank nach §§ 611, 675 BGB in Frage kommt, z. B. ein Gläubiger, der einen Schadensersatzanspruch aus einem von dem Kunden bei einer Urlaubsfahrt verursachten Unglücksfall geltend macht.

Einem solchen außerhalb des Zweckbereiches stehenden Gläubiger kann — wie unten näher darzutun — auch § 851 II ZPO den Zugriff auf den zweckgebundenen Kredit nicht öffnen. Gehört die Forderung des pfändenden Gläubigers dagegen zu dem, je nach dem Inhalt der Kreditzusage weiter oder enger zu ziehenden Kreise von Forderungen, deren Erfüllung dem Zweck der Kreditzusage entspricht, so ist die Pfändbarkeit zu bejahen. Sie führt auf anderem Wege zu demselben Erfolg, dem die Dienstleistungstätigkeit der Bank dienen sollte. Der Schuldner könnte an einen solchen Gläubiger die Forderung gültig abtreten. Weder § 613, 2 noch § 399 BGB stünden der Abtretung im Wege, man könnte weder ein Abtretungsverbot — § 399 zweite Alternative — als konkludent vereinbart unterstellen, noch würde die Abtretung zu einer Inhaltsänderung im Sinne der ersten Alternative des § 399 führen. Demgemäß ist die Forderung schon ohnehin pfändbar, zumindest aber würde § 851 II ZPO durchgreifen.

2. In der Regel ist die Rechtslage für den Gläubiger in einer Beziehung noch eindeutiger. Der normale Girovertrag gestattet nämlich dem Bankkunden nicht nur, Überweisungen an Dritte zu veranlassen, sondern auch Überweisungen an sich selbst und vor allem auch Barabhebungen vorzunehmen. Er hat also praktisch auch einen Zahlungsanspruch gegen die Bank und damit — unbeschadet der Einbettung dieses Anspruchs in den Girovertrag als Geschäftsbesorgungsvertrag nach §§ 611, 675 BGB — den Prototyp der pfändbaren Rechte, eine Geldforderung. Bestehen bleibt allerdings auch so gesehen die unten näher zu erörternde Frage einer die Pfändung ausschließenden Zweckbindung.

3. Die Betrachtung der Kreditzusage als Verpflichtung zu Dienstleistungen der Bank nach §§ 611, 675 BGB steht damit als solche der Pfändbarkeit des Rechts des Kunden aus der Zusage nichts entgegen.

III. Die Kreditzusage, darlehnsrechtlich gesehen

Betont man den Eigencharakter der Kreditzusage als des Versprechens, Geld zur Verfügung zu stellen, und mißt dem Umstande, daß das im Rahmen eines Girovertrages geschehen soll, keine entscheidende Bedeutung bei, dann rückt sie schwerpunktmäßig in den Bereich des Darlehnsrechts.

1. Nach früher herrschender historisch begründeter Auffassung wurden Darlehnsversprechen nur als Vorverträge zum Abschluß des „Realvertrags" Darlehen angesehen[2]. Der Bankkunde hatte von diesem Gesichtswinkel aus also keinen Anspruch auf Auszahlung, sondern einen solchen auf Abschluß des Darlehnsvertrags in der Gestalt des Realvertrags. Streng genommen bedeutete das, daß er von der Bank zweierlei nebeneinander verlangen konnte: die Abgabe der Erklärung „ich schließe mit dir den dir zugesagten Darlehnsvertrag" und die Auszahlung der Dar-

---

[2] Vgl. Nachweis bei *Staudinger-Riedel*, 11. Aufl., Vorbem. zu § 607, Randz. 2.

lehnssumme. Erst mit beidem: Vertragsschluß und Auszahlung, kam der Darlehnsvertrag zustande. Ein Anspruch auf Vertragsschluß ist aber grundsätzlich nach § 399 BGB erste Alternative (Inhaltsänderung) unabtretbar. Die Bank hat sich nicht verpflichtet, nach Wahl des Kunden mit diesem oder einem durch Abtretung von ihm bezeichneten Dritten den Darlehnsvertrag zu schließen, vielmehr nur mit ihm persönlich. Schon frühzeitig empfanden allerdings Vertreter der Meinung, das Darlehnsversprechen sei ein bloßer Vorvertrag, die Lebensfremdheit dieser Auffassung und suchten ihr teilweise in den Folgerungen zu entgehen. Man erörterte, es könne Inhalt des Vorvertrags sein, daß der aus ihm Berechtigte Auszahlung des Darlehns an einen Dritten mit der Wirkung solle fordern können, daß das Darlehen als vom Berechtigten selbst empfangen gelten und demgemäß er zur Rückzahlung verpflichtet sein solle. Bei solchem Inhalt des Darlehnsversprechens sei der Anspruch aus dem Vorvertrage abtretbar[3]. Damit hat man gleichsam in dem Vorvertrage zugleich den „konsensualen" Teil des Darlehnsvertrags selbst gesehen und nur noch den „realen" Teil der versprochenen Darlehnshingabe für nachholungsbedürftig und im besprochenen Sinne auch einem Dritten, dem Zessionar, gegenüber nachholungsfähig betrachtet.

So gelangte man für nicht seltene Fälle zur Abtretbarkeit und damit grundsätzlich auch zur Pfändbarkeit des Anspruchs des aus dem Vorvertrage Berechtigten, praktisch des Auszahlungsanspruchs[4].

In neuerer Zeit wird dagegen mit Recht die Ansicht vertreten, daß der Darlehnsvertrag nicht notwendig, dem Bilde eines Realvertrags entsprechend, erst mit der Auszahlung des Darlehens zustande kommt, ihr vielmehr auch als bloß konsensualer Vertrag vorausgehen kann[5]. Er hat die Verpflichtung zur Auszahlung des Darlehnsbetrags zum Gegenstande, beim verzinslichen Darlehen gegen das zu den bestimmten Terminen in Gestalt der Zinsen zu leistende Entgelt. Die Pflicht zur demnächstigen Rückzahlung des Darlehnskapitals erscheint so als bloße, allerdings gewichtige „Abwicklungspflicht", vergleichbar der Pflicht des Mieters zur Rückgabe der Mietsache nach Ablauf des Mietverhältnisses[6]. Es widerspricht sowohl der Auffassung des Lebens als auch dem zu vermutenden Willen der Parteien, in den Fällen, in denen die Darlehnssumme bindend zugesagt ist, in ihrer Auszahlung nicht einfach die Er-

---

[3] Vgl. Nachweis bei *Staudinger-Riedel* a.a.O., Randz. 3 zu § 610.

[4] Vgl. *Stein-Jonas-Schönke-Pohle*, 18. Aufl., § 851 III 3; *Staudinger-Riedel* a.a.O., mit weiterem Nachweis.

[5] Vgl. *Staudinger-Riedel* a.a.O., Vorbem. vor § 607, Randz. 2 mit ausführlichem Nachweis; *Soergel-Siebert-Erdsiek-Mühl*, 9. Aufl., vor § 607, Randz. 2; *Esser*, Schuldrecht, 2. Aufl., § 149, 5; *Larenz*, Lehrbuch des Schuldrechts, Bes. Teil, 7. Aufl., § 47 II; *Heck*, Grundriß des Schuldrechts, Nachdruck 1958, § 106, 3; OLG Hamburg, MDR 1963, 499.

[6] Vgl. *Larenz* a.a.O., § 47 I.

füllung des Versprechens zu sehen, sondern noch einen „Realvertrag" anläßlich der Auszahlung des Darlehens zwischenzuschalten. Dementsprechend wird man davon ausgehen müssen, daß in der Regel die bankmäßige Kreditzusage, in der die Darlehnsgewährung sowie alle Modalitäten des Kreditverhältnisses von Bank und Bankkunden festgelegt sind, bereits den Darlehnsvertrag und nicht nur einen Vorvertrag darstellt[7].

Für beide Auffassungen (Darlehnsvorvertrag und Darlehnsvertrag) stellt sich allerdings wiederum ebenso wie bei der Betrachtung der Kreditzusage als Dienstleistungsversprechen die Frage, ob und wann der Auszahlungsanspruch aus dem Gesichtspunkt der Zweckbindung unabtretbar und darüber hinaus trotz § 851 II ZPO unpfändbar erscheint.

2. In der Tat ist oft eine derartige Zweckbindung der Kreditzusage anzunehmen. Das kann in ganz exaktem Sinne zutreffen. Gewährt die Bank einen Kredit ausgesprochen zu dem Zweck, daß ihr Kunde bestimmte Investitionen finanzieren könne, die zur Modernisierung und zur Erhaltung der Konkurrenzfähigkeit seines Unternehmens erforderlich oder doch zur Erhöhung der Konkurrenzfähigkeit nützlich erscheinen, so kann es ihr nicht gleichgültig sein, in wessen Hände ihre zu diesem Zwecke zugesagten Mittel fließen. Sie hat sich nicht verpflichtet, dem Kunden schlechthin Geld zur Verfügung zu stellen, vielmehr hat ihre Verpflichtung den engeren Inhalt, dem Kunden bei der geplanten Investition mit entsprechenden Geldmitteln behilflich zu sein. Der Kunde selbst könnte die Hilfe der Bank nicht unter Berufung auf die Kreditzusage für andere Zwecke verlangen, etwa zur Finanzierung einer größeren privaten Reise, der Ausstattung einer heiratenden Tochter o. dgl. Ebensowenig können aber Abtretungsgläubiger die Mittel der Bank für solche Zwecke beanspruchen, die außerhalb der vorgesehenen Investitionen liegen.

Man wird zwar nicht allgemein annehmen können, die Nichtabtretbarkeit jeder Kreditzusage einer Bank sei konkludent vereinbart (§ 399 BGB zweite Alternative), aber die Unabtretbarkeit wegen Inhaltsveränderung (§ 399 BGB erste Alternative) greift in einem solchen Falle exakter Zweckbindung durch.

Vieles spricht dafür, auch ohne so präzise Zweckbindung einen zu Geschäftszwecken zugesagten Kredit als im dargelegten Sinne gebunden

---

[7] So auch *Esser* a.a.O., § 149, 7; *Palandt-Gramm*, 24. Aufl., § 610 Anm. 1; *Diesel*, JW 1933, 2503; offen gelassen von Larenz a.a.O.; *Staudinger-Riedel* a.a.O., Vorbem. vor § 607, Randz. 5; BGB-RGRK, 11. Aufl., § 610, Anm. 1; *Soergel-Siebert-Erdsiek-Mühl*, a.a.O., Randz. 21; *Enneccerus-Nipperdey*, § 144 Ziff. 1; vgl. auch *Klausing*, Der Krediteröffnungsvertrag, *Rabels* Z 1932, Beiheft 77, der von einem Vertrag „sui generis" spricht.

zu behandeln. Die Bank will im Zweifel dem Kunden das Geld nicht schlechthin, sondern nur unter der verständlichen Voraussetzung zur Verfügung stellen, daß der Kunde seine wirtschaftliche Position durch Nutzung des Kredits stärkt und damit zugleich die Chancen der Bank auf Rückerhalt des Kredits verbessert.

Nicht ausgeschlossen ist es allerdings, daß die Bank finanzstarken Kunden oder solchen Kunden, die ihr gute Sicherheiten geben, einen Kredit ohne jede Zweckabsprache zu völlig freier Verwendung zusagt. Kreditzusagen an Kaufleute oder sonstige Gewerbetreibende werden aber im Zweifel als zu Geschäftszwecken gebunden zu betrachten sein.

Unter dem Blickwinkel der Abtretbarkeit bedeutet solche Zweckbindung, wie bereits ausgeführt, daß zwar nicht jede Abtretung schlechthin, aber doch eine solche inhaltsändernd und damit nach § 399 BGB unwirksam erscheint, die an einen außerhalb des Zweckbereichs stehenden Gläubiger erfolgt.

3. Wo danach die Abtretung unwirksam ist, stellt sich für die Pfändung noch die Sonderfrage aus § 851 II ZPO. Danach sind Ansprüche pfändbar, die zwar nach § 399 BGB unabtretbar sind, damit nach der Regel des § 851 I ZPO auch unpfändbar wären, die aber ihrem Inhalte nach auf einen pfändbaren Gegenstand gerichtet sind. Das trifft auf die Kreditzusage zu, und zwar nach dem oben Ausgeführten gleich, ob man sie unter dem Gesichtswinkel des Geschäftsbesorgungsvertrags oder unter dem des Darlehnsvertrags sieht. Wortlautmäßige Anwendung des § 851 II ZPO führt also zur Bejahung der Pfändbarkeit. Anders ist aber zu entscheiden, wenn man Sinn und Schutzzweck dieser Vorschrift betrachtet. Sie soll, wie die amtliche Begründung ergibt, verhindern, daß der Schuldner ihm selbst zugriffsoffene, an und für sich pfändbare Werte unpfändbar macht. Die Interessen des Schuldners sollen verständlicherweise denen des Gläubigers, der den Vollstreckungsweg beschreiten muß, um zu seinem Gelde zu kommen, nachgeordnet werden. Dem § 399 BGB in Verbindung mit § 851 I ZPO wird daher nur noch die Teilwirkung zuerkannt, daß Überweisung an Zahlungs statt, die der Abtretung gleichkommt, unzulässig ist; Pfändung und Überweisung zur Einziehung gestattet dagegen der § 851 II ZPO.

Es fällt auf, daß der Gesetzgeber weder im Gesetz noch in der amtlichen Begründung der Interessen des Drittschuldners gedacht hat. Es kann nicht angenommen werden, daß er sie hätte vernachlässigen wollen. Dagegen spricht, daß er sich in der Begründung zwar mit dem Verhältnis des Schuldners zum Gläubiger auseinandersetzt, die nicht wegzuleugnende Problematik eines Schutzes der Drittschuldnerinteressen aber mit keinem Worte erwähnt. Somit hat das Gesetz unter seinem zu weitgefaßten Wortlaut eine Lücke, die sinngemäß zu füllen ist. Allerdings kann nicht jedes Interesse des Drittschuldners, von einem Gläubigerwechsel verschont zu bleiben, beachtet werden. Reine Ordnungs- und Bequemlichkeitsinteressen insbesondere wird man nicht als ausreichend erachten dürfen, den § 851 II einzuengen. Hat z. B. die Verwaltung eines großen Bauvorhabens die Abtretung der Forderungen der herangezogenen Unternehmer durch Vereinbarung mit diesen ausgeschlossen, um nicht in die Gefahr zu geraten, an Stelle mit den Unternehmern selbst vielleicht mit einer Vielzahl von Zessionaren der Unternehmer zu tun zu bekommen, so schließt das den § 851 II ZPO nicht aus. Das bloße vereinbarte Abtretungsverbot als solches genügt also nicht und ebensowenig ein dahinter stehendes bloßes Ordnungs- und Bequemlichkeitsinteresse des Drittschuldners, sonst würde der § 851 II auf weitem Felde seinem Sinne zuwider versagen. Wo dagegen gewichtige wirtschaftliche Interessen des Drittschuldners durch die erste Alternative des § 399 BGB geschützt werden, da ist es nicht der Sinn der wortlautmäßig zu weit gefaßten Vorschrift des § 851 II ZPO, diese wirtschaftlichen Interessen des Drittschuldners den Gläubigerinteressen zu opfern.

Man wird zwar nicht sagen dürfen, daß § 851 II ZPO schematisch den Interessen der Drittschuldner zu weichen habe, wo es sich um die erste Alternative des § 399 BGB (Inhaltsänderung) handele. Das würde seinem Wortlaut zu kraß widersprechen. Dagegen wird man ihn so einzuengen haben, daß berechtigte wirtschaftliche Interessen des Drittschuldners nicht in unzumutbarer Weise zugunsten des Gläubigers beeinträchtigt werden.

Es würde ferner zu weit gehen, die Pfändung in solchem Falle auch gegen den Willen des Drittschuldners als unwirksam zu erachten. Da die Unpfändbarkeit nur seine privaten Interessen, nicht dagegen — wie z. B. in den Unpfändbarkeitsfällen des § 811 ZPO[8] — auch Allgemeininteressen schützen soll, muß sein Einverständnis genügen, die Pfändung wirksam zu machen. Der Schuldner, dessen Interessen vom Gesetzgeber als nicht schutzwürdig angesehen werden, kann dem Drittschuldner daher auch keine Vorwürfe machen, wenn dieser auf die Pfändung und Überweisung hin zahlt.

Im Ergebnis ist bei Beachtung dieser gebotenen Lückenfüllung § 851 II ZPO also wie folgt zu verstehen: § 399 BGB in Verbindung mit der Regel des § 851 I ZPO bleibt zugunsten des pfändenden Gläubigers außer Betracht, soweit er ein Interesse des Schuldners daran schützen würde, daß seine Forderungen gegen den Drittschuldner ihm nicht gegen seinen Willen entzogen werden; ein solches Schuldnerinteresse verdient

---

[8] RG in st. Rspr. vgl. z. B. RGZ 72, 181; RG JW 1932, 790; Bayer. ObLG NJW 1950, 697 mit weiterem Nachweis.

keinen Schutz. Das gilt auch dort, wo § 399 BGB daneben solche Interessen des Drittschuldners schützt, die gegenüber der Notlage des zur Vollstreckung gezwungenen Gläubigers gerechterweise zurückzutreten haben, z. B. bloße Ordnungs- und Bequemlichkeitsinteressen. Dagegen darf § 399 BGB mit der grundsätzlichen Erstreckung auf das Pfändungspfandrecht in § 851 I ZPO nicht zu Lasten des Drittschuldners ausgeschaltet werden, wo das eine ungerechtfertigte Bevorzugung des Gläubigerinteresses vor gewichtigen, berechtigten Interessen des Drittschuldners bedeuten würde. Insoweit muß die Pfändung als unwirksam angesehen werden. Erklärt der Gläubiger sich allerdings mit ihr einverstanden, so ist die Pfändung wirksam.

Zweckgebundene Kreditzusagen der Bank sind somit ohne ihr Einverständnis grundsätzlich nicht pfändbar, soweit sie nicht zugunsten solcher Gläubiger gepfändet werden, deren Befriedigung in den Rahmen des Kreditzweckes fällt[9].

Was die in diesem Zusammenhang entscheidende Abwägung der Interessen einerseits des Gläubigers, anderseits des Drittschuldners, der Bank, angeht, so kann es in Ausnahmefällen eine dem Gläubiger günstige Rolle spielen, wenn die Bank anderweit genügend gesichert ist. Schlechthin ausschlaggebend ist das aber nicht. Auch bei genügender Sicherung besteht vielmehr in der Regel ein begründetes Interesse der Bank daran, daß die von ihr zugesagten Beträge nur zweckgemäß verwendet werden. Man darf nicht aus dem Auge verlieren, daß der Gläubiger sich letztlich aus Geld der Bank befriedigen will. Zwar hat der Schuldner einen Anspruch auf dieses Geld, aber nicht im endgültigen Sinne der vollen wirtschaftlichen Zugehörigkeit des Geldes zu seinem Vermögen. Er muß einmal den Kredit wieder zurückzahlen. Wirtschaftlich ist und bleibt das kreditierte Geld letzten Endes Geld der Bank, und so muß man der Bank auch zugestehen, daß sie sich darauf beruft, dieses ihr Geld entsprechend der Zweckbestimmung nur für eine Geschäftsbeziehung mit dem Kunden einsetzen zu wollen, die für beide Teile dauernde wirtschaftliche Erfolge und Vorteile bringt. Je gewichtiger und genauer die Zweckbindung, desto weniger wird es auf die Frage anderweitiger Sicherung ankommen können.

Pfändet ein Vollstreckungsgläubiger auf Grund eines nur vorläufig vollstreckbaren Urteils, das in höherer Instanz mit plausiblen Gründen angegriffen wird, so muß man der Bank in noch gesteigertem Maße ein Interesse daran zuerkennen, daß ihre Geldmittel nicht statt in Richtung

[9] Die Pfändbarkeit einer bankmäßigen Kreditzusage verneinen grundsätzlich: *Rosenberg*, Lehrbuch des Deutschen Zivilprozeßrechts, 9. Aufl., § 192 I 2 a; *Larenz* a.a.O., § 47 II; *Esser* a.a.O., § 149, 7; *Wieczorek*, § 851 B I b 1; *Koch*, JW 1933, 2757.

der Zweckbindung an eine Person fließen, die möglicherweise nicht einmal wirklich Gläubiger des Kunden ist.

So können gelegentlich besondere Gesichtspunkte für die Interessenabwägung beachtlich sein. Damit tritt unverkennbar ein gewisses Unsicherheitselement in die Betrachtung ein. Unser Recht kommt aber auch sonst vielfach in Grenzbereichen nicht ohne solche nur wertungsmäßig zu meisternde Ungewißheitsmomente aus.

IV. Einwendungen der Bank

Wo grundsätzlich die Pfändbarkeit der Kreditzusage nach den vorstehenden Ausführungen zu bejahen ist, darf die Bank u. U. doch die Befriedigung des pfändenden Gläubigers verweigern. Der Pfändungsgläubiger muß alle Schwächen gelten lassen, die der gepfändeten Forderung anhaften. Er erhält sie nicht stärker, als sie in der Hand des Vollstreckungsschuldners ist. Weder sein Pfandrecht noch seine Ermächtigung aus § 835 ZPO schützen ihn vor Einwendungen des Drittschuldners. Dabei ist noch zu beachten, daß es nach dem auch hier anwendbaren Grundprinzip des § 404 BGB genügt, wenn ein Einwand zur Zeit der Abtretung (hier der Pfändung und der Überweisung) in der Wurzel begründet war; der Einwendungstatbestand braucht noch nicht vollendet, z. B. eine mögliche Kündigung noch nicht erklärt zu sein. Folgende Einwendungen kommen vor allem in Betracht:

1. Hat die Bank aus anderen Rechtsgründen Forderungen — auch bedingte oder noch nicht fällige, auch nicht konnexe Forderungen — gegen den Kunden, so kann sie grundsätzlich nach Ziffer 19 V der Allgemeinen Geschäftsbedingungen der Banken (AGB) die Zahlung an den Gläubiger verweigern, bis ihre eigenen Forderungen befriedigt werden. Dem Kunden gegenüber wird das allerdings oft durch den Sinn der Kreditzusage zunächst ausgeschlossen sein. Mit der Kreditzusage und in ihrem Rahmen hat die Bank im Zweifel konkludent auf ihr Zurückbehaltungsrecht, insbesondere wegen noch nicht fälliger Forderungen, bis zur Rückzahlungsfälligkeit des Kredites verzichtet. Dabei ist aber zu beachten, daß die Bank an eine vereinbarte Kreditdauer oder Kreditkündungsfrist nicht mehr gebunden ist, wenn sie nach dem unten Auszuführenden die Kreditzusage wirksam widerruft. Damit endet dann auch ihr Verzicht auf das Zurückbehaltungsrecht aus Ziffer 19 V der AGB; er kann von vornherein nicht als über das Ende der Kreditzusage hinaus vereinbart angesehen werden.

2. Nach Ziffer 19 II der AGB steht der Bank ein Pfandrecht u. a. an gegen sie gerichteten Ansprüchen des Kunden für alle — auch bedingten oder befristeten — Ansprüche der Bank gegen den Kunden zu. Auch der

gegen sie gerichtete Anspruch des Kunden aus der Kreditzusage scheint ihr also als Pfand für etwaige Forderungen gegen den Kunden, insbesondere für ihren Anspruch auf Rückzahlung eines bereits geleisteten Kreditteilbetrags zu dienen. Bedenkt man aber, daß die Bank sich mit der Verwertung dieses ihr zum Pfand dienenden Anspruchs gegen sich selbst — verrechnungsmäßig — aus eigenem, dem Kunden damit „dargeliehenen" Gelde befriedigen würde, so kann nicht angenommen werden, daß Ziffer 19 II ein Pfandrecht auch an dem aus einer Kreditzusage entstehenden Anspruch habe begründen sollen. Die Bank würde ein Loch stopfen, indem sie ein anderes aufreißt. Auch wenn der Kunde für den Anspruch auf Rückzahlung des Kredits einen Bürgen oder sonstige Sicherheiten bestellt hat, kann ein rechtlich beachtlicher Sinn des Pfandrechts und der Pfandverwertung nicht darin gesehen werden, daß die Bank durch die „Auszahlung des Kredits an sich selbst" den Zugriff auf diese Sicherungen ermögliche. Solche nur mittelbar günstige Folgen vermögen das an sich sinnwidrige Pfandrecht nicht zu rechtfertigen. Ob und inwieweit die Bank die speziell für den Anspruch auf Rückzahlung des Kredits gegebenen Sicherheiten nach den AGB etwa ohne weiteres auch zur Sicherung anderer Forderungen gegen den Kunden in Anspruch nehmen kann, ist eine aus dem hier gezogenen Rahmen herausfallende Frage. Kann sie es, so erscheint der oben abgelehnte Umweg über ein Pfandrecht am Kreditauszahlungsanspruch von vornherein sinnlos.

3. Läßt man zunächst Ziffer 17 der AGB außer Betracht, so könnte die Bank häufig die Kreditzusage entweder (girovertragsmäßige Auffassung) nach § 626 BGB — oder auch nach der Sondervorschrift des § 627 BGB — fristlos kündigen oder (Darlehnsauffassung) auf Grund des § 610 BGB widerrufen, wenn die Pfändung als Zeichen für eine wesentliche Verschlechterung der Vermögensverhältnisse des Kunden zu betrachten ist. Handelt es sich allerdings um Vollstreckung aus einem nur vorläufig vollstreckbaren Urteil, und wird die Forderung des Vollstreckungsgläubigers vom Schuldner mit beachtlichen Gründen bestritten und in höherer Instanz bekämpft, so kann der Tatbestand des § 626 oder des § 610 BGB zu verneinen sein, es bleibt aber der des § 627 BGB wirksam, soweit diese im Gegensatz zu § 626 nicht zwingende Vorschrift nicht ausdrücklich oder konkludent abbedungen ist.

An die Stelle der genannten Vorschriften tritt aber Ziffer 17 der AGB, wonach Kunde und Bank mangels anderweitiger Vereinbarung die Geschäftsverbindung jederzeit nach freiem Ermessen und die Bank, falls eine solche Vereinbarung getroffen ist, die Geschäftsverbindung jederzeit aus wichtigem Grunde beendigen darf, insbesondere wenn eine wesentliche Verschlechterung oder eine erhebliche Gefährdung des Vermögens des Kunden eintritt. Damit entfällt die Kreditzusage. Es ist auch anzunehmen, daß die Bank nicht genötigt ist, die gesamte Geschäftsbeziehung zu ihrem Kunden zu beenden, daß sie sich vielmehr auf die Kündigung der Kreditzusage beschränken kann. Der Kunde kann dann seinerseits, wenn ihm ohne die Kreditzusage an der Geschäftsverbindung mit der Bank nicht gelegen ist, die ganze Verbindung entweder nach Ziffer 17 der AGB beendigen oder, wenn eine bestimmte Dauer der Geschäftsverbindung oder eine Kündigungsfrist vereinbart ist, in der Regel aus dem allgemein gültigen Grundsatz der Kündbarkeit von Dauerverhältnissen aus wichtigem Grunde fristlos kündigen. Andererseits können Kunde und Bank, wenn einer von ihnen die alte Geschäftsverbindung gelöst hat, alsbald eine neue vereinbaren; würden sie dabei allerdings die alte Kreditzusage erneuern, so wäre das eine dem Gläubiger gegenüber unwirksame Maßnahme, seine Pfändung würde auch die „neue" Kreditzusage, die im Grunde die alte ist, erfassen.

4. Will eine Bank besonders vorsichtig sein, so kann sie auch die Kreditzusage unter die auflösende Bedingung einer Pfändung stellen[10]; damit entfällt der Anspruch aus der Kreditzusage im Augenblick der Pfändung automatisch.

B. Gewährung des Kredites nach der Zweikonten-Methode

I. Einleitung

Nach dieser aus England stammenden, in Deutschland weniger oft angewandten Methode wird der zugesagte Kredit gleichzeitig dem Kunden auf einem Sonderkonto belastet und auf seinem Kontokorrent gutgeschrieben. Die Gutschrift ist ein für alle mal die Erfüllung der Kreditzusage[11]. Vereinbarungsgemäß hat diese Erfüllung in der Form stattgefunden, daß dem Kunden durch die Gutschrift Buchgeld geleistet worden ist. Aus der Kreditzusage gibt es also keinen Anspruch mehr, der gepfändet werden könnte. Es geht nur noch um die Pfändung des durch die Gutschrift bewirkten Buchgeldes.

Die Gutschrift selbst kann als eine in das Kontokorrent eingestellte Einzelforderung des Kunden gegen die Bank nicht gepfändet werden. Vielmehr kommt nur die Pfändung des gegenwärtigen sowie — alternativ oder kumulativ — des künftigen Saldos aus dem Kontokorrent in Betracht. Hier soll nicht auf die zahlreichen Rechtsfragen zur Kontokorrentpfändung eingegangen[12], vielmehr nur geprüft werden, ob und

---

10 Vgl. RG HRR 32, Nr. 562 = JW 1932, 344; KG KGJ 40, 232.

11 Vgl. BGH WM 1957, 637; BGH LM Nr. 1 zu § 610 BGB.

12 Vgl. hierzu die überaus zahlreiche Literatur, insbesondere *Weispfenning* in JW 1938, 3095 ff.; Noack in ZfK 1949, 257 f.; Beitzke in Festschrift für

inwieweit der Umstand, daß die grundlegende Gutschrift auf einer Kreditzusage beruht, der Bank Abwehrmöglichkeiten gegen die Pfändung des gegenwärtigen oder künftigen Saldos gibt, soweit dieser nicht über die Gutschrift hinausgeht.

II. Behandlung der beiden Konten als Einheit

Wirtschaftlich gehören das Belastungskonto und die Gutschrift auf dem Kontokorrent zusammen. Sie zeigen in ihrem Zusammenhang deutlich, daß es sich bei der Gutschrift nicht um echtes Vermögen des Kunden, sondern nur um eingeräumten Kredit handelt. Erkennt man diese Einheit der beiden Konten auch rechtlich an und vernachlässigt zunächst den Umstand, daß der Kredit etwa noch nicht rückzahlungsfällig ist, so ergeben sich keine Probleme: Der Gutschrift oder besser dem Saldo, soweit er der Gutschrift entspricht, steht die Lastschrift auf dem Belastungskonto gegenüber; das Ergebnis ist für den Kunden insoweit nie positiv, also kann auch kein Pfändungsgläubiger einen Erfolg erzielen.

Es geht letztlich um die Frage, ob aus §§ 355 ff. HGB, insbesondere aus § 357 daselbst, geschlossen werden kann, daß das Kontokorrent isoliert betrachtet werden muß und so dem Buchgeldcharakter eines positiven Saldos ohne Rücksicht auf die Frage der entgegenstehenden Belastung auf einem korrespondierenden anderen Konto zum Erfolge zu verhelfen ist. Die Frage vollständig zu erörtern, ginge über den Rahmen dieser Abhandlung hinaus. Im Ergebnis ist sie m. E. zu verneinen. Auch aus Ziffer 2 der AGB, wonach mehrere Kontokorrentkonten als getrennte Konten zu behandeln sind, ist kein Gegenschluß zu ziehen. Einmal handelt es sich bei dem Belastungskonto nicht notwendig um ein Kontokorrentkonto und außerdem ist es nicht der Sinn der Ziffer 2 der AGB, der Bank die Möglichkeit zu nehmen, einem Aktivposten den inhaltlich zugehörigen, lediglich auf einem anderen Konto verbuchten Passivposten entgegenzusetzen.

Ergeben sich so gesehen keine durchgreifenden Bedenken, so muß doch die unterschiedliche Fälligkeit beachtet werden: Nur wenn die Belastung auf dem Sonderkonto, der Rückzahlungsanspruch, fällig ist, erscheint eine Verrechnung von Aktiv- und Passivposten unbedenklich, also insbesondere, wenn die Bank nach Ziffer 17 der AGB den Kredit wirksam fristlos gekündigt hat. Dann ist aber der Unterschied zur An-

---

J. v. Gierke, 1950, 9 ff.; *Sprengel* in MDR 1952, S. 9 ff. und S. 550 ff.; *Klee* in BB 1951, 686 und MDR 52, 202 ff.; *Ludewig* in Betrieb, Beilage Nr. 10/52; *Grigat* in BB 1952, 335 ff. und MDR 1952, 411 f.; *Schupp* in BB 1952, 217 f.; *Scherer* a.a.O.; Schmitt in ZfK 1954, 22 f.; *Beeser* a.a.O., S. 418 ff.

wendung des Zurückbehaltungsrechts aus Ziffer 19 V AGB so gering, daß die Frage der rechtlichen Behandlung der zwei Konten als Einheit praktisch bedeutungslos wird.

III. Getrennte Betrachtung der Konten

Sieht man die Konten rechtlich getrennt und stellt zunächst auch die verklammernde Vorschrift der Ziffer 19 V AGB zurück, so hat man es auf den ersten Blick mit einer normalen Kontokorrentpfändung zu tun. Das Guthaben, wie es im Saldo in Erscheinung tritt, erscheint pfändbar. Aber auch hier stellt sich die Frage der Zweckbindung des Kredits, der in der Gutschrift und entsprechend später in den Salden in Erscheinung tritt.

1. Die Gutschrift als solche bringt die Zweckbindung noch nicht zum Untergang. Begründet sie auch Buchgeld für den Kunden, so macht sie dieses Buchgeld doch nicht so farblos wie die Barzahlung des dem Kunden übereignete bare Geld. Bares Geld mag noch so sehr von Kunden und Bank übereinstimmend für einen bestimmten Zweck vorgesehen worden sein, sein gesteigert „abstrakter" Charakter als Geld schlägt durch und würde jeden Versuch, gegen die Pfändung des dem Kunden ausgezahlten Geldes aus dem Blickwinkel der Zweckgebundenheit vorzugehen, scheitern lassen. So kraß abstrahierend wirkt die Begründung von Buchgeld als solche noch nicht. Auch andere Guthabenposten im Kontokorrent stellen zwar einerseits Buchgeld dar, behalten aber gleichwohl bis zur Saldierung, und wie wir sehen werden, teilweise noch darüber hinaus ihren Sondercharakter, z. B. als Kaufpreisforderung, als Mietzinsforderung oder was es sonst sei.

2. Die Saldierung — sei es die „gegenwärtige" zugunsten des pfändenden Gläubigers, sei es die normale nächste Halbjahressaldierung, sei es nach der m. E. abzulehnenden Theorie vom Staffelkontokorrent jede Saldierung anläßlich einer Veränderung auf dem Konto überhaupt — bedeutet nach gefestigter Meinung, wenn der Saldo anerkannt wird, Novation[13]. Das führt auf den ersten Blick dazu, nunmehr auch die Zweckbindung des aus der Kreditzusage gutgebrachten Betrages zu verneinen. Es fragt sich aber, ob nicht § 356 HGB mit dem Erfolg entsprechend anzuwenden ist, daß dem Saldo, soweit er nicht über die Kreditzusage hinausgeht, die Zweckbindung weiterhin anhaftet. Das Reichsgericht hat sich mit der Frage einer erweiternden Anwendung des § 356 HGB im Blick auf ein Konkursvorrecht befaßt und dabei ausgeführt, der Gesichtspunkt der Novation dürfe nicht in zu begriffsbetonter Weise dergestalt angewendet

[13] Vgl. *Ratz* in RGR-Komm. z. HGB, 2. Aufl., § 355 Anm. 2, 5 mit ausführlichem Nachweis.

werden, daß er berechtigte wirtschaftliche Interessen ohne aus der Sache selbst folgenden zwingenden Grund verletze[14]. Dieser Gedanke verdient Anwendung auch bezüglich der Zweckbindung der Kreditzusage. Zwar ist es bei isolierter Betrachtung des Kontokorrents hier nicht wie im Falle des § 356 der Gläubiger, sondern der Schuldner, dem es aus der Starrheit der zu einseitig betonten Novation herauszuhelfen gilt. Sein Interesse kann aber nicht richtig gewogen werden, wenn man den Blick nur auf das eine Konto richtet; vielmehr muß mitbeachtet werden, daß er auf dem Gegenkonto Gläubiger ist. Ihm die Berufung auf die in ihrer Bedeutung oben erläuterte Zweckbindung des Kredits zu versagen, bedeutet für ihn genau wie für den Kontokorrentgläubiger, dem man seine Sicherungen unter Berufung auf die Novationswirkung abschneiden wollte, daß er gezwungen würde, eine Entwertung seiner Forderung auf Rückzahlung des Kredits hinzunehmen. Das aber kann ihm ebensowenig zugemutet werden wie dem Gläubiger der Verlust seiner Sicherungen. § 356 HGB fordert daher entsprechende Anwendung auch auf diesen Fall. Es wäre auch nicht einzusehen, warum ein pfändender Gläubiger nur infolge der anderen formalen Handhabung (Zweikonten-Methode) größere Rechte aus der Kreditzusage sollte herleiten können als nach der Einkonto-Methode. Hier ist wirklich, wie in der Entscheidung des Reichsgerichts, die Grenze für die Zulässigkeit des Operierens mit Begriffen deutlich wahrnehmbar und darf nicht unter Verletzung schutzwürdiger Interessen überschritten werden. Die Zweckbindung muß sich demgemäß bei Pfändung des auf der Kreditzusage beruhenden Saldos ebenso auswirken, wie wir es oben dargelegt haben.

IV. Einwendungen der Bank

1. Art. 19 V der AGB ist grundsätzlich anwendbar, und zwar kann die Bank hier auch ihren ganzen, dem Kunden auf dem Sonderkonto belasteten Rückzahlungsanspruch zum Tragen bringen. Sie hat den Kredit auf dem Kontokorrentkonto schon ganz „ausgezahlt“[15], und demgemäß hat sie einen Rückzahlungsanspruch in voller Höhe. Zur Frage, ob und inwieweit Verzicht der Bank auf die Rechte aus Ziffer 19 V anzunehmen ist, kann auf die Ausführungen unter A IV 1 verwiesen werden.

2. Ziffer 19 II AGB (siehe unter A IV 2) scheidet tatbestandlich aus. Es gibt keinen Anspruch des Kunden mehr auf Auszahlung des Kredits; der Kredit ist durch Gutschrift „ausgezahlt“. Das Problem des Pfandrechts an einem gegen die Bank gerichteten Anspruch aus der Kreditzusage stellt sich demnach gar nicht erst.

---

[14] RGZ 162, 245 (250 ff.).

[15] Vgl. Anm. 11.

3. Die Kündigung der Bank gemäß der die §§ 626, 627 oder 610 BGB verdrängenden Ziffer 17 AGB hat keinen Einfluß mehr auf den Anspruch aus der Kreditzusage; dieser ist erfüllt. Sie stellt aber den Rückzahlungsanspruch auf dem Belastungskonto sofort fällig. Wenn Ziffer 18 AGB das auch nur für Kontokorrentkonten ausdrücklich anordnet, so kann doch sinngemäß für das mit dem Kontokorrentkonto inhaltlich verbundene Gegenkonto, auf welchem der Kreditbetrag belastet ist, nichts anderes gelten.

Auch die Vereinbarung einer auflösenden Bedingung bezieht sich hier nur auf das Belastungskonto, sie läßt den Grund für die Gewährung des kreditierten Betrages sein Ende finden und macht damit den Belastungsbetrag sofort rückzahlungsfällig.

C. Schlußbetrachtung

Nur in begrenztem Ausmaße haben wir in den vorstehenden Ausführungen die Möglichkeit der Pfändung des Rechts des Kunden aus der Kreditgewährung bejaht. Ferner war festzustellen, daß auch die zulässige Pfändung nicht immer zum Ziele führt, weil die Bank die Kreditzusage in der Regel widerrufen und die Klammer der Ziffer 19 V AGB gegen den Pfändungsgläubiger zur Wirkung bringen kann. Das somit für den Pfändungsgläubiger weitgehend negative Ergebnis darf aber nicht wundernehmen; denn hinter allem steht die Erscheinung, daß der Pfändungsgläubiger sich, wie bereits einmal gesagt, letztlich nicht aus echtem Vermögen seines Schuldners, sondern aus dem Geld der Bank zu befriedigen versucht, mag der Kunde auch einen rechtlichen Anspruch darauf haben, daß die Bank ihm das Geld zur Verfügung stellt. Wirtschaftlich bleibt es immer Geld der Bank, wie sich bei der Einkonto-Methode daraus ergibt, daß der Schuldner mit Inanspruchnahme des Kredits ins Debet kommt, und bei der Zweikonten-Methode daraus, daß der Gutschrift von vornherein eine entsprechende Lastschrift gegenübersteht.

Zur Rechtsnachfolge in Rentenberechtigungen der Sozialversicherung

Von Ludwig Schnorr von Carolsfeld, Erlangen-Nürnberg

Das Urteil des Bayer. LSG v. 11. März 1965[1] steht unter dem Leitsatz: „Die Sonderrechtsnachfolge des § 1288 RVO tritt dann nicht ein, wenn der Berechtigte letztwillig anders über den von ihm erhobenen Rechtsanspruch verfügt hat." Diese Ansicht des LSG, wie auch weitere, in diesem Erkenntnis vertretene Auffassungen geben zu einer Reihe von Überlegungen und Zweifeln Anlaß.

A.

I. Die Grundfrage, welche hier beantwortet werden muß, ist die nach der Rechtsnatur der Stellung, welche im Rahmen der Rentenversicherungen den im § 1288 RVO bzw. § 65 AnVG, im Rahmen der Unfallversicherung den im § 630 RVO genannten Personen[2] zukommt[3, 3a].

1. Bevor die Antwort hierauf gegeben werden kann, ist zunächst zu prüfen, ob jene Rentenansprüche allein mit der Erfüllung der Tatbestandsmomente entstehen, welche in der Person des Versicherten ge-

---

[1] L 9/J 89/63. AmtsBl. Bayer. Arbeitsministerium 1965, S. 43 B — Wenn im folgenden auf grundsätzliche Entscheidungen des RVA hingewiesen wird, so wird nicht die Fundstelle in AN angeführt, da die Sammlung dieser Entscheidungen von *Knoll-Peters*, Stuttgart 1952 f., leichter zugänglich ist.

[2] Berechtigte sind diejenigen, welche einen aktiven oder noch von einem Antrag abhängigen, also verhaltenen Anspruch auf Versicherten- oder Hinterbliebenenrente bzw. auf Verletztengeld oder Hinterbliebenenrente haben. Es sind aber auch (so richtig *Jantz-Zweng*, Das neue Recht der Rentenversicherung, Stuttgart 1957, § 1288 Anm. I, 1 Abs. 2) diejenigen, welche die Rente des Berechtigten während der Zeit der Verbüßung einer Freiheitsstrafe durch ihn, nach § 1289 RVO überwiesen erhalten hatten. Das gleiche gilt für §§ 119 a II, 120 III, 554 III, 588, 1277 III S. 3 RVO im Falle des Todes derjenigen Person, welcher der Anspruch ganz oder teilweise „überwiesen" war.

[3] Das gilt nicht bloß für die Renten an den Versicherten selbst, sondern auch für die an seine Hinterbliebenen.

[3a] Für das Sterbegeld gilt die Ordnung des § 203 RVO bzw. des § 589 I Nr. 1 RVO mit § 203 RVO. Diese Regelung interessiert für die im Text zu erörternden Probleme nicht. Denn dabei handelt es sich um sofortigen Dritterwerb einer Berechtigung, allerdings aus dem Versicherungsverhältnis des Verstorbenen, während oben Fragen der Rechtsnachfolge zu behandeln sind (vgl. auch RVA GrE Nr. 1895). Die Grundsituation ist also eine andere. Analoges Vorgehen kann daher nur mit äußerster Zurückhaltung erfolgen.

geben sein müssen, oder ob dafür auch eine „Geltendmachung", d. h. ein Antrag durch den Berechtigten hinzutreten muß. Abgesehen von den Fällen des § 1248 III RVO (§ 25 III AnVG) und des § 1248 II RVO (§ 25 II AnVG) ist gem. § 1290 V RVO (§ 67 V AnVG) in der Rentenversicherung heute[4] ein Antrag ebensowenig erforderlich[5] wie in der Unfallversicherung[6]. Auch die Rentenbescheide begründen nicht erst das Recht auf Rente, sofern dessen gesetzliche Tatbestandsvoraussetzungen erfüllt sind[7]; vgl. den Wortlaut der §§ 1246 I a, 1247 I, 1248 RVO[8], besonders aber des § 1290 I RVO[9]. (Wichtig auch für § 1263 [n. F.] RVO.)

---

4 S. § 1290 I RVO, § 191 III RKnG; *Jantz-Zweng*, a.a.O., § 1288 Anm. I, 1; aber E. *Mauss*, ZfS Jhrg. 11 (1957) S. 264. Über die frühere Streitfrage s. *Brockhoff*, Gesamtkomm. RVO, § 1288 Anm. 1 Abs. 2; *Brackmann*, Handbuch der Sozialversicherung. S. 666 w; auch BSGE Bd. 20, S. 129; *Grünbaum*, Deutsche Invalidenversicherung Jhrg. 5, 1933, S. 1. Richtig auch neuestens BSozGE Bd. 23, S. 64.

5 Die Rente ist allerdings vom Zeitpunkt des Versicherungsfalles an nur dann zu gewähren, wenn sie (§ 1290 RVO) nicht später als drei Monate nach dem Versicherungsfall beantragt ist. (Die Berechtigung zu dieser Rechtshandlung [um eine solche handelt es sich bei dem sog. Antrag, weil er nicht die Rente als solche begründet, sondern die erwähnte Frist unterbricht], welche die Verschweigenswirkung, d. h. den Eintritt der Verwirkung des Anspruches für eine frühere Zeit verhindert, besser das dahin gehende Gestaltungsrecht, geht nach dem Tode des Berechtigten auf jenen über, der nach § 1288 RVO Berechtigter einzeln für seinen Teil geworden ist.) Spätere Geltendmachung hindert nur die Verwirkung von dem Beginn des Antragsmonats an. (Die Hemmung, welche das Gesetz für die Verjährung im § 206 BGB kennt, muß dann auch für die stärkere Folge eines Zeitablaufes, die Verwirkung, gelten, [vgl. auch Art. 125 bayer.AG BGB]; s. BSGE Bd. 21, S. 129 [132 f.], aber Bd. 21, S. 181 [184].) (Der Antrag nach § 1613 RVO ist zunächst ein Verfahrensvorgang. Da er nur dann materiellrechtliche, eben die Verwirkung nach § 1290 RVO aufhaltende Funktionen auszuüben vermag, kann man mit BSGE Bd. 21, S. 129 von einer Ausschlußfrist sprechen. Sofern aber die materiellrechtlichen Wirkungen des Antrags [wie hier] in Frage stehen, ist es richtiger, diese Terminologie nicht zu verwenden.) Der Antrag begründet die Pflicht des Versicherungsträgers zur Auszahlung (etwas anders BSGE Bd. 21, S. 162) des vorher als verhalten bestehenden Anspruches. Er wirkt also in das materielle Recht hinüber, wie es ja oft bei Prozeßhandlungen, etwa bei der Klageerhebung, vorkommt. Der bereits bestehende Anspruch wird durch den Antrag aktiviert. Die Berechtigung zur Stellung des Antrags ist also ein in dem Anspruch selbst enthaltenes Gestaltungsrecht. (Als Parallele sei etwa auf die Lage bei der Zeugniserteilungspflicht nach § 630 BGB oder auf den Urlaubsanspruch des BUrlG verwiesen.) Ist also der Berechtigte verstorben und waren in diesem Zeitpunkt drei Monate nach dem Versicherungsfall bereits verstrichen, so kann ein als Rechtsnachfolger nach § 1288 RVO Berechtigter den Antrag nur noch für den Sterbemonat bis zu dessen Ablauf stellen. Sind mehrere Berechtigte vorhanden, so genügt der Antrag des einen von ihnen für die anderen nicht, da sie keine Gemeinschaft bilden (also keine analoge Anwendung des § 2038 BGB; vgl. §§ 2157 ff. BGB); s. Anm. 30.

6 Vgl. §§ 581, 590, 592 RVO. Vgl. in diesem Zusammenhang jetzt *Jahn*, Allgemeine Sozialversicherungslehre, Stuttgart 1965, S. 133 ff.

7 Der Bescheid über den Antrag ist also meist nicht konstitutiver Natur; vgl. *Hennig*, SGb Jhrg. 9, 1962, S. 68 ff. — Die Frage der materiellen Rechtskraft inhaltlich unrichtiger Bescheide kann hier auf sich beruhen. Richtige Feststellungen sind aber ebensowenig wie richtige Urteile der Gerichte „letzte Bindung für die Entstehung des Rentenanspruches" (a. A. *Schwank-*

Es fragt sich aber, ob die so daher ohne weiteres erworbenen Rechtspositionen auch nach dem Tode Berücksichtigung finden oder ob hierfür dann doch noch eine vorangegangene Geltendmachung durch die Versicherten selbst erforderlich ist. Für die Rentenversicherung erscheint das notwendig zu sein, weil die Regelung des § 1288 II RVO (§ 65 II AnVG) von der Festsetzung des erhobenen Anspruches spricht, welcher dem dort Genannten zusteht. U. E. ist jene Norm trotz ihrem, eben nur historisch bedingten[10], auf die materielle Rechtslage noch mit Bezug nehmenden Wortlaut[11] aber nur eine reine Verfahrensvorschrift, welche jetzt nur die Rechtsnachfolge in die prozessuale Stellung des von dem Versicherten selbst eingeleiteten Verfahrens regelt[12]. Nicht aber will sie besagen, wie die h. L. offenbar annimmt, daß durch sie gleichzeitig angeordnet wäre, die Rechtsnachfolge des Versicherten könnte ohne ein vom Verstorbenen durch Antrag nach den §§ 1545, 1613 RVO[13] eingeleiteten Verfahren nicht eintreten. Daß dies trotzdem geschieht, ergibt sich u. E. aus dem Abs. I der angeführten Vorschrift; denn hier ist ja klar gesagt, daß den dort Genannten eine noch nicht ausgezahlte Rente zustehe. Für Rechte aber, die das Gesetz gewährt, spricht die Vermutung, daß sie auch geltend gemacht werden können, wären sie doch sonst Messer ohne Klingen[14, 15].

---

hart, SGb Jhrg. 9, 1962, S. 193 ff.).

8 Hier heißt es wörtlich, Renten wegen Berufsunfähigkeit bzw. Erwerbsunfähigkeit bzw. Altersruhegeld „erhält“ der Versicherte; ebenso für Witwen-, Witwer- und Hinterbliebenenrente: §§ 1264, 1266, 1267 RVO.

9 Vgl. die eingehenden Darlegungen von E. *Mauss*, ZfS Jhrg. 11, 1957, S. 236 ff., 263., 293 ff., bes. S. 264; ferner *Haensel*, ZfS Jhrg. 11, 1957, S. 199; *Söchting*, SozVers. 16, 135. Zum Wesen des Antrags a. A. *Röss*, SozVers. 21, 6.

10 Der Wortlaut des § 1288 II n. F. stimmt mit dem des § 1292 a. F. RVO überein, der auf der früheren Auffassung vom Wesen und der Wirkung des Antrags beruhte. Er ist also überholt; s. auch Anm. 15.

11 Anders, aber nicht scharf, *Jantz-Zweng*, a.a.O., § 1288 Anm. II, 1.

12 A. A. BSGE Bd. 15, S. 158; Bd. 23, S. 65.

13 Über die Bedeutung dieser Vorschrift s. unten Anm. 16.

14 A. A. z. B. *Brackmann*, a.a.O., S. 734 a; *Brockhoff*, Gesamtkomm. RVO, § 1288 Anm. 1; *Etmer*, AnVG, § 65 Anm. 2 Abs. 2; *Jantz-Zweng*, a.a.O., § 1288 Anm. 1 Abs. 1; BSGE Bd. 15, S. 157. Diese Entscheidung verweist zur Erhärtung ihrer Auffassung auf § 1537 RVO. Die Vorschrift stammt aber aus einer Zeit, als der Rentenanspruch noch von einem Antrag abhing und ist seither nicht geändert. Sie vermag daher keinen Beweis für die These des BSG zu erbringen. Auch der Hinweis auf § 1545 I Nr. 1 RVO führt zu keinem anderen Ergebnis; denn dieser steht im 6. Buch der RVO, welches die Überschrift „Verfahren“ trägt, so daß seine Bestimmungen grundsätzlich nicht solche des materiellen Rechtes sein können. Es wird hier nur gesagt, daß die Rentenfeststellung nicht von Amts wegen erfolgt. Es wird aber nichts darüber bestimmt (vgl. *Schroeter*, Gesamtkomm. RVO, § 1545 Anm. 4), wem das Antragsrecht zustehe. (Es kann dies nur der nach dem materiellen Recht Berechtigte sein. Warum sollte das nur der Versicherte oder [bei Hinterbliebenenrenten] der Rentenberechtigte selbst sein und nicht auch der Rechtsnachfolger dieser Personen?)

15 Der Abs. 2 des § 1288 RVO wurde für die Unfallversicherung „als entbehrlich nicht übernommen, da die dort vorgesehene Verfahrensregelung sich

Diese Ansicht wird noch durch eine andere Erwägung erhärtet: Der § 630 RVO der Unfallversicherung entspricht dem § 1288 I RVO der Rentenversicherung. Er enthält keine dem § 1288 II RVO parallele Bestimmung[16]. Sollte dann also eine Unfallrente ohne Geltendmachung durch den Versicherten bestehen, eine Rente der Rentenversicherung jedoch nicht, obwohl die Ausdrucksweise beider Normen insofern übereinstimmt? Eine solche Diskrepanz zwischen den beiden Rentenarten ist nicht gerechtfertigt.

Es besteht also der Rentenanspruch[17] im Augenblick des Todes des Versicherten. Er geht nicht etwa dann unter, wenn er vorher von diesem nicht geltend gemacht worden war. Trotz seiner Versorgungsnatur handelt es sich also nicht um ein höchstpersönliches Recht des Verstorbenen, wie das etwa bei dem Unterhaltsanspruch der §§ 1613, 1615, 1360 a III BGB der Fall ist[18].

---

schon nach allgemeinen Grundsätzen aus Abs. 1 ergibt" (so mit Recht *Lauterbach*, Unfallversicherung, 3. Aufl., Stuttgart 1963, § 630 Anm. 1). (Der einschränkenden Ansicht von *Knoll-Schieckel-Gurgel*, Gesamtkomm. RVO, § 630 Anm. 1 kann daher nicht gefolgt werden.) Auch hier handelt es sich um eine weitere Begründung für die oben im Text vertretene Auffassung.

16 Es muß allerdings dann auch das Antragsrecht des § 1613 RVO auf denjenigen übergehen, welcher materiell die Rente erhält. Weshalb man auf diesem Umweg der Antragsverweigerung dem Berechtigten sein Recht rauben darf, ist nicht einzusehen, nachdem durch die Neufassung des § 1290 RVO der Antrag als materiell-rechtliche Voraussetzung der Rentenentstehung weggefallen ist.

17 Das gilt nicht für einmalige Leistungen (a. A. BSG Bd. 15, S. 158) (Witwen- und Witwerabfindung des § 1302 RVO). Es ist zwar die Rentenabfindung gewissermaßen ein Konzentrat aus Rentenberechtigungen. Sie bezieht sich aber auf die Zukunft und hat mit dem Lebensstandard des Versicherten nichts zu tun. Hier gilt daher das Erbrecht des BGB. Ebenso sind die bewilligten Abfindungen der Unfallversicherung zu behandeln (§§ 603 ff. RVO), obgleich § 630 RVO ganz allgemein von „Leistungen" spricht, welche beim Tod des Berechtigten noch nicht ausbezahlt sind. Anders steht es mit zu Unrecht entrichteten Beiträgen, die zurückgefordert werden (§ 1424 RVO), weil hierdurch eine Herabsetzung der Lebenshaltungsmöglichkeiten eingetreten sein kann (richtig daher RVA in EuM Bd. 46, S. 426). Das gleiche gilt für die Beitragserstattungen, vorausgesetzt daß sie vor dem Tode oder von der Witwe (§ 1303 II RVO) beantragt sind (da es sich dabei um ein nur dem Berechtigten notwendig allein zustehendes Wahlrecht [BSGE Bd. 10, S. 127] handelt, das sich eben nicht nach seinem Tode infolge des Wegfalles der Möglichkeit einer Wiederaufnahme versicherungspflichtiger Tätigkeit von selbst zu einem Abfindungsrecht konkretisieren kann) (§§ 1303, 1304 RVO; §§ 82, 83 AnVG) (im Ergebnis richtig *Compter*, WzS Jhrg. 14, 1960, S. 268 ff., BB 1964, S. 930 gegen *Schüssler*, BB 1963, S. 982). In diesen letzteren Fällen ist daher § 1288 I, II RVO und das oben im Text dazu Gesagte anzuwenden. Konstruktionsjurisprudenz muß auch im Sozialversicherungsrecht der an den Gesetzeszwecken orientierten Auslegung weichen.

18 A. A. BSGE Bd. 15, S. 159. Es gibt keine Begründung, weshalb der Anspruch ein rein persönlicher sein soll. Die dahin gehende Lehre geht auf die aus dem Jahre 1893 stammende GrE des RVA Nr. 289 zurück. Deshalb sagt das Urteil BSGE Bd. 15, S. 180, daß die Rente ebenso mit der Person des ursprünglich Berechtigten verbunden sei, wie im bürgerlichen Recht die

2. Mit dieser Feststellung ist noch nichts über das weitere Schicksal des Anspruches ausgesagt. Die erwähnten einschlägigen Vorschriften geben einen Katalog von Personen, denen die Rente nach dem Tode des Berechtigten „zustehen" soll. Welche Bedeutung kommt dieser Wendung zu? Gewählt ist sie ausdrücklich um jene Ansicht auszuschalten, welche sich an die frühere Fassung „sind bezugsberechtigt" (§ 1289 a. F. RVO) anknüpft[19], daß nämlich die Aufgezählten nur berechtigt seien, die Leistungen in Empfang zu nehmen, unbeschadet eines Ausgleichs mit den zivilrechtlichen Erben. Diese Personen sollen also jetzt den Rentenbetrag behalten dürfen. Daraus folgt, daß es sich hier um eine Sonderrechtsnachfolge handelt, so daß die noch geschuldete Rente ein Sondervermögen bildet. Die in den erwähnten Vorschriften Aufgeführten sukzedieren also in diese Masse, und zwar sie allein, d. h. von ihnen werden alle anderen ausgeschlossen, also sowohl die gesetzlichen wie die rechtsgeschäftlichen Erben i. S. des BGB. Sind daher solche Personen nicht vorhanden, so fällt die noch nicht ausgezahlte Rente niemandem an. Sie verbleibt sonach dem an sich verpflichteten Versicherungsträger.

Diese Lösung entspricht einmal allein dem Sinn und Zweck des Sozialversicherungsrechtes[20], zum anderen ist sie die notwendige Folge der echten Berechtigung der im Katalog Genannten, die, wie erwähnt, vom Gesetzgeber besonders gewollt war.

a) In der Regel der Fälle ist der Rentenanspruch die materielle Daseinsbasis des Berechtigten. Hat er die Rente nicht zur Verfügung gehabt, so wird sich sein Leben schwieriger und entsagungsreicher gestaltet haben, als das bei regelmäßigem Empfang jener Gelder der Fall gewesen

---

Leibrente (§ 759 BGB) und der Unterhaltsanspruch der §§ 1615, 1360 a III, 1713 BGB. Es heißt hier wörtlich, diese Ansprüche „seien von der Person des Berechtigten untrennbar und folglich auch im Erbgang nicht übertragbar". Das Gericht verkennt nicht, daß jene Ansprüche, wenn sie entstanden sind, vererblich sind, also sind sie eben doch nicht so stark mit der Person des Berechtigten verbunden. Die Gleichheit wird eben dort nur durch die angebliche Abhängigkeit der Entstehung des materiellen Rentenanspruches von der Anmeldung hergestellt, die aber nicht besteht. Gerade § 1713 I BGB beweist ja, daß Unterhaltsrenten, die vor dem Tode, hier des unehelichen Kindes, fällig waren, noch nachher bestehen bleiben.

19 Vgl. *Brackmann*, a.a.O., S. 666 v.

20 Vgl. meine Ausführungen in „Zeitschrift für Sozialreform" Jhrg. 10 (1965) S. 573 ff.

21 Der Ausgleich für die anläßlich des Todes anfallenden Kosten kann jetzt infolge der meist gegebenen Krankenversicherung der Rentenempfänger (§ 165 I Nr. 3 u. 4, auch § 315 a RVO) und dem zu den Regelleistungen der Krankenkassen gehörigen Sterbegeld (§ 179 I RVO; beachte die besondere Normierung für diese Gruppe von Versicherten im § 201 S. 2 RVO!) nicht mehr, wie früher, als tragender Gesichtspunkt für die besondere Sukzessionsregelung des § 1288 RVO angesehen werden (vgl. § 203 S. 2 RVO), zumal für das Sterbegeld nur diejenigen berechtigt sind, welche in häuslicher Gemeinschaft mit dem Verstorbenen gelebt haben. (S. auch §§ 1968, 1615 BGB. Dabei kommt § 203 S. 1 RVO als lex specialis zuerst in Betracht.)

wäre. Von diesen notwendigen Einschränkungen pflegen alle Personen, mit welchen er lebte, auch ihrerseits betroffen worden zu sein, weil die für den gemeinsamen Haushalt zur Verfügung stehenden Mittel geringer waren. Das gleiche gilt für diejenigen Personen, welchen er wesentlichen Unterhalt gewährte. Es erscheint daher gerechtfertigt, gerade sie bei Anfall der Beträge nach dem Tode des Versicherten in den Genuß der jetzt erst ausgezahlten Rente zu bringen, um gewissermaßen die früher, noch dazu zu Unrecht, vorhandenen Lücken aufzufüllen und ihnen so auch wenigstens nach Aufhören der Rentenzahlungen einen, wenn auch geringen Ausgleich für den Wegfall jener Vorteile zu gewähren, die ihnen nach dem Tode des Berechtigten infolge der Beendigung seiner Leistungen nicht mehr zukommen können[21]. Daher ist in den hier einschlägigen, oben erwähnten Vorschriften der Kreis der Berechtigten eng gezogen und noch erwähnt[22], daß sie entweder mit dem Versicherten in häuslicher Gemeinschaft gelebt haben oder von ihm „wesentlich unterhalten worden" sein müssen, und zwar bis zu dessen Tode, es sei denn, daß der Berechtigte nur vorübergehend durch äußere Umstände an der Fortgewährung der Leistungen oder am gemeinschaftlichen Haushalt verhindert war[23].

Sind solche Personen nicht vorhanden, so würde nach der h. L.[24] die Rente an die Erben fallen. Es widerstreitet aber diese Auffassung der Grundhaltung des Gesetzes, die Leistungen nur an die von ihm als förderungswürdig angesehenen Personen zu gewähren, nicht an andere (vgl. die Abtretungs- und Verpfändungsverbote des § 119 RVO). Hiermit ist es nur vereinbarlich, wenn die Renten, welche an den Berechtigten, d. h. an den Versicherten oder bei Hinterbliebenenrenten an die Hinterbliebenen noch nicht gezahlt wurden, nicht den Erben des Verstorbenen zukommen, die sich um ihn nicht gekümmert haben, jedenfalls nicht mit ihm Leid und Freud des Lebens geteilt oder auch nur in den Beziehun-

---

22 Über den Kreis der Berechtigten s. sogleich unten Anm. 25 ff.

23 Vgl. GrE Oberschiedsgericht f. AnV Nr. 479 in „Die Angestelltenversicherung" Jahrgang 9 (1921), S. 182 f.

24 Diese gründet sich auf RVA GrE Nr. 1895 v. 16. 2. 1914, die den Rentenanspruch, weil er vermögensrechtlicher Natur ist, als privatrechtlichen auffaßt. (Deshalb müssen die Folgerungen daraus notwendig unrichtig werden.) (S. auch E Nr. 2177 v. 25. 1. 1916.) Ihr folgt das BSG in SozR § 68 SGG Da 1, Da 2; § 614 RVO Aa 1 Nr. 2; BSGE Bd. 15, S. 159 und ohne eigene Begründung *Staudinger-Böhmer*, BGB, 11. Aufl., § 1922 Anm. 209; *Brackmann*, a.a.O., S. 604 c, 734 c; *Lauterbach*, a.a.O., § 630 Anm. 4 a; *Hastler*, WzS Jhrg. 7, 1953, S. 65 ff. Wollte man, wie es *Hastler* tut, die Regelungen der §§ 630, 1288 RVO nur als Erleichterung für die verpflichteten Versicherungsträger auffassen (damit diese keine Nachforschungen nach den wahren Erben durchführen müssen), so würde damit die allgemeine Rechtslage nach dem Tode des Versicherten bzw. seiner Hinterbliebenen in kaum entwirrbarer Weise kompliziert. Vgl. richtig, auch mit guter Begründung aus der Entstehungsgeschichte des Gesetzes, *Kobler*, Die Arbeiterversorgung Jhrg. 30, 1913, S. 294 ff.

gen, welche die Unterhaltsgewährung mit sich bringt, gestanden, ja die ihn vielleicht gar nicht gekannt haben. In solchen Fällen ist daher die Öffentlichkeit, dargestellt durch die Versicherungsträger, „näher daran", die Mittel zu behalten und zur Verbesserung ihrer Leistungen, besonders der freiwilligen, etwa für Sanatoriumsaufenthalte, zu verwenden. Wenn also das Gesetz in den erwähnten Vorschriften Berechtigte aufstellt, so ist hierin eine Nachfolgeordnung in die Rentenrechte zu erblicken[25-33].

---

[25] Es fragt sich, wie im einzelnen die im § 1288 RVO gebrauchten Wendungen auszulegen sind. Was den Begriff „Ehegatte" anlangt, so fällt darunter unter allen Umständen diejenige Person, mit welcher der Verstorbene z. Zt. seines Todes in gültiger Ehe lebte. (War die Ehe in diesem Zeitpunkt nichtig, aber noch nicht für nichtig erklärt, so ist sie gem. § 23 Eheges. als gültig zu behandeln, unbeschadet der Möglichkeit, daß die Nichtigkeit auf Klage der Staatsanwaltschaft rückwirkend auch hier von Bedeutung werden kann. (Es würde aber dem heutigen [im Gegensatz zum nationalsozialistischen] Eherecht widersprechen, wollte die Staatsanwaltschaft nur deshalb die Nichtigkeitsklage erheben, um den Rentenanspruch rückwirkend zum Erlöschen zu bringen.) Daß infolge der Bestimmung des § 24 II EheGes. dann mehrere Personen als ehemalige Ehegatten des Verstorbenen in Betracht kommen können (z. B. kurz nach dem Tode des ursprünglich Berechtigten und vor der Auszahlung der Rente verstirbt der Ehegatte, der in bigamischer, also nichtiger Ehe mit dem Verstorbenen lebte) ist eine nicht auf das Rentenrecht beschränkte Merkwürdigkeit (s. *Dölle*, Familienrecht Bd. 1, Karlsruhe 1964, S. 285), so daß hier eine Zweiteilung zwischen Ehefrauen des Verstorbenen stattfinden muß. — Ein anderes Problem ist es, ob hier unter „Ehegatte" auch der geschiedene Ehegatte, der Ehegatte einer aufgelösten oder einer für nichtig erklärten Ehe zu verstehen ist. Da die Vorschriften des § 592 und des § 1265 RVO (§ 42 AnVG) eine Besonderheit bedeuten, vor allem aber weil selbst dort die Rente der geschiedenen Ehefrau nicht als „Witwenrente", sondern nur als „Rente" bezeichnet wird, kann eine Gleichstufigkeit der früheren Ehefrau mit der Witwe nicht angenommen werden. Diese Auffassung wird für die Rentenversicherung dadurch gestützt, daß für die gleiche Lage nicht von „Ehegatte", sondern von „Witwe oder Witwer" gesprochen wird, darunter aber ein früherer Ehegatte nicht verstanden werden kann.

[26] Für das Wort „Kinder" ist, um eine Verschiedenheit der Begriffe zu vermeiden, eine jeweils gleiche, für die betreffende Versicherungsart in Betracht kommende Definition zu verwenden, auch im Zusammenhang mit den hier interessierenden Problemen der Rechtsnachfolge, also für die Rentenversicherung der § 1262 II RVO (§ 39 II AnVG), für die Unfallversicherung der § 583 V RVO zu verwenden. Ebenso für die Unfallversicherung: *Lauterbach*, a.a.O., § 630 Anm. 7; dagegen für die Rentenversicherung: *Brockhoff*, Gesamtkomm. RVO, § 1288 Anm. 4 Abs. 2; *Jantz-Zweng*, a.a.O., § 1288 Anm. I, 2, Abs. 5; Komm. der Rentenversicherungsträger, § 1288 Anm. 7. Die dort angezogene Entscheidung des RVA v. 25. 11. 1931 in EuM Bd. 32, S. 280 ff. kann nicht mehr verwendet werden, weil der für sie als tragend angesehene Gesichtspunkt der Schnelligkeit der Bestimmung der Stiefkinder hinsichtlich ihres Unterhaltsbezuges jetzt doch im Rahmen des § 1288 RVO untersucht werden muß. Ferner berücksichtigt der jetzige § 1288 RVO (im Gegensatz zu § 1302 a. F.) auch nicht zu den gesetzlichen Erben gehörige Personen, nämlich die Haushaltsführerin. Die Stiefkinder und unter gewissen Einschränkungen auch die unehelichen Kinder eines Versicherten gehören daher auch hierher. Es geht nicht an, mit OVA Nürnberg (SozSich. Jhrg. 2, 1953, S. 381) bei Auslegung des § 203 RVO ohne weiteres das Wort „Kinder" nach BGB zu erklären, obgleich sich auch im Bereich der Krankenversicherung dieser Ausdruck (§ 205 II Nr. 6) auch auf die Stiefkinder (bei der Familienhilfe) erstreckt. Adoptierte Kinder sind ja Kinder im Rechtssinn, so daß sie hierher gehören.

b) Eine andere Betrachtungsweise würde sich auch schwer in die Erbrechtsordnung unseres Privatrechtssystems einfügen lassen. Es würde ein unübersehbares Durcheinander entstehen: Befänden sich nämlich unter den nach den versicherungsrechtlichen Bestimmungen im konkreten Fall Berechtigten solche, die nach bürgerlichem Recht Erben wären, so müßte der Wert der Rente auf ihren Anteil, ähnlich wie bei den Anordnungen der Auseinandersetzung nach § 2048 BGB, angerechnet

(Auch umgekehrt die Adoptiveltern für den Elternbegriff; vgl. RVA GrE Nr. 4644, da § 1759 BGB in diesem Zusammenhang keine Rolle spielen kann; s. auch unten Anm. 31.)

[27] „Geschwister" sind auch Halbgeschwister (a. A. *Brockhoff*, a.a.O.); denn die Gründe der Aufzählung verlangen eine weite Ausdehnung verwendeter Ausdrücke. Dafür, daß die Beträge nicht an ungeeignete Personen fallen, sorgen die anderen Voraussetzungen der Vorschrift des § 1288 RVO.

[28] Bei der „Haushaltsführerin" ist nach § 1288 III verlangt, daß sie „überwiegend" von dem Verstorbenen „unterhalten" worden sein muß. Hier genügt also die häusliche Gemeinschaft allein nicht, wie das bei den anderen in der gleichen Vorschrift Genannten der Fall ist. Diese Voraussetzung kann gerade in dem Hauptfall, der Not des Verstorbenen, zu Unbilligkeiten führen, wenn etwa im Hinblick auf die Rente diejenige, welche den Haushalt führte, vorläufig Zuschüsse geleistet hat, sie den ihr zustehenden Lohn, auch Naturalvergütung, nicht erhalten hat. Es muß daher genügen, wenn die Leistungen des Verstorbenen „überwiegend" die Erwähnte unterhalten sollten. Unter „unterhalten" sind, wie auch im § 1288 I RVO, jene Mittel gemeint, die durchschnittliche Bedürfnisse der Lebenshaltung nach der Lebensstellung einer Person decken. „Überwiegender Unterhalt" bedeutet, daß diese Bedürfnisse im Schnitt zu mehr als der Hälfte (etwas anders *Knoll-Schieckel-Gurgel*, Gesamtkomm. RVO, § 630 Anm. 6; beachte auch Angela *Semlitsch*, WzS Jhrg. 1965, S. 209 ff.) von dieser Seite kommen, während „wesentlich" eine Unterhaltsleistung dann bereits ist, wenn sie einigermaßen (unter Anrechnung des Wertes unbezahlter Hausarbeit; s. BSGE Bd. 20, S. 148 [150] mit Recht gegen BSGE Bd. 14, S. 203 [205]) in Betracht kommt, also eben nicht — und das ist das Entscheidende — nicht unwesentlich, also absolut, nicht allzu klein ist (vgl. auch unten Anm. 32). (Eine Relation zum erforderlichen Unterhalt wird hier nicht gesetzt.) Mit Recht sagt daher *Etmer*, AnVG, München 1965, § 65 Anm. 3, daß überwiegender Unterhalt auch der wesentliche Unterhalt sei. Erforderlich ist ferner Verwandtschaft oder Schwägerschaft i. S. der §§ 1589, 1590 BGB. (Eine „Onkelehe" als solche genügt nicht!) Die Haushaltsführung muß ferner an Stelle der verstorbenen, geschiedenen oder durch Krankheit, Gebrechen oder Schwäche gehinderten Ehefrau durchgeführt werden. (Eine Anwendung des Gleichberechtigungsgrundsatzes zwischen Mann und Frau erfolgt in diesem Zusammenhang offenbar nicht.)

[29] Unter „häuslicher Gemeinschaft" (s. dazu auch RVA GrE Nr. 1895) ist das auf eine gewisse Dauer beabsichtigte Zusammenleben in Richtung auf gemeinschaftliche Haushaltsführung zu verstehen, so daß nicht alles oder nahezu alles in einer getrennten Kostenberechnung erstellt wird, z. B. Mahlzeiten, Strom, meist auch die Wohnung, jedenfalls hinsichtlich der gemeinsam benutzten Räume, wie Küche, Keller, Waschküche. (Die gleiche Wohnung ist nicht ausschlaggebend.) Zeitweilige, nicht grundsätzliche Trennung, etwa durch eine Urlaubsreise oder nicht allzu langen Krankenhausaufenthalt, läßt sie fortbestehen; es kommt auf den „gewöhnlichen Aufenthalt" an und auf die „gewöhnlichen Umstände" dabei; s. zu diesen Fragen *Koch-Hartmann-v. Altrock-Fürst*, AnVG, S. 498.

[30] „Nacheinander" bedeutet, daß die in der gleichen Zeile Genannten den in der nächsten Aufgeführten vorangehen. Finden sich mehrere Personen in derselben Gruppe, so teilen sie zu gleichen Teilen (z. B. die Eltern, wenn

werden oder es müßten diese Renten als eine Art Vorausvermächtnis behandelt werden. Würden die gleichen Personen aber nicht zu den Erben gehören, so wären sie als eine Art Vermächtnisnehmer besser gestellt als diejenigen, welche gleichzeitig Erben i. S. des BGB sind; denn zumindest könnte man sie mit dem Rentenbetrag nicht zur Befriedigung der Nachlaßverbindlichkeiten heranziehen. Wie stünde es dann mit den Pflichtteilsansprüchen, sei es, daß jene zu den Pflichtteilsberechtigten gehören, sei es, daß die Frage ihrer Verpflichtung zu deren Erfüllung aufgeworfen wird. Sollte vielleicht die Stellung der gleichen Personen eine verschiedene sein, je nachdem sie gem. dem § 1288 RVO und den gleichlautenden Vorschriften der anderen Gesetze die Rente erben, oder ob sie, als Universal- oder Miterben eingesetzt, auch diese mit erhalten sollen; denn wenn man schon die Sondergutqualität der Rentenansprüche leugnet, dann muß man auch entsprechend der grundsätzlichen Auffassung des BGB von dem Vorrang der rechtsgeschäftlichen Nachfolge von Todes wegen gegenüber der gesetzlichen, ihn auch jener hinsichtlich der Renten einräumen. Es würde weiterhin dem Sinn der sozialversicherungsrechtlichen Bestimmungen widersprechen, wenn es möglich wäre, den dem Verstorbenen besonders schicksalsmäßig verbundenen Personen, welche die Gesetze nennen, den Rentenbezug durch Verfügung von Todes wegen entziehen zu können, zumal diese ja nicht einmal immer zu den Pflichtteilsberechtigten gehören.

An der Tatsache, daß auf Grund der oben erwähnten Auffassung u. U. die Rente nach dem Tode des Berechtigten überhaupt nicht zur Auszahlung gelangen kann, sie also (das Wort im allg. Sinn verstanden) nicht vererbt werden darf, kann man sich nicht stoßen. Denn es ist zwar eine Eigentümlichkeit unserer deutschen Privatrechtsordnung, keine Begrenzung, auch nicht der gesetzlichen Erben zu kennen. Diese weitgehende Regelung ist aber keineswegs notwendig mit dem allgemeinen Vererbungsgedanken verknüpft. Man denke nur an das vorklassische

---

auf sie gleichzeitig die Voraussetzungen der häuslichen Gemeinschaft oder der wesentlichen Unterhaltsleistung zutreffen oder auf den einen die eine davon, auf den anderen die andere). Eine Gemeinschaft zur gesamten Hand dagegen tritt hier nicht ein (a. A. *Brockhoff*, Gesamtkomm. RVO, § 1288 Anm. 4); denn dafür wäre eine besondere dahingehende Vorschrift erforderlich, zumal es sich um teilbare Leistungen (vgl. § 420 BGB) handelt. Über die Frage der Vererblichkeit der so erworbenen Positionen s. unten bei Anm. 45.

[31] Beispiele: Der Berechtigte wohnt in häuslicher Gemeinschaft bei seinen Eltern oder Geschwistern, nach BGB §§ 1930, 1924 würden die Kinder vorgehen. Der § 1759 BGB kann, wie oben Anm. 26 a. E. bereits erwähnt wurde, bezüglich der Berechtigung der Adoptivmutter keine Rolle spielen (vgl. RVA GrE Nr. 4644).

[32] Über die Bedeutung des Ausdrucks „wesentlich" s. oben Anm. 28 a. E.; ferner BSGE Bd. 20, S. 148 (150 f.).

[33] Das Ergebnis gilt auch für die Rechtsnachfolge in den Prozeß gem. § 68 SGG mit § 239 ZPO; s. auch unten unter B.

römische[34], an das französische[35] oder an das schweizerische[36] Recht, in denen, unbeschadet eines bestehenden Erbrechtes, der Kreis der kraft Gesetzes Berechtigten wesentlich enger gezogen ist als nach BGB.

3. Aus diesen Erwägungen ergibt sich eine Reihe von Folgerungen:

a) Einmal ist, wie bereits erwähnt, die Nachfolge in die Renten als eine solche in ein *Sondervermögen* zu verstehen, vergleichbar mit der Figur des Vindikationslegates i. S. des älteren römischen[37] oder des italienischen[38] (c. c. Art. 649) Rechts, besonders aber der Sukzession im älteren deutschen Recht[39].

b) Zum anderen fällt dieses Sondervermögen nur den in den Sozialversicherungsgesetzen genannten *Personen* an, und zwar so wie es dort angeordnet ist[40]. Es ist daher sowohl eine Verfügung von Todes wegen an andere Personen als an die dort Genannten ausgeschlossen[40a], wie auch eine abweichende Verteilung unter diese, als sie durch die Regelung selbst bestimmt wird[41, 42, 43].

---

34 Vgl. *Jörs-Kunkel*, Römisches Recht, 3. Aufl., Berlin 1949, S. 314; *Seidl*, Römisches Privatrecht, Köln 1963, Nr. 633.

35 Vgl. etwa *Ferid-Firsching*, Internationales Erbrecht, München 1964, Bd. 1, Frankreich Grdz. S. 40; Heinrich *Lange*, Erbrecht, München 1962, S. 102.

36 Vgl. z. B. *Ferid-Firsching*, a.a.O., Bd. 1, Schweiz Grdz. S. 41; *Kipp-Coing*, Erbrecht, 12. Bearbeitung, Tübingen 1965, S. 24; bes. *Tuor*, Das schweizerische Zivilgesetzbuch, 7. Aufl., Zürich 1965, S. 311 f.

37 Vgl. dazu etwa *Kaser*, Das römische Privatrecht, Bd. 1, München 1955, S. 96.

38 *Ferid-Firsching*, a.a.O., Bd. 2, Italien Texte S. 70; Grdz. S. 54; *Messineo*, Manuale di diritto civile e commerciale, 8. Aufl., Bd. III, 2, Mailand 1952, § 180.

39 s. dazu auch etwa *Mitteis-Lieberich*, Deutsches Privatrecht, 4. Aufl., München 1963, S. 144; hier handelt es sich um Sondervermögen, bei welchem jeder Erwerber nur mit dem ihm zugefallenen Sondergut für die auf diesem lastenden Schulden haftet! (Das heutige Höferecht kennt allerdings keine Sondernachfolge in die Schulden; vgl. § 15 HöfeO für die brit. Zone.)

40 Das ist allerdings keine sehr glückliche Folgerung, da ja aus der Rente auch nicht die Schulden gedeckt zu werden brauchten, die gerade im Hinblick auf die zu erwartende Rente eingegangen sind. Es erscheint daher richtig, daß solche Verbindlichkeiten, welche mit der Lebensführung des Verstorbenen zusammenhängen oder von ihm im Hinblick auf die zu erwartende Rente eingegangen sind, sowohl im Innen-, wie im Außenverhältnis den oder die nach der RVO Berechtigten treffen. Deren Haftung muß aber (s. oben im Text) auf das so Erhaltene beschränkt sein, da kein Ausschlagungsrecht besteht, wie es dem Erben nach BGB zusteht.

40a A. A. *Grünbaum*, a.a.O., S. 3 und das oben Anm. 1 erwähnte Urteil des Bayer. LSG.

41 Wie oben bereits erwähnt wurde, schließt das Vorhandensein einer oder mehrerer Personen aus einer vorangehenden Gruppe die an sich nach § 1288 Berechtigten der nächsten Gruppe aus, auch wenn die Vorangehenden die Renten nicht zu haben wünschen. Dabei hat die Gemeinsamkeit des Haushaltes merkwürdigerweise nicht den Vorrang vor der Unterhaltsberechtigung (über die ungerechten Folgen dieser Regelung s. *Knoll-Schieckel-Gurgel*, Gesamtkomm. RVO, § 630 Anm. 1). Da man nach dem oben (Anm. 26) Gesagten die Abkömmlinge der Kinder (vgl. §§ 1262 II Nr. 8, 1267 mit 1262 II RVO) unter „Kindern" zu verstehen hat, so fragt es sich, ob diese neben den Kin-

c) Die Rente behält daher ihren *Rentencharakter* auch in der Hand der Rechtsnachfolger, d. h. sie unterliegt, um jenen Zweck des oben geschilderten Ausgleiches eines Ausfalls von Leistungen zu ermöglichen, den Aufrechnungs-, Verpfändungs- und Pfändungsbeschränkungen des § 119 RVO[44]. Allerdings gehört sie dann nach dem Erwerb durch die gemäß den Versicherungsgesetzen Berechtigten zu deren gewöhnlichem Vermögen. Sie vererbt sich also als ununterschiedener Teil von deren Nachlaß; denn nur die Vermögenslage jener Personen sollte durch die angeordnete Sonderrechtsnachfolge verbessert und ausgeglichen werden[45].

d) Ein Recht zur Ausschlagung des Rentenerwerbs besteht nicht, umgekehrt auch keine Pflicht ihn anzunehmen. Die Haftung für die unten erwähnten Nachlaßverbindlichkeiten kann daher nur analog § 1990 BGB ausgeschlossen werden. Auch entfällt die Anwendbarkeit des § 239 V ZPO aus diesem Grunde[46].

e) Es nimmt das Sondervermögen aus den gleichen Erwägungen nicht an der Haftung für die Nachlaßverbindlichkeiten des verstorbenen Berechtigten teil. Da dies aber zu Unbilligkeiten führen würde, wenn gerade

---

dern i. S. der Abkömmlinge 1. Grades stehen oder an deren Stelle (in Anwendung der Gedanken des § 1924 II, III BGB) treten, d. h. ob versicherungs- oder erbrechtliche Erwägungen vorzugehen haben. Da es sich immerhin um Rechtsnachfolge handelt, so erscheint es richtiger, letzteren den Vorrang zu geben.

42 Daher sind Vermächtnisse und Auflagen, welche diesen Erwerb belasten würden, nicht möglich.

43 Es ist ja möglich, daß andere Personen, etwa ein Freund, der sich des Verstorbenen angenommen hat, trotz seines aufopfernden Aufwandes leer ausgeht (vgl. Komm. Renten-Versicherungsträger, § 1288 Anm. 7). Dem kann aber durch eine vorherige Abtretung des Rentenanspruches gem. § 119 II RVO (§ 76 AnVG) abgeholfen werden, sofern — was kaum unterbleiben wird (Aufhebungsklage ist bei Ablehnung möglich!) — die Genehmigung des Versicherungsamtes am Wohnort des Versicherten (RVA GrE Nr. 4239 v. 6. 11. 1931) erteilt wird. Es fragt sich, ob Verfügungen von Todes wegen in Offerten auf die Abtretung der Rentenforderung umgedeutet werden können, die dann angenommen und nach Genehmigung wirksam werden können. Hierzu ist folgendes zu sagen: Die Genehmigung hätte das Versicherungsamt bei Lebzeiten des Rentenberechtigten dann verweigern müssen, wenn Personen vorhanden wären, welche unter § 1280 RVO fallen. Fehlen solche, so erlischt, wie oben dargetan, ja der Rentenanspruch. Es verlangt aber die Billigkeit, daß dessen Weiterbestehen in Fällen der eben geschilderten Art fingiert wird (vgl. für die rechtliche Zulässigkeit solcher Fiktionen etwa § 1256 II BGB). Auf diese Weise können Unbilligkeiten vermieden werden, ohne daß das Prinzip verletzt wird. (Der Gedanke des § 2301 BGB steht nicht entgegen.)

44 Es wäre — dies ist auch ein weiteres Argument gegen die h. L. — merkwürdig, wenn die Vorteile, welche diese Vorschrift gewährt, „Fremden" zugute kämen.

45 Es würde zu rein zufälligen Ergebnissen führen, wollte man die nächste Gruppe der nach den versicherungsrechtlichen Vorschriften Berechtigten infolge des Todes des zunächst Berechtigten nachrücken lassen; a. A. *Rohwer-Kahlmann*, SGG, § 68 Anm. 2 a.

46 s. *Rohwer-Kahlmann*, a.a.O. Der § 780 ZPO ist zu beachten.

Schulden des Verstorbenen für Anschaffungen oder Unterhalt vorliegen, welche aus der Rente gedeckt worden wären, gesetzt diese würde zu seinen Lebzeiten noch zur Auszahlung gekommen sein, so muß man hier neben der gewöhnlichen Haftung für Nachlaßverbindlichkeiten seitens der Erben, doch eine Sukzession eines Erwerbers des Sondervermögens in diese Schulden annehmen[47] (vergleichbar den Besonderheiten, welche das englische Recht für die necessaries kennt, um die es sich inhaltlich hier vor allem handelt); denn diese Lasten „kleben" jenen Aktivposten gewissermaßen an. Das gilt aber erst, wenn die Renten den Berechtigten ausgezahlt sind, im Verhältnis ihrer empfangenen Beträge, jedoch nicht über den erhaltenen Betrag hinaus.

Besonders ist die Rechtslage der Träger der Sozialhilfe gestaltet, wonach sich diese gem. §§ 1531, 1534, 1537 RVO aus der Unfallrente, gem. §§ 1531, 1536, 1537 RVO aus der Arbeiterrente (s. § 77 AnVG) Ersatz ihrer Auslagen verschaffen können. Es geht also der Anspruch des Berechtigten in der hier genannten Höhe auf den Träger der Sozialhilfe i. S. der §§ 96 ff. BSHG über, zumal ja auch die h. L. für die von ihr angenommenen Ersatzansprüche den Grundsatz der gleichartigen Leistung und der Einheit des Leistungsgrundes annimmt[48]. Dies ist eben die rechtstechnische Möglichkeit der Ersatzleistung (vgl. die gleiche Rechtslage bei der Bürgschaft, § 774 BGB[49]), hier allerdings auch mit einer dem bürgerlichen Recht ebenfalls bekannten Einschränkung[50]: Der Übergang darf sich nicht zum Nachteil des Versicherten auswirken. Es entspricht nicht dem Zug der Rechtsentwicklung, hier einen besonderen Ersatzanspruch zugrunde zu legen (und vielleicht dafür eine sachlich beschränkte Haftung, nämlich auf den Versicherungsanspruch, zu konstruieren)[51]. Wie sollte denn sonst der § 1537 RVO zu erklären sein[52]? Es muß hier doch der Gedanke der §§ 407, 408, 409 BGB[53] an-

---

[47] Zum Vergleich denke man etwa an § 1414 BGB a. F.

[48] s. *Hebe*, ZfS Jhrg. 16 (1962), S. 77; RVA in EuM Bd. 44, S. 339.

[49] Vgl. *Windscheid-Kipp*, Pandekten, § 481, 1; s. auch in diesem Zusammenhang § 90 BSHG.

[50] Vgl. z. B. §§ 268, 774 I S. 2 BGB. Darauf nimmt die h. L. (vgl. LSG Niedersachsen, FEVS Bd. 7, S. 338) nur auf Umwegen Rücksicht.

[51] Man könnte allerdings sagen, daß der Gesetzgeber den Übergang gerade nicht gewollt habe, weil er ihn hier (im Gegensatz zu § 1542 RVO, der kurz darauf folgt) nicht angeordnet hat. Darauf kommt es aber u. E. nicht an, weil die Ausgestaltung der Ersatzlage im einzelnen einerseits, die Rechtsentwicklung andererseits, die oben erwähnte Lösung heute fordern.

[52] Allerdings begründet dann § 1538 RVO nicht stets eine Prozeßstandschaft, wie dies BSGE Bd. 11, S. 295; Bd. 14, S. 228 (233); *Rohwer-Kahlmann*, a.a.O., § 53 Anm. 20; *Peters-Sautter-Wolff*, SGG, § 69 Anm. 2 Abs. 5 annehmen, dann nämlich nicht, wenn die Forderung übergegangen ist. Es bedeutet diese Vorschrift, soweit der Träger der Sozialhilfe bereits geleistet hat, nur (vgl. BSGE Bd. 16, S. 44 [46]) eine Folgerung aus der Tatsache, daß der Anspruch auf ihn übergegangen ist und deshalb nur sein eigenes Verschweigen d. h. das des jetzigen Forderungsinhabers, mit Verwirkungswirkung aus-

wendbar sein, um Unbilligkeiten zu vermeiden. Diesen Erfolg bei einem gesonderten Ersatzanspruch zu erreichen, ist schwierig, dagegen ist die analoge Anwendung des § 412 BGB mit §§ 407, 408 BGB einfach[54, 55]. Das

---

gestattet sein kann, also nicht die Untätigkeit des ursprünglich Berechtigten von Bedeutung sein kann. Soweit noch nicht von seiten des Trägers der Sozialhilfe eine Leistung erfolgte, will die Vorschrift es ihm ermöglichen, klarzustellen, ob überhaupt eine Hilfsbedürftigkeit vorliegt, die ihn zum Eingreifen verpflichtet (ähnlich wie die Regelung des § 639 RVO für den Unternehmer, des § 1511 RVO für die Krankenkassen; s. hierzu BSGE Bd. 7, S. 195 [196]). (A. A. auch *Brackmann*, a.a.O., S. 234 m I.)

[53] Zumal bei rechtsgeschäftlicher Abtretung diese Vorschriften analog anzuwenden sind; vgl. BSGE Bd. 10, S. 160.

[54] A. A. die h. L.: *Brackmann*, a.a.O., S. 970; *Knoll-Brockhoff*, GesK., § 1531 Anm. 15; *Kleff-Schniedermann*, Die Ersatzansprüche der Gemeinden und Fürsorgeverbände nach § 1531 RVO, Lübeck 1953 (letzterer bezeichnet die Lehre von der Abtretung kraft Gesetzes als veraltet); ferner im Anschluß an GrE des RVA Nr. 2095 v. 14. 6. 1915 das BSG in BSGE Bd. 3, S. 57; Bd. 20, S. 10, 157 (161), Bd. 21, S. 84, das apodiktisch ohne Begründung die Abtretung kraft Gesetzes ablehnt. — Durch die im Text vertretene Auffassung entfällt auch die Berechtigung der Träger der Sozialhilfe, Pauschalbeträge (s. dazu etwa BSGE Bd. 9, S. 112 [124]) zu verlangen, gegen welche immer wieder mit Recht in der Praxis angegangen wird (vgl. BSGE Bd. 14, S. 192; 229 [231]). Es kommt eben darauf an, in welcher Höhe ein Anspruch des Berechtigten oder auch nur ein zum Recht verdichtetes bloßes Reflexrecht bestand (richtig BSGE Bd. 13, S. 134 [139]; Bd. 16, 178, aber anders BSGE Bd. 9, S. 112 [123 f.]; Bd. 16, S. 44 [48]), falls das Ermessen notwendig zu einer Leistungspflicht führt, sofern nicht §§ 1535, 1536 (s. dazu aber BSGE Bd. 3, S. 57, 59) im Wege stehen. (Vgl. § 1533 Nr. 2: „aus"; und dazu RVA GrE Nr. 2347; BSGE Bd. 16, S. 44 [48].) Eine auf Naturalleistung gerichtete Verpflichtung kann sich in analoger Anwendung je nach dem der §§ 279, 280 BGB oder des § 812 BGB (s. dazu auch *Forsthoff*, Verwaltungsrecht, § 9), auch des Gedankens, welcher dem § 2170 II S. 1 BGB zugrunde liegt (Wertzuwendung ist gleich Ersparnis i. S. von *Kohler*, Lehrbuch des Bürgerlichen Rechts, Bd. 2, 1, S. 136; *Enneccerus-Lehmann*, Schuldrecht, 15. Bearbeitung, S. 307, auch besonders *Jellinek*, Verwaltungsrecht, 3. Aufl., S. 238 f.) in eine Geldforderung verwandeln, und zwar deshalb, weil hier das Erlöschen des Anspruchs durch Zweckerreichung nichts Definitives sein kann. (Der Fall der analogen Anwendung von BGB §§ 279, 280 wird besonders häufig sein, weil für die Geltendmachung regelmäßig vorherige Nachfrage über das Versicherungsverhältnis bei der Krankenkasse erfolgt [das ist eben die Mahnung, die für den Verzugseintritt nötig ist] [etwas anders, aber nicht klar in der Konstruktion Niedersächsisches LSG in FEVS Bd. 7, S. 196]; denn welche Mittel einer Person an sich zur Verfügung stehen, ist für den Eintritt der Hilfsbedürftigkeit bedeutungslos, da es sich bei ihr nur darum handelt, ob sie im Augenblick flüssige Mittel hat um die notwendigen Auslagen für die Lebenshaltung zu befriedigen; vgl. § 11 II BSHG. A. A. auch *Lauterbach* a.a.O. § 1531 Anm. 10.

[55] Aufgrund der Ausführungen in Anm. 54 ist es klar, daß einem hilfsbedürftigen Versicherten, dem bereits der Träger der Sozialhilfe die notwendigen Leistungen wegen seiner Krankheit erbracht hat, kein Anspruch mehr gegen die Krankenkasse zusteht, da dieser insoweit auf den Sozialhilfeträger übergegangen ist, also der Versicherte nicht mehr Inhaber des Anspruches ist. (Die Forderung ist nicht etwa, wie das BSGE Bd. 14, S. 229 annimmt, durch Zweckerreichung erloschen.) Aus diesem übergegangenen Anspruch hat sich dann der Träger der Sozialhilfe zunächst zu befriedigen. Dem Versicherten, auch den nach §§ 90 ff. BSHG Ersatzpflichtigen steht insoweit eine Einrede gegen eine Inanspruchnahme von dessen Seite zu; denn der Träger der Sozialhilfe ist ja bereits durch die übergegangene Forderung,

Gesetz bedient sich ja stets Wendungen wie „a u s dem Sterbegeld", „a u s den Leistungen", „a u s den Unfallrenten" seien jene Beträge zu ersetzen (vgl. z. B. §§ 1533, 1534, 1535 RVO). Für die Rentenversicherung heißt es im § 1536 RVO ausdrücklich: „Für den Ersatz aus Leistungen der Arbeiterrentenversicherung können nur die Renten beansprucht werden", also nichts anderes, z. B. keine sonstigen Leistungen, welche dem Versicherten irgendwoher gebühren[56, 57]. Unter diesen Umständen muß der Ersatzanspruch in der, eben zu diesem Zweck übergegangenen Rente bestehen[58, 59].

---

die er an Erfüllungsstatt erhalten hat, befriedigt. (Der Übergang wirkt an Erfüllungsstatt, weil die Schuldner des Anspruches die notwendigen Mittel zu seiner Bezahlung besitzen.) Es entfällt von selbst die Frage, ob der Berechtigte aus dem Versicherungsverhältnis der Leistung an den Versicherungsträger zustimmen müsse (§ 1531 S. 3 RVO; vgl. hierzu etwa BSGE Bd. 14, S. 261 [266 f.]; Bd. 20, S. 157 [160]; Bayer.VGH, Bayer.Verw.Bl. 1963, S. 215). — Auch § 1535 b RVO läßt sich dann gut erklären, daß nämlich von der Leistung des Sozialhilfeträgers an auf die von diesem Zeitpunkt an entstehenden Renten „zurückgegriffen" werden kann, aber nicht auf solche für frühere Zeit (s. dazu auch BSGE Bd. 21, S. 84 [86]). (Die Klärung der Frage, wem ein Rententeil zustehe, erfolgt im Verfahren nach dem SGG unter Beiladung des möglicherweise anderen Berechtigten; BSGE Bd. 20, S. 157 [160].)

56 Der § 1540 RVO redet zwar vom „Streit über Ersatzansprüche", fügt aber hinzu „aus den §§ 1531, 1537"; also nimmt er Bezug auf die Natur des dort Angeordneten. Der § 1539 RVO spricht von „Anspruch auf Ersatz" und stellt für ihn eine Verwirkungsfrist auf. Es fragt sich, welche Wirkungen der Ablauf dieser Frist äußert: Nachdem der Anspruch auf den Träger der Sozialhilfe übergegangen ist, steht er dem ursprünglich Berechtigten nicht mehr zu; er fällt nicht etwa an ihn zurück, weil dieser sonst eine doppelte Leistung erhielte. (Dies drückt das RVA GrE 4763 damit aus, es sei der Versicherungsanspruch mit dem Ersatzanspruch belastet. Vgl. *Knoll-Brockhoff*, Gesamtkomm. RVO, § 1531 Anm. 15.)

57 Das RVA hat in der GrE Nr. 4763 ausgeführt, daß die Abtretung des Rentenanspruches nach § 119 RVO dem Ersatzanspruch nicht schade (BSGE Bd. 21, S. 161 spricht von „Verstrickung", der eine Abtretung vorgehe). Das ist insoweit unrichtig, als ein bereits, wenn auch rechtsgeschäftlich, vorher abgetretener Anspruch nicht noch einmal kraft Gesetzes auf einen anderen übergehen kann. Wenn jedoch die rechtsgeschäftliche Abtretung nach dem Übergang kraft Gesetzes stattfindet, so ist das Ergebnis richtig. Auch diese Komplikation wird bei der oben vertretenen Auffassung über den sog. Ersatzanspruch als in Wahrheit eines Überganges kraft Gesetzes wesentlich klarer.

58 Vgl. hier die Ausführungen BSGE Bd. 16, S. 44 (47); Bd. 23, S. 213 (216).

59 Welche Natur sollte auch der Ersatzanspruch haben? Es müßte doch ein solcher aus öffentlich-rechtlicher (s. dazu *Eyermann-Fröhler*, VwGO. 4. Aufl., § 40 Anm. 20) Geschäftsführung ohne Auftrag sein (vgl. § 121 BSHG). Ein solcher Umweg wird nur dann gewählt, wenn nicht eine inhaltlich gleiche öffentlichrechtliche Pflicht sowohl auf seiten dessen, der tätig geworden ist, und gleichzeitig auf seiten dessen, der letzter Kostenträger sein soll, vorliegt. (In anderen Fällen — man denke an § 90 BSHG — würde ein Übergang kraft Gesetzes zuviel Unklarheit schaffen. Es würden die Nachteile durch die Vorteile überwogen. Etwas anders H. J. *Wolff*, Verwaltungsrecht Bd. 1, § 35 V, bes. § 44 II b.) — Man könnte allerdings auch die Ersatzansprüche, was ihren Rechtsgrund betrifft, in sich ruhen lassen, ein im Zivilrecht seltener Fall, da eine rechtsgeschäftliche Basis fehlt (vgl. W. *Jellinek*, a.a.O., S. 239; auch meine Ausführungen AP Nr. 5 zu § 670 BGB unter II, 2). (Beachte, daß

4. Hätte die Rente sowieso an einen Dritten gezahlt werden müssen, so kommt es darauf an, welche Rechtsstellung diesem nach dem Willen des Gesetzgebers zukommt, ganz abgesehen davon, daß die nach den behandelten Vorschriften erforderliche Hausgemeinschaft oder auch Unterhaltsgewährung regelmäßig nicht gegeben ist. Nach § 120 II RVO geht der Anspruch eines Trunksüchtigen schon kraft Gesetzes, aber erst als gesetzliche Folge der Anordnung des Versicherungsamtes auf Naturalleistungen (§ 120 I RVO), in seinen wesentlichen Teilen auf die Gemeinde seines Wohnortes über.

Anderes gilt für den Rest: Wenn er noch nicht ausgezahlt ist, ändert der Tod des an sich Berechtigten an dem aus jener Anordnung des Versicherungsamtes fließenden direkten Erwerb der im § 120 III RVO Genannten nichts. Auch § 1289 RVO (§ 66 AnVG)[60] ist so zu verstehen, wenn auch hier die Wendung „wird überwiesen" gebraucht ist. Das ergibt sich aus der Verweisung auf § 1288 Abs. 1 im Satz 2 dieser Vorschrift[61, 62, 63]. Die Rechtsnachfolge des § 1288 RVO greift sonach in den zuletzt genannten Fällen nicht ein[64].

II. Verfassungsmäßige Bedenken bestehen gegen obige Lösung nicht[65]. Der Art. 14 I GG garantiert zwar das Erbrecht; er will aber damit nur dem Grundsatz nach festlegen, daß das Vermögen eines Verstorbenen auf Personen übergeht, welche das Gesetz selbst oder der Erblasser

die Ansprüche des Finders nur Sekundäransprüche sind, die mit der Herausgabe der Fundsache zusammenhängen [§§ 970, 972, 1002 BGB], so daß eine Parallele mit hier in Rede stehenden Ersatzansprüchen nicht gezogen werden kann.) Hält man die h. Konstruktion für richtig, so steht dem Träger der Sozialhilfe sowohl ein Ersatzanspruch als auch der übergegangene sozialversicherungsrechtliche Anspruch nebeneinander zur Verfügung. Die Besonderheit des letzteren, seine summenmäßig beschränkte Haftung, muß aber auf den Ersatzanspruch auch angewandt werden. Das spricht gegen die Möglichkeit doppelter Begründung, wozu noch kommt, daß der eigentliche öffentlich-rechtliche Erstattungsanspruch (BVerwGE Bd. 4, S. 218) die „Kehrseite des Anspruchs auf die Leistung" ist, hier aber die „Kehrseite" die stärkere der beiden öffentlich-rechtlichen Verpflichtungen darstellt (s. die gesetzliche Überschrift des § 2 BSHG), eben der Anspruch des Versicherten, nicht der des Hilfsbedürftigen, welcher ja historisch aus einem versteckten Reflexanspruch hervorgegangen ist.

60 Über die Rechtslage beim Tode einer Person, welcher die Rente überwiesen ist, s. oben Anm. 2.

61 Das oben zu § 1288 I RVO Gesagte, d. h. die Ausführungen über die besondere Rechtsnachfolge, kommen in diesen Fällen also erst beim Tod des Bezugsberechtigten in Betracht, gleichgültig ob dieser vor oder nach dem Tod des „eigentlichen" Bezugsberechtigten eintritt, der eine Freiheitsstrafe verbüßt.

62 Für diese Dritten gilt aber auch ihrerseits der § 1289 RVO, weil sie Direktberechtigte sind.

63 Die gleiche Rechtslage ist in den Fällen der §§ 554 III, 1277 II S. 3 RVO gegeben.

64 Auch der Rest des Sterbegelds gehört in das sich privatrechtlich vererbende Vermögen der nach § 203 S. 2, § 589 I Nr. 1 mit § 203 S. 2 RVO Berechtigten; s. oben Anm. 3a.

65 A. A. für Beitragsrückerstattungen *Schüssler*, BB 1963, S. 982.

bestimmen. Es soll damit aber nicht gesagt werden, daß *alle* Vermögensstücke und Vermögenswerte dieses Erblassers auf andere übergehen müßten, auch nicht, daß das in vollem Umfang zu geschehen habe. Es sagt ja auch Art. 14 I S. 2 GG ausdrücklich, daß Inhalt und Grenzen des Erbrechtes durch die Gesetze bestimmt werden[66]. Man denke nur etwa auf der einen Seite an das Schmerzensgeld (§ 847 BGB) und an das Kranzgeld (§ 1300 BGB), die, solange sie nicht durch Vertrag anerkannt sind oder rechtshängig wurden, nicht vererblich sind, ebenso wie an das Urlaubsgeld für einen während der Lebzeiten des danach Verstorbenen nicht genommenen Urlaub. Auch bei gewissen öffentlichrechtlichen[67] Positionen[68], wie etwa bei Gewerbekonzessionen, welche der Gesetzgeber nur unter besonderen Umständen an einen eng umgrenzten Kreis von Personen übergehen läßt (vgl. § 46 GewO, § 4 HandwO, auch § 13 ApothG; anders z. B. § 16 III MilchGes.)[69], ist die gleiche Lage gegeben. Auf der anderen Seite ist in diesem Zusammenhang auch die Erbschaftsteuer zu erwähnen, welche zwar nicht eine Rechtsnachfolge im juristischen Sinn, wohl aber im wirtschaftlichen Sinn bedeutet[70] und die insoweit die eigentliche Beerbung verhindert. An diesem teilweise bereits vor dem Inkrafttreten des GG bestehenden Rechtszustand, wie er auch schon durch Art. 154 WV angeordnet war, sollte sicherlich durch den Art. 14 GG nichts geändert werden. Wenn daher oben der Kreis der Rechtsnachfolger in die Renten eng gezogen wurde und deshalb u. U. eine Auszahlung der Beträge unterbleibt, so ist darin kein Verstoß gegen die Bestimmungen des GG, d. h. gegen dessen eben nur den Grundsatz der Vererbung betreffende Regelung zu sehen.

III. 1. Die Verpflichtung der Krankenkassen und Berufsgenossenschaften, *Krankengeld* bzw. *Verletztengeld* und Hausgeld zu bezahlen,

---

[66] Vgl. BVerfGE Bd. 17, S. 248. Vgl. hier auch Werner *Weber* in Rechtsschutz im Sozialrecht, Beiträge zum ersten Jahrzehnt der Rechtsprechung des Bundessozialgerichts, Köln 1965, S. 281 ff.

[67] Die ja nicht dem Grundsatz nach von der Vererbung ausgenommen sind (s. BSGE Bd. 5, S. 40 ff.); vgl. allerdings BVerfGE Bd. 2, S. 399 ff. Das Kriterium, diejenigen Rechte unterfielen nicht der Garantie des Art. 14, die vom Staate geschaffen seien, ist nicht haltbar, da das Naturrecht nur die grundsätzlichen Positionen bestimmt. Zu beachten ist auch, daß durch die neuerer Auffassung entsprechende andere Aufteilung der Rechte zwischen private und öffentlich-rechtliche frühere private Rechte nicht der bisherigen Garantie entzogen werden dürfen. Beachte auch BVerfGE Bd. 4, S. 241.

[68] Das ist besonders wichtig, da es sich bei den oben besprochenen Renten ja um öffentlich-rechtliche Forderungen handelt.

[69] Vgl. in diesem Zusammenhang BVerfGE Bd. 17, S. 249.

[70] Denn es wird hierdurch der Kern des Erbrechtes nicht aufgehoben, auch nicht gegen den Gleichheitsgrundsatz des Art. 3 GG verstoßen; vgl. *Abraham*, Bonner Komm. z. GG, Art. 14 Anm. II, 3 Abs. 2; s. zu diesen Fragen auch *Mangoldt-Klein*, GG, 2. Aufl., Bd. 1 Berlin 1957, Art. 14 Anm. III, 2; *Kimminich*, Bonner Komm. z. GG Art. 14 Anm. 28 (Zweitbearb.); *Boehmer* in *Neumann-Nipperdey-Scheuner*, Die Grundrechte, Bd. 2, Berlin 1954, S. 413.

ähnelt der Rentenzahlungspflicht. Das Gesetz enthält aber keine Bestimmungen darüber, wie es mit solchen Forderungen steht, wenn sie beim Tode des Versicherten noch nicht ausbezahlt sind. Es ist zwar richtig, daß sich auch die Unfallrenten und die Renten der Rentenversicherung in ihrer Höhe letztlich aus dem Arbeitsverdienst des Versicherten errechnen, aber doch im allgemeinen nicht nach dem augenblicklichen allein. Anders jedoch steht es mit dem Krankengeld (und damit gem. § 186 RVO auch mit dem Hausgeld). Es tritt unmittelbar an die Stelle des Arbeitsentgeltes, wie außer dem ArbKrG auch die Tatsache zeigt, daß es während der Zeit des Lohnbezuges ruht (§ 189 RVO) und sich nach dem Regellohn (§ 182 IV RVO) berechnet. Da der Lohn selbst in den Nachlaß fällt, muß das gleiche auch für diese Forderungen gelten, unbeschadet der Tatsache, daß ihnen auch der besondere Schutz der §§ 119, 223, 629 RVO über den der Lohnforderungen hinaus zukommt[70a].

2. a) Nicht anders steht es bei reinen *Ersatzforderungen*, wie etwa solchen aus Geschäftsführung nach § 222 mit § 221 RVO oder aus dem Versicherungsverhältnis zwecks schematisierter, auf gesetzlicher Vermutung beruhender Kostendeckung (§ 205 b: Familiensterbegeld).

Das gleiche gilt für das Verletztengeld (vgl. §§ 560 ff. RVO), das Hausgeld (§ 560 II mit § 186 RVO) und für Leistungen aus der Arbeitslosenversicherung.

b) Dahin gehören auch öffentlich-rechtliche *Schadensersatzforderungen* gegen einen Versicherungsträger, der nunmehr unmöglich gewordene Naturalleistungen (etwa auf Grund von § 182 I Nr. 1 RVO) schuldhaft nicht erfüllt hat, es sei denn ein anderer als der Versicherte hätte diese Auslagen vor dessen Tode bestritten; in diesem Falle steht der Anspruch (etwa bei Verzug der Krankenkasse) demjenigen zu, der sie gemacht hat. Das folgt aus allgemeinen sozialversicherungsrechtlichen Grundsätzen (analog § 203 RVO; vgl. auch die Regelung des § 221 RVO). Etwas anders RVA Gr E Nr. 2086.

3. Anderer Ansicht könnte man bezüglich des *Wochen-* und *Stillgeldes* sein, weil hier in erhöhtem Maße die Persönlichkeit der Versicherten und verstärkte Ausgaben im Haushalt für sie mit hereinspielen. Dem trägt das Gesetz auch im § 195 a VI RVO Rechnung, wo es heißt, daß nach dem Tode der Wöchnerin verbleibende Beträge dieser Art „bis zum satzungsmäßigen Ende der Bezugszeit an denjenigen zu zahlen sind, der für den Unterhalt des Kindes sorgt". Das bedeutet, daß solche Forde-

---

[70a] s. *Peters*, Handbuch der Krankenversicherung Teil II, 16. Aufl., § 179 Anm. 2 l; RVA GrE Nr. 2086, auch Nr. 1895; *Hastler*, a.a.O., S. 65 ff. Ansprüche auf Naturalleistungen, die sich nicht, etwa infolge Schuldnerverzuges in solche auf Geldleistungen verwandelt haben (s. sogleich unter 2 b), erlöschen durch Zweckerreichung (nicht wegen ihrer höchstpersönlichen Natur, wie *Peters*, a.a.O., annimmt).

rungen mit dem Tode der Versicherten ihren Charakter als deren Forderung verlieren und zu solchen eines Dritten, also eines Nichtversicherten, werden und damit aus dem Nachlaß, wie alle Drittforderungen (wie etwa die der §§ 844, 845 BGB, §§ 203 II, 589 I Nr. 1 RVO) herausfallen[71].

Diese Rechtslage wird ab 1. 1. 1967 geändert (BGBl. 1965 I S. 2066 f.). Das Mutterschaftsgeld, das dann das Wochen- und Stillgeld ablöst, tritt für die Schwangere und die Wöchnerin an Stelle ihres bisherigen Arbeitsentgeltes[71a]. Deshalb gilt für dieses das soeben unter III, 1 Gesagte, mag sich auch seine Höhe, bei den Versicherten, welche bei Beginn der Schutzfrist Arbeitsentgelt erhielten, aus dem Durchschnittsentgelt einer etwas längeren Zeitspanne errechnen als dies beim Krankengeld geschieht (§ 200 a RVO n. F.). Das muß dann auch für das pauschalierte Mutterschaftsgeld des § 200 RVO n. F. gelten; denn es kann hier kein Unterschied zwischen den Fällen gemacht werden, in welchen dieser Betrag zu zahlen ist, weil das Mutterschaftsgeld, das sich nach den §§ 200 a, 200 b errechnen würde, niedriger wäre auf der einen Seite und solchen, die in keinem Arbeitsverhältnis stehen[71b]. Anders dagegen steht es mit dem „Pauschbetrag" des § 198 RVO n. F. Er soll die Mehraufwendungen decken, welche Schwangerschaft und Geburt bringen. Nach allgemeinen sozialversicherungsrechtlichen Erwägungen muß er daher, sofern er bei dem Tode der Versicherten noch nicht ausgezahlt ist, demjenigen anfallen, welcher diese Beträge bezahlt hat, zu deren Abdeckung der Pauschbetrag eben bestimmt ist.

4. Die vom Versicherten für den Monat seines Todes bereits erhaltenen Rentenbeträge sind Teile seines Nachlasses und fallen daher an seine Erben nach BGB, obwohl durch diese Bezüge der Beginn der Hinterbliebenenrenten[72] gem. § 1290 I S. 2 RVO hinausgezögert ist.

B.

I. Klagt eine Person, auf die nach dem Vorausgegangenen das Rentenrecht nicht übergegangen ist, die Rente ein (z. B. es war noch nicht zur Klage gekommen), so ist deren Klage unbegründet; denn man darf grundsätzlich nicht prozessual entscheiden, wenn der Mangel der Klagebefugnis aus dem Fehlen des materiellen Rechtes folgt. Ein solches Vorgehen verlangt die Prozeßökonomie.

---

[71] Das Gesetz gebraucht hier daher die gleiche Wendung wie bei den „Abspaltungen" zugunsten Dritter, etwa im § 186 I S. 4 RVO, Der § 13 MuSchG (jetzige Fassung) dürfte an dieser Rechtslage nichts geändert haben; vgl. in diesem Zusammenhang *Bulla*, MuSchG, § 13 Anm. 41.

[71a] Vgl. hierzu *Schmatz*, WzS Jhrg. 19, 1965, S. 359.

[71b] s. *Schmatz*, a.a.O., S. 363 f.

[72] Nur bei der Rentenversicherung, nicht bei der Unfallversicherung; vgl. *Lauterbach*, a.a.O., § 589 Anm. 5 a.

II. Anders ist die Rechtslage dann, wenn der Berechtigte bereits die Klage vor seinem Tode erhoben hatte und nunmehr eine materiellrechtlich nicht berechtigte Person das Verfahren fortsetzen will; denn hier handelt es sich darum, ob sie Partei in dem noch anhängigen, nur unterbrochenen (§ 68 SGG mit § 239 ZPO) Verfahren ist, erfolgt doch von der Partei, nicht von Amts wegen[73] (abgesehen von Fällen der Verzögerung) die Aufnahme des Verfahrens[74]. Wird bei einer solchen Prozeßlage die Berechtigung[75] dessen verneint, der den Prozeß fortsetzen will, so wird nur die Beteiligung des (angeblich) Eintretenden als wirkliche Partei verneint. (Im Grunde liegt hier, wie sich allerdings erst nachträglich ergibt, ein anderes Verfahren, nämlich das des versuchten, aber nicht zulässigen Beitritts zum Prozeß vor, was dann, ebenfalls nachträglich, eigentlich ein besonderes Aktenzeichen erfordert.) Die Rolle dieses den Prozeß Aufnehmenden ist also in Wahrheit nicht die eines Klägers; denn er hat weder den Prozeß begonnen, noch ihn, mangels Berechtigung hierfür, fortgesetzt und fortsetzen können. Es kann also im Rahmen des nach wie vor anhängigen Verfahrens in Richtung gegen ihn kein Endurteil ergehen, weil ein solches den eigentlichen Prozeß beenden würde. Es muß deshalb vielmehr ein gesonderter Entscheid über die Unzulässigkeit der Beteiligung gefällt werden, der das, wie jetzt klargestellt ist, Zulassungsbegehren dieser Person betrifft. Zweifelhaft kann nur sein, ob diese gerichtliche Entscheidung auch ein Urteil sein muß oder ob ein Beschluß genügt. Es wird hier das Verfahren des Antragenden endgültig beendet, aber immerhin im Rahmen eines anderen Rechtsstreites. Als Form der Entscheidung muß daher, weil es sich also um einen Zwischenstreit, ähnlich dem des § 71 II ZPO handelt, ein Zwischenurteil [76, 77], kein Endurteil ergehen. Hiergegen ist die sofortige Beschwerde (wie im § 387 II ZPO) zulässig, nicht die Berufung oder Revision[78, 79], weil es sich eben um kein Endurteil handelt[80].

---

73 Über die Frage der Behandlung des Urteils in der Berufungsinstanz, wenn der Erstrichter die Unterbrechung übersehen hat, s. das bei *Sauerwein-Zeihe*, SGG, 2. Aufl., Essen 1964, § 68 Anm. zitierte Urteil des BSG v. 26. 4. 1956 (8 RV 205/56), über die Behandlung in der Revisionsinstanz, falls das LSG die Unterbrechung übersehen hat, (= Soz. Entsch. I/4, 68,1); s. das ebenda angeführte Urteil des BSG v. 11. 11. 1957 (11 RV 971/55), = *Straub*, EBSG, S. 639.

74 s. zu der ganzen Frage: *Dapprich*, Das sozialgerichtliche Verfahren, Köln 1959, S. 84 f.

75 *Miesbach-Ankenbrank*, SGG, Frankfurt 1964, Anm. 2 zu §§ 67, 68 SGG mit § 239 ZPO sagt ausdrücklich: „Rechtsnachfolger in Verfahren sind für die Unfallversicherung in § 614 RVO (a. F.), für die Invalidenversicherung im § 1292 RVO (a. F.) aufgeführt. Sie sind Sondernachfolger im Gegensatz zum Erben." s. auch *Dapprich*, a.a.O., S. 85.

76 Richtig: *De Boor*, Festschr. f. *Siber*, Bd. 2, Leipzig 1943, S. 172; für das sozialgerichtliche Verfahren z. B. *Peters-Sautter-Wolff*, SGG, unter § 68 zu § 239 ZPO; a. A., aber zu allgemein *Brackmann*, a.a.O., S. 248 k, der die be-

Das Verfahren kann auch (abgesehen von dem Fall der Verzögerung) von Amts wegen aufgenommen werden, allerdings nur, wenn der Aufnahmeberechtigte hierzu bereit ist[81], und zwar durch Ladung dessen, den das Gericht als den Rechtsnachfolger ansieht[82]. Sollte sich nachträglich herausstellen, daß zu Unrecht dessen Rechtsnachfolgeschaft angenommen worden ist, so ist der Geladene als Beigeladener zu betrachten[83], der dann durch Beschluß aus dem Verfahren wieder entlassen werden kann; denn ein Antrag im Rechtssinn von seiner Seite lag in seiner Bereitschaft, sich an dem Prozeß zu beteiligen, nicht. Auch war kein Antrag, auf welchen das Gericht genötigt war zu antworten, gegeben.

---

sondere Regelung des § 118 I S. 2 SGG nicht bloß für die Entscheidung über die Rechtmäßigkeit der Zeugnisverweigerung anwenden will. In unserem Fall handelt es sich aber um einen besonderen Rechtsstreit, der den eigentlichen Streitgegenstand des anhängigen Prozesses berührt, der sich also nicht bloß, wie bei der Frage der Zeugnispflicht, im Rahmen des vorliegenden Prozesses abspielt.

77 Über die Zulässigkeit von Zwischenurteilen im sozialgerichtlichen Verfahren vgl. *Dapprich*, a.a.O., S. 142.

78 A. A. *Stein-Pohle*. ZPO, 18. Aufl., § 269 Anm. III 2 a; *Goldschmidt*, Zivilprozeßrecht, Berlin 1932, S. 194; *Hellwig*, System des Zivilprozeßrechtes, Leipzig 1912, S. 597; *Rosenberg*, Zivilprozeßrecht, § 123 II 1 b; *Seuffert-Walsmann*, ZPO, § 239 Anm. 1. Die Berufung findet nämlich nur gegen Endurteile statt. Diese verlangen eine Klage (hier) des Abgewiesenen. Eine solche ist jedoch der Antrag, das Verfahren fortzusetzen, gerade nicht. Andererseits handelt es sich zwar um einen selbständigen Streit, der hier wieder in den Rahmen eines bereits bestehenden Prozeßverhältnisses fällt. Daher erscheint die oben vorgetragene Lösung die richtige. — In dem umgekehrten Falle ist es nicht anders, d. h. wenn der vom Kläger geladene Dritte nicht der Rechtsnachfolger des Beklagten ist. RGZ Bd. 11, S. 312 (318) (s. auch RGZ Bd. 34, S. 428 [430]) sagt, es sei ein dahingehendes Erkenntnis ein Endurteil, gegen das Berufung zulässig sei, „denn es erledigt den Hauptanspruch gegen den Dritten endgültig“. Hier ist verkannt, daß die Ladung einer Person als Rechtsnachfolger eines anderen keine Klage bedeutet, schon deshalb nicht, weil der Streitgegenstand ein anderer wäre, wenn die als Rechtsnachfolger des Klägers geltende Partei selbst geklagt hätte. — Die Ansicht von *Reinhard Frank*, ZZP Bd. 13, S. 245, es habe hier eine prozeßleitende Verfügung in Form eines Beschlusses zu ergehen, kommt der Wahrheit u. E. näher als die h. L., sie schwächt aber die Situation zu sehr ab. Es handelt sich ja doch um einen Streit innerhalb eines Verfahrens. Dieser beendet eben nicht, wie L. *Seuffert*, ZZP Bd. 7, S. 10 lehrt, einen Streit endgültig, sondern nur einen solchen innerhalb (a. A. *Schollmeyer*, Der Zwischenstreit unter den Parteien, 1. Abt., Berlin 1880, S. 109 ff., der auch den unrichtigen Rechtsnachfolger als Partei des ruhenden Verfahrens auffaßt) eines Prozesses (a. A. RGZ Bd. 46, S. 300, 322). In RGZ Bd. 45, S. 406 (408) heißt es allerdings schon, daß eine solche Entscheidung „die selbständige Wirkung eines Endurteils haben“ müsse (sie scheint also kein solches zu sein!).

79 Die Rechtskraft der Entscheidung richtet sich nur gegen die abgewiesene Person und ihre Rechtsnachfolger; vgl. *Dapprich*, a.a.O., S. 153.

80 A. A. *Rosenberg*, a.a.O., § 41 II 3.

81 BSG in SozR SGG § 68 Da 2 Nr. 2; *Peters-Sautter-Wolff*, a.a.O., § 68 Anm. 1 Abs. 8; *Brackmann*, a.a.O., S. 246 v.

82 Vgl. das Urteil BSG in SozR Da 1 § 68 SGG.

83 Über die Aufhebung von Beiladungsbeschlüssen s. *Peters-Sautter-Wolff*, a.a.O., § 75 Anm. 6 a Abs. 4.

Das französische Sprengstoffmonopol im EWG-Vertrag

Von Heinz Wagner, Köln

1. Staatsmonopole im EWG-Vertrag

Die europäische Wirtschaftsgemeinschaft (EWG) soll einen einheitlichen Markt schaffen. Deshalb sollen zwischen den Mitgliedsstaaten die Handelsschranken und Wettbewerbsverzerrungen beseitigt werden. Aber nicht nur Zollschranken, Ein- und Ausfuhrverbote, Kontingente, Devisenbewirtschaftung und unterschiedlich hohe künstliche Kosten hemmen den Warenverkehr, sondern auch sonstige Einschaltungen des Staates in die Wirtschaft. Dazu gehören auch die staatlichen Monopole in allen ihren Formen. Monopolisiert der Staat Herstellung, Ankauf, Einfuhr und Verkauf, so bedarf er aller oben genannten Instrumente der Wirtschaftslenkung nicht; das Monopol ersetzt sie alle. Gleichgültig ist dabei, ob er das Monopol in eigener Regie betreibt oder Privatunternehmen konzessioniert. Kein Nichtkonzessionierter kann als Erzeuger oder Verkäufer auftreten; besitzt der Staat das Einfuhrmonopol, dann wählt er seine Partner und setzt die Einfuhrmenge nach Grundsätzen fest, die sich nicht am Markt orientieren müssen. Deshalb betrachtet das deutsche Staatsrecht die Finanzmonopole mit Mißtrauen und spricht dem Gesetzgeber die Befugnis ab, neue Finanzmonopole zu schaffen[1]. Weil die staatlichen Monopole für ihre Erzeugnisse dem Staat alle weiteren wirtschaftslenkenden Instrumente ersetzen, mußten sich die weltweiten[2] und die regionalen[3] Wirtschaftsorganisationen — soweit sie Freihandel erstreben[4] — mit den staatlichen Monopolen befassen. Hierin liegen auch die Schwierigkeiten im Warenaustausch zwischen Freihandels- und Staatshandelsländern begründet[5].

---

[1] Diskussion bei *Maunz-Dürig*, Grundgesetz, Kommentar, Art. 105, Ziffer 20 ff.

[2] Art. 29 und 30 Havanna-Charta (Handelsarchiv 1949 S. 51; Art. XVII GATT; dazu: *Seyid Muhammad*, The Legal Framework of World Trade (New York 1958), S. 226 ff.; Klaus-Dieter *Huth*, Die Sonderstellung der öffentlichen Hand in den Europäischen Gemeinschaften (Hamburg 1965), S. 187 ff. (weitere Nachweise).

[3] Art. 12 Liberalisierungskodex der OEEC (Fassung v. 1. 1. 1959, Bundesanzeiger Nr. 78 v. 24. 4. 1959, s. *Huth* (N. 2) S. 193 ff. (weitere Nachweise); Art. 15 EFTA-Vertrag, s. *Huth*, S. 196 ff.

[4] Die Integrationen der Staatshandelsländer (Comecon) bedürfen dieser Bestimmungen nicht.

[5] Dazu etwa *Muhammad* (N. 2) a.a.O.

Monopole haben meist mehrere Aufgaben zu erfüllen. Man unterscheidet herkömmlicherweise Verwaltungs- und Finanzmonopole. Verwaltungsmonopole werden wegen der notwendigen Erfüllung öffentlicher Aufgaben errichtet, nicht zur Erzielung finanzieller Einnahmen. Vorwiegender Zweck der Finanzmonopole dagegen ist die Erzielung von Einnahmen[6]. Aber auch Finanzmonopole erfüllen Aufgaben der polizeilichen Gefahrenabwehr und der Marktregelung. Das deutsche Branntweinmonopol ist unbezweifelbar ein Finanzmonopol und bringt hohen Ertrag[7]. Und doch wurden mit dem Branntweinmonopol auch prohibitionistische und agrarpolitische Ziele verfolgt: so sollte es landwirtschaftlichen Betrieben in ungünstigen und marktfernen Gebieten die Verwertung ihrer Kartoffelernten ermöglichen[8]. Ähnliches gilt für das französische Tabakmonopol[9]. Wegen dieser Verbindung mehrerer Aufgaben konnte keine dieser Wirtschaftsorganisationen die Finanzmonopole aufheben, oder (wie Kontingente) paritätisch ausrichten.

Auch der Vertrag zur Gründung der EWG (VEWG)[10] beseitigt die Monopole nicht[11], sucht aber die damit verbundenen Handelshemmnisse auszuschalten. Auch hierbei geht er behutsam vor. Vereinfacht dargestellt ist die Regelung so[12]:

Die Mitgliedstaaten sind verpflichtet, ihre Handelsmonopole schrittweise so umzugestalten, daß Diskriminierungen zwischen Angehörigen der Mitgliedstaaten in den Versorgungs- und Absatzbedingungen ausgeschlossen sind. Neue Maßnahmen, die bestehende Diskriminie-

---

[6] Ausführliche Nachweise aus dem wirtschafts- und rechtswissenschaftlichen Schrifttum bei Peter *Badura*, Das Verwaltungsmonopol (Berlin 1963).

[7] 1963: 1,335 Milliarden DM. Im gleichen Jahr brachte das andere deutsche Finanzmonopol, das Zündwarenmonopol (zusammen mit der Zündwarensteuer) nur 24 Millionen, Statistisches Jahrbuch für die BRD 1965, S. 440. Dagegen ist das französische Alkoholmonopol ein großes Verlustgeschäft, da hier vor allem Überschußmengen aufgekauft werden.

[8] Kurze Angaben bei Cl.-A. *Andreae*, „Finanzmonopol", im Staatslexikon, Bd. 3, S. 306 ff.; ausfürlicher: E. R. *Huber*, Wirtschaftsverwaltungsrecht (Tübingen, 2. Aufl. 1953) Bd. 1, S. 132 ff., 512 ff.

[9] R. *Besse*, La réglementation de la culture du tabac (Paris 1939); Le Monopole des tabacs en France (Imprimerie nationale, 1948); über Bedeutung dieses Monopols und die weiteren Zielsetzungen (Belohnung irgendwelcher Verdienste durch Verleihung einer Kleinverkaufsstelle) den instruktiven Aufsatz von Jeanne *Lemasurier*, Les bureaux de tabac, La Revue administrative, 1958, S. 238 ff.; zur Reform des Monopols: P. *Carcelle* und G. *Mas*, La réorganisation du service d'exploitation industrielle des tabacs et allumettes, ebenda, 1961, S. 71 f.

[10] Über die Sonderstellung der öffentlichen Hand in der Europäischen Gemeinschaft für Kohle und Stahl und der Europäischen Atomgemeinschaft siehe *Huth* (N. 2) S. 224 ff., 250 ff.

[11] Hinsichtlich des Zündwarenmonopols wäre die BRD damit in Schwierigkeiten gekommen, weil sie insoweit in völkervertragsähnlicher Bindung steht, dazu: *Stödter*, Rechtsfragen des Zündwarenmonopols (1953); *Huber* (N. 8), Bd. 2 S. 794; Bundesfinanzhof, Wirtschaft und Wettbewerb 1954 S. 335.

[12] Art. 37 VEWG.

rungen verstärken oder neue einführen, sind unzulässig (standstill-Klausel). Art. 37 Abs. 6 sieht eine verfahrensrechtliche Ausnahme vor: während bezüglich der sonstigen den freien Warenverkehr hemmenden Maßnahmen die Kommission verbindliche Richtlinien über die Beseitigung der Diskriminierungen erlassen kann[13], kann sie bezüglich der Handelsmonopole nur unverbindliche Empfehlungen erlassen. Und für fiskalische Monopole gilt eine weitere Privilegierung: die Pflicht zur Beseitigung der Diskriminierungen gilt nur insoweit, als dadurch nicht die Erfüllung dieser Aufgabe verhindert wird[14].

Diese anscheinend einfache Regelung hat überraschend viele Probleme aufgeworfen; hierzu sei auf das Schrifttum verwiesen[15]. Wiederum sehr verkürzt sei nur angedeutet:

Strittig ist, inwieweit sich überhaupt Diskriminierungen abschaffen lassen, solange ein Handelsmonopol noch besteht. Deshalb wird die Ansicht vertreten, Handelsmonopole seien am Ende der Übergangszeit aufzuheben, jedenfalls aber bedeutungslos[16]. Das kann hier dahinstehen. Denn jedenfalls kann der Staat das Monopol trotz diskriminierender Wirkung aufrechterhalten, wenn es *fiskalischer Natur* ist. Darin liegt gerade die Privilegierung des Art. 90 Abs. 2 für fiskalische Monopole gegenüber den nichtfiskalischen Handelsmonopolen[17]. Während Art. 37 nur eine verfahrensmäßige Ausnahme vorsieht (unverbindliche Empfehlungen statt Richtlinien), sieht Art. 90 Abs. 2 eine (materielle) Bereichsausnahme vor: sie bleiben aufrechterhalten, auch wenn sie diskriminierend sind. Darin liegt aber auch die schwache Stelle der Vertragskonzeption: da sich Finanzmonopole von den Handelsmonopolen ohne fiskalischen Charakter nicht eindeutig ausgrenzen lassen[18], wird sich der Mitgliedstaat stets darauf berufen, daß sein Monopol zumindest *auch* fiskalischen Charakter habe[19]. Die Kommission sucht die damit ver-

---

[13] Art. 33 Abs. 7.

[14] Art. 90 Abs. 2.

[15] Gründlichste Darstellung bei *Pappalardo*, in: Trattato istitutivo della Comunità economica europea. Commentario, 4 Bände (Mailand 1965), Art. 37 (Bd. 1) und Art. 90 (Bd. 2); ferner *Glaesner* (Art. 37) und *Everling* (Art. 90), in: Wohlfarth-Everling-Glaesner-Sprung, EWG, Kommentar (Berlin — Frankfurt 1960); *Huth* (N. 2); wenig ergiebig: W. *Grusendorf*, Zur Problematik des Art. 90 EWG-Vertrag, WuW 1965 S. 383 ff.

[16] Diskussion bei *Pappalardo* (N. 15), Art. 37 Ziffer 5; Nicola *Catalano*, Manuel de droit des Communautés européennes (Paris 1962), S. 277 ff.

[17] Nichtfiskalischer und rein marktregelnder Natur waren etwa die früheren deutschen Einfuhr- und Vorratsstellen, Nachweise bei *Glaesner* (N. 15) Art. 37 Ziff. 3; für Frankreich etwa das Zeitungspapiermonopol der Société professionnelle du papier de presse, das Monopol der Société commerciale des potasses d'Alsace (Nachweise und Rechtsansicht der EWG-Kommission bei *Pappalardo* (N. 15) Art. 37 Ziff. 1 G.

[18] *Hoppe*, Die Stellung der Staatsmonopole im EWG-Vertrag, in: Die Branntweinwirtschaft, 1962 S. 696; *Pappalardo* (N. 15) Art. 37 Ziff. 1 G.

[19] *Pappalardo*, a.a.O., S. 213.

bundene Gefahr einzudämmen, indem sie die fiskalische Funktion und die ihr dienenden Monopolregelungen von den übrigen Funktionen trennt: Art. 90 Abs. 2 gestatte nur die Aufrechterhaltung derjenigen diskriminierenden Elemente, die dem fiskalischen Zweck dienen, nicht die — vielleicht für die übrigen Ziele unerläßlichen — sonstigen Diskriminierungen[20]. Aber so wichtig und schwierig die Unterscheidung von Finanzmonopolen und Handelsmonopolen ohne fiskalischen Charakter ist, sie kann hier dahinstehen. Über die wichtigsten Finanzmonopole im EWG-Bereich besteht Einigkeit. In Deutschland sind das Zündwaren- und das Branntweinmonopol zu nennen, in Frankreich die Monopole für Tabak, Zündwaren, Phosphor und für bestimmte Sprengstoffe[21]. Die meisten Finanzmonopole sind bereits in der Literatur behandelt worden, und die Kommission hat für fast alle von ihnen Empfehlungen zur Anpassung erlassen[22]. Wegen der wirtschaftlichen Bedeutung der Tabakwirtschaft kam es hier bereits zu Beschwerden der Verbände der Tabakwarenindustrien der EWG-Länder ohne Tabakmonopol an die EWG-Kommission. Sie haben geltend gemacht, sie könnten ihre Erzeugnisse in Frankreich und Italien nur insoweit absetzen, als die dortigen Monopole ihnen Tabakwaren abkauften. Außerdem setzen die Monopolverwaltungen den Kleinverkaufspreis selbständig fest und scheinen die Tabakindustrien der Länder unterschiedlich zu berücksichtigen[23]. Das französische Monopol für bestimmte Explosivstoffe ist bis jetzt nur vereinzelt erwähnt worden.

Der fiskalische Charakter dieses sog. *Sprengstoffmonopols* ist unstrittig. Zwar wurden Pulverherstellung und Vertrieb ursprünglich wegen ihrer Bedeutung für die Landesverteidigung in Monopol genommen und später überwogen die Gedanken der polizeilichen Gefahrenabwehr[24]. Das Pulvermonopol war also zunächst eindeutig ein Verwaltungsmonopol, mit dessen Hilfe der Staat zunächst die Aufgabe der staatlichen Bedarfsdeckung an Pulver und später die polizeiliche Ordnungsfunktion wahrnahm, die der deutsche Staat mittels der

---

[20] s. die beiden für die Problematik sehr instruktiven Empfehlungen an die französische Regierung vom 6. und 11. April 1962, ABl. der europ. Gemeinschaften 1962 S. 1500 ff. (1500 f., 1503 f.).

[21] Nachweise, auch für Italien: *Pappalardo* (N. 15), Art. 90 Ziff. 14; *v. d. Groeben-v. Boeckh*, Kommentar zum EWG-Vertrag (1958) Bd. 1, Art. 37 Ziff. 2.

[22] Vollständige Aufzählung und Fundstellen dieser Empfehlungen bei *Pappalardo* (N. 15) Art. 37 Ziff. 10.

[23] Robert *Nöll v. d. Nahmer*, Lehrbuch der Finanzwissenschaft, Bd. 2 (Köln — Opladen 1964) S. 165.

[24] *Tercinet*, „Explosifs", in: Répertoire de droit public et administratif (Dalloz), 1959, Bd. 2 S. 64 ff., Ziff. 2; noch stärker betont diese Lenkungsfunktion das ältere Schrifttum, etwa: Répertoire méthodique et alphabétique de législation, de doctrine et de jurisprudence (Dalloz), Bd. 36 (1856), „Poudres et Salpêtres", Ziff. 2 ff.; die Bedeutung für die Landesverteidigung betont noch M. *Waline*, Droit administratif (Paris, 9. Aufl. 1963), Ziff. 1331, 1338.

Erlaubnispflicht ausübt. Heute dagegen ist das Pulvermonopol zu einem reinen Finanzmonopol geworden. Dafür spricht die noch darzulegende Tatsache, daß nur die weniger gefährlichen Explosivstoffe dem Monopol unterliegen[25]. Auch das französische Schrifttum zählt das Pulvermonopol zu den Finanzmonopolen[26], ebenso die EWG-Literatur[27].

Für das Gemeinschaftsrecht kommt es also auf zweierlei an:

1. Der eigentliche Monopolbereich muß abgesteckt werden. Dieser Bereich ist viel kleiner, als das im deutschen Schrifttum übliche Wort „Sprengstoffmonopol"[28] vermuten läßt und erstreckt sich nur auf einige, vergleichsweise unwichtige Explosivstoffe. Nur für die tatsächlich dem Monopol unterliegenden Explosivstoffe kann die eventuelle Bereichsausnahme des Art. 90 Abs. 2 überhaupt zur Anwendung kommen.

2. Für die dem Monopol unterliegenden Explosivstoffe sind die juristische Ausbildung des Monopols und seine tatsächliche Handhabung von Bedeutung. Nur wenn sie bekannt sind, kann die auch im Rahmen des Art. 90 Abs. 2 geforderte Anpassung betrieben werden. Das Institut des Monopols läßt dem Staat hier weite Variationsmöglichkeiten: er kann das Monopol in eigenem Regiebetrieb betreiben, eine abgesonderte Verwaltungseinheit schaffen (Anstalt, Körperschaft) oder das Monopol ganz oder teilweise delegieren[29]. Diese Möglichkeiten lassen sich auch kombinieren, etwa indem der Staat die Herstellung und Großverkauf in eigener Regie betreibt, den Kleinhandel aber (konzessionierten) Privatbetrieben überläßt.

Außerdem ist das französische Sprengstoffmonopol mehrfach zugunsten des Erlaubsnissystems durchbrochen.

2. Beschränkungen zum Schutz der öffentlichen Ordnung

Herstellung, Handel und Gebrauch von Explosivstoffen unterliegen außerdem noch den Beschränkungen, die zum Schutz der öffentlichen

---

[25] Dagegen kann für den fiskalischen Charakter nicht angeführt werden, daß die gesetzlichen Grundlagen heute im Code Général des Impôts (C.G.I.) zu finden sind. Das trifft auch für das Phosphormonopol zu (Art. 586 und Annexe III Art. 222 ff.), doch: „Le monopole du *phosphore* n'existe que pour la *surveillance* de ce produit: il n'est fiscal que par les formalités de fabrication, du commerce et de la circulation", Louis *Trotabas*, Finances publiques (Paris 1964) Ziff. 255. Aber in Wahrheit unterliegen Herstellung und Phosphor keinem Monopol im eigentlichen Sinne, sondern lediglich einer Erlaubnis- und gesteigerten Überwachungspflicht (vgl. Art. 222 ff.).

[26] *Trotabas* (N. 25) Ziff. 255, in fine; Dictionnaire des Sciences économiques, hrsg. v. Jean *Romeuf*, Bd. 2 (Paris 1958) „Monopoles fiscaux", S. 782, *Waline* (N. 24), Ziff. 1338.

[27] *Pappalardo* (N. 15), Art. 90, Ziff. 14.

[28] z. B. *Badura* (N. 6), S. 113; *v.d. Groeben-von Boeckh*, Art. 37 Ziff. 2 b; gleiches gilt für *Pappalardo* (N. 15), Ziff. 14: „Polveri esplosive" (poudres à feu).

[29] s. etwa *Huber* (N. 8), Bd. 1, S. 482.

Ordnung oder zur Wahrung der wesentlichen Sicherheitsinteressen des Staates erlassen sind. Für Deutschland ist auf das Sprengstoffgesetz, Waffengesetz und das Kriegswaffengesetz zu verweisen[30]. Derartige Beschränkungen können nach dem Vertrag aufrechterhalten werden[31]. Jedoch dürfen diese Beschränkungen weder ein Mittel zur willkürlichen Diskriminierung sein noch eine verschleierte Beschränkung des Handels zwischen den Mitgliedstaaten darstellen[32]. Die Maßnahmen zur Wahrung der wesentlichen Sicherheitsinteressen sind auf Waren für militärische Zwecke beschränkt[33]. Diese Ordnungsfunktionen kann der Staat auch mit dem Instrument des Monopols wahrnehmen: behält er die gesamte Einfuhr eines Erzeugnisses dem Staatsmonopol vor, dann erübrigen sich sonstige den Import beschränkende Sicherheitsvorschriften. Andererseits kann der Staat anscheinend *diese* Ziele nicht mehr mittels eines handelsbeschränkenden Monopols verfolgen[34].

So wirft das Verhältnis der Art. 37, 90 und 36, 233 komplizierte Fragen auf, die ohne eine vorherige Bestandsaufnahme der bestehenden Handelsbeschränkungen nicht gelöst werden können. Im folgenden liegt der Schwerpunkt auf der Darstellung des Monopols; die der öffentlichen Sicherheit dienenden Beschränkungen werden nur kurz erwähnt.

3. Das französische „Sprengstoffmonopol"

Die *Terminologie* ist nicht eindeutig, weil jeder Begriff in einem engeren (technologisch eindeutigen) und einem weiteren Sinne verstanden wird[35]. Beide Sprachen verwenden heute als technologischen und rechtswissenschaftlichen klassifikatorischen Oberbegriff das Wort: Explosivstoffe (explosifs)[36]. Darunter fallen alle chemischen Verbindungen oder Gemenge, die sich bei Erwärmung, mechanischer Einwirkung (Reibung, Stoß, Schlag) oder Initialzündung plötzlich in große Mengen heißer Gase umsetzen. Die damit verbundene Ausdehnung erzeugt den

---

[30] Nachweise s. Anm. 43—45.

[31] Art. 36 und 223 (s. Kommentierung bei *Wohlfarth-Glaesner-Everling-Sprung* (N. 15), Art. 36 und 223; *Fanara* (f. Art. 36) und *Gori* (f. Art. 223) im Commentario (N. 15). Art. 223 nennt ausdrücklich die Erzeugung von Waffen, Munition und Kriegsmaterial.

[32] Art. 36 S. 2.

[33] Art. 223 Abs. 1 b.

[34] Art. 90 Abs. 2; dazu s. o. Text zu Anm. 20.

[35] Für die deutsche Terminologie vgl. etwa in Hermann *Römpp*, Chemie-Lexikon (5. Aufl. Stuttgart 1962), Bd. 1 „Explosivstoffe", Sp. 1508 ff.). Dort auch Nachweise zur deutschsprachigen technologischen Literatur.

[36] s. etwa André *Dejean* und Pierre *Leplay*, Code des explosifs (Paris 1938); M. *Patry*, Combustion et détonation des substances explosives (Paris 1933); J. *Cottenet*, Les explosifs au service de l'agriculture (Paris, La Maison rustique, 1956).

Explosionsdruck. Diese Explosivstoffe werden nach ihrer heutigen praktischen Verwendung unterschieden in

a) *Schießstoffe* (poudres propulsantes oder poudres ballistiques oder einfach poudres) verbrennen langsam[37] und wirken daher mehr schiebend als zertrümmernd. Sie treiben das Geschoß aus dem Lauf oder eine Rakete an. Darunter fallen etwa Schwarzpulver und gelatinierte Nitrocellulose.

b) *Sprengstoffe* (explosifs détonnants oder einfach explosifs) verbrennen äußerst schnell[38] und wirken daher zertrümmernd. Sie werden für Sprengfüllungen in Granaten oder für Steinbruch- und Bergwerkssprengungen verwendet. Gebräuchliche Arten sind Dynamit, Sprenggelatine, nichtgelatinierte Nitrocellulose.

c) *Zündstoffe* stehen den Sprengstoffen nahe[39]. Sie lösen mit einer Initialzündung die eigentliche Explosion aus.

Diese Unterteilung wird dadurch relativiert, daß durch entsprechende Zusätze anderer Stoffe die Verbrennung verlangsamt[40] oder beschleunigt und so ein Explosivstoff als Schieß- oder als Sprengstoff hergerichtet werden kann. Schwarzpulver wurde bis ins vorige Jahrhundert als Schieß-, Spreng- und Zündstoff zugleich benutzt; noch heute wird es im Steinbruch[41] als Sprengstoff und in Kartouchen als Schießstoff benutzt.

Bei der Terminologie ist also zu beachten, daß sowohl explosif als auch poudre im mehrfachen Sinne verwendet werden: explosif im weiten Sinne ist der Oberbegriff für alle Explosivstoffe, im engen Sinne bezeichnet er nur Spreng- und Zündstoffe, aber mit Ausnahme des auch als Sprengstoff benutzten Schwarzpulvers. Auch poudres im weiten Sinne verstanden meint alle Explosivstoffe, im engen Sinne werden damit Schwarzpulver und Schießpulver gleichgültig welcher chemischen Zusammensetzung bezeichnet. Außerdem verwendet die französische Verwaltungssprache auch noch „poudres à feu“ als Oberbegriff für alle Sprengstoffe[42].

---

[37] s. folgende Anm.

[38] Die Verbrennungsgeschwindigkeit der Sprengstoffe ist tausend- bis zehntausendmal größer als die der Schießstoffe. Die französische technische Sprache unterteilt daher die explosion in die (langsamere) déflagration und die (schnellere) détonation.

[39] Deshalb heißen die Sprengstoffe auch explosifs secondaires, die Zündstoffe explosifs primaires (oder explosifs d'amorçage).

[40] z. B. durch sauerstoffarme Streckmittel. So kann bei der hochbrisanten Nitrocellulose durch Gelatinierung die Verbrennung verlangsamt und sie als Schießstoff verwendet werden.

[41] Nicht mehr im Untertagebergbau, da es einerseits zu schwach, andererseits schlagwetterzündend ist.

[42] So vor allem der C. G. I., Art. 587 ff. Früher bezeichnete man damit nur das Schwarzpulver.

Zum Vergleich sei die *Terminologie der deutschen Gesetze* gegeben: Hier wird unterschieden zwischen Spreng-[43] und Schießstoffen[44]. Letztere gelten nicht als Sprengstoffe im Sinne des Sprengstoffgesetzes, „da sie vorzugsweise als Schießmittel gebraucht werden"[45]. Für alle Explosivstoffe (Schießstoffe, Sprengstoffe, Munition) gilt: Herstellung[46], Handel[47] und Transport[48] unterliegen der Erlaubnispflicht. Diese sicherheitspolizeiliche Genehmigungspflicht wird von der gewerbepolizeilichen Genehmigungspflicht für gefährliche Anlagen doubliert[49]. Dient die Herstellung zur Kriegsführung, dann bedarf es darüberhinaus noch der Genehmigung der Bundesregierung[50]. Die drei Genehmigungen, die verschiedene Funktionen erfüllen, stehen unabhängig nebeneinander; keine ersetzt die andere[51].

Das französische Recht suchte diese Ordnungsfunktion, die das deutsche Recht mit Hilfe der Erlaubnispflicht erfüllt, zunächst durch das Monopolsystem wahrzunehmen; im Laufe der Zeit ging es immer mehr zum Erlaubnissystem über.

Entwicklung des Pulvermonopols und Rückgang[52]. Herstellung und Handel mit Pulver wurden in Frankreich seit Beginn des 16. Jahrhunderts vom Staat erfaßt. Bis ins 19. Jahrhundert war Salpeter der wichtigste Bestandteil des Schießpulvers; ihm galten die frühesten Regelungen[53]. Lange Zeit waren Herstellung und Handel von Schießpulver einem Staatsmonopol vorbehalten, das dem Gebrauch des ancien

---

[43] Gesetz gegen den verbrecherischen und gemeingefährlichen Gebrauch von Sprengstoffen v. 9. Juni 1884 (RGBl. 5. 61); dazu: die landesrechtlichen Ausnahmeverordnungen zum Sprengstoffgesetz, z. B. in Bayern v. 18. Februar 1954 (Bay B S I S. 400).

[44] Waffengesetz vom 18. März 1938 (RGBl. I S. 265).

[45] § 1 Abs. 3 Sprengstoffgesetz.

[46] § 3 Abs. 1 Waffengesetz; § 1 Abs. 1 Sprengstoffgesetz: s. Heinz *Müller*, Das gesammelte Waffenrecht (1957).

[47] Ebenda.

[48] Hierzu besonders die in den Ländern ähnlich lautenden Sprengstoffverkehrsverordnungen, Sprengstofferlaubnisscheinverordnungen, Sprengstofflagerverordnungen, Sprengstoffverwendungsverordnungen, Bergbausprengmittelverordnungen u. a. in den landesrechtlichen Sammlungen. Literatur: *Denker-Täglich-Wiesner*, Der Verkehr mit Sprengstoffen (15. Aufl. Köln 1954); *Wahle-Begrich*, Der Sprengmeister (Berlin 1954).

[49] § 16 Gewerbeordnung i. Verb. mit der darin vorgesehenen Verordnung v. 4. August 1960 (BGBl. I S. 690) Ziff. 22; Kommentierung: *Landmann-Rohmer-Eyermann-Fröhler*, Gewerbeordnung, Kommentar (München — Berlin, 12. Aufl.), § 16 Ziff. 107 ff.

[50] Gesetz über Kontrolle von Kriegswaffen (BGBl. I S. 444); s. besonders Anlage B V: Pulver und Sprengstoffe, Positionen 52—61. Kommentierung: Gerhard *Potrykus*, Kommentar (1962) S. 42.

[51] *Landmann-Rohmer* (N. 42) § 16 Ziff. 108.

[52] Ausführliche Darstellung nebst Abdruck der Gesetze usw. bei Répertoire de législation (N. 24).

[53] Die älteste erhaltene Regelung scheint eine Ordonnance von Franz I. vom 28. November 1540 „sur le fait des salpêtres" zu sein.

régime entsprechend verpachtet wurde. 1775 wurde die Herstellung von Pulver und Salpeter einem Regiebetrieb übertragen, der „Regie des Poudres et Salpêtres"[54] und der Betrieb dem Finanzministerium unterstellt. Durch Gesetz vom 13. Fructidor des Jahres V (30. 8. 1797) wurden diese Regie und das Recht der Explosivstoffe neu geregelt; dieses Gesetz war bis zur Regelung dieser Materie im C. G. I. Grundlage des französischen Explosivstoffrechts[55] und wurde daher auch vom EWG-Schrifttum zitiert[56]. In diesem Gesetz behielt sich der Staat wegen der Bedeutung des Pulvers für die nationale Sicherheit und wegen der von ihm ausgehenden Gefahr für Sicherheit und Ordnung die Herstellung und den Verkauf vor[57]. 1800 wurde die Herstellung von Pulver zu Kriegszwecken dem Kriegsministerium unterstellt und der Verkauf von Salpeter verboten[58], während die Herstellung und der Verkauf von Pulver für Jagd, Bergbau und für die Ausfuhr weiterhin in der Zuständigkeit des Finanzministeriums verblieben. 1819 wurden Herstellung und Handel von Salpeter aus dem Staatsmonopol herausgelöst und freigegeben[59]. Der damaligen Salpetergewinnung entsprechend wurde jedoch genau geregelt, zu welchen Bedingungen etwa auf fremden Grundstücken bei Abbruchsarbeiten salpeterhaltige Stoffe entnommen werden durften[60]. Herstellung und Verkauf von Salpeter sind also heute frei; der Hersteller bedarf bedinglich einer Erlaubnis[61]. 1875 wurden Dynamit und alle Explosivstoffe auf Nitroglyzerinbasis[62] aus dem Staatsmonopol herausgenommen und der Privatwirtschaft freigegeben[63]. Auch

---

[54] Erster Direktor war *Lavoisier*.

[55] *Tercinet* (N. 24) Ziff. 2. Das Gesetz ist abgedruckt im Répertoire de législation (N. 24) Ziff. 5.

[56] *v. d. Groeben-v. Boeckh* (N. 21), Art. 37 Ziff. 2 b.

[57] Art. 16, 24; aber Herstellung im Konzessionsverfahren war immer möglich, wie beide Vorschriften zeigen; gleiches galt für den Verkauf (Art. 33): grundsätzlich Verkauf durch die Behörden (magasins généraux) oder konzessionierte Kleinverkäufer.

[58] Arrêté v. 27. pluviôse an VIII (16. Februar 1800), s. Répertoire de législation (N. 24); später wurde auch der Verkauf von Pulver zu Kriegszwecken verboten, Dekret v. 28. pluviôse an XIII (12. Februar 1805), Répertoire de législation. Im 19. Jahrhundert hat dann das zuständige Ministerium mehrfach gewechselt; s. Répertoire.

[59] Gesetz v. 10.—14. März 1819, Répertoire de Législation (N. 24). Allerdings hatte der Staat in bestimmten Fällen noch ein Ankaufsrecht und oblagen den Herstellern Anbietungspflichten.

[60] So noch Répertoire pratique de législation, de doctrine et de Jurisprudence (Dalloz), Bd. 9 (1922), „Poudre, salpêtre et dynamite", Ziff. 108 ff.; Die Gewinnung aus salpeterhaltiger Erde und Abbruchmaterial gehörte damals zur Ausbildung jedes Artillerieoffiziers, s. etwa die ausführliche Darstellung Thomas *de Morla*, Lehrbuch der Artilleriewissenschaft (2. Aufl., aus d. Span. v. Hoyer, Leipzig 1821) §§ 10 ff.

[61] Art. 4 des Ges. v. 1819.

[62] Zum Technologischen s. Text zu Anm. 85.

[63] Ges. v. 8. März 1875, Dalloz périodique (D. P.) 1875. 4. 97; zu diesem Ges. den Rapport von *Gevelot*, D. P. 1875. 4. 97 f.

die im 20. Jahrhundert entwickelten Explosivstoffe mit flüssigem Sauerstoff[64] und sonstige Verbindungen[65] werden nicht vom staatlichen Monopol erfaßt; ihre Herstellung ist nur erlaubnispflichtig[66]. Seit 1956 unterliegt auch die Herstellung von Jagdmunition nicht mehr dem Monopol[67]. Nukleare Spengstoffe fallen aus dem Rahmen dieser Untersuchung heraus; sie gehören in den Bereich der Kernenergie[68].

So ist zwar das Recht der Explosivstoffe weitgehend im C. G. I.[69], und zwar mit den übrigen Monopolen unter der Kapitelüberschrift „Monopoles" zusammengefaßt. Tatsächlich bleiben aber im Monopolsystem nur das Schwarz- und das Schießpulver. Für diese verbleibenden Explosivstoffe gelten neben den Bestimmungen des C. G. I. noch zahlreiche alte Vorschriften.

Grundzüge des Monopolsystems[70]

Herstellung. Anders als etwa beim deutschen Branntweinmonopol[71] stellt die französische Monopolverwaltung Explosivstoffe in eigenen Regiebetrieben her[72]. Diese Regiebetriebe stellen sowohl Explosivstoffe her, auf die sich das Monopol erstreckt (Schwarzpulver, Schießstoffe) als auch andere[73]. Auch diese dem Monopol unterliegenden Explosivstoffe können von Privaten „für Rechnung des Staates und unter seiner Aufsicht" hergestellt werden[74]. Das Herstellungsmonopol ist also delegierbar.

---

[64] Explosifs à l'oxygène liquide; Dekret v. 12. April 1921, D. P. 1921. 253; heute: Art. 599 C. G. I. zum Technischen s. u. Text zu Anm. 90.

[65] Art. 598 spricht von explosifs et composés chimiques explosibles nouveaux. Darunter fallen auch die „plastiques" s. u. Anm. 92.

[66] Art. 598 C. G. I.

[67] Cartouches de chasses; Dekret v. 21. Januar 1956 (J. O. v. 24. Januar 1956).

[68] Vgl. etwa: *Colliard*, Répertoire de droit public et administratif (1958) sub: „Energie Atomique"; *François*, Les problèmes posés au commissariat à l'énergie atomique, Revue administrative 1952 S. 128; (ohne Namen) Utilisation pacifique de l'énergie atomique, Revue internationale de travail, 1955 S. 1.

Sie werden jedenfalls nicht vom VEWG erfaßt, sei es, weil die EAG zuständig ist, sei es, weil sie infolge ihrer Bedeutung für die Landesverteidigung nicht der Gemeinschaft unterliegen, Art. 223 VEWG.

[69] Art. 598—613 und Annexe I Art. 221—229; für weitere Einzelheiten: Législation et réglementation sur les poudres et explosifs, hrsg. von der Direction du service des Poudes (Paris, bei Charles-Lavauzelle et Cie, 1956); Mémorial annuel des Poudres (Imprimerie nationale).

[70] Allgemeine verwaltungsrechtliche Darstellung der französischen Monopolverwaltung bei *Waline* (N. 24) Ziff. 1324 ff., dort auch Darstellung einiger Monopole. Für Tabakmonopol s. N. 9.

[71] Die Monopolverwaltung hat keine eigenen Monopolverwaltungen errichtet; vielmehr brennen die Betriebe der privaten Branntweinwirtschaft auf Grund der ihnen verliehenen Brennrechte, *Huber* (N. 8) S. 512.

[72] „Poudreries nationales", Art. 587, 589 C. G. I.

[73] s. u. Text zu Anm. 87.

[74] Art. 587 Abs. 1 C. G. I.; die Erlaubnis zur Herstellung erteilt der service des poudres, Art. 591 Abs. 1 C. G. I.

Handel. Für die vom Monopol erfaßten Explosivstoffe behält sich der Staat auch das Monopol hinsichtlich des Verkaufs vor. Der service des poudres läßt die von ihm hergestellten Explosivstoffe selbst in seinen Herstellungsbetrieben oder von der Steuerverwaltung verkaufen[75]. Der Kleinverkauf von Pulver zu Jagdzwecken und von Pulver und sonstigen Sprengstoffen für sonstige Zwecke (Bergbau, Landwirtschaft) erfolgt ebenfalls durch die Steuerbehörden oder durch Private für Rechnung des Staates[76]. Während die Erlaubnis zur Herstellung von Explosivstoffen vom service des poudres erteilt wird, ist für die Erlaubnis (etwa: Konzessionserteilung) der Präfekt zuständig, wie für alle Kleinverkaufsgenehmigungen (Tabak, Zündwaren, Briefmarken)[77]. Für Jagdpatronen gilt die gesamte Regelung für Explosivstoffe nicht mehr, sie gelten als gesonderte Erzeugnisse[78]. Auch für Lagerung, Transport und Verkauf von Jagdpatronen, die in Frankreich hergestellt und mit Monopolpulver gefüllt sind, gelten daher die Bestimmungen der Art. 588 ff. des C. G. I. nicht. Vor allem verkaufen die Waffenhändler die Patronen nicht für Rechnung des Staates, selbst dann nicht, wenn sie von staatlichen Regiebetrieben hergestellt werden.

Der „Service des poudres“[79]. Dieser Behörde obliegt die Wahrnehmung des Monopols für Schwarz- und Schießpulver. Sie stellt weiter Explosivstoffe her, die nicht dem Monopol unterliegen[80]. Sie überwacht die Privatindustrie der nicht dem Staatsmonopol unterfallenden Sprengstoffe sowie der Knall- und Feuerwerkskörper[81]. Außerdem können der Verteidigungsminister und die Armee sie mit Forschung und Herstellung chemischer Erzeugnisse beauftragen, die für die Verteidigung wichtig sind[82]. Sie untersteht dem Verteidigungsministerium. Ihr wichtigstes Organ ist die „Direction des poudres“, der folgende Behörden[83] unter-

---

[75] Art. 589 Abs. 1 C. G. I.

[76] Art. 589 C. G. I. über die besonderen Pflichten des Kleinverkäufers: Art. 57 und 58 der Annexe IV; ferner: arrêté v. 25. September 1956 (J. O. v. 2. Oktober; Rectif. 26. Oktober; abgeändert durch arrêté v. 30. März 1932, B. C. D. 1932 S. 170). Dies sind meist Geschäfte mit Tabakkonzession oder vereidigte Waffenhändler (armuriers assermentés), Lucien *Mehl*, Sciences et techniques fiscales, Bd. 2 (Paris 1959) S. 506.

[77] Art. 591 Abs. 1 C. G. I.; Die Kleinverkäufer werden als eine Art von partiellen Verwaltungsbeamten (Steuereinnehmer) angesehen. Über Auswahlprinzipien und Rechtsstellung s. *Lemasurier* (N. 9).

[78] Cour de Cassation, 3. Dezember 1940, Grenu.

[79] Aufbau und Befugnisse: Gesetz v. 18. April 1935, D. P. 1936, 4. 252.

[80] s. u. Text zu Anm. 87.

[81] Art. 1 des Ges. v. 1935 (N. 79).

[82] Arrêté v. 27. Juni 1946 (J. O. v. 12. Juli); Dekret v. 8. April 1957 (J. O. v. 12. April).

[83] Gesetzliche Grundlagen zum folgenden bei *Tercinet* (N. 24) Ziff. 5; für die geographische Verteilung der Behörden und der poudreries nationales s. Grand Larousse encyclopédique, Bd. 8 (1963) „poudre, service des poudres“. Zum beamtenrechtlichen Status des Personals s. Nachweise bei *Tercinet*, Ziff. 4,

stellt sind: die Commission scientifique des substances explosives, das Centre d'études et de recherches des poudres et explosifs, ein Comité scientifique des poudres et explosifs, eine Kommission im Rahmen des Verteidigungsministeriums, die für die Verkaufspreise des Pulvers zuständig ist[84], und die Commission d'expérience sur les poudres et armes de chasse.

4. Nicht monopolgebundene Sprengstoffe

Explosivstoffe auf Nitroglyzerinbasis. Nitroglyzerin ist ein sehr wirksamer Explosivstoff, aber im flüssigen Zustand zu stoßempfindlich. Deshalb läßt man Nitroglyzerin von Kieselguhr aufsaugen und erhält so das ebenso wirksame, aber stoßunempfindliche Dynamit. Statt Kieselguhr kann auch ein anderer Stoff benutzt werden; der aufsaugende Stoff kann selbst wieder ein Explosivstoff sein[85]. Für alle diese auf Nitroglyzerinbasis hergestellten Explosivstoffe gilt die gleiche Regelung.

Das Staatsmonopol des 13. fructidor des Jahres V erfaßte alle Explosivstoffe, also auch das 1847 entwickelte Nitroglyzerin und das 1865 erfundene Dynamit. Aber bereits 1875 wurden Dynamit und alle Explosivstoffe auf Nitroglyzerinbasis aus dem Monopol herausgenommen[86]. Diese Explosivstoffe können also von Privatfirmen hergestellt werden.

Allerdings besteht zwischen dem service des poudres, der auch diese Explosivstoffe herstellt, und der Privatindustrie eine eigenartige Marktaufteilung zu je 50 %[87].

Die Erlaubnis zur Errichtung einer solchen Anlage erteilt die Regierung, die auch Bedingungen über Bau und Betrieb der Anlage festsetzt[88]. Die Herstellung unterliegt einer besonderen Steuer, die nach der Sprengkraft berechnet wird[89].

---

sowie die jährlichen Nachträge (mise à jour) zum Nouveau Répertoire de Droit (Dalloz), „explosifs", Ziff. 2—4.

84 Art. 590 C. G. I.; Art. 242—244 Annexe III.

85 Im französischen Sprachgebrauch: explosif à base active; Gegensatz: à base inerte.

86 Loi relative à la poudre dynamite v. 1875, D. P. 1875. 4. 97 zu diesem Gesetz vgl. Bericht *Gevelot*, D. P. 75. 4. 97 ff.; jetzige Rechtsgrundlage der Freistellung: Art. 593 Abs. 1 C. G. I.

87 Vgl. Arrêté des Wirtschafts- und des Verteidigungsministers v. 27. September 1955 (J. O. v. 6. Oktober 1955 S. 9806); jedoch werden die vom service des poudres hergestellten Explosivstoffe für industrielle Zwecke von der Privatindustrie in Kartouchen gefüllt und verkauft, Art. 1 und 2.

88 Art. 595 Abs. 1 C. G. I.; s. auch Art. 3 des in N. 87 genannten arrêté. Zur technischen Überwachung: Art. 569 C. G. I., ferner: Annexe I Art. 221—223 f.

89 Art. 593, 594 C. G. I.

Sonstige Explosivstoffe. Eine ähnliche Regelung gilt für die übrigen Explosivstoffe. Die Gesetze erwähnen namentlich die Sprengstoffe mit flüssigem Sauerstoff[90], die vor allem im Bergbau benutzt werden. Dazu treten eine Reihe neuer Explosivstoffe, die der Code als explosifs et composés chimiques nouveaux bezeichnet[91]. Darunter fallen auch die sog. „Plastiques"[92].

5. Sonstige Beschränkungen

Auch soweit die Tätigkeit der Privaten in Herstellung und Handel reicht, unterliegt sie einer Fülle von Beschränkungen sicherheitspolizeilicher Natur. Diese Beschränkungen bleiben grundsätzlich aufrechterhalten[93]. Es ist nun schwierig, diese Beschränkungen von der eigentlichen Monopolstruktur zu trennen, da das französische Recht das Monopol als ein Ordnungsinstrument mit mehreren Funktionen, darunter auch sicherheitspolizeilicher Art betrachtet; bis jetzt bestand für sie kein Anlaß, die Vorschriften nach ihrer Funktion zu trennen. Dies erscheint um so schwieriger, weil der C. G. I. einfach die verschiedenen Gesetze über das Recht der Explosivstoffe in sich aufgenommen hat, gleichgültig welcher Funktion sie dienten. Sicher werden nun ein Teil dieser Bestimmungen nicht mit dem VEWG vereinbar sein.

Von diesen Beschränkungen ist im Rahmen der EWG vor allem das *Einfuhrverbot* von Interesse[94]. Die Einfuhr von Explosivstoffen ist grundsätzlich untersagt[95]. In dieser Undifferenziertheit könnte das Einfuhrverbot nach dem VEWG kaum aufrechterhalten werden: nicht nach Art. 223 VEWG, denn nicht alle Explosivstoffe dienen militärischen Zwecken[96]. Auch nach Art. 36 VEWG kann der Staat nur noch gewisse Beschränkungen beibehalten.

---

[90] Explosifs à oxygène liquide. Sie enthalten flüssigen Sauerstoff als Vergaserstoff und den Brennstoff (matière absorbante: Holz, Papier, Kohle, Aluminimum u. a.). Grundlage: Art. 598 C. G. I. Dort auch die Berechnungsgrundlage für die besondere Steuer.

[91] Art. 598; zur gewerbepolizeilichen Regelung s. die Art. 598 ff. C. G. I. und die dazu zitierten weiteren Vorschriften.

[92] Knetbare Explosivstoffe auf Hexogen- oder Pentritbasis. Zur genauen deutschen Terminologie s. Kriegswaffengesetz (N. 50), Anlage B V, Position 56 und 59; ferner: *Römpp* (N. 35), Bd. 3 „Pentrit".

[93] Art. 36, 223 VEWG.

[94] Für die übrigen Beschränkungen (z. B. Lagerung und Transport) sei auf die Angaben bei *Tercinet* (N. 24) verwiesen.

[95] So schon Art. 5 des Gesetzes v. 13. fructidor des Jahres V (1797); heute: Art. 588 Abs. 1 C. G. I.

[96] *v. d. Groeben-v. Boeckh* (N. 21), Art. 223 Ziff. 10 nehmen ausdrücklich Polizei- und Jagdwaffen aus. Die unter Art. 223 Abs. 1 b fallenden Erzeugnisse sind vom Rat in einer Liste festgelegt worden. Über diese unveröffentlichte Liste erteilen die nationalen Ministerien Auskunft (*Wohlfarth-Everling-Glaesner-Sprung* [N. 15], Art. 223 Ziff. 3).

Bereits das französische Recht sieht aber Ausnahmen vom Einfuhrverbot vor[97]. Gemäß Art. 605 C. G. I. kann der Verteidigungsminister im Einvernehmen mit dem Finanzminister die Einfuhr von Patronen solcher Gewehrtypen zulassen, die von der Armee nicht benutzt werden. Auch die Einfuhr von Pulver für Jagd- und für Bergbauzwecke kann zugelassen werden[98].

Im Gesamten gesehen stellt sich das Sprengstoffmonopol als ziemlich anachronistisches Instrument dar: als Lenkungsinstrument erfaßt es nicht die heute vorwiegend gebräuchlichen Explosivstoffe; als Finanzmonopol ist sein Ertrag verschwindend gering. Für eine Anpassung im Rahmen des Art. 90 Abs. 2 VEWG werden — unter Beachtung der Art. 36 und 223 — ähnliche Überlegungen gelten müssen, wie sie bereits für die Tabak- und Zündwarenmonopole angestellt worden sind[99].

---

[97] Bereits ein Gesetz v. 1. August 1874 (D. P. 75. 4. 28) sah Ausnahmen vor, um die Schützengesellschaften zu fördern.

[98] Art. 588 Abs. 2 C. G. I.; dort auch die Berechnung der Ausgleichsabgabe auf ausländische Explosivstoffe. S. ferner Dekret Nr. 52 — 1260 v. 15. Dezember 1953, B. L. D. 1953. 5. Für weitere einführbare Erzeugnisse (Zündschnüre für den Bergbau, Feuerwerkskörper usw.) s. Gesetz v. 11. Januar 1892 (D. P. 92. 4. 77); ferner: Art. 592 C. G. I.; s. hierzu auch die Importregelungen für Waffen und Munition: décret-loi v. 18. April 1939 (D. P. 1939. 4. 338): grundsätzlich Einfuhrverbot (Art. 11) mit Ausnahmemöglichkeiten: Art. 26, dazu Dekret und arrête v. 14. August 1939 (B. L. D. 1939, 905 und 908); dazu französische Kriegswaffenregelung: Dekret Nr. 60 — 1266 v. 21. November 1960 (J. O. v. 1. Dezember 1960, S. 10. 762; D. P. 1960. 392).

[99] s. die Empfehlungen der Kommission N. 20.

Zur Frage der Genehmigungsbedürftigkeit von Rechtsgeschäften über landwirtschaftliche Grundstücke bei gesetzlicher Verpflichtung zur Wiedergutmachung zivilrechtlichen Unrechts

Von Hans Carl Nipperdey, Köln

I

Der Wert des Ergebnisses, zu dem eine Entscheidung gelangt, kann nicht nur die Überzeugungskraft eines Urteiles erhöhen, sondern indiziert oft genug seine juristische Richtigkeit[1]. Das soll an folgendem Fall aufgezeigt werden, der kürzlich Gegenstand einer Entscheidung des Bundesgerichtshofes[2] war.

Die Kläger und Antragsteller besitzen ein etwa 94 ha großes landwirtschaftliches Gut zu Eigentum. Sie hatten dieses Gut in den Jahren 1945 bis 1958 an den Beklagten und Antragsgegner verpachtet. § 6 des durch das Landratsamt genehmigten Pachtvertrages hatte folgenden Wortlaut:

„Der Pächter hat auf das Beste des Pachtgutes bedacht zu sein und wird, wo er Unregelmäßigkeiten wahrnimmt, auf Abstellung dieser Mißstände hinwirken und davon den Verpächter schriftlich benachrichtigen, ihn auch verständigen, wenn die Möglichkeit besteht, Land zu erwerben, das in der Nähe des dem Verpächter gehörenden Eigentums liegt. Er darf ohne Zustimmung des Verpächters solches Land weder für sich noch für Dritte erwerben."

Die Rechtswirksamkeit dieser Bestimmung wurde durch rechtskräftiges Urteil festgestellt[3].

Der Pächter hatte während der Pachtzeit zumindest ein landwirtschaftliches Grundstück, das in der Nähe des Eigentums der Verpächter lag, unter Verstoß gegen die genannte Bestimmung des Pachtvertrages gekauft und sich zu Eigentum übertragen lassen. Das Grundstück ist etwa 1,7 ha groß. Nach Beendigung des Pachtverhältnisses errichtete der Pächter unter Inanspruchnahme erheblicher öffentlicher Mittel, die etwa 100 000,— DM ausmachen, ein eigenes landwirtschaftliches Gut, das rd. 30 ha umfaßt. Im Rahmen dieses Gutes bewirtschaftet er auch das

---

[1] *Enneccerus-Nipperdey*, Allg. Teil d. bürgerl. Rechts, 15. A. 1959 Bd. I, 1 § 56 III.

[2] Beschluß vom 13. 5. 1965 — V BLw. 38/64.

[3] LG Aachen vom 21. 11. 1957 — 2 O 194/57.

unter Verstoß gegen den Pachtvertrag erworbene landwirtschaftliche Grundstück.

Die Verpächter forderten im Klagewege vor den Zivilgerichten die Herausgabe und die Auflassung dieses Grundstückes und beantragten gleichzeitig bei der zuständigen Landwirtschaftsbehörde die Erteilung eines Negativattestes (§ 5 GrdstVG), daß die Übertragung nicht genehmigungspflichtig ist. Hilfsweise beantragten sie die Erteilung der landwirtschaftsrechtlichen Genehmigung.

Das mit der zivilrechtlichen Frage der Herausgabe und Auflassung befaßte Landgericht Aachen[4] hat dem klägerischen Anspruch entsprochen. Das dagegen von dem Beklagten angerufene Berufungsgericht, das OLG Köln, hat das Verfahren bis zur Entscheidung über die landwirtschaftsrechtliche Frage ausgesetzt.

Landwirtschaftsrechtlich hat das erstinstanzliche Amtsgericht (Landwirtschaftsgericht)[5] die Erteilung eines Negativattestes abgelehnt und die Erteilung einer landwirtschaftsrechtlichen Genehmigung versagt. Das OLG Köln[6] als Beschwerdegericht hat ebenfalls den Antrag auf Erteilung eines Negativattestes zurückgewiesen, die Übertragung des fraglichen Grundstückes jedoch genehmigt. Die dagegen erhobene Rechtsbeschwerde des Antragsgegners hat der Bundesgerichtshof als unzulässig verworfen und die Rechtsbeschwerde des Direktors der Landwirtschaftskammer Rheinland als unbegründet zurückgewiesen[7].

II

1. Die zivilrechtliche Frage der Auflassungsverpflichtung — die hier im Hinblick auf die Wahl des Themas nur kurz gestreift sei — kann man in zweifacher Weise lösen. Einmal dadurch, daß man annimmt, der Pächter habe mit dem Ankauf des fraglichen Grundstückes einen Vertragsbruch begangen, der ihn nach den Grundsätzen der Naturalrestitution (§§ 249 ff. BGB)[8] zur Herausgabe des Grundstückes und zur Auflassung verpflichtet. Diesen Weg hat das erstinstanzliche Landgericht beschritten. Man kann aber auch — und das trägt dem Unrechtsgehalt des Verhaltens des Pächters m. E. besser Rechnung — die Herausgabepflicht und die Auflassungsverpflichtung den Grundsätzen einer un-

---

[4] LG Aachen vom 7. 12. 1961 — 2 O 234/61.
[5] AG Düren vom 18. 9. 1963 — 15 LwG 3/63.
[6] OLG Köln vom 7. 9. 1964 — Wlw. 31/63.
[7] BGH, a.a.O.
[8] Die Naturalrestitution erfaßt auch die Herstellung des Zustandes, der ohne das unrechtmäßige Verhalten eingetreten wäre. H. L. vgl. statt aller: *Palandt-Danckelmann*, Kom. z. BGB, 25. A. 1966, Bem. 1 a zu § 249; *Erman*, Kom. z. BGB, 3. A. 1962, Bd. 1, Bem. 2 zu § 249.

erlaubten Eigengeschäftsführung (§§ 687 II i. V. m. 681 Satz 2, 667 BGB) entnehmen. Denn objektiv fremde Geschäfte im Sinne dieser Bestimmung sind nicht nur solche, die einen Eingriff in fremde Ausschließlichkeitsrechte, wie beispielsweise das Eigentum, enthalten, sondern auch die, die einen Eingriff in die vertraglich abgegrenzte Interessensphäre des Vertragspartners bedeuten[9]. Indes kann diese Frage hier dahingestellt bleiben. Ausschlaggebend ist jedenfalls, daß der Pächter zivilrechtliches Unrecht begangen hat, das er durch die Herausgabe und Auflassung des Grundstückes wiedergutzumachen verpflichtet ist. Ausschlaggebend ist weiter, daß zwar der Bruch des Pachtvertrages dieses zivilrechtliche Unrecht indiziert, daß sich aber die Sanktion dieses Verhaltens, nämlich die Herausgabe- und Auflassungsverpflichtung aus dem Gesetz selbst (obligatio ex lege) ergibt[10].

2. Aus dieser Sicht ergibt sich eine bedeutsame landwirtschaftsrechtliche Frage:

Kann und darf das Grundstücksverkehrsgesetz vom 28. Juli 1961 (BGBl. I S. 1091 mit Berichtigungen S. 1652, 2000) mit seiner in § 2 statuierten Genehmigungspflicht für die Übertragung landwirtschaftlicher Grundstücke die ex lege angeordnete Wiedergutmachung eines zivilrechtlichen Unrechtes verhindern? Ist es — im verneinenden Falle — richtiger, Genehmigungsfreiheit der Übertragung anzunehmen oder, wie es das OLG Köln für Regelfälle getan hat[11], eine Genehmigungspflicht zu bejahen?

§ 2 Abs. 1 Satz 1 GrdstVG bestimmt:

„Die rechtsgeschäftliche Veräußerung eines Grundstücks und der schuldrechtliche Vertrag hierüber bedürfen der Genehmigung."

In § 4 nennt das Grundstücksverkehrsgesetz eine Reihe genehmigungsfreier Rechtsgeschäfte, nämlich Veräußerungen, an denen der Bund oder ein Land als Vertragsteil beteiligt ist (Nr. 1); Grundstückerwerbungen durch eine mit den Rechten einer Körperschaft des öffentlichen Rechtes ausgestattete Religionsgesellschaft, es sei denn, es handle sich um einen land- oder forstwirtschaftlichen Betrieb (Nr. 2); die Veräußerung oder Ausübung eines Vorkaufsrechtes, das der Durchführung eines Flurbereinigungsverfahrens, eines Siedlungsverfahrens oder eines Verfahrens nach § 37 des Bundesvertriebenengesetzes dient (Nr. 3); Veräußerungen von Grundstücken, die im räumlichen Geltungsbereich eines

[9] Vgl. dazu meinen Aufsatz: „Der Eingriff in die schuldrechtlich festgelegten Interessensphären und § 687 Abs. 2 BGB", in: Festschrift für Franz Böhm, 1965, S. 163 ff.

[10] Daß es sich hier um eine *gesetzliche* Verpflichtung handelt, räumt auch der BGH, a.a.O., S. 19 ein.

[11] OLG Köln, a.a.O.

Bebauungsplanes i. S. des § 30 des Bundesbaugesetzes liegen, es sei denn, daß es sich um die Wirtschaftsstelle eines land- oder forstwirtschaftlichen Betriebes oder um Grundstücke handelt, die im Bebauungsplan als Grundstücke i. S. des § 1 ausgewiesen sind (Nr. 4); Veräußerungen, die nach dem Bayerischen Almgesetz vom 28. April 1932 genehmigt sind (Nr. 5). Genehmigungsfrei ist weiter der Erwerb landwirtschaftlicher Grundstücke im Zwangsversteigerungsverfahren (§ 37 GrdstVG).

Daneben kennt das Grundstücksverkehrsgesetz eine Reihe von Fällen, in denen ein Genehmigungszwang besteht (§ 8). So wenn eine Gemeinde oder ein Gemeindeverband an der Veräußerung beteiligt ist, das veräußerte Grundstück im Gebiet der beteiligten Gemeinde oder des beteiligten Gemeindeverbandes liegt und durch einen Bauleitplan i. S. des § 1 Abs. 2 des Bundesbaugesetzes nachgewiesen wird, daß das Grundstück für andere als die in § 1 bezeichneten Zwecke vorgesehen ist (Nr. 1); ein landwirtschaftlicher oder forstwirtschaftlicher Betrieb geschlossen veräußert oder im Wege der vorweggenommenen Erbfolge übertragen wird oder an einem Grundstück ein Nießbrauch bestellt wird und der Erwerber oder Nießbraucher entweder Ehegatte des Eigentümers oder mit dem Eigentümer in gerader Linie oder bis zum dritten Grad in der Seitenlinie verwandt oder bis zum zweiten Grad verschwägert ist (Nr. 2); ein gemischter Betrieb insgesamt veräußert wird und die land- oder forstwirtschaftliche Fläche nicht die Grundlage für eine selbständige Existenz bietet (Nr. 3); die Veräußerung einer Grenzverbesserung dient (Nr. 4); Grundstücke zur Verbesserung der Landbewirtschaftung oder aus anderen volkswirtschaftlich gerechtfertigten Gründen getauscht werden und etwaiger Geldausgleich nicht mehr als ein Viertel des höheren Grundstückswertes ausmacht (Nr. 5); ein Grundstück zur Vermeidung einer Enteignung oder einer bergrechtlichen Grundstücksabtretung an denjenigen veräußert wird, zu dessen Gunsten enteignet oder abgetreten werden müßte, oder ein Grundstück an denjenigen veräußert wird, der das Eigentum auf Grund gesetzlicher Verpflichtung übernehmen muß (Nr. 6); Ersatzland erworben wird, dessen Erwerb aus verschiedenen Gründen agrarpolitisch erwünscht ist (Nr. 7).

Versagt werden kann nach dem Grundstücksverkehrsgesetz die Genehmigung, wenn die Veräußerung eine ungesunde Verteilung des Grund und Bodens bedeuten oder durch die Veräußerung das Grundstück oder eine Mehrheit von Grundstücken, die räumlich oder wirtschaftlich zusammenhängen und dem Veräußerer gehören, unwirtschaftlich verkleinert oder aufgeteilt würde oder wenn der Gegenwert in einem groben Mißverhältnis zum Grundstückswert steht (§ 9 Abs. 1 GrdstVG).

Dieses Wechselspiel von Regel und Ausnahme sowohl bei der Frage der Genehmigungsfreiheit wie auch bei der Frage des Genehmigungszwanges und der Genehmigungsverweigerung birgt natürlich die Gefahr, daß sich die Entscheidungen zu sehr an den Wortlaut des Gesetzes klammern und diesen — unter Außerachtlassung des Sinnes und Zweckes des Gesetzes und vor allem des Zusammenhanges des Grundstücksverkehrsgesetzes mit anderen Gesetzen und der Verfassung — mißverstehen. Das war bei der Entscheidung des mit dieser Frage befaßten Landwirtschaftsgerichtes[12] der Fall. M. E. deshalb, weil nicht genügend berücksichtigt wurde, daß jedes Gesetz im Rahmen der gesamten Rechtsordnung und unserer Gesamtkultur zu betrachten ist und hier dem Wert der Entscheidung eben für diese Rechtsordnung zu wenig Gewicht beigemessen wurde[13].

III

Wie jede andere Veräußerung, so kann sich auch die Veräußerung landwirtschaftlicher Grundstücke wie folgt abspielen:

Einmal kann sowohl die schuldrechtliche Verpflichtung zur Übertragung eines landwirtschaftlichen Grundstücks wie auch die Übertragung des Grundstückes selbst, also die dingliche Wirkung, auf einem Rechtsgeschäft, d. h. in erster Linie auf einem Vertrag beruhen. Diesen Fall hat das Grundstücksverkehrsgesetz in § 2 geregelt, wenn es von „rechtsgeschäftlicher Veräußerung" (d. i. der dingliche Vertrag; vgl. RGZ 149, 348 mit weiteren Nachweisen) und von schuldrechtlichem Vertrag hierüber spricht und hierfür das Genehmigungserfordernis aufstellt[14]. (Fall I.)

Zum andern ist denkbar, daß zwar ein Rechtsgeschäft zugrunde liegt, der Eigentumserwerb sich aber kraft Gesetzes vollzieht. Man denke etwa an den auf Grund letztwilliger Verfügung oder Vereinbarung ehelicher Gütergemeinschaft kraft Gesetzes eintretenden Grundstücksübergang in das Vermögen des Erben oder in das Gesamtgut. Dieser Fall ist gesetzlich nicht geregelt; es besteht aber Einigkeit darüber, daß eine Genehmigung durch die Landwirtschaftsbehörde nicht erforderlich ist[15]. (Fall II.)

Es bleibt der Fall, in dem auf der schuldrechtlichen Seite kein Rechtsgeschäft vorliegt, die Verpflichtung zur Grundstücksübertragung sich

---

[12] AG Düren, a.a.O.

[13] Vgl. hierzu Anm. 1.

[14] Hierhin gehört aber auch die Auflassung, die auf Grund eines Vermächtnisses, also eines Rechtsgeschäftes, erfolgt (§§ 1939, 2174 BGB), wie die Auflassung auf Grund eines durch Verfügung des Erblassers statuierten Übernahmerechts.

vielmehr ex lege ergibt, während zur Übertragung — also zur Herbeiführung der dinglichen Wirkung — ein Rechtsgeschäft erforderlich ist. (Fall III.)

Nur um diesen Fall handelt es sich hier. Er scheint — allerdings nur bei oberflächlicher Betrachtung — im Gesetz dadurch geregelt zu sein, daß § 2 GrdstVG erklärt, sowohl die rechtsgeschäftliche Veräußerung (das dingliche Rechtsgeschäft) als auch der schuldrechtliche Vertrag hierüber bedürften der Genehmigung und damit den Anschein erweckt, die Reihenfolge der Genehmigungen stehe in einem Stufenverhältnis dergestalt, daß, wenn schon nicht der schuldrechtliche Verpflichtungsvertrag genehmigungsbedürftig sei — weil eben die Verpflichtung auf Gesetz beruht — wenigstens der dingliche Vertrag, die Auflassung, der Genehmigung bedürfe. Dementsprechend wird in der Literatur ganz überwiegend die Ansicht vertreten, daß die Auflassung landwirtschaftlicher Grundstücke auch dann genehmigungsbedürftig ist, wenn die Verpflichtung zur Auflassung auf Gesetz beruht[16].

Diese Ansicht ist jedoch schon für die Interpretation des Gesetzeswortlautes bedenklich. Die enge Verbindung „rechtsgeschäftlicher Veräußerung" und „schuldrechtlicher Vertrag hierüber" sprechen stark dafür, daß sowohl der Rechtsgrund für die Übereignung, ihre causa, wie auch die Eigentumsübertragung *Rechtsgeschäfte* sein müssen. Damit sind die Fälle erfaßt, auf die es praktisch ankommt, die regelmäßig vorkommen, bei denen ein freier Wille vorliegt, Eigentum zu übertragen. Hier und nur hier soll die landwirtschaftliche Kontrolle einsetzen.

Wenn demgegenüber das OLG in der genannten Entscheidung einwendet, auch in vorliegendem Falle beruhe die Übereignungspflicht des Pächters auf freiem Willen, weil sie sich letztlich auf den Pachtvertrag stütze, der ja seinerseits frei ausgehandelt worden sei, so widerspricht das schon dem nachträglich geäußerten Willen des Pächters, der das fragliche landwirtschaftliche Grundstück gerade behalten will und die rechtliche Bindung leugnet. So gesehen ist die Übereignungspflicht für ihn ein „Zwang", der ohne Zuhilfenahme der gesetzlich ausgesprochenen Sanktion nicht durchgesetzt werden könnte. Darüber hinaus beruht aber sowohl die Ersatzpflicht in der Form der Naturalrestitution wie die Herausgabepflicht nach § 687 II BGB auf gesetzlicher Anordnung zur Wiedergutmachung und nicht auf den Willen des Pächters.

---

[15] *Haegele,* Die Beschränkungen im Grundstücksverkehr, 2. A. 1962 Note 55 S. 38; vgl. weiter die Kommentare z. GrdstVG von: *Lange,* 2. A. 1965 § 2 Anm. 5; *Treutlein-Crusius,* 1963, § 2 Note 2; *Vorwerk-v. Spreckelsen,* 1963, § 2 Note 23; *Wöhrmann,* 1963, § 2 Note 5 u. 6; *Pikalo-Bendel,* 1963, § 2 F III 11.

[16] *Lange,* a.a.O., § 2 Note 6; *Friese,* RdL 1956, 66; *Wöhrmann,* a.a.O., § 2 Anm. 120; *Haegele,* a.a.O., Note 55; *dagegen* für die Genehmigungsfreiheit (allerdings beschränkt auf den Fall familienrechtlicher Auseinandersetzungen i. S. des § 1477 Abs. 2 BGB): *Pikalo-Bendel,* a.a.O., § 2 F III 7 b S. 291 a. E.

Jedenfalls ist heute nach allgemeiner Meinung nicht einer begriffsjuristischen Auslegung des Gesetzes, sondern einer auf die gesetzgeberischen Gründe eingehenden, wertenden interessenjuristischen Auslegung der Vorzug zu geben. Dabei sind natürlich der gesetzliche Wortlaut, aber auch verfassungsrechtliche Erwägungen zu berücksichtigen.

Es kann jeder der drei genannten Fälle aus dem unreflektiert genommenen und isoliert betrachteten Gesetzeswortlaut gelöst werden. Der Fall I ist klar. Entsprechend dem Wortlaut des § 2 GrdstVG ist sowohl der schuldrechtliche Vertrag wie die rechtsgeschäftliche Veräußerung unter das Gesetz zu subsumieren. Der Fall II, in dem sich der Eigentumsübergang kraft Gesetzes vollzieht, löst sich dadurch, daß man per argumentum e contrario folgert, der Gesetzgeber habe nur die rechtsgeschäftliche Veräußerung einem Genehmigungszwang unterworfen, folglich sei für einen gesetzlichen Eigentumsübergang keine Genehmigung erforderlich. Der Fall III könnte bei begriffsjuristischer Auslegung dadurch einer Lösung zugeführt werden, daß man die Auffassung vertritt, in diesem Falle sei eine Auflassung erforderlich, die der Gesetzgeber mit dem Passus „rechtsgeschäftliche Veräußerung" in § 2 GrdstVG einem Genehmigungszwang unterworfen habe.

Bei dieser Auslegung würde aber im Falle II die Frage offen bleiben, warum der Gesetzgeber nicht schon das Grundgeschäft (z. B. die Vereinbarung einer ehelichen Gütergemeinschaft), wenn landwirtschaftliche Grundstücke mit im Spiele sind, einem Genehmigungszwang unterworfen hat, nachdem ersichtlich ist, daß der Eigentumsübergang, weil er sich ja kraft Gesetzes vollzieht, nicht mehr genehmigungspflichtig ist. Im Falle III bleibt die Frage offen, warum eine Genehmigung für die Auflassung erforderlich sein soll, nachdem der Gesetzgeber selbst die Verpflichtung zur Übereignung statuiert hat. Denn eines sollte in diesem Falle keinem Zweifel unterliegen: Wenn der Gesetzgeber die Verpflichtung zur Übereignung ex lege ausspricht, auf der andern Seite aber die Auflassung einem Genehmigungszwang unterwerfen und damit die Möglichkeit schaffen würde, durch eine Verweigerung der Genehmigung die gesetzliche Pflicht zur Übertragung hinfällig zu machen, dann würde er auf öffentlich-rechtlichem Wege nehmen, was er zivilrechtlich gewährt hat.

Natürlich kann sich die interessenjuristische Wertung nicht einfach über den Wortlaut des Gesetzes hinwegsetzen, um eine Falschbewertung des Gesetzgebers, die in einer gesetzlichen Regelung ihren Niederschlag gefunden hat, rückgängig zu machen.

Aber es gibt im Grundstücksverkehrsgesetz genügend Anzeichen dafür, daß die Genehmigungspflicht des § 2 sich nur auf den Fall I, in dem die Verpflichtung und die dingliche Übertragung auf Rechtsgeschäft beruhen, erstreckt, dagegen nicht die Fälle II und III, in denen entweder die dingliche Übertragung oder die Verpflichtung zur Übertragung auf Gesetz beruhen, erfaßt. Abgesehen vom Grundstücksverkehrsgesetz kann es sicher Fälle geben, in denen das öffentliche Interesse ein zivilrechtliches Interesse oder eine zivilrechtliche Berechtigung derart überwiegt, daß das zivilrechtliche Interesse hintanstehen muß. Man denke in diesem Zusammenhang etwa an die Enteignung oder die Lehre vom Aufopferungsanspruch. Das müssen jedoch Einzelfälle bleiben, weil die herkömmliche Vorstellung vom status negativus und dem staatsfreien Bereich des Bürgers mit Recht dazu führt, daß öffentlich-rechtliche Interessen nicht überbewertet werden dürfen[17]. Jedenfalls liegt hier ein einleuchtender Grund für eine derartige Überbewertung öffentlicher Interessen mit der Folge, daß das Grundstücksverkehrsgesetz die gesetzlich angeordnete Wiedergutmachung zivilrechtlichen Unrechts verhindern könnte oder wollte, nicht vor.

Geht man vom Sinn und Zweck der Genehmigungspflicht einerseits, den Bestimmungen über den Genehmigungszwang und die Genehmigungsverweigerung andererseits aus, so sieht man, daß der gesetzgeberische Grund der Regelung zwar darin besteht, eine ungesunde Verteilung des landwirtschaftlichen Bodens oder eine unwirtschaftliche Verkleinerung landwirtschaftlicher Betriebe zu verhindern. Das entspricht den Intentionen des Gesetzgebers[18]. Aber diese Regelung ist — wie sich aus dem Grundstücksverkehrsgesetz selbst in Übereinstimmung mit der grundsätzlichen Pflicht des Staates zur Achtung der zivilrechtlichen Einzelinteressen ergibt — keineswegs so dirigistisch gestellt, daß agrarpolitische Erwägungen auf jeden Fall den Vorrang vor der Notwendigkeit der Durchsetzung begründeter zivilrechtlicher Ansprüche hätten.

Schon die Geschichte des Grundstücksverkehrsrecht in Deutschland war wechselvoll und entsprach in der Eingriffsmöglichkeit des Staates der allgemeinen jeweiligen Auffassung des Verhältnisses Bürger—Staat verbunden mit der jeweiligen Auffassung von der Aufrechterhaltung bäuerlicher Betriebe. So kann man wohl sagen, daß die „Bekanntmachung des Bundesrates über den Verkehr mit landwirtschaftlichen Grundstücken" vom 15. 3. 1918 (RGBl. I S. 123) zwar die rechtsgeschäftliche Übereignung einem Genehmigungszwang unterworfen hat, dem freien Verkehr mit landwirtschaftlichen Grundstücken — jedenfalls soweit es sich um kleinere Grundstücke handelte — wohlwollend gegen-

[17] *Nipperdey*, Freie Entfaltung der Persönlichkeit, in: Die Grundrechte Bd. IV, 2 S. 813 mit weiteren Nachweisen; *Pikalo-Bendel*, a.a.O., S. 19.

[18] Vgl. Bundestagsdrucksache Nr. 119, 3. Wahlperiode.

überstand. Denn nach § 1 dieser Bekanntmachung galt ein Genehmigungszwang nur für Grundstücke über 5 ha. Weiterhin ließ auch jede Widmungsänderung die Genehmigungspflicht entfallen. Und schließlich waren Veräußerungen an nahe Verwandte oder Verschwägerte genehmigungsfrei.

Weitaus strengere Einschränkungen enthielt das „Gesetz zur Änderung der Bekanntmachung über den Verkehr mit landwirtschaftlichen Grundstücken“, das unter nationalsozialistischer Herrschaft am 26. 1. 1937 (RGBl. I S. 32) ergangen ist. Dort wird festgesetzt, daß die Genehmigungspflicht bei Veräußerungen von landwirtschaftlichen Grundstücken schon bei 2 ha einsetzt. Widmungsänderungen entbinden nicht mehr von der Genehmigungspflicht. Vor allem aber wird in diesem Gesetz ausgesprochen, daß ein erhebliches öffentliches Interesse jede Veräußerung genehmigungspflichtig machen und damit unterbinden kann. Schließlich wurde für die Zwangsversteigerung landwirtschaftlicher Grundstücke die Bietegenehmigung eingeführt.

Kann man so im Verhältnis der Bundesratsbekanntmachung von 1918 zu dem nationalsozialistischen Gesetz eine Überbewertung öffentlicher Interessen in der nationalsozialistischen Zeit erkennen, so läßt sich umgekehrt im Verhältnis des Kontrollratsgesetzes Nr. 45 vom 20. 2. 1947 (Amtsblatt des Kontrollrats in Deutschland, 1945—1948 S. 256 f.) zu dem heute geltenden Grundstücksverkehrsgesetz wiederum eine Rückbesinnung auf die Schutzbedürftigkeit privatrechtlicher Interessen feststellen.

Das Grundstücksverkehrsgesetz hat die Genehmigungspflicht im Verkehr mit landwirtschaftlichen Grundstücken gegenüber seinem Vorgänger, dem Kontrollratsgesetz Nr. 45, weitgehend gelockert. So hat das Kontrollratsgesetz Nr. 45 keine öffentlich-rechtliche Pflicht der Verwaltung zur Genehmigung gekannt, wie sie § 8 GrdstVG jetzt vorsieht. Auf der anderen Seite hat das Kontrollratsgesetz Fälle aufgeführt, die die Verwaltung zwangen, die Genehmigung zu verweigern. Auch diese Pflicht zur Verweigerung der Genehmigung besteht heute nicht mehr. Heute bestimmt § 9 GrdstVG, daß die Verwaltung nur die Genehmigung verweigern oder durch Auflagen (§ 10) oder Bedingungen (§ 11) einschränken „darf“, wenn eine der im § 9 genannten Voraussetzungen vorliegt. Sie muß nicht die Genehmigung verweigern. Sie muß sie vielmehr erteilen, wenn keiner der Gründe des § 9 vorliegt. Weiter soll die Genehmigung nach § 9 Abs. 7 GrdstVG, auch wenn Bedenken aus den in § 9 Abs. 1 GrdstVG aufgeführten Gründen entgegenstehen, nicht versagt werden, wenn dies eine unzumutbare Härte für den Veräußerer wäre. Normalerweise wird deshalb die Genehmigung zu erteilen sein.

Als Folge dieser historischen Betrachtung ist festzustellen, daß den zivilrechtlichen Verträgen auch im Rahmen einer Genehmigungsbedürtigkeit weitgehend Durchsetzbarkeit zukommt. Diese Folge ergibt sich um so stärker, wenn — wie in vorliegendem Falle — *zivilrechtliches Unrecht* durch die Veräußerung eines landwirtschaftlichen Grundstücks *wiedergutgemacht* werden muß.

Nur formaljuristisch kann man einwenden, daß immer dann, wenn an sich ein Versagungsgrund vorliegt, die Genehmigung auch im Falle eines zivilrechtlichen Unrechts verweigert werden dürfe. Allein diese Auffassung, die von dem erstinstanzlichen Landwirtschaftsgericht durch die Verweigerung der Genehmigung vertreten wurde, widerspricht der These, daß die Rechtsordnung eine Einheit bildet und damit ein Verhalten, das (zivilrechtlich) unrechtmäßig ist, durch öffentlich-rechtlichen Akt nicht honoriert werden darf. Diese Auslegung würde den eingangs genannten Wert der Entscheidung, ihre Überzeugungskraft und auch das Vertrauen in die Rechtsprechung erschüttern. Zu Recht hat deshalb der Bundesgerichtshof in seinem Beschluß vom 13. Mai 1965 hier etwa in Frage kommende Verweigerungsgründe, nämlich, daß der neue Hof des Pächters mit öffentlichen Mitteln errichtet sei und der Pächter möglicherweise agrarstrukturelle Nachteile erleide, *nicht* zum Zuge kommen lassen, weil es sich um einen unrechtmäßigen Erwerb handelt. In diese Richtung hatte ein von mir in dem Rechtsstreit erstattetes Gutachten argumentiert. Wörtlich führt der Bundesgerichtshof aus:

„Gewiß wird sich die Auflassung (scl. des fraglichen landwirtschaftlichen Grundstückes an die Verpächter) gegen diese zur Verbesserung der Agrarstruktur durchgeführten Maßnahmen auswirken, es liegt auch keineswegs im öffentlichen Interesse, einem mit erheblichen Mitteln der öffentlichen Hand unterstützten Betriebsaufbau zu gefährden oder gar zum Erliegen zu bringen. Indessen sind diese Überlegungen im vorliegenden Falle nicht entscheidend, weil für den zu unterstellenden Fall der Rechtskraft der Verurteilung des Beteiligten zu 3 (d. i. des Pächters) feststeht, daß er den Grundstückskauf vertragswidrig vorgenommen hat, und weil es nicht angeht, einen auf diese Weise erworbenen Besitz dem geschädigten Vertragsgegner mit der Begründung vorzuenthalten, der Grundbesitz müsse im Interesse der Verbesserung der Agrarstruktur doch bei dem vertragsuntreuen Partner bleiben."

Im Hinblick auf § 9 Abs. GrdstVG[19] führt der Bundesgerichtshof aus:

„§ 9 Abs. 2 GrdstVG enthält nach seinem Wortlaut eine für den *Regel*fall geltende Auslegung. Die besondere Umstände des vorliegenden Falles ... gebieten die Nichtanwendung dieser Auslegungsregel. Dem steht auch nicht entgegen, daß sich das Genehmigungsverfahren nach den Belangen der Allgemeinheit und nicht des einzelnen Bürgers auszurichten hat. Denn in diesem Rahmen hält sich die Würdigung des Beschwerdegerichts, im Hinblick auf den auch im öffentlichen Recht geltenden Grundsatz, daß Verträge einzuhalten

[19] § 2 Abs. 2 GrdstVG lautet: „Eine ungesunde Verteilung des Grund und Bodens im Sinne des Absatzes 1 Nr. 1 liegt in der Regel dann vor, wenn die Veräußerung Maßnahmen zur Verbesserung der Agrarstruktur widerspricht.

sind, könne der vertragswidrig erworbene Grundbesitz dem Entschädigungsberechtigten nicht mit der Begründung vorenthalten werden, der Beteiligte zu 3 (d. i. der Pächter) erleide durch die Abgabe erhebliche Nachteile, die agrarstrukturell nicht erwünscht seien."

IV

Damit hat der Bundesgerichtshof mit Recht zum Ausdruck gebracht, daß der unrechtmäßige Erwerb des fraglichen landwirtschaftlichen Grundstückes weder schutzbedürftig noch schutzfähig ist, soweit der Versagungsgrund der ungesunden Verteilung des Grund und Bodens (§ 9 Abs. 1 Nr. 1 GrdstVG) und der Versagungsgrund, daß die Gewährung öffentlicher Mittel zu einem sicheren Bestande des gestützten landwirtschaftlichen Betriebes führen soll (§ 9 Abs. 1 Nr. 2 i. V. m. Abs. 3 Nr. 4 GrdstVG), in Frage steht. Indessen bleiben Zweifel bestehen, ob mit dieser Entscheidung für alle Fälle einer gesetzlich angeordneten Wiedergutmachung zivilrechtlichen Unrechtes ein Genehmigungszwang statuiert werden sollte. Wenn der Bundesgerichtshof sich die für ihn verbindliche Feststellung des OLG Köln zu eigen macht, der landwirtschaftliche Betrieb des Pächters könne die Abgabe des 1,7 ha großen, unrechtmäßig erworbenen Grundstückes an die Verpächter „verkraften", so könnte man zu der Annahme neigen, daß eine Genehmigung verweigert werden könnte, sofern nur die Lebensfähigkeit des landwirtschaftlichen Betriebes verloren geht (§ 9 Abs. 1 Nr. 2 i. V. m. Abs. 3 Nr. 1 GrdstVG). Wenn der Bundesgerichtshof weiter Erwägungen darüber anstellt, ob durch den Erwerb des fraglichen Grundstückes der landwirtschaftliche Betrieb der forderungsberechtigten Verpächter nicht über Gebühr vergrößert werde, nachdem er ohnehin schon eine Größe von 380 Morgen habe, könnte daraus geschlossen werden, daß dann eine Versagung der landwirtschaftsrechtlichen Genehmigung angezeigt sei, wenn der landwirtschaftliche Betrieb der Verpächter tatsächlich über Gebühr vergrößert würde. Denn tatsächlich entspricht es herrschender Lehre, daß eine ungesunde Verteilung des Grund und Bodens auch dann vorliegt, wenn der landwirtschaftliche Betrieb eine bestimmte Größe überschreitet[20]. Dies würde jedoch bedeuten, daß die Unrechtmäßigkeit des Erwerbes des landwirtschaftlichen Grundstückes durch den Pächter einen Teil der gesetzlich vorgesehenen Versagungsgründe ausschließen würde, bei einem anderen Teil dagegen rechtlich irrelevant sein soll.

Diese Zweifelsfrage würde nicht entstehen, wenn man über die Entscheidung des Bundesgerichtshofes hinaus und gegen die Entscheidung des OLG Köln das Problem nicht aus der Sicht einer Genehmigungs-

---

[20] *Lange*, a.a.O., § 9 Note 3 b S. 179; *Pikalo-Bendel*, a.a.O. § 9 F I 3 b jeweils mit weiteren Nachweisen; *Wöhrmann*, a.a.O. § 9 Note 55.

bedürftigkeit, sondern der *Genehmigungsfreiheit* sieht und in dem Sinne bejaht, daß die Wiedergutmachung zivilrechtlichen Unrechtes eine Genehmigungsfreiheit zur Folge hat. Tatsächlich ist diese Folge auch sehr wohl mit dem Grundstücksverkehrsgesetz vereinbar.

V

Schon jetzt hat der Gesetzgeber in bestimmten Fällen zivilrechtliche Ansprüche so weit anerkannt, daß er auf die Genehmigungsbedürftigkeit ganz verzichtet hat. Ein solcher Fall ist die Zwangsversteigerung eines landwirtschaftlichen Grundstückes. Im Gegensatz zum Kontrollratsgesetz, das eine Bietegenehmigung vorsah (Art. IV Abs. 3), hat das Grundstücksverkehrsgesetz auf die Bietegenehmigung verzichtet. Es hat in § 37 lediglich bestimmt, daß die Bundesregierung ermächtigt ist, zur Verhinderung von Mißbräuchen, die die Wirksamkeit dieses Gesetzes erheblich beeinträchtigen, eine Bietegenehmigung einzuführen. Von dieser Ermächtigung hat die Bundesregierung aber bisher keinen Gebrauch gemacht, weil sie nicht notwendig war. Darin kommt zum Ausdruck, daß die Einschränkung des Grundstücksverkehrs durch das Grundstücksverkehrsgesetz nicht auf Kosten des Gläubigers einer rechtskräftig festgestellten Forderung, mithin nicht auf Kosten staatlich anerkannter und anerkennenswerter Rechte des Gläubigers gehen darf. Die Genehmigungsfreiheit der „Veräußerung im Wege der Zwangsversteigerung" kann nicht als ein abschließend geregelter Ausnahmefall angesehen werden. Man muß diesem Fall vielmehr im Wege der Analogie die ex lege bestehende Verpflichtung zur Auflassung gleichstellen. In beiden Fällen handelt es sich nicht darum, daß ein Veräußerer aus freiem Willensentschluß auf Grund eines Rechtsgeschäftes ein unter § 1 GrdstVG fallendes Grundstück veräußern will. Nur für solche Fälle ist aber die landwirtschaftliche Kontrolle und Genehmigungspflicht sinnvoll und geboten. Ist der Eigentümer dagegen ex lege, also zwangsweise, zur Auflassung verpflichtet, so ist es widersinnig, die vom Gesetzgeber angeordnete Verpflichtung und die in ihrer Erfüllung erfolgende Auflassung aus welchen Gründen auch immer, einer Genehmigungspflicht zu unterwerfen.

Die dagegen geäußerten Bedenken des OLG Köln können nicht überzeugen. Die Möglichkeit der Anordnung einer Bietegenehmigung durch die Bundesregierung bedeutet keineswegs ein Analogieverbot für den vorliegenden Fall. § 37 GrdstVG spricht, wie schon gesagt, von der Verhinderung von Mißbräuchen, die die Wirksamkeit des Grundstücksverkehrsgesetzes erheblich beeinträchtigen. Ein Mißbrauch liegt aber grundsätzlich nur dann vor, wenn mit der Absicht der Gesetzesumgehung agrarpolitisch unerwünschte Folgen herbeigeführt werden[21]. Das kann hier nie der Fall sein, weil die gesetzliche Auflassungsverpflichtung der Wiedergutmachung eines zivilrechtlichen Unrechtes dient. Andererseits vollzieht sich natürlich der Eigentumserwerb bei der Zwangsversteigerung in anderen Formen wie die Auflassung. Auch das wäre kein Gegenargument. Denn das Grundstücksverkehrsgesetz hat nach seinem Wortlaut selbst gezeigt, daß es einmal vorgegebene hoheitliche Entscheidungen, sei es durch Gesetz, sei es durch Richterspruch, sei es auch nur im Interesse allgemein überkommener (zivilrechtlicher) Rechtsgrundsätze als für sich verbindlich anerkennt und mit einer Genehmigungsfreiheit honoriert. Der erste Fall liegt dann vor, wenn sich, wie schon gesagt, der Eigentumsübergang ex lege vollzieht. Ob dies der Fall ist, ergibt sich aus vorwiegend zivilrechtlichen Erwägungen. Er liegt aber auch, wie sich aus der Verweisung des § 4 GrdstVG ergibt, dann vor, wenn es um Veräußerungen im Bereiche der Flurbereinigung, des Siedlungsverfahrens oder eines Verfahrens nach § 37 des Bundesvertriebenengesetzes handelt oder schließlich um Fragen des Bebauungsplanes. Das sind öffentlich-rechtliche Tatbestände. Der zweite Fall liegt etwa dann vor, wenn es sich um die Zuweisung eines landwirtschaftlichen Betriebes an einen Miterben handelt. Hier sind zivilrechtliche Erwägungen insoweit maßgebend, als der wirkliche oder mutmaßliche Wille des Erblassers zu befolgen ist (§ 15 GrdstVG). Im Zusammenhang mit dem dritten Fall sei auf § 7 Abs. 3 GrdstVG verwiesen. Ist danach eine an sich genehmigungspflichtige Eigentumsübertragung ohne Genehmigung länger als ein Jahr im Grundbuch eingetragen, so gilt die Eigentumsübertragung als genehmigt. Hier handelt es sich ausschließlich um die zivilrechtlichen Interessen der Rechtssicherheit und des Schutzes des guten Glaubens an die Richtigkeit des Grundbuchinhaltes[22].

Wenn dem aber so ist, so liegt für unsere Fälle die Folge um so unabweisbarer auf der Hand, daß nämlich das Grundstücksverkehrsgesetz die vom (zivilrechtlichen) Gesetzgeber ausgesprochene Folge der Auflassungsverpflichtung respektieren will und daß deshalb Genehmigungsfreiheit anzunehmen ist.

Die Frage der Schutzwürdigkeit des landwirtschaftlichen Betriebes des unrechtmäßig handelnden Pächters ist keine landwirtschaftsrechtliche Frage mehr, sondern eine zivilrechtliche und damit keine Frage der Genehmigungspflicht, sondern eine Frage der Genehmigungsfreiheit.

---

[21] *Pikalo-Bendel*, a.a.O. § 37 E I 1 S. 1223; *Vorwerk-v. Spreckelsen*, a.a.O. § 37 Note 3 und 4; *Wöhrmann*, a.a.O. § 37.

[22] *Lange*, a.a.O. § 7 Note 5; *Pikalo-Bendel*, § 7 G I 1; *Vorwerk-v. Spreckelsen*, a.a.O. § 7 Anm. 31; *Treutlein-Crusius*, a.a.O. § 7 Note 4 a.

Freilich darf diese Frage nicht verwechselt werden damit, ob der Grundbuchrichter allein die Genehmigungsfreiheit beurteilen kann. Das wird in aller Regel zu verneinen sein. Aber gerade daraus ergibt sich, daß die Genehmigungsbehörde ein Negativattest[23] erst recht zu erteilen hat, weil sonst Fragen des landwirtschaftsrechtlichen Genehmigungszwanges die Herstellung eines auch vom Grundstücksverkehrsgesetz gewünschten Erfolges verhindern könnten.

VI

Wurde so das Ergebnis gewonnen, daß schon nach dem Grundstücksverkehrsgesetz Genehmigungsfreiheit für die Fälle zu bejahen ist, in denen es sich um die ex lege angeordnete Wiedergutmachung zivilrechtlichen Unrechtes handelt, so ergibt sich diese Folge aber auch aus der Verfassung. Wird eine bestimmte Rechtsposition entzogen, hier das gesetzliche Forderungsrecht der Verpächter, so liegt in diesem Entzug eine Enteignung, die auch nicht mit dem Hinweis des OLG Köln geleugnet werden kann, daß alle in vergleichbarer Weise Betroffenen gleichbehandelt werden. Zugegebenermaßen bildet der Begriff des Sonderopfers mit seinem Gleichheitsgrundsatz sowie die Schwere des Eingriffs in das Eigentum einen Beurteilungsmaßstab für die Abgrenzung der Sozialgebundenheit des Eigentums zur Enteigung[24]. Wenn jedoch eine Berechtigung völlig entzogen wird, so liegt darin sicher immer eine Enteigung, weil für sie der Begriff der Rechtsentziehung wesentlich ist[25]. Gesetzt den Fall, der Bundesgerichtshof hätte also sagen wollen, daß trotz der Unrechtmäßigkeit der Handlungsweise des Pächters immer noch die Möglichkeit der Verweigerung einer landwirtschaftsrechtlichen Genehmigung bestehe, so würde die Verweigerung der Genehmigung einen Entzug des Forderungsrechtes der Verpächter enthalten und damit als Enteignung anzusehen sein, für die weder das Grundstücksverkehrsgesetz eine eindeutige Rechtsgrundlage bietet und die auch nicht unter der Sicht eines enteignungsgleichen Eingriffs den Voraussetzungen des Art. 14 GG genügen würde.

Zu den Prinzipien des freiheitlichen und sozialen Rechtsstaates (Art. 1, 2, 20, 28 GG) gehört auch der Grundsatz der Vertragstreue. Es ist nicht nur eine entscheidende Grundlage des Privatrechts, sondern die gesamte Rechtsordnung beruht auf ihm und muß ihn beachten. Würde man die

[23] Der Sinn des Negativattestes ist es, bestehende Zweifel über die Genehmigungsfreiheit zu klären; vgl. statt aller: *Lange*, a.a.O. § 5 Note 2.

[24] Übersicht z. B. im: Bonner Kommentar zum Grundgesetz, Loseblattausgabe Stand 1965, Art. 14 Abs. III Note 42 ff.

[25] H. L. vgl. *Mangoldt-Klein*, Kom. z. GG, 2. A. 1957 Bd. I Art. 14, VII 2 b.

Grundstücksverkehrsbeschränkungen so auslegen, daß die Einhaltung eines wirksamen (Pacht-)Vertrages und einer ex lege wirksamen Verbindlichkeit verhindert würde, so wäre der Grundsatz der Vertragstreue selbst negiert. Die wesentliche Bedeutung des Grundsatzes der Vertragstreue hat auch der Bundesgerichtshof im Zusammenhang mit den hier vorliegenden landwirtschaftsrechtlichen Fragen anerkannt[26].

Auch aus verfassungsrechtlicher Sicht gebietet sich daher die Annahme, daß die ex lege bestehende Verbindlichkeit zur Auflassung eines landwirtschaftlichen Grundstückes, dessen Erwerb für den Vorbesitzer unrechtmäßig war, genehmigungsfrei ist.

[26] BGH, a.a.O.

Der Geschäftsführer der GmbH und Co, KG

Von Wilhelm Herschel, Köln

Die GmbH und Co, KG ist nicht etwa eine besondere Grundform der Handelsgesellschaft, vielmehr lediglich eine Ausformung der Kommanditgesellschaft, die sich durchaus innerhalb dieses Typus hält. Deshalb ist es nicht sachgemäß, die GmbH und Co, KG als einen Fall der Grundtypenvermischung zu qualifizieren; denn der Typus der Kommanditgesellschaft wird nicht — wie etwa bei der Kommanditgesellschaft auf Aktien — mit einem anderen Typus vermischt, allenfalls mit einem anderen Typus in Berührung besonderer Art gebracht.

Die Eigenart der GmbH und Co, KG besteht darin, daß dieser Kommanditgesellschaft als Gesellschafter eine juristische Person, nämlich eine GmbH, angehört, und zwar regelmäßig als Komplementär, meist sogar als einziger Komplementär, so daß die Kommanditgesellschaft dann nur einen einzigen persönlich haftenden Gesellschafter aufweist und diesem die Rechtsfigur der GmbH zu eigen ist. Wenn *Meilicke*[1] die GmbH und Co, KG mit der stillen Beteiligung an einer GmbH in Verbindung bringt, so ist das ebenso unbegründet wie verwirrend.

Die GmbH und Co, KG verdankt ihre Entstehung nicht bloß steuerrechtlichen Erwägungen, sondern „offensichtlich auch wichtigen rein wirtschaftlichen Interessen"[2]. Sie erfreut sich in der Geschäftswelt großer Beliebtheit. Selbst so imposante Unternehmen wie Krupp, Horten, Axel Springer, Haus Neuerburg[3], Rollei und andere mehr bedienen sich ihrer.

Die Gründungen von GmbH und Co, KG begannen kurz vor dem ersten Weltkriege, also fast um die Zeit, als unser hochverehrter Jubilar mit seiner so erfolgreichen akademischen Lehrtätigkeit begann. Uns damaligen Hörern des jungen Privatdozenten Rudolf *Schmidt* ist heute nach mehr als 50 Jahren noch gegenwärtig, wie er es meisterhaft verstand, uns die Grundzüge der juristischen Person nahe zu bringen. Nimmt man noch hinzu, daß Rudolf *Schmidts* Interesse nie an neuen

---

[1] *Meilicke* in Steuerberater-Jahrbuch 1954/55, S. 201.

[2] RGZ, Bd. 105, S. 101.

[3] *Hesselmann*, Handbuch der GmbH und Co., 8. Auflage, S. 2 N 5. — Die hohe Auflage dieses Buches spricht sowohl für seinen Inhalt wie für die weite Verbreitung der GmbH und Co.

Rechtsgebilden vorbeiging und daß es ihm, wie seine jüngsten Veröffentlichungen wiederum zeigen, in besonderem Maße gegeben ist, begriffliche Strenge und dogmatische Sauberkeit mit den praktischen Bedürfnissen auf einen Nenner zu bringen, so mag es gestattet sein, eine Rechtsfrage aus dem Kreise der GmbH und Co, KG, nämlich die Stellung des Geschäftsführers, als Beitrag zur Festschrift für diesen großen Gelehrten und Lehrer auszuwählen.

Es handelt sich um den Geschäftsführer einer Kommanditgesellschaft; das ist in den Vordergrund zu stellen. Da die Kommanditisten von der Geschäftsführung ausgeschlossen sind (§ 164 HGB), kommt nur der Komplementär als Geschäftsführer in Betracht (§ 161 Abs. 2 in Verbindung mit § 114 Abs. 1 HGB). Das ist in dem Falle, dem wir uns zuwenden wollen, die GmbH. Diese kann als juristische Person nicht selbst handeln. Sie wird durch ihr Organ, den Geschäftsführer, tätig (§§ 35 ff. GmbHG); er hat die Stellung eines gesetzlichen Vertreters der GmbH. Verbindet man diese beiden Rechtsgestaltungen miteinander, so ergibt sich, daß der Geschäftsführer der GmbH zugleich in Realunion Geschäftsführer der GmbH und Co, KG ist. Manche Schriftsteller sprechen deshalb davon, der Geschäftsführer der GmbH sei mittelbarer Geschäftsführer der GmbH und Co, KG. Meines Erachtens führt diese Bezeichnung nicht weiter. Außerdem kann sie eine Quelle von Mißverständnissen werden. Deshalb wird sie im folgenden nicht gebraucht werden.

Dadurch, daß der Geschäftsführer der GmbH zugleich die Geschäfte der GmbH und Co, KG führt, ändert sich an seinen Rechtsbeziehungen zu der GmbH — abgesehen von der Erweiterung seines Aufgabenkreises — grundsätzlich nichts. Auf einige Fragen von untergeordneter Bedeutung, die sich in Sonderfällen ergeben können, braucht in unserem Zusammenhange nicht eingegangen zu werden. Wie aber ist das Rechtsverhältnis zwischen dem Geschäftsführer der GmbH und der GmbH und Co, KG beschaffen? Dabei kann von delikts-, bereicherungsrechtlichen und ähnlichen Fragen abgesehen werden.

1. Vertrag zugunsten und zu Lasten Dritter

Die GmbH steht zu der GmbH und Co, KG als Komplementärin in einem gesellschaftsrechtlichen Verhältnis. Das gilt jedoch nicht für die Person ihres Geschäftsführers. Andererseits kann man sich bei Würdigung der Interessenlage schwerlich denken, daß der Geschäftsführer — namentlich als eine für die GmbH und Co, KG so wichtige Person — ohne Rechtsband gewissermaßen neben der GmbH und Co, KG einhergehe. Es liegt deshalb nahe, nach einer juristischen Verbindung zwischen der GmbH und Co, KG und dem Geschäftsführer zu suchen.

Es ist das Verdienst von *Cahn*[4], sich hierum bemüht zu haben. Dieser Autor gelangt zu dem Ergebnis, der Dienstvertrag des Geschäftsführers der GmbH sei im Verhältnis zur GmbH und Co, KG ein Vertrag zugunsten und zu Lasten eines Dritten. Soweit *Cahn* einen Vertrag zugunsten der GmbH und Co, KG annimmt, bewegt er sich auf einer rechtlich einwandfreien Bahn. Gerade in letzter Zeit nimmt eine solche Breitenwirkung schuldrechtlicher Verträge zu; vgl. z. B. § 3 Nr. 1 und 2 PflichtversicherungsG n. F., der dem Kraftfahrzeuggeschädigten einen weiteren Schuldner für seinen Schadenersatzanspruch gibt. Die „ungeahnte Ausdehnung"[5] des Vertrages zugunsten Dritter hat in der fruchtbaren Erarbeitung des Instituts des Vertrages mit Schutzwirkung für Dritte eine weitere Fortsetzung gefunden. Indessen braucht nicht näher darauf eingegangen zu werden. Die Konstruktion *Cahns* sieht eine untrennbare Verquickung eines Vertrages zugunsten mit einem Vertrage zu Lasten des Dritten vor. Nun kennt unsere Rechtsordnung den Vertrag zu Lasten Dritter nicht, ja die Unzulässigkeit des Vertrages zu Lasten eines Dritten ist durch Art. 2 Abs. 1 GG verfassungsmäßig garantiert[6]. Mit diesem Hauptstück wird zugleich der gesamte Konstruktionsversuch *Cahns* hinfällig, so daß andere Bedenken[7] nicht geprüft zu werden brauchen.

2. Sozialer Kontakt

Soll man deshalb resignieren und mit der herrschenden Meinung annehmen, „daß zwischen der GmbH und Co und den Geschäftsführern der GmbH keinerlei Rechtsbeziehungen bestehen ..."[8]? Angesichts des intensiven sozialen Kontaktes, in dem der Geschäftsführer zu der GmbH und Co, KG steht, ist man wenig geneigt, sich damit abzufinden.

Sozialer Kontakt — ist damit vielleicht ein Stichwort für eine brauchbare Lösung gefallen? Man denkt an Günter *Haupts*[9] berühmte und umstrittene Theorie von den faktischen Vertragsverhältnissen. *Nikisch*[10] hat neuerdings diese Lehre, namentlich soweit sie das faktische Arbeitsverhältnis betrifft, kritisch behandelt und dabei Teile von ihr in beachtenswerter Weise zu retten versucht. Manches von dem ließe sich

---

[4] *Cahn*, Die GmbH und Co., Kommanditgesellschaft (= Die private Unternehmung und ihre Betätigungsformen, juristische und privatwirtschaftliche Abhandlungen, herausgegeben von Hoeniger und Walb Bd. 5), Mannheim 1922, S. 22 ff.

[5] *Larenz*, Lehrbuch des Schuldrechts, Bd. 1, 7. Auflage, S. 126.

[6] *Laufke* in Festschrift für Heinrich Lehmann, Bd. 1 (1956), S. 170.

[7] *Hesselmann* wie N 3 S. 101 f.

[8] *Hesselmann* wie N 3 S. 102 unten.

[9] Günter *Haupt* in Festschrift für Heinrich Siber, Bd. 2, S. 5 ff. = Günther *Haupt*, Über faktische Vertragsverhältnisse (Sonderdruck), Leipzig 1943.

[10] *Nikisch* in Festschrift für Hans Dölle, Bd. I, S. 79 ff.

durchaus auf unseren Fall übertragen. Indessen kann davon abgesehen werden, weil sich eine speziellere Möglichkeit bietet, die uns der Pflicht, aber auch der Möglichkeit enthebt, mit jenem allgemeinen Gedanken zu operieren.

3. Das Leiharbeitsverhältnis

Die Wissenschaft und die Rechtsprechung des Arbeitsrechts haben in den letzten Jahrzehnten die Lehre vom Leiharbeitsverhältnis entwickelt und zu einem gewissen Abschluß geführt. Dabei geht es nicht um den Fall, daß ein Arbeitnehmer im Auftrage seines Arbeitgebers unter dessen Leitung in einem fremden Betriebe eine Arbeitsleistung zu vollbringen, z. B. einen Dampfkessel zu montieren, eine Wand anzustreichen, einen Blitzableiter zu prüfen hat; vielmehr handelt es sich darum, daß ein Arbeitnehmer von seinem Arbeitgeber in einen fremden Betrieb abgeordnet und dessen Arbeitgeber zur Verfügung gestellt wird, so daß er sich nunmehr in einem gespaltenen Arbeitsverhältnis befindet[11].

Die Einzelheiten der komplizierten Rechtslage, die sich so ergibt, brauchen hier nicht betrachtet zu werden. Jedenfalls schuldet bei dieser Art von Arbeitsvertrag der Arbeitnehmer auch dem Arbeitgeber, zu dem er abgeordnet und in dessen Betrieb und Unternehmen er eingegliedert worden ist, die Erfüllung der arbeitsvertraglichen Treuepflicht und damit der Hauptpflicht aus dem Arbeitsverhältnis. Das Wesen des Leiharbeitsverhältnisses schließt es allerdings nicht aus, daß, je nach den Vereinbarungen, die Treuepflicht des Arbeitnehmers gegenüber dem Entleiher eine gewisse Beschränkung erfährt, nämlich dahin, daß er auch noch bestimmte Interessen des Verleihers zu wahren hat[12]. Dies ändert aber nichts daran, daß der Leiharbeiter die Arbeitsleistung unmittelbar dem Entleiher schuldet, daß dieser hierauf einen originären, unmittelbaren eigenen Anspruch hat und daß der Arbeitnehmer dem Entleiher für die ordnungsgemäße Erfüllung seiner Arbeitspflichten einzustehen hat.

Die so gewonnenen Erkenntnisse lassen sich in unserem Falle sinngemäß verwerten. Gewiß — es kann keine Rede davon sein, daß der Geschäftsführer zu der GmbH und Co, KG als *Arbeitnehmer* abgeordnet worden ist; er ist nach wie vor Geschäftsführer der GmbH und übt für diese die Geschäftsführung der GmbH und Co, KG aus. Aber das bleibt hinter seinen wirklichen Funktionen zurück; denn immerhin rückt er auf diese Weise in das gesellschaftsrechtliche Gefüge der GmbH

---

[11] Vgl. *Hueck-Nipperdey*, Lehrbuch des Arbeitsrechts, Bd. I, 7. Auflage, S. 521 ff.; *Nikisch*, Arbeitsrecht, Bd. I, 3. Auflage, S. 241 ff.

[12] *Nikisch* wie N 11, S. 243 N 47.

und Co, KG ein. Es hieße eine blasse gedankliche Konstruktion über die reale Wirklichkeit setzen, wollte man verkennen, daß nunmehr zusammen mit der GmbH auch deren Geschäftsführer der GmbH und Co, KG zugeordnet ist. Natürlicher Auffassung entspricht es, daß ihm damit auch persönlich und der GmbH und Co, KG gegenüber eine besondere unmittelbare Pflichtenstellung zukommt — ähnlich wie das beim Leiharbeitsverhältnis allgemein heute anerkannt ist. Schält man die Grundgedanken der Lehren, die zum Leiharbeitsverhältnis vorgelegt worden sind, heraus, so bestehen nicht bloß keine Bedenken, sie hier anzuwenden, sondern das ist sogar als Notwendigkeit anzuerkennen.

4. Die Möglichkeit besonderer Vertragsgestaltung

Tritt eine GmbH in eine Kommanditgesellschaft als Komplementärin ein, so liegt es nahe, daß sie mit ihrem Geschäftsführer eine Ergänzung des Anstellungsvertrages vereinbart, insbesondere die Bezüge des Geschäftsführers neu regelt. Der für den Geschäftsführer aufgewendete Betrag an Gehalt usw. stellt für die GmbH eine im Interesse der Kommanditgesellschaft gemachte Aufwendung dar, deren Ersatz sie von der GmbH und Co, KG verlangen kann. Auf diese Weise ist sie praktisch imstande, das dem Geschäftsführer gezahlte Gehalt von der Kommanditgesellschaft zurückzufordern.

Statt dieses umständlichen Weges können sich die Beteiligten für eine andere Möglichkeit entscheiden, die einfacher und rechtlich einwandfrei ist und dennoch wirtschaftlich-praktisch zu demselben Endergebnis führt. Sie brauchen nämlich nicht die Stellung des Geschäftsführers der GmbH nach der anstellungsrechtlichen Seite hin vertraglich auszubauen, dafür aber können sie es der Kommanditgesellschaft überlassen, dem Geschäftsführer durch Vereinbarung mit der Kommanditgesellschaft eine Rechtsgrundlage zu schaffen, die seine dienstvertraglichen Rechte und Pflichten präzisiert. Im Verfolg dessen können die Kommanditgesellschaft und der Geschäftsführer einen Vertrag abschließen, in dem sie die Rechtsstellung des Geschäftsführers in besonderer Weise regeln.

Dieser Vertrag ist rechtlich nicht leicht zu qualifizieren: in negativer Hinsicht ist zu bemerken, daß er nicht dem Typus des Arbeitsvertrages zugeordnet werden kann; denn die Existenz eines sogenannten abhängigen Dienstverhältnisses ist weder mit dem Wesen der Geschäftsführerstellung bei der GmbH noch mit der Stellung dessen vereinbar, der als Organ einer juristischen Person innerhalb einer Kommanditgesellschaft die Funktionen eines Komplementärs und damit eines Geschäftsführers ausübt, und es ist undenkbar, daß jemand in seiner Person beides im Dienste des gleichen Dienstherrn vereinigt, nämlich die Funktion des

Arbeitgebers (Geschäftsführers, Komplementärs) und die des Arbeitnehmers (Dienstverpflichteten aus einem Arbeitsvertrage). Diese Deutungsmöglichkeit scheidet also aus.

Die richtige rechtliche Charakterisierung ist eben die, daß es sich inhaltlich um den Anstellungsvertrag des Organmitgliedes einer juristischen Person handelt, jedoch mit der Maßgabe, daß als Partei nicht die GmbH, deren Geschäftsführer er ist, auftritt, sondern daß die Kommanditgesellschaft als Personengesellschaft in Vorwegnahme des sonst der GmbH zu leistenden Aufwendungsersatzes in diesem Vertrage die Parteirolle übernommen hat, die normalerweise der GmbH als juristischer Person zugekommen wäre. Man kann auch sagen, es gehe um einen Anstellungsvertrag besonderer Art, immerhin um ein Vertragsgebilde, das trotz seiner nicht alltäglichen Gestaltung noch dem Typus des Anstellungsvertrages etwa im Sinne des § 84 n. F. AktG — wenigstens was den Inhalt anbelangt — zugerechnet werden muß[13]. Dabei wird nicht übersehen, daß die Verpflichtung zur Dienstleistung, die auf einem Gesellschaftsvertrag beruht, also z. B. die des Komplementärs, als solche nicht dienstvertragsrechtlicher Natur ist[14].

In unserem Falle bleibt das gesellschaftsrechtliche Verhältnis rein erhalten; nur ist die Kommanditgesellschaft an die Stelle der GmbH in deren vertragsrechtliche Stellung mit den entsprechenden Modifikationen eingetreten, um so einen juristischen Effekt zu erzielen, dessen Gewinnung sonst, wie bereits erwähnt worden ist, eines unbequemen Umweges bedurft hätte. Es ist also gewissermaßen ein Anstellungsvertrag geschlossen worden, der dem Geschäftsführer eine unmittelbare Sicherheit bietet und der sich in tatsächlicher Hinsicht und darüber hinaus im Rechtssinne als Vertrag zugunsten der GmbH auswirkt.

Entscheiden sich die Beteiligten zu solcher Konstruktion, so ist aus diesem Vertrag im Verhältnis zum Geschäftsführer ausschließlich die GmbH und Co, KG Träger von Pflichten. Nun haben wir bereits gesehen, daß die GmbH als begünstigter Dritter gemäß diesem Vertrage für sich unmittelbare Rechte erwerben kann. Das hindert jedoch nicht, daß neben der GmbH auch die GmbH und Co, KG aus dem besonders gestalteten Anstellungsvertrage Rechte für sich herleiten kann.

Analysiert man die Interessenlage, so ergibt sich, daß insoweit auf seiten der beteiligten Firmen sogar das wirtschaftliche Hauptinteresse bei der GmbH und Co, KG liegt. Die etwas verwickelte juristische Vertragsgestaltung, welche die Parteien mit Rücksicht auf die gesellschafts-

---

[13] Zum Begriff des Anstellungsvertrages vgl. *Denecke*, Reichsgerichtsräte — Kommentar zum BGB, 11. Auflage, Vorbemerkung 5 vor § 611; Alfred *Hueck*, Der Betrieb, 1954, S. 274 f.

[14] Vgl. *Molitor*, Der Betrieb 1957, S. 164 ff.; *Fischer* in LM Nr. 4 zu § 705 BGB.

rechtliche Verschachtelung wählen, kann das nicht verdunkeln. Sieht man von allem formellen Beiwerk ab, so erkennt man, daß es darauf ankommt, für die GmbH und Co, KG einen brauchbaren Geschäftsführer zu haben. Daß dies nur über die Geschäftsführerposition der GmbH rechtsförmlich möglich ist, erweist sich für die wirtschaftliche Betrachtungsweise als unerheblich.

Demgemäß ist es durchaus sachgerecht, daß dem Geschäftsführer gegenüber nicht die GmbH, sondern die GmbH und Co, KG zur Zahlung des Gehaltes usw. verpflichtet wird. Es hieße geradezu den beteiligten Firmen ein wirtschaftlich törichtes Verhalten unterstellen, legt man den Vertrag dahin aus, er solle der GmbH und Co, KG nur Pflichten und Lasten, aber keinerlei Rechte bringen. Man kann doch wirklich nicht glauben, die Parteien hätten ein Vertragsgebilde schaffen wollen, das an die societas leonina des römischen Rechts erinnert.

Nichts spricht dafür, daß die GmbH und Co, KG im Verhältnis zum Geschäftsführer rechtlos, aber verpflichtet sein sollte; alles spricht dafür, daß der Vertrag den Geschäftsführer auch der GmbH und Co, KG verpflichten sollte. Deshalb muß es als rechtens anerkannt werden, daß der Geschäftsführer aus diesem Anstellungsvertrage besonderer Art auch und gerade der GmbH und Co, KG gegenüber zur Leistung seiner Dienste als Geschäftsführer verpflichtet ist und daß die GmbH und Co, KG daher im Falle schuldhafter Pflichtverletzung des Geschäftsführers von diesem unmittelbar Ersatz ihres daraus entstehenden Schadens fordern kann. Leichte Fahrlässigkeit des Geschäftsführers genügt zum Auslösen der Schadenersatzpflicht.

Dadurch wird die Rechtsstellung der GmbH und Co, KG, wie sie sich aus den oben entwickelten Gründen ergibt, noch verstärkt. Hierbei handelt es sich nicht um die Summierung von Schadensbeträgen, sondern darum, daß demselben Anspruch zwei verschiedene rechtliche Gestaltungen zugrunde liegen.

5. Ansprüche aus abgeleitetem Recht

Soweit Schadenersatzansprüche gegen den Geschäftsführer in Betracht kommen, gibt es noch folgende Möglichkeit: Man kann davon ausgehen, daß die GmbH der GmbH und Co, KG aus dem Gesellschaftsverhältnis für eine ordnungsmäßige Geschäftsführung, zu der sie als Komplementärin verpflichtet ist, haftet. Deshalb ist die GmbH der GmbH und Co, KG für das Tun und Unterlassen ihres Geschäftsführers verantwortlich. Das ergibt sich in der Tat aus der gesellschaftsrechtlichen Lage.

Hierauf fußend kann die der Kommanditgesellschaft haftende GmbH ihre Schadenersatzansprüche gegen den Geschäftsführer an die Kommanditgesellschaft abtreten, nämlich die Schadenersatzansprüche der GmbH, die daraus resultieren, daß der Geschäftsführer die GmbH durch seine Fehlleistungen zum Schuldner der GmbH und Co, KG gemacht hat. Daß die Abtretung zur Erfüllung der Schadenersatzansprüche, die der Kommanditgesellschaft gegenüber der GmbH entstanden sind, geschehen ist, stellt ein wirtschaftlich verständliches Motiv dar, ist aber rechtlich ohne Bedeutung.

Auf diese Weise wird die GmbH und Co, KG gegenüber dem Geschäftsführer Gläubiger etwaiger Schadenersatzansprüche. Dadurch wird ihre Rechtsstellung weiterhin gefestigt.

Unterstellt man Schadenersatzansprüche der GmbH und Co, KG gegen den Geschäftsführer, so kann sie diese unmittelbar aus eigenem Rechte geltend machen, wie bereits dargelegt wurde. Sie kann sich aber auch dafür entscheiden, ihren Schadenersatzanspruch bei der GmbH einzufordern. Diese kann solchenfalls gegen den Geschäftsführer Regreß nehmen. Beide Schadenersatzansprüche, nämlich der unmittelbare Anspruch der GmbH und Co, KG und der Regreßanspruch der GmbH, stehen nebeneinander, und es ist durchaus zulässig, daß sich nunmehr zur Folge Abtretung der zweiten Forderung beide Ansprüche in der Hand der GmbH und Co, KG als Gläubigerin vereinen, ohne daß dadurch eine betragsmäßige Erhöhung oder Minderung der Schadenersatzsumme eintritt.

Es darf nicht verkannt werden, daß die GmbH der GmbH und Co, KG hinsichtlich der Geschäftsführung nur für diejenige Sorgfalt einzustehen hat, welche sie in eigenen Angelegenheiten anzuwenden pflegt (§ 708 BGB in Verbindung mit §§ 105 Abs. 2, 161 Abs. 2 HGB). Von der Haftung für grobe Fahrlässigkeit ist sie dagegen nicht befreit (§ 277 BGB).

Daraus folgt, daß auf die GmbH und Co, KG durch die Abtretung Schadenersatzansprüche nur mit dieser Beschränkung übergehen können. Insofern sind unter Umständen die oben zu 3. und 4. geschilderten Möglichkeiten für die GmbH und Co, KG günstiger; denn bei der Haftung des Geschäftsführers aus dem Anstellungsvertrag kann von einer Beschränkung der Haftung auf individuelle Sorgfalt (§ 277 BGB) keine Rede sein.

6. Drittschadensliquidation der GmbH

Sollten sich aus irgendwelchen unvorhergesehenen Gründen, namentlich aus Besonderheiten eines konkreten Tatbestandes, die oben beschriebenen Wege als ungangbar erweisen, so bleibt noch die Möglichkeit der Drittschadensliquidation, freilich nicht seitens der GmbH und Co, KG, vielmehr seitens der GmbH.

Drittschaden liegt vor, wenn eine sogenannte Schadensverlagerung stattfindet, d. h. wenn der — insbesondere durch die Vertragsverletzung des Geschäftsführers eintretende — Schaden nicht bei den Gläubigern, sondern statt dessen bei einem Dritten entsteht. Das trifft in unserem Falle zu: Liegt in der Tat eine Verletzung der Pflichten seitens des Geschäftsführers vor, so haftet er der GmbH aus § 43 Abs. 2 GmbHG. Der eigentliche Schaden ist jedoch bei der GmbH und Co, KG entstanden. Sinn und Zweck des Schadenersatzes verlangen es, daß die GmbH diesen Schaden der GmbH und Co, KG liquidieren kann; erlangt sie Ersatz, so muß sie diesen der GmbH und Co, KG herausgeben.

Es genügt an dieser Stelle, auf die subsidiäre Möglichkeit hinzuweisen. Da es sehr unwahrscheinlich ist, daß diese Möglichkeit in den meisten derartigen Fällen aktuell wird, kann von einer eingehenden Behandlung abgesehen werden.

Zweiter Teil

Rechtsgeschichte

Réflexion sur la conception romaine de l'arbitrage international

Par Maxime Lemosse, Clermont-Ferrand

La pratique de l'arbitrage a occupé dans la politique romaine une place importante surtout lors des grandes conquêtes républicaines, et les applications que l'on en connaît ont trait, dans la majorité des cas, aux différends surgis dans le monde hellénique, où Rome intervint alors pour résoudre des conflits et imposer même sa solution. Techniquement, tout le monde admet cette constatation évidente selon laquelle les Romains n'ont fait qu'adopter et imiter une institution en vigueur chez les Grecs[1].

Est-ce à dire qu'à cette institution ils n'ont rien apporté de nouveau, et qu'ils n'aient eu, sur aucun point, de conception ou de tendance particulières, une telle question vient à l'esprit même si l'on suppose que les principes généraux ont dû être admis uniformément à cette époque par tous les peuples en cause.

Il y lieu de résumer sommairement quels sont ces points fondamentaux, communs à tous et admis chez les Hellènes d'abord, chez les Quirites ensuite, avant de rechercher ce que ces derniers ont pu fournir comme innovations.

A première vue, l'arbitrage international antique suppose un litige existant entre deux états, le plus souvent deux cités, parfois un royaume ou une ligue et peu importe d'ailleurs; en un mot, les adversaires doivent avoir une compétence de droit public, avoir puissance sur un territoire et des hommes, puisque c'est l'étendue même de leur pouvoir qui est en jeu dans la contestation.

Les parties en cause décident de soumettre leur différend à la décision d'un tiers, librement ou parce qu'elles y sont amenées, soit en vertu d'un traité antérieur, soit par l'intervention d'une ligue ou d'une tierce puissance. Le choix de l'arbitre était également, selon les cas, libre ou non. Lorsqu'il n'était pas prévu à l'avance, les adversaires devaient

---

[1] Sur la matière, il faut mentionner essentiellement E. *de Ruggiero*, B. I. D. R. V (1892), surtout pp. 109 sq., *Raeder* (A), L'arbitrage international chez les Hellènes (1912), *Tod*, (M. N.) International arbitration amongst the Greeks (1913), ouvrages anciens mais demeurés fondamentaux.

tomber d'accord sur sa désignation, et il est évident qu'alors, chacun écartant tout tiers suspect de partialité, la qualité essentielle requise était la neutralité la plus complète.

S'en remettre à la décision de celui qui sera le plus exempt de reproche, de celui qui n'a aucune affinité pour une partie plus que pour l'autre, tel est le souci dominant. Mais là réside une difficulté. Tenir la balance égale est indispensable; mais il faut aussi être en mesure d'imposer le respect de la sentence. Or il arrive qu'une tierce cité, choisie pour son indifférence dans le conflit, soit insuffisamment puissante pour intervenir contre la partie en cause qui n'observerait pas la décision, ou non disposée à entrer dans la lutte pour un litige dont l'objet ne l'intéressait pas directement.

Dès lors, la difficulté pratique est de faire face à deux nécessités, obtenir une sentence équitable et efficace. Cela explique que le mécanisme de la procédure ait parfois été complexe. D'une part, il fallait une tierce puissance capable d'imposer le respect de la décision, fût-elle plus ou moins intéressée dans l'affaire; d'autre part, il fallait des juges impartiaux. C'est pourquoi certains conflits ont été résolus grâce à deux tiers, et non un seul. Une puissance, une cité généralement mais aussi bien une ligue, organise l'instance, mais la décision est confiée à des membres d'une autre cité[2]; ces derniers ne font qu'exprimer leur opinion, conformément à la mission qui leur est confiée, mais ils n'ont pas déterminé les bases du débat, ni fixé le déroulement de la procédure, et une contestation ultérieure ne serait pas de leur compétence, mais donnerait lieu à recours devant l'autre puissance. Ainsi les juges peuvent avoir cette impartialité sereine et parfaite que l'on peut désirer dans un arbitre idéal, car ils n'auront pas à intervenir dans l'exécution ni dans les répercussions de leur sentence.

D'autres fois, un tel système n'a pas semblé indispensable, mais le souci d'obtenir un arbitre impartial reste la préoccupation dominante[3]; ainsi, un traité entre les compétiteurs a pu prévoir l'arbitrage par une cité qui sera tirée au sort[4], et le plus souvent l'accord des adversaires est indispensable pour la désignation[5].

Ces régles sont d'une application générale dans le monde hellénique et, lorsque Rome s'est trouvée en contact avec les cités grecques, elle les a naturellement suivies. Ainsi des litiges, notamment des con-

---

[2] *Raeder*, p. 262 sq., *Busolt-Swoboda*, Griech. Staatskunde, II, p. 1257 sq.

[3] C'est l'impartialité qui se trouve au premier rang des obligations des juges, et ce qu'ils promettent avant tout dans leur serment: *Tod*, p. 115.

[4] C'est le cas dans le traité entre Sardes et Ephèse, en 98 a. C., *Dittenberger*, OGIS, 437. cp. *Raeder*, p. 136.

[5] *Raeder*, p. 78—80; Tod, pp. 263—268.

testations territoriales, ont été tranchés selon une procédure organisée par le Sénat, habituellement appliquée par un magistrat, et avec débat devant un jury pris dans une cité neutre et qui rend la sentence[6]. En cas de désaccord ultérieur, ce n'est pas cette tierce cité qui est saisie, mais le Sénat[7]. La puissance romaine est évidemment en mesure d'imposer pratiquement sa volonté, mais elle tient à apparaître comme équitable pacificatrice. De même, d'ailleurs, lorsque cette procédure n'est pas mise en oeuvre, la métropole conquérante tient à respecter au moins l'apparence d'une stricte impartialité, au moins le plus souvent.

On pourrait donc en conclure que les Romains ont adopté pleinement les habitudes et les principes helléniques en la matière; c'est même au fond une idée que tous les spécialistes ont admise implicitement. Cependant, il est des faits historiques qui alors méritent d'être considérés de plus près, car ils apportent de véritables anomalies au point que l'on serait amené à supposer, soit que l'impérialisme a amené à méconnaître et à violer les principes, soit que ces principes ont été affectés par une conception particulière, spéciale à Rome, et qu'il faudra tenter de caractériser.

Il faut en particulier examiner un conflit célèbre, sur lequel les textes fournissent des indications relativement abondantes, celui entre Massinissa et Carthage entre la deuxième et la troisième guerre punique; l'attitude romaine présente en l'espèce un intérêt majeur.

Sans récapituler en détail des faits connus[8], rappelons que le roi numide pouvait se prévaloir du traité imposé en 201 par Rome à la cité punique, et réclamer tous les territoires qui auraient appartenu jadis à ses ancêtres; il ne manqua pas d'en tirer parti, revendiquant ou occupant de nombreuses possessions carthaginoises[9] si bien qu'à cinq reprises Rome fut saisie d'une réclamation et sollicitée de rendre un arbitrage.

---

[6] Voir par exemple le conflit Itanios-Hierapytna, jugé par Magnesia, Ditt. Sylloge³, 685 = *Ruggiero* n° 10; entre Magnesia et Priene, jugé par Mylasa: Ditt. Sylloge³, 679, *Tod*, p. 183, *Raeder*, p. 375; entre Sparte et Messène, jugé par Milet, Ditt. Sylloge³, 683 = *Ruggiero* n° 16.

[7] Ainsi, entre Itanios et Hierapytna, cette dernière cité a adressé une réclamation pour que l'affaire soit réexaminée, non pas à Magnesia mais au Sénat. De même, entre Athènes et Oropos, en 155 a. C., Sicyone avait rendu une sentence sur mission reçue du Sénat; celui-ci a ensuite révisé cette sentence: *Ruggiero*, p. 250, *Raeder*, p. 102.

[8] *Ruggiero*, pp. 318—324; *Gsell*, Histoire anc. de l'Afr. du N., 3, pp. 312—328; *Saumagne*, Rev. Hist., 1931 = Cahiers de Tunisie, 1962, pp. 301—371; *Camps*, Libyca 8 (1960), pp. 192—196.

[9] Récapitulons sommairement les étapes, selon M. G. Camps: razzia dans les Emporia (193), occupation du territoire rendu aux Carthaginois par Syphax (182), occupation de 70 cités (174—171), main-mise définitive sur les Emporia (162), occupation des Grandes Plaines et de la Tusca (153—152), siège d'Oroscopa (150).

A ne considérer que les faits, on ne peut manquer de trouver étranges les décisions prises par le Sénat ou ses commissaires, car elles furent d'une incroyable partialité systématique. On a pu écrire justement que « toujours les Romains donnèrent tort à Carthage, parce qu'ils estimaient que cela était conforme à leur intérêt, et non point par esprit de justice »[10]. Mais si l'on se borne à cette constatation, on se condamne à ne rien tirer d'une possible analyse juridique de la situation; quel que soit le cynisme de l'impérialisme romain dans la phase la plus spectaculaire de son essor, on peut hésiter à penser que ce peuple, si fréquemment soucieux de sauvegarder au moins les apparences et de mettre le droit de son côté, aurait pratiqué l'injustice la plus flagrante. Au surplus, s'il en avait été ainsi, peut-on imaginer les Carthaginois assez naïfs pour s'adresser aux Romains, et cela à tant de reprises, pour les faire juges des prétentions de Massinissa? Visiblement, la question mérite d'être vue de plus près.

Pendant la deuxième guerre punique, Massinissa était ami et allié du peuple romain[11]; quant à Carthage, Rome ayant accepté de conclure avec elle un traité pour mettre fin aux hostilités, elle était *foederata*[12] et l'on pourrait voir dans ces deux relations la base d'une éventuelle compétence des Quirites pour départager les différends nés entre deux de leurs alliés. On trouverait une application d'une pratique constante dans le monde hellénique, selon laquelle deux partenaires unis à un troisième qui jouit de l'hégémonie s'en remettent à sa décision pour trancher entre eux. Que cette pratique fût bien connue des Romains, on n'en peut absolument pas douter, car en 188 a. C., le Sénat avait été amené à arbitrer un conflit relatif à la Pamphylie, disputée entre son allié Eumène de Pergame et son ancien ennemi, Antiochos III, devenu ami par l'effet du traité d'Apamée[13].

Cependant un tel rapprochement entre les deux épisodes appelle une observation, à vrai dire révélatrice. Alors que l'Attalide et le Séleucide étaient parties au traité d'Apamée, il n'existe aucun lien juridique direct entre Carthage et le Numide, qui n'avait pas signé le traité de 201, et qui obtint de Rome seule les profits de la victoire[14]; il semble bien qu'il ne se soit produit aucune entente, rien qui ressemble à une convention ni à une clause compromissoire, entre les deux adversaires africains.

D'autre part, si le rôle de Rome ressemble alors plus à une intervention politique qu'à un arbitrage juridique, on peut se demander comment la

[10] *Gsell*, p. 413.
[11] *Sands*, The client princes ... (1912), pp. 174—180; *Gsell*, le qualifie de „vassal", pp. 308, 309, 330.
[12] *Gsell*, pp. 286, 287, 298 n. 2.
[13] Polyb. 22, 27, 11. Liv. 38, 38, 1; 38, 39, 17; 39, 22, 9.
[14] *Gsell*, pp. 308—309 et textes cités p. 308 n. 7.

puissance victorieuse aurait pu départager équitablement les adversaires, et, à supposer qu'il puisse en être ainsi, on serait amené à rechercher l'effet possible de sa décision.

Que Rome ait été partiale, nul n'en doute; mais pouvait-elle être impartiale sans enfreindre précisément ses principes juridiques, c'est ce que l'on n'a pas toujours compris.

Puisque Massinissa et Carthage, sans avoir de lien qui les unisse, sont également alliés de Rome, celle-ci se trouve tenue envers l'un comme envers l'autre; elle doit prêter assistance à tous deux, avec une évidente difficulté venue de l'impossibilité de prendre parti pour Massinissa sans manquer à son obligation envers Carthage, ou inversement.

On pourrait tenter de résoudre la difficulté en considérant que politiquement le choix était inévitablement en faveur de Massinissa, car il n'était pas possible d'hésiter entre un allié de toujours et un ancien ennemi récemment vaincu; mais cet argument n'a juridiquement aucune valeur puisque, répétons-le, Carthage était désormais alliée avec traité, et que le vainqueur était tenu envers elle des obligations résultant de ce traité; au surplus, on ne voit pas pourquoi le Numide aurait eu gain de cause dans ses prétentions les plus incontestablement injustifiées.

Mais alors on pourrait être amené à considérer que Rome ne peut pas avoir d'autre voie que le choix entre ses alliés, à savoir décider avec lequel il lui faudra rompre, mais en aucune manière respecter ses obligations envers l'un comme envers l'autre parce qu'elles seraient inconciliables. Alors en droit le problème serait insoluble.

S'il l'est, c'est pour avoir été mal posé. Pour le comprendre, il est nécessaire de tenir compte d'un fait: les situations ne sont pas égales entre les partenaires. En face de Carthage Rome a une prépondérance que, faute de trouver un meilleur terme dans la langue latine, on peut appeler *maiestas* et que les Grecs connaissent mieux sous le nom d'hégémonie[15]. Par sa victoire et le traité subséquent, Rome a établi un ordre qu'elle a compétence pour assurer et maintenir; les différends susceptibles d'en naître sont de son ressort. Les manquements que commettraient ses partenaires sont également sanctionnés par elle, qui est compétente pour trancher les difficultés survenues dans l'application ou l'interprétation des mesures qu'elle a fait établir. Elle a donc qualité pour juger tous les actes, commis aussi bien par Massinissa que par Carthage, pouvant troubler ou compromettre les dispositions prises par le traité conclu.

---

[15] Sur cette institution, il faut citer l'ouvrage capital de H. *Triepel*, Die Hegemonie (1938).

Telle est la base de sa compétence; si elle est appelée à trancher un litige, ce n'est pas qu'elle soit investie par une sorte de compromis intervenu entre ses partenaires.

Bien plus, il ne s'agit pas pour elle d'arbitrer vraiment entre deux compétiteurs, pour donner raison à l'un ou tort à l'autre, mais bien plutôt de prendre des mesures envers celui dont les actes ou les prétentions portent atteinte aux régles posées par le vainqueur, titulaire de l'hégémonie.

Dès lors, en prenant position contre un allié, Rome ne brise pas ses liens avec lui; loin de manquer à ses obligations, elle ne fait que les exécuter, en prenant les décisions destinées à assurer le respect et l'application du traité. Au contraire et inversement, celui qui, allié, ami ou *foederatus*, ne s'y soumettrait pas, tomberait sous le coup de sanctions, que Rome a seule qualité pour prononcer, et qui pourraient aller jusqu'à la perte de ce titre d'allié et des avantages correspondants, jusqu'à sa réduction au rang d'un vaincu qui a fait *deditio* et se trouve alors dorénavant à la merci du vainqueur[16].

On comprend alors comment Massinissa a pu obtenir gain de cause avec une partialité qui heurte le plus élémentaire sens de l'équité, qui confine parfois au déni de justice, et qui trouve une parfaite cohérence avec une telle base juridique. Peut-être est-ce là le meilleur exemple de l'adage *summum ius summa iniuria.*

Pour les Carthaginois, qui ne devaient guère goûter une telle analyse juridique, l'arbitrage a pu paraître une sinistre comédie, et l'on peut se demander comment ils ont pu, pendant des années, sembler se fier à un tel recours. Mais ils pouvaient au fond espérer, non pas que Rome leur donnerait raison contre Massinissa, mais du moins qu'elle s'abstiendrait de le soutenir. De fait, c'est presque ce qu'ils ont obtenu en 193, lorsqu'ils affirmèrent devant le Sénat avec des arguments solides, que Massinissa occupait sans aucun droit les Emporia; trois commissaires furent envoyés en Afrique et ils laissèrent l'affaire en suspens[17]; en 172, le Sénat ne se prononça pas davantage contre eux[18]. Rome ne décidait pas explicitement contre le roi, mais elle s'abstenait de le soutenir, elle refusait de l'appuyer, et cela suffisait pour que les revendications formulées par lui fussent suspendues au moins pour un temps.

---

[16] La situation est alors réglée par la volonté unilatérale de Rome, comme si, au lieu d'un traité, il y avait eu initialement deditio, cf. *Saumagne*, Cahiers de Tunisie (1962), pp. 358 et 362 = R. H. 168 (1931), p. 29 et 33.

[17] *Gsell*, pp. 315—316; *Camps*, p. 193.

[18] *Camps*, p. 193.

C'est que, si cet arbitrage manque d'une qualité essentielle, l'impartialité, il a en revanche une parfaite efficacité, la sentence prononcée ayant l'appui de la force des légions.

Il n'était pas question, en effet, pour Rome de se contenter d'émettre une opinion. Celui qui avait tort avait manqué à ses obligations envers elle, dont l'intervention était la suite directe de sa décision. Par conséquent, celui qui faisait appel à l'arbitrage romain ne se contentait pas de solliciter une sentence, mais il demandait aussi l'intervention de Rome en sa faveur contre l'adversaire.

A une telle requête, la puissance romaine pouvait répondre, non seulement en tranchant pour une des parties et en intervenant alors pour elle contre l'autre, non seulement en prenant le parti exactement contraire, mais encore en refusant d'intervenir; cela peut paraître un déni de justice; ce n'est qu'une décision de maintenir les choses en l'état.

Inéquitable à première vue, cette conception ne manque pas de rigueur; pour les Hellènes comme pour les esprits modernes, elle peut sembler choquante. De toutes manières, elle a le mérite de justifier la politique romaine au regard des principes juridiques correspondants. Technique particulière à Rome, on doit en convenir.

Mises en lumière dans des circonstances qui furent parmi les plus tragiques de l'histoire des conquêtes républicaines, ces conceptions, qui ne sont pas dépourvues d'une implacable logique, n'ont pas aboli les idées antérieures touchant l'arbitrage, à savoir la sentence d'un tiers impartial et respectueux des droits des deux parties. En réalité, deux techniques pour ainsi dire ont continué à coexister.

En forçant certains parallèles plus qu'il n'est permis, on serait tenté de dire que les Romains ont eu deux régimes à cet égard, comme ils en ont eu deux également en procédure civile. Il existait le système du *iudex privatus,* arbitre impartial entre deux plaideurs, et le système *extra ordinem,* justice assurée par l'autorité publique. Dans la mesure où cela n'est pas totalement inexact dans sa superficielle concision, on pourrait dire de même que dans les différends internationaux Rome a aussi connu une dualité, régime de l'arbitrage grec par un tiers qui rend une sentence sans prendre part au conflit, régime autoritaire où le pouvoir dominateur intervient pour imposer sa solution. Dans ce dernier régime, les règles de l'autre s'effacent. L'arbitrage ne suppose plus en conflit deux entités juridiquement capables, deux cités libres, deux états juridiquement indépendants; il peut exister entre deux collectivités sujettes, deux peuples annexés; la frontière que l'on tente généralement de tracer entre conflits internationaux, fédéraux et internes ne correspond plus à une réalité bien nette[19]; plus tard, elle sera pratiquement effacée, et par exemple, les litiges territoriaux seront, sous l'Empire, tranchés par l'empereur ou le gouverneur et l'arbitrage, s'il respecte l'individualité juridique des parties en cause, n'en sera pas moins assuré par un pouvoir qui les domine totalement[20]; il s'agira d'une procédure administrative, au moins sur le territoire des provinces. Le plus souvent, il suffira pour en provoquer la mise en action, d'une pétition et, souvent sur réponse aux intéressés par rescrit impérial, le gouverneur examinera et tranchera l'affaire. De même que l'on a comparé la procédure sénatoriale chargeant une cité d'arbitrer entre deux autres à la procédure formulaire[21], de même ici le différend est tranché *extra ordinem.* S'agira-t-il même d'un arbitrage, sans doute, mais on pourra voir dans ce régime final le réglement autoritaire par le pouvoir supérieur qui décide souverainement.

Si telle était la conception romaine, on peut se demander comment et pourquoi les Grecs ont conservé leur point de vue premier alors que leurs vainqueurs l'ont assez vite perdu du vue. Il semble que l'on puisse répondre à cette question en faisant appel à une distinction, qui a cours chez les spécialistes du droit international, entre les différends juridiques et politiques. L'arbitrage grec était destiné à assurer le respect des droits que l'une des parties conteste à l'autre; c'est une préoccupation de justice et d'équité qui l'anime. Rome au contraire voit surtout l'aspect politique; elle eut pu amener la disparition de l'institution, elle en provoqua seulement la métamorphose.

---

[19] Le caractère quelque peu artificiel de cette tripartition apparaît même dans l'étude de *Ruggiero,* qui en fait pourtant une classification fondamentale; par exemple, il est amené à tenir pour controverse fédérale celle entre Carthage et Massinissa, alors que ces deux adversaires ne sont pas juridiquement sous l'autorité de Rome.

[20] Un exemple intéressant de solution imposée par un agent impérial entre deux territoires en Cilicie est fourni par une inscription assez récement signalée par E. *Doblhofer,* Jahreshefte d. Öster. Arch. Inst. 45 (1960), pp. 39—44.

[21] Le rapprochement a été décisivement fait par J. *Partsch,* Schriftformel, pp. 23—52.

Losentscheidungen in Staat und Recht der Athener

Von Johannes Herrmann, Erlangen

Das Los (κλῆρος) ist in der griechischen Welt[1] durch eine Fülle von Belegen bezeugt. Allerorten wurden in großen und kleinen Dingen Entscheidungen durch Losen gesucht. Es ist kein Zweifel, daß die Losverwendung (κλήρωσις) in Hellas seit alters in erster Linie als religiöses Phänomen zu verstehen ist. Als Mittel, den göttlichen Willen zu erforschen, begegnet die Losung in den Erscheinungsformen des Ordals und des Orakels. Während aber das Gottesurteil schon bald seine Bedeutung einbüßte, blieben die Losorakel lange lebendig, ohne freilich den breiten Einfluß anderer Formen der Mantik zu erreichen[2]. Eine Verwurzelung in religiösem Grunde ist jedoch auch dort nicht auszuschließen, wo die Losverwendung profanen Zwecken in Recht und Staat diente. Vordergründig ist die Losung in diesen Bereichen jedoch rationalen Momenten zuzuschreiben. Diese sichtbar zu machen, ist die Aufgabe der folgenden kurzen Untersuchung, die ihr Anschauungsmaterial vorwiegend den Verhältnissen der attischen Polis entnimmt, über deren Eigenart wir besonders gut unterrichtet sind. Denn aus der von Aristoteles veranstalteten Sammlung von hundertachtundfünfzig Staatsverfassungen ist dank eines glücklichen Papyrusfundes[3] allein die Verfassung der Athener nahezu vollständig erhalten geblieben. Im systematischen Teil seiner Abhandlung (Kap. 42 bis zum Ende) stellt Aristoteles den Aufbau der damals gültigen Athener Staatsordnung dar und erwähnt dabei in mehr als dreißig Fällen die Verwendung des Loses bei der Bildung von Spruchkörpern und Gremien, der Zuweisung von Ämtern sowie der Ordnung der Geschäftsverteilung und des Geschäftsganges bei Behörden und Gerichten. Weiteres Material bieten gelegentliche Äußerungen in Werken der Philosophie, Historie und Dichtkunst sowie vereinzelte inschriftliche Zeugnisse.

I. Schon eine nur überschlägige Betrachtung der angeführten Quellen vermittelt den Eindruck, daß der Losgebrauch nicht auf eine einheitliche

---

[1] Vgl. V. *Ehrenberg*, Losung (Κλήρωσις, sortitio), in RE 26. Hlbbd., Spalte 1451 ff. G. *Glotz*, Sortitio (Κλήρωσις). Tirage au sort, in: *Daremberg-Saglio* IV, S. 1401 ff.

[2] V. *Ehrenberg*, Die Rechtsidee im frühen Griechentum, S. 73.

[3] F. G. *Kenyon*, Classical Texts from Papyri in the British Museum, London 1891.

Motivation zurückgeführt werden kann, sondern verschiedenen Gründen entspringt und mehrere Zielsetzungen zu erkennen gibt, die entweder für sich allein oder zum Teil auch nebeneinander Bedeutung erlangten. Wenn somit nicht erwartet werden kann, daß die Suche nach den maßgeblichen Kriterien für die Losverwendung zu eindeutigen Ergebnissen führen wird, so kann der Sinn der Losentscheidungen in Griechenland auf diesem Wege doch verständlicher werden und klarer hervortreten.

Nach dem Bericht des Aristoteles (Staat, 43,2) bestand die Boule[4] zu seiner Zeit aus fünfhundert Mitgliedern (je fünfzig von jeder örtlichen Phyle), die durch Losung bestimmt wurden. Die Befähigung zum Ratsherrn war nach der demokratischen Verfassung allen Bürgern zuerkannt, die das dreißigste Lebensjahr vollendet hatten und im Vollbesitz der bürgerlichen Rechte waren. An der Auslosung nahmen nur jene Bürger teil, die sich zum Ratsherrnamte gemeldet hatten. Zugleich wurde, ebenfalls durch Los, für jedes Ratsmitglied ein Ersatzmann bestellt. Durch Losentscheid wurde auch die Prytanie bestimmt (Staat 43,3), die der Reihe nach von jedem Stamm wahrgenommen werden sollte. Schließlich wurde auch der täglich wechselnde Vorsitz unter den Prytanen (Staat 44) mit Hilfe des Loses vergeben. In allen diesen Fällen wurde mit der Losung offenbar bezweckt, den Turnus in der Bekleidung von Mitgliedschaften und Amtsaufgaben sicherzustellen. Voraussetzung für einen solchen Einsatz des Loses mußte gewesen sein, daß die Amtsbewerber nicht nur als gleichberechtigt anerkannt waren, sondern auch als gleichgeeignet betrachtet wurden[5].

Zu den Aufgaben des Rats von Athen hatte es ursprünglich gehört, über die Entwürfe für das heilige Gewand der Athene zu entscheiden. Da man aber den Eindruck gewonnen hatte, daß der Rat Gefälligkeitsurteile abgab, wurde ein besonderer durch Los bestellter Gerichtshof eingerichtet, der (jedenfalls zur Zeit des Aristoteles) für Entscheidungen dieser Art zuständig war (Staat 49,3). Die Verwendung des Loses sollte hier offensichtlich eine Bestechung und eine vorzeitige Beeinflussung des urteilenden Gremiums verhindern helfen. Diese Gesichtspunkte dürften auch maßgeblich gewesen sein bei der Auslosung von Prozeßrichtern durch die Archonten (Staat 63, 1). Und wenn die ausgelosten Richter durch einen weiteren Losentscheid bestimmten Spruchkörpern zugeteilt wurden, dann diente ein solches Verfahren wiederum der Verhütung sachfremder Einflußnahme und damit der Sicherung größtmöglicher Unparteilichkeit. Der Richter sollte, um mit Aristoteles zu sprechen, „sich dem Gerichtshof anschließen müssen, den ihm das Los bezeichnete und

---

[4] G. *Busolt*-H. *Swoboda*, Griechische Staatskunde II, München 1926, S. 1021 ff.

[5] A. *Ledl*, Studien zur älteren Athenischen Verfassungsgeschichte, Heidelberg 1914, S. 365.

nicht demjenigen, den er selbst aussuchen möchte, und man sollte nicht mit den Richtern, die man vorziehen würde. einen Gerichtshof bilden". Die Wahrung der Unparteilichkeit ist als Motivation ferner erkennbar beim Einsatz des Loses für verschiedene verfahrensrechtliche Regelungen. So wurde z. B. der Archon in einer durch Los ermittelten Reihenfolge mit von ihm zu behandelnden Prozeßangelegenheiten befaßt, und die Thesmotheten teilten mit Hilfe des Loses Entscheidungszuständigkeiten den Behörden und Gerichten zu. Ein objektives und unbeeinflußtes richterliches Wirken erstrebte augenscheinlich auch die Schiedsklausel im Vertrag der Bürger von Ephesos und Sardes, wonach eine durch Los zu bestimmende Stadt die Schiedsrichterrolle bei Streitigkeiten zwischen den Vertragspartnern übernehmen sollte[6]. In einer ganzen Reihe weiterer Fälle der Losverwendung, so vor allem bei der Zuweisung von Verwaltungsstellen, scheint der Gesichtspunkt des Schutzes gegen unsachliche Amtsausübung zwar mitbestimmend, jedoch nicht ausschlaggebend gewesen zu sein.

Ist der Losgebrauch in der vorgenannten Beispielsgruppe durch die Intention gekennzeichnet, die Objektivität späterer Entscheidungen und Maßnahmen zu gewährleisten, so sollte in den nun aufzuzeigenden Fällen das Los selbst als unparteiisches Entscheidungsmittel fungieren. Das Los bot sich als zweckmäßiges und sinnvolles Instrument insbesondere dort an, wo mehrere etwa gleichwertige Möglichkeiten zur Auswahl standen und eine persönliche Entscheidung für die eine oder die andere Möglichkeit als willkürlich oder parteiisch empfunden werden konnte. Solche Situationen traten z. B. im militärischen Bereich des öfteren auf. So kündet die Ilias (7, 160 ff.) davon, daß sich neun Männer zum Zweikampf mit Hektor meldeten und Nestor die Auswahl dem Los überantwortete: „Schüttelt der Reihe nach alle die Lose, auf welchen es falle." In Plutarchs Bericht über den Krieg der Athener gegen Samos (Perikles 27, 2) ist ein weiterer Fall angeführt, der durch Losung erledigt wurde. Perikles hatte Melissos besiegt, nun schloß er die Stadt der Samier sofort mit einer Mauer ein, weil er, um die Stadt zu bezwingen, lieber Zeit und Geld als Wunden und Gefahren seiner Mitbürger daransetzen wollte. Diese Verzögerung erbitterte die Athener, die weiterkämpfen wollten. Da teilte Perikles das ganze Heer in acht Gruppen auf, ließ sie losen und gestattete der Gruppe, welche die weiße Bohne zog, zu schmausen und der Ruhe zu pflegen, während die anderen sich abmühen mußten. Die Bestimmung der jeweils vom Befestigungsdienst befreiten Gruppe durch Losentscheid war sicherlich von der Überlegung veranlaßt, daß es im Grunde gleichgültig war, welche der einzelnen Heeres-

---

[6] Vgl. 4. F. *Hitzig*, Die Bedeutung des altgriechischen Rechts für die vergleichende Rechtswissenschaft, Sonderabdruck aus Zeitschrift f. vgl. Rechtswissenschaft 19 (1906), S. 6 ff.

abteilungen gerade an einem bestimmten Tag arbeitsfrei sein sollte, es mußte nur gewährleistet sein, daß jede Gruppe einmal im achttägigen Turnus Dienstbefreiung genoß. Das Los ermöglichte diese Rotation, es verhinderte zugleich, daß sich eine Gruppe als benachteiligt betrachten konnte und andererseits sah sich die militärische Führung bei der Regelung der Reihenfolge persönlicher Verantwortung enthoben. Um ungerechtfertigte Vorteile auszuschließen und unsachgemäße Bevorzugung einzelner zu vermeiden, leistete das Los offenbar auch bei der Verteilung der Kriegsbeute[7] sachgemäßen Dienst. Die Unparteilichkeit des Loses wurde ferner regelmäßig in Anspruch genommen bei der Zuweisung von Grund und Boden an Siedler[8]. Grundstück und Los kamen dadurch in so enge gedankliche Verbindung, daß die Grundstücke selbst als κλῆροι (Ackerlose) bezeichnet wurden. Es ist bekannt, daß die Ansiedlung von Kolonisten grundsätzlich mit der Vergabe von Landanteilen mittels Los begann. Über das Verfahren der Landzuteilung bei der Neugründung von Städten hat Platon in seinem Nomoi (V 745 b) ein Schema entwickelt, das die Gleichwertigkeit der Losanteile unter Berücksichtigung von Bodenertrag und Lage erstrebt[9]. Als eine besondere Art der Gebietsaufteilung darf die bekannte Herrschaftsauslosung unter den Göttern angesehen werden, von der Homer in der Ilias (15, 189 ff.) Poseidon erzählen läßt: „Dreifach ist alles geteilt, teil hat ein jeder am Herrschen: Ich erloste das graue Meer zum ewigen Wohnsitz, Hades erhielt durch Los das finstere Dunkel der Tiefe, Zeus empfing den Himmel, gebreitet in Äther und Wolken; allen zusammen gehört die Erde und hoch der Olympos." Angesichts der Ungleichheit, ja der wesentlichen Verschiedenheit der zu verteilenden Bereiche mußte die Losung in der griechischen Volksanschauung als naheliegende Entscheidungsmöglichkeit empfunden werden. Da die Losbefragung hier, von Göttern selbst veranstaltet, kein Ergebnis kraft göttlicher Lenkung manifestieren konnte, hat man den Schluß zu ziehen versucht, daß die Losung auch nach früherer Vorstellung nicht unbedingt religiösen Charakter zu haben brauchte. Dieser Argumentation stehen jedoch die

---

[7] Über die rechtliche Behandlung der Kriegsbeute ist wenig bekannt; vgl. U. *Kahrstedt*, Art. Λάφυρον. RE, 23. Hlbbd., Sp. 770.

[8] G. *Busolt*, Griechische Staatskunde I, S. 141 f.

[9] *Platon*, Nomoi V 745 b (zitiert nach der Übersetzung von G. Müller): „Darauf muß er das Land in zwölf Teile zerlegen, nachdem er zuerst ein Heiligtum der Hestia, des Zeus und der Athene errichtete, welches er die Burg nennt, und eine Ringmauer um sie führt, von der aus er die Stadt selbst und das ganze Land in die zwölf Teile zu teilen hat. Diese Teile müssen aber dadurch, daß die des guten Bodens klein, die des schlechten größer ausfallen, einander gleich werden. Er hat ferner 5040 Lose zu machen, jedes derselben in zwei Teile zu teilen und in einem Los zwei Teile zu verbinden, die jeweils an dem Nahen und dem Fernen teilhaben. Der zunächst an die Stadt grenzende Teil bilde mit dem am äußeren Umfange liegenden ein Los, sowie der von der Stadt aus zweite mit dem vom äußersten Umfange aus zweiten, und so die anderen in demselben Verhältnisse."

Bedenken entgegen, daß die geschilderte Aufteilung eben nur mit Mitteln aus der Vorstellungswelt der zeitgenössischen hellenischen Bevölkerung dargestellt werden konnte und andererseits selbst die Götter der dunklen Macht der μοῖρα unterworfen waren[10].

Umstritten ist die Frage, ob die Erbteilung in Athen und in anderen Poleis mit Hilfe des Loses durchgeführt wurde. Nach der von V. Ehrenberg vertretenen Auffassung ist die Erbauseinandersetzung, jedenfalls in Athen, nicht durch Losen bewirkt worden. Es könne auch keine Rede davon sein, daß der attische Gebrauch des Wortes κλῆρος im Sinne von Erbteil aus dem häufigen Vorkommen der Auslosung bei der Nachlaßverteilung herrühre[11]. Vielmehr gehe diese Wortbedeutung auf eine viel ältere Zeit zurück, in welcher der Landbesitz das einzige Erbgut dargestellt habe. Dagegen behauptet Beauchet, daß die Erbauseinandersetzung in Fällen, in denen sich die Erben nicht einigen konnten, unter Einsatz des Loses vorgenommen wurde. Aus der Häufigkeit dieses Teilungsverfahrens habe sich der synonyme Gebrauch des Wortes κλῆρος für Los und Erbschaft ergeben[12]. Einen förderlichen Hinweis zur Klärung dieses Problems können einige Teilungsurkunden bieten, die aus dem hellenistischen Ägypten stammen. Für den Empfang von Nachlaßteilen sind dort die Begriffe ἐπαναιρεῖσθαι und κληροῦσθαι gebraucht. H. *Kreller*[13] hat die einschlägigen Belege gesammelt und hält dafür, daß die Teilung durch das Los geschah. Aus der Sitte des Losens bei der Teilung dürfte nach Meinung *Krellers* auch der ganz gewöhnliche Ausdruck τὸ ἐπιβάλλον μέρος für den jemandem zufallenden Teil zu erklären sein.

Bei der Auslosung von Beutegut, Grundstücken und Nachlässen war es erforderlich, zunächst etwa gleichwertige Teile zu bilden. Dann erst konnte durch Losen die Zuweisung von Einzelgegenständen an die beteiligten Personen erfolgen. Wenn aber die zu erlosenden Stücke ausgeschieden und die Anteile festgelegt waren, dann blieb es meist auch gleichgültig, welcher beteiligten Person das Los einen bestimmten Teil oder Gegenstand zusprach. Das Los erfüllte dabei lediglich die Funktion eines unparteilichen Entscheidungsmittels. Unter dem gleichen Aspekt dürfte der Gebrauch des Loses bei der Bestimmung des vorleistungspflichtigen Vertragspartners zu sehen sein. Über einen solchen Fall berichtet Thukydides (V 21,1) bei der Wiedergabe des Staatsvertrages zwischen Athen und Sparta vom Jahre 421 (Nikiasfriede): die Spartaner

---

[10] Anders V. *Ehrenberg,* RE, a.a.O., Sp. 1463.

[11] V. *Ehrenberg,* a.a.O., Sp. 1478.

[12] L. *Beauchet,* Histoire du Droit Privé de la République Athenienne III, S. 653.

[13] H. *Kreller,* Erbrechtliche Untersuchungen auf Grund der graeco-aegyptischen Papyrusurkunden, S. 87 ff.

ließen ihre Gefangenen frei, nachdem es ihnen durch Losentscheid zugefallen war, mit der Freilassung zu beginnen. Daß der Wunsch nach Gewähr einer unparteiischen Entscheidung den Einsatz des Loses auch bei der Ämterbesetzung mitbedingte, brachte bereits Aristoteles zum Ausdruck, der bei der Erörterung der Ursachen von Staatsumwälzungen (Politik V 1303 a) ausführt: „Ferner kommen Verfassungsänderungen auch ohne Aufruhr infolge von Amtserschleichung durch Wahlumtrieb vor, wie in Heraia, wo man an die Stelle der Ämterbesetzung durch Wahl die durchs Los deshalb treten ließ, weil nur solche Leute gewählt worden waren, die es durch schlechte Umtriebe dazu brachten — — —."

Endlich dürfte in verschiedenen Anwendungsfällen der Losung der Gedanke vorherrschend gewesen sein, daß Kriterien für eine auf Vernunftsgründen aufbauende Sachentscheidung nicht vorhanden oder als erheblich nicht anzuerkennen waren. Wenn z. B. die meisten griechischen Gemeinden ihre Neubürger in die bestehenden Phylen und Demen einzulosen pflegten, so bediente man sich hier des Loses, weil sich keine der gegebenen Möglichkeiten durch erfaßbare qualitative Merkmale heraushob. Abwägende Entscheidungen konnten ferner für entbehrlich gehalten werden, wenn es um die Zuteilung von Grundstücken an Kolonisten ging oder wenn, wie es unter Kleisthenes geschah, jeder Phyle jeweils ein bestimmter Bezirk aus den drei Landkategorien zugeordnet wurde. „Die Gleichgiltigkeit gegen die natürlichen und historischen Zusammenhänge, ja die Absicht, diese zu zerstören, war es, welche hier zur Anwendung des Loses führte[14]." Der Gesichtspunkt des Fehlens von Entscheidungskriterien vermag insbesondere auch die Ämterauslosung nach erfolgter Vorwahl zu erklären, wie sie nach der solonischen Verfassung vorgesehen war. Da in der Vorwahl die nach dem Urteil der Wahlberechtigten geeigneten Amtsbewerber bereits bezeichnet waren, fiel dem Los die Aufgabe zu, zwischen den qualifizierten Kandidaten eine nicht mehr näher zu differenzierende Entscheidung zu fällen. Bei grundsätzlich gleicher Befähigung der Bewerber für die zu besetzenden Ämter konnte es dem Los überlassen werden, zu ermitteln, wer unter den gleichermaßen geeigneten Bürgern die amtliche Funktion wahrnehmen sollte. Auf die Erlosung ohne Vorwahl[15], die in aristotelischer Zeit in weitem Umfang durch die Verfassung vorgeschrieben war, trifft der Gedanke der Gleichgültigkeit des Entscheidungsergebnisses insofern zu, als von vornherein einer gewissen Gruppe oder Anzahl von Bürgern die gleiche Berechtigung und die gleiche Eignung zur Bekleidung von öffentlichen Stellen zugebilligt wurde. Da aber die Zahl der zu besetzenden

[14] B. *Heisterbergk*, Die Bestellung der Beamten durch das Los, Berlin 1896, S. 25.

[15] Über die Abschaffung der Vorwahl vgl. *Heisterbergk*, a.a.O., S. 68 ff.

Stellen sehr viel geringer war als die Zahl der zur Ämterführung befähigten Personen, mußte es zweckmäßig und gerechtfertigt erscheinen, die Berufung in die Ämter durch Los vorzunehmen. Zufolge der von Aristoteles eingehend beschriebenen aktuellen Athener Verfassung fand die Auslosung statt bei der Berufung der Ratsmitglieder, der neun Archonten und grundsätzlich aller Subalternbeamten[16]. Gewählt dagegen wurden die Schatzmeister der Kriegskasse und der Festeskasse, die Aufseher der Wasserwerke und alle militärischen Beamten. Keineswegs auffällig ist es, daß hinwiederum die zehn Verwalter der Heiligtümer durch das Los bestimmt wurden. Auch die Bestellung der zehn Polizeibeamten, die in der Stadt und im Piräus ihren Dienst wahrnahmen, erfolgte mittels Losung. Sie seien um deswillen erwähnt, weil sie sich ihrerseits bei der Ausübung ihrer Kontrollaufgaben des Loses bedienten, wenn mehrere Bewerber ein- und dieselben Musikanten engagieren wollten. Auch in diesem Falle sollte das Los sprechen, weil Kriterien für eine Differenzierung der Bewerber und damit für eine qualifizierende Auswahl nicht gegeben waren oder die Feststellung von Eignungsmerkmalen nicht im öffentlichen Interesse lag.

II. Die dargelegten Motive und Zielsetzungen für die Verwendung des Loses verdeutlichen, warum in verschiedenen Einzelfällen Losentscheidungen gesucht wurden, sie geben jedoch noch keine Erklärung der Tatsache, daß gerade in Griechenland und insbesondere im politischen Leben Athens das Los ein so breites Anwendungsfeld erreichte. Ist etwa das Los ein typisches Merkmal der demokratischen Polisverfassung? Zu dieser Frage haben sich schon antike Autoren geäußert: Herodot (III 80) erblickt in der Bestellung der Magistrate durch das Los einen wesentlichen Zug der Volksherrschaft, die den allerschönsten Namen ἰσονομία trage. Platon (Nomoi VI 757 b) brachte zum Ausdruck, daß die Losentscheide bei der Vergabe von Ehrenstellungen auf einem Gleichheitsverständnis untergeordneter Stufe beruhe, ein Gleichheitsverständnis nämlich, das auf Maß, Zahl und Gewicht gegründet sei. Daß man nicht der Würde nach, sondern der Zahl nach die Gleichheit walten läßt, ist auch für Aristoteles (Politik VI 1317 a, 42 ff.) Inhalt der demokratischen Gerechtigkeit; wo diese Gerechtigkeit herrsche, da müsse die Volksmenge Herr sein und was die Mehrheit recht erscheine, das sei das Gültige und Gerechte. Als demokratisch habe demnach zu gelten, daß die Ämter aus dem Kreis der Gesamtbürgerschaft (aller Bürger) besetzt werden, daß alle herrschen über jeden und jeder abwechselnd über alle; ferner, daß die Amtsstellen durch Losung vergeben werden, entweder

[16] Detaillierte Aufstellung der Losbeamten bei U. *Kahrstedt*, Untersuchungen zur Magistratur in Athen, Stuttgart 1936, S. 47 f. — Die spartanischen Magistrate dagegen sind normalerweise gewählt; U. *Kahrstedt*, Sparta und seine Symmachie, Göttingen 1922, S. 146.

alle Ämter oder doch jene, die nicht der Erfahrung und besonderer Kenntnisse bedürfen. In seiner Rhetorik (I 8) definiert Aristoteles die Demokratie schlechthin als die Regierungsform, in welcher die Ämter durch das Los besetzt werden. Doch ist die Gesamtstellungnahme des Stagiriten nicht ganz einheitlich; in seinen Äußerungen über die politische Bedeutung des Loses finden sich Schwankungen und Widersprüche[17]. Denn im Rahmen seiner schematischen Darstellung der verschiedenen Arten der Ämterbesetzung qualifiziert er die Losung als einen Bestellungsmodus, der nicht lediglich für demokratische, sondern auch für aristokratische und oligarchische Verfassungen geeignet erscheint. Zudem hält er dafür, daß in einer Demokratie ebenso gut auch gewählt werden könne; entscheidend sei lediglich, daß alle aus allen entweder durch Wahl oder durch Los an der Ämterführung teilhaben (Politik IV 1300).

Die Auffassung, daß das Los ein typisch demokratisches Bestellungsinstrument sei oder mit der demokratischen Verfassungsreform jedenfalls in Einklang steht, muß aber dann als problematisch erscheinen, wenn es auch ein Wesenszug der Demokratie ist, daß der Wille des Volkes die politischen Entscheidungen fällt und die Mehrheitsbeschlüsse der Bürger die charakteristische Grundlage für die aktuelle Gestaltung der öffentlichen Angelegenheiten abgeben. Denn der Einsatz des Loses schließt ja gerade die Bürger von der Kundgabe ihres Willens aus. Der Losverwendung bei der Ämterbesetzung ist es vielmehr eigentümlich, daß alle zur Mitarbeit in der Staatsverwaltung willigen Bürger in verantwortungsvolle Ämter gelangen können, ohne auf den Bestellungsvorgang selbst einwirken zu können. Der Gedanke der Isonomie steht hier im Vordergrund. Daraus aber erhellt, daß die attische Polisordnung mit dem Begriff Demokratie im Sinne von kollektiver Volksherrschaft nicht hinreichend gekennzeichnet wird. Die Verfassung der Athener stellt sich indessen als „das Ergebnis von zwei einander entgegengesetzten Strömungen, als eine aus demokratischen und hekastokratischen Elementen gebildete Dyarchie“[18] dar. Man wird deshalb die oben aufgeworfene Frage, ob die Losung ein Kennzeichen der Demokratie in Athen sei, dahin beantworten dürfen, daß die Losung als Charakteristikum des isonomischen Gepräges einer demokratischen Staatsordnung anzusprechen ist.

Sokrates[19] hat an der Ämterbestellung durch das Los abfällige Kritik geübt: „Diese Torheit, daß eine Bohne über die Führer des Staates entscheidet, während man keinen Steuermann, keinen Architekten, keinen

---

[17] Eingehende Darstellung bei *Heisterbergk*, a.a.O., S. 79 ff.

[18] *Heisterbergk*, a.a.O., S. 86.

[19] Xenophon, Mem. I 2, 9.

Flötenspieler usw. auf solche Weise bestimmt, obwohl deren Aufgabe weit weniger verantwortungsvoll ist." Aber dieses Mißtrauen gegen die Losverwendung wurde von den Athenern offenbar nicht geteilt. Es war sicher auch übertrieben, dem Losgebrauch im politischen Leben jeden vernünftigen Sinn abzusprechen. Die Losung von Amtsstellen war tragbar, weil sie sich auf die Ämter beschränkte, die kein spezielles Fachwissen erforderten[20]. Sie war auch praktikabel, weil sich die Bürger in der kleinen Polisgemeinde am politischen Alltag stark interessiert zeigten und dadurch ein gewisses Maß an politischer Erfahrung mitbrachten und schließlich, weil sie ohne eigene Anmeldung bei der Auslosung unberücksichtigt blieben. Zudem waren die Ämter vielfach kollegial besetzt und nur auf kurze Dauer zu versehen. Ein schwerwiegender Nachteil verband sich freilich mit der Auslosung: Die politischen Ämter wurden mehr und mehr ihres Eigenwertes entkleidet, so daß sie keine Basis für das Emporsteigen politischer Führer bilden konnten. Zur eigentlichen politischen Führung vermochten sich deshalb nur noch die gewählten Strategen aufzuschwingen. Nachdem aber die Position der Militärs in der Tagespolitik durch eine übersteigerte Handhabung der Rechenschaftspflicht stark beeinträchtigt worden war, gelangten in Athen Männer in die Rolle des προστάτης τοῦ δήμου, die weder durch Los noch durch Wahl in ihr Amt berufen wurden, aber dennoch befähigt waren, das Volk zu leiten, die Rhetoren[21].

---

[20] Ämter, die Fachwissen forderten, wurden durch Wahl besetzt; vgl. die Aufstellung bei U. *Kahrstedt*, Magistratur, S. 42.

[21] Vgl. V. *Ehrenberg*, RE, Sp. 1483.

Prolegomena zu einer Methodenlehre der Römer

Von Erwin Seidl, Köln

Bekanntlich ist uns zu den Entscheidungen der römischen Klassiker meistens keine Begründung erhalten. Wenn ihre in den Digesten enthaltenen Aussprüche unter Justinian Gesetzeskraft haben sollten, so mochte dem Kaiser die Begründung gleichgültig sein. Auch die Institutionen des Gaius sind hierin nicht besser; sie führen eben nicht in die Jurisprudenz, sondern, wie sie sagen, in die einmal bestehenden „Rechtseinrichtungen" ein, und sind, wie *Kaser* mit Recht lehrt[1], der Qualität nach ein recht unklassisches, subalternes Lehrbüchlein. Deshalb läßt sich die Meinung nicht ausrotten, die römischen Klassiker hätten ihre Entscheidungen mit „Intuition", also mit Gefühlsjurisprudenz, ohne Nachdenken über die Gründe gefällt[2]. Wo uns Begründungen einer Entscheidung erhalten sind, wie z. B. reichlich bei Africanus, werden sie der Interpolation verdächtigt[3].

Also wären unsere Klassiker nur Heroen des Rechtsgefühls. Als solche könnten sie uns wohl imponieren, aber wir könnten von ihnen nichts lernen. Denn Intuition ist Sache des Genies oder Talentes; dem, der sie nicht hat, kann man sie durch den besten Unterricht nicht beibringen. Dazu kommt noch, daß unsere Wirtschaftsverhältnisse um soviel komplizierter sind als die der Antike, daß sich unter ihnen auch wohl Heroen der Intuition nicht zurecht fänden. Wir kommen um ein Nachdenken über die Begründung einer Entscheidung nicht mehr herum.

So fehlt es nicht an Studierenden und Studienplanverbesserern, die in den Vorlesungen über römisches Recht nur Ballast sehen, aus dem man doch nichts für die heutige praktische Rechtsanwendung lernen könnte. Und selbst solchen, die einen weniger banausischen Standpunkt einnehmen und in einem geschichtlichen Recht einen Lehrzweck an sich gelten lassen, erscheint das römische Recht leicht nur als ein Zweig der

---

[1] ZSS 70 (1953) 93 ff. a. M. *van Oven*, Gaius der Hochklassiker, Tijdschrift voor Rechtsgeschiedenis 23 (1955) 240 ff.

[2] *Kaser*, Nachr. Akad. Göttingen, Phil.-Hist. Kl. 1962, 2, 54, wobei er ausdrücklich *Riezler*, Das Rechtsgefühl[2] (1946), zitiert.

[3] So die zweite Africanus-Palingenesie von *Lenel*, ZSS 51 (1931) 1 ff.

Kulturgeschichte. Wenn andere von Bestattungsriten, von mythischen Vorstellungen, von Astrologie und Magie erzählen, so stehen neben ihnen die Romanisten, die von statuliber, patronatus, possessio und detentio erzählen, eben wieder von „Institutionen", die es heute nicht mehr, oder wenigstens nicht mehr so wie damals, gibt.

Dazu kommt ein anderes, vielleicht noch schlimmeres Vorurteil gegenüber den römischen Klassikern. Man untersucht die „Methode der römischen Rechtsfindung"[4], womit man unterstellt, es hätte nur eine solche gegeben. In Wirklichkeit hatte jeder der Klassiker seine eigene Methode. Nur haben sich wenige Romanisten bemüht, die Individualitäten der Klassiker in ihrer juristischen Methode aufzudecken, so daß es heute noch sehr an Vorarbeiten fehlt[5]. Dagegen haben sie sich gelegentlich mit ihrer Sprache befaßt und erkannt, daß Redewendungen für einen einzelnen von ihnen charakteristisch sind, womit sie sich freilich von der Jurisprudenz entfernen und in die Arbeitsgebiete des Philologen — oft durchaus mit Erfolg — hinübergewechselt sind[6].

Wenn es also heute nur wenige sind, die die Klassiker als individuelle Juristen zu erfassen suchen, so soll doch immer wieder darauf hingewiesen werden, daß hier ein überaus lockendes Ziel für die Forschung gegeben ist, und daß sich so nebenbei zeigt, daß die Klassiker sehr wohl eigene Methoden hatten, von denen wir auch für die Jurisprudenz der Gegenwart durchaus etwas lernen können.

Aber dazu gilt es vorerst noch ein drittes Vorurteil zu überwinden. Gerade die Vertreter des römischen Rechts sind sehr geneigt, in der deduktiven Methode die einzig richtige für Juristen zu sehen. *Kaser* schreibt[7] von der „dialektischen" Methode: „Daß diese Methode für die juristische Materie besonders geeignet war und wesentlich zur Klärung beigetragen hat, leuchtet ein". — Das möchten wir bestreiten. An anderer Stelle faßt er alle Jurisprudenz, die nicht von gewissen Leitbegriffen ausgeht, als Interessenjurisprudenz oder soziologische Methode zusammen[8], was wiederum keineswegs zutrifft. Es ist auch nicht so, daß der Streit um Begriffs- und Interessenjurisprudenz an die römischen Quellen herangetragen würde, sondern er hat nur unseren Blick dafür geschärft, daß es außer den logischen Ableitungen aus

---

[4] So der Titel des oben Anm. 2 genannten Artikels von *Kaser*.

[5] Erfreulicherweise haben sich aber zwei jüngere italienische Kollegen nun um diese Forschungen angenommen: *Reggi*, L'interpretazione analogica in Salvio Giuliano. Studi Parmensi 1951, 1953. *Bonini*, I „libri de cognitionibus" di Callistrato I. Milano 1964. Dazu meine Besprechung SDHI, 30 (1964) 458—461.

[6] Der Meister dieses Forschungszweiges war Bernhard *Kübler*. Seine Ergebnisse hat er sehr bescheiden im VJR versteckt.

[7] In dem oben Anm. 2 genannten Artikel S. 69.

[8] a.a.O. 64, 74.

Begriffen und Regeln, wie sie namentlich bei Ulpian vorkommen, in den Digesten noch mehrere andere Methoden gibt. Die Heranziehung der von den Beteiligten verfolgten Interessen (die „Interessenjurisprudenz") befindet sich zwar auch unter ihnen, ist aber keineswegs die einzige Methode, die sich von der deduktiven unterscheiden läßt.

So soll es der Zweck der folgenden Zeilen sein, zu zeigen, daß sich wenigstens sieben bis acht ganz verschiedene Denkweisen bei den Römern nachweisen lassen. Denkweisen, die sich logisch gar nicht vereinen lassen. Nicht behaupten wollen wir nur, daß sich nicht noch mehr solcher auffinden lassen könnten[9].

Wir sehen, daß römische Klassiker zur Fallentscheidung heranziehen:

A. Objektiv feststellbare Tatsachen, nämlich
1. das Verhältnis von Leistung und Gegenleistung,
2. das Beherrschungsvermögen,
3. die Interessen der Beteiligten,
4. die Spezialkonsequenzen der Entscheidung,
5. Generalkonsequenzen der Entscheidung.

B. Subjektive Einstellung der Beteiligten
6. den Willen,
7. das Vertrauen.

C. Die Deduktion aus Begriffen oder Regeln.

Wir sind wohl gewohnt, Verträge nach dem Willen der Vertragschließenden auszulegen. Das haben wir zwar von den Römern übernommen, trifft aber für diese selbst erst in der spätklassischen Zeit zu, nicht schon in der vor- und frühklassischen[10]. In diesen älteren Epochen suchten die Juristen dagegen nach objektiv feststellbaren Tatsachen, die man zur Auslegung heranziehen kann. Sie haben dann mit der Formulierung „id quod actum est" in den einzelnen Fällen darauf hingewiesen. In späteren Zeiten hat man diese Worte, wie „das, was gewollt ist" verstanden; aber dieser Sinn steht nicht ursprünglich darin. Zunächst heißt „id quod actum est" nur, „das, was sich ereignet hat", „der Lebensvorgang" und bezieht sich auf objektiv feststellbare Tatsachen[11].

[9] Ebensowenig wollen wir die Erforschung der Institutionen, heute das überwiegende Anliegen der Romanisten, zurücksetzen.

[10] *Pringsheim*, Animus in Roman Law. Law Quarterly Review 1933, 43 ff., 379 ff., setzt das Überwuchern der Willenslehre sogar noch etwas später, in die Byzantinerzeit, an. In der Besprechung von *Archi*, La donazione, ZSS 78 (1961) 474—484, sowie in dem sogleich zu zitierenden Artikel im selben Bande gibt er aber zu, daß selbst animus-Stellen gelegentlich klassisch sein könnten. Aus der reichen Literatur, die wie *Pringsheim* die Berücksichtigung des Subjektiven in eine spätere Zeit setzte, sei hier nur *Kaser*, Typisierter Dolus im altrömischen Recht, BIDR[3] (1962) 79, herausgegriffen.

[11] „Id quod actum est" ist der Titel einer Abhandlung von *Pringsheim*, ZSS 78 (1961) 1 ff. Dort wird der Ausdruck S. 6 mit „was gemeint war" übersetzt; die

1. Das Verhältnis von Leistung und Gegenleistung ist vor allem eine solche objektiv feststellbare Tatsache[12]. Auch wenn heute jemand eine Uhr für 15 DM kauft, kann er nicht erwarten, daß sie wie die Rundfunk-Zeitangabe läuft. Er kann nicht wandeln, wenn sie jeden Tag nachgestellt werden muß. Für ein Chronometer, das solche Eigenschaften hätte, müßte er mehr als das Zehnfache ausgeben. Auch heute würde man nicht auf die Idee kommen, dieses Geschäft nach dem „Willen" der Beteiligten auszulegen. Mit dieser Methode entscheidet Javolenus, Dig. 18,1,79:

„Du hast die Hälfte deines Landguts mit der Abrede verkauft, daß der Käufer die andere Hälfte, die du zurückbehalten hast, für zehn Jahre um einen bestimmten Pachtzins in jedem Jahr pachte. Labeo und Trebatius sagen, dann könne *nicht* aus dem Verkauf geklagt werden, daß das, was ausgemacht sei, getan werde. Ich glaube aber das Gegenteil, sobald du nur das Landgut um so viel billiger verkauft hast, damit dir diese Verpachtung eingehalten werde: denn das ist dann selbst ein Teil des Preises für das Landgut, daß es mit dieser Nebenabrede verkauft worden ist."

Fundi partem dimidiam ea lege vendidisti, ut emptor alteram partem, quam retinebas, annis decem verta pecunia in annos singulos conductam habeat. Labeo et Trebatius negant posse ex vendito agi, ut id quod convenerit, fiat. ego contra puto, si modo ideo vilius fundum vendidisti, ut haec tibi conductio praestaretur: nam hoc ipsum pretium fundi videtur quod eo pacto venditus fuerat.

Hier ist es deutlich: das Verhältnis von Leistung und Gegenleistung, was die Entscheidung ausmacht. Der Richter muß feststellen, ob, rein objektiv gesehen, das Landgut wegen der gleichzeitig abgeschlossenen Pacht billiger verkauft worden ist, als wenn es ohne die Pacht verkauft worden wäre. Kann er das feststellen, dann ist die actio ex vendito, die

---

Übersetzung „was gewollt war" wird ausdrücklich abgelehnt. Letztere Übersetzung hätte sich doch in allzu großem Widerspruch mit *Pringsheims* eigener Lehre in dem eben zitierten Artikel in Law Quart. Rev. befunden. Doch ist dem Meister, der solange nur die englische Sprache gebraucht hat, entgangen, daß im Deutschen „das, was gewollt" und „das, was gemeint" ist, völlig dasselbe bedeuten. Darauf hat nun *Wunner*, Contractus, Köln 1964, 181, hingewiesen. Pringsheim hätte aber für die älteren von ihm aufgeführten Beispiele an seiner Lehre „nicht auf einen Willen, eine voluntas, abzustellen", leicht festhalten können. Die richtige Erklärung hat *v. Lübtow*, Beiträge zur Lehre von der Condictio, Berlin 1952, 104, zu Dig. 12, 1, 3 gegeben, was *Pringsheim* leider entgangen ist.

[12] Für die Dogmatik des geltenden Rechts hat schon *Müller-Erzbach*, Die Rechtswissenschaft im Umbau, 113 f., „Bei gegenseitigen Verträgen ... kann jeder Kontrahent nur eine Gegenleistung erwarten, welche seiner eigenen nach Maßgabe der vertraglichen Bewertung gleichwertig ist". Ebenso *Wilburg*, Zusammenspiel der Kräfte im Aufbau des Schuldrechts, Archiv f. civ. Praxis 163 (1964) 346 ff.

Klage aus dem Kaufvertrag auf Zahlung eines Pachtzinses zu gewähren. Stellt er fest, daß das nicht der Fall ist, spricht er von der actio ex vendito frei.

In der Stelle steht nichts vom „Willen". Auch etwas anderes steht nicht darin, was bei der Auslegung sehr nahe läge: der Richter solle untersuchen, in wessen *Interesse* die Pacht lag; ob mehr der Käufer, oder mehr der Verkäufer an ihr ein Interesse hatte. Auch das ist etwas, was sich objektiv feststellen läßt; wir werden sehen, daß römische Juristen nach dem Interesse entschieden haben: an dieser Stelle können wir nur sagen, „möglicherweise hat Javolenus an die Auslegung unter Heranziehung des Interesses gedacht"; aber es steht nicht ausdrücklich da. Die Stelle ist eine Brücke von einer Entscheidung, die vom gerechten Verhältnis von Leistung und Gegenleistung, zu einer solchen, die von den bei einem Vertrag verfolgten Interessen ausgeht.

2. *Die Berücksichtigung des Beherrschungsvermögens*[13]. Auch bei der Auslegung von Gesetzen kamen die römischen Juristen bald darauf, daß die rein wörtliche Deduktion aus dem gebrauchten Begriff leicht zu Unsinn führen kann. Dafür schon eine Stelle aus Labeo: Dig. 4,8,15:

„Obwohl der Prätor in seinem Edikt ganz klar gesagt hat, er werde einen Schiedsrichter zwingen, einen Schiedsspruch zu fällen, so muß er doch gelegentlich dessen Gründe gelten lassen und nach Prüfung des Falles eine Entschuldigung annehmen, z. B. wenn er von den Streitparteien beleidigt worden ist, oder wenn tödliche Feindschaft zwischen ihm und den Parteien, oder auch nur mit einer Partei dazugekommen ist, oder wenn Alter oder eine später dazugekommene Krankheit ihm dieses Amt unmöglich macht, oder die Beschäftigung mit den eigenen Geschäften oder eine dringende Reise oder irgendeine öffentliche Pflicht. Und so entscheidet Labeo."

Licet autem praetor districte edicat sententiam se arbitrum dicere coacturum, attamen interdum rationem eius habere debet et excusationem recipere causa cognita ut puta si fuerit infamatus a litigatoribus, aut si inimicitiae capitales inter eum et litigatores aut alterum ex litigatoribus intercesserint, aut si aetas aut valetudo quae postea contigit id ei munus remittat, aut occupatio negotiorum propriorum vel profectio aut munus aliquod rei publicae: et ita Labeo.

Mit der reinen Deduktion aus dem Begriff, aus den Worten, die der Prätor in seinem Edikt gebraucht hat, käme man niemals zu dieser Entscheidung. Sondern wer so entscheidet, der ergänzt den vom Gesetz

---

[13] Vgl. Studien zum kausalen Rechtsdenken. Festgabe *Müller-Erzbach*, München 1954, 104 ff.

gebrachten Tatbestand. Er „integriert" mit etwas. Das sind einmal Umstände, die es dem Schiedsrichter unmöglich machen, den Schiedsspruch zu fällen: Alter, Krankheit: dann fehlt es ihm an der Macht, das Gebot des Prätors zu befolgen, also hat es keinen Sinn, ihn zu „zwingen".

Aber es steckt noch mehr darin. Die „dringende Reise", die „öffentlichrechtlichen Pflichten" sind Hinweise auf ein Abwägen zwischen entgegenstehenden Pflichten, man fragt, ist es dem arbiter zuzumuten, den Schiedsspruch zu fällen. Heranziehen der Machtlage und Abwägung entgegenstehender Interessen finden wir öfter. Ziemlich selten dagegen ist die Berücksichtigung der Lebensumstände „Feindschaft" und „Beleidigung": man kann sie zur Ergänzung heranziehen, wie die Machtlage und die entgegenstehenden Interessen. In allen Fällen handelt es sich um objektiv feststellbare Tatsachen: Ist er imstande? Ist er verfeindet? Sind ihm munera publica auferlegt worden? Ist eine Reise für seine eigenen Geschäfte dringend nötig?

Wenn wir sagen: hier wird der Tatbestand „integriert", „ergänzt" durch neu herangetragene Lebensumstände, so kommen wir leicht zu dem Bild: das Gesetz (hier das Edikt des Prätors) hat eine „Lücke"; es hat etwas nicht berücksichtigt, was es, wenn der Gesetzgeber daran gedacht hätte, sicherlich berücksichtigt hätte. Der Jurist spiele dann den Gesetzgeber und ergänze das, was dieser gesagt hat, mit etwas Neuem. So machen es die modernen Juristen und dürfen es so machen, weil unsere Gesetze, vor allem das deutsche BGB, den Anspruch erheben, alles, was an Streitigkeiten vorkommen kann, von vornherein zu entscheiden. Aber die antiken Gesetze vor Justinian haben diesen Anspruch nie erhoben; sie geben vielmehr nur die Entscheidung einzelner Fälle; sie sind „kasuistisch". Das bedeutet wieder: sie geben nur Modelle richtiger Entscheidungen[14], mehr nicht. Das gilt für die keilschriftlich überlieferten Gesetze und für das gortynische Gesetz; es gilt aber auch für das Zwölf-Tafel-Gesetz der Römer und das Edikt des Prätors, jedenfalls bis zur lex Cornelia de edictis (67 v. Chr.).

Für die Frage der Methode ist die Vorstellung der Lücke im Gesetz nicht notwendig, sondern man kann auch fordern, daß überhaupt jede Gesetzesanwendung davon ausgehen müsse, die Lebensumstände, das sind Machtlagen, Interessen, Bedürfnisse des einzelnen Falles darauf zu prüfen, ob sie dieselben sind, die der Gesetzgeber im Auge hatte, und das Gesetz nur dann anzuwenden, wenn diese Voraussetzungen des Gesetzgebers auch im gegebenen, zur Entscheidung heranstehenden Falle vorliegen. Der Prätor hat sich — sagt die Gesetzesauslegung — einen völlig ungehinderten, gesunden Mann vorgestellt, den wollte er

---

[14] Meine Römische Rechtsgeschichte S. 5 und S. 26 f. unter Bezugnahme auf J. *Escarra,* Le droit Chinois, Pékin 1936.

zur Durchführung des Schiedsrichteramtes zwingen. Nun steht einer da, der zu alt ist, mit den Parteien verfeindet oder im öffentlichen Dienst sowieso aufs äußerste beschäftigt. Dann sind die Lebensumstände anders als diejenigen, die der Prätor seiner Norm zugrunde legte, also soll er ihn nicht, wie der Wortlaut des Ediktes sagen würde, zwingen.

Zu dieser Entscheidung kämen wir auch, wenn wir auf den Zweck des Gesetzes sehen: dieser liegt darin, daß die Streitenden möglichst bald einen richtigen Schiedsspruch bekommen: wenn der Schiedsrichter aber zu alt, oder verfeindet, oder mit öffentlichen Aufgaben überlastet ist, dann erhalten sie höchstens einen oberflächlichen, schlechten Schiedsspruch; dann wird gerade das nicht erreicht, was das Edikt haben wollte. Diese Begründung gibt Labeo aber hier nicht, sondern er spricht nur davon, daß Lebensumstände der wörtlichen Anwendung des Edikts entgegenstehen.

3. Zum objektiv Feststellbaren gehören auch die *Interessen*, die jemand an einer Angelegenheit hat. Als wir oben die Javolenus-Stelle durchnahmen, in der entschieden wurde, es könne aus dem Kaufvertrag auch auf den Pachtzins geklagt werden, wenn der Verkäufer nur deshalb so billig verkaufte, weil der Käufer das andere Grundstück pachtete, da sahen wir: es ist möglich, zu dieser Entscheidung auch dadurch zu kommen, daß wir fragen, in wessen Interesse lag es denn, daß der Kaufvertrag mit einem Pachtvertrag gekoppelt wurde? Es stand aber nicht so da. Bei den Hoch- und Spätklassikern wird aber deutlich gesagt, daß man das Interesse zur Entscheidung heranziehen muß[15].

Dig. 15, 4, 2 pr: Paulus: „Wenn mit Erlaubnis des Vormunds einem Sklaven des Mündels ein Darlehen gegeben worden ist, glaube ich, daß man die actio quod iussit tutor gegen das Mündel geben muß, wenn das Darlehen *im Interesse* des Mündels gegeben worden ist."

Si tutoris iussu servo pupilli creditum sit, puto, si ex utilitate pupilli fuerit creditum, in pupillum esse dandam actionem „quod iussit tutor".

Insofern kann man, wie schon oft bemerkt, nicht bestreiten, daß die Klassiker auch die „Interessenjurisprudenz" kannten; nur wollen wir hier zeigen, daß sie auch noch ganz andere Methoden handhabten[16].

---

[15] Etwa zwei Dutzend Beispiele dafür in: Festschrift *Lehmann* I (Berlin 1956), S. 101 ff. An Literatur ist *Nörr*, ZSS 73 (1956), 91 ff. hinzugekommen. Man muß aber die Fälle des „Utilitätsgedankens" im Rahmen der viel häufigeren Integration mit Interessen überhaupt behandeln. Auch *Kaser* interpretiert — entgegen seiner oben Anm. 2 geäußerten Meinung (S. 64, 74) — mit Interessen in seinem Artikel „Fragmentum Vaticanum I" Labeo 7 (1961) 299.

[16] Um einen Irrtum auszuschließen: die Arbeit von *Medicus*, Id quod interest, Köln 1962, handelt nicht vom „Interesse" im Sinne einer Auslegung unter Heranziehung der von den Parteien verfolgten Belange. „Interesse" in diesem Sinne geben die Quellen vielmehr meistens mit „utilitas" wieder.

4. *Die Konsequenzen als Grundlagen der Entscheidung.* Wieder eine andere Methode steht mit den bisher behandelten in einem starken Gegensatz, ist aber auch bei den Römern zu finden. Man kann nämlich eine Entscheidung auch dadurch gewinnen, daß man überlegt: wenn die Entscheidung a ist, ist die Folge b, wenn die Entscheidung c ist, ist die Folge d. Weil aber die Folge d unerwünscht ist, ist die Entscheidung a richtig. So kann man von den Konsequenzen her eine Entscheidung fällen.

Wenn man aber schon die Konsequenz einer Entscheidung heranzieht, so kann man dabei

a) die Folge im einzelnen, vorliegenden Fall heranziehen, wir sprechen dabei von Spezialkonsequenzen, oder

b) die Folgen, die sich ganz allgemein einstellen werden, wenn die Entscheidung Schule machen wird (Generalkonsequenzen).

Im letzteren Fall wird vom Juristen verlangt, daß er Rechtspolitik treibt.

Nehmen wir zuerst die speziellen, im einzelnen Fall zu berücksichtigenden Folgen einer Entscheidung[17].

Schon Vorklassiker haben dann, wenn sie bei einer Entscheidung nicht durch das „uti lingua nuncupassit" der zwölf Tafeln eingeengt waren[18], die Vorteilsausgleichung zur Richtschnur ihrer Entscheidung genommen. Unter „Vorteilsausgleichung" ist eine gerechte Güterverteilung zu verstehen: es soll bei einer Entscheidung nicht so sein, daß jemand einen ungerechtfertigten Gewinn macht und ein anderer einen ebenso ungerechtfertigten Verlust erleidet. Damit aber gehen sie über ein bloßes „Ergänzen" des anzuwendenden Gesetzes durch objektiv feststellbare Lebensumstände hinaus und betrachten die konkrete Folge im einzelnen Fall. Schon Q. Mucius zeigt, daß er diese Methode zu handhaben versteht. Dig. 47, 2, 77, 1 sagt er:

„Wenn die gestohlene Sache dem Dieb wiederum gestohlen wurde, so kann zwar der Eigentümer gegen den 2. Dieb, nicht aber der 1. Dieb gegen den 2. Dieb die actio furti, die Diebstahlsklage erheben. Denn ein Interesse an der Ausgleichung habe nicht der 1. Dieb, sondern nur der Eigentümer."

Si quis alteri furtum fecerit et id quod subripuit alius ab eo subripuit, cum posteriore furi dominus eius rei furti agere potest, fur prior non

[17] Wo diese Methode heutzutage in Entscheidungen hervortritt, begegnet sie gern dem Vorwurf, „das heiße verwalten, nicht Recht sprechen". Wir wollen hier auf diese Kritik nicht eingehen.

[18] Dazu unten S. 370.

potest, ideo quod domini interfuit, non prioris furis, ut id quod subreptum est salvum esset. haec Quintus Mucius refert[19].

Hätte Quintus Mucius hier die deduktive Methode angewandt, die er in der Testamentsauslegung verwendet hatte, so hätte er sagen müssen: Der 2. Dieb hat den Eigentümer gar nicht bestohlen. Also kann dieser gegen ihn keine actio furti erheben. Der Eigentümer kann sich nur an den ersten Dieb halten, der ihn bestohlen hat. An den 2. Dieb könnte sich nur der von diesem Bestohlene, der 1. Dieb, halten. So müßte die bloße Deduktion aus dem Tatbestand der actio furti lauten.

Die Methode, mit der Quintus Mucius hier vorgeht, ist aber folgende. Die actio furti nec manifesti ging auf das Doppelte des Wertes, die furti manifesti sogar auf das Vierfache. Darin liegen sowohl Strafe, Ausgleich für den Ärger über den Verlust und für die Gefahr, die Sache nicht wiederzubekommen, als auch Schadenersatz. Diesen Ausgleich will Quintus Mucius aber nur dem Eigentümer zukommen lassen, nicht dem 1. Dieb gegen den 2. Ein Interesse an der Leistung des 2. Diebes hätte der 1. Dieb schon — insofern leuchten die Worte des Juristen nicht ein —, aber wir müssen hinzudenken: ein *schutzwürdiges* Interesse hat er nicht. Seine Entscheidung ist durchaus lebensecht und ist sicher nicht durch ein Deduzieren aus dem Begriff gewonnen.

Wenn man dem 1. Dieb die Diebstahlsklage gegen den 2. Dieb gestatten würde, so könnte er von diesem das Doppelte, evtl. das Vierfache des Wertes der gestohlenen Sache bekommen. Er selber aber müßte dem Eigentümer auch nur das Doppelte oder Vierfache des Wertes leisten. So würde er von den Folgen seines Diebstahls völlig befreit. Ja, wenn der 2. Diebstahl ein furtum manifestum, der 1. nur ein furtum nec manifestum gewesen wäre, würde er sogar einen Gewinn in Höhe des doppelten Wertes der Sache machen. Diese Folge wäre absurd, also ist die Deduktion aus dem Tatbestand der actio furti abzulehnen. Die von den Konsequenzen ausgehende Methode muß den Fall so entscheiden. So, wie die Stelle überliefert ist, läßt sie nicht erkennen, daß Quintus Mucius die Folgen der einen oder anderen Entscheidung verglichen hätte, er spricht nur vom Interesse, ut id quod subreptum est, salvum esset; es könnte aber sein, daß er von den Folgen der Entscheidung ausgegangen ist, denn das liegt so nahe.

Für die Hochklassiker dagegen unterliegt es keinem Zweifel, daß sie den Absurditätsbeweis als Methode der Rechtsfindung kannten.

Pomponius: Dig. 15, 1, 4, 2:

---

[19] Vgl. auch den darauf folgenden Text.

„Nicht das, was der Sklave ohne Wissen des Herrn bei sich hat, wird dem Sondervermögen des Sklaven zugerechnet, sondern nur das, was er mit dessen Willen hat. Anderenfalls würde ja auch das, was der Sklave dem Herrn gestohlen hat, Bestandteil des Sondervermögens sein; das wäre aber nicht richtig."

Non quid servus ignorante domino habuerit peculii essem sed quid volente: alioquin et quod subripuit servus domino, fiet peculli, quod non est verum.

Dieser hochklassische Jurist überlegt bei der Frage, was zum peculium eines Sklaven zu rechnen ist, die Folge. Er kann entscheiden, daß nur das dazu gehört, wovon der Herr des Sklaven auch will, daß es bei dem Sklaven sei, oder er kann auch solche Dinge dazu rechnen, von denen der Herr gar nicht weiß, daß sie sich bei dem Sklaven befinden. Bei der letzteren Entscheidung käme aber als Folge heraus, daß auch etwas, was der Sklave dem Herrn gestohlen hat, zu seinem peculium zu rechnen sei, das aber wäre eine absurde Folge. Also gibt ihm der Absurditätsbeweis den Fingerzeig für die richtige Entscheidung[20].

Schließlich kann man auch noch einen Spätklassiker als einen Vertreter dieser Methode anführen: Tryphonius[21].

5. Generalkonsequenzen der Entscheidung. Bisher haben wir gesehen, daß die Juristen die Folgen im vorgelegten Beispiel untersucht und davon ihre Entscheidung genommen haben. Nun aber noch zu der Erweiterung des Denkens, die die Folgen auf der Ebene der Allgemeinheit betrachtet und von daher das Argument für die Richtigkeit oder Unrichtigkeit einer Entscheidung hernimmt. Dann treibt der Jurist richtige Rechtspolitik.

Servius Sulpicius geht auf den erzieherischen Zweck eines Gesetzes ein. Ob dieser erreicht wird, sieht man aus den allgemeinen Konsequenzen der Entscheidung. Das findet sich bei ihm Dig. 49, 15, 12 pr.[22].

Er will auch, wie er an anderer Stelle sagt, das Gesetz so ausgelegt haben, „daß nicht die Dummen in besserer Lage wären als die Einsichtigen" (Dig. 43, 24, 4)[23].

Auch Julian handhabt diese Methode: Dig. 5, 1, 75:

„Wenn der Prätor der Partei, von der Bezahlung einer Schuld eingeklagt wurde, das Erscheinen befohlen hatte und er sodann, nachdem

---

20 Andere Beispiele dieser Methode, etwa Julian, Dig. 5, 1, 25; Röm. Rechtsg.[2] S. 83 f. Dazu die Entscheidung des Maecianus in: P. Oxy III 653 (= *Mitteis*, Chrest. II 90), die keinem Interpolationsverdacht unterliegt.

21 z. B. Dig. 20, 5, 12, 1, s. Eranion G. S. *Maridakis*, Athen 1963, 232 ff.

22 Röm. Rechtsg.[2] S. 66.

23 Röm. Rechtsg.[2] S. 67.

die Zustellung seines Befehls durchgeführt worden war, verkündet hatte, daß der Abwesende schulde, so darf der Geschworene im Vollstreckungsverfahren das Urteil des Prätors überhaupt nicht nachprüfen. Anderenfalls würden ja Befehle und Anordnungen dieser Art, die vom Prätor ausgehen, lächerlich werden."

Si praetor iusserit eum a quo debitum petebatur adesse et ordine edictorum peracto pronuntiaverit absentem debere, non utique iudex, qui de iudicato cognoscit, debet de praetoris sententia cognoscere: alioquin lusoria erunt huiusmodi edicta et decreta praetorum.

Der Jurist überlegt auch hier die Konsequenzen der Entscheidungen: Entscheidung a, der Geschworene darf das Dekret des Prätors nicht nachprüfen. Entscheidung b, er darf es nachprüfen, ob es richtig ist. In diesem Falle aber wäre die Folge, daß ganz allgemein — also nicht nur in dem vorliegenden Falle — die Dekrete der Prätoren ohne praktische Bedeutung und damit lächerlich wären, diese Folge wäre aber absurd, also ist die Entscheidung a: der Geschworene darf nicht nachprüfen, die richtige.

Als Höhepunkt dieser rechtspolitischen Methode darf man den Gedangengang des Paulus, Dig. 4, 4, 24, 1 bezeichnen, worin er zeigt, wie eine Übertreibung der restitutio in integrum zugunsten der minores zu ihrem Nachteil ausschlagen würde[24].

Nach dieser Methode ist es Aufgabe des Juristen, sich bei jeder Entscheidung auch die Fernwirkung seiner Entscheidung vor Augen zu halten.

6. *Die Integration mit dem Willen der Beteiligten*[25]. Die Willenslehre hat etwas ungemein Überzeugendes. Nicht auf den Gebrauch irgendwelcher Worte soll es ankommen, wenn eine Erklärung oder sonst ein Lebensvorgang vom Richter zu beurteilen ist, sondern auf das, was die Beteiligten dabei gewollt haben. Etwas anderes zugrunde zu legen, scheint immer ungerecht zu sein.

Dem steht aber ein großer Nachteil gegenüber, den man in der richterlichen Praxis sieht. Der Wille ist etwas, was man nicht erkennen kann: ein Vorgang in der Seele eines Menschen. Wenn die Beteiligten später vor dem Richter stehen, können sie leicht behaupten, bei einem Lebensvorgang gerade den Willen gehabt zu haben, der jetzt für sie günstiger ist. Der Richter hat es dann schwer, zu beurteilen, welchen Willen die Parteien wirklich gehabt haben. Da hilft man mit Beweislastregeln,

---

[24] Röm. Rechtsg.[2] S. 102.

[25] Zur Integration mit subjektiven Elementen ist aus der umfangreichen Literatur vor allem wieder an den oben Anm. 12 zitierten Aufsatz von *Pringsheim* „Animus in Roman Law" zu erinnern.

gesetzlichen Vermutungen oder Fiktionen, — oder man schließt eben doch von den objektiv feststellbaren Interessen auf den subjektiven Willen.

Wenn das Zwölf-Tafelgesetz der Römer verordnet hatte: uti lingua nuncupassit, ita ius esto, so hat es damit ausdrücklich die Auslegung von Testamenten und anderen Mancipationen nach dem Willen der Beteiligten verboten. Der klare Anwendungsfall aus vorklassischer Zeit ist berühmt: die causa Curiana[26]. Da hatte M. Coponius im Testament verfügt, daß M. Curius sein Erbe sein sollte, wenn seine Frau, von der er glaubte, daß sie in Hoffnung sei, einen Sohn gebären, dieser aber sterben würde, ehe er selbst ein Testament errichten könnte. Nachdem Coponius gestorben war, stellte sich heraus, daß die Witwe gar nicht schwanger war. Darüber kam es zum Prozeß zwischen Curius und den Verwandten des Erblassers, die berufen waren, wenn kein gültiges Testament vorlag. Den Prozeß hat Curius gewonnen; er hat unter den Zeitgenossen ein ungeheures Aufsehen erregt, wie wir aus den Schriften Cicero's entnehmen können.

In keinem Bericht über die causa Curiana ist davon die Rede, daß man nach dem wirklichen Willen des Coponius geforscht hätte. Man hielt sich schon an den Wortlaut des Testaments, wie es das Zwölf-Tafelgesetz befahl. Der Wille kam nur insofern herein, als man fragte: wenn immer ein Erblasser sich in seinem Testament so ausdrückt, wie Coponius, dann ist daraus zu schließen, daß er den Willen hatte, den Substituten zum Erben zu haben, wenn der zuerst Bedachte nicht existiert. Man forschte also nicht nach dem individuellen Willen, sondern nach dem bei solchem Ausdruck *typischen* Willen.

Aber auch das war in dieser Zeit schon eine kühne Neuerung; schon das erregte so großes Aufsehen, und die angesehenen Juristen dieser Zeit wie Quintus Mucius, nahmen nur gegen und nicht für die Entscheidung Stellung. Aber immerhin, eine Ergänzung mit dem typischen Willen war nun schon einmal da.

In vorklassischer Zeit hat auch schon Q. Aelius Tubero, ein anderer Zeitgenosse Cicero's gesagt: „Wozu sind denn die Ausdrücke da, als daß sie den Willen des Aussprechenden aufzeigten?" Aber er hat sich damit in seiner Zeit jedenfalls nicht durchgesetzt: Dig. 33,10,7,2[27].

Eine Bezugnahme auf den typischen Willen eines Erblassers finden wir ferner bei Sabinus, Dig. 35,1,72,8:

---

[26] Röm. Rechtsg.[2] S. 63. *Stroux*, Römische Rechtswissenschaft und Rhetorik, Potsdam 1949, 46. Ein Artikel von *Perrin*, Rev. Hist. 27 (1949) 354, auf den mich Herr Kollege *Mayer-Maly* aufmerksam machte, war mir nicht zugänglich.

[27] Röm. Rechtsg.[2] S. 67.

„Sabinus gab das Gutachten, daß der falsche Hinweis auf ein Vermächtnis noch kein Vermächtnis aufmache, z. B. wenn einer, der dem Titius nichts vermacht hat, schriftlich hinterlassen hat: ‚Von den hundert, die ich dem Titius als Vermächtnis hinterlassen habe, soll der Erbe 50 dem Seius geben', und das schloß er aus dem Willen des Erblassers, weil er nicht mit dem Willen, ein Vermächtnis auszusetzen, sondern mit dem Willen, ein Vermächtnis zu vermindern, von dem er fälschlich angenommen hatte, daß er es ausgesetzt habe, so geschrieben habe."

Falsam legati demonstrationem non facere legatum Sabinus respondit. Veluti si quis, cum Titio nihil legasset, ita scriptum reliquerit: ‚ex centum, quae Titio legavi, quinquaginta heres Seio dato'. idque sumpsit ex defuncti voluntate, quia non animo legandi, sed deminuendi legatum, quod falso datum existimaret, ita scriberet.

Demnach brauchen wir uns nicht zu wundern, daß die Willenslehre in der hochklassischen Zeit, bei dem großen Juristen Julian auch zunächst als Forschung nach dem typischen Willen, und noch nicht nach dem konkreten Willen im besonderen Fall erscheint. Z. B. Dig. 14,2,8[28].

Dazu ist es wichtig, daß wir ein Beispiel klassischer Zeit, 186 n. Chr., anführen können, das von jedem Interpolationsverdacht frei ist, P. Oxy II 327: Da klagt ein Vater gegen seine aus Konkubinat entsprossene Tochter Dionysia und wollte sein im ägyptischen Gesetz begründetes Recht geltend machen, sie auch dem Ehemann jederzeit wieder fortnehmen zu können. Der Präfekt Ägyptens, Flavius Titianus (Col. VII 29), aber entscheidet ganz neu — unseres Wissens —, daß sich darauf nicht das Recht gründen lasse, die Tochter ohne ihren Willen dem Ehemann wieder fortzunehmen: er führt den Willen, und zwar den individuellen Willen im konkreten Fall als etwas Neues in das ägyptische Recht ein, — das kann er nur von zuhause, aus seiner römischen Jurisprudenz haben (Col. VII, 13). Aber mit der Berücksichtigung des Willens kommt auch die stillschweigende Willenserklärung[29].

Die Spätklassiker arbeiten aber gerne mit dem individuellen Willen, und zwar auch dort, wo sie mit anderen Methoden zu der erwünschten Entscheidung gekommen wären. Beispiel dafür: Papinian, Dig. 50,16,219: „Bei den Vereinbarungen Vertragsschließender muß man mehr auf den Willen als auf die Worte schauen. Wenn also Bürger ein Fiskalgrundstück unter der Verabredung (in Erbpacht) gepachtet haben, daß es auch dem Erben des Pächters verbleiben solle, so kann das Recht der Erben auch auf einen Vermächtnisnehmer übertragen werden."

---

[28] Röm. Rechtsg.[2] S. 84 f.

[29] *Mühl*, Tacere, Tacitus und taciturnitas im Bereiche des VIR und in: C. J. Diss. Erlangen 1961 (unter Anleitung von J. *Herrmann*).

In conventionibus contrahentium voluntatem potius quam verba spectari placuit. cum igitur ea lege fundum vectigalem municipes locaverint ut ad heredem eius qui suscepit pertineret, ius heredum ad legatarium quque transferri potuit.

(Von der Stelle ist es umstritten, ob sie wirklich dem Papinian gehört.) Mit der deduktiven Methode wäre man hier nicht weit gekommen: man kann doch nicht den Begriff „Erbe" soweit ausdehnen, daß auch der Legatar darunter fällt, ohne sich der Kritik derer auszusetzen, die die Standortsgebundenheit der Begriffe nicht wahrhaben wollen. Man hätte aber mit einer anderen Methode zu dem Ergebnis Papinian's kommen können: wer so pachtete, hat ein Interesse, sein Pachtrecht auf den zu übertragen, den er will, also auf den einzigen Erben, einen von mehreren Erben oder auch auf einen Vermächtnisnehmer. Umgekehrt hat der Fiskus kein, zum mindesten kein schutzwürdiges Interesse daran, daß der, der in der Erbpacht nachfolge, auch sonst der Erbe des ersten Pächters sei, sondern ihm ist nur daran gelegen, daß wieder ein zweiter Pächter vorhanden sei, infolgedessen wäre es mißbräuchlich, wenn sich der Fiskus nun darauf berufen würde, nur ein „Erbe" und nicht ein „Vermächtnisnehmer" solle das Grundstück bekommen.

Wenn dagegen Papinian mit dem Willen operiert, so ist das höchst bedenklich; wahrscheinlich haben nämlich die Parteien, als sie die Vertragsklausel mit dem „Erben" einsetzten, an die Möglichkeit, daß es ja auch einen Vermächtnisnehmer geben könnte, gar nicht gedacht. Wenn hier der „Wille" statt des objektiv feststellbaren Interesses eingesetzt wird, wird der Vertrag nachträglich mit etwas ergänzt, was nicht da war, als er abgeschlossen wurde: das ist keine nachahmenswerte Jurisprudenz.

7. *Fides und bona fides.* An und für sich darf sich niemand auf einen anderen verlassen. Jeder muß seine Interessen selber verteidigen. Wenn jedoch zwischen zwei Personen ein Dauerverhältnis begründet wird, dann kann sehr wohl der eine vom anderen erwarten, daß er seine Interessen bis zu einem gewissen Grade wahrnehmen und vor Schaden behüten werde.

Im Grunde ist das nichts anderes als eine Folge aus dem Beherrschungsvermögen. Wer einem anderen ein Darlehen gibt, zurückzahlbar am nächsten 1., der hat nun sein Geld nicht mehr in der Hand, er befindet sich in einer Ohnmachtslage, was dieses Geld betrifft. Der Darlehnsnehmer dagegen hat es in der Hand, das Darlehen rechtzeitig zurückzuzahlen, die Rückzahlung liegt normalerweise in seinem Berherrschungsvermögen. Die Ohnmachtslage ist aber für den Darlehnsgeber erträglich, weil er sich den Darlehnsnehmer angesehen hat und ihm vertraut, und vertrauen kann.

Die Römer haben dazu den Ausdruck „fides“. In juristischem Zusammenhang kann er zweierlei heißen: einmal „Vertrauen“, zweitens die Eigenschaft, mit der man Vertrauen gewinnt: „die Vertrauenswürdigkeit“[30]. Ebenso haben die Griechen den Ausdruck „πίστις“[31].

Ulpian, Dig. 16,3,11:

„Eine Sache, die ein Sklave hinterlegt hat, möge der Verwahrer ganz richtig dem Sklaven aus redlichem Vertrauen heraus zurückgeben.

... So erklärt es Sabinus, indem er hinzufügt: „wenn kein Grund dazugekommen ist, aus dem er glauben konnte, daß der Eigentümer nicht wolle, daß die Sache zurückgegeben werde. „Das ist so, wenn er, von einem gerechten Grund veranlaßt, einen Verdacht schöpfen konnte. Im übrigen genügt es, daß redliches Vertrauen vorlag.“

Quod servus depusuit, is apud quem depositum est servo rectissime reddet ex bona fide. ... denique Sabinus hoc explicuit addendo: ‚nec ulla causa intervenit, quare putare possit dominum reddi nolle‘. hoc ita est, si potuit suspicari, iusta scilicet ratione motus: ceterum sufficit bonam fidem adesse.

Wir sehen in der Stelle die Entwicklung der „bona fides“: Sabinus läßt es auf das Beherrschungsvermögen, hier genauer: das Erkennungsvermögen des Verwahrers ankommen: normalerweise wird er durch Rückgabe an denselben Sklaven, der die Sache hinterlegt hat, befreit. Lag es aber in seinem Erkennungsvermögen, einen Verdacht zu schöpfen, daß es dem Herrn der hinterlegten Sache nicht recht sein könnte, wenn er sie dem Sklaven wieder zurückgebe, dann wird er von der Rückgabepflicht gegenüber dem Eigentümer nicht befreit, wenn er die Sache dem Sklaven zurückgibt. Ulpian, der Spätklassiker, bringt das auf eine vereinfachende Formel: es genügt ganz allgemein, daß bei dem Verwahrer redliches Vertrauen vorhanden war. Der Verwahrer muß sich vertrauenswürdig verhalten; das Erkenntnisvermögen wird subjektiviert: ist seine seelische Einstellung so gewesen, daß man ihm keinen Vorwurf machen kann, sich nicht vertrauenswürdig verhalten zu haben, haftet er nicht. Äußere, objektiv feststellbare Tatsachen, wie die, daß ein Grund vorlag, Verdacht zu schöpfen, dem Eigentümer könnte es nicht recht sein, wenn die Sache dem Sklaven zurückgegeben wird, werden dann zu einem bloßen Indiz, aus dem man auf die richtige oder unrichtige Seelenhaltung des Verwahrers schließen kann.

---

[30] Luigi *Lombardi*, Dalla „fides“ alla „bona fides“, Milano 1961. Vgl. nunmehr auch, mit anderen Gesichtspunkten: *Carcaterra*, Intorno di bonae fidei iudicia, Napoli 1964, insbesondere S. 194—209.

[31] W. *Schmitz*, *'H πίστις* in den Papyri, Diss. Köln 1964.

8. *Die deduktive Methode.* Daß die Römer Entscheidungen durch logischen Schluß aus einem Begriff, und später auch aus einer regula, gewonnen haben, kann wohl niemand bestreiten.

Im Zusammenhang mit dem Zwölf-Tafel-Gesetz, von dem die Historiker zum größten Teil annehmen, daß es um 450 v. Chr. entstanden sei, sehen wir sie bereits angewandt. In diesem soll sich ein Satz befunden haben: *cum nexum faciet mancipiumve, uti lingua nuncupassit, ita ius esto*[32]. „Wenn einer ein nexum macht oder eine mancipatio, so soll es so rechtens sein, wie die Zunge die Worte formuliert hat[33]."

Diese mancipatio wurde verwendet, um ein Testament zu errichten. Der Erblasser gibt sein Vermögen an den künftigen Testamentsvollstrecker hin, er überträgt ihm gleichsam durch eine mancipatio das Eigentum an seinem ganzen Vermögen, aber unter der Bedingung, daß der Empfänger dieses Vermögens dann nach dem Tode des Erblassers so verteile, wie es in der Testamentsurkunde geschrieben steht (Gai Inst. II 104).

Also gilt der zitierte Satz für die Errichtung eines Testaments. Schon Cicero de or. I 57,245 sagt uns, daß sich die Juristen seiner Zeit wegen dieses Zwölf-Tafel-Satzes verpflichtet fühlten, ein Testament stets so auszulegen, „wie die Zunge eben die Worte formuliert habe." Es sollte nach diesem Gesetz für die Auslegung eines Testaments keine andere Methode geben als die, den genauen Wortlaut des Testaments festzustellen und danach zu entscheiden.

In der Tat verfahren die vorklassischen Juristen so. Da hatte jemand in seinem Testament einem anderen seinen „Lebensmittelvorrat", penus, vermacht. Ihn hat Quintus Mucius unter die Lupe genommen und definiert: Dig. 33,9,3 pr.: penu legata contineri, quae esui potuique sunt. „Vom vermachten Lebensmittelvorrat wird erfaßt, was zum Essen und zum Trinken da ist." Damit hat er eine Definition. Und er schließt daraus: Ligna et carbones, ceteraque, per quae penus conficeretur, an penori legato contineantur, quaeritur, et Quintus Mucius negavit. Das ist der logische Schluß[34].

Der Gegensatz wäre: man würde nachforschen, was der Erblasser wollte, als er den „Lebensmittelvorrat" vermacht hat, ob er damit die Vorräte an Holz und Kohlen, die er hatte, mitvermachen *wollte*. Aber das darf eben der Jurist zur Zeit des Quintus Mucius nicht untersuchen, denn uti lingua nuncupassit, ita ius esto[35].

---

[32] Cincius apud Festum s. v. Nuncupato.

[33] *Walde-Hofmann*, Lateinisches Wörterbuch[3] II, Heidelberg 1954 s. v. nuncupare.

[34] *Kapp*, RE Syllogistik.

[35] *Ormanni*, Penus legata. Studi Betti 4, 581, zeigte, daß die Definition des Q. Mucius für ihre Zeit etwas Neues war, wogegen ältere Juristen, wie Sextus

Wir stellen ein anderes Beispiel der Testamentsauslegung[36] nach dem objektiven Sinn der Worte daneben, aber schon eines, das die Gefährlichkeit der Methode hervortreten läßt.

Dig. 33,6,9 pr.: „Sabinus schreibt, unter der Bezeichnung „Wein" wird alles erfaßt, was ein gewöhnlicher Hausvater zum Wein zu zählen pflegt: also auch der Essig, den ein gewöhnlicher Familienvater zum Wein zu rechnen pflegt und das Bier und das Obstbier, die zum Aufpulvern der Menschen und sonst zum Gebrauch zum Wein gerechnet werden."

Sabinus scribit omnia vini appellatione contineri, quae vini numero pater familias habuit: igitur et acetum, quod vini numero pater familias habuit, et zythum et camum et cetera, quae pro hominum affectione atque usu vini numero habebuntur.

Ist der Schluß richtig? Wenn heute jemandem ein Glas Bier gebracht wird, nachdem er ein Glas Wein bestellt hat, wird er wahrscheinlich „nein" sagen. Und wenn man die Stelle im Zusammenhang liest, findet man, daß auch spätere römische Juristen den Schluß des Sabinus abgelehnt haben. Die Methode scheint die gleiche zu sein, wie die vorhin von Quintus Mucius angewandte. Aber sind Essig und Bier wirklich Wein? Hat da der Jurist nicht etwa den Obersatz verfälscht, um die Entscheidung herauszubringen, die er im einzelnen Fall als erwünscht angesehen hat? (Wenn der Erblasser ein Weinpanscher war, der überhaupt keinen Wein hatte, aber seinen Gästen vorsetzte, was er aus zythum, camum und acetum zusammenbraute, und doch seinen „Wein" dem Lucius Titius vermacht hatte?)

Diese Art, auszulegen, blieb nicht auf die Testamente beschränkt[37], sondern wurde auch auf die Gesetzestexte übertragen. Wir sehen das bei dem Frühklassiker Labeo[38]. Von ihm wissen wir, daß er einen Kommentar zum prätorischen Edikt geschrieben hat; wir haben auch noch einiges daraus, genug, um uns das ganze Werk vorstellen zu

---

Aelius, eine weiterreichende Definition zugrunde gelegt hatten, von der sie aber auch im Sinne einer Wortinterpretation Gebrauch machten (vgl. *Wenger*, Quellen 480, 67).

[36] Nur um diese handelt es sich, also nicht, wie in Dig. 18, 1, 9, 2 um ein Konsensproblem; vgl. zuletzt J. G. *Wolf*, Error, Köln 1961, 119.

[37] *Coing*, Zur Methodik der republikanischen Jurisprudenz — zur Entstehung der grammatikalisch-logischen Auslegung. Studi *Arangio-Ruiz* 1, 365 hat die Fallentscheidungen republikanischer Juristen zusammengestellt, die von Begriffen deduzieren. Ihre Übersicht ergibt, daß sie fast alle der Testamentsauslegung angehören.

[38] Zu ihm nun meinen Beitrag zur Festschrift *Volterra*. Dort auch ein Hinweis darauf, daß sich Labeo vielleicht durch die lex Cornelia iudiciaria gebunden fühlte.

können. Es war ein lemmatischer Kommentar[39], damit schon seiner Form nach eng an die deduktive Methode gebunden, z. B. schreibt er Dig. 11,4,1,5: „Unter der Bezeichnung fugitivus wird der, der von einer fugitiva geboren ist, nicht mitverstanden".

Nach dem Edikt der kurulischen Ädilen mußte vom Verkäufer angegeben werden, ob der Sklave ein fugitivus war. Nun kann man zweifeln, ob sich diese Charaktereigenschaft vererbt. Labeo meint: Wenn der Sklave selbst noch nicht davongelaufen ist, braucht der Verkäufer nicht zu sagen, daß die Mutter des Sklaven eine fugitiva war. Aber zu diesem Schluß kommt er nicht etwa durch Eingehen auf den Willen des Gesetzgebers oder durch eine Abwägung der Interessen der Parteien, sondern er deduziert deutlich aus dem Begriff „fugitivus".

Diese Übertragung der Deduktion von der Testamentsauslegung auf die Gesetzesauslegung ist vielleicht nicht ganz unbedenklich. Das gilt namentlich dann, wenn man ein Wort, das in der Testamentsauslegung schon behandelt war, gedankenlos ebenso auslegte, wenn es in einem Gesetz vorkam[40]. Da wurde eine Stelle des alten Cato, in der er das Wort „morbus" bei der Testamentsauslegung gebraucht hatte, auf die Auslegung des Edikts der Ädilen übertragen, in dem auch einmal von morbus die Rede war. Eine solche Übertragung ist gefährlich, weil jeder Begriff standortsgebunden ist:[41]. Es ist einer der Haupteinwände gegen die „Begriffsjurisprudenz", daß sie die Standortsgebundenheit der Begriffe vernachlässigt.

Der große Meister der deduktiven Methode ist aber der Spätklassiker Ulpian, was besonders klar in seinem ebenfalls lemmatischen Kommentar ad edictum hervortritt[42]; er hat ihr für Jahrhunderte das Übergewicht über die anderen Methoden verschafft. Lesen wir dazu noch einmal Dig. 14,4,1:

Licet mercis appellatio angustior sit, ut neque ad servos fullones vel sarcinatores vel textores vel venaliciarios pertineat, tamen Pedius ... scribit ad omnes negotiationes porrigendum edictum.

Er findet also: der Begriff „merx" ist zu eng, *angustior*, also muß man ihn „dehnen", wie ein Stück Gummi, *porrigere*, und so dehnt er ihn aus, bis alle Geschäftszweige, omnes negotiationes, hineinpassen. Dann ist

---

[39] *Schulz*, Geschichte der römischen Rechtswissenschaft, Weimar 1961, 225. *Seidl*, Die Methode der Kommentatoren in der römischen Rechtsgeschichte. Studi *Betti* 4, 119. *Wieacker*, Textstufen. Abhd. Akad. Göttingen, Phil.-Hist. Kl [3] 45 (1960), s. Register.

[40] Dig. 21,1,10, ausführlich behandelt in meiner Römischen Rechtsgeschichte[2] S. 61 f.

[41] *Müller-Erzbach*, Die Rechtswissenschaft im Umbau, München o. J. 19.

[42] s. meine Römische Rechtsgeschichte[2] S. 97 ff. Die im folgenden zitierte Stelle ist in den Studi *Betti* 4, 122 ausführlicher behandelt.

er weit genug, daß auch die Fälle davon abgeleitet werden, in denen der Sklave gar keine Ware zum Verkauf in der Hand hat, sondern nur fremde Waren bearbeitet, wie der Walker, der Flickschneider, der Weber. Und auch der Sklavenhändler, der selber Sklave ist, gehört dazu: bei diesem hatten die Römer aus Pietät zur menschlichen Persönlichkeit Scheu, Sklaven als „Waren" zu bezeichnen. Eine negotiatio ist auch der Handel mit Sklaven.

Natürlich hätte man das auch ganz anders machen können. Man hätte vom Zweck des Gesetzes ausgehen und sagen können: der Prätor will in seinem Edikt nicht, daß die Herren der Sklaven einen Vorteil vor den Gläubigern des Sklaven haben sollen, sondern sie sollen mit derselben Konkursdividende abgefunden werden, wie die, die dem Sklaven etwas geborgt oder kreditiert haben. Dieselbe Interessenlage kommt aber auch dann vor, wenn der Sklave nicht mit Waren handelt, sondern ein verarbeitendes Gewerbe ausübt. Dann käme man zu „analoger" Anwendung des Edikts auf einen Fall, der — ehrlich eingestanden — vom Prätor nicht behandelt war.

Noch heute sagen diejenigen, welche die Begriffsjurisprudenz verteidigen, sie diene der „Rechtssicherheit". Sie sei nützlich, weil danach der Anwalt von vornherein berechnen könne, ob ein Prozeß aussichtsreich sei oder nicht. Bei den anderen Methoden könne man das nicht.

Nehmen wir danach unsere Beispiele noch einmal kritisch durch. Kann jemand darauf vertrauen, daß das im Gesetz gebrauchte Wort seinen Sinn streng behalten muß, wenn das Gesetz auszulegen ist?

Hat — nach dem Beispiel von Labeo — jemand einen Sklaven verkauft, ohne zu sagen, daß dessen Mutter eine fugitiva war, so hat er sich vielleicht überlegt, ob er das sagen müsse, hat aber sich selbst gesagt: dieser Sklave ist noch nicht davongelaufen, also kein fugitivus. Also brauche ich mir den Preis nicht drücken zu lassen, dadurch, daß der Käufer sagt: bei diesem Sklaven riskiere ich, daß er mir davonläuft. Da ist vielleicht die „Vorhersehbarkeit" des gerichtlichen Urteils, die „Rechtssicherheit", ein schätzbares Gut — aber nur „vielleicht".

Anders ist es bei Ulpians Fall, in dem die Begriffsjurisprudenz dazu kommt, einen Ausdruck einmal angustior zu fassen, ein andermal porrigere. Man kann nämlich nicht voraussagen, ob die Gerichte einen Begriff „einengen" oder „ausdehnen" werden. Ein Sklavenherr weiß, wenn er seinem Sklaven Waren gibt, ihn damit gewinnbringenden Handel treiben läßt und dieser falliert, daß er dann von dem Sklaven auch nicht alles zurückbekommt, was er ihm gegeben hat, sondern daß er sich mit der Konkursdividende begnügen muß. Also stellt er einen Sklaven als Walker an und läßt ihn durch seine Arbeit Gewinn erzielen.

Dann meint er: die actio tributoria kann mich ja nicht treffen, denn „Waren“, merces, habe ich dem Sklaven nicht in die Hand gegeben. Jetzt „dehnt“ der Jurist den Begriff „Waren“ soweit, daß auch das Faß des Walkers, das gar nicht verkauft wird, mit unter den Begriff fällt, und der Herr muß, obschon er auf die „enge“ Auslegung des Begriffs „Ware“ vertraut hat, sich doch mit der Konkursdividende begnügen. Oder es bestellt einer ein Glas Wein, und bekommt ein Gemisch aus zythum, camum und acetum, weil der Begriff „Wein“ ausdehnbar ist? — Das Argument zugunsten der deduktiven Methode versagt, sobald ein „Einschränken“ oder „Ausdehnen“ möglich ist, es könnte nur bei der rein wörtlichen Auslegung nach dem allgemeinen Sprachgebrauch bestehen; aber auch da kann man zweifeln, ob es angebracht ist.

Wenn sich jemand bemüht, um einer bestimmten Entscheidung willen einen Begriff „auszudehnen“ oder „einzuschränken“, muß er entweder ohne Begründung seiner Gefühlsjurisprudenz folgen, oder er muß sich einer anderen Methode bedienen[43]. Wo die Unlogik in der deduktiven Methode offenbar wird, steht die „Kryptosoziologie“ dahinter.

Studiert man aber einen Klassiker nach Lenel's Palingenesie an Hand dieser oben aufgeführten Methoden, so zeigt sich wie unter einem Vergrößerungsglase die juristische Eigenart desselben [44]. Für solche Studien möge dieser Versuch ein Hilfsmittel sein!

---

[43] So zieht Neratius, Dig. 43, 20, 6 das Interesse (utilitas) heran, um den Begriff ‚aqua aestiva‘ zu erläutern, vgl. Festschrift Lehmann I (1956) 105.

[44] Das wurde durchgeführt für Labeo in den Studi Volterra (im Erscheinen), sowie für Tryphoninus und Callistratus in: Eranion Maridakis I. (Athen 1963) 231 ff. Vgl. im übrigen meine Röm. RG[2].

Zum Problem der Gefahrtragung bei nichtsynallagmatischen Schuldverhältnissen

Von Emilio Betti, Rom

In einer exegetischen Studie, die in der Zeitschrift der Savigny-Stiftung (82) veröffentlicht wird, habe ich versucht, die klassische Problematik der Gefahrtragung bei zweiseitig verpflichtenden Verträgen in ihrem Unterschied von der abgewandelten Einstellung der Kompilatoren des „corpus iuris" zu rekonstruieren. Überhaupt scheinen die klassischen Entscheidungen von dem Gesichtspunkt der typischen Macht- und Interessenlage regiert, die der Vertragspartei gegenüber den in Betracht kommenden Gefahren der Leistungsvereitelung eine Gefahrenbeherrschung ermöglicht und die Lösung rechtfertigt, den Verlust des Vorteils des Leistungsaustausches zu ihren Lasten zu setzen: ein Gesichtspunkt, der übrigens nie auf eine bewußte dogmatische Formulierung gebracht wird.

A. So knüpft die beim Kaufverhältnis prinzipiell befolgte Richtlinie den Gefahrübergang an die kaufweise Besitzübergabe (traditio ex causa emptionis), doch läßt sie dessen Zurückführung auf einen früheren Zeitpunkt zu, und zwar mit Rücksicht auf die Art der Kaufvereinbarung, die dem Käufer mit Nebenabreden eine Machtstellung zur Sache verlieh (Miete, bittweiser Besitz), oder die im Interesse des Verkäufers den Spielraum der den Käufer treffenden Gefahr erweiterte (pactum displicentiae, addictio in diem), oder auch im Hinblick auf die Selbstverantwortung des Käufers, der, nachdem er den Sklaven sich angeschaut oder die Waren probiert hatte, davon Abstand nahm, den Menschen von zweifelhafter Gesundheit bzw. die verfallbedrohte Sache zu sich zu nehmen. Das sind alles Sachlagen, in denen die Klassiker sich wohl bewußt sind, eine Vorwegnahme des Gefahrübergangs anzunehmen, doch mögen sie eine solche durch Hinweis auf die typische Interessenlage vernünftig begründen. Ganz anders liegt hingegen der Sachverhalt mit der von Justinians Mitarbeitern eingeführten Regel, die den sofortigen Gefahrübergang an den vollwirksamen Vertragsabschluß anknüpft.

Ebenso knüpft die beim Werkvertrag von den Klassikern prinzipiell zur Anwendung gebrachte Entscheidungsmaxime den Gefahrübergang an den Moment, in dem das hergestellte Werk dem Besteller zur Ansicht vorgelegt und seiner Genehmigung (adprobatio) und Abnahme angeboten wurde. Hier mußte auch der Verzug des Gläubigers des Werks genau so wie der Verzug des Gläubigers der Kaufsache behandelt werden: nociturum locatori si per eum steterit quo minus opus adprobetur[1]. Doch wird auch hier der prinzipielle Maßstab nicht blindlings angewandt, sondern auf eine differenzierte Weise mit Rücksicht auf die typische Machtlage. Wenn der vor der Genehmigung eintretende Werkverlust seine Quelle innerhalb des Machtbereichs des Bestellers selbst hatte (vitium soli, vis naturalis), dann wird die Gefahr ihm aufgebürdet. Dagegen begnügen sich die Byzantiner mit der Vollendung eines regelrecht ausgeführten Werkes und zielen darauf ab, dem Besteller eine Gefahr aufzubürden, die das Werk getroffen haben würde, wenn er sich durch eigenes Bauinstrumentar um die Herstellung des Werkes bemüht hätte.

Gehn wir von den Austauschverhältnissen über zur Betrachtung anderer Typen von Schuldverhältnissen, so werden wir gleich einsehen, daß diese Verhältnisse eine ganz andere Fragestellung erfordern, die dem andersgearteten Interessenausgleich entspricht, auf den sie abzielen.

B. *Verteilung der Vertragsgefahr bei gesellschaftlichen Verhältnissen.*

Auf Grund einer gesellschaftlichen Verbindung, die ein gemeinsames Unternehmen verfolgt, zuvörderst beim Societasvertrag, entsteht aus dem contractus ein Bündel wechselseitiger Verpflichtungen, die nicht gegenseitige Leistungen beabsichtigen, sondern nebeneinander auf ein gemeinsames Ziel ausgerichtet sind. Demgemäß stellt der Sachverlust, bzw. der von einer geschuldeten Tätigkeit bedingte Aufwand, überhaupt jedes nicht zurechenbare Versagen der geschuldeten Erfüllung, eine Frage, die gar nicht dahingeht, ob und was für eine Wirkung dieser Tatbestand auf die Verpflichtung der anderen Partner ausübt, sondern allein, ob der Sachverlust, bzw. der Aufwand, seine Wirkung auf die Interessensphäre desjenigen Gesellschafters beschränken soll, den er betrifft, oder ob er auf gemeinsame Rechnung sämtlicher Gesellschafter zu stellen ist[2]. Bei Schuldverhältnissen, die den Charakter gegenseitiger synallagmatisch verbundener Verpflichtungen tragen, ist das Gefahrproblem so zu bestimmen: welcher der beiden Vertragspartner, die sich gegenseitig Austauschleistungen schulden, soll den Verlust erleiden, der sich aus der Unmöglichkeit ergibt, die dadurch eingetreten ist, daß einer der Partner unverschuldet seine Leistung nicht erfüllen kann? Dabei geht die folgerichtige Lösung des Problems, die dem synallagmatischen Zusammenhang der Leistungspflichten entspricht, dahin, daß die Gefahr derjenige Vertragsteil tragen soll, der die Gegenleistung zu bekommen

[1] D. 19, 2, 36; D. 18, 6, 13.
[2] Dazu *Wieacker*, Gesellschaftsverhältnis in: Z. d. SavSt. 69, 1952, 325—327.

berechtigt wäre, insoweit eine solche in Wechselbeziehung mit der von ihm geschuldeten, doch unmöglich gewordenen Leistung steht. Diese Lösung könnte man etwa auf die lateinische Formel bringen: „casum sentit creditor idemque debitor, qua liberatus", d. h. die Gefahr trägt der Vertragsteil, der die unmöglich gewordene Leistung hätte erbringen sollen (also befreit wird), insoweit er die Gegenleistung nicht bekommen soll. Daß bei gesellschaftsartigen Schuldverhältnissen die Frage ganz anders gestellt werden soll, ist eine logische Folge der andersartigen Struktur des Schuldverhältnisses, das keine gegenseitig ausgerichteten Austauschleistungen bedingt, sondern parallele, auf ein gemeinsames Ziel ausgerichtete Leistungen derart, daß der Vorteil der Einzelleistung den anderen Partnern nicht unmittelbar zugedacht wird, sondern durch die Vermittlung des Zuwachses, den die verschiedenen Beiträge dem gemeinsamen Interesse bringen werden: sog. mittelbare Entgeltlichkeit (nach *Hönigers*[3] Begriffsbestimmung).

Versuchen wir, uns einen Fall des Gefahrtragungsproblems bei derartigen Gesellschaftsverträgen zu veranschaulichen. Setzen wir voraus, daß nach Abschluß einer „societas unius rei" oder einer „alicuius negotiationis", überhaupt einer „societas quaestus", kraft welcher einer der Mitglieder zur Verleihung einer bestimmten Sache gehalten ist, die in Aussicht genommene Sache verloren geht: dann ist zu unterscheiden je nach Fallage, ob die Sache vor oder nach der Beitragsleistung (collatio) untergeht. Im Falle, daß die Sache nach der „collatio" untergeht, trifft der Verlust die Gesamtheit der Gesellschafter; geht sie hingegen vor der Beitragsleistung verloren, ohne daß ein Annahmeverzug in Frage käme, dann trifft der Verlust nur den Gesellschafter, der zum Beitrag gehalten war, insoweit er allein die Last des Schadens nach der natürlichen Kausalgesetzlichkeit trägt, ohne daß er sie auf die Schultern seiner Partner abzuschieben berechtigt wäre. Doch unterliegt der Tatbestand der „collatio" einer unterschiedlichen Diagnose je nach der Eigenart des ins Auge gefaßten Gesellschaftsverhältnisses. Der in Frage kommende Unterschied wird von Celsus[4] hervorgehoben, wenn er unterscheidet, ob als Gegenstand der Vereinbarung ein Geschäftsunternehmen (negotiatio) oder eine Gütergemeinschaft ins Auge gefaßt wird: denn im ersteren Falle würde die mit der „collatio" herzustellende Gesellschaftsverbindung erst mit der Bewirkung des Unternehmens, also nicht vorher, zustande kommen. Der Maßstab, nach dem der Moment der Vergemeinschaftung als entscheidend anzusehen ist, ermöglicht hingegen dann eine leicht durchzuführende Diagnose, wenn es darum geht, den Eintritt in die vereinbarte Gütergemeinschaft von bloß vor-

---

[3] Gemischte Verträge in ihren Grundformen (1910) 269.

[4] 70, 7 Dig. Ulp. 926, 31.: D. 17, 2, 58 pr.: responsum zu einer epistula Cornelii felicis.

bereitenden Maßnahmen auseinanderzuhalten, die innerhalb der Interessensphäre des Einzelgesellschafters vor sich gehen[5]. Im Falle einer Verwaltungstätigkeit, die einem einzelnen Gesellschafter anvertraut und von ihm ausgeübt wird, werfen die ihr innewohnenden Gefahren die Frage auf, ob und in welchem Maße eine solche im gemeinsamen Interesse betätigt oder auf eigene Rechnung ausgeübt wurde: im letzteren Falle trifft die Gefahr natürlich nur den Betreffenden[6]. Dagegen gilt für Verluste und Aufwände, die eine im gemeinsamen Interesse geführte Verwaltung mit sich brachte, der Gesichtspunkt, daß sie zu gemeinsamen Lasten gehen sollen[7]. Es ist augenscheinlich, daß derartige Gefahren in die Interessensphäre der Gesamtheit der Gesellschafter fallen, denen die Gestionstätigkeit zugedacht war. Entscheidender Tatbestandsmoment ist es, daß die fraglichen Gefahren mit der Verwaltung des gemeinsamen Vermögens durch einen notwendigen, nicht bloß zufälligen Zusammenhang verbunden erscheinen[8]. Derselbe Maßstab gilt auch für die Beurteilung der Prozeßführung, die auf ein ungünstiges Urteil hinausläuft: ist ein solches durch nachlässiges Verhalten oder durch Unrecht des beklagten Gesellschafters bestimmt, dann trifft ihn allein der Verlust; ist es aber durch Richtervergehen (iniuria iudicis) bestimmt, dann ist der Verlust aus dem gemeinsamen Vermögen zu ersetzen[9].

Die verschiedenen Entscheidungen, die miteinander logisch zusammenhängen, erscheinen auf den Gesichtspunkt zugeschnitten, der die Gefahrtragung auf die Gesamtheit der Gesellschafter schiebt. Bei Sachverlust ist der Gefahrübergang vom einzelnen zur Gesamtheit der Gesellschafter an den Moment der Beitragsleistung (collatio) geknüpft: demgemäß, wenn die Sache vor diesem Moment verloren geht, trägt der beitragspflichtige Gesellschafter die Gefahr; geht sie hingegen nach diesem Moment verloren, dann geht der Verlust zu Lasten der Gesamtheit. Ein ähnlicher Maßstab kommt für Schäden und Aufwände zur Anwendung, die der einzelne Gesellschafter erlitt, bzw. bestritt im Laufe einer ihm anvertrauten Verwaltung, die sich auf das Gesellschaftsvermögen bezog. Steht der Schaden bzw. Aufwand in einem Kausalzusammenhang mit der im Interesse sämtlicher Gesellschafter notwendigen Verwaltung, dann geht der Verlust zu ihren Lasten: besteht aber ein solcher Kausal-

---

[5] Das trifft zu im Falle der von Celsus 70: D. 17, 2, 58, 1, behandelt wird.

[6] So Paul. 496: D. 17, 2, 67, 1.

[7] Ulp. 922: D. 17, 2, 52, 3. Dabei wird die Abschätzung des Viehs, auf dem Wege einer typischen Auslegung als Übernahme einer Custodia-Haftung verstanden, die nicht die „vis maior" mitumfaßt. Es folgt bei § 4 eine kasuistische Erörterung mit Anführung einer Meinung Julians (fr. 61) die nicht von Lobeo geteilt wird.

[8] Dieser Gesichtspunkt ist prinzipiell auch von Labeo, D. 17, 2, 60, 1, geteilt, obwohl L. im fraglichen Falle zu einer verneinenden Diagnose gelangt.

[9] Ulp. 922: D. 17, 2, 52, 18: si iniuria iud. damnatus sit, consecuturum.

zusammenhang nicht, dann geht er zu Lasten des Gesellschafters, der ihn erlitt. Dann gibt es keinen Grund für „déplacer la charge du dommage".

Übrigens ist es wohl möglich, daß bei der Verteilung der sozialen Zuständigkeitsgebiete gewisse gefährliche Unternehmungen einem einzelnen Gesellschafter wegen seiner persönlichen Einsicht, Tapferkeit und Einsatzfähigkeit anvertraut werden[10]. Daraus folgt aber nicht, daß der Betreffende die damit verbundenen Gefahren tragen soll: entscheidend für die Gefahrtragung ist allein der notwendige Zusammenhang mit der Verwaltung des gemeinsamen Vermögens. Der kraft der gesellschaftlichen Verbindung geschuldete Einsatz ist scharf von der Gefahr seiner Betätigung auseinanderzuhalten: betrifft die übernommene Verwaltungstätigkeit die gemeinsame Vermögenssphäre, dann soll die Gefahr zu Lasten aller gehen.

C. Gehen wir dazu über, diejenigen Schuldverhältnisse zu betrachten, in deren Rahmen eine *verwaltungsmäßige (gestorische) Hilfeleistung* im weiteren Sinne geschuldet wird, so werden wir für die Gefahrtragung den Beurteilungsmaßstab des Interesses an der Gestion erkennen. Sowohl vom Mandatar als auch vom Geschäftsführer, der von Amts wegen handelt (ex officio), wie Vormund und Curator, oder aus eigenem Antrieb in die Angelegenheiten eines Freundes eingreift (der ihn nicht beauftragt hat), überall wird die Verwaltungstätigkeit zielgemäß im Interesse des „dominus negotii" entwickelt, dem das besorgte Geschäft gehört. Nun bedingt das Interesse an der pflichtmäßig geführten Verwaltungsmaßnahme als Folgewirkung auch die Gefahrtragung. Falls aus der Geschäftsführung, wenn sie auch regelrecht mit der erforderlichen Kunstfertigkeit und dem geschuldeten Einsatz entfaltet wurde, keineswegs der erhoffte Vorteil bzw. das vernünftigerweise vorherzusehende Ergebnis (nämlich im Rahmen des officium oder als „utiliter coeptum") zu erreichen war, so ist die Gefahr des Versagens vom „dominus negotii", dem das Geschäft gehörte, zu tragen. Die Gefahrtragung folgt hier also dem Interesse an dem unternommenen Geschäft; demgemäß unterliegt der Geschäftsführer keinesfalls der Gefahr, es sei denn, daß er für den sie herbeiführenden Zufall haften sollte, soweit dieser durch ein ihm zurechenbares Verhalten bedingt wäre[11].

Für etwaige den Geschäftsführer treffende Verluste (Schäden und Aufwände) stellt der Beurteilungsmaßstab für die entsprechende Belastung des „dominus negotii" darauf ab, ob der Verlust durch einen eindeutigen Kausalzusammenhang mit der Geschäftsführung verbunden

---

[10] Ein Tatbestand, der von Ulp. 30 Sab., D. 17, 2, 29, 1, ins Auge gefaßt wird.

[11] Wie wenn das ‚utiliter coeptum' fehlt: D. 3, 5, 10 (11); 42; d. Maßstab wird in C. 2, 18, 22, eingeschärft. Anwendung auf den nachfolgenden ‚interitus rei': fr. 21 (22).

ist, die der Gestor im fremden Interesse (des dominus) zu entwickeln verpflichtet war (bzw. übernommen hatte). Ist der Verlust durch einen Kausalzusammenhang mit der Geschäftsführung, oder mit einer Hilfstätigkeit zweckverbunden, die ihr als unumgängliches Mittel diente, dann ist darauf zu schließen, daß zur Pflichterfüllung seitens des Gestors der Verlust unentbehrlich war, also soll die entsprechende Last von der Partei getragen werden, die an der Geschäftsführung interessiert war. Die prinzipiellle Beurteilung, die zur Gefahrtragung des „dominus negotii" führt, wird[12] auf die Formel gebracht: „aequum esse nemini officium suum, quod eius cum quo contraxerit, non etiam sui commodi causa susceperit, damnosum esse." Fehlt dagegen ein notwendiger Kausalzusammenhang des fraglichen Verlustes mit der geschuldeten Geschäftsführung, indem nur ein zufälliges Zusammentreffen besteht, dann trifft die Gefahr den Geschäftsführer (mit oder ohne Auftrag) auf Grund seiner Selbstverantwortung, soweit er „culpa sua damnum sentit"[13], also nicht berechtigt ist, die Last des Schadens auf die Schultern des Geschäftsherrn aufzubürden. Eine ähnliche Beurteilung liegt auch im Falle eines konkurrierenden, oder gar vorwiegenden, Interesses des Mandatars nahe. Der Gesichtspunkt eines konkurrierenden Interesses des Mandatars, das eine Selbstverantwortung bedingt, kommt wahrscheinlich zur Geltung für die Frage der Gefahrtragung bei einem durch ungerechtes Urteil herbeigeführten Prozeßverlustes. Ergeht z. B. wegen „iniuria iudicis" ein abweisendes Urteil gegen den Bürgen trotz der Einrede, die er gegen die fremde Klage geltend gemacht hatte, so entscheidet Paulus[14]: „nichts wird dir ersetzt auf Grund des Auftragsverhältnisses, weil das dir geschehene Unrecht eher dich belasten (penes te manere), nämlich nach einer Billigkeitserwägung (aequius est), als einem Dritten aufgebürdet werden soll." Der Sinn der Entscheidung ist also: es gibt keinen Grund für „déplacer la charge du dommage". Die Begründung mit konkurrierendem Interesse entspricht weiteren Entscheidungen, die im Verhältnis zwischen Verkäufer und Käufer, diesem letzteren die Gefahr eines ungerechten Urteils im Eviktionsprozeß tragen lassen[15]. Da der Ausgang eines Prozesses in Frage steht, den der Mandatar auch im eigenen Interesse führt, ohne daß ein bestimmender Entschluß und Antrieb seitens des Auftraggebers noch eine fahrlässige Ausübung der Prozeßführungsmacht in Frage käme, erscheint der Gesichtspunkt der intransitiven, nicht transzendierenden Selbstverantwortung als ein Tragenmüssen der Last schädlicher Folgen eigenen Verhaltens (eius qui

---

[12] Von Afr. D. 47, 2, 62 (61), 5.
[13] D. 50, 16, 219.
[14] 1047: D. 46, 1, 67, wahrscheinlich nach Neratius.
[15] Vgl. Lab-Paul. D. 21, 2, 5; Pap. vat. fr. 8, 10; Ulp. D. 21, 2, 51 pr.: AlexSev. C. 8, 44, 8; Gord. 15.

culpa sua damnum sentit), ohne sie einem Dritten aufbürden zu können, als ausschlaggebend[16].

Nur scheinbar steht mit der prinzipiellen Gefahrtragung des „dominus negotii" eine Entscheidung des Paulus in Widerspruch[17], die jedoch über den in Frage stehenden Tatbestand keinen hinreichenden Aufschluß gibt. In der Tat ist aber aus der Begründung zu entnehmen, daß der die Entscheidung gebietende Gesichtspunkt noch immer auf die grundsätzliche Unterscheidung zurückgeht zwischen solchen Gefahren, die mit der dem Mandatar obliegenden Geschäftsführung eindeutig zusammenhängen, und solchen, die außerhalb des Mandatsverhältnisses liegen, also solche, die dessen Ausführung nur zufällig begleiten[18]. Nach diesem Maßstab getroffen erscheint auch eine Entscheidung des Neratius, die von Ulpian[19] so berichtet wird: wenn der auftragsgemäß gekaufte Sklave den Mandatar bestiehlt, so kann dieser kraft actio mandati die geschuldete Sühne verlangen und bekommen, es sei denn, da der Auftraggeber es vorzieht, den Dieb ihm zur noxae deditio anzubieten. (Eine a. furti noxalis kommt nicht in Frage, da dem Auftraggeber keine Passivlegitimation dafür zusteht.)

Zur erwähnten Problematik, die dahin führt, die Gefahr des Geschäfts dem Geschäftsherrn aufzubürden, gehört auch die Maxime des „periculum donatoris", nach deren Maßgabe beim Hinfälligwerden einer Schenkung der Verlust der zurückgegebenen Sache den zur Rückforderung berechtigten Schenker trifft. Die Maxime wird von Paulus[20] auf die Formel gebracht: „geht der geschenkte Gegenstand verloren, so trägt der Schenker die Gefahr, weil die Sache als ihm gehörig erscheint" (nicht einwandfrei ist der Satz: „quia manet res eius qui dedit suamque rem perdit"). Derselbe Maßstab wird von Pomponius[21] auf den weiteren Fall angewendet, daß die von der beschenkten Ehefrau mit dem erhaltenen Geld gekaufte Sache (ein Sklave) wieder verkauft und durch eine andere gekaufte Sache ersetzt wird: allerdings im Widerspruch mit

---

[16] Transzendierend, d. h. transitiv, wäre die Selbstverantwortung im Falle eines von Dritten — nach dem Sinn des „déplacer la charge du dommage" — erlittenen Schadens, dessen Last auf denjenigen zu überwälzen wäre, dem der Schaden zuzurechnen ist. In fr. 67 könnte das Glossem scil. si culpa tua praebuisti von einer Umdeutung entstanden sein, die darauf abzielte, eine auf den Normalfall (quod plerumque accidit) abzustellende präsumtive Begründung in eine Bedingung umzukehren.

[17] 488: D. 17, 1, 26, 6.

[18] L. c.: nam haec magis casibus quam mandato imputari oportet. Dazu Bas. 14, 1, 26, 6. E. H. *Kaden*, Des pertes fortuites du mandataire: esquisse historique, in: Mélanges Sause-Hall (Genève, 1952, 19—35).

[19] D. 17, 1, 26, 7.

[20] 1752: D. 24, 1, 28 pr.; dazu *Niederländer*, Die Bereicherungshaftung im klass. röm. Recht, 1953, 24; *Siber*, in St. Riccobono 3, 248; *Dumont*, Les donations entre époux en dr. rom., 1928, 72: wo der Zusatz 'vel consumptum sit' als itp. nachgewiesen wird.

[21] 599: D. 24, 1, 29 pr.

Fulcinius, der meint „posteriorem periculo mulieris esse". Dieselbe Entscheidungsmaxime wird auch von Javolenus[22] zur Anwendung gebracht.

D. Eigenartige Probleme, die einer Sonderbetrachtung würdig erscheinen, werden einerseits durch „periculum dotis" und darüber hinaus durch jedes „periculum nominis", andererseits — wegen einer Kompetenzabgrenzung von der Haftung wegen zurechenbarer Nichterfüllung — durch „periculum tutelae" aufgeworfen. Bei Mitgiftbestellung durch Versprechen eines Schuldners der Ehefrau (debitor mulieris) auf Grund ihrer Anweisung entsteht die Frage des „periculum nominis"[23], die dahin geht, wie weit der Mann als Versprechensempfänger die Gefahr der Nichteinlösung der Forderung trägt: die Antwort ist, daß er insoweit die Gefahr trägt, als er in der Lage war, von einem zahlungsfähigen Schuldner die Forderung beizutreiben: „ad id dumtaxat, ad quod solvendo fuit (debitor), viri periculo ea res est", derart, daß für den Überschuß, im Falle einer beabsichtigten Schenkung, die Situation einer ungültigen donatio unter Ehegatten entsteht[24]; dagegen wird im Falle einer nachträglich doch vor Fälligkeit der Schuld eintretenden Zahlungsunfähigkeit, bei nichtvorhandener Schenkungsabsicht, der Frau die Gefahr der Nichterfüllung aufgebürdet[25]. Im Falle aber einer schon zur Zeit des Vertragsabschlusses bestehenden, dem Ehemann erkennbaren Zahlungsunfähigkeit, trägt diese Gefahr wiederum der Ehemann[26].

Einen ganz anderen Sinn erlangt das „periculum dotis", wenn beim Bestellungsversprechen (dotis dictio oder promissio) die ins Auge gefaßten Mitgiftsachen zur Festsetzung der Haftung des Mannes für ihre Rückgabe abgeschätzt werden. Nach Ulpians[27] Ausführungen: „si ante matrimonium aestimatae res dotales sunt, aestimatio hanc habet condicionem ‚si matrim. fuerit secutum'. secutis igitur nuptiis aestimatio rerum (causa dotis?) perficitur. inde quaeri potest, si ante nuptias mancipia aestimata deperierint, an mulieris damnum sit. consequens est dicere, mulieri perisse, quia nondum erat impleta causa dotis." Da das Mitgiftsverhältnis erst mit dem Abschluß der Ehe in Geltung tritt, so ist auch

---

[22] 136: D. 24, 1, 50, 1: si mulier, ut emeret, a viro pecuniam accepit, tum mortuo servo damnum ad virum pertinebit: quia quod aliter emptura non fuit, hoc ei perit, qui donavit (itp. consumptum), si in rerum natura esse desiit (gloss?).

[23] Dazu *Windscheid*, Lb. d. Pandektenr. 9. A. III, 28: °500, Anm. 9.

[24] Nerat. D. 23, 3, 53: *Miquel*, Sav. Z. 81, 154.

[25] Paul. D. 23, 3, 41, 3: si antequam maritus petere posset debitor solvendo esse desierit, magis periculum ad mulierem pertinere placet.

[26] Treffend bemerkt Paul, a.a.O., nec enim videri maritum nomen secutum eo tempore, quo exigere non potuerit, bei einer vor Fälligkeit eintretenden Zahlungsunfähigkeit; hingegen bei einem ursprünglich bestehenden, ihm bekannten Zahlungsunvermögen, 'periculum viri esse, quod sciens tale nomen secutus videretur, quale initio obligationis x fuerit'.

[27] 2783: D. 23, 3, 10, 4—5, teilweise itp. und wie vorgeschlagen zu lesen.

die Wirksamkeit der aestimatio durch den Ehetatbestand bedingt. Die Wirkung der aestimatio wird aber von den klassischen Juristen auf dem Wege einer typischen Auslegung durch Ermittlung der normalen Parteiabsicht konstruiert, die zur Ergänzung der Schätzungsabrede führt: ein Verfahren, das zur Auslegung der aestimatio beim Anvertrauen von Sachen im Rahmen anderer Schuldverhältnisse, wie societas[28], locatio rei angesichts des instrumentum fundi[29], commodatum[30], aestimatum dare[31] befolgt wird. Im Rahmen der causa dotis entsteht für die aestimatio durch typische Auslegung die Bedeutung einer Übernahme der Gefahr des „interitus rerum aestimatarum". Diese Gefahr geht also von der Frau, die sie sonst belastet hätte, auf den Ehemann über[32]. Und zwar geht diese Gefahr des interitus unbedingt auf ihn über, indem sie, wie bei aestimatum dare und commodatum, wahrscheinlich auch die höhere Gewalt umfaßt. Dagegen wird bei den anderen Schuldverhältnissen der Übergang der periculum als Übernahme der custodia-Haftung gedeutet, insoweit sie nur sog. casus minores umfaßt: so bei societas und locatio rei (instrumentum fundi), nicht beim commodatum, da hier custodia-Haftung ohnehin ein naturale negotii ist. Das erklärt auch die Behandlung des Verzugs bei Übergabe der res dotales aestimatae[33]. Ebenso gibt es auch genügenden Aufschluß über den Sinn der Annäherung der „dos aestimata" an die emptio[34]. Die Tragweite einer solchen Annäherung ist einer „duplex interpretatio" zu unterwerfen. Auf dem Boden des klassischen Rechts geht die Gefahr erst mit dem Vollzug durch traditio der res aestimatae auf den Ehemann über, ähnlich wie bei einem mit traditio der res vendita vollzogenen Kauf. Auf dem Boden des justinianischen Rechts geht hingegen die Gefahr des interitus rei aestimatae schon vor der Übergabe, mit der Vollwirkung der causa dotis, also mit dem Eheschluß über.

E. Wir gehen jetzt dazu über, das „periculum nominis" — d. h. die Gefahr der Nichteinlösung der Forderung — bei der Passivdelegation zu

---

[28] Ulp. 922: D. 17, 2, 52, 3.

[29] Pomp. 551: D. 19, 2, 3; Paul. 1845: D. 19, 2, 54, 2, vgl. fr. 9, 5.

[30] Ulp. 802: D. 13, 6, 5, 3: itp. culpam, statt 'custodiam praestandam'.

[31] Ulp. 953: D. 19, 3, 1, 1: aestimation periculum facit eius qui suscepit; aut igitur ipsam rem debebit incorruptam reddere aut aestimationem, de qua convenit; Paul. Sent. II, 4, 4.

[32] a a.O., D. 23, 3, 10, 1, bemerkt Ulp. angesichts der verwandten Frage der accessiones: si praediis inaestimatis aliquid accessit, hoc ad compendium mulieris pertinet: si aliquid decessit, mulieris damnum est.

[33] Ulp. 2787: D. 23, 3, 14: si rem aestimatam mulier doti dicerit, deinde, ea moram faciente in traditione, in rerum natura esse desierit, actionem rei uxoriae eam habere non puto.

[34] Pomp. 603: D. 23, 3, 15— D. 24, 3, 9: quod si per eam non stetisset quo minus aestimatam rem tradat, perinde pretium aufert ac si tradidisset, quia quod evenit, mariti (itp. emptoris) periculo est.

betrachten. Die vom Schuldner bewirkte Anweisung eines neuen Schuldners (Passivdelegation) wird von Ulpian[35] folgendermaßen charakterisiert: delegare est vice sua alium reum dare creditori vel cui iusserit. Nun kann die Delegation entweder auf Gefahr des sie annehmenden Gläubigers, oder auf Gefahr des anweisenden Schuldners geschehen. Im letzteren Fall wird sie als eine Zahlungsbürgschaft angesehen und den Grundsätzen des mandatum unterworfen. Die Rechtsfolge wird dabei von Nerva, Atilicinus, Paulus[36] mit folgenden Bemerkungen gekennzeichnet. Tatbestand: die Geldsumme, die du mir schuldetest, habe ich mir auf deine Anweisung, von deinem Schuldner versprechen lassen, doch auf deine Gefahr. Würdigung der Rechtslage nach Auffassung von Nerva und Atilicinus, der sich Paulus anschließt: der Gläubiger, der die Anweisung mit Gefahrvorbehalt annahm, hat mit dem anweisenden Schuldner ein Auftragsverhältnis (mandatum) abgeschlossen, dessen Inhalt dahin geht, daß der Gläubiger — soweit er vom angewiesenen Schuldner nicht befriedigt wird — vom anweisenden Schuldner den nicht eingetriebenen Restbetrag einzufordern berechtigt ist. Die Qualifikation des eingegangenen Schuldverhältnisses als „mandatum" wird keineswegs dadurch ausgeschlossen, daß Gegenstand des Auftrags ein Geschäft des Auftragnehmers selbst ist: denn der anweisende Schuldner hat das Risiko des Schuldnerwechsels auf sich genommen, also hat er keine bedingungslose Befreiung von der eigenen Schuldpflicht erzielt. Eine bedingungslose Befreiung des anweisenden Schuldners würde eine vorbehaltlose Annahme der angewiesenen Forderung voraussetzen (si nomen eius scil. debitoris creditor secutus est), also die Übernahme der Gefahr des Nichteintreibens der Forderung. Wenn dagegen der Gläubiger die Novation bewirkende Stipulation auf Gefahr des anweisenden Schuldners mit dessen Schuldner abschließt (cum periculo debitoris ab eo, scil. a debitoris debitore stipulatur), dann wird der anweisende Schuldner wohl durch die Novationswirkung von seiner ursprünglichen Haftung befreit, doch geht er als Auftraggeber eine neue Verpflichtung ein, deren Inhalt in der Übernahme der Gefahr der Nichteinzahlung besteht. Von einer Passivdelegation, bei der eine solche Gefahr vom anweisenden Schuldner übernommen wird, redet Paulus auch in seinem Ediktkommentar[37], um die Qualifikation als „mandatum" seitens des Schuldners wegen seines konkurrierenden Interesses einzuschärfen[38]. Als „mandatum" wird auch von Papinian die Übernahme der Gefahr

[35] D. 46, 2, 11 pr.

[36] D. 17, 1, 45, 7.

[37] D. 17, 1, 22, 2: cum debitor meus periculo suo debitorem suum mihi delegat.

[38] a.a.O.: quamvis debitum meum persequar, nihilo minus et illius negotium gero.

bei der von einem Dritten erbetenen Stundung qualifiziert[39]. Aus der Übernahme der Forderungsgefahr wird von den klassischen Juristen auf ein übergreifendes Interesse des Dritten, trotz des konkurrierenden Interesses des Gläubigers geschlossen. Lehrreich ist in dieser Hinsicht die Differentialdiagnose der Gefahrübernahmen, die von Celsus beim „mandatum pecuniae credendae" vertreten wird, je nachdem die Gefahr mit dem Interesse am Geschäft verbunden auftritt, oder aber von jedem Interesse getrennt wird[40].

F. Einer völlig verschiedenen Problematik gehört das „periculum tutelae", oder „periculum tutoris" an, von dem bei der Verwaltung des Mündelsvermögens durch den Vormund die Rede ist. Hier steht eine Haftung für ein typisiertes schuldhaftes Verhalten des geschäftsführenden bzw. des untätigen Vormunds in Frage. Dabei deutet das Wort „periculum" auf die Selbstverantwortung, die der zum „officium tutoris" Berufene auf Grund seiner Machtstellung insoweit eingeht, als er der übernommenen Geschäftsführung eine dem Mündelvermögen nachträgliche Würdigung (consilium)[41] des Interesses des Mündels zugrunde legt, oder aber das officium überhaupt nicht übernimmt. Für die Richtlinien, die der Vormund auf Grund seiner Machtstellung bei der Geschäftsführung befolgte, haftet er, wenn die dabei waltende Zweckmäßigkeitserwägung (consilium) aus dem mißlichen Erfolg (eventus) als solche zu erkennen ist, die dem Interesse des Mündels nicht gerecht wurde. Als ein Treubruch (dolus) wird Nerva und Celsus nicht nur die Tatsache angesehen, daß in der Verwaltung der Angelegenheiten des Mündels nicht der Einsatz und die Sorgfalt (cura) angewandt wurden, die der Vormund in seinen eigenen Angelegenheiten anwandte[42]. Darüber hinaus wird eine Kontrolle der Zweckmäßigkeit von Verwaltungsmaßnahmen zugelassen, die vom Standpunkt des Interesses des Mündels aus fragwürdig erscheinen[43]. Der Sinn des „periculum" als Selbstverant-

---

[39] D. 17, 1, 12, 14: si mandavero tibi, ut ei (sc. debitori) des intervallum, periculoque meo pecuniam fore dicam, verum puto omne nominis periculum debere ad mandatorem pertinere.

[40] Cum mando tibi, ut credendo pecuniam negotium mihi geras mihique id nomen praestes. meum in eo periculum, meum emolumentum sit, puto mandatum posse consistere. Ceterum ut tibi negotium geras, tui arbitrii sit nomen, id est ut cuivis credas, tu recipias usuras, periculum dumtaxat ad me pertineat, iam extra mandati formam est, quemadmodum si mandem, ut mihi quemvis fundum emas.

[41] Quintil. inst. orat. 7, 4, 35.

[42] D. 16, 3, 32: latiorem culpam dolum esse ...: nec enim salva fide minorem aliensis quam suis rebus diligentiam praestabit. z. B. läßt der Vormund Geld des Mündels brach liegen, dagegen findet er für das eigene 'idonea nomina': D. 26, 7, 13, 1.

[43] z. B., D. 26, 7, 7, 2: si praedia comparaverint non idonea: dabei unterscheidet Ulpian zwei verschiedene Tatbestände, je nachdem der ungünstige Einkauf durch bewußte Zurücksetzung des Mündelsinteresses im Vergleich

wortung des Vormunds für nachteilige Verwaltungsmaßnahmen liegt auch anderen Entscheidungen zugrunde[44]. Immer steht ein Verhalten bei der Geschäftsführung in Frage: von einer objektiven Zufallshaftung ist da keine Spur zu erkennen. Was aber den Vormund anbetrifft, der das officium tutelae überhaupt nicht übernimmt (tutor cessans), so wird dessen typisierte Verschuldenshaftung von Ulpian[45] mit der Entscheidungsmaxime formuliert: „ex quo scit se tutorem datum si cesset tutor, suo periculo cessat." Wenn aus seiner Untätigkeit Schaden für das Mündelvermögen entsteht, so wird sie ihm als Treubruch zugerechnet. Sowohl bezüglich des geschäftsführenden als auch bei dem untätig gebliebenen Vormund deutet „periculum" auf einen Zurechnungsmaßstab, der darauf abzielt, den vom Mündelvermögen erlittenen Schaden an einem positiven bzw. negativen (omissiven) Verhalten anzuknüpfen, das nach den sozialen Anschauungen über die ethischen und wirtschaftlichen Forderungen des officium tutelae typisch gewürdigt wird. Solche Forderungen des officium tutelae ermitteln die klassischen Juristen auf dem Wege einer ausdehnenden Auslegung der Treue (fides), die der Vormund dem ihm anvertrauten Mündel schuldet, indem sie aus der Idee der fides auf eine volle Hingabe an das Mündelinteresse schließen, die bei Verwaltungsmaßnahmen die richtige Zweckmäßigkeitserwägung bedingt. Die ausdehnende Auslegung der geschuldeten Treue führt die klassischen Juristen einerseits zur Formel „fides et diligentia"[46], andererseits zur parallelen Ausdehnung des korrelaten Begriffs des dolus, indem Celsus, nach der bahnbrechenden Auslegung des Nerva und entgegen der konservativen Sicht des Proculus[47] das Versagen des in den eigenen Angelegenheiten gewohnten Einsatzes (latior culpa) als miteinbegriffen ansieht. Als Abschluß dieser ausdehnenden Auslegung ist wahrscheinlich ein Text Ulpians zu betrachten[48], der nach seinem ursprünglichen Sinn vermutlich wie folgt zu rekonstruieren wäre: „in omnibus quae fecit tutor, cum facere non deberet, item in his quae non fecit, rationem reddet hoc iudicio, praestando fidem et quantam in suis rebus diligentiam": ein Text, dessen Sinn durch Einschaltung von „dolum et culpam" an der

---

mit dem Interesse der Gegenpartei (per sordes/Korruption, aut gratiam/Begünstigung des Vertragsgegners) bestimmt wurde, oder aber durch eine verkehrte Zweckmäßigkeitserwägung. Wahrscheinlich ging die Entscheidung des zweiten Tatbestandes dahin, zu sehen, ob das verkehrte 'consilium' ein offenbares Versagen des Einsatzes für das Interesse des Mündels kundtat, also eine 'latior culpa' im Sinne Nervas und Celsus darstellte. Dazu Tryph. D. 26, 7, 55, 1, der den Diebstahl dem V. als Treuebruch (perfide agere) zugerechnet.

[44] z. B. Paul. D. 26, 7, 44 pr.: periculum nominum; Pap. D. 26, 7, 39, 6. 10. 11. 12. u. a.

[45] D. 26, 7, 1, 1.

[46] Gai. I, 200; Pomp. D. 27, 5, 4; Call. D. 49, 14, 3, 5.

[47] D. 16, 3, 32.

[48] D. 27, 3, 1 pr.

Stelle, wo die fides erwähnt war, dahin abgeändert wurde, daß die „diligentia quam suis" zu einem Milderungsmaßstab der Haftung herabsank.

Es ist jedenfalls eine Begriffsverwirrung, das hier in Frage stehende periculum auf die in anderen Texten vorkommende Reihenfolge der Haftungsmaßstäbe zu beziehen (dolus, culpa, custodia, omne periculum). Bei der Geschäftsführung des Vormunds kommt ein Anvertrauen von Sachen, deren Verlust eine custodia-Haftung auslösen könnte, überhaupt nicht in Betracht[49]. Andererseits ist, wie gesagt, von vornherein für das klassische Rechtsdenken die Erklärung[50] abzuweisen, die dahin geht, die Haftung des Vormunds auf eine gesetzliche Vermutung des Verschuldens zu gründen, die durch einen Entlastungsbeweis des guten Glaubens oder des Nichtverschuldens seitens des Vormunds zu überwinden wäre. Eine derartige Auffassung, die eher dem byzantinischen Rechtsdenken entspricht, wäre höchstens auf dem Wege einer duplex interpretatio mancher Quellenstellen zu begründen. Sie ist aber weit entfernt davon, den klassischen Sinn des periculum tutelae widerzuspiegeln, das die Selbstverantwortung für ein typisiertes schuldhaftes Verhalten zum Ausdruck bringt.

Wenn wir zum Schluß die vorgeschlagene Quellenexegese überblicken, können wir nicht verkennen, daß die ermittelten klassischen Entscheidungen, vom Standpunkt ihrer inneren Rechtslogik her betrachtet, eine durchgängige Folgerichtigkeit und Konsequenz aufweisen. Im Lichte der vorgeschlagenen Textkritik lösen sich die durch die Neuerungen Justinians in die Texte eingedrungenen Widersprüche zwangsläufig auf. Die prinzipiellen Richtlinien der Gefahrtragung werden von den Klassikern nicht mechanisch gehandhabt, sondern mit Rücksicht auf die jeweilige typische Interessenlage derart angewandt, daß sie entsprechende Ausnahmen zulassen. So läßt beim Kauf die Richtlinie des „periculum venditoris ante traditionem" eine Vorwegnahme des Gefahrübergangs vor der kaufweisen Besitzübergabe zu, sowohl mit Rücksicht auf Nebenvereinbarungen, die dem Käufer eine Machtstellung zur Sache verliehen und ihm die Gefahrbeherrschung ermöglichten (Miete, bittweiser Besitz), als auch wegen solcher Abreden, die im Interesse des Verkäufers den Spielraum der den Käufer treffenden Gefahren erweiterten, oder im Hinblick auf die Selbstverantwortung des Käufers, der sich die Sache angeschaut bzw. die Ware probiert hat. Ebenso werden beim Werkvertrag die Richtlinien des „periculum conductoris ante adprobationem" nicht ausnahmslos angewandt (wie noch

---

[49] Beiläufig bemerkt, ist 'periculum custodiae' eine Wortverbindung, die wahrscheinlich auf Rechnung der Kompilatoren zu stellen ist: der Sinn von D. 19, 2, 40 ist aus Gai. 119: 5 ad ed. prov.: D. 4, 9, 5 pr. zu entnehmen.

[50] Vertreten von *De Robertis*, La responsabilità del tutore nel dir. romano (1960), 91. 96. 107. 122; Respons. d. tutore n. dir. giustin. (1964).

von Labeo, fr. 62), sondern — besonders von Juristen wie Sabinus und Paulus — auf Grund einer unterschiedlichen Diagnose des Tatbestandes der Werkvereitelung, die auch vor der Genehmigung stattfinden kann, in der Weise, daß dann dem Besteller solche Gefahren aufgebürdet werden, die ihre Entstehungsquelle in dessen Machtbereich haben (fr. 62). Man denke an eine „vis naturalis" (fr. 59) oder an ein „vitium soli", das der Beschaffenheit des vom Besteller zur Bauherstellung gebotenen Bodens anhaftet. Dabei ist von einer Begriffsjurisprudenz, die vermeintlich mit einer verallgemeinerten Formel des „periculum locatoris" arbeiten sollte, gar keine Spur („vi maiore" in fr. 36 ist wahrscheinlich itp an Stelle von ‚vi naturali') zu sehen.

Überhaupt ist das „periculum" nach klassischer Auffassung an eine Macht- und Interessenlage geknüpft, die eine Gefahrenbeherrschung ermöglicht, also eine Vorbeugungslast herbeiführt. Wahrscheinlich ist dieser Sinn auch in einem verschiedenen Kontext im Hintergrund angedeutet, da nämlich, wo das periculum als ein Haftungsmaßstab in Frage kommt. So wird auch der Vormund Träger eines periculum (per. tutelae) mit Rücksicht auf die Machtstellung, die ihm zur Beschützung des Mündelvermögens anvertraut ist, und die in ihm eine Selbstverantwortung wegen eigener Verwaltungsmaßnahmen gegenüber dem Mündel erzeugt: eine Machtstellung, die in dem Treueverhältnis der das officium beherrschenden fides ihre sittliche und rechtliche Grundlage findet.

Auf dem hier nur angedeuteten Weg gewinnt der Rechtshistoriker eine Ahnung des vielschichtigen Sinnes, der dem lateinischen Wort „periculum" innewohnt.

Zur cura minorum in klassischer Zeit

Von Arnold Kränzlein, Graz

Seit der lebhaften Diskussion zu Beginn des Jahrhunderts[1] ist es um die cura minorum wieder stiller geworden. Ein Blick in die neuere Literatur zeigt jedoch, daß über manche Probleme noch immer Kontroversen bestehen, so z. B. über die Auswirkungen der Bestellung eines Kurators für einen Jüngling auf die Gewährung der restitutio in integrum[2] gegen nach der Bestellung vorgenommene Rechtsgeschäfte. War es gleichgültig, ob der junge Mann den curator wegen des Geschäftes zu Rate gezogen hatte oder nicht, kam es darauf an, ob der Beistand den consensus verweigert oder erteilt hatte?

Folgende Fallgestaltungen sind denkbar:

1. Der minor ist *ohne consensus* curatoris tätig geworden:
   a) Der curator erbittet die restitutio.
   b) Der minor erbittet die restitutio.
2. Der minor handelte *mit consensus* curatoris:
   a) Der curator erbittet die restitutio.
   b) Der minor erbittet die restitutio.
3. Der *curator* hat das Geschäft abgeschlossen:
   a) Der curator erbittet die restitutio.
   b) Der minor erbittet die restitutio[3].

Die Hauptkontroversen betreffen die Fälle 1 b und 2 b. Hier soll zunächst 1 b einer Betrachtung unterzogen werden.

Hat ein minor ohne Befragung seines Beistandes ein Stück seines Vermögens veräußert — wegen des Interesses der Geschäftspartner an der Mitwirkung des Kurators sicher kein häufiger, aber doch vorkommender Fall —, fragt sich, ob er gegen dieses Geschäft die restitutio in integrum erbitten konnte und ob der Magistrat sie ihm gewährt haben dürfte. Ersteres kann unbedenklich bejaht werden, letzteres wird verneint von

---

[1] Insbesondere *Partsch:* Studien zur negotiorum gestio I, 1913, S. 72—94. *Solazzi:* La minore età nel diritto romano, 1912; Curator impuberis, 1917. *Lenel:* Die cura minorum der klassischen Zeit, in: Ztschr. Sav. Stftg. Roman. Abtlg. 35, 1914, S. 129—213.

[2] Restitutiones waren häufig (D. 4. 4. 7. 8. [lt. Index nicht verdächtigt]).

[3] Vgl. dazu *Perozzi:* Istituzioni di diritto romano I^{2}., 1928, S. 536 f.

Kaser[4] unter Berufung auf CJ 2. 21. 3[5]. Das angeführte Reskript ist m. E. allerdings für die klassische Zeit wenig ergiebig, da es erst von Diokletian stammt und wahrscheinlich interpoliert ist[6], in der Sache aber erscheint *Kasers* Ansicht auf den ersten Blick überzeugend. Der Prätor könnte argumentiert haben: auf seinen eigenen Antrag habe ich dem minor einen curator bestellt. Wenn er ihn vor Abschluß des Geschäfts nicht befragt, also die Möglichkeit, den Rat eines erfahrenen Mannes einzuholen, nicht genutzt hat, sehe ich keinen Anlaß, jetzt einzugreifen, nachdem der Jüngling erkannt hat, daß das Geschäft nachteilig für ihn ist.

Die gleiche Reaktion des Magistrats nimmt *Kaser* für den Fall an, daß das Geschäft von dem minor getätigt worden war, obgleich der curator abgeraten hatte. Hier könnte man sich vorstellen, daß der Prätor sich gesagt hat: wer den Rat eines ihm auf seinen eigenen Wunsch bestellten Helfers in den Wind schlägt, ist meines Schutzes nicht würdig.

Demgegenüber vertreten mehrere Autoren[7], ohne sich näher auszulassen, die Ansicht, daß der minor trotz der Bestellung des Beistandes auf die Gewährung der restitutio habe vertrauen dürfen. Und in der Tat bestehen erhebliche Zweifel, ob der Magistrat wirklich so gedacht und gehandelt hat, wie oben als möglich hingestellt worden ist. Nehmen wir nämlich die dem Antrag eines minor auf Bestellung eines Kurators zugrunde liegende Interessenlage genau unter die Lupe, so zeigt sich, daß der Antrag regelmäßig nur deshalb gestellt worden sein dürfte, weil Dritte — nämlich die Geschäftspartner des minor — den Jüngling dazu veranlaßt hatten. Denn wünschte der minor Beratung, konnte er Freunde, Bekannte oder Verwandte um Rat fragen und brauchte nicht den Prätor um Ernennung eines Beistandes anzugehen. Das dürfte vielmehr in erster Linie geschehen sein, um den Dritten Sicherheit bezüglich der Seriosität des Beistandes zu geben.

Daß dem so war und die Römer berücksichtigt haben, daß die Bestellung eines Kurators nur insoweit den Interessen des minor diente, als

---

4 Das römische Privatrecht I, 1955, S. 239; 314.

5 „Si curatorem habens minor quinque et viginti annis post pupillarem aetatem res venum dedisti, hunc contractum servari non oportet, cum non absimilis ei habeatur minor curatorem habens, cui a praetore curatore dato bonis interdictum est. si vero sine curatore constitutus contractum fecisti, implorare in integrum restitutionem, si necdum tempora praefinita excesserint, causa cognita non prohiberis".

6 *Bonfante:* Corso di diritto romano I, 1925, S. 505. *Berger* RE XV 1872. A. A. offenbar *Kaser:* Das röm. Privatrecht II, 1959, S. 169 Anm. 15.

7 *Buckland:* A Text-Book of Roman Law[2.] 1950, S. 171. *Lee:* The elements of Roman Law[4.], 1956, S. 93. *Nicholas:* An introduction to Roman Law, 1962, S. 95. *Perozzi:* Istituzioni I[2.], 1928, S. 534. *Berger:* Encyclopedic Dictionary of Roman Law, 1953, s. v. curator minoris.

sie unumgänglich war, um ihm die Teilnahme am Rechtsverkehr zu ermöglichen, ergibt sich m. E. daraus, daß man offensichtlich dem minor sine curatore constitutus, der restitutio begehrte, nicht entgegengehalten hat, er sei nicht schutzwürdig, weil er die Ernennung eines Beistandes nicht beantragt habe. CJ 2. 21. 3 (Satz 2) und 4[8] lassen keine andere Erklärung zu.

Wenn nun der minor curatorem habens einen Dritten fand, der nicht auf der Mitwirkung des Kurators bestand — das ist ja die Annahme, auf der unser Fall basiert —, forderte die Gleichheit der Interessenlagen, ihn ebenso zu behandeln wie einen Jüngling ohne Kurator. Ein solcher aber erhielt, wie die angeführten Konstitutionen zeigen, die restitutio, wenn die Prüfung durch den Magistrat ergab, daß er übervorteilt worden war. Es dürfte deshalb dem minor, der ohne consensus curatoris ein Geschäft abgeschlossen hatte, die restitutio nicht mit der Begründung verweigert worden sein, du hättest ja deinen Kurator befragen bzw. dem Rat deines Kurators folgen können.

Ist unsere Annahme richtig, daß die Übergehung des Beistandes durch den minor die Gewährung der restitutio nicht ausgeschlossen hat, sondern die Römer die Zwangslage berücksichtigt haben, in welcher die minores regelmäßig die Bestellung eines Kurators beantragt haben dürften, kann kaum zweifelhaft sein, daß in der Kontroverse zu 2 b diejenigen Gelehrten irren, die meinen, der consensus curatoris habe die Gewährung der restitutio ausgeschlossen[9]. Denn wenn es dem minor nicht zum Nachteil ausschlug, daß er ohne Zustimmung des Beistandes gehandelt hatte, kann die Einholung des consensus nicht die restitutio ausgeschlossen haben, da anderenfalls die minores geradezu gezwungen worden wären, nach Möglichkeit den curator zu übergehen. Es ist ferner unvorstellbar, daß der Prätor sich mit der Bestellung des Beistandes des Rechts begeben haben könnte, ihm vorgetragene Einzelfälle auf captum esse zu untersuchen und nach dem Ergebnis der Untersuchung zu

[8] „Si minorem te quinque et viginti annis fuisse, cum contraheres, ostenderis, et tempora restitutionis praestituta excessisse ab adversario tuo comprobatum non fuerit, praeses provinciae in integrum restitutionis dare tibi auxilium debeat.“ (a. 293).

[9] z. B.: *Burdese:* Gli istituti del diritto privato romano, 1962, S. 182. *Betti:* Istituzioni di diritto romano I[2.], 1942, S. 71. *Sanfilippo:* Istituzioni di diritto romano[3.], 1955, S. 55. *Scherillo:* Lezioni di istituzioni di diritto romano[5.], 1953, S. 150. *Schwind:* Römisches Recht I, 1950, S. 141. *Taubenschlag:* Das römische Privatrecht z. Z. Diokletians, in: Opera minora I, 1959, S. 166 Anm. 1135. Auch *Berger* RE XV 1880 ist offenbar dieser Meinung. *Anderer Ansicht: Arangio-Ruiz:* Istituzioni di diritto romano[11.], 1952, S. 506. *Cuq:* Manuel des institutions juridiques des Romains, 1928, S. 230. *Schulz:* Classical Roman Law, 1951, S. 194, *Buckland:* Text-Book 171; A Manual of Roman Private Law[2.], 1953, S. 105. *Nicholas,* a.a.O., S. 95. *Leage-Prichard:* Roman Private Law[3.], 1961, S. 145. *Lee,* a.a.O., S. 93. *Perozzi,* a.a.O., S. 535. *Rabel:* Grundzüge d. röm. Privatrechts[2.], 1955, S. 40.

handeln. Eine Konstitution Alexanders (CJ 2. 24. 2)[10] stellt die Möglichkeit der restitutio in derartigen Fällen ausdrücklich klar[11]. Man kann lediglich zweifeln, ob der Magistrat nicht im höheren Interesse der Gesamtheit der minores besser tat, die Wiedereinsetzung zu verweigern, um nicht den durch die Bestellung des Kurators geschaffenen Kredit teilweise wieder zu zerstören. Daß der Prätor so gehandelt hat, wird z. B. von *Schulz*[12] angenommen. M. E. dürfte der Magistrat vor diese schwierige Entscheidung nur selten gestellt worden sein; denn regelmäßig hat ohne Zweifel die Mitwirkung des Kurators die Übervorteilung des jungen Mannes verhindert. Eine Wiedereinsetzung in den wenigen Fällen aber, in denen der curator versagt hatte, kann kaum in dem Maße abschreckend auf Dritte gewirkt haben, wie manche Autoren[13] annehmen.

Daß der consensus curatoris die Gewährung der Wiedereinsetzung nicht ausgeschlossen hat, zeigt m. E. auch die Tatsache, daß die Geschichte der *venia aetatis* vor dem Zeitpunkt einsetzt[14], zu dem man die Wirksamkeit der Geschäfte der minores curatorem habentes von der Zustimmung des Beistandes abhängig gemacht hat. Denn da minores mindestens bis auf Diokletian keine Kuratoren haben mußten[15], kann die Erbittung der venia aetatis, deren Bewilligung die spätere restitutio ausschloß (CJ 2. 44. 1)[16], vor Diokletian kaum anders erklärt werden als von den Geschäftspartnern verlangter Schritt. Denn warum sollte ein Jüngling um die venia nachgesucht haben, wenn er keinen Kurator

---

[10] „Minoribus annis viginti quinque etiam in his, quae praesentibus tutoribus vel curatoribus in iudicio vel extra iudicium gesta fuerint, in integrum restitutionis auxilium superesse, si circumventi sunt, placuit."

[11] Sie dürfte insoweit nicht interpoliert sein, wie *Taubenschlag* (Das röm. Privatr. z. Z. Diokletians, in: Opera minora I, 1955, S. 166 Anm. 1135) angenommen hat. Warum sollte in nachdiokletianischer Zeit die Stellung der minores in Fällen, in denen sie mit consensus curatoris gehandelt hatten, verbessert worden sein? Denn durch die Angleichung der cura minorum an die tutela war der im Einvernehmen mit seinem Kurator handelnde minor doch nicht schutzwürdiger geworden als vorher. Insofern war die Interessenlage anders als in Fällen, die mit der Zuerkennung des Rechts zur administratio an den curator in nachklassischer Zeit in Zusammenhang standen (3 b der Übersicht). In derartigen Fällen war es interessengemäß, die Rechte der minores zu verbessern.

[12] a.a.O., S. 194.

[13] Vgl. *Berger* RE XV 1880.

[14] Spätestens unter Aurelian (vgl. CJ 2. 44. 1, a. 274), wahrscheinlich aber schon in spätklassischer Zeit (vgl. D. 4. 4. 3 pr., bezogen auf die venia aetatis von *Kaser:* Das röm. Privatrecht II, 1959, S. 80 Anm. 23. *Girard-von Mayr:* Geschichte und System d. röm. Rechts, 1908, S. 257. *Buckland:* Text-Book 171. Zweifelnd *Berger* RE XV 1886; 1888).

[15] *Berger* RE XV 1871.

[16] „Eos, qui veniam aetatis impetraverunt, etiamsi minus idonee rem suam administrare videantur, in integrum restitutionis auxilium impetrare non posse manifestissimum est, ne qui cum eis contraheret principali auctoritate circumscriptus esse videatur."

haben mußte, auch ohne Beistand voll verfügungsbefugt und verpflichtungsfähig war und einen etwa früher erbetenen Kurator ohne weiteres übergehen bzw. ihm die administratio wieder entziehen[17] konnte? Nur Dritte können dahinterstehen, die nicht willens waren, mit einer Person zu kontrahieren, die ihre Zuflucht zur restitutio nehmen konnte. Darauf deutet auch die o. e. Konstitution Aurelians hin. Das läßt darauf schließen, daß die Mitwirkung eines Kurators nicht die Sicherheit gegen die Wiedereinsetzung geboten hat, die manche Geschäftspartner anstrebten; denn warum hätten sie sonst auf die Volljährigkeitserklärung gedrängt?

In die gleiche Richtung weist die Beobachtung[18], daß wir keine Äußerung eines klassischen Juristen über den consensus curatoris besitzen. Für die Klassiker war es bedeutungslos, ob, wann und wie er erklärt worden war, weil sich zu ihrer Zeit „no legal effect“[19] daran knüpfte. Auch das bestätigt unsere These, daß der consensus curatoris die Bewilligung der restitutio nicht ausgeschlossen hat[20].

---

[17] Vgl. D. 26. 7. 39. 18.

[18] *Berger* RE XV 1876.

[19] *Schulz*, a.a.O., S. 194.

[20] Der Problematik des Versuchs, aus der Interessenlage eine Antwort zu erschließen, welche die Quellen uns nicht geben, bin ich mir bewußt, die vorstehenden Ausführungen wollen daher auch nur als eine Anregung verstanden werden, die strittigen Fragen der cura minorum erneut zu durchdenken, eines Instituts, das wegen des häufigen Wandels in der Interessenbewertung, der sich in seiner Geschichte spiegelt, unser besonderes Interesse verdient.

Nemo sibi ipse causam possessionis mutare potest — eine Regel der veteres in der Diskussion der Klassiker

Von Herbert Hausmaninger, Wien

Die hier unternommene Analyse einiger Texte, die sich mit der Maxime *nemo sibi ipse causam possessionis mutare potest* befassen, bezweckt nicht so sehr eine neue Ursprungs- und Inhaltsbestimmung dieses Satzes, wie vielmehr eine Präzisierung der Rolle, die er in der Argumentation der einzelnen römischen Juristen spielt. Es soll vor allem ermittelt werden, in welchen Fällen und auf welche Weise sich die Klassiker mit dieser Maxime der *veteres*[1] auseinandersetzen.

In der Literatur herrscht Einigkeit über den Aussagegehalt des Satzes in seiner abstrakten, regelhaften Fassung[2]: Niemand kann eigenmächtig die rechtliche Grundlage seines Besitzes verändern[3]. Keine einheitliche Auffassung hat sich hingegen über die praktische Bedeutung dieser Regel gebildet. Am ansprechendsten wirkt die zuletzt von *Kaser* vertretene Ansicht[4], den Klassikern sei das Verbot eigenmächtiger *mutatio causae* in erster Linie zur Einschränkung der von ihnen mißbilligten *lucrativa usucapio pro herede* brauchbar erschienen: Ein Pächter, Ver-

---

[1] Marcellus D 41, 2, 19, 1: *Quod scriptum est apud veteres ...;* Paulus D 41, 2, 3, 19: ... *a veteribus praeceptum est ...*

[2] Marcell. D 41, 2, 19, 1: ... *neminem sibi causam possessionis posse mutare ...*; Jul. D 41, 3, 33, 1: ... *ipsum sibi causam possessionis mutare non posse ...*; Paulus D 41, 2, 3, 19: ... *neminem sibi ipsum causam possessionis mutare posse ...;* in den Text von D 41, 5, 2, 1 dürfte der Satz durch kompilatorischen Eingriff geraten sein. Siehe dazu *Hausmaninger,* Die bona fides des Ersitzungsbesitzers im klassischen römischen Recht (1964), 57 ff., 64 f.

[3] Vgl. etwa *Pernice,* Labeo 2/1 (2. Aufl. 1895), 426 f.: „... daß sich niemand während der Dauer seiner tatsächlichen Herrschaft einen neuen Rechtsgrund selbständig und willkürlich unterschieben könne"; *Beseler,* Jur. Min. (1929), 92: „niemand kann auf eigene Faust den Charakter seines Besitzes verändern"; *Kaser,* Deutsche Landesreferate zum 3. Internat. Kongreß für Rechtsvergleichung (1950), 10: „niemand kann den Grund seines Besitzes eigenmächtig ändern".

[4] a.a.O., 9 f. mit Beifall für *Pernice,* a.a.O., und *Siber,* RPR (1928), 85 f. sowie Ablehnung der quellenmäßig nicht belegten Vermutungen *Schloßmanns,* SZ 24 (1903), 33 ff., der die Regel gegen unzulässiges Selbstkontrahieren eines Geschäftsführers gerichtet sein läßt, sowie *Beselers,* SZ 44 (1924), 376 ff. und Jur. Min. 92 f., der mit der Regel einer *contrectatio furti faciendi causa* des Detentors den Erfolg versagen will. Siehe auch *Voci,* SD 1949, 174 ff. und Modi di acquisto della proprietà (1952), 210 ff., dazu *Kaser,* Iura 4 (1953), 337 und *Mayer-Maly,* RE 2. Reihe, 17. Halbband, 1114 mit weiterer Literatur.

wahrer, Entleiher — die Maxime habe auch *possessio naturalis* erfaßt — sollte nach dem Tod des Eigentümers nicht *pro herede* ersitzen dürfen. Scharf pointiert formuliert *Kaser* die Überlegung, die ihn zur Annahme geführt hat, dies sei die Hauptfunktion der Regel in klassischer Zeit gewesen[5]: „Daß die völlig haltlose und willkürliche Anmaßung einer *causa* durch den nichtberechtigten Sachinhaber ihm diese *causa* nicht wirklich verschaffen kann, ist eine Trivialität. Nur die mangelnde juristische Begriffsbildung der frühen Zeit, in der die Regel geschaffen wurde, erklärt mithin ihre Entstehung. Den Klassikern dagegen nützte sie nur dann, wenn sich daraus eine besondere Rechtswirkung herleiten ließ."

An dieses Urteil soll unsere Betrachtung anknüpfen. Das Unbehagen, das *Kaser* angesichts der abstrakten Formulierung der Regel empfindet und das ihn veranlaßt, sie als trivial zu bezeichnen, erscheint auf den ersten Blick wohl begründet. Die Art, in der die Maxime in den Klassikertexten mit konkreten Rechtsfällen in Beziehung gesetzt wird, hat etwa *Schloßmann* gar an dem Verstand der Juristen zweifeln[6] und *Siber* vermuten lassen, die Regel sei in den meisten überlieferten Texten erst von den Kompilatoren interpoliert worden[7]. Aus einer neuen Exegese der wichtigsten einschlägigen Stellen ergibt sich jedoch ein stärker differenziertes, im wesentlichen auch positiveres Bild.

Der wichtigste Text zur Frage des klassischen Geltungsbereichs der Regel ist

D 41, 3, 33, 1 (Jul. 44 dig.).

Quod vulgo respondetur ipsum sibi causam possessionis mutare non posse, totiens verum est, quotiens quis sciret se bona fide non possidere et lucri faciendi causa inciperet possidere: idque per haec probari posse.

Si quis emerit fundum sciens ab eo, cuius non erat, possidebit pro possessore:

Sed si eundem a domino emerit, incipiet pro emptore possidere, nec videbitur sibi ipse causam possessionis mutasse.

Idemque iuris erit etiam, si a non domino emerit, cum existimaret eum dominum esse.

Idem hic si a domino heres institutus fuerit, vel bonorum eius possessionem acceperit, incipiet fundum pro herede possidere.

---

[5] a.a.O., 9 f.

[6] SZ 24 (1903), 20: „Die Ansicht Julians hält ... der Kritik nach keiner Richtung stand"; 23: „macht in hohem Grade den Eindruck des Gezwungenen und Geschraubten"; 24: „Julian selbst hat offenbar nicht recht an seine Behauptung geglaubt"; 25 zu Marcellus: „wie groß die Kluft ist zwischen der Genialität der römischen Klassiker in der praktischen Würdigung konkreter Fälle und ihre Befähigung für abstrakte juristische Reflexion und rechtsgeschichtliche Betrachtung. Wie kann denn ein Mensch von gesunden Sinnen ..."

[7] RPR (1928), 86 Anm. 12.

Hoc amplius si iustam causam habuerit existimandi se heredem vel bonorum possessorem domino extitisse, fundum pro herede possidebit nec causam possessionis sibi mutare videbitur.

Cum haec igitur recipiantur in eius persona, qui possessionem habet, quanto magis in colono recipienda sunt, qui nec vivo mortuo domino ullam possessionem habet?

Et certe si colonus mortuo domino emerit fundum ab eo, qui existimabat se heredem eius vel bonorum possessorem esse, incipiet pro emptore possidere.

Eine ausführliche Analyse dieses Textes und seines Zusammenhanges mit Jul. D 41, 5, 2, 1 ist bereits an anderer Stelle vorgelegt worden[8]. Julian schränkt den von ihm als *vulgo dictum* referierten Leitsatz[9] dahingehend ein, daß nur bösgläubige Eigenmacht einer *mutatio causae* im Wege stehen soll. *Bona fide* hingegen könne man auch *sibi ipse causam possessionis mutare*. Diesen bedeutsamen Vorstoß der *bona fides* baut Julian in einer kunstvollen Beispielsfolge auf. Er geht dabei vom Selbstverständlichen aus, das durchaus noch in den Rahmen konservativer Interpretation der Maxime fällt. Wer *mala fide* von einem Nichteigentümer erwirbt, nachträglich aber dieselbe Sache vom *dominus* kauft, verwandelt seinen ursprünglichen Besitztitel *pro possessore* mit Zustimmung des Eigentümers und nicht eigenmächtig in eine *possessio pro emptore*. Gegen eine solche *mutatio causae* ist natürlich nichts einzuwenden. Diese Rechtslage soll nach Julian aber auch bei Abwandlung eines Tatbestandselements erhalten bleiben. Auch wer nur glaubt, die *mala fide* besessene Sache nunmehr vom Eigentümer gekauft oder geerbt zu haben, darf hinfort *pro emptore* oder *pro herede* besitzen. Die Möglichkeit gutgläubigen Eigentumserwerbs *a non domino* mittels Ersitzung soll durch die Regel „*nemo sibi ipse* ..." nicht ausgeschlossen werden. Und dann setzt Julian mit dem Argument fort: Wenn (unter Voraussetzung der *bona fides*) dem *possessor* eine *mutatio causae* gestattet wird, dann muß sie um so mehr dem Detentor eingeräumt werden, da dieser *nec vivo nec mortuo domino ullam possessionem habet* (ergänze: und man deshalb auch nicht von *mutatio* einer *causa possessionis* sprechen könne).

Dieses haarspalterische Argument Julians gibt gerade durch seine Überspitztheit Anlaß zu mehreren Erwägungen.

---

[8] *Hausmaninger*, Die bona fides des Ersitzungsbesitzers im klassischen römischen Recht (1964), 57 ff.

[9] *Vulgo* ist hier Ausdruck für eine herrschende Lehre der Fachjurisprudenz (vgl. die Berufung auf die *veteres* in D 41, 2, 19, 1 und D 41, 2, 3, 19) und wohl nicht, wie *Mayer-Maly* meint (Labeo 1960, 25 und 28), Kritik an einem Produkt vulgarer Halbbildung. Richtig bereits *Pernice*, Labeo 2/1 (2. Aufl. 1895), 426[1] gegen *Klein*, Sachbesitz und Ersitzung (1891), 441.

1. Julian will auch die *bona fides* des Detentors honorieren[10]. Das bedeutet aber wohl, daß dieser bis dahin der Regel unterworfen war[11]. Vielleicht sollte die Regel, wie *Kaser* meint[12], in erster Linie einen solchen Detentor treffen. Es wäre sogar vorstellbar, daß die Vorklassiker selbst diesen oder einen ähnlichen Fall zum Anlaß genommen haben, die Regel *„nemo sibi ipse ....“* zu bilden.

2. Gleichgültig jedoch, ob die Regel von Anfang an oder zumindest in ihrer klassischen Funktion verhindern sollte, daß sich ein Detentor zum *possessor* aufwarf: Beide Deutungen wären geeignet, Julians eigenartige Argumentation zu erklären. Der bedeutende Rechtsdenker muß um die Schwäche seines Arguments gewußt haben. Er hatte aber wohl keine andere Wahl, er mußte zu dieser unbefriedigenden, formalistischen Begründung greifen, wenn er die Regel gerade im Kernpunkt ihres Geltungsanspruches erschüttern wollte. Und es wäre nicht das erste Mal, daß ein römischer Jurist der gerechten Sache zuliebe auch zu einer begriffsjuristischen Finte gegriffen hätte.

3. Die Regel der *veteres* ist für Julians Gefühl zu weit gefaßt und muß eingeschränkt werden. Art und Umfang seiner Kritik sind für uns besonders aufschlußreich. Er begnügt sich nicht wie Marcellus D 41, 2, 19, 1 mit einem vorsichtigen Interpretationsversuch *(credibile est de eo cogitatum)*[13], sondern nimmt eine kräftige Korrektur der alten Regel vor. Er läßt jedoch den Regelcharakter des Satzes unangetastet. Weder schiebt er ihn als unverbindlich beiseite, noch durchbricht er ihn durch eine ad hoc statuierte Ausnahme. Er gibt der alten Regel eine neue, zweckmäßigere Gestalt.

---

[10] Mehr kann aus dem in einem ganz konkreten Zusammenhang gebrachten Argument Julians nicht gefolgert werden. Es wäre sicherlich unzulässig, daraus abzuleiten, der Detentor dürfe auch *mala fide* eigenmächtig zu besitzen anfangen, da eben ohne vorangehende *possessio* auch keine *mutatio causae possessionis* stattfinde. Siehe insoweit Jul. D 41, 5, 2, 1, wo dem *colonus*, dem Depositar und dem Kommodatar ausdrücklich verwehrt wird, *lucri faciendi causa pro herede* zu ersitzen.

D 41, 5, 2, 1 (Jul. 44 dig.).

[Quod volgo respondetur causam possessionis neminem sibi mutare posse, sic accipiendum est, ut possessio non solum civilis, sed etiam naturalis intellegatur.]

Et propterea responsum est neque colonum neque eum, apud quem res deposita aut cui commodata est, lucri faciendi causa pro herede usucapere posse.

[Quod volgo — intellegatur] ist offenbar kompilatorische Entlehnung und Abstraktion aus Jul. D 41, 3, 33, 1; dazu *Hausmaninger*, Die bona fides des Ersitzungsbesitzers im klass. röm. Recht (1964), 57 ff., 64 f.

[11] Vgl. Celsus D 41, 2, 18 pr. unten S. 405 ff.

[12] a.a.O. (oben Anm. 3), 9 f.

[13] Gegen *[et corpore — incumbens]* bestehen begründete Echtheitsbedenken, siehe außer dem Index itp. insbes. *Cannata*, SD 1960, 81 sowie SD 1961, 78; *Beselers* zusätzliche Verdächtigung von *credibile — non* in SZ 44 (1924), 377 hat jedoch zu Recht keinen Beifall gefunden.

Eine Reihe weiterer Gesichtspunkte liefert ein Referat des Paulus in

D 41, 6, 1, 2 (Paulus 54 ad edictum).

Si inter virum et uxorem donatio facta sit, cessat usucapio.

Item si vir uxori rem donaverit et divortium intercesserit, cessare usucapionem Cassius respondit, quoniam non possit causam possessionis sibi ipsa mutare:

Alias ait post divortium ita usucapturum, si eam maritus concesserit, quasi nunc donasse intellegatur.

Possidere autem uxorem rem a viro donatam Iulianus putat.

Zunächst ist gegenüber *Kaser* festzustellen, daß zumindest zur Zeit des Cassius eine abstraktere Formulierung der Regel durchaus am Platze war. Wenn auch die überwiegende Zahl aller überlieferten Texte lediglich negativ abgrenzt, d. h. sich auf Mitteilungen beschränkt, wo überall die Regel *nicht* anwendbar sei[14]: Hier haben wir einen echten Anwendungsfall vor uns. Eine Frau empfängt während der Ehe von ihrem Mann ein Geschenk. Die Schenkung ist ungültig, sie kann die Sache ohne Titel auch nicht ersitzen. Diesen erforderlichen Erwerbstitel kann sich die Frau auch dann nicht eigenmächtig verschaffen, wenn die Ehe später geschieden wird. Der Mann müßte eine neuerliche (diesmal gültige) Schenkung vornehmen[15]. Der Anwendungsbereich der Regel geht also auch in klassischer Zeit über den Sonderfall *usucapio pro herede* eines Detentors hinaus[16].

Wichtiger aber ist uns die Betrachtung der Denkweise des Juristen, der seine Entscheidung auf diese Regel stützt. Wenn Cassius oder zumindest der ihn referierende Paulus als Entscheidungsbegründung schreibt: „*quoniam non possit causam possessionis sibi ipsa mutare*“

[14] Keine unzulässige *mutatio causae* im Sinne der Regel liegt vor in Jul. D 41, 3, 33, 1; D 41, 5, 2, 1; D 47, 2, 57; Jul./Paul. D 41, 4, 2, 21; Jul./Ulp. D 43, 26, 6, 3; Cels. D 41, 2, 18 pr.; Pomp. D 41, 3, 30, 2; D 43, 26, 5; Ven. D 43, 26, 22 pr.; Marcell D 41, 2, 19, 1; Pap. D 5, 4, 10; Paul. D 41, 2, 3, 20. Einige dieser Stellen stehen zudem in äußerst lockerem Zusammenhang mit der Regel, da sie eher eine begriffliche Erfassung der *mutatio* anstreben als eine Auseinandersetzung mit der Anwendbarkeit der Regel „*nemo sibi ipse* ...“. Zu Pap. D 5, 4, 10 siehe *Seidl*, Archiv für Rechts- und Sozialphilosophie 43 (1957), 347, dort auch interessante Erwägungen zur methodischen Behandlung der *regula* in der römischen Jurisprudenz.

[15] Für Echtheit der Stelle schon *Kaser*, Eigentum und Besitz (1942), 358[66], zuletzt TS 30 (1962), 352[50]; vgl. auch *Nicosia*, AG 151 (1956), 67 ff., 78 f. gegen *Aru*, Le donazioni fra coniugi (1938), 194 f., sowie *Talamanca*, AG 146 (1954), 40 f. gegen *Niederländer*, Die Bereicherungshaftung im klassischen römischen Recht (1953), 54 f.

[16] Als weiterer Spezialfall könnte Cels./Paul. D 41, 4, 2, 14 genannt werden, wo der Sklave eine *mala fide* erworbene Sache seinem Herrn *in pactionem libertatis* überträgt: am Besitzgrund des dominus wird dadurch keine Änderung bewirkt, er muß die *mala fides* des Sklaven nach wie vor gegen sich wirken lassen und kann die Sache nicht ersitzen.

so erscheint der konkrete Fall logisch unter die Regel subsumiert, die Entscheidung aus dieser in deduktivem Wege gewonnen.

Bemerkenswert ist schließlich noch der Hinweis auf Julians Sondermeinung, die erst in der Spätklassik zur herrschenden Lehre wird, daß nämlich die Frau an einer vom Mann geschenkten Sache Besitz hat. Wenn Julian hier auch nur eine *possessio pro possessore* ins Auge fassen dürfte[17], mit der für die *usucapio* nichts gewonnen ist, so verstärkt diese Terminologie doch den Eindruck, Julian habe in D 41, 3, 33, 1 die alte Regel mit einem fadenscheinigen Argument bekämpft.

Geradezu absurd wird dieses Argument jedoch, wenn Jahrzehnte später ein anderer Jurist in einem anderen Zusammenhang die Begründung Julians gedankenlos übernimmt.

D 41, 2, 3, 19—20 (Paulus 54 ad edictum).

Illud quoque a veteribus praeceptum est neminem sibi ipsum causam possessionis mutare posse.

Sed si is, qui apud me deposuit vel commodavit, eam rem vendiderit mihi vel donaverit, non videbor causam possessionis mihi mutare, qui ne possidebam quidem.

Wenn der Eigentümer einer bei mir verwahrten oder einer mir geliehenen Sache mir diese verkauft oder schenkt, so scheine ich nicht „*causam possessionis mihi mutare*", ich, der ich ja gar nicht *possessor* war. Dieser Begründungssatz hätte — ernst genommen — die unsinnige Konsequenz, daß zwar kein *possessor* eigenmächtig seinen Besitzgrund ändern dürfte, wohl aber jeder beliebige Detentor. Daß ein Entleiher oder Verwahrer ohne weiteres durch bloßen einseitigen Willensentschluß zu besitzen beginnen dürfte. Das ist ihm von keinem römischen Juristen je gestattet worden.

Die richtige Begründung der Fallentscheidung des Paulus läge doch auf der Hand: Wenn ich als Detentor vom Eigentümer kaufe, ändere ich meine *causa* nicht eigenmächtig, sondern erwerbe mit Einverständnis des Eigentümers ganz regulär *possessio ex iusta causa.* Paulus hat keinen unmittelbaren Anlaß, sich in diesem Fall überhaupt auf die Regel „*nemo sibi ipse . . .*" zu berufen.

Daß er es trotzdem tut, zeigt uns aber, wie stark die Ausstrahlungskraft einer einmal geprägten Regel ist. Auch wenn der Spätklassiker Paulus keine echte Beziehung mehr zu ihr hat, auch wenn sie für ihn eher ein Schlagwort, ein bloßer Anknüpfungspunkt ist, selbst wenn er

---

[17] Vgl. Ulp. D 5, 3, 13, 1: *item in titulo pro donato quaeritur, an quis pro possessore possideat, ut puta uxor vel maritus: et placet nobis Iuliani sententia pro possessore possidere eum.* Siehe auch Ulp. D 41, 2, 16 und die Kontroversenberichte Ulp. D 24, 1, 46 und Paul. D 41, 2, 1, 4. Dazu treffend *Kaser*, TS 30 (1962), 351 f. mit Literatur.

(wie in zwei anderen Texten dieser Regel, wo er Julian ausdrücklich zitiert)[18] auch an dieser Stelle nicht schöpferisch tätig wird, sondern einen Gedanken Julians verwendet, der hier als Begründung völlig verfehlt ist[19]: Die Regel läßt ihn nicht los, er muß zu ihr Stellung beziehen, wenngleich nicht in jener Form geistiger Auseinandersetzung, die wir bei Julian erfahren haben.

Als dogmatische Realität mit starker Wirkkraft hat auch Celsus diese Regel empfunden. Er behandelt sie in D 41, 2, 18 pr. mit der für ihn sprichwörtlichen Eleganz, doch auch für ihn gäbe es keine zwingende Notwendigkeit, den Satz *„nemo sibi ipse . . .“* anzuführen. Trotzdem befaßt er sich mit ihm in einer subtilen Analyse[20].

D 41, 2, 18 pr. (Celsus 23 dig.).

Quod meo nomine possideo, possum alieno nomine possidere:

Nec enim muto mihi causam possessionis, sed desino possidere et alium possessorem ministerio meo facio.

Nec idem est possidere et alieno nomine possidere:

Nam possidet, cuius nomine possidetur, procurator alienae possessioni praestat ministerium.

Dieser vieldiskutierte und oft kritisierte Text wurde bisher fast ausschließlich auf seinen Wert als theoretische Basis des sogenannten constitutum possessorium untersucht. Seine Echtheit wird vor allem mit dem Argument bekämpft, daß im Vergleich zu späteren klassischen Fallentscheidungen eine so abstrakte Aussage bei Celsus anachronistisch wäre. Zuletzt bemängelt *Gordon*[21] insoweit zu Recht das Fehlen jeder Kausalbeziehung in D 41, 2, 18 pr. und meint, die generelle Fassung des Textes dürfte auf kompilatorische Exzerption und Kürzung einer ursprünglich auf einen konkreten Fall zugeschnittenen Entscheidungsbegründung des Celsus zurückgehen. Für diese Deutung kann *Gordon* auch das unvermittelte Auftreten des *procurator* im letzten Satz der Stelle geltend machen. Man wird ihm jedoch nicht folgen können, wenn er den Satz *nec idem est possidere et alieno nomine possidere* als „quite pointless remark“ bezeichnet und außerdem meint „it disturbs the

---

[18] D 41, 4, 2, 21: *ait Iulianus causam possessionis mutari ei, qui litis aestimationem sustulerit*, sowie D 41, 6, 1, 2, oben S. 403. Julian fungiert auch als Gewährsmann Ulpians D 43, 26, 6, 3. Seine Entscheidung, daß die Regel nicht anwendbar sei, wenn jemand mit Zustimmung des Eigentümers den Besitzgrund ändert, gilt noch dem Spätklassiker als Erkenntnis, die zitierfähig und begründungswürdig ist.

[19] Es würde an der Gesamtbeurteilung der Einstellung des Paulus nur wenig ändern, wollte man wie *Beseler*, SZ 44 (1924), 377 und Jur. Min. (1929), 93, den Begründungssatz *qui non possidebam quidem* als interpoliert ansehen.

[20] So zu Recht *Wieacker*, Iura 13 (1962), 19[38]

[21] Studi Biondi (1963), 314 ff.; dort auch die einschlägige Literatur.

argument". *Gordon* beachtet nicht, daß Celsus zu dieser Bemerkung geradezu gezwungen ist, wenn er den Zusammenhang des Besitzkonstituts mit der Regel „*nemo sibi ipse* ..." darlegen will. Zudem wäre für sich allein betrachtet das Argument *nec enim muto mihi* ... *sed desino* ... *et alium* ... *facio* unvollständig und wenig überzeugend, stünde es doch im Widerspruch zum *alieno nomine possidere* des ersten Satzes. Diesen Widerspruch würde auch der letzte Satz *(nam possidet* ...*)* nicht befriedigend auflösen. Erst durch *nec idem est* ... wird die Doppeldeutigkeit des Terminus *possidere* aufgeklärt und als Schlüssel zum Verständnis des Textes dargeboten.

Celsus sagt in der Stelle: „Was ich im eigenen Namen besitze, kann ich auch in fremdem Namen (zu) besitzen (anfangen): Ich ändere mir nämlich damit nicht die *causa* meines Besitzes, sondern höre auf zu besitzen und mache durch meine Hilfe einen anderen zum Besitzer. Es ist ja nicht dasselbe, zu besitzen oder in fremdem Namen zu besitzen: Es besitzt (streng genommen nur) der, in dessen Namen der Besitz ausgeübt wird, ein *procurator* leistet dem fremden Besitz (nur) Hilfestellung". Diese terminologische Klarstellung des Celsus ist einmal deshalb nötig, weil das *causam possessionis mutare* der alten Regel offenbar *possessio* im weitesten Sinne des Wortes, also auch *naturalis possessio* erfassen konnte. Celsus interpretiert restriktiv und beeilt sich zu betonen, daß die Verwandlung eines *meo nomine possidere* in ein *alieno nomine possidere* eigentlich keine *mutatio causae* sei, sondern einfach Besitzverlust. Außerdem klingt in dieser Auslegung auch ein stärker teleologisch geprägtes Argument an, das wir oben bei Julian noch deutlicher ausgeführt gefunden haben. *Nec enim muto mihi causam possessionis* enthält nicht zuletzt die Aussage, daß der Besitzer seine eigene Besitzposition verschlechtert, nicht aber verbessert hat, daß die Änderung des Besitzstandes nicht zum eigenenen Vorteil vorgenommen wurde. Celsus bestreitet die Anwendbarkeit der Regel „*nemo sibi ipse* ..." also auch unter dem Gesichtspunkt mangelnder *Eigennützigkeit*. Kein Wort wird hingegen über das Problem der *Eigenmächtigkeit* dieses Vorganges gesprochen. Die Antwort auf diese Frage mag in der oft vermuteten Überarbeitung des Textes zu finden sein, bei der wohl eine konkrete Kausalbeziehung der Besitzübertragung eliminiert worden ist.

Celsus hatte demnach doch einigen Grund, die Regel in diesem Zusammenhang anzuführen. Es könnte also kaum behauptet werden, die Maxime sei für ihn nur Anknüpfungspunkt gewesen, die Verneinung ihrer Anwendbarkeit habe ihm das einfachste Argument zur Begründung des Besitzkonstituts geliefert. Die dogmatische Schwierigkeit des sogenannten constitutum possessorium lag für den römischen Juristen sicher nicht so sehr bei der *mutatio* der eigenen *causa* des ursprünglichen Besitzers[22], wie vielmehr bei der Konstruktion des Besitzübergangs an den anderen ohne Vornahme einer körperlichen Übergabe. Celsus hätte hier mit einem formalen Kunstgriff, der so offensichtlich am eigentlichen Problem vorbeiginge, seinem Anliegen mehr geschadet als genützt. Man wird eher annehmen dürfen, daß auch Celsus die Regel als starke dogmatische Realität empfunden hat, gegen die es das Besitzkonstitut abzugrenzen galt[23].

Das Ergebnis dieser wenigen Exegesen soll zwar nicht ohne Überprüfung an weiterem Quellenmaterial zu rechtstheoretischen Verallgemeinerungen Anlaß geben[23a]. Einige Fragestellungen und Antwortmöglichkeiten dürfen aber doch schon jetzt angedeutet werden.

Wir haben im Satz „*nemo sibi ipse* ...“ zweifellos eine jener *regulae iuris* vor uns, wie sie die *veteres* in großer Zahl formuliert haben[24]. Entscheidender Anstoß dafür war wohl die Berührung mit der griechischen Philosophie, unter deren Wirkung die römische Jurisprudenz im 2. Jh. v. Chr. in den Bereich echter Wissenschaftlichkeit eingetreten ist[25]. Die Übertragung der dialektischen Methode auf die Jurisprudenz führt zunächst zur Differenzierung des Rechtsstoffes nach *genera* und *species*. Und als nächster Schritt werden Prinzipien, Regeln gebildet, die für die jeweiligen *genera* und *species* Gültigkeit haben sollen[26]; d. h. juristische Aussagen werden über den Anlaßfall hinaus verallgemeinert und in mehr oder weniger abstrakte Leitsätze gefaßt. Einige Forscher, vor allem Paul *Jörs*[27], haben diese Periode römischer Rechtsentwicklung geradezu mit dem Schlagwort „Regularjurisprudenz“ gegekennzeichnet.

---

[22] Vgl. jedoch D 41, 2, 34 pr. (Ulp. 7 *disp.*): ... *animo deponere et mutare nos possessionem posse et Celsus et Marcellus scribunt* ..., und dazu *Cannata*, SD 1960, 80 ff., *Wieacker*, Iura 13 (1962), 16, *Bretone*, Labeo 1963, 342 f.

[23] *Wieacker*, Iura 13 (1962), 19[38], spricht von einer „Abwehr doktrinärer Konsequenzen der *nemo sibi ipse* — Regel“.

[23a] Eine Studie zur *regula Catoniana* soll demnächst in der Festschrift für E. Volterra erscheinen.

[24] Vgl. *Jörs*, Römische Rechtswissenschaft zur Zeit der Republik (1888), 291. Daß der Satz nicht ausdrücklich als *regula* referiert wird, tut nichts zur Sache. Sein Regularcharakter ist bei vergleichender Betrachtung, etwa der *regula Catoniana* (D 34, 7) oder der bei *Pringsheim*, Gesammelte Abhandlungen I (1961), 421 und *Kaser*, Zur Methode der römischen Rechtsfindung (1962), 60 f. zitierten alten *regula iuris civilis* ohne weiteres ersichtlich. Siehe auch die von *La Pira*, SD 1935, 344 gesammelten Regeln des Quintus Mucius.

[25] *Schulz*, Geschichte der römischen Rechtswissenschaft (1961), 73 ff.; *Coing* Studi Arangio-Ruiz 1 (1952), 365 ff.; *Kaser*, Zur Methode der römischen Rechtsfindung (1962), 68 ff.

[26] *Schulz*, a.a.O., 77 ff.

[27] Römische Rechtswissenschaft (1888), 283 ff. Ablehnend *Schulz*, Geschichte der römischen Rechtswissenschaft (1961), 79 ff., der den Ausdruck durch „dialektische Jurisprudenz“ ersetzt sehen möchte.

Was ist nun eine *regula? Kaser* sieht in seiner gedankenreichen Abhandlung „Zur Methode der römischen Rechtsfindung“[28] in der *regula* ein Substrat, eine Kurzfassung einer einheitlichen, nicht kontroversen Kasuistik. Als solche enthalte sie eine Erfahrungsaussage über die Vergangenheit. Als Quelle zukünftiger Rechtsfindung steht hingegenen der *regula* nach *Kaser* kein besonderer Rang zu: „... die *regulae* sind keine selbständige Quelle der Rechtserkenntnis, sondern sie spiegeln nur das Recht wider, wie es sich in den kasuistischen Fallentscheidungen manifestiert hat“[29]. *Kaser* meint, daß die römischen Juristen „ihre Regeln unbedenklich preisgegeben haben, wo sie von Fall zu Fall fanden, daß ihre Anwendung zu ungerechten Ergebnissen führen würde“; und er schlägt vor, man möge doch nur den kurzen Digestentitel 34,7 lesen; bei der Lektüre dieser Digestenstellen zur *regula Catoniana* werde man erkennen, „daß die Klassiker in den überlieferten Texten ausnahmslos darauf ausgehen, die Anwendung der Regel auszuschließen“[30].

Wird mit diesem Urteil nicht die Bedeutung systematischer Ansätze und deduktiven Denkens in den römischen Rechtsquellen unterschätzt?[31] Sicherlich wächst die *regula* aus der Kasuistik. Wenn eine Rechtsfrage in der Praxis immer wiederkehrt und gleichförmig entschieden wird, dann ist es nur natürlich, daß der entscheidende juristische Gedanke einmal hervorgehoben und prägnant formuliert wird. Ein Jurist wird sich zu einer solchen verallgemeinernden Aussage um so leichter bereitfinden, je öfter schon seine Vorgänger und Zeitgenossen dasselbe Fallproblem gleichlautend gelöst haben. Zur Generalisierung der Entscheidung tritt jedoch alsbald die Abstraktion des Tatbestandes. Ein solcher Abstraktionsprozeß schreitet nun erfahrungsgemäß nicht immer behutsam, in vorsichtigen kleinen Schritten voran, die jeweils durch einschlägige Kasuistik gedeckt wären. Unsere Regel „*nemo sibi ipse* ...“ dürfte ein gutes Beispiel dafür sein, daß die *veteres* gelegentlich zu rasch zu hoch abstrahiert haben. Die aufgestellte Formel wirkt trivial

[28] Nachr. d. Akad. d. Wiss. in Göttingen, phil.-hist. Kl. 2 (1962), 47 ff.

[29] a.a.O., 61.

[30] a.a.O., 62 und Anm. 62.

[31] Natürlich anerkennt auch *Kaser*, daß Deduktion und Systematik in der römischen Jurisprudenz eine gewisse Rolle spielen, vgl. a.a.O., 53. Doch will er offenbar die *regula* nicht als Element eines subsumierenden Denkprozesses gelten lassen. Die stark an *Esser*, Grundsatz und Norm (1956) orientierte Auffassung *Kasers* setzt sich auch mit *Viehwegs* Deutung der *regula* als topos (Topik und Jurisprudenz, 1953, 26 ff.) auseinander und verweist zu Recht darauf, daß im römischen Rechtsdenken auch eine intuitive Komponente zu berücksichtigen ist. Auf die erfreulich lebhafte rechtstheoretische Diskussion kann hier nicht näher eingegangen werden. Es soll lediglich versucht werden, die Bedeutung des derzeit vernachlässigten systematisch-deduktiven Aspektes für den Bereich der *regula* zu verteidigen, ohne damit die Existenz anderer Denkvorgänge zu bestreiten: Unter den verschiedenen Möglichkeiten der rechtswissenschaftlichen oder rechtsgestaltenden Behandlung einer einmal vorhandenen Regel gibt es a u c h den Fall ihrer A n w e n d u n g auf ein Problem, dessen Lösung dann aus der Regel deduziert erscheint.

und unzulänglich zugleich. Trivial, wie *Kaser* richtig feststellt[32], weil der logisch nächstliegende Fall, auf den die Regel durch ihre abstrakte Fassung nunmehr anwendbar erscheint, gar so selbstverständlich ist: Niemand wird doch ernstlich annehmen, er könne durch einen bloßen Willensentschluß etwa eine gestohlene oder geliehene Sache plötzlich *pro emptore, pro donato* oder *pro legato* ersitzen. Unzulänglich erscheint die Regel deshalb, weit die *veteres* offenbar eine wichtige Fallgruppe übersehen haben: Es besteht nämlich kein Grund, demjenigen Detentor oder *naturalis possessor* die *mutatio causae* zu verwehren, der dabei in gutem Glauben handelt[33].

Für die Entstehung einer *regula* werden wir mit mehreren Möglichkeiten zu rechnen haben; Sicherheit wird angesichts des Überlieferungsstandes republikanischer Rechtsliteratur schwer zu gewinnen sein.

Nur ein Teil aller Regelbildung wird exaktes Resümee bereits vorliegender Kasuistik sein. Oft und oft werden noch nicht alle möglichen Varianten ausgebreitet und durchdiskutiert sein, wenn der Jurist zur Regelbildung schreitet. Die zu hoch angesetzte Abstraktion schließt dann auch die Fälle ein, an deren Problematik der Jurist nicht gedacht hat, oder die noch nicht in der Praxis aufgetaucht sind. Der Jurist überblickt die Tragweite seiner Formulierung nicht.

Andererseits aber erscheint es möglich, daß ein römischer Jurist sehr genau weiß, daß seine Abstraktion zu weit geht, daß sie nicht bloß Beschreibung, sondern schon Gestaltung ist, daß er bei der Bildung einer *regula* bewußt ein rechtspolitisches Ziel verfolgt.

Ob der Jurist nun absichtlich oder unabsichtlich zu stark abstrahiert, und gleichgültig, ob seine Kollegen und Nachfolger dies übersehen oder wissentlich dulden: In allen diesen Fällen ist eine *regula* entstanden, die mehr ist, als bloße Erfahrungsaussage für die Vergangenheit, die nicht, wie *Kaser* meint, nur das Recht widerspiegelt, das sich bereits in den kasuistischen Fallentscheidungen manifestiert hat[34].

Soweit zur Entstehung der republikanischen *regula*, nun aber zu ihrer Wirkung in der Klassik. Der römische Jurist geht vom Fallproblem aus und sucht nach einer passenden Lösung. Dabei stößt er auf die *regula*. Eine solche *regula* genießt als Ausdruck einer allgemeinen Lehre höhere *auctoritas* als das bloße *responsum* eines einzelnen Juristen. In der Mehrzahl der Fälle, die in der täglichen Praxis auftauchen, wird der Jurist deshalb einfach seinen Fall unter die altbekannte und bewährte Rechtsregel subsumieren[35].

---

[32] Deutsche Landesreferate zum 3. Internat. Kongreß für Rechtsvergleichung (1950), 9.

[33] Daher die berechtigte Korrektur durch Julian in D 41, 3, 33, 1 (oben S. 400 ff.).

[34] Zur Methode der römischen Rechtsfindung (oben Anm. 28), 61.

[35] Die Begründung „q u o n i a m nemo sibi ipse ..." in D 41, 6, 2, 1 (oben

Wenn einmal eine *regula* existiert, dann gibt es keinen Rückfall in reine Kasuistik. Die weitere Rechtsbildung ist an der Regel orientiert. Das heißt freilich nicht, daß die *regula* sklavisch befolgt, ausnahmslos angewendet wird. Aber sie ist, wenn man ein Bild gebrauchen darf, eine Art Hauptverkehrsstraße. Diese wird in ihrem Verlauf einmal breiter, einmal enger; und hin und wieder zweigen von ihr auch kleinere Wege ab.

Und damit wird das entscheidende Problem des Verhältnisses von Regel und Ausnahme angeschnitten. Der römische Jurist stellt, so weit ich sehe, nie die *regula* schlechthin in Frage, er sagt nie, sie sei völlig falsch oder unbrauchbar. Während er dem bloßen *responsum* des Fachkollegen gegenüber in der Kritik nicht zurückhält und es oft nicht für nötig findet, seine ablehnende Meinung zu begründen, tritt er an eine *regula* eher behutsam heran.

Es ist geradezu außergewöhnlich, wenn Celsus nach Mitteilung des Wortlautes der *regula Catoniana* anmerkt *„quae definitio in quibusdam falsa est“*[36]. Julian hätte bestimmt nicht so negativ formuliert, sondern eher gesagt *„sic accipiendum est“*[37] *oder „hactenus verum est“*[38]. Aber gerade von Celsus sind wir ja nicht nur Eleganz, sondern gelegentlich auch Schärfe und sogar Grobheit gewöhnt[39]. Denken wir nur an seine berühmte Antwort auf die *quaestio Domitiana*[40]. An dieser und anderen polemischen Äußerungen des Celsus gemessen erscheint der Satz *„quae definitio in quibusdam falsa est“* gar nicht so unfreundlich. Inhaltlich bedeutet er ohnedies keine Ablehnung der *regula,* sondern nur eine Einschränkung: Die Regel ist in gewisser Hinsicht unrichtig; Celsus meint lediglich, daß sie auf eine bestimmte Kategorie von Vermächtnissen nicht angewendet werden soll[41].

S. 403 f.) dürfte Ausdruck eines solchen Deduktionsvorganges sein. Weitere Beispiele für Regelbefolgung gibt *Wenger*, Canon, in: Sitzungsber. d. Akad. d. Wiss. in Wien, phil-hist. Klasse, 220. Bd., 2. Abh. (1942), 57, sowie *La Pira* SD 1935, 346 f. Zu weit geht *Jörs*, Römische Rechtswissenschaft (1888), 291, wenn er meint, die Regeln „werden gleich gesetzlichen Vorschriften als geltende Rechtssätze angewendet“. Die *regula* hat wissenschaftlich-dogmatischen, nicht normativen Charakter.

[36] D 34, 7, 1 pr. (Cels. 35 dig.): *Catoniana regula sic definit, quod, si testamenti facti tempore decessisset testator, inutile foret, id legatum quandocumque decesserit, non valere. quae definitio in quibusdam falsa est.*

[37] D 41, 3, 33, 1.

[38] Bei Afr. D 41, 4, 11.

[39] Siehe dazu die treffende Studie *Wieackers* in Iura 13 (1962), 1 ff., sowie den Beitrag *Bretones*, Labeo 1963, 331 ff.

[40] D 28, 1, 27 (Cels. 15 dig.): *Non intellego quid sit, de quo me consulueris, aut valide stulta est consultatio tua: plus enim quam ridiculum est dubitare,...*

[41] D 34, 7, 1, 1 und 2, dazu zuletzt *Grosso*, I legati nel diritto romano[2] (1962), 306 f.

Wenn ein römischer Jurist eine *regula* interpretiert, einschränkt oder abwandelt, so geht er schon deshalb vorsichtig zu Werk, weil er erwarten muß, daß sich seine Gegner auf die *regula* in ihrer ursprünglichen Gestalt berufen werden. Sein Änderungsvorschlag muß sich erst durchsetzen, sich bewähren. Wird er nicht anerkannt, so überdauert er den konkreten Anlaßfall nicht. Findet er hingegen allgemein Zustimmung, so gilt die alte Regel hinfort in dieser neuen — engeren oder weiteren — Gestalt[42].

Die Ausnahme, die grundsätzlich möglich ist, aber nur in besonderen Fällen durchdringt, zerstört die Regel nicht[43]. Diese bleibt weiterhin ein bedeutendes dogmatisches Element. Zumal wenn wir auch dem Zeitfaktor entsprechende Beachtung schenken. Eine republikanische *regula*, die Jahrzehnte oder auch erst Jahrhunderte später modifiziert worden ist, eine solche *regula* hat doch lange Zeit unangefochten gegolten. Als Richtschnur der Rechtsanwendung hat sie ein gutes Maß an Rechtssicherheit vermittelt. Natürlich waren die römischen Juristen *nicht* bereit, ihr ausgeprägtes Gefühl für Fallgerechtigkeit völlig zu verleugnen, um sich dafür unerbittlich streng an Regeln zu binden. Da ist *Kaser*[44] durchaus recht zu geben. Doch scheint mir, daß die Resultierende aus einem Kräfteparallelogramm zu ziehen wäre, dessen Komponenten Rechtssicherheit und Fallgerechtigkeit, Regel und Ausnahme, oder Rechtsanwendung und Rechtsfortbildung heißen.

Die *regula* soll nicht überschätzt werden. Vieles ist in der römischen Jurisprudenz immer kontrovers und kasuistisch geblieben. Andererseits wird aber festzustellen sein, daß die *regula* als Generalisierung und Abstraktion zwar aus der Kasuistik hervorgeht, jedoch — einmal formuliert und anerkannt — ein Eigenleben entfaltet mit starker Ausstrahlung auf alle folgende Rechtsfindung. Man mag sie interpretieren und modifizieren — das beweist nur ihre Lebenskraft. Bei allen Einschränkungen, die sie im Laufe der Zeit erfahren mag, bleibt sie doch

---

[42] Gute Beispiele für die Beschränkung einer bestehenden Regel in der Weise, daß die Ausnahme selbst regelhaft verfestigt worden ist, sind die Stellungnahmen der Spätklassiker Papinian und Ulpian zur *regula Catoniana* D 34, 7, 3 f. und D 30, 41, 2. Siehe schon *Jörs*, Römische Rechtswissenschaft (1888), 303[1].

[43] Treffend *Wenger*, a.a.O. (oben Anm. 32), 57: „Nicht immer gelang der Versuch, eine *regula* aufzustellen: mißfiel der Vorschlag, fand er bei den anderen Juristen nicht Beifall, so entstand eben keine *regula*. Hatte sich eine solche aber einmal durchgesetzt, so hatte sie wohl meist Bestand, und wo sie etwa nicht paßte, lag eben eine Ausnahme von der Regel vor." Der vieldiskutierte Satz aus D 50, 17, 1 wonach die Regel „*quasi causae coniectio est, quae simul cum in aliquo vitiata est, perdit officium suum*", darf wohl nur so gedeutet werden, daß die Regel auf einen konkreten Fall nicht anwendbar ist, wenn eine der Tatbestandsvoraussetzungen fehlt, vgl. *Wenger*, a.a.O., 55, a. M. offenbar *Wieacker*, Vom römischen Recht[2] (1961), 142.

[44] Zur Methode der römischen Rechtsfindung (1962), 61 f.

ein Ansatz systematisch-deduktiven Denkens in der römischen Jurisprudenz.

Wenn man von der Analyse echter *regulae* und ihrer Wirkung ausgeht, dürfte auch die bekannte theoretische Aussage des Paulus über die *regula* ihre richtige Perspektive gewinnen[45]:

D 50, 17, 1 (Paulus 16 ad Plautium).
Non ex regula ius sumatur, sed ex iure, quod est, regula fiat....

Moderne Interpreten lesen den Satz gern als Tatsachenfeststellung, als Behauptung des Paulus, daß niemals aus einer *regula* die Entscheidung eines Einzelfalles abgeleitet werde[46]. Diese Deutung ist aber schon rein grammatikalisch nicht haltbar[47]. Man muß die Aussage des Paulus vielmehr als bloßes Postulat auffassen: Nicht als Behauptung, daß man aus einer *regula* nichts für die Zukunft gewinnen könne, sondern als bloßer Wunsch, wie sie wirken möge; vielleicht als eine Mahnung an Schule und Praxis, *regulae* nicht über ihren angemessenen Wirkungsbereich hinaus zu erweitern oder sich nicht starr an überlieferte Formeln zu halten, sondern immer den lebendigen Kontakt mit der konkret-individuellen Problematik des juristischen Alltags zu pflegen[48].

So verstanden wird die Forderung des Paulus zum zeitlosen Anliegen jeder Jurisprudenz. Die dogmatische Bedeutung der *regula iuris* scheint jedoch durch diese Forderung nicht geschmälert zu werden.

---

[45] Dies zur Untersuchung von *Behrens*, SZ 75 (1958), 335 ff., die auf D 50, 17, 1 aufbaut und auf dieser Grundlage zum Ergebnis kommt, Regelbildung sei ein ihren Gegenstand nicht verändernder Erkenntnisakt (a.a.O., 357). Hat doch *Behrens* selbst in seiner verdienstvollen Studie wahrscheinlich gemacht, daß die *regula*-Definition des Paulus (D 50, 17, 1 *Regula est, quae rem quae est breviter enarrat ...)* auf eine enzyklopädische Quelle zurückgeht. Aber auch als Selbstzeugnis eines Spätklassikers gewertet sagt uns D 50, 17, 1 bestenfalls, wie die Römer über die *regula* gedacht haben, nicht aber, wie die *regula* tatsächlich gewirkt hat. Zumal Paulus damit auch für einen konkreten Fall und auf einen ganz bestimmten Zweck zugeschnitten argumentiert haben könnte, vgl. *Daube*, SZ 76 (1959), 205 ff.

[46] *Wenger*, a.a.O., 55: „die Regel bildet kein *ius*, aus ihr erwächst kein *ius ...*"; *Dulckeit-Schwarz*, RRG[3] (1963), 194: „niemals folgte umgekehrt aus einer vorgefaßten Regel die Entscheidung des einzelnen Falles".

[47] Richtig *Daube*, SZ 76 (1959), 205: „man beachte, daß *non sumatur* und *fiat* im Konjunktiv stehen, eine Mahnung ausdrücken, nicht einen Zustand".

[48] *Pringsheim*, Ges. Abh. (1961), 420, verspürt bei Paulus eine „Abneigung des praktischen Juristen gegen eine ihn beengende theoretische Regel". Sehr ansprechend wirkt noch immer die knappe Charakterisierung bei *Bruns-Lenel*, Geschichte und Quellen des römischen Rechts, in: *Holtzendorff-Kohler*, Enzyklopädie der Rechtswiss. (1915), 345: „Die sich bildende Wissenschaft hat die erklärliche Neigung, allgemeine Sätze aufzustellen, deren Anwendung auf den Einzelfall die praktische Tätigkeit erleichtert ... Den späteren sind diese Sätze vielfach zu Dogmen geworden; man verwendete sie als Begründung, fragte aber ihrer eigenen Begründung nicht mehr nach. Das geschah, weil man ihren Ursprung und ihre Motive nicht mehr feststellen konnte. Zum Teile sind sie den Juristen der Kaiserzeit für ihre freiere und feinere Rechtsgestaltung geradezu unbequem geworden; man umging sie dann wohl, aber man leugnete ihren Rechtsbestand nicht."

Die Bestellung einer Eigentümerservitut oder eines Eigentümernießbrauchs im römischen Recht

Von Ulrich von Lübtow, Berlin

1. Bestellung durch lex dicta des Veräußerers

Die Bestellung einer Servitut erfolgte bei Felddienstbarkeiten an italischen Grundstücken, iura praediorum rusticorum[1], durch mancipatio, bei allen durch in iure cessio[2]. Beide Formalakte konnte der Alleineigentümer zweier Grundstücke nicht mit sich selbst abschließen. Sie setzten notwendig eine Verschiedenheit der Personen voraus. Nur bei Veräußerung eines der Grundstücke konnte der bisherige *Eigentümer* dem einen wie dem anderen durch *einseitige* unmittelbar vor dem Formalakt abgegebene Erklärung (lex dicta) eine Servitut auferlegen oder sich den Nießbrauch vorbehalten[3]. Eine abweichende Ansicht vertreten — gegen mich polemisierend — *Arangio-Ruiz*[4] und *Solazzi*[5]. Sie sind der Meinung, daß es die Erklärung des mancipio *accipiens* ist, die gleichzeitig den Erwerb der Sache und die Entstehung der Servitut oder des Nießbrauchs verwirklicht[6]. *Arangio-Ruiz* beruft sich darauf, daß bei

---

[1] Die vier ältesten waren iter (Fußweg), actus (Trift- und Fahrweg, das Recht des Fußweges mitbegriffen), via (Fahrstraße, im geraden Stück acht Fuß, bei Biegungen 16 Fuß: Gai. D. 8, 3, 8) und aquaeductus. Dazu traten später aquae haustus, pecoris ad aquam adpulsus, ius pascendi, calcis coquendae, harenae fodiendae: Ulp. D. 8, 3, 1 pr., § 1.

[2] Gai. II, 29: Sed iura praediorum urbanorum in iure cedi tantum possunt: rusticorum vero etiam mancipari possunt.

[3] *Pernice*, Labeo III 1, 20 ff., 97 ff.; P. *Kretschmar*, Erfüllung I, 1906, 40; *Mitteis*, Römisches Privatrecht (RPR.) I, 1908, 280 A. 49; *Siber*, Römisches Recht II, 110; *Beseler*, Juristische Miniaturen, 1929, 106 f.; *Kunkel*, Römisches Privatrecht³ (RPR.), 94 mit A. 10, 14, 15; ZSSt. 68, 596; *von Lübtow*, Schenkungen der Eltern an ihre minderjährigen Kinder und der Vorbehalt dinglicher Rechte, 1949, 83 ff.; Symbolae Taubenschlag III, 1957, 243 ff.; F. *Schulz*, Classical Roman Law, 1951, 387, 395; *Kaser*, Römisches Privatrecht (RPR.) I, 373.

[4] Studi Cicu II, 1951, 506 f.

[5] SDHI. 18, 1952, 220 ff.

[6] Ebenso *Weiß*, Institutionen², 1949, 233. *Karlowa*, Römische Rechtsgeschichte II, 1901, 537, macht einen Unterschied zwischen dem Vorbehalt eines Nießbrauchs und dem Vorbehalt von Prädialservituten: Da im ersten Fall die Eigentumsübertragung inhaltlich vermindert werde, sei der Vorbehalt in die Rechtsbehauptung der in iure cessio oder mancipatio selbst aufgenommen worden: deducto usufructu. Im zweiten Fall dagegen sei der Vorbehalt in einem vom Veräußerer der in iure cessio oder mancipatio beigefügten legem

Paulus Vat. Fr. 50 die deductio usus fructus gerade in die Rede des Erwerbers eingefügt sei. Bei der in iure cessio lautet nämlich die Klausel:

'aio hunc fundum meum esse deducto usu fructu',

bei der mancipatio:

'emptus mihi esto pretio deducto usu fructu'.

Entsprechend wird die Formel beim Vorbehalt von Prädialservituten gestaltet worden sein:

'... imposita oder excepta servitute ...'[7].

Der Erwerber verweist damit auf einen in der Vergangenheit liegenden Vorgang. Er nimmt auf die lex dicta des Veräußerers Bezug[8]. Dieser Hinweis war aber weder notwendig noch genügend, um den Nießbrauch zu begründen[9].

Die echte Überlieferung spricht hier allenthalben eine Sprache, die deutlich erkennen läßt, daß der *veräußernde Eigentümer* es ist, der *seinem* Grundstück die Servitut auferlegt[10]:

Ulp. D. 8, 4, 6 pr. (lib. 28 ad Sab.)

Si quis duas aedes habeat et alteras [tradat] ⟨mancipet⟩, potest legem [traditioni] ⟨mancipio⟩ dicere, ut [vel istae] quae non [traduntur] ⟨mancipantur⟩ servae sint his quae [traduntur] ⟨mancipantur⟩, vel contra ut [traditae] ⟨mancipatae⟩ retentis aedibus serviant: ... idem erit et in praediis rusticis: nam et si quis duos fundos habeat, alium alii potest servum facere [tradendo] ⟨mancipando⟩. duas autem aedes simul [tradendo] ⟨mancipando⟩ non potest efficere alteras alteris servas, quia neque adquirere alienis aedibus servitutem neque imponere potest.

Iul. D. 8, 2, 34 (lib. 2 ex Minicio)

Et qui duas areas habet, alteram [tradendo] ⟨mancipando⟩ servam alteri efficere potest.

Paul. D. 8, 3, 29 (lib. 2 epit. Alf. dig.)

Qui duo praedia confinia habuerat, superiorem fundum vendiderat: in lege ita dixerat, ut ...

Paul. D. 8, 3, 30 (lib. 4 epit. Alf. dig.)

Qui duo praedia habebat, in unius venditione aquam, quae in fundo nascebatur, et circa eam aquam late decem pedes exceperat.

Gai. D. 8, 4, 3 (lib. 7 ad ed. prov.)

Duorum praediorum [dominus] ⟨possessor⟩ si alterum ea lege tibi dederit, ut id praedium quod datur serviat ei quod ipse retinet vel contra iure ⟨honorario⟩ imposita servitus intellegitur[11].

---

dicere geschehen und nicht in die Rechtsbehauptung des Erwerbers eingefügt; denn dessen Recht werde zwar durch die vorbehaltene Prädialservitut belastet, aber es werde nichts davon abgezogen.

[7] *Von Lübtow*, Schenkungen, 84 A. 309.

[8] *Pernice*, Labeo III 1, 98, 100.

[9] *Von Lübtow*, a.a O.

[10] Unbegründete Zweifel bei *Weiß*, Institutionen², 1949, 172.

[11] Vgl dazu *Solazzi*, Requisiti e modi di costituzione delle servitù prediali, 1947, 89 ff.

Iav.-Lab. D. 18, 1, 77 (lib. 4 ex poster. Lab.)

In lege fundi *vendundi* lapidicinae in eo fundo ubique essent exceptae erant ... neminem enim nec *vendere* nec *excipere* quod non sit.

Gaius II, 33[12] sagt, daß der Nießbrauch bei der Manzipation abgezogen werden kann:

in mancipanda proprietate detrahi potest; in mancipanda proprietate deducatur.

Mancipio dare und mancipare = „ergreifen lassen" werden ausschließlich vom Veräußerer, niemals vom Erwerber gebraucht[13]. Deshalb ist es der *Veräußerer,* der den Nießbrauch bestellt.

Solazzi[14] beruft sich zum Beweise dafür, daß der *Erwerber* das vorbehaltene Recht begründet, auf Marcianus D. 8,2,35 (lib. 3 regul.):

Si binarum aedium dominus dixisset eas quas venderet servas fore, sed in [traditione] ⟨mancipatione⟩ non fecisset mentionem servitutis, [vel] ex vendito agere potest [vel incertum condicere], ut servitus imponatur[15].

Der *Verkäufer* eines von zwei Grundstücken hatte sich in der lex dicta des Kaufvertrages eine Servitut an dem veräußerten Grundstück vorbehalten. Damit ist sie aber noch nicht begründet. Der *Verkäufer* hätte den Vorbehalt bei der Manzipation *wiederholen* müssen. Er kann jetzt aus dem Kaufvertrage auf Bestellung der Servitut klagen[16]. *Solazzi* behauptet ohne jeden Grund, im Originaltext habe gestanden: 'sed in mancipatione facta non sit', vielleicht sogar: 'sed mancipio accipiens non fecisset mentionem servitutis'. Er[17] verweist ferner auf Ulp. D. 8, 4,6,3 a (lib. 28 ad Sab.):

Si in venditione quis dixerit servas fore aedes quas vendidit, [necesse non habet liberas tradere: quare] vel *suis aedibus eas servas facere potest* vel vicino [concedere] ⟨in iure cedere⟩ servitutem, scilicet ante [traditionem] ⟨mancipationem⟩ ... Marcellus ... scribit, si quis [in tradendo] dixerit fundum Titio servire, cum ei non serviret, esset autem obligatus venditor Titio ad servitutem praestandam, an agere possit ex vendito ...[18].

Der Verkäufer eines Gebäudes hat sich im Kaufvertrag die Bestellung einer Dienstbarkeit vorbehalten. Dann kann *er* bei dem Manzipationsakt an *seinem* Gebäude eine Dienstbarkeit bestellen für sich oder vor der Manzipation durch in iure cessio für einen Nachbarn. Er haftet dem Erwerber nicht aus dem Kaufvertrag.

---

[12] Dazu *Beseler,* Festschrift F. Schulz I, 1951, 48.
[13] *Pernice,* Labeo III 1, 98 A. 2.
[14] SDHI. 18, 220.
[15] Dazu die Angaben im Ind. itpl.; *von Lübtow* a.a.O. 59 mit A. 209.
[16] Vgl. *Pernice* a.a.O. 101 f.
[17] a.a.O. 220 f.
[18] Vgl. auch die Angaben im Ind. itpl.

Solazzi[19] nimmt schließlich Bezug auf Paulus D. 19,1,8,1 (lib. 5 ad Sab.)

Quod si servum praedium in [traditione] ⟨mancipatione⟩ fecero, quod liberum tibi [tradere] ⟨mancipare⟩ debui, tu ex empto habebis actionem remittendae eius servitutis gratia, quam pati non debeas.

Aber auch dieses Fragment spricht gegen seine These. Der Manzipant war verpflichtet, das Grundstück unbelastet zu veräußern. Bei der Manzipation legt *er* ihm überraschend eine Servitut auf. Sie entsteht zwar, aber der Käufer kann aus dem Kaufvertrage auf ihre Beseitigung klagen[20].

2. Die Schenkungsurkunde des T. Flavius Syntrophus

Zum Beweise dafür, daß die legum dictio = nuncupatio durch den Veräußerer erfolgt, bevor der Erwerber die Manzipationsformel spricht, habe ich mich — übereinstimmend mit *Pernice*[21] und *Kunkel*[22] — auch auf die Schenkungsurkunde des T. Flavius Syntrophus aus dem 2. bis 3. Jahrhundert nach Chr.[23] berufen[23a]. *Arangio-Ruiz*[24] und *Solazzi*[25] machen mir den Vorwurf, die donatio mißverstanden zu haben; denn der mancipatio gehe hier keinesfalls eine Erklärung des Schenkers, die man als nuncupatio bezeichnen könne, voraus, sondern eine stipulatio, deren Basis die vorhergehende Erklärung des Schenkers bilde. Dieser Vorwurf ist unberechtigt. Er fällt auf die beiden Autoren zurück.

Flavius Syntrophus, der wohl unverheiratet oder jedenfalls kinderlos war, wollte nach römischer Sitte dafür sorgen, daß der Name 'Flavius' nicht aussterbe[26]. Deshalb manzipierte er schenkweise seine in Stadtnähe befindlichen Gärten mit Wohnhaus und Weinbergen an seinen Freigelassenen T. Flavius Aithales. Er bestimmte dabei, daß dieser sie ge-

---

[19] a.a.O.

[20] Ulp. D. 4, 3, 7, 3 ist weder für noch gegen die hier vertretene Ansicht beweiskräftig, da starke Eingriffe in den Text erfolgt sind: vgl. Ind. itpl., insbesondere *Arangio-Ruiz*, Responsabilità contrattuale², 1958, 13 f.; *Coing*, Festschrift F. Schulz I, 1951, 116 ff.; *Albanese*, La sussidiarietà dell' a. de dolo, estr. dal vol. XXVIII degli Annali del Sem. giur. di Palermo, 1961, 63 ff. Im Gegensatz zu *Solazzi* a.a.O. 222 ist aber die Wendung imponere fundo ⟨in mancipatione⟩ servitutem als solche nicht zu beanstanden. Sachlich läßt sich nichts dagegen einwenden, daß bereits Labeo die Vergiftung eines Sklaven, die Zerstörung eines Gebäudes und die Auflage einer Grunddienstbarkeit als Missetaten des Manzipanten nebeneinander stellt (vgl. *Pernice* a.a.O. 102). Die Rekonstruktion *Arangio-Ruiz*' und — ihm folgend — Coings ⟨ante mancipationem⟩ (statt des überlieferten [dum tradit]) ist unzutreffend.

[21] Labeo III 1, 100, 146 ff.

[22] RPR.³, 94 mit A. 10 und 15. Jetzt auch *Kaser*, RPR. I, 41 A. 31.

[23] *Bruns-Gradenwitz*, Fontes I⁷, 337 f., Nr. 139; *Arangio-Ruiz*, Fontes III, 1943, 298 ff., Nr. 94.

[23a] Schenkungen, 87 f.

[24] Studi Cicu II, 507.

[25] a.a.O. 223.

[26] Vgl. hierzu und zum Folgenden *Huschke*, T. Flavii Syntrophi donationis instrumentum ineditum, Breslau 1838, 8 f.

meinsam besitzen und nutzen sollte mit denjenigen, die er, Synthrophus, in seinem Testament oder Kodizill freilassen werde. Auch die Nachkommen der Freigelassenen und die von ihnen selbst Freigelassenen waren in derselben Weise an den Gärten und ihren Erträgnissen zu beteiligen. Wenn nur noch *ein* Flavius übrig sein würde, hatte er in seinem Testament anzuordnen, daß seine Erben den Namen Flavius tragen und in der geschilderten Weise an den Grundstücken partizipieren sollten. Auf Grund dieser Regelung hoffte Flavius Syntrophus, sein Name werde dauern und die seinen Freigelassenen erwiesenen Wohltaten würden nicht in Vergessenheit geraten. Um seine Freigiebigkeit dem Gedächtnis der Beteiligten stets von neuem besonders einzuprägen, hatte er außerdem festgelegt, der Ertrag der Gärten solle an den Tagen, die dem Kult seiner Manen dienten[27], verteilt werden. Das Ganze wurde durch die allgemeine Dolusklausel sowie durch Wert- und Strafstipulationen gesichert.

Die Schenkungsurkunde ist folgendermaßen aufgebaut:

1. T. Flavius Syntrophus (Veräußerer), priusquam hortulos (sie werden näher bezeichnet) Aithale (statt Aithali) liberto suo (Erwerber) mancipio daret, testatus est se in hanc condicionem mancipare, ut infra scriptum est (Zeile 1—4, *Bruns*).
2. Nunmehr diktiert der Schenker seine Bedingungen (condicio = leges mancipii = leges donationis: Z. 4—17)[28].
3. Die Erfüllung dieser Bedingungen wird durch die allgemeine Dolusklausel sowie durch Wert- und Strafstipulation gesichert[29]:
   Et ab hac re promissioneque dolus malus cuius vestrum, de quibus agitur, absit. Si adversus ea factum erit, quanti ea res erit, tantam pecuniam dari, et amplius poenae nomine (sestertium) L milia nummum stipulatus est T. Flavius Syntrophus, spopondit T. Flavius Aithales libertus (Z. 17—20).
4. Jetzt erfolgt der Bericht über die Manzipation selbst:
   Tum hortulos ... mancipio accepit T. Flavius Aithales de Tito Flavio Synthropho H S nummo uno libripende Ti. Claudio Phileto ... (Z. 20—23).
5. Am Schluß steht der Bericht über die Besitzeinweisung (Z. 24—25).

Das testatus est des Synthrophus ist das einseitige vor Zeugen geschehende Aussprechen (nuncupare)[30] der condicio oder lex mancipii (donationis). Die nuncupatio hat keinen Vertragscharakter[31]. Die einzelnen durch sie festgelegten Verpflichtungen des Beschenkten beruhen auf einer einseitigen Bestimmung des Schenkgebers. Ihr hat sich der Beschenkte durch die Annahme der donatio unterworfen.

---

[27] Mit seinem Tode wird Flavius Syntrophus selbst zu den dii Manes gehören (vgl. *Berneker*, Gnomon 36, 1964, 394).

[28] Vgl. *Mitteis*, RPR. I, 150 f. *Huschke* a.a.O. 26 spricht von einer lex contractui dicta.

[29] *Kaser*, RPR. I, 225 mit A. 47.

[30] Festus s. v. nuncupata pecunia (*Bruns-Gradenwitz*, Fontes II[7], 18). Vgl. *Pernice* a.a.O. 21 mit A. 2; 100; *Kunkel* a.a.O. 94 mit A. 15.

[31] *Kreller*, ZSSt. 62, 197; *Wesenberg*, Verträge zugunsten Dritter, 1949, 38.

Die lex dicta wird der mancipatio vorausgeschickt und lehnt sich an sie an. Zunächst heißt es, Aithales, seine Erben oder wem die Gärten sonst gehören werden[32], sind verpflichtet, den Mitfreigelassenen des Aithales Miteigentum an den Nachlaßgärten zu übertragen[33]. Dann werden dem Aithales und seinen Genossen im Hinblick auf die Zukunft der Gärten mannigfache Befugnisse gewährt und Verpflichtungen auferlegt[34]. Alle diese Klauseln konnten keine *dingliche Belastung* der Gärten sein, sondern waren *obligatorische* Einschränkungen der donatio. Denn die lex dicta vermochte wohl Leistungspflichten zu erzeugen, aber keine Reaktionswirkungen für den Fall, daß der Beschenkte den Anordnungen des Schenkgebers zuwiderhandelte. Solche Reaktionswirkungen[35] mußten erst durch Stipulation geschaffen werden. Deshalb wurden am Ende der Einzelaufzählungen die allgemeine Dolus-, die Interesse- und die Strafklausel angefügt. Aithales verspricht die „Abwesenheit von Dolus" für sich und seine Erben. Er übernimmt aber auch die Abwehr des Dolus der Mitfreigelassenen und der jeweiligen Gartenbesitzer. Für den Fall, daß jemand von ihnen den Anordnungen des Schenkgebers zuwiderhandelt, verpflichtet sich Aithales durch Stipulation zur Zahlung des Interesses (quanti ea res erit)[36] und zusätzlich einer Strafsumme von 50 000 Sesterzen[37]. Es liegt klar zutage, daß er durch die Stipulation nur sich selbst und seine Erben verpflichten konnte[38]. Im übrigen blieb ihm nur der Weg, bei der Übertragung des Miteigentums an die Mitfreigelassenen die in der Schenkungsurkunde des Syntrophus enthaltenen Bedingungen und Stipulationen zu wiederholen[39]. Auf diesen Weg deutet die Urkunde selbst hin. Der zuletzt Überlebende soll in seinem Testament für die Fortdauer der Schenkung sorgen[40].

quive ex vobis novissimus morietur, eodem modo testamento suo caveat, ut horti supra scripti per eos qui supra scripti sunt, quive ex iis prognati erint, aequaliter in familiam nominis mei permaneant (Z. 16—17, *Bruns*).

Genau so ist die Schenkungsurkunde in dem Fall aufgebaut, den die Epitome (responsa) des Cervidius Scaevola überliefert (D. 45, 1, 135, 3,

---

32 Paul. D. 50, 16, 70 (lib. 73 ad ed.): Verba haec 'is, ad quem ea res pertinet' sic intelleguntur, ut, qui [in universum dominium vel iure civili vel] iure praetorio succedit, contineatur. Dazu *Heumann-Seckel*, s. v. pertinere 8; *Frese*, ZSSt. 43, 478 f.

33 *Pernice* a.a.O. 148.

34 *Pernice* a.a.O.

35 Zu diesem Begriff *Stampe*, Grundriß der Wertbewegungslehre I, 1912, 14, 17.

36 Es bedeutet: quanti mea intererit adversus ea factum non esse (vgl. *Beseler*, ZSSt. 46, 91).

37 Siehe dazu *Coing*, Festschrift Fritz Schulz I, 1951, 110, 112, 120.

38 *Huschke* a.a.O. 31; *Pernice* a.a.O. 147, 149.

39 *Huschke* a.a.O. 34; *Pernice* a.a.O. 149.

40 *Pernice* a.a.O.

lib. 5 resp.)[41]. Zunächst wird die an die Manzipation des Schenkgebers angelehnte lex dicta der Schenkgeberin gebracht. Daran schließt sich dann ein die Erfüllung sicherndes besonderes stipulatorisches Versprechen:

Ea lege donatum sibi esse a Seia servum et [traditum] ⟨mancipio datum⟩[42], ut ne ad fratrem eius aut filium aut uxorem aut socrum perveniret, scripsit et haec ita stipulante Seia spopondit Titius, qui post biennium heredes reliquit Seiam et fratrem, cui ne serviret expressum erat: quaeritur, an Seia cum fratre et coherede ex stipulatu agere possit. respondit[43] posse in id quod eius interest.

Die „Responsa" sind in der Regel dreigliedrig gestaltet; sie bestehen aus Sachverhalt, Frage und Antwort[44]. Auch unser Fragment folgt dieser Gliederung.

Der Sachverhalt (narratio)

Titius hatte in einer Urkunde niedergelegt, ihm sei von Seia ein Sklave mit der lex manzipiert worden, daß er nicht an seinen Bruder oder seinen Sohn oder seine Schwiegermutter gelangen solle. Diese lex war durch eine Stipulation gesichert worden. Titius verstarb und hinterließ als Erben Seia und seinen Bruder.

Die Frage (quaestio)

Es wurde an Scaevola die Frage gerichtet, ob Seia mit dem Bruder und Miterben auf Grund der Stipulation prozessieren könne.

Die Antwort (responsum)

Scaevola bejahte die Zulässigkeit der Klage auf das Interesse.

Der zu den ausgeschlossenen Personen gehörende Bruder hatte nun doch entsprechend seiner Eigenschaft als Erbe das Eigentum an dem seinem Erblasser geschenkten Sklaven zur Hälfte erlangt. Aber Seia stand gegen den Erblasser eine Stipulationsforderung zu. Scaevola erkennt der Miterbin (Seia) das Recht zu, gegen den anderen Miterben (frater) aus der Stipulation vorzugehen. Die Forderung ist von Haus aus auf ein Unterlassen (non facere) gerichtet und unteilbar. Sie kann also nicht zur Hälfte konfundieren, sondern bleibt im vollen Umfang gegen den miterbenden Bruder bestehen[45]. Der Bruder ist auf Grund der ge-

---

[41] Darauf weist bereits *Pernice* a.a.O. 146 A. 3 hin.

[42] Vgl. Ind. itpl.

[43] Zu respondit oder respondi F. *Schulz*, Symbolae Friburgenses in honorem Ottonis Lenel, 1935, 150 f.

[44] F. *Schulz* a.a.O. 156 ff.

[45] P. *Kretschmar*, Die Theorie der Confusion, 1899, 167. — Für die teilbaren Forderungen dagegen galt der Satz 'nomina sunt ipso iure divisa' (vgl. statt aller *Kaser*, Römisches Privatrecht I, 1955, 609 f.). Infolgedessen traten sämtliche Folgen ein, die sich aus der Teilung des Rechts ergeben. Wenn ein Gläubiger seinen Schuldner zusammen mit anderen Personen beerbte, mußte es

änderten Sachlage verpflichtet, Seia das Miteigentum an dem Sklaven zu übertragen. Auf diese Weise würde der Zweck der Stipulationsabrede erreicht werden. Seias Interesse wird daher durch die Differenz bestimmt, die zwischen dem Wert des Alleineigentums und dem Wert des Miteigentums des zu verklagenden Miterben besteht.

Wie F. *Schulz*[46] mit Recht annimmt, sind die responsa Scaevolas aus seinem Nachlaß im 3. Jahrhundert, in der Zeit nach Ulpian, von einem Unbekannten veröffentlicht worden, und zwar wahrscheinlich unter dem Titel Digesta. Ein Epitomator hat dann aus den — damals noch ungekürzten — Digesta einen Auszug aus sechs Büchern angefertigt und ihm den Namen Responsa gegeben. Daß jedoch nicht nur der juristische Gehalt von Scaevola stammt[47], sondern auch die narratio, die quaestio und das responsum von ihm formuliert worden sind, kann hier — im Gegensatz zu anderen Fällen — nicht zweifelhaft sein.

Allerdings hat *Haymann*[48] die letzten Worte des Fragments 'in id quod eius interest' als Anhängsel mit dem Indikativ interest in der oratio obliqua der Interpolation verdächtigt. Er hält sie auch für sachlich trivial und meint, sie ließen Scaevola mehr beantworten, als er gefragt worden sei, was gewiß der Weise dieses Klassikers nicht entspreche. Diese Ansicht verdient jedoch keinen Beifall. Allerdings steht in den Nebensätzen der oratio obliqua in klassischer Sprache regelmäßig der Konjunktiv. Jedoch findet sich der Indikativ unter anderem dort, wo — wie hier — angedeutet werden soll, daß sich das im Nebensatz Gesagte nicht bloß nach der Meinung des Autors so verhalte, sondern eine allgemeine Wahrheit bezeichne[49].

Auch sachlich läßt sich an dem Nebensatz nichts aussetzen. Der Inhalt der vorliegenden stipulatio ist ein non facere und damit ein incertum[50]. Die Formel der actio ex stipulatu lautete demgemäß auf quidquid dare facere oportet[51]. Sie ging auf quanti ea res erit[52]. Daß der Richter hierbei ermitteln soll quanti actoris interest, wird oftmals bezeugt[53].

---

also zu einer anteilmäßigen Vereinigung und Tilgung (Konfusion) kommen. Angenommen E schuldete A aus Darlehen 600. E wurde von A, B und C beerbt. Dann ging die Forderung des A entsprechend seinem Anteil in Höhe von 200 durch Vereinigung unter.

[46] a.a.O. 143 ff.; Geschichte der römischen Rechtswissenschaft, 1961, 294 f. Ihm zustimmend *Wieacker*, Textstufen klassischer Juristen, 1960, 285 A. 31, 457.

[47] Vgl. F. *Schulz*, Symbolae, 228.

[48] Die Schenkung unter einer Auflage nach römischem und deutschem bürgerlichen Recht, 1905, 134 A. 2.

[49] *Stolz-Schmalz*, Lateinische Grammatik^4, 1910, § 285, S. 523; *Stolz-Schmalz*, Lateinische Grammatik^5, 1928, § 272, S. 700 f.; *Kühner-Stegmann*, Ausführliche Grammatik der lateinischen Sprache II^3, 1955, § 239, 2 a, S. 542.

[50] Ulp. D. 45, 1, 75, 7.

[51] Gai. IV, 136. Vgl. *Lenel*, EP^3, § 55, S. 151 ff.

[52] Dazu *Kaser*, Quanti ea res est, 1935, 206 ff.

[53] Quellen, darunter unsere Stelle, bei *Medicus*, Id quod interest, Studien zum römischen Recht des Schadenersatzes, 1962, 213 A. 4.

Die Rechtsquellenlehre in den Consilien Paul de Castros

Von Hermann Lange, Tübingen

I. Einleitung

Über den Kommentator Paul de Castro besitzen wir keine monographische Darstellung aus neuerer Zeit und sind daher, wie in vielen Bereichen der Mediävistik, in erster Linie auf *Savigny* angewiesen. Das ist zu bedauern. Paul de Castro zählt zu den Großen des 15. Jahrhunderts. Er setzt die durch die Namen Cinus, Bartolus und Baldus gekennzeichnete Tradition würdig und selbständig fort, und zwar in einer Zeit, in der sich bereits Anzeichen eines Niederganges der sog. bartolistischen Richtung bemerkbar machten. Die kurzen biographischen Notizen *Savignys* können nur ein erster Anfang sein, wenn man dem Schaffen Paul de Castros gerecht werden will. Dies gilt auch im Hinblick auf seine Bedeutung für die Rezeption des römischen Rechts in Deutschland. Eine von *Stintzing* unter Verwertung der Angaben *Stölzels* zusammengestellte, chronologisch geordnete Liste der in Deutschland gedruckten Consiliensammlungen wird von Paul de Castro angeführt[1].

Sein Lebensschicksal liegt nur lückenhaft vor uns. Aus begrenzten Verhältnissen stammend, lernt er in Perugia bei Baldus, als dessen Schüler er sich auch in seinen Consilien bekennt[2], und an nicht bekanntem Ort bei Castellioneus. Seinen Doktorgrad erhielt er an der bereits im 13. Jahrhundert gegründeten, von Juristen stark besuchten Universität in Avignon[3], damals als (gegen) päpstliche Residenzstadt eines der Zentren der Welt. 1390 finden wir ihn als Professor in Siena, später auf längere Zeit wiederum in Avignon, mutmaßlich von 1394—1412. Seine nächste für uns feststehende Station war Florenz, wo er in Gemeinschaft

---

[1] *Stintzing-Landsberg*, Geschichte der deutschen Rechtswissenschaft I (1880), 530; die erste Consilien-Ausgabe ist danach gedruckt zu Nürnberg 1485.

[2] P. I Cons. 109 nu. 2. Die Consilien Paul de Castros gliedern sich in drei Bücher, im folgenden mit P. I—III bezeichnet. Benutzt ist die Ausgabe Venetiis 1617. Einige der in der Ausgabe enthaltenen Consilien stammen mit Sicherheit nicht von Paul de Castro, so nicht das für das Verhältnis von ius commune und Statutarrecht an sich interessante Gutachten P. II Cons. 249.

[3] Über die Universität Avignon im Mittelalter vgl. *Denifle*, Die Entstehung der Universitäten des Mittelalters bis 1400 (1885), 357—362; *Rashdall*, The universities of Europe in the middle ages, 2nd edition (1936), II, 173—181.

mit anderen Rechtsgelehrten und Laien eine Reformation der Statuten besorgte. Bologna, Perugia und schließlich das von deutschen Studenten mit bevorzugte Padua[4] waren weitere Stätten seines Schaffens. 1441 ist er verstorben, jedenfalls bereits in vorgerückten Jahren[5].

Der Rang der Schriften Paul de Castros[6] steht außer Zweifel. F. Calasso rühmt an ihm u. a.: „aristocratica impostazione e discussione dei problemi", „ragionamento controllato in ogni istante, e sopra tutto nei motivi polemici", „eccezionale indipendenza di pensiero", „non comune probità scientifica"[7]. Berühmt geworden ist sein gegen die Tyrannei der communis opinio gerichteter Ausspruch: „sufficit auctoritas mea, quia video et cognosco praedicta omnia vera esse ac veritate fulciri." In einem bereits bei Savigny erwähnten Gutachten zeigt er sich dem Rechte mehr verbunden als seinem Vorteil[8].

II. Die lex divina als oberstes Gesetz

1. Der Vorrang der lex divina vor allen anderen Rechtsquellen ist für Paul de Castro, wie für jeden mittelalterlichen Juristen, eine Selbstverständlichkeit. Praktische Bedeutung konnte dies dort erlangen, wo die aus der heiligen Schrift herausgelesene Auffassung und die Rechtspraxis divergierten. Reibungsflächen entstanden z. B. im Zusammenhang mit der Handhabung des kanonischen Zinsverbots. Die Auffassungen über die Auswirkungen dieses Verbots im einzelnen waren unterschiedlich und die zur Umgehung unternommenen Versuche vielfältig. Das Verbot als solches war indessen bereits von den Glossatoren als göttliche Norm (vgl. insbes. Lucas 6, 34—35) anerkannt worden; entgegenstehende Stellen des Corpus juris besaßen schon ihrer Ansicht nach keine Geltungskraft mehr[9].

---

[4] Vgl. *Stölzel*, Die Entwicklung des gelehrten Richterthums in deutschen Territorien I (1872), 45 f.

[5] Vgl. die bei *Savigny*, Geschichte des röm. Rechts im Mittelalter 2. Aufl. VI 290 Fn. i) angeführte Bemerkung aus seinem Kommentar zu D. 3, 5, 16 u. 17 „Or sufficit nunc. Gli è molto difficile et speculativo, advertatis che vi dico, che sono anni 45. ch'io leggo, et hora mi ha dato fatica, come cominciassi adesso ...".

[6] Wir haben von ihm Vorlesungen bzw. Kommentare über die drei Teile der Digesten, den Codex, Repititiones zur gleichen Materie, Consilia in drei Teilen, Singularia (letztere nach *Savigny* 2. Aufl. VI 292 f. Auszüge von fremder Hand).

[7] Vgl. die Gesamtwürdigung bei *Calasso*, Medio evo del diritto, I Le fonti (1954), 581 f.

[8] Vgl. P. I Cons. 121 nu. 1 „Verum licet ista videantur urgere, requisitus tamen consulere pro ista parte recusavi, quia conscientiam remordebant, eo quod ex pluribus colligitur intentionem testatoris talem non fuisse, quam prae omnibus salvare debemus si possumus".

[9] Vgl. *Hänel*, Dissensiones dominorum (1834), Vet. coll. § 64: „Martinus dicit, usuras iure novo non deberi, nisi pro solido siliquam unam, ut in Auth. Ut.

2. Paul de Castro beschäftigt sich in P. I Cons. 301 mit einem Statut, das das Ausleihen von Mündelgeldern zu Zins gestattet. Seine Stellungnahme ist dezidiert (a.a.O. nu. 6): „Super quinto quaesito clarum et determinatum est, quod statutum permittens usuras non valet, sicut nec leges imperiales quae sunt maioris authoritatis. iuxta no. in 1. cunctos populos C. de summa Trini. (C. 1, 1, 1) quia nutrit peccatum, et est contra legem divinam, ergo etc. ut. no. Bartolus in 1. omnes populi (D. 1, 1, 9) et quod no. in c. possessor in de. re. iu. in. lib. Vj (c. 2 in VIto de reg. iur. V 12) per gl. et quod usurae pupillares non possint hodie peti determinat Bar. in 1. tutor qui repertorium § si deponi. ff. de admi. tu. (D. 26, 7, 7, 7).

3. Der Vorrang der lex divina vor Statut und consuetudo wird ferner praktisch in P. II Cons. 467, wo Paul de Castro sich in ungewöhnlich ausführlichen Erörterungen[10] mit der Frage befaßt, ob ein Statut gültig sei, das spurii[11] gegenüber dem Vater für erbberechtigt erklärt. Im Gutachten werden zunächst eine ganze Reihe von Gründen vorgetragen, die für die Gültigkeit eines solchen Statuts angeführt werden können. Paul de Castro fährt dann indessen fort (nu. 1): „In contrarium arguitur quod tale statutum non valeat nec teneat. super quo premittendum est, quod ad faciendam legem duo requiruntur, videlicet potestas in faciente legem, et causa constituendi leg. primum probatur 91 distinctione, capitul. bene quidem. de constitu. capitu. ecclesia (c. 1 D. XCVI; X I 2 10). secundum probatur tertia distinctione, capitulo erit autem et de utroque moder. de constitu. cum omnis (c. 2 D. IV; X I 2 6). hoc autem statu. videtur utroque defectu laborare, quod sic probatur. filius illegitimus excluditur ab haeredita. patris non solum iure civi. sed iure divi. scilicet novi et veteris testamenti nam in Genes. 21 est dictum Abrahe., eijice ancil. et filium eius, non enim erit heres filius ancillae cum filio liberae (1 Mose 21. 10). idem dicit Apostolus in novo testamen. ad Gala 4 (Galater 4. 30) et habentur haec in canon. 32 quaestione secunda capitulo non omnis et quaestione quarta, dicat ad idem 35 questione septima quid est (c. 12 C. XXXII qu. 2; C. XXXII qu. 4; c. un. C. XXXV qu. 7) ubi dicit August. ex lege Dei constitutum esse ut illi qui ex incestuoso coitu

---

null. cred. agric. terram illius ten. in Coll. IV (Nov. 34.). Dicit Iacobus, in agricolis tantum loqui rubricam. Verumtamen Omnes consentiunt, alio novo iure usuras non deberi propter canones, quia nostrae leges non dedignantur sequi sacros canones, ut in Auth. Ut clerici apud episc. propr. (conven.) in fin. V. Coll. (Nov. 83)."

[10] Das Gutachten hat den Umfang eines Traktates und gibt einen Überblick über fast das gesamte Unehelichenrecht der Zeit.

[11] Paul de Castro unterscheidet legitimi, naturales (ex concubinatu) und spurii (ex damnata conjunctione). Zum Unehelichenrecht der Glossatorenzeit vgl. *Bussi*, La formazione dei dogmi di diritto privato nel diritto comune II (1939), 291—295. Zur Auffassung des mittelalterlichen Kirchenrechts über den Concubinat *Freisen*, Geschichte des kanonischen Eherechts 2. Aufl. (1893), 58 bis 71. Mir nicht zugänglich ist *Besta*, La famiglia nella storia del diritto italiano (1933).

nascuntur, nullo iure parentibus succedunt. Si ergo de iure divi. tales excluduntur populus contra tale ius statuere non potest ff. de arbitr. l. non (nam ?) magistratus. septima distinctione c. contra mores. 11 quaestio. tertia capitu. qui resistit. facit clemen. ne Romani. de electio. (D. 4, 8, 4 ?; c. 2 D. VIII; c. 97 C XI qu. 3; c. 2 De elect. in Clem. I 3). Praeterea consuetudo et statu. ambulant pari passu[12], cum inter illa non sit differentia, nisi que est inter tacitum et expressum. ff. de legi. l. de quibus (D. 1, 3, 32) et tacitum et expressum regulariter equiparantur 43. distinctione capitul. sit rector et leg. cum quid ff. si certum petatur (c. 1 D. XLIII; D. 12, 1, 3). Sed certum est, quod consuet. que obviat iuri divino, non valet de consuetu. capitul. final. octava distinctio per totum (X I 4 11; D. VIII) ergo nec statutum cum sit contrarium iuri divi ..." Im folgenden wird noch ausgeführt, daß ein solches Statut, auch wenn es nicht gegen die lex divina verstoßen würde, als ungültig angesehen werden müsse, weil es nicht „rationabile" und nicht „honestum" sei[13]. Dem iudex ecclesiasticus stehe ein Eingriffsrecht zu, wenn ein spurius seine angebliche Erbschaft vor dem iudex secularis einklagen wolle. Auch ein Testament zugunsten des spurius sei ungültig. Ein Richter, der sich zur Einhaltung der Statuten eidlich verpflichtet habe[14], unterliege nicht der statutarrechtlich vorgesehenen Strafe, wenn er die ungültige Bestimmung über das Erbrecht des spurius nicht beachte.

III. Consuetudo und Gesetz

1. Über das Verhältnis von consuetudo und Gesetz[15] herrschte unter den Glossatoren lebhafter Streit. Zahlreich sind die Versuche, die zwischen C. 8, 52, 2 und D. 1, 3, 32—35 bestehende Antinomie aufzuheben und diese sowie andere Stellen[16] auf eine einheitliche Linie zu bringen.

---

[12] Consuetudo und Statut werden in der Literatur der Zeit häufig als gleichrangige Rechtsquellen behandelt.

[13] Diese Erfordernisse stellte die Lehre der Zeit sowohl für das Gesetzes- wie für das Gewohnheitsrecht auf; man stützte sich hierbei vor allem auf c. 5 D. I und c. 4 D. II.

[14] Die Richtereide enthielten vielfach die Bestimmungen der Statuten über das anzuwendende Recht, vgl. hierzu *Engelmann*, Die Wiedergeburt der Rechtskultur in Italien durch die wissenschaftliche Lehre (1933), 117 ff. Einzelne Statuten drohten für den Fall der Zuwiderhandlung sogar die Todesstrafe an.

[15] Zu den mittelalterlichen Lehren über diese Materie s. *Brie*, Die Lehre vom Gewohnheitsrecht (1899); *de Zulueta*, The liber pauperum of Vacarius (1927), LXXV—LXXVIII; *Engelmann*, a.a.O. (Anm. 14), 81—97; *Calasso*, a.a.O. (Anm. 7), 181—214; nicht zugänglich ist mir *Prosdocimi*, Observantia. Ricerche sull' aspetto consuetudinario del diritto dai commentatori alla scuola storica. I. I commentatori e i practici italiani. (1956).

[16] U. a. wurde noch mit folgenden Stellen argumentiert: D. 19, 2, 14; 24, 3, 2, 2; 33, 5, 8, 2; 46, 8, 25; 47, 12, 3, 5; C. 4, 32, 26; 5, 20; 6, 2, 22.

Aus den Distinktionsversuchen, die uns u. a. aus der Accursischen Glosse[17] und aus den Dissensiones Dominorum[18] bekannt sind, hat vor allem die auch im nachstehenden Consilium auftauchende Einteilung in consuetudo generalis und consuetudo specialis bleibende Bedeutung behalten. Im ganzen ist die Entwicklung in Richtung auf eine stärkere Berücksichtigung der consuetudo verlaufen. Ältere Glossatoren erkennen dem Gewohnheitsrecht meist nur eine ergänzende Funktion zu und stellen eine derogierende Kraft in Abrede, während später die Auffassung von einer Gleichrangigkeit beider Rechtsquellen an Boden gewann. Nach Ansicht der Postglossatoren und der Kommentatoren stehen Gesetzes- und Gewohnheitsrecht im allgemeinen auf der gleichen Stufe[19]; dies jedenfalls in der theoretischen Konzeption, während man in der Rechtspraxis gegenüber der consuetudo Zurückhaltung gewahrt zu haben scheint.

Im wissenschaftlich-gelehrten *kanonischen* Recht sind ähnliche Entwicklungstendenzen erkennbar wie bei den Zivilisten. Zunächst herrschte eine consuetudo-feindliche, auch aus dem Decretum Gratiani ersichtliche Strömung. Die nachgratianische Dekretalengesetzgebung und die daran anknüpfende Lehre erkannten dagegen die derogatorische Kraft des Gewohnheitsrechts grundsätzlich an, banden sie aber an erschwerende Voraussetzungen[20]. In der Doktrin wurde z. B. für das in X I 4 11 genannte Erfordernis einer legitima praescriptio häufig ein Zeitraum von 40 Jahren genannt. Im ganzen sind aber später die Unterschiede gegenüber den Auffassungen der Legisten insoweit nicht mehr sehr groß. Die Annäherung dürfte vor allem dem uniformierenden Einfluß zuzuschreiben sein, den Bartolus auf die Rechtsquellenlehre beider Rechte gehabt hat.

2. Grundsätzliche Erwägungen über das Verhältnis von consuetudo und lex finden sich in P. I Cons. 129. Zu entscheiden war in diesem Gutachten unter anderem, wem die vom Vater der Frau gestellte dos profecticia zufällt, wenn die Frau als erste verstirbt und gemeinschaftliche Kinder vorhanden sind. Das maßgebliche Statut schrieb vor, daß dem überlebenden Ehemann die Hälfte zufallen soll, enthielt aber keine spezielle Vorschrift über die Erbfolge in den verbleibenden Teil. Paul de Castro erwägt (a.a.O. nu. 2):

---

[17] Gl. aut legem zu C. 8, 52, 2; vgl. ferner gl. abrogentur zu D. 1, 3, 32.

[18] *Hänel*, a.a.O. (Anm. 9). Cod. Chis. § 46; Hugolinus § 362.

[19] Über die unterschiedlichen Auffassungen hinsichtlich der materialen Anforderungen im einzelnen und hinsichtlich beweisrechtlicher Fragen vgl. *Brie*, a.a.O. (Anm. 15) 141 ff.; 161 ff.

[20] Vgl. insbes. den Dekretalentitel de consuetudine (= X I 4). Die Erfordernisse der Derogation sind vor allem in X I 4 11 genannt, z. T. in Anlehnung an C. 8, 52, 2; vgl. den Schlußsatz „Licet etiam longaevae consuetudinis non sit vilis auctoritas, non tamen est usque adeo valitura, ut vel iuri positivo debeat praeiudicium generare, nisi fuerit rationabilis et legitime sit praescripta".

„Et videtur dicendum quod redeat ad patrem mulieris per l. dos a patre profecta C. so. ma. (C. 5, 18, 4) quia dicta statuta de ea nihil expresse disponunt, unde cum per aliud statutum dicatur quod in non dispositis etc. recurratur ad ius commune."

Im vorliegenden Fall verwies das maßgebliche Statut also selbst auf das ius commune. Auch wenn dieser Hinweis gefehlt hätte, hätte die Entscheidung nach allgemeiner Überzeugung der Zeit nicht anders lauten können. Paul de Castro fährt fort:

„de iure communi illa opinio est vera, quod dos a patre profecta redit ad ipsum mortua filia in matrimonio, etiam cum liberis, ut ibi plene no. et per Bar. in l. post dotem ff. eo. tit. (D. 24, 3, 40) videtur res clara. Nec obstat quod de consuetudine contrarium observatur scilicet quod remanet apud liberos secundum opinionem Martini; ut ibi no. quia statutum praedictum dum dicit recurrendum ad ius commune, in casibus per statutum non decisis, debet intelligi in potiori significatu scilicet de iure communi Romanorum scripto, non de tali consuetudine ... Inst. de iure naturali § sed (Inst. 1, 2, 2) ... et per Jo. And. in add. Specu.[21] in tit. de arb. § excipitur circa princ. et per Bald. in l. j C. de servis fugi. (C. 6, 1, 1) in 3 col. et penultima."

Danach scheint es zunächst, als solle die andere Hälfte dem Vater der Verstorbenen zufallen, wie es der herrschenden Meinung entsprach, insbes. auch der des Bartolus. Freilich geht aus dem bisher Gesagten auch hervor, daß sich in der Praxis auf gewohnheitsrechtlicher Grundlage die frühere Außenseiter-Ansicht des Martinus[22] weitgehend durchgesetzt hatte; dieser erkannte dem Vater der Verstorbenen die dos profecticia nur bei kinderloser Ehe zu. Doch wird im Gutachten vorerst die Auffassung vertreten, daß mit dem statutarrechtlichen Hinweis auf das ius commune nur das geschriebene Recht gemeint sein könne. Nun aber liest man weiter:

„Breviter salva meliori deliberatione contrarium puto. nam cum dicta consuetudo sit generalis et ubique servetur, videtur generaliter derogari iuri scripto, ut no. in l. 2 C. quae sit lon. consue. (C. 8, 52, 2). Et sic statutum dicens, quod recurratur ad ius commune, videtur intelligendum etiam de tali generali consuetudine, quae non minus dici potest ius commune quam ius scriptum ex quo ius scriptum in totum illi cedet. Quod autem Doc. predicti dicunt procedit in speciali consuetudine loci vel

---

[21] Gemeint sind die additiones des Joh. Andreae zum Speculum iudiciale des Durantis.

[22] In den Dissensiones dominorum wird ausdrücklich betont, daß nur Martinus diese Ansicht vertrete, vgl. *Hänel* a.a.O. (Anm. 9) Vet. Coll. § 55; Rogerius § 25; Hugolinus § 269.

statuti, quae non possunt dici ius commune, cum eis generaliter non deroget, unde in dubio non intellegitur de tali iure speciali, sed de iure communi..."

Also: die erwähnte, der Lehre des Martinus entsprechende consuetudo ist doch als ius commune anzusehen, weil sie als consuetudo generalis dem geschriebenen Recht schlechthin derogiert, während die consuetudo specialis gleichen Rang nicht hat.

Im weiteren Verlauf des Gutachtens wird ausgeführt, daß die in Frage stehende Hälfte der dos profecticia auf Grund besonderer, das consuetudo-Problem als solches nicht berührender Umstände (Fehlen der aditio hereditatis) nicht dem Sohn der Verstorbenen, sonderen dessen Großvater väterlicherseits zufallen müsse; letzteres auf Grund sinngemäßer Auslegung statutarrechtlicher Bestimmungen, die die Verwandten im Mannesstamm bevorzugen.

3. Das Gutachten P. I Cons. 310, das ebenfalls die dos profecticia betrifft, zeigt die schwächere Stellung der consuetudo specialis. Zunächst wird der bereits erwähnte Standpunkt des gemeinen Rechtes dargelegt, nach dem die dos profecticia bei Eheauflösung dem Vater zurückgegeben werden muß. Dann heißt es weiter (nu. 1):

„de consuetudine vero, postquam filia decessit relictis liberis, debet remanere penes maritum propter liberos, ut. no. in dictis iuribus, sic non tenetur restituere quod percepit, immo quod nondum solutum est, petere potest a patre mulieris licet matrimonium sit solutum ad hoc ff. so. ma. l. si socer. § Luc. (D. 24, 3, 44, 1). Praedicta vera sunt si in dote mariti est talis consuetudo secus si esset consuetudo contraria. si vero non constaret de aliqua consuetudine, videtur quod debeat attendi consuetudo vicinorum locorum.[23] extra de cens. c. sopite (X III 39 14) de consue. c. cum olim (X I 4 6). de elec. c. cum eccl. (X I 6 31). Sed verius puto quod cum talis consuetudo scilicet quod remaneat penes maritum propter liberos, sit contra ius commune, et onerosa patri licet esset in aliis locis vicinis non extenderetur ad istud in quo non probatur fuisse. arg. de deci. c. tua et c. cum contingat (X III 30 25 und 29) de capel. mona (X III 37), c. q. de praescript. c. auditis (X II 26 15) 12 dis c. omnia (c. 12 D. XII) 11 di. c. catholica (c. 8 D. XI) et ple. p. Inn. de of. Arch. c. dilecto (X I 23 10) in gl. quod incipit non quod ubi et sic remanendum est in dispositione iuris communis scilicet ut veniat restituenda patri mulieris."

---

[23] Die subsidiäre Geltung benachbarter Gewohnheiten wird ferner in P. I Cons. 372, P. II Cons. 349 und auch in dem besprochenen Gutachten P. I Cons. 129 bestätigt, in dem es heißt: „recurrendum ad consuetudinem loci propinqui, vel urbis Romae"; letzteres wurde offenbar aus D. 1, 3, 32 geschlossen.

Also: Bei Fehlen einer einschlägigen consuetudo ist grundsätzlich auf die consuetudines benachbarter Gegenden zurückzugreifen. Dies gilt aber nicht, wenn die consuetudo propinqua gegen das ius commune steht. Das Consilium zeigt gleichzeitig den Einfluß der kanonistischen Grundsätze auf die Lehre vom Gewohnheitsrecht. Als Belege werden neun Stellen aus dem Dekret und aus den Dekretalen angeführt, aber keine einzige justinianische Quelle. — Auffällig ist natürlich, daß Paul de Castro dieselbe consuetudo in dem einen Gutachten als specialis und in dem anderen als generalis behandelt; angesichts der Schwierigkeiten, die mit der Feststellung von Gewohnheiten verbunden sind, und angesichts der Lebensdauer Paul de Castros kann ein solcher Wechsel aber auch nicht als völlig außergewöhnlich bezeichnet werden[24].

4. Das Gutachten P. II, 164 zeigt, daß der consuetudo Grenzen gesetzt sind, wenn sie der Kirche nachteilige, vom kanonischen Recht nicht anerkannte Grundsätze enthält. Zu entscheiden war u. a. die Frage: „utrum valeat consuetudo, quod clerici non succedant in maioria[25]." Sie wird mit Bestimmtheit verneint (a.a.O. nu. 7):

„videtur clare dicendum quod non, sicut nec statutum, quia disponit specialiter, et expresse in personas non subjectas ff. de iurisd. om. iud. l. fi. (D. 2, 1, 20) et in c. ecclesia de const. (X I 2 10) et per Bar. in l. cunctos populos C. de summa Tri. (C. 1, 1, 1) in quaestione illa, an statuta laicorum ligent clericos vel ecclesias. Item quia retrahentur homines a vita clericali ergo etc. ar. in Auth. de sanctis. epis. § sed hoc praesenti. (Nov. 123 c. XXXVII) C. ad Treb. auth nisi rogati (Auth. nisi rogati zu C. 6, 49, 6)..."

Im folgenden wird ausgeführt, daß für feuda eine gültige consuetudo des geschilderten Inhalts bestehe, maioria und feuda aber nicht gleichgesetzt werden könnten.

III. Ius canonicum

1. Das eben erwähnte Gutachten leitet zu einer Betrachtung der Stellung des kanonischen Rechts über. In der Frage, wann das ius civile und wann das ius canonicum heranzuziehen sei, hatten sich in der Praxis vielfach die von Bartolus aufgestellten Regeln[26] durchgesetzt. Danach

[24] Anzeichen mangelnder Echtheit habe ich in keinem der beiden Gutachten bemerken können.

[25] *Du Cange* erklärt: Feudum certis conditionibus concessum. Paul de Castro unterscheidet in dem Gutachten aber zwischen feuda und maioria, bei denen der Inhaber offenbar eine freiere Stellung hatte. Der Name „maioria" hängt aller Wahrscheinlichkeit nach mit dem Ältestenrecht zusammen.

[26] Diese sind hauptsächlich in seinem Kommentar zu C. 1, 2, 12 enthalten; dargestellt u. a. bei *van de Kamp*, Bartolus de Saxoferrato. (1936), 225 ff. Zur Entwicklung der Lehre vom Verhältnis beider Rechte zueinander im allgemeinen vgl. *Calasso* a.a.O. (Anm. 7), 485 ff.

war in terris imperii grundsätzlich das römische, in terris ecclesiae das kanonische Recht vorzuziehen[27]; letzteres sollte immer den Vorrang haben, wenn die Anwendung des römischen zu einem peccatum führe.

2. Den eben angeführten Grundsatz macht sich Paul de Castro zu eigen in P. II Cons. 258. Es geht um die Frage, ob der malae fidei possessor kraft praescriptio longissimi temporis ersitzen oder doch durch Ausschluß der rei vindicatio gesicherten Besitzstand erlangen könne. Paul de Castro schreibt (a.a.O. nu. 1):

„Constat enim patres istorum invenum, qui dicuntur spoliasse, non potuisse praescribere, nec adversus rei vendi. quae competit spoliatis. C. de praescript. triginta annor. l. si quis emptionis § sed hoc super illis (C. 7, 39, 8, 2) nec adversus interdictum unde vi. videlicet in factum loco eius subrogatum. Institu. de interdi. § fina. (Inst. 4, 15, 8). quantumcunque longissimo tempore possedissent propter ipsorum vitiosum ingressum, et malam fidem. extra de praescriptio. capit. final. de regul. iur. cap. possessor malae fidei libro sexto (X II 26 20; c. 2 in VI^{to} de reg. iur. V 12). *quae iura sunt servanda in foro civili et in terris imperii, quia tendunt ad excludendum peccatum, et ad salutem animae.* ut ibi notatur, et per ipsa sunt correctae leges civiles permittentes praescriptionem longissimi temporis currere cum mala fide, quia canones in hoc contrarium disponentes praeferuntur legibus. iuxta not. in cap. primo de oper. no. nun. et in l. privilegia C. de sacrosanct. eccle. (D. 39, 1, 1, 1; C. 1, 2, 12).“

Es folgt eine Auseinandersetzung über das Verhältnis der einschlägigen Grundsätze zu statutarrechtlichen Bestimmungen, in der diese den gleichen Schranken unterworfen werden wie das ius commune: „Nec obstat statutum supra allegatum, quod ne videatur superfluum, videatur etiam intelligi in possessionibus malae fidei. Nam si *statutum* hoc voluisset, etiam si expresse hoc dixisset, *non valeret, quia induceret peccatum.* Et hoc determinat Joan. Andre. in capit. fina. de exept. libro sexto (c. 2 in VI^{to} de except II 12) in novella[28] et Barto. expresse in l. omnes populi ff. de iustit. et iure (D. 1, 1, 9) in 3. quaestione principa. in quo tractat super quibus possunt fieri statuta in versicu. ecce aliam. ubi per id quod supra dixerat, ita decidit expresse. Postquam ergo dictum statutum hoc expresse non dicit, non videtur voluisse id quod velle non poterat . . .“

In Übereinstimmung mit diesen Grundsätzen setzt Paul de Castro in P. III Cons. 13 nu. 40 hinsichtlich persönlicher Klagen (hier: Ansprüche

[27] So z. B. auch Paul de Castro P. II Cons. 467 nu. 7.

[28] Gemeint ist Joh. Andreae, Novella in Sextum; vgl. *Savigny* 2. Aufl. VI 116—119; jetzt nachgedruckt durch die Akademische Druck- und Verlagsanstalt Graz (1963).

aus depositum) dem Recht der Städte ähnliche Schranken. Ein Statut, das dem debitor sciens Klagenverjährung zugute kommen lasse, sei nicht rechtsgültig. — P. III Cons. 17 wirft die Praeskriptionsfrage hinsichtlich gegen den Erben gerichteter Ansprüche auf (u. a. Legat). Paul de Castro schränkt hier scheinbar die Praeskriptionsmöglichkeit noch weiter ein, da es (nu. 8) heißt, ein Statut könne den debitor malae fidei nicht wirksam praeskribieren lassen. Indessen ist damit mutmaßlich nur der debitur sciens gemeint. Jedenfalls führt Paul de Castro a.a.O. nu. 9 ff. aus, daß auch eine ignorantia iniusta, wie z. B. ein Rechtsirrtum, mala fides und peccatum ausschließe.

3. Der Gedanke, daß keine Norm ein peccatum begünstigen und das Seelenheil gefährden dürfe, sicherten dem ius canonicum eine gewisse Vorrangstellung im Eidesrecht. In P. II Cons. 53 geht es um folgende Frage: Die von Friedrich I. stammende, zur Erledigung eines Streites der Glossatoren ergangene Authentica sacramenta puberum[29] schreibt vor, daß an sich nichtige Rechtsgeschäfte aufrechtzuerhalten seien, wenn sie durch Eid bekräftigt sind. Kann ein Statut die Wirkung der Authentica auf Personen beschränken, die das 25. Lebensjahr vollendet haben? Paul de Castro führt hierüber aus (a.a.O. nu. 4):

„Sed postremo subest et alia fortis ratio[30], quia licet statutum laicorum potest restringi, et limitari et tolli auth. sacramenta pub. quia est de iure positivo et civi. et sic subest dispositioni statuentium in territorio ipsorum, ut 1. omnes pop. ff. de iust. et iure (D. 1, 1, 9) quia concernit temporalia, non tamen sic potuit praefatum statutum tollere, vel limitare dispositionem iuris canonici, quod consideravit periculum animae, quinimo nec lex imperialis hoc posset ex toto tollere. iuxta not. in c. 2 de reg. iur. lib. 6 (c. 2 in VI^{to} de reg. iur. V 12). unde statutum posset ex toto tollere auth. sacramenta sed non ius canonicum, quo cavetur, quod iuramentum praestitum a pubere, quod potest servari sine interitu salutis aeternae, sit servandum ut c. cum contingat de iureiur. (X II 24 28), quia tale ius canonicum non subicitur dispositioni laicorum nec aliquid quod concernat periculum, vel salutem animae, vel quod non sit de foro laicorum prout est hodie iuramentum, ut in c. fi. de fo. comp. lib. 6 (c. III in VI^{to} de foro comp. II 2). Constat autem quod minor 25 an. pubes, tametsi iurat non venire contra contractum, prohibetur

[29] In C. 2, 27, 1 wird einem minor hinsichtlich eines Kaufvertrages die Wiedereinsetzung in den vorigen Stand verwehrt, weil er ein eidliches Versprechen abgegeben hatte, in dieser Angelegenheit keinen Streit zu erheben. Fraglich war, ob der Entscheidung ein ipso iure gültiges Geschäft zugrunde lag oder nicht. Die Authentica findet sich bei C. 2, 27, 1 und in den libri feudorum II 53 § 3.

[30] Paul de Castro hatte in den vorgängigen Ausführungen mehrere andere, hier nicht interessierende Gründe für seine Entscheidung angeführt.

venire contra, tam ex dispositione dictae auth. sacramenta, quod olim erat l. non dubium C. de legi (C. 1, 14, 5) quam etiam ex dispositione iuris canonici, quia iuramentum potest servari sine interitu salutis aeternae. Posito ergo, quod prima prohibitio esset sublata per dictum statutum, si non erat 20. an Secunda tamen non fuit sublata, nec tolli potuit, et ideo emptor potest habere recursum ad iudicem ecclesiasticum, et facere mandari iudici seculari quod illa contra proprium iuramentum non audiatur, ut in c. licet mulieres de iureiur. lib. 6 (c. 2 in VI^{to} de iureiur. II 11). — Der Vorrang des kanonischen Rechts wird also, ähnlich wie bei einer Verletzung der lex divina (vgl. oben S. 422), auch prozessual gesichert. — Paul de Castro nennt in seinem Gutachten wenig später den eben genannten Entscheidungsgrund „optima et solemnis ratio, per quam veritas huius rei manifeste patet, et facit cessare omnes difficultates prius tactas ...". Vermerkt sei noch, daß Paul de Castro sich jeglicher Kritik an der rechtspolitisch doch sehr anfechtbaren Authentica sacramenta puberum enthält. Mehrere Glossatoren hatten sie noch hart getadelt.

In P. II Cons. 259 nu. 2 wird der Satz aufgestellt „Circa tertium quaesitum dico, quod statutum non potuit re vera annullare vires iuramenti, quae sibi dantur a iure canonico, de cuius foro est hodie iuramentum ...". In P. II Cons. 61 nu. 2 heißt es: „... statutum laicorum non potest aliquid statuere super iuramento, quod non est hodie de iure seculari, sed de ecclesiastico. ut. in c. fi. de fo. comp. lib. 6 (c. 3 in VI^{to} de foro comp. II 2) et patet in c. licet mulieres de iureiu. eo. lib. (c. 2 in VI^{to} de iureiur. II 11). Respondetur verum esse de directo, ut si statuerent quod talis contractus non valeat, nec firmetur iuramento, prout dicebatur olim in l. non dubium C. de legi. et. l. iuris gen. § fin. ff. de pact. (C. 1, 14, 5; D. 2, 14, 7, 19). Nam illae leges sunt hodie correctae per ius cano. si iuramentum potest servari sine peccato, et non est contra bonos mores, nec contra publicam utilitatem principaliter, iux. ple. no. per Bar. in dicta l. si quis pro eo ff. de fideius. (D. 46, 1, 56). Sicut ergo non valent leges Imperiales contrariantes iuri canonico circa observantiam iuramenti, ita multo minus statuta laicorum, quorum omnis virtus dependet a iure communi l. omnes populi ff. de iusti. et iur. (D. 1, 1, 9) ...".

In beiden Consilien wird allerdings auch gezeigt, daß durch die aufgestellten Grundsätze das Eidesrecht nicht etwa in jeder Hinsicht der statutarrechtlichen Gesetzgebung entzogen sei. Zulässig sind nach Auffassung Paul de Castros insbes. alle Eingriffe in rein zivilrechtliche, vom kanonischen Recht nicht betroffene Regelungen. Im Cons. P. II Nr. 61 betraf die von Paul de Castro für zweifellos gültig erachtete Bestimmung das Eidesrecht nicht direkt, sondern nur die Beweiskraft beschworener Urkunden.

4. Selbstverständlich sah die Kirche Rechtsquellen nicht gern, die die erbrechtliche Position ihrer Angehörigen schmälerten oder die ihr sonstige, nach kanonischem Recht nicht begründete Nachteile brachten, auch wenn sie sich nicht einmal speziell gegen die Kirche richteten. In zwei Gutachten entscheidet Paul de Castro zu ihren Gunsten, vgl. das oben (S. 428) behandelte Consilium P. II Nr. 164 und das weiter unten (S. 436) besprochene Consilium P. III Nr. 47.

5. Für das Vordringen der kanonischen Terminologie verdient P. I Cons. 421 Interesse. Zu klären war u. a. folgende Frage: Ein Statut spricht schlechthin von Verwandtschaftsgraden, ohne sich zu erklären, ob die römische oder die kanonische Zählweise maßgeblich sein soll. Die Antwort lautet: (a.a.O. nu. 1) „... sumitur de iure canonico, quod videtur statim voluisse secundum vulgariter intellectum. Nam secundum usum loquendi capitur gradus prout sumitur de iure canonico, non de iure. civili. Communiter enim dicimus, quod filii duorum fratrum sunt in secundo gradu prout canones volunt, non in quarto ut volunt leges." Daß die kanonische Zählweise die gebräuchlichere war, geht auch aus P. II Cons. 376 hervor, wo sich (nu. 1) die Wendung findet: „... videlicet usque ad quartum gradum *vulgariter intellectum scilicet de iure canonico quod* facit octavum de iure civi ..." Natürlich ist mit lokalen Verschiedenheiten zu rechnen. In P. I Cons. 56 sind die Statuten von Florenz maßgeblich. Sie sprechen an einschlägiger Stelle vom gradus octavus und meinen damit, wie im Gutachten näher ausgeführt, offensichtlich die römische Berechnungsart.

IV. Die Accursische Glosse

Die Accursische Glosse ist trotz ihrem großen Einfluß, der sich in zahlreichen bekannten Sentenzen widerspiegelt, weder in der Theorie noch in der Rechtspraxis als eigentliche Rechtsquelle angesehen worden[31]. Sie wird auch in den Consilien Paul de Castros frei gewürdigt[32]. Eine gewisse Sonderstellung in der Haltung gegenüber der Glosse nahmen die Statuten von Verona und Mailand ein, die ihr in einem nicht ganz festliegenden Umfang den Rang eines Gesetzes zuerkannten, so-

[31] Der in Deutschland aufgekommene Satz: „Quidquid non agnoscit glossa non agnoscit forum" besagt lediglich, daß die nicht glossierten Teile des Corpus iuris vor deutschen Gerichtshöfen nicht anerkannt werden; vgl. *Landsberg*, Über die Entstehung der Regel quidquid non agnoscit glossa non agnoscit forum, Diss. Bonn 1879.

[32] Über die Einstellung der Kommentatoren zur Glosse vgl. z. B. *Engelmann* a.a.O. (Anm. 14) 175—204; zuletzt *Paradisi*, La diffusione europea del pensiero di Bartolo e le esigenze attuali della sua conoscenca in Bartolo da Sassoferrato, studi e documenti per il VI centenario I (1962), 401 ff.

weit im Statut keine eigene Regelung getroffen war[33]. Mit der Anwendung der einschlägigen Bestimmungen in den Statuten von Verona befaßt sich Paul de Castro in P. I Cons. 172. Es war folgende Frage zu entscheiden: In einem Testament ist der Sohn als Erbe eingesetzt und der Bruder ihm substitutiert worden. Der Erbe stirbt als pupillus. Da im Testament die Substitution nicht näher bezeichnet und insbesondere auch nicht angegeben war, bis zu welchem Alter des Erben sie gelten sollte, blieb unklar, ob substitutio pupillaris mit voller Erbenstellung des überlebenden Bruders oder substitutio fideicommissaria gemeint war. Paul de Castro erwägt: Die maßgeblichen Statuten von Verona erklären die Lehren der Accursischen Glosse für verbindlich, soweit sie in den Schriften des Dynus[34] gebilligt werden. Die Haltung der Accursischen Glosse sei aber gerade in dieser Frage zwiespältig. Bei C. 6, 26, 8 und bei D. 28, 6, 15 stelle sie sich auf den Standpunkt, daß eine nicht näher bezeichnete Substitution stets als fideicommissaria zu qualifizieren sei, gleichgültig wann der Erbe stirbt. Bei J. 2, 16, 9 unterscheide sie dagegen: Stirbt der Erbe als pupillus, so gelte die nicht näher bezeichnete Substitution als pupillaris, stirbt er später, so gelte sie als fideicommissaria. Da Dynus die erstgenannten Glossen billige, so sei im allgemeinen die darin niedergelegte Rechtsauffassung als maßgeblich anzusehen. Im vorliegenden Falle komme man aber zum umgekehrten Ergebnis. Einer verständigen Würdigung des Erblasserwillens entspreche es, die Substitution als pupillaris zu verstehen. Die erwähnten, an sich maßgeblichen Glossen bei C. 6, 26, 8 und bei D. 28, 6, 15 seien lediglich auf den Fall zu beziehen, daß der wahre Erblasserwille nicht irgendwie zu ermitteln sei, und auch die approbatio des Dynus wolle nicht mehr besagen. „Nec est credendum glossas illas voluisse contrarium, quia continerent absurditatem, et dicerent contra illum textum“ (a.a.O. nu. 2). Es wird also nicht, wie bei unselbständigeren Schriftstellern der Zeit, die Glosse ohne Rücksicht auf den Text verstanden und gegen ihn ausgespielt, sondern sie wird mit ihm verglichen und textgetreu ausgelegt.

V. Statuten und ihre Auslegung

1. Die Statutarrechte verdrängen nach allgemeiner Auffassung der Zeit grundsätzlich das ius commune[35]. Aus zahlreichen Consilien geht

---

[33] Vgl. *Engelmann* a.a.O. (Anm. 14), 186—189 zuletzt *Nicolini*, I giuristi postaccursiani e la fortuna della glossa in Italia, Ius XV (1964), 67.

[34] Über ihn *Bargioni*, Dino da Mugello, Firenze 1920. Dynus, der Lehrer des Cinus, hat u. a. auch Widersprüche in der Glosse gesammelt.

[35] Zur Entwicklung der Lehre von der Anwendung der Statuten im Mittelalter vgl. *Calasso* a.a.O. (Anm. 7), 490 ff. Zur Auslegung der Statuten vgl. auch *Engelmann* a.a.O. (Anm. 14), 145—171, *Genzmer*, SZ Rom Abt. 61, 316 f.

hervor, daß dieser Grundsatz auch für Paul de Castro selbstverständlich ist[36]. Zugleich aber zeigt sich auch bei ihm das Bestreben, dem ius commune ein möglichst großes Anwendungsfeld zu sichern. Dies äußert sich vor allem in folgenden Regeln: Statuten sind möglichst im Sinne des gemeinen Rechts zu interpretieren. Dieses ist auch zu ihrer ergänzenden Auslegung heranzuziehen. Während nach Auffassung Paul de Castros Statuten im allgemeinen der erweiternden Auslegung und der Analogie zugänglich sind, gilt dies nicht bei Widerspruch zum gemeinen Recht. Vgl. etwa P. I Cons. 78 nu. 5 „Praeterea statutum corrigitur (wohl porrigitur) ad casum similem, ubi est eadem vel maior ratio, si non reperitur contra statutum a iure communi ff. de legi. 1. de quibus (D. 1, 3, 32) et no. Bal. in 1. omnes populi de iust. et iu. (D. 1, 1, 9). in quaestio. an statuta recipiant interpretationem extensivam."

Selbstverständlich entsprachen diese Auslegungsgrundsätze nicht den Intentionen der meisten Verfasser der Statuten, von denen sich ein Teil gegen Interpretation im romanistischen Sinne zu schützen suchte. Kennzeichnend ist die Regel der Statuten von Forli, die eine Auslegung vorschreiben „ad literam, prout jacent verba, et non recipiant aliquam interpretationem seu exteriorem intellectum, sed pure et simpliciter ut verba eorum sonant, et quod a verbis ipsius statuti prout jacent minime reddatur[37]. Die wissenschaftliche Doktrin hat sich aber ganz überwiegend nicht an diese Richtlinien gehalten[38]; die Praxis ist der Lehre gefolgt.

2. Ein Anwendungsfall einer dem ius commune entsprechenden sinngemäßen Interpretation findet sich in P. II Cons. 121 nu. 3. Nach dem Text eines Statuts war nicht klar, ob bereits vor einer sententia diffinitiva oder interlocutoria[39] appelliert werden könne. Paul de Castro entscheidet „... statuta sint intelligenda secundum ius commune si possunt 1. 2 de noxa. (C. 3, 41, 2 ?) et no. gl. in 1. fi. § in computatione C. de iure deli. in fi. gl. magnae (Gl. confundantur zu C. 6, 30, 22, 9). Et

---

[36] Gelegentlich spricht er diesen Grundsatz auch aus, so in P. III Cons. 38 nu. 3 „Constat enim statutum posse derogare iuri communi in materia successionis, que defertur de iure positivo". Ebenso wird der Vorrang des Statuts bestätigt in P. III Cons. 1 nu. 1, einem Gutachten, das vor allem für die Beurteilung des Consilium sapientis judiciale Bedeutung hat.

[37] Statuten von Forli III cap. 98 (Corpus statutorum italicorum V 227), vgl. *Calasso* a.a.O. (Anm. 7), 493 Fn. 64. Beispiele für ähnliche Bestimmungen bei *Engelmann* a.a.O. (Anm. 14), 146 ff.

[38] Belege bei *Engelmann* a.a.O. (Anm. 14), 150. Vgl. zum Gegensatz von Statuten und Lehre auch *Genzmer*, SR Rom. Abt. 61, 306 f.

[39] Die Sententia interlocutoria war eine der Rechtskraft fähige und mit Rechtsmitteln selbständig anfechtbare Entscheidung. Zum Beweisinterlokut im gemeinrechtlichen Prozeß vgl. *Wach*, Handbuch des Deutschen Civilprozeßrechts I (1885), 32, 132; *Richard Schmidt*, Lehrbuch des deutschen Zivilprozeßrechts 2. Aufl. (1910), 88.

de iure communi non appellatur a futuro gravamine, vel ante sententiam. l. ante sententiae tempus C. quo app. non reci. (C. 7, 65, 7) ut no in Spec.[40] de ap. § qualiter ver. in summa, quod dictum statutum debeat intelligi solum post sententiam diffinitivam vel interlocutoriam, non ante".

3. Der Grundsatz, daß Statuten zugunsten des römischen Rechtes einschränkend auszulegen seien, wird in mehreren Consilien ausgesprochen und angewandt; oft liegt in der Restriktion zugleich eine ergänzende Auslegung nach ius commune.

a) P. II Cons. 466: Das maßgebliche Statut hatte die Praeskriptionsfristen des römischen Rechts gekürzt. Gelten diese Fristen uneingeschränkt gegenüber der verheirateten Frau hinsichtlich der Ansprüche auf Wiedererlangung der dos oder ist insoweit C. 5, 12, 30, 2 maßgeblich, wonach die Praeskription während des Bestehens der Ehe nur in Ausnahmefällen zu laufen beginnt (vgl. D. 24, 3, 24; C. 5, 12, 29)? Die erste Instanz hatte gegen die Frau entschieden. Paul de Castro erwägt: Das Statut kenne nur zwei (hier nicht zutreffende) Fälle, in denen der Lauf der Praeskriptionsfrist abweichend geregelt ist. Es scheine daher im übrigen die Regel zu bestätigen, daß die Frist von der Erlangung des Besitzstandes an gerechnet werden müsse. (Allegiert sind: D. 33, 9, 4, 6; Innocenz X I 41 2; C. 2, 40, 5). Dann aber heißt es weiter (a.a.O. nu. 1 i. f.): „sed contrarium est verius, et. Bartol. in 1. final. supra allega. (C. 2, 40, 5) in titul. qui sunt de mino. reprehendit Innocen. *quia statuta generalia sunt restringenda secundum ius commune* ne quis damnum indebite patiatur. Cod. de noxa. 1. prima (C. 3, 41, 1) et not. glossa magna in 1. final. § licentiam C. de iure deliberan. (C. 6, 30, 22, 10). Unde statutum generaliter dicit, quod si creditor neglexerit petere per decem annos, debitor sit tutus debet intelligi et restringi ad creditorem maiorem, non autem habet locum in minore contra quem praescriptio non currit[41] ... sic dico in proposito quod statutum suprascriptum debet restringi quo ad illos qui sua iura agere, et prosequi potuerunt, et contra eos currit dicta praescriptio viginti annor. et possessor praesumitur dominus contra eos, et si ignoraverunt dicta iura sua dominii, quia sic etiam de iure communi 1. final. Cod. de praescript. long. temp. (C. 7, 33, 12). sed adversus eos, qui agere non potuerunt, etiam si iura sua scissent, praefatum statutum et praescriptio inducta per illud locum non habet, prout est in casu nostro, in quo mulier constante matrimon. pro recuperatione dotis suae, si maritus declaratus non fuit vergere ad inopiam, agere non poterat, quia sic dicta praescript. cucurrerit, et dicta mulier damnum indebite pateretur, cum praescriptiones invente fuerint

[40] Speculum iudiciale des Durantis.
[41] Eine außerordentlich weitgehende Restriktion.

contra desides et negligentes, iuxta no. in l. fi. C. de edi. divi. Adr. tollen. (C. 6, 33, 3)". Diese Auslegung wird im folgenden ausführlich weiter begründet. Dabei bezeichnet Paul de Castro ein Statut, das die einschlägige Regel des römischen Rechts über das Ruhen der Praeskriptionsfristen ausdrücklich ausschließe, als iniustum und iniquum; auch aus diesem Grunde könne die generelle Regel des Statuts hier nur so verstanden werden, daß es für Fälle der vorliegenden Art bei den justinianischen Bestimmungen verbleiben solle.

b) Ähnlich ist die Problemlage in P. III Cons. 47. Ein Erblasser hatte bestimmt, daß nach dem Tode seines Erben ein Besitztum dem Conventus fratrum servorum von Padua zufallen[42] solle. Der Erbe veräußerte dieses Besitztum an einen offenbar gutgläubigen Käufer. Der Convent fordert nach dem Tode des Erben das Besitztum vom Käufer heraus. Dieser beruft sich darauf, daß die statutarrechtlich vorgeschriebene Praeskriptionsfrist von 20 Jahren abgelaufen sei. Streitig war, ob diese Frist vom Zeitpunkt der Veräußerung oder erst vom Tode des Erben an gerechnet werden müsse.

Paul de Castro führt zu dieser Frage aus, daß nach gemeinem Recht die Praeskriptionsfristen gegenüber dem, der nicht klagen kann, im allgemeinen nicht laufen (allegiert sind 1. prima in principio C. de anna. execeptio; 1. rebus in fin. de iure dot. = C. 7, 14, 1; C. 5, 12, 30, 2). Der Convent habe aber erst vom Tode des Erben an klagen können. Dann heißt es (a.a.O. nu. 4) in einer wiederum vom ius commune her gedachten Erwägung weiter: „Allegatur *dictum statutum esse iniquissimum*, si diceremus quod illud tolleret ius personae non valentis agere, ideo est dicendum quod habeat locum in illo qui possedit per viginti annos pacifice absque contradictione eius qui agere tunc valebat ...".

Als zweiten Grund führt Paul de Castro dann, u. a. gestützt auf capit. ecclesia sancte Mariae extra de constitut. (X I 2 10) noch an, daß ein statutum seculare die hier in Betracht kommende Praeskriptionsfrist überhaupt nicht habe mit Wirkung gegenüber der Kirche abkürzen können. Er billigt also der Kirche in einer rein bürgerlich-rechtlichen Frage — ein peccatum stand nicht zur Debatte — das Recht zu, sich gegenüber einer die Kirche keineswegs speziell benachteiligenden Bestimmung auf die eigenen Grundsätze zu berufen, die für Fälle der vorliegenden Art eine 40jährige Praeskriptionsfrist forderten (vgl. auch Nov. 111 und Nov. 131 c. 6).

c) In P. I Cons. 244 geht es um folgende Frage: Ein Statut schreibt vor, daß Bürgen, die auf Befreiung von ihrer Verbindlichkeit klagen,

[42] Die Rechtsform des Anfalles geht aus dem Gutachten nicht mit Deutlichkeit hervor.

den Beweis für ihr tatsächliches Vorbringen durch einen Zeugen allein[43] antreten könnten und daß in diesem Falle ein summarisches Verfahren zulässig sei. Soll dies auch für die Regreßansprüche aus der actio mandati und der actio negotiorum gestorum gelten? Paul de Castro entscheidet (a.a.O. nu. 1) „... primo considerandum quod statutum sub rubrica quod principales et fideiussores conserventur indemnes, obviat iuri communi in duobus. scilicetin modo probandi quia vult sufficere unum testem C. de test. 1. iurisiu. extra eo. ti. c. cum a nobis (C. 4, 20, 9; X II 20 28) et in modo procedendi quia vult procedi summarie de plano etc. quod de iure communi regulariter non est. C. de iu. 1. iudices de litis contes. cont. auth. offeratur (C. 3, 1, 9; Auth. offeratur zu C. 3, 9). ex hoc sequitur, quod debet stricte intelligi, scilicet in casu tantum in quo loquitur seu quem eius verba comprehendunt, et non ultra ff. de ver. ob. 1. quicquid adstringendae ff. ad muni. 1. constitutionibus et 1. j. in fin. (D. 45, 1, 99; D. 50, 1, 24; D. 50, 1, 2) ut sic quanto minus corrigat ius commune ut no. in auth. quas actiones C. de sacrosan. eccl. (Auth. quas actiones zu C. 1, 2, 23)". Im folgenden wird dann näher ausgeführt, daß der zur Entscheidung stehende Sachverhalt natürlich nicht unter den genauen Wortlaut des Statuts zu bringen sei und daher die Regeln des gemeinen Rechts angewandt werden müßten.

d) P. III Cons. 19: Ein Statut sieht vor, daß Streitigkeiten unter gewissen Verwandten auf Verlangen durch Schiedsgerichte erledigt werden müssen. Fraglich war, ob unter den im Statut enthaltenen Begriff „frater" auch der außerehelich geborene Halbbruder zu bringen sei. Paul de Castro zählt zunächst mehrere Fälle auf, in denen unter den allgemeinen Verwandtschaftsbezeichnungen (filius, frater usw.) auch der illegitimus mit verstanden werden müsse: 1. Beim Eheverbot wegen Verwandtschaft, Bestrafung wegen Blutschande, 2. „quando concernit ius quasi naturalem, ut reverentiam adhibendam a filio patri", 3. „quando tractaretur de puniendo filium propter delictum patris", 4. „quando tractaretur de privando ipsum illegitimum propter delictum eius"[44]. Paul de Castro führt dann nach Erörterung zweifelhafter Fälle mehrere Argumente dafür an, weshalb das vorliegende Statut den illegitimus nicht umfassen könne, wobei er Wert auf die Feststellung legt ,daß der in Frage stehende illegitimus nicht als filius naturalis[45] angesehen werden könne. Als vierter Grund wird genannt (a.a.O. nu. 21 ff.) „quia dispositio dicti statuti est contraria iuri communi. Nam de iure communi nullus potest cogi ad compromittendum de lite sua ab inferiori a

[43] Im römisch-kanonischen Prozeß verlangte man für den vollen Beweis im allgemeinen zwei klassische Zeugen, vgl. *Richard Schmidt* a.a.O. (Anm. 39), 76.

[44] Die Fälle 3) und 4) zielen auf bestimmte statutarrechtliche Vorschriften der Zeit ab.

[45] Der filius naturalis stände dem legitimus im engeren Sinne näher.

Principe. C. de iure deliber. 1. nec emere ff. de evictio, 1. si dictum § si compromisero (C. 6, 30, 16; D. 21, 2, 56, 1), et tenet expresse Bar. in 1. si furti § quid, de infam. (C. 2, 11, 8 ?) et Bal. C. de arb. 1. 1 (C. 5, 51, 1) quamvis per principem aliquando quis compellatur de elec. c. inter seniorem (X I 6 16) debet ergo restringi ad legitimos tantum, *ut quanto minus possit corrigat ius commune,* de consue. c. cum dilec. (X I 4 8) et quod notat in auth. quas actiones C. de sacros. eccles. (Auth. quas actiones zu C. 1, 2, 23)."

e) P. III Cons. 38 liegt folgender Fall zugrunde: Der Erblasser war intestatus gestorben. Nächste Anverwandte waren ein Halbbruder väterlicherseits und ein Halbbruder mütterlicherseits. Das maßgebliche Statut regelte die gesetzliche Erbfolge in nachstehender Weise abweichend vom gemeinen Recht: Quod si quis decesserit ab intestato non supervenientibus descendentibus vel ascendentibus, succedunt fratres masculi consanguinei, et filii masculi dictorum fratrum consanguineorum tantum, et si non supersunt succedunt patruus et filii masculi patruorum, exclusis sororibus et matre, et avo materno et avia paterna, et omnibus aliis attinentibus tali descendenti ex latere matris". Zu entscheiden war die Frage, „utrum dictus frater uterinus succedat in bonis, quae predictus defunctus habuit a matre, (videlicet) in dote, vel parte dotis quae sibi obvenit...". Paul de Castro führt zunächst (a.a.O. nu. 1) aus, daß der Halbbruder mütterlicherseits nach ius commune ein Erbrecht in das Muttergut habe „per ea quae notantur per gloss. et doct. in authen. itaque C. communia de successio. et de legitim. haeredi. 1. de emancipatis, in fine (auth. itaque zu C. 6, 59, 11; C. 6, 58, 13, 3), et no. eo titu. in authentic. post fratres, 1. 1 et de bonis que liberis 1. quod scitis § fina. (Auth. post fratres zu C. 6, 58, 3; C. 6, 61, 3, 1) secundum unum intellectum, et in authen. de consanguin. et uterin. fratribus § fi. (Nov. 84 c. II)". Die folgende, im üblichen pro et contra-Stil gehaltene Argumentation führt zunächst eine ganze Reihe von Gründen an, die für einen völligen Ausschluß des frater uterinus genannt werden können. Im Ergebnis hält aber Paul de Castro die Gegenargumente für die stärkeren. Als solche führt er (a.a.O. nu. 17 ff.) u. a. an: „... bona que mater sibi nupta habuit a primo marito, devenire debent ad filios ab eo creatos, C. de secun. nuptiis 1. 2 (C. 5, 9, 2). sed illa proveniunt ad filios etiam si non sint heredes universales matris, in authen. de nup. § si non expectat et § quoniam infirmitas (Nov. 22 c. XXIII, c. XXVI) posita C. de secundis nup. authen. hec res (Auth. ? zu C. 5, 9). igitur non habet nocere huic uterino, quo ad universalem successionem defuncti, si ad alia bona non vocetur cum consanguineo quo minus possit ad ista provenientia ex latere matris venire. Praeterea si uterinus non excluderetur ab universali successione per statutum, per seipsum repudians hereditatem delatam, sibi et consanguineo, pro portione ipsum tangente, non propterea prohiberetur petere bona a matre provenientia, cum in illis proprie non consistat hereditas et successio defuncti, sed in iure, ut l. hereditas ff. de peti. here. (D. 5, 3, 50) et quia capit ea precipua ad similitudinem prelegati cui compari potest dispositio iuris communis ipsum preferens in eisdem, ut supra dixi, et constat quod unus ex heredibus repudians partem suam hereditatis, non prohiberetur totum prelegatum petere l. qui filiabus § fi. cum l. seq. ff. de leg. 1 (D. 30, 17, 2; 30, 18). Igitur et idem esse debet, si excludatur a successione per statutum, ut in casu nostro, et multo magis, quia plus debet nocere propria exclusio, que large solet interpretari, cum sit quid ei imputetur, iuxta not. in l. j. § videndum ff. de succ. edi. (D. 38, 9, 1, 11). sed statutaria in qua nil est, quod ei potest imputari, *sed tamquam odiosa restringi potest,* ut intelligatur fieri a successione universali et regulari non a particulari, et singulari, sicut est ista, et satis sit quod operetur aliquid in primo articulo c. odia de reg. iu. (c. 15 in VI^{to} de reg. iur. V 12)..."

Paul de Castro weist in diesem Gutachten nicht in allgemeiner Form auf den Grundsatz „statuta stricte sunt interpretanda" hin. Trotzdem wird deutlich, wie das Statut zugunsten des ius commune einschränkend ausgelegt wird, und zwar mit Hilfe einer dem gemeinen Recht selbst entlehnten Begründung. Nur wenn man von diesem her denkt, kann man den Ausschluß bestimmter Verwandtschaftsgruppen als odiosus bezeichnen. Ebenso steht es mit dem Argument, daß die Ausschlagung der Erbschaft nicht den Verlust des Rechtes bedeute, die bona materna auf anderer Rechtsgrundlage zu fordern.

VI. Zusammenfassung

Paul de Castro ist in unserem Bericht viel selbst zu Worte gekommen, um dem Leser einen unmittelbaren Eindruck von seiner Denkweise und seiner Argumentation zu verschaffen. Seine Gutachten zeugen wie seine Kommentare von souveräner Beherrschung der Rechtsquellen seiner Zeit und deren meisterhafter Verbindung. Der Verfasser ist bei der Behandlung der einzelnen Rechtskreise frei von der Überheblichkeit eines Juristentyps nach Olearius' Art. Nicht nur, daß man in seinem Vokabular das Wort vom „ius asininum" und Ähnliches vergeblich suchen wird; er erteilt auch in gemäßigterer Diktion keine allgemeinen Zensuren. Das berühmte, zur Zeit Paul de Castros längst obsolet gewordene Wort der Accursischen Glosse „omnia in corpore iuris inveniuntur"[46] hätte er erst recht nicht unterschrieben. Dennoch zeigen seine im einzelnen dargelegten Rechtsgrundsätze[47], um wieviel weniger er im

[46] Gl. notitia zu D. 1, 1, 10, 2.

[47] Der Bericht erhebt natürlich keine Ansprüche auf Vollständigkeit. Hingewiesen sei noch auf P. II Cons. 106 nu. 1: Wenn ein Statut für Personen

lokalen, bodenständig-gewachsenen als im universell-gelehrten Recht lebt; diesem bereitet er den Weg, jenes verurteilt er im Ergebnis doch zur Sterilität. Das ius commune ist nicht nur die geistige Heimat, sondern auch das ständige Domizil des großen Doktors beider Rechte. Gewiß hat er ganz überwiegend das ius commune im Auge, wenn er mit Stolz über seine Wissenschaft urteilt: „haec scientia est vera philosophia, et non simulata, et nobilior omni alia, postquam tendit ad faciendum homines bonos: propter quos omnia facta sunt. Et si efficiantur boni, destinantur in gloriam aeternam, propter quam capessendam homines sunt creati, non propter haec transitoria mundana. Aliae vero scientae ad hoc non tendunt: ideo non attingent dignitatem istius[48]." Im Verhältnis der beiden Bestandteile des ius commune zueinander sichert wohl auch eine tiefe, in den eben angeführten Sätzen mit anklingende Gläubigkeit dem kanonischen Recht starke Einflüsse über den innerkirchlichen Bereich und das forum internum hinaus auf rein weltliche Fragen. Wer die Gutachten Paul de Castros studiert, begreift den Beginn „In Christi nomine" als integrierenden Bestandteil, ebenso auch das häufige Schlußwort: „Laus Deo. Et ita dico et consulo ego Paulus de Castros. iuris utriusque doctor."

unter 20 Jahren bestimmte, über das ius commune hinausgehende Solemnitäten verlangt, so werden hierdurch die Erfordernisse, die das ius commune für minores im Alter von über 20 Jahren aufstellt, nicht berührt. In P. III Cons. 5 wird ausgeführt, daß bestimmte, im Statut enthaltene Vorschriften über die Ladung vor Gericht die gemeinrechtlichen Grundsätze über die Ladung im übrigen unberührt lassen „cum statuta reducantur ad intellectum iuris communis" (a.a.O. nu. 5).

[48] Bei D. 1, 1, 1 nu. 5. Zu dieser Stelle vgl. *Calasso* a.a.O. (Anm. 7), 490 Fn. 52.

Eine Urteilsberatung in der schwedischen Rezeptionszeit

Von Bernhard Rehfeldt, Köln

I

Die bruchlose Kontinuität einer Entwicklung aus germanischer Wurzel hat seit je als ein besonderes Kennzeichen des schwedischen wie der übrigen skandinavischen Rechte gegolten. Und in der Tat ist sie äußerlich gewiß vorhanden: Eine volksmäßige und mündliche Tradition, die Lagsaga, war es gewesen, die seit dem 13. Jahrhundert in z. T. umfangreichen Landschaftsrechten ihren schriftlichen Niederschlag gefunden hatte; nahtlos schlossen sich seit dem 14. Jahrhundert die reichsrechtlichen Kodifikationen, Stadtrecht und Landrecht (als letztes das „jüngere", nämlich König *Christofs* Landrecht von 1442 — „Landslagen", LL abgekürzt) an jene Landschaftsrechte an, und die noch heute geltende (wenn auch inzwischen sehr weitgehend durch moderne Einzelgesetze abgelöste und ergänzte) Kodifikation, das Gesetzbuch von 1734, ähnelt in Aufbau, Stil und Sprache, wortkarger Kasuistik und lapidarer, unabstrakter Regelbildung so stark seinen mittelalterlichen Vorgängern, daß auch hier jene Kontinuität noch immer sinnfällig erscheint.

Daß dieses Recht inhaltlich seit der Christianisierung aus dem kanonischen, lübischen und römischen Rechte mancherlei Einzelinstitute aufgenommen hatte, ist darüber nie verkannt, wenn auch im 19. Jahrhundert, unter dem Eindrucke des romantischen Historismus, weniger stark betont worden. Auch konnte nicht übersehen werden, daß der Rechtsunterricht an den schwedischen Hochschulen von Anbeginn, d. h. seit dem 17. Jahrhundert (denn erst mit jenem Jahrhundert kam er an der schon 1477 gegründeten Universität Uppsala praktisch in Schwung), weitgehend romanistisch gewesen war und mit der gemeinrechtlichen Lehre an den Landesuniversitäten der deutschen protestantischen Territorien in engem personalen und literarischen Kontakt gestanden hatte. Das war um so unausbleiblicher gewesen, als Schweden in jener seiner Großmachtzeit nicht weniger deutsche als schwedische Untertanen, dazu die Universitäten Dorpat und Greifswald in seinem Imperium circumbalticum vereinigt hatte. Obwohl aber die schwedische Krone damals überdies mit gelehrten Richtern besetzte Obergerichte einrichtete (beginnend

1614 mit dem Hofgericht im kgl. Schlosse zu Stockholm, „Svea hovrätt"; ein weiteres für Finnland in Åbo folgte 1623, das „Oberlandesgericht" in Dorpat 1630, Göta hovrätt 1634 in dem erst unlängst gegründeten Göteborg) und auch die Leitung der Untergerichte zunehmend gelehrten Männern anvertraute, ist man bis in unsere Tage hinein der Ansicht gewesen, der gemeinrechtliche und naturrechtliche Romanismus sei letztlich doch Kathederdoktrin geblieben und habe auf die Praxis wenig Einfluß ausgeübt.

Diese Ansicht ist nunmehr durch eine archivalische Neuentdeckung widerlegt und der Nachweis erbracht worden, daß die Rechtsprechung des schwedischen Hofgerichts, Svea hovrätt also, weitgehend romanistisch gewesen ist und zugleich die Abfassung des Gesetzbuches von 1734 stark beeinflußt hat. Hierüber berichtet ein 1963 erschienenes schwedisches Buch, über das ich in der Savigny-Zeitschrift meinerseits referiert habe[1]. Sein Verfasser, Stig *Jägerskiöld,* Professor in Uppsala, hat in den letzten Jahren eine bisher völlig unbeachtet gebliebene umfangreiche, den Namen „Codex rationum" tragende Aktensammlung des Hofgerichts bearbeitet und erschlossen. Diese von 1639 bis 1734 reichende, eine große Bücherwand einnehmende Sammlung enthält die ursprünglich geheimen und deshalb gesondert aufbewahrten Voten, die von den Richtern (schriftlich oder zu Protokoll) bei ihren Urteilsberatungen abgegeben wurden. Die Voten sind z. T. sehr ausführlich, geben eingehende juristische Deduktionen und brachten deshalb völlig neuen Aufschluß, weil die Urteile bis 1682 überhaupt nicht und später wohl auch nicht allzu ausführlich begründet worden waren. Jene Voten aber zeigen nun, daß ihre Verfasser nicht umsonst studiert hatten und von der gemeinrechtlichen und naturrechtlichen Doktrin der Zeit ausgiebig Gebrauch zu machen wußten. Ihr Argumentationsstil ist durchaus romanistisch.

Daß dieses Originalmaterial der nichtskandinavischen Gelehrtenwelt aus sprachlichen Gründen verschlossen bleiben dürfte, ist sehr bedauerlich. Es gewährt einen erstaunlichen Nahblick, und nicht nur im Schlosse von Stockholm haben sich solche Rezeptionsvorgänge abgespielt. Dabei ist zur Gewinnung allgemeinerer Einsichten freilich eine Materialkenntnis *wenigstens* des Umfanges erforderlich, wie *Jägerskiölds* ganzes Werk sie bietet. Die Mitteilung *einer* Urteilsberatung kann da kaum mehr leisten, als einen Eindruck von der Art des hier Gebotenen zu geben; doch illustriert sie es immerhin deutlicher als eine bloße Beschreibung und bietet Gelegenheit zu näherer Analyse.

---

1 ZRG² Bd. 82 (1965), S. 316 ff. Der Titel des Buches lautet übersetzt: „Studien betreffend die Rezeption fremden Rechts in Schweden zur Zeit des jüngeren Landrechts."

II

Mit diesem Vorbehalte also erlaube ich es mir, den Manen unseres Verstorbenen die Übersetzung einer solchen Urteilsberatung aus *Jägerskiölds* Werke darzubieten, nämlich des Exkurses 2, S. 154 bis 167 des Buches. Ich wählte das Stück deshalb, weil hier die im wesentlichen vollständige Beratung eines einzigen, einfach gelagerten aber schwerwiegende Probleme aufwerfenden Falles wiedergegeben wird, während der Verf. sonst fast stets das Argumentationsmaterial mehrerer Fälle im Hinblick auf bestimmte Einzelprobleme zusammengetragen und kombiniert hat.

Bei dem in Rede stehenden Falle handelt es sich um die Gewährleistung wegen der Entwerung eines gekauften Gutes. Da aber die Entwerung durch eine staatliche Maßnahme bestimmter Art, eine „Reduktion", erfolgt war, ist zuvor eine kurze Erläuterung der diesbezüglichen Gesetzgebung erforderlich:

Gustav Adolf hatte, wie schon seine Vorgänger, des öfteren aus Eroberung oder anderen Gründen der Krone zugefallene Güter an Mitglieder des höheren Adels verschenkt. Seine Tochter, Königin *Christine,* hatte diese Übung in Besorgnis erregendem Maße fortgesetzt und damit die Staatseinnahmen bedenklich geschwächt. Deshalb forderten 1644 der Bauernstand, 1650 die drei nichtadligen Stände (Geistlichkeit, Bürger und Bauern) die Wiedereinziehung der verschenkten Güter durch den Staat. 1655 erging der erste Reduktionsbeschluß, der jedoch nur die von *Christine* (also seit 1632) verschenkten Güter erfaßte, 1683 der zweite, der auch Gustav Adolfs Schenkungen und schließlich selbst alle früheren mit einbezog. Zu seiner Durchführung wurde eine Reduktionskommission eingesetzt, die ab 1685 von einer Exekutionskommission unterstützt, später überwacht wurde. Erst 1703 hatte sie ihr Werk vollendet, nachdem der landbesitzende Adel durch die immer umfassendere Ausdehnung der Maßnahmen weitgehend entmachtet worden war. Der Absolutismus der Krone, die sich nunmehr auf den von ihr abhängigen unbegüterten Amtsadel stützte, aber auch der Bauernstand, der den eingezogenen Boden (jetzt jedoch als voll steuerpflichtigen!) erwarb, hatte eine bedeutende Stärkung erfahren.

Dies also vorausgeschickt, darf ich *Jägerskiöld,* ihn übersetzend und in Fußnoten kommentierend, das Wort erteilen:

„Der königleich Rat Lars *Fleming* hatte von den Brüdern Gustav und Per *Sparre* i. J. 1653 das früher Tiesenhausensche Gut Kawelecht in Estland erworben, das von *Gustav II. Adolf* i. J. 1626 an Lars Eriksson *Sparre* doniert worden war. Das Gut war inzwischen (nach 1683) wiedereingezogen worden. *Fleming* berief sich auf die Gewährleistungshaftung des Verkäufers, dem diese nach feststehendem Recht auch in dem Falle obliege, daß das verkaufte Gut dem Käufer infolge einer Wiedereinziehungsmaßnahme verloren gegangen sei[2]. Indessen hatten die Verkäufer sich für *den* Fall von der Gewährleistungshaftung freigezeichnet, daß das Gut dem Käufer durch „gesetzliches Urteil" oder durch Kriegsunglück verloren gehen sollte.

Diese Abrede wurde an und für sich als bindend angesehen. Man hatte ... anerkannt, daß der Verkäufer sich im Vertrage von der Gewährleistungshaftung freizeichnen konnte. Assessor *Parmand* drückte den dahinterstehenden Grundsatz der Vertragsfreiheit mit folgenden Worten aus: „conventio dat legem contractui, und man muß untersuchen, ob und wie conveniert worden ist" (nach Dig. L, 17, 23). Hinsichtlich der Bedeutung der Klausel gingen die Meinungen indessen auseinander. Einige Richter fanden, daß sie Reduktionsbeschlüsse umfasse, andere meinten das Gegenteil.

In der Urteilsberatung vom 6. Mai 1686 legte der *Referent*, Assessor *Plaan*, dar, es frage sich, ob Wiedereinziehungsbeschlüsse als „gesetzliches Urteil" angesehen werden könnten. *Fleming* habe das bestritten. Ein „gesetzliches Urteil" setze einen vorangegangenen „processus iudicialis inter privatos voraus, bei dem man aller beneficia juris" teilhaftig gewesen sei. Das gelte aber nicht für die Verfahren gemäß der Wiedereinziehungsverordnung, denn diese beruhe auf Reichstagsbeschlüssen und Verordnungen, „die dabei jus publicum regni constituieren, das per pacta privatorum nicht mutiert werden kann". Aber der Referent war der Ansicht, daß der Verkäufer befürchtet habe, das Gut könne „so gut wie andere Donationen in der Zukunft von nachfolgenden Königen ... mit Gesetz und Recht zurückverlangt werden, was denn auch kraft darauf gegründeter Beschlüsse und Verordnungen geschehen ist". Die Reduktion sei „auf Gesetz und gesetzliche Verordnung gegründet". Der Prozeß, dessen man sich dabei bediene, sei auch gesetzlich, „da die requisita, die zu einem gesetzlichen Urteil erforderlich sind, dabei nicht minder als bei anderen Gerichtsverfahren observiert werden, die Seine Majestät verordnet und autorisiert hat". So könne denn nichts anderes gesagt werden, als daß das Gut „nach gesetzlicher Untersuchung und Urteil in gesetzlicher Weise verloren worden ist". Der Käufer *Fleming* habe sich auch weder 1655 noch 1683 bei den Wiedereinziehungsmaßnahmen an die Verkäufer gewendet, was er hätte tun müssen, wenn er sie an die Gewährleistungsansprüche hätte binden wollen. Denn JB

---

[2] Der Referent gab diese Regel in der vorliegenden Sache so wieder: es sei „jure communi undisputierlich, daß evictio ordinarie de natura contractus emptionis et venditionis ist". Der Gewährleistungsanspruch könne übrigens auch auf die Reduktionsverordnungen gestützt werden. (Anmerkung *Jägerskiölds;* alle übrigen Fußnoten sind solche des Übersetzers.)

30. cap. heiße es: „Greift einer auf den anderen als seinen Gewährsmann zurück etc.[3].“ Das Wort „greifen“ (gripa) schien dem Referenten dieselbe Bedeutung und Wirkung zu haben wie „denuntiatio litis vel periculi apud Romanos“. Wie notwendig eine solche Denuntiation sei, gehe hervor aus Cap. 8, „tit. de evictionibus“[4]. Der Käufer könne sich auch nicht auf eine weitergehende Gewährleistungshaftung berufen als sie vereinbart sei, denn „non expressa non nocent“ (Zitat aus Dig. L, 17, 195). Da die Verkäufer also mehr als 30 Jahre lang in Frieden gelassen worden seien, könne man sie jetzt schwerlich noch haftbar machen; „ergo quod semel et tamdiu placuit, amplius displicere nequit“. In dieser Sache spreche also nach Ansicht des Referenten „aequitas, die anima legis genannt wird“, für die Beklagten. Zur Bestärkung dessen berief sich der Referent überdies noch auf die oft zitierte Stelle aus dem Corpus Juris: „nichts entspricht der natürlichen Billigkeit und Gerechtigkeit mehr, als daß niemand sich auf Kosten des anderen bereichern darf“ (Dig. L, 17, 206).

Phrygius kam zum gleichen Schluß. Er meinte, es sei einerseits juris indubitati, daß der Verkäufer dem Käufer Gewähr zu leisten habe, ohne daß dies besonders vereinbart sein müßte. Andererseits sei es „nach dem Rechte aller Völker klar und undisputierlich, quod evictio renuntiari possit, denn provisio hominis tollit provisionem legis“. Die Parteien könnten somit über die Gewährleistungshaftung gemäß dem klassischen Grundsatze der Vertragsfreiheit disponieren. Auch das schwedische Gesetz gestatte das, denn „in den Richterregeln findet sich geschrieben, daß Vertrag Gesetz bricht“[5]. Da sich der Käufer *Fleming* über die Natur des gekauften Gutes und die damit verbundenen Risiken völlig im klaren gewesen, müsse er durch die Klausel des Kaufvertrages über die Beschränkung der Gewährleistungshaftung gebunden sein. *Phrygius* fand, daß die Reduktionskommission „ein solches Kollegium und vollgültiges Gericht“ sei, das von Seiner königlichen Majestät unter Zustimmung der Stände eingesetzt sei und „en dernier ressort“ urteile. Im Hinblick hierauf könne er, *Phrygius,* dessen Entscheidung für nichts anderes als ein „gesetzliches Urteil“ halten, „obwohl es ausschließlich zwischen Sr. Majestät und privatos kognosziere und urteile“. Daß die Verkäufer dem Käufer das Gut zu „ewigem Eigentum“ übertragen hätten, sei dahin zu verstehen, daß sie ihm ihr Recht überließen, so wie es war. Sie könnten nicht zur Gewährleistung in solchen Fällen gezwun-

[3] Die Worte LandsL, JordaB cap. XXX pr. lauten: Nu dela tve om jord ena, *griper* annar til faedernes oc annar til faangomanz, tha scal ... Frei übersetzt: „Streiten zwei um ein Grundstück und beruft sich der eine auf Erbschaft vom Vater, der andere aber auf rechtsgeschäftlichen Erwerb, so soll ...

[4] Cod. VIII, 44.

[5] Regel 16, 4: Förord bryter lag, „Vertrag bricht Gesetz“.

gen werden, wie wenn das Gut etwa unterginge „per terrae motum oder inundationem". Bei solchen extraordinären Ereignissen, die providentia humana nicht voraussehen oder abwehren könne, heiße es: res perit suo domino. *Phrygius* berief sich hier auf die klassische Regel, daß der Käufer die Gefahr des Gutes trägt.

Hasselbom nahm seinen Ausgangspunkt in dem natürlichen Recht, jus naturale, welches fordere, „daß die Gewährleistung dem Verkäufer notwendig folgt: evictio est necessarium consequens venditionis". Sodann berief er sich auf die „lex positiva, Schwedens Gesetz 12. cap. JordaB LL"[6]. Für *Fleming* spreche weiter die „ratio reductionis" oder die Natur der Wiedereinziehung selbst samt der „ignorantia reductionis"; man wußte nichts von der Reduktion, womit *Hasselbom* offenbar auf die Voraussetzungen der Vereinbarung hinwies. Ebenso spreche „ipsa aequitas und die Billigkeit selbst" für Fleming, der jetzt „in damno" sei, während die Sparres seit langem „in lucro und Vortheil" gesessen und lange die Erträge des Kaufpreises genossen hätten, dessen Zinsen inzwischen zu der gleichen Höhe aufgelaufen seien, wie sie der Kaufpreis ausmache, oder „in alterum tantum", womit der Assessor auf die römisch-rechtliche, bei den Wiedereinziehungen oft bezogene Regel abzielte, daß Zinsen für die Vergangenheit nicht über den Betrag des Kapitals hinaus verlangt werden können[7].

Indessen habe *Fleming* im Kaufvertrage selbst auf die Gewährleistungshaftung und „onus evictionis" in solchem Umfange Verzicht geleistet, daß er „et belli et pacis jura" umfasse. Man könne unmöglich leugnen, daß die Reduktionsverordnung ein Gesetz sei, sie entnehme nämlich „ihr Fundament" dem schwedischen Landrecht, KonB 4. cap. samt Sr. Majestät Willen und „consensu ordinum". Da man im vorliegenden Falle über die Einziehung des Gutes „nach dem Gesetz geurteilt hat", so sei die Wiedereinziehung nach „gesetzlichem Urteil" erfolgt. Da *Fleming* selbst sich dazu verpflichtet habe, in einem solchen Falle keine Gewährleistungsansprüche zu stellen, müsse seine Klage abgewiesen werden, „dicendo sibi ipsi legem".

Assessor *Reenstierna* gehörte zu derselben Richtergruppe. Mit den Worten „gesetzliches Urteil" könnten viele verschiedene Dinge gemeint

---

[6] Die Stelle LandsL, JordaB cap. XII lautet frei übersetzt: „Kauft jemand ein Grundstück von einem anderen, so stehe der für das Grundstück ein, der es verkaufte, und der für den Kaufpreis, der kaufte. Wird gegen den Kauf Verwahrung eingelegt (d. h. wird das Grundstück von einem Dritten evinziert), so soll der Gewährsmann vortreten. Gelingt dem die Gewährleistung, der verkaufte, so stehe der Kauf dessen, der gekauft hat. Kommt der Gewährsmann nicht, oder kommt er und gelingt ihm die Gewährleistung nicht, so erhalte jeder das Seine zurück, und der büße drei Mark, der verkaufte, ohne Gewähr leisten zu können."

[7] Vgl. Cod. IV, 32, 10.

sein, und der Käufer habe mit dieser Klausel ein großes Risiko übernommen. Ein Prozeß sei immer eine ungewisse Sache. Der Assessor legte dar, wie wenig sicher ein Rechtsgang eigentlich sei im Hinblick auf die wechselnden Meinungen der Richter. „Was der eine Richter oder ein Gericht für gerecht hält, das halten andere meist für Unrecht, und beide vermutlich aus gleich großem Streben, zu leisten, was ihr Gewissen und das Gesetz vermag. So groß ist unsere menschliche Unvollkommenheit darin, zu wissen, was gerecht ist und was nicht." *Fleming* habe deshalb alle Risiken für den Verlust des Gutes durch kriegerische oder friedliche Ereignisse auf sich genommen, „alles, was ihm jure belli vel pacis via facti et via juris abhanden kommen kann".

Zum selben Schluß kam mit fast übereinstimmenden Argumenten *v. Schwalch*. Unter „gesetzlichem Urteil" könne sicherlich nur verstanden werden, was „nach Gesetz und Prozeß von den zur Justiz bestimmten Gerichten gesprochen wird". Man könne aber nicht in Abrede stellen, daß auch Resolutionen „gesetzliche Urteile" genannt würden, die von solchen Kommissionen gefällt wären, welche vom König und den Ständen eingesetzt seien mit der Aufgabe, „in Sachen zu untersuchen und zu urteilen, in denen des Königs Recht versiert und sich auf Gesetz und Verordnung gründet, die der König mit Konsens der Stände auf dem allgemeinen Reichstage erlassen hat, wie der Name der Urteile der Kommission der Reichsstände es bezeugt". *Fleming* sei sich auch beim Abschluß des Vertrages der Natur des Gutes voll bewußt gewesen usw. Er könne deshalb weder faktischen noch rechtlichen Irrtum geltend machen, „neque facti nec juris ignorantiam".

Eine knappe Majorität des Gerichtes fand es indessen bedenklich, der Vereinbarung zwischen den Herren *Sparre* und Lars *Fleming* eine Auslegung zu geben, welche die Verkäufer von der Gewährleistungshaftung freischrieb. Man konnte von verschiedenen Ausgangspunkten her zu einem Ergebnis kommen, das eine Verwerfung der Einwendung der Beklagten aus Freizeichnung von der Gewährleistungshaftung bedeutete. Man konnte zum Ausgangspunkt nehmen, was die Parteien beim Abschluß des Vertrages im Jahre 1653 beabsichtigt hatten und meinen, daß sie unmöglich eine Wiedereinziehungsdrohung hätten voraussehen und also auch nicht beabsichtigt haben können, die Verkäufer von der Gewährleistungspflicht in dieser Hinsicht freizuschreiben. Man nahm dann also zum Ausgangspunkt Erwägungen über die Voraussetzungen der Abrede. Ferner konnten die in der Abrede gebrauchten Begriffe „Gesetz und Urteil" auf andere Weise gedeutet werden, als die Herren Sparre und die soeben genannten Mitglieder des Gerichtes es getan hatten, und zwar so restriktiv, daß sie die Reduktionsverordnungen und Reduktionsbeschlüsse nicht mit umfaßten. Auf dieser Linie kamen die Probleme — mehr oder weniger intensiv — zum Zuge, die hier für uns von besonderem Interesse sind[8], nämlich die staatsrechtlichen Fragen nach dem Grunde der Wiedereinziehung, nach der Gesetzgebungsbefugnis und dem Gesetzesbegriff wie nach den charakteristischen Elementen eines Rechtsverfahrens im Unterschiede zu anderen Maßnahmen. Diese Fragen konnten nach freieren Erwägungen beantwortet werden, sie konnten aber auch zu scharfen logischen Schlüssen aus bestimmten Begriffen Anlaß geben wie in *Wadensteens* unten mitgeteiltem Votum. Was sich hier widerspiegelt, ist die in schneller Entwicklung begriffene karolinische Staatstheorie, die deutliche Ähnlichkeiten und eine gewisse Abhängigkeit bzgl. der englischen, zumal von Hobbes entwickelten Lehre aufweist, die damals eine so große Rolle für die starken Fürstenmächte auf dem europäischen Kontinent spielte, aber ihre Entsprechung auch in anderen Theorien fand, insbesondere bei Bodin.

Bei dieser Argumentation tritt nun eine immer schärfere Unterscheidung zwischen öffentlichem Recht und Privatrecht hervor, die im Räsonnement einiger Richter zu einer Machtverstärkung für den König führt. Man gründet die Wiedereinziehungen auf Hoheitsansprüche, die teils an lehnsrechtliche Traditionen angeknüpft werden konnten und an den Königsabschnitt des Landrechts, teils an ein allgemeines Recht des Königs, den Nutzen des Staates zu wahren, und die auch mit berühmten Stellen im Corpus Juris begründet werden konnten, zumal mit den von den absoluten Fürsten so gern zitierten Worten der Digesten, daß der Fürst an die Gesetze nicht gebunden sei[9].

Gleichzeitig tritt immer deutlicher die Forderung nach wortgetreuer Auslegung, in diesem Falle von Vertragsbedingungen, hervor. In der vorliegenden Sache konnte hierbei an die besondere Auslegungsregel angeknüpft werden, daß eine zweideutige Regelung zum Nachteil des Verkäufers auszulegen sei. *Hassel* drückte das in seinem unten mitgeteilten Votum so aus, daß principia juris enthielten: „quod in ambiguis interpretatio fieri debet contra venditorem, penes quem fuit apertius loqui“, eine Regel, die mit dem römischrechtlichen Auslegungsgrundsatz zusammenfiel, daß der den Schaden zu tragen habe, der eine Bedingung deutlicher ausdrücken konnte, es aber nicht getan hatte (Dig. II, 14, 39). Man müsse ferner annehmen — im Anschluß an einen oft zitierten Satz —, daß niemand sein Recht fortgeworfen habe, „nemo enim praesumitur suum jactare“. Die Auslegung habe endlich zum Schutze dessen zu erfolgen, der gegen einen Verlust kämpfe, „quod jura favorabilia ei sunt, qui de vitando damno, quam qui de captando lucro agit“. Von dieser Regel aus konnte man leicht zu den oft zitierten allgemeinen

---

[8] Prof. *Jägerskiöld* ist Lehrer des öffentlichen Rechts.

[9] Dig. I, 3, 31: Princeps legibus solutus est, nebst I, 4, 1 pr.: Quod principi placuit, legis habet vigorum, und, damit übereinstimmend, Inst. I, 2, 6.

Sätzen kommen, daß niemand sich zum Schaden eines anderen bereichern oder einen ihm nicht gebührenden Gewinn machen dürfe[10].

Wadensteen bezog sich ebenfalls auf die oft zitierte Stelle Dig. L, 17, 172: „in contrahenda venditione ambiguum pactum contra venditorem interpretandum (est)“, was *Wadensteen* damit erklären wollte, daß nach Dig. II, 14, 39 bei den Alten die gute Regel galt, daß, wer sich deutlicher hätte ausdrücken können, es aber nicht getan hatte, den Schaden trage; „da der, welcher eine Sache verkaufte, sie auch behalten oder aber so klare Bedingungen stellen konnte, wie es nötig war, statt sich einer dunklen Sprache zu bedienen, zumal nach der Regel expressa nocent, non expressa non nocent“.

Wadensteen nahm wiederum zum Ausgangspunkt eine Analyse der Natur des verkauften Gutes. Es sei ein „Lehnsgut“ gewesen, das der König gemäß KB, cap. 4 LL zu Lehen geben konnte. Es wäre also ein Krongut, wie man „aus des Reiches Feudalgesetz“, 2. cap. KB. LL ersehen könne[11]. Wenn es Krongut genannt werde, so gehöre das Eigentum der Krone, während der Vasall nur ein „jus usufructuarium“ gehabt habe. Dem König stehe es zu, ein Lehen wieder zurückzunehmen, wenn „salus publica es fordert“. Danach stelle sich die Frage, ob nicht „der casus reductionis ‚gesetzliches Urteil‘ heißen muß“? „Gesetzliches Urteil“ könne verschiedene Dinge bezeichnen; die Frage sei, was die Partner damit gemeint hätten. „Die Reduktion ist nichts anderes als ein exercitium juris Majestatis.“

Um Klarheit darüber zu gewinnen, was mit „gesetzlichem Urteil“ gemeint sein könne, suchte Wadensteen sodann auszumachen, was mit „Gesetz“ gemeint sei. „Unter Gesetz wird verstanden jus civile, aber ‚Recht‘ ist jus naturale.“ Recht sei „aequum, Gesetz ex positiva ratione“. — Nun stehe allerdings der König nach *Wadensteen* über dem positiven Gesetz. „Gesetz positiva ratione kann den König nicht obligieren, der über allem positiven Gesetz steht.“

---

10 Dig. XII, 6, 14 und L 17, 90 und 206.

11 Die beiden im folgenden wiederholt berufenen Stellen des Königsabschnittes (KB) des Landrechts (LL) lauten übersetzt:

KB II: Über ganz Schweden soll keine Königskrone sein und kein König außer einem. Er hat Burgen und Länder zu verwalten, die Uppsalagüter, Krongüter und alle königlichen Rechte und Einkünfte etc. ... § 1. Nichts von dem Vorgenannten darf der König einem anderen König mindern. Tut das irgendein König, so habe der König, der nach ihm kommt, die Macht, es zurückzufordern und zu nehmen, wenn er es vermag.“

KB IV, 5: „Fünfter Artikel (sc. des vom König zu leistenden Treueides) ist, daß der König die (festen) Häuser und Ländereien mit ihren jährlichen Einkünften und die Landesgrenzen zu schützen und nach Kräften zu verteidigen hat, so daß nichts davon dem König gemindert wird, der nach ihm kommt. Denn er hat die Macht, es mit Recht zurückzunehmen; sonst wird schnell Königsgut zu Grafengut oder weniger.“

Von einem solchen Standpunkt aus kam *Wadensteen* zu dem Schluß, daß „mit ‚gesetzlichen Urteilen' nicht die Reduktion gemeint sei". Damit könne nur auf Verfahren abgezielt sein, in denen jemand per instantias verurteilt werden soll. *Wadensteen* berief sich nochmals auf die Richterregeln, die „sagen, expressa nocent, non expressa non nocent"[12]. Die Verkäufer hätten sich von der Haftung für Reduktionsmaßnahmen freizeichnen müssen. „Wo der sensus contractus ambiguus et obscurus ist, muß venditor dafür haften."

In einem ausführlichen Votum entwickelte *Wadensteen* weiterhin seine allgemeinen Gesichtspunkte. Er begann auch hier mit einer Analyse der Natur des Gutes Kawelecht und fand, daß es ein Krongut gewesen sei. Das Eigentum war beim König, weshalb die *Sparres* auf *Fleming* nichts anderes übertragen konnten als ein beschränktes Recht gemäß der Regel, „nemo plus juris in alium transferre potest quam quod ipse habet" (Dig. L, 17, 54). Der König hatte also die Macht, das Gut zurückzunehmen, jure suo, „dieweil das Eigentum an solchen Gütern immer als alienabel bei der Krone verbleibt". Gewiß sei das Gut von Königin *Christine* im Jahre 1653 als unter „Allodialdonationsbedingungen" gegeben erklärt worden, aber das habe die Natur des Gutes nicht zu einer „puren Allodialität" verändern können, „so als ob es gänzlich und in perpetumum von der Krone abalieniert worden wäre". Denn ein solches Krongut müsse „in natura immer so verbleiben, wie es das Fundamentalgesetz in KB cap. 2 § 1 per verba sagt": „... so habe der König, der nach ihm kommt, die Macht, es zurückzunehmen, wenn er das vermag[13]." Hieraus gehe hervor, daß ein Lehnsnehmer, „oder, wie es sonst in feudali jure heißt, ‚milites et vasalli'", einem anderen kein Eigentum überlassen könne. Der Lehnsnehmer müsse mit dem fremden Eigentum besonders vorsichtig umgehen: „de suis quidem caute, sed de alienis maxime caute."

Hinsichtlich der für die Gewährleistungshaftung zentralen Frage nach dem Inhalt der Worte „Gesetz und Urteil" verfolgte *Wadensteen* seine vorhin wiedergegebene Argumentation weiter: Gewiß könnten die Sparres „viele schöne Gründe dafür anführen, daß das Wiedereinziehungsrecht ‚Gesetz und Urteil' genannt werden muß und kann, zumal das Einziehungsverfahren gesetzlich und auf Grund eines Urteils vonstatten geht". Wäre dem nicht so, so würde die Wiedereinziehung „ungesetzlich" sein. Zur Unterstützung dieser Ansicht könne man sich auch auf den Königseid gemäß dem Königsabschnitt berufen, inhalts dessen

[12] Dig. L, 17, 195. *Wadensteen* scheint den Satz in die Richterregeln, in denen er nicht steht, so hineininterpretiert zu haben: Wenn Abrede (förord) Gesetz bricht (vgl. oben Anm. 5), so kann, was nicht verabredet (förordat) wurde, auch das Gesetz nicht abdingen.

[13] Vgl. oben Anm. 11.

der König versprochen habe, niemanden einer Sache zu berauben, weder losen noch festen Gutes, außer nach „Gesetzen und gesetzlichen Urteilen"[14]. Aber *Wadensteen* meinte, daß die Reduktionsmaßnahmen einen ganz anderen Inhalt hätten. Die Frage betreffe des „Reiches Recht, worunter recht eigentlich Gesetz und Urteil in keiner Weise verstanden werden kann". Damit sei vielmehr etwas anderes gemeint, was „ex vera vocum significatione et principiis juris" hervorginge.

Was *Wadensteen* hier im Auge hatte, hat er des näheren entwickelt. Er hat eine Unterscheidung zwischen den Begriffen Recht und Gesetz durchzuführen versucht, bei der „Recht" der weitere Begriff ist — umfassende Regeln, welche auch die Fürsten binden —, während „Gesetz" eingeschränkt wird auf die vom König erlassenen Vorschriften für das geordnete Zusammenleben der Untertanen. Seine Argumentation hat sich hier zu einer höchst interessanten Abhandlung ausgewachsen, die ich wohl vollständig wiedergeben muß:

Recht also ist nach Wadensteen ein weiterer Begriff als Gesetz. Die Macht, Gesetze zu erlassen, setzt ein Recht dazu voraus. Man kann ein Recht auf Reich und Krone haben, ein Recht auf bestimmtes Eigentum, ein Recht auf eine Rente, auf einen Hof und ein Grundstück. Ein solches Recht wird nicht Gesetz genannt, obwohl das Gesetz einem solchen Rechte „beistimmen" kann.

Gesetz ist ein geschriebener Text. Recht ist ungeschrieben oder geschrieben, entweder Gottes oder der Menschen. Man könne das mit fremder Völker Recht belegen, wie sich aus Dig. I, 1, 11 ergebe. Aber da es nicht gesetzlich sei, nach fremden Gesetzen zu urteilen (KB, 4. cap. § 7 LL[15] und Rechtsgangprozeß Art. 25[16]), wolle *Wadensteen* sich auf

---

[14] LandsL, KB IV, § 3 lautet übersetzt: „Der dritte (sc. Artikel des vom König zu leistenden Treueides) ist, daß er all seinem Volke Treu und Glauben halten soll, so daß er weder einen Armen noch einen Reichen an Leib und Gliedern verderbe, außer er sei gesetzlich überführt und verurteilt nach Schwedens geschriebenen Gesetzen; nicht soll er welcherlei Gut auch immer, festes oder loses, jemandem wegnehmen oder wegnehmen lassen, außer nach Gesetzen und gesetzlichen Urteilen."

[15] Nach KB IV § 7, schwört der König, aller Stände Freiheiten und Privilegia zu wahren und „Schwedens Gesetz, welches das Volk mit gutem Willen und Zustimmung angenommen hat, zu halten und zu stärken und zu wehren, so daß nicht Ungesetz über rechtes Gesetz gehe; sonderlich, daß kein ausländisches Recht ins Reich gezogen werde, dem Volke zur Beschwer, und dem Volke kein neues Gesetz gegeben werde, außer er habe dessen Ja und guten Willen erhalten".

[16] Eine Prozeßordnung von 1615. Art.. 25 bestimmt, daß die Parteien ihre Eingaben in zwei Exemplaren einzureichen haben und fährt dann fort: „Auch sollen sowohl des Klägers wie des Beklagten eingereichte Schriften so abgefaßt sein, daß nicht zu der Sache größerem Ansehen und Ausschmückung weitläufiglich fremder Nationen Gesetz, Brauch und Gewohnheit angeführt werde; doch soll es nicht verboten sein, daß man nach Bedürfnis und ad melius informandos judices citiere, allegiere und nachweise aus Gottes sowohl wie

dergleichen nicht weiter berufen. Das entsprechende ergebe sich aber auch aus dem schwedischen Gesetz: „Schwedens Gesetz beweist klar, daß Recht eines und Gesetz ein anderes ist." Es folge nämlich aus KB 2. cap. § 1 u. 4. cap. § 5, d. h. aus den Gesetzesstellen, nach welchen es dem König zustehe, Lehen zurückzunehmen[17]. Hier werde nur ein Recht des Königs vorausgesetzt zu handeln — jure suo —, nicht Gesetz und Urteil. In KB 5. cap. § 2 und cap. 8, § 1[18], werde allein davon gesprochen, des Reiches oder des Königs „Recht" zu stärken, nicht „Gesetz". Auch an anderen Gesetzesstellen werde ein Unterschied zwischen Recht und Gesetz gemacht: „Recht wirkt das, was justum et natura aequum ist, und Gesetz bedeutet das geschriebene Gesetz." *Wadensteen* zog noch mehrere andere Parallelen, die zeigen sollten, daß Wiedereinziehungsmaßnahmen kein Urteil nach Gesetz, sondern unmittelbare Anwendung eines vorhandenen Rechtes seien; so verglich er die Zurücknahme eines Lehens durch den König mit dem Recht des Grundeigentümers, am Ende der Pachtzeit seinem Pächter kündigen zu können. Das Reduktionsverfahren könne von der Freizeichnungsklausel des Kaufvertrages zugunsten des Verkäufers nicht umfaßt werden, „wenn anders Recht Recht genannt werden soll, Gesetz Gesetz und Urteil Urteil".

Wadensteens Argumentation enthält mehrere Sätze, die zu Lehren gehören, die im Zusammenhange mit der Verteidigung einer starken Fürstenmacht standen. Offenbar sind es die Rechtstheorien des konsolidierten karolinischen Absolutismus, die sich hier widerspiegeln. Fäden verbinden sein Votum mit einer älteren Doktrin von entgegengesetzem Inhalt. So fällt also Wadensteens Unterscheidung zwischen Recht und Gesetz mit der Darstellung zusammen, die sich u. a. in *Hobbes'* Leviathan in dem berühmten Kapitel 26 findet, das von den Gesetzen handelt. *Hobbes* war, wie u. a. aus Disputationen hervorgeht, die in Uppsala *Lundius* vorgelegt wurden, den schwedischen Rechtstheoretikern wohl bekannt. Seine Lehren sind im übrigen unserem Lande auch durch Pufendorf vermittelt worden. *Hobbes* wendet sich im Leviathan da-

---

Schwedens Gesetz, auch aus des Reichs Recessen, Abschieden und Beschlüssen, löblichem Brauch und Gewohnheit alles, was zu der Sache Stärkung, Verbesserung und rühmlicher Ausführung gereichen und dienen kann." Text bei *Schmedemann*, Justitieverket, S. 158 f. (Freundliche Mitteilung von Prof. *Jägerskiöld*).

[17] Vgl. oben Anm. 11.

[18] KB V, § 2, lautet übersetzt: „Der zweite (sc. Artikel des dem König von Lagmännern und Volk zu leistenden Untertaneneides) ist, daß wir ihm rechten Gehorsam leisten und seine Gebote erfüllen in allem, was verantwortbar ist vor Gott und den Menschen, für ihn, zu gebieten und für uns, zu tun, und wobei alle das Recht wahren, seines und das unsere."

KB VIII, § 1, lautet: „Das zweite (sc. im Eide der Berater des Königs) ist, daß sie ihn stärken werden zu des Reiches Recht mit aller ihrer Kraft, auf daß er alle die Eide, die er dem Reiche geschworen und das Volk ihm, wohl halten möge ..."

gegen, daß die Begriffe lex civiles und jus civile — „law and right" — selbst von den gelehrtesten Autoren zusammengeworfen werden[19]. *Wadensteen* bediente sich der Unterscheidung, um den Gesetzesbegriff dahin einzuengen, daß er auf die Regeln abziele, die der Fürst für das Zusammenleben der Untertanen unteinander schafft, während der Fürst selbst nach *Wadensteen* nicht an das Gesetz gebunden ist. Hierin fällt *Wadensteens* Lehre mit *Hobbes'* Darstellung im Leviathan chap. 18 part 7 zusammen. Der Fürst habe „the whole power of prescribing the rules, whereby every man may know, what goods he may enjoy and what actions he may doe". Die Betonung dessen, daß die Gesetze vom Fürsten geschaffenes Recht sind — die sich auch bei *Pufendorf* findet — fällt nahe zusammen mit den Lehren der absoluten Monarchie in verschiedenen Ländern. Die starke Betonung des Monarchenrechts, zu des Reiches Bestem Regeln aufzustellen, ist nur ein anderer Ausdruck dafür.

Zu demselben Ergebnis wie *Wadensteen* kamen noch vier andere Mitglieder des Hofgerichts, unter ihnen auch der amtierende Präsident. Die Argumentationen variieren zwar in nicht unwesentlichen Punkten Aber man kann doch sagen, daß sich auch in der Mehrzahl von ihnen die neue Auffassung der Fürstenmacht wie des Gesetzesbegriffs widerspiegeln, der *Wadensteen* Ausdruck gegeben hatte.

Broméen wollte die Abrede über die Befreiung von der Gewährleistungspflicht restriktiv auslegen. Er griff also das Problem von dem Ausgangspunkt an, daß die Abrede in diesem Falle eine Abänderung der Regeln des Gesetzes enthalte. Gewiß lasse sich feststellen, daß man oft „durch Reservationen und Bedingungen ein jus bekommen kann, welches das Gesetz einem versagt". Aber wenn eine Vereinbarung, die doch nur „eine conventio privata" sei, ein „publikes und allgemeines Gesetz, das in civitate ut mens in corpore ist", solle brechen können, so müsse eine solche Vereinbarung „per se und in sich selbst sonnenklar und so durchsichtig sein, daß sie keinerlei dubiöse Ausdeutung admittiert". Hinsichtlich der Auslegung müsse man sich, meinte *Broméen*, an die Worte des Gesetzes halten. „Der Richter geht viel sicherer, wenn er sich an das geschriebene klare Gesetz und die Aequität hält, welche anima legis ist, als wenn er sich hinsetzt und herumrätselt, in welcher Weise eine solche Vereinbarung zu verstehen sei, und damit oft aus Raterei und Ungewißheit Schlüsse zieht und dem stracks entgegen

[19] Die Stelle (Leviathan cap. 26 a. E.) lautet in der lateinischen Fassung: Invenio voces *legem civilem* et *jus civile* a scriptoribus promiscue usurpatas esse; quod fiere non debet. *Jus* enim *libertas* est, id est, a legibus civilibus exemptio. Contra *lex* civilis *obligatio* est, libertatem a natura datam tollens aut restringens.

urteilt, was das klare Gesetz diktiert und die Aequität sonst selbst praescribiert und fordert." *Broméen* schloß sich hier also an die klassischen Gründe für eine strikte Auslegungsmethode an.

Angewendet auf den vorliegenden Fall kam *Broméen* — von Ausgangspunkten, die in gewisser Weise an die *Wadensteens* erinnern, aber für eine kritischere Betrachtung sprechen — zu dem Ergebnis, daß die Reduktionsbeschlüsse nicht als „gesetzliche Urteile" angesehen werden könnten. Er bezweifelte, „daß die Reduktionen unter den Titel und Namen von gesetzlichen Urteilen fallen können, da ... die Wiedereinziehung ein unbestreitbares Sonderrecht des Königs ist, das der König zufolge von Schwedens oben angeführtem Fundamentalgesetz hat". Da es sich so verhalte, könnten die Reduktionsbeschlüsse „um so weniger ... der Zensur irgend eines Richters und fortuito actionis judicalis unterliegen, als man Prozesse und Rechtsbehelfe nicht einmal gegen Gesetze und gesetzliche Verordnungen in Sachen zuläßt, die privatos betreffen". — Es sei deshalb kaum glaublich, daß die Verkäufer beim Vertragsabschluß überhaupt an eine Wiedereinziehung gedacht hätten. Hiergegen spreche auch die Vertragsklausel, in der die Verkäufer erklärten, daß sie das verkaufte Gut dem Käufer zu „ewigem" Eigentum aufließen. Bei diesen Auslegungsschwierigkeiten und da die Absicht der Parteien nicht ermittelt werden könne, wolle *Broméen* sich halten „an das, was aequius ist und mit Schwedens geschriebenem klaren Gesetz übereinstimmt, nämlich daß evictio vom venditor zu praestieren ist". Nichts wäre unbilliger und mit einem rechtschaffenen und redlichen Handel weniger vereinbar, als wenn „res vendita dem bonae fidei emptor ohne seine Schuld und Veranlassung verloren geht ... Justitia insgemein erfordert eine Aequalität und Gleichheit in hoc".

Assessor *Hassel* ging davon aus, daß *Fleming* Donationsgut erworben habe und selbst vor dem Kaufe nach Livland gereist sei, um sich zu informieren. Aber man müßte die vereinbarte Klausel über die Begrenzung der Gewährleistungshaftung restriktiv auslegen. Er berief sich hierfür zunächst darauf, daß die Gewährleistungshaftung „bei fremden Nationen so hart und strikt gehalten wird, daß venditor in allen möglichen Fällen evictio zu praestieren hat". Die Vertragsklausel über den Verlust des Gutes könne nicht auf Wiedereinziehungsbeschlüsse abzielen. Man müsse die Klausel deuten „secundum communem sensum in vita civili". Die Wiedereinziehung sei Ausfluß des königlichen „jus eminens". Das Gesetz „sieht auf privatos", das Recht dagegen „ist des Königs Macht". Für Streitigkeiten zwischen Privaten gelte, daß man „sein Eigentum verfechten soll", und wenn Seine Majestät einen Streit hätte, so würde er sicher nicht „von seiner Hoheit Gebrauch machen wollen, sondern die Sache dem Urteil des Richters unterstellen". Dies gelte indessen nicht für Wiedereinziehungsmaßnahmen. Mit dieser Auslegung kam *Hassel* zu dem Schluß, daß die *Sparres* Gewähr zu leisten hätten.

In einem schriftlichen Votum entwickelte *Hassel* seine Gründe näher. Hier interessiert, daß er der Meinung war, man könne unter „Urteilen" kaum die Wiedereinziehung verstehen. Gewiß würde es eine ungebührliche Kühnheit sein zu behaupten, daß sie „ungesetzlich" sei. Die Reduktionsverordnung könne wohl generaliter als ein Gesetz bezeichnet werden, da der König unter Zustimmung der Stände verordnet habe, wie und wie weit donierte Güter von der Krone eingezogen werden sollten. Aber die Reduktionskommission solle „nicht secundum formam ordinarii processus verfahren, sondern nur simpliciter die Natur des Gutes inquirieren, das wieder eingezogen werden soll". Eine solche Untersuchung sei in Wirklichkeit „eine pure Executionsmaßnahme", die man nicht ein „gesetzliches Urteil" nennen könne. Auch der Executor handele auf Grund Gesetzes. „Positio enim unius non est alterius exclusio". Der Grund für die Wiedereinziehung sei in Wirklichkeit KonB 4. cap. § 5 LL, nach welchem Gebote der König die Macht habe, „salutis publicae causa, quae summa lex esto", gewisse Güter zurückzunehmen. Dies geschehe nicht nach „solennitates juris privati et strepitus forenses", sondern nach öffentlichem Recht, „hoc est jure publico et potestatis suae processu mere simplici".

Parmand kam zu dem entsprechenden Ergebnis, wobei er zunächst von einer restriktiven Auslegung der Vertragsklausel ausging. Die Parteien hätten „ein Gesetz vereinbart, von dem sie glaubten, daß sie sich daran halten müßten". Was darin verordnet sei, müsse stehen. „Aber was nicht in klaren Buchstaben ausgedrückt ist, kann auch nicht obligieren. Es darf kein Wort eitel sein." Was die *Sparres* verkauft hätten, sei nicht ihr eigenes Eigentum gewesen, „jure privatum", sondern beruhe auf fürstlicher Gnade, „ex nutu principis". Ein Vertrag über das Eigentum an einem solchen Gut sei eine Nullität. Unter „Urteil" könnten Wiedereinziehungsbeschlüsse nicht verstanden werden. „Ich kann jus auf eine Sache haben, aber ich habe nicht sofort ein gesetzliches Urteil darauf. Ich kann titulum haben und der andere possessionem." Da nach einer allgemeinen Regel „analoga stat pro significatione famosiori", so müsse unter „gesetzlichem Urteil" eine Entscheidung unter Privaten verstanden werden, „in der privati experiuntur suum jus". In einer Reduktionssache handele es sich aber statt dessen um „ein drecretum ordinum mit Bezug auf etwas, was der Krone abhanden gekommen ist". Es handele sich dabei nicht um einen Prozeß, sondern der König habe das Recht und die Macht, das Gut zurückzunehmen. Der Reduktionsbeschluß sei kein „gesetzliches Urteil" gewesen.

Der amtierende *Präsident,* Oberstatthalter Graf Christoph *Gyllenstierna,* kam in einem ausführlichen Votum zu einer Ansicht, die nahe mit der *Wadensteens* zusammentraf, wenn er auch nicht mit scharf abgegrenzten Begriffen arbeitete. In der vertragsrechtlichen Frage teilte er die damals übliche Ansicht, ein Vertrag sei „wie ein Gesetz, das die Parteien untereinander verordnet haben und also annehmen, daß das kgl. Gericht danach wie nach einer Norm und Richtschnur urteilen werde". Man müsse indessen den Vertrag nach den damaligen „Konjunkturen" beurteilen. Er müsse auch restriktiv ausgelegt werden ... „Ante legem latam nulla sit obligatio"[20]. Er müsse mit Rücksicht auf die bona fides ausgelegt werden. Niemand dürfe sich durch freie Auslegung von Verträgen Vorteile verschaffen und zum Schaden eines anderen bereichern, alieno damno locupletari. Verträge müßten „sonnenklar, expressiv, auch strictissimi juris sein und nicht der zu ihrem Verständnis nötigen Worte ermangeln". Im vorliegenden Falle habe der Vertrag nicht abgezielt auf irgend einen „regia potestatis casum fortuitum", habe nicht irgend eine Reduktion im Auge gehabt haben können, die damals noch gar nicht bekannt gewesen sei. Unter diesen Umständen könnten die Worte „gesetzliches Urteil" nicht frei angewendet werden, „indistincte und indiscriminatim ... ad omnem eventum et casum qualemcumque". Man habe sicherlich an nichts anderes gedacht als an einen ordentlichen „Judicialprozeß in den gewöhnlichen Instanzen, bei dem man sich seiner beneficia juris bedienen kann". Die Reduktionskommission sei aber nicht eine ordentliche Instanz, sondern eine „sedes executionis".

Die Wiedereinziehung habe also einen ganz anderen Inhalt. Sie bestehe „aus einem jure publico und sei in summo gradu höchstes Gesetz und ein jus Majestatis", gegründet auf den Königsabschnitt. Sie sei damit motiviert, daß conservatio totius zu präferieren sei ... damno publico privatorum. Das Verfahren sei hier nur eine Execution; *Gyllenstierna* nahm also eben den Gedanken auf, den *Hassel* vorher ausgesprochen hatte: der Prozeß ziele nur auf das Eigentum des Privaten ab, das diesem ohne Gesetz und gesetzliches Urteil nicht entwunden werden könne; aber des Reiches Eigentum könne in anderer Weise zurückgewonnen werden kraft des Königs und juris publici höchsten Rechtes.

In dem Urteil vom 15. Mai 1686 wurde den Brüdern *Sparre* auferlegt, Lars *Fleming* den Kaufpreis für Kawelecht zu ersetzen. Das Urteil wurde angefochten[21], aber bestätigt."

---

[20] Das entspricht *Hobbes'* oben (Anm. 19) zitierter Lehre, daß „lex civilis obligatio est, libertatem a natura datam tollens aut restringens".

[21] Nämlich durch Anrufung des Königlichen Rates.

III

Von den neun an der Entscheidung beteiligten Assessoren hatten also fünf für Klageabweisung gestimmt, vier für den Kläger; die Stimme des Präsidenten hatte den Ausschlag zugunsten des Klägers gegeben. Die Gegensätze waren erheblich und vielleicht auch nicht rein sachliche gewesen: Der Präsident Graf Christoph *Gyllenstierna*, Assessor *Hassel* und wohl auch Assessor *Wadensteen* waren entschiedene Anhänger der Reduktion wie des Absolutismus[22]; die beklagten Brüder *Sparre* lagen politisch im Gegenwind[23], die Familie *Fleming* dagegen stand in hoher Gunst[24]. Einig aber waren sie alle darin, daß sie ihre Entscheidungsgründe, außer im schwedischen, im gemeinen Recht und in dem (von diesem inhaltlich abhängigen) Naturrecht zu suchen hatten. Sie argumentierten insofern „germanistisch" wie „romanistisch". Die Frage könnte deshalb naheliegen, welches der beiden Elemente etwa den Ausschlag gegeben habe? Aber die Antwort kann wohl nur lauten, daß sie beide etwa gleichmäßig auf beide Seiten verteilt waren; die Richtergruppen standen einander nicht als „Germanisten" und „Romanisten" gegenüber.

Eher ließe sich fragen, ob die romanistischen Argumente *nötig* gewesen waren, um die getroffene Entscheidung zu rechtfertigen, ob die Entscheidung also ohne Rezeption hätte anders ausfallen müssen. Die Frage ist m. E. zu verneinen. Mir scheint sogar, daß man zwar „romanistisch" sehr wohl hätte anders entscheiden können, „germanistisch" aber kaum — ohne daß es deshalb jedoch „germanistische" Argumente gewesen wären, die den Ausschlag gegeben hätten.

„Germanistisch" gesehen war die Stellung der Beklagten von vornherein schwach: Was sie ererbt hatten, war eine „Gabe" des Königs gewesen, und der König konnte der Ansicht sein, daß sie ihm nicht angemessen entgolten worden war. Das Gegenseitigkeitsprinzip war im

---

[22] Briefliche Mitteilung Prof. *Jägerskiölds*. Wegen *Hassels* vgl. *Jägerskiöld*, Hovrätten under den karolinska tiden och till 1734 års lag; Stockholm 1964, S. 175 ff. Er war dem Gerichte i. J. 1680 unter Mißachtung seines Präsentationsrechtes vom König oktroyiert worden.

[23] Der Beklagte *Per Sparre* (1628—1692), General, Reichszeugmeister und Diplomat, war seit 1680 Führer der Opposition gegen die Reduktionen. Vgl. Nord. Fam. B. XVIII, Sp. 198 f.

[24] Ein *Herman Fleming* (1619—1673) war 1654 mit der Untersuchung betr. die verschenkten Krongüter betraut und 1655 Wortführer des Reduktionskollegiums geworden. Sein Sohn *Clas Fl.* (1649—1685) war seit 1680 eifrigster Förderer der Reduktionen, dann Präsident aller einschlägigen Kommissionen und der einflußreichste schwedische Staatsmann jener Jahre. Der Kläger, *Lars Fl.* (1621—1699), war der Bruder bzw. Onkel der beiden Genannten. Er wurde 1654, also im Jahre nach dem Ankauf Kawelechts (das ca. 25 km westlich von Dorpat liegt), Landeshauptmann des Dorpater Kreises, 1665 Präsident des Oberlandesgerichts Dorpat, 1668 Reichsrat (welcher Titel von 1680—1719 in „königlicher Rat" geändert war). — Vgl. Nord. Fam. B. VII, Sp. 576 ff.

germanischen Recht stets stärker ausgeprägt, die Stellung des Beschenkten stets prekärer gewesen als im römischen[25]. Nur ein Ausfluß dieser Grundhaltung waren die Bestimmungen in Landslagen KonB II § 1, und IV § 5, auf die auch die Reduktionen gestützt worden waren. Zwar gab der Wortlaut der letztgenannten Stelle[26] nur dem *unmittelbaren* Nachfolger des Donators das Rückforderungsrecht, aber an der Rechtmäßigkeit der Reduktionsbeschlüsse, denen alle vier Stände (einschl. des durch den neuen Dienstadel unterwanderten Ritterstandes!) zugestimmt hatten, konnte gleichwohl kein Zweifel sein; sie beruhten auf einer Einigung des Königs mit dem Volke. — Der Gewährleistungsanspruch ist im germanischen Recht alt und war hier durch Landslagen, JordB. c. XII gesichert[27]. Freilich war er nur für den Fall mangelnden Eigentums des Veräußerers entwickelt worden, aber seine Ausdehnung auf den Fall eines revozierbaren war wohl auch ohne die Hilfe romanistischen Rechtsdenkens vollziehbar gewesen. — Die Freizeichnung von der Gewährleistungshaftung endlich, an deren grundsätzlicher Zulässigkeit auch nach germanischem Recht wohl freilich kein Zweifel sein konnte[28], war hier vielleicht schon unter dem Gesichtspunkte der Gegenseitigkeit überwindbar: Die Beklagten hatten das Gut unentgeltlich erhalten und eben *deshalb* wieder herauszugeben. Mußte es nun der Kläger, der es ihnen bezahlt hatte, statt ihrer herausgeben, so mußten sie ihm ihrerseits den Kaufpreis zurückzahlen, denn *sie* waren es, die die Folgen der Unentgeltlichkeit ihres Erwerbes zu tragen hatten, nicht er. Die Freizeichnung widersprach deshalb hier klar dem — germanistisch gesehenen — Sinn der Reduktionsmaßnahme.

Eine derartige Betrachtung des *Gesamt*zusammenhanges ist von keinem der beteiligten Richter ausdrücklich angestellt worden, aber ihre Elemente schimmern gleichsam durch das romanistische Gewand hindurch: wenn der Charakter der Reduktion als öffentlichen Rechts betont wird, das grundsätzlich „per pacta privatorum nicht mutiert werden kann" (S. 444 — *Referent* — und später in Andeutungen passim wiederkehrend); wenn *Parmand* den Vertrag über das „ex nutu principis" übertragene Eigentum für eine „Nullität" erklärt (S. 455), woraus ein Bereicherungsanspruch des Klägers folgen mußte; wenn *Broméen* die Gewährleistung für „aequius" hält und erklärt, daß „justitia insgemein eine Aequalität und Gleichheit in hoc", also doch wohl hinsichtlich der

---

[25] Vgl. etwa *Otto v. Gierke*, Deutsches Privatrecht III S. 420 ff. sowie für Schweden im besonderen *K. v. Amira*, Nordgermanisches Obligationenrecht Bd. 1, S. 506 ff.

[26] Vgl. oben Anm. 11 a. E.

[27] Vgl. oben Anm. 3.

[28] Schon Sachsenspiegel, Landrecht III, § 2 a. E. bringt sie, wenn schon in Anwendung auf Fahrnis, bei der allerdings nur die Entwertung wegen etwaiger Herkunft aus Diebstahl in Betracht kam.

Tragung der Reduktionslasten, erfordere (S. 454); wenn zugunsten des Klägers angeführt wird, daß *der* bevorzugt zu schützen sei, der gegen einen Verlust kämpfe und daß niemand (also auch nicht die Beklagten) sich durch einen ihm nicht gebührenden Gewinn bereichern dürfe (S. 448/49).

Wären die der Klage beipflichtenden Richter dieser Linie gefolgt, die ich versuchsweise eine romanistisch verschleierte germanistische nennen möchte (denn nur unter dem Gesichtspunkte, daß dem unentgeltlichen Erwerber eben als solchem weniger Schutz zukomme als dem entgeltlichen und daß die Abdingung des Ausgleichs *deshalb* dem Wesen der Reduktion widerspreche, erhalten jene Argumente einige Überzeugungskraft), so hätten sie sich die Mühe sparen können, die Freizeichnungsklausel der Beklagten durch Auslegungskünste aus der Welt zu schaffen. Denn die Begründung, zu der sie auf diesem Wege kamen und wie sie der Präsident abschließend zusammengefaßt hat, war recht brüchig.

Kam es nämlich entscheidend darauf an, den konkreten Willen der Beklagten justinianisch-subjektivistisch und nach den damaligen „Konjunkturen" zu erforschen (S. 456), so hätte man dabei gründlicher verfahren und m. E. zum entgegengesetzten Ergebnis kommen müssen: Im Jahre 1653, als Kawelecht an den Kläger verkauft wurde, lag, was später eingetreten ist, keineswegs außerhalb aller Erwartung. Zwar wurde der Terminus „Reduktion" 1655 neu geprägt, aber von KonB IV, § 2 LL war in der schwedischen Geschichte schon des öfteren Gebrauch gemacht worden[29]. Vollends war 1644 und 1650 die Wiedereinziehung der verschenkten Krongüter von den nichtadligen Ständen unüberhörbar gefordert worden. Ob, in welcher Ausdehnung und in welcher Form es schließlich zu solchen Maßnahmen kommen würde, war damals und 1653 allerdings noch nicht gewiß, aber daß von hieraus jedenfalls Gefahr drohte, konnte den Kaufpartnern, zumal als Mitgliedern der Aristokratie kaum verborgen gewesen sein. Der Referent *Plaan* wie die Richter *Phrygius* und *v. Schwalch* setzen das denn auch voraus. Dafür spricht überdies, daß Königin *Christine* im selben Jahre 1653 erklärt hatte, das Gut sei unter „Allodialdonationsbedingungen" gegeben worden (oben S. 450). Diese Erklärung ging sicherlich auf die Anfrage einer oder beider Vertragsparteien zurück und zeigte also, daß sie in Richtung auf eine zukünftige Wiedereinziehung (die unter *Allodial*bedingungen natürlich etwas ferner lag) Besorgnisse hegten. Sollte dann aber jene Klausel nicht im Hinblick auf eben diese Besorgnisse entstanden sein? Von „Reduktion" konnten die Parteien damals freilich noch nicht sprechen, denn dieses Wort wurde erst zwei Jahre später Terminus. Dagegen konnten sie im Hinblick auf KonB IV, § 3 LL (vgl. oben

[29] Vgl. S. *Clason* in Nord. Fam. B. XVI (Stockholm 1932), Sp. 533 ff.

Anm. 14) erwarten, daß über derartige Enteignungen gegebenenfalls nicht *utan laghadomom,* „ohne gesetzliche Urteile" befunden werden würde. Und wie *v. Schwalch* (oben S. 447) angibt, sind dann ja auch die Resolutionen der Reduktionskommission tatsächlich „gesetzliche Urteile" *genannt* worden.

Demgegenüber war es für die Erforschung des wirklichen Willens der Beklagten „nach den damaligen ‚Konjunkturen'" gleichgültig, ob jene Resolutionen *juristisch* „Urteile" waren oder nicht. Einige Richter warfen aber hier die subjektive mit der objektiven Fragestellung in unklarer Weise zusammen und folgerten geradezu: weil jene Resolutionen *juristisch* keine Urteile waren, *konnten* die Beklagten sie mit ihren Worten nicht gemeint haben (so *Wadensteen* S. 449 f., *Bromëen* S. 454), andere betonen die „ignorantia reductionis" (so *Hasselbom,* S. 446, und der Präsident, S. 456), womit sie doch bloß hinsichtlich der konkret getroffenen Maßnahme, nicht aber hinsichtlich der Besorgnis derartiger Ereignisse überhaupt Recht haben konnten. Die übrigen interessierte zwar die juristische „Natur" der Reduktion, aber nur, um daraus zu folgern, daß die diesbezüglichen Entscheidungen keine „gesetzlichen Urteile" seien und daß keine Vertragsklausel ihre Auswirkungen privatrechtlich abdingen könne, sie sei denn „sonnenklar".

Damit wäre also ein vielleicht politisch inspiriertes, aber germanistisch richtiges Urteil romanistisch falsch begründet worden? So scheint es mir in der Tat. Doch auch wenn man dies bestreitet, bleibt wohl die Feststellung, daß die Rezeption weder nötig gewesen wäre, um diese Entscheidung zu finden, noch sie zu begründen. Auch bei der Auslegung der Freizeichnungsklausel wäre, wenn man es schon auf sie abstellen wollte, eine rein objektive, den konkreten Parteiwillen ignorierende Interpretationsweise, wie sie dem germanischen Rechte entsprach, den Absichten der Mehrheit besser entgegengekommen als der von ihr selbst gewählte justinianisch-subjektive Ausgangspunkt.

Die Rezeption ist gewiß weitgehend eine Folge echter Bedürfnisse gewesen, sie hat, Lücken, Unklarheiten und Engen des alten Rechtes überwinden helfend, neue Möglichkeiten erschlossen und dadurch befreiend gewirkt. Aber mit dieser Befreiung hat sie auch die Last der Freiheit gebracht und die Gefahr ihres Mißbrauchs. Immer mehr wurde möglich, wenn auch die Wege dazu immer verschlungener wurden. *Karneades,* dessen Kunstfertigkeit, jeden Standpunkt und sein Gegenteil zu vertreten, einst das mißtrauische Staunen der älteren Römer erregt hatte, war in Bologna und Perugia als „Dottore Bartolo" wiedererstanden.

Freilich wurde diese Seite der Sache erst deutlich, wenn die Bedarfsrezeption zur Autoritätsrezeption geworden war und alles galt, was romanistisch zu belegen war. So aber war es in der besprochenen Urteilsberatung. Nicht mehr das heimische, sondern das justinianische Recht war diesen Richtern die eigentliche Autorität. Nicht durch sein Eigengewicht, sondern mittels romanistischer Argumente setzten sie das heimische Recht in Geltung, und eine so einfache Billigkeitserwägung wie die, daß die Beklagten das ihnen geschenkte Gut 27 Jahre lang als solches und 30 Jahre in Gestalt der Zinsen des dafür erhaltenen Kaufpreises genutzt hatten, während der Kläger für den von ihm bezahlten Preis, wenn er keinen Ausgleich erhielt, nur die Nutzung von 30 Jahren gehabt hatte, erschien unter dem abseitigen Gesichtspunkte des „in alterum tantum"[30]. So gingen die Richter nicht den geraden Weg des heimischen Rechts, sondern den romanistischen, trotz aller Krümmungen, die dabei zu überwinden waren und obwohl die zu fällende Entscheidung von Billigkeit und Staatsräson nahezu vorgezeichnet war. Daß sie tatsächlich erzielt wurde, wirkt danach fast wie Zufall, und wie skeptisch die Richter selbst über die Sicherheit ihrer eigenen Rechtsfindung dachten, haben *Reenstierna* (oben S. 447) und *Broméen* (oben S. 454, von dem „fortuitum actionis judicialis" sprechend) recht offen erkennen lassen. So zeigen sich die Wirkungen der Rezeption hier nicht von ihrer besten Seite. Wie stark sie sich aber durchgesetzt hatte, wird dabei nur noch deutlicher.

---

[30] Vgl. oben S. 446. — Ersitzung wurde gegenüber der Krone unter Berufung auf Cod. VII, 38 nicht anerkannt. Vgl. *Jägerskiöld*, Studier, S. 108.

Normannische Assisen und römisches Recht im sizilischen Stauferreich

Von Hermann Dilcher, Bochum

Zu Ehren des hochgeschätzten Jubilars sei es erlaubt, einige Betrachtungen zur Rechtsordnung des sizilischen Stauferstaates in der Zeit der Regierung Friedrichs des Zweiten anzustellen. Das Gesetzgebungswerk Friedrichs im sizilischen Königreich und das Verhältnis dieses Gesetzes zu seinen normannischen Vorläufern haben schon vielfach das Interesse der europäischen Forscher auf sich gelenkt, besonders seit die erste Druckausgabe der normannischen Assisen durch *Carcani*[1] im Jahre 1786 und die späteren Handschriftenentdeckungen *Merkels*[2] es ermöglichten, den von Roger II. bis zu Friedrich II. über ein Jahrhundert fortschreitenden Ausbau der sizilischen Gesetzesordnung zu verfolgen. Dem Stufenweg dieser Gesetzgebungsgeschichte waren zahlreiche Untersuchungen gewidmet, aus denen besonders die von *Chalandon*[3], *Niese*[4], *de Angelis*[5], *Monti*[6] und zuletzt von *Trifone*[7] zu nennen sind. Ziel dieser Arbeiten war es vor allem, die Frage zu klären, welche der älteren Gesetze Friedrich II. als Vorarbeiten für die eigene Kompilation benutzte, welche Normannenvorschriften also uns inhaltlich in der Staufergesetzgebung erhalten geblieben sind. Das Ergebnis dieser Forschungen lautet, kurz gefaßt, dahin, daß sich Friedrich in beträchtlichem Maße den legislatorischen Gedankengängen seiner normannischen Vorgänger angeschlossen hat.

Hier nun soll die umgekehrte Frage nach denjenigen Normannenvorschriften gestellt werden, die Friedrich in seine Kompilation nicht aufnahm. In einer ersten Studie zu diesem Thema hat sich C. G. *Mor*[8] mehr um die Aufhellung des allgemeinen Hintergrundes für die Nichtaufnahme normannischer Vorschriften in das Staufergesetz bemüht. Im

---

[1] Im Anhang zu: Constitutiones regum regni utriusque Siciliae, Napoli 1786.

[2] Commentatio qua iuris Siculi sive Assisarum regum regni Siciliae fragmenta ex codicibus manu scriptis proponuntur, Halle 1856.

[3] Histoire de la domination normande en Italie et en Sicile, 1907.

[4] Die Gesetzgebung der normannischen Dynastie im Regnum Siciliae, 1910.

[5] La legislazione normanno-sveva, 1940.

[6] Il testo e la storia esterna delle Assise normanne, in: Studi in onore di Carlo *Calisse*, Bd. 1, 1940, S. 295 ff.

[7] Diritto romano comune e diritti particolari nell' Italia meridionale, in: Ius Romanum Medii Aevi, Pars V 2 d, 1962.

[8] Le Assise Ruggeriane non accolte nel Liber Augustalis, in: Atti del Convegno Internazionale di Studi Ruggeriani, Palermo, 1955, S. 235—245.

Folgenden soll untersucht werden, welche konkreten normannischen Assisen Friedrich nicht in seine Kodifikation übernommen hat und welche Rechtsmaterien hiervon betroffen waren; anschließend soll erörtert werden, ob die Nichtübernahme in das Staufergesetz das Außerkrafttreten der in den betroffenen Normannenvorschriften niedergelegten Regeln zur Folge hatte oder nicht, denn eine zwar nicht dem Buchstaben, wohl aber der Sache nach fortwirkende Geltungskraft des nicht übernommenen Normannenrechts könnte sich aus der Tatsache ergeben, daß den normannischen Vorschriften gleichlautende römische oder langobardische Rechtssätze im staufischen Sizilien in Geltung waren.

I

Ausgangspunkt der Untersuchung ist die uns bekannte sizilische Normannengesetzgebung, die mit dem Jahre 1140 beginnt, denn wenn auch berichtet wird, der spätere König Roger II. habe schon 1129 auf dem Hoftag zu Melfi ein Landfriedensgesetz erlassen[9], so fehlt es doch hierfür an gesicherten Textanhalten. Das erste überlieferte Gesetzgebungswerk der normannischen Könige sind die im Jahre 1140 auf dem Hoftag von Ariano erlassenen sog. Assisen von Ariano[10]. Ihr Text wurde zuerst 1786 von Carcani[11] auf Grund eines Manuskripts aus dem Kloster Monte Cassino herausgegeben, weshalb sie heute meist als cassineser Assisen (AssCass) bezeichnet werden. *Merkel* entdeckte dann 1845 in der vatikanischen Bibliothek eine weit ausführlichere Textfassung der Assisen von Ariano, die er 1856 herausgab[12] und die heute meist als vatikanische Assisen (AssVat) bezeichnet werden. Eine vergleichende Ausgabe beider Textformen veranstaltete 1884 *Brandileone*[13]; hier ist die moderne Ausgabe von *Monti*[14] zugrunde gelegt. — Den 44 AssVat entsprechen sinngemäß, wenn auch oft in starker Wortlautverkürzung 41 AssCass[15]. Deshalb wird im folgenden vom Wortlaut der AssVat ausgegangen; lediglich bei den AssCass 21, 1 und 33 bis 39 wird deren Lesart zugrunde gelegt, weil dieser Text in den AssVat fehlt. — Der früher heftig umstrittenen

---

[9] So wird der Bericht des Romualdus Salernitanus von *Casper* (Roger II. und die Gründung der normannisch-sizilischen Monarchie, 1904, S. 239) und *Trifone* (Le paci territoriali Tedeschi e le costituzzioni sveve del Regno di Sicilia, in: Studi in onore di Mich. *Schipa*, 1926, S. 77) gedeutet. Zweifel wegen Interpolation der Chronik an dieser Stelle hegt *Monti*, Il testo a.a.O., S. 300.

[10] Assisa bedeutet eigentlich Gerichtstag, der Sinn wird dann auf lex übertragen, *Niese*, a.a.O., S. 9.

[11] Vgl. Anm. 1.

[12] Vgl. Anm. 2.

[13] Il diritto romano nelle leggi normanne e sveve del regno di Sicilia, 1884, S. 94 ff.

[14] Il testo, a.a.O., S. 309 ff.

[15] Keine Entsprechung in den AssCass haben die AssVat 16, 22 und 36.

Frage, ob alle AssVat von Roger II. stammen[16], braucht hier nicht mehr nachgegangen zu werden, da *Monti*[17] mit guten Gründen dargetan hat, daß die AssVat den authentischen Text von 1140 wiedergeben, während die AssCass wahrscheinlich eine spätere Privatsammlung darstellen[18], in der die AssCass 33—39, die in den AssVat fehlen, aus der Zeit nach 1140 stammen.

In Vergleich gesetzt mit dem Rechtsgehalt der normannischen Assisen wird das Gesetzgebungswerk Friedrichs II. von 1231[19]. Friedrichs Plan einer eigenen Kodifikation entstand wohl erst im Verlauf der Friedensverhandlungen mit dem Papst im Jahre 1230, weil hier besonders häufig die Geltung bestimmter Rechtssätze streitig wurde[20]. Noch Anfang des Jahres 1230 hatte Friedrich den Richtern seines Landes befohlen, sich streng an das aus der normannischen Zeit überlieferte Recht zu halten[21]. Der so während der Friedensverhandlungen geborene Kodifikationsplan zielte nicht nur auf Rechtssicherheit hin, sondern er stand auch in Konkurrenz zu entsprechenden Plänen des Papstes Gregor IX., der ebenfalls im Jahre 1230 den Auftrag zur Ablösung der Compilatio quinta von 1226 durch eine neue Sammlung, die späteren Decretalen, an Raimund de Pennaforte gegeben hatte. Friedrich wollte mit seiner Gesetzessammlung, die allgemein als Herausforderung gegenüber dem Papst verstanden wurde[22], dem päpstlichen Werk zuvorkommen[23]. Papst Gregor IX. mahnte deshalb auch im Juli 1231 Friedrich, von seinem Plan abzulassen[24] und er verbot dem Erzbischof Jacobus von Capua die weitere Mitarbeit in der Gesetzgebungskommission[25]. Diese Situation macht es verständlich, daß die Arbeiten an Friedrichs Kompilation unter besonderem Zeitdruck ausgeführt wurden. Sie hatten im August 1230 begonnen und schon im Juni 1231 konnte einer Ständeversammlung in Melfi der Entwurf vorgelegt werden[26], der dann im September 1231 zum Gesetz wurde[27]. Dieses Gesetz wird meist als Liber Augustalis (LA) in seiner lateinischen Fassung, als Βασιλικὸς νόμος in seiner griechischen

---

[16] Zum früheren Streit vgl. besonders *Perla*, Le assise dei Rè di Sicilia, 1881.
[17] Il testo, a.a.O., S. 303—308.
[18] Ähnlich schon *Caspar*, a.a.O., S. 276, und *Hartwig* (Beiträge zur Geschichte Siziliens im Mittelalter, Sybels Hist. Zeitschrift, alte Folge, Bd. 20), S. 15.
[19] Wenngleich Friedrich auch schon vorher vielfach als Einzelgesetzgeber in seinem sizilischen Staat tätig wurde.
[20] *Winkelmann*, Kaiser Friedrich II., Bd. 2, 1897, S. 267.
[21] *Brandileone*, a.a.O., S. 23 Anm. 1.
[22] *Pepe*, Lo stato Ghibellino di Federico II., 2. Aufl., 1951, S. 42.
[23] *di Stefano*, Federico II e le correnti spirituali del suo tempo, 1922, S. 163.
[24] *Huillard-Bréholles*, Historia diplomatica Friderici secundi, Neudruck 1963, Bd. 3, S. 289.
[25] *Huillard-Bréholles*, a.a.O., S. 290.
[26] *Cohn*, Das Zeitalter der Hohenstaufen in Sizilien, 1925, S. 114; *Winkelmann*, a.a.O., S. 267.
[27] *Kantorowicz*, Kaiser Friedrich II., Bd. 1, 1928, S. 203.

Fassung bezeichnet[28]. — Die geschilderte Eile bei den Kodifikationsarbeiten führte zu einer beträchtlichen Flüchtigkeit hinsichtlich der Berücksichtigung des vorher geltenden Normannenrechts, so daß während der ganzen weiteren Regierungszeit Friedrichs dem Gesetz von 1231 nicht nur Novellen mit neuen Rechtsregeln hinzugefügt wurden, sondern vielfach in Novellenform auch solche Normannenvorschriften nachzutragen waren, die man 1231 vergessen hatte, die jedoch weitergelten sollten[29]. Auch diese Nachträge normannischen Rechts zum LA von 1231 sind im folgenden berücksichtigt.

Zitiert wird hier nach der Ausgabe des LA von *Carcani*[30], die den lateinischen und den griechischen Text ohne Glossen in spiegelbildlicher Anordnung enthält; zur Berücksichtigung der Glossatoren und Kommentatoren zum LA diente die Ausgabe von *Cervonius* aus dem Jahre 1773[31]. Beide Ausgaben bieten allerdings keinen völlig fehlerfreien Text des LA, weshalb auch die Neuausgabe des lateinischen Textes durch *Huillard-Bréholles* in Band IV (1854) und VI (1860) seiner Historia[32] berücksichtigt ist, wenngleich auch deren Text noch nicht als voll befriedigendes Ergebnis bezeichnet werden kann[33].

II

Für die Zusammenstellung derjenigen normannischen Assisen, die nicht in den LA übernommen wurden, kann man zunächst von der Textausgabe *Montis*[34] aus dem Jahre 1940 ausgehen, in der jeweils dort, wo *Monti* die Übernahme in den LA als sicher ansah, zur normannischen Assise auch der entsprechende Text des LA abgedruckt ist. — Als nicht vom LA übernommen kennzeichnet jedoch *Monti* auch einige Assisen, die zwar nicht mit gleichbleibendem Wortlaut (worauf *Monti* abgestellt hatte), wohl aber sinngemäß in den LA eingegangen sind, so daß sie

---

[28] *Capasso*, Sulla storia esterna delle Costituzioni di Federico II, in: Atti dell' Accademia Pontaniana, Vol. IX, Napoli 1871, S. 394. — In Deutschland wird das Gesetz auch vielfach als die „Constitutionen von Melfi" bezeichnet.

[29] *Sthamer*, Die vatikanischen Handschriften der Konstitutionen Friedrichs II. für das Königreich Sizilien, in: Festschrift für Paul Kehr, 1926, S. 509 ff.

[30] Vgl. Anm. 1.

[31] Constitutionum Regni Siciliarum libri tres, Napoli, 1773.

[32] Vgl. Anm. 24. — *Huillard-Bréholles* war der Begleiter des *Duc de Luynes*, dessen „Normannische und staufische Baudenkmäler", 1844, er historisch beschreiben sollte.

[33] *Capasso*, a.a.O., S. 381; *Sthamer*, a.a.O., S. 509. — Eine Neuausgabe des lateinischen Textes nebst deutscher Übersetzung wird gegenwärtig durch Herrn Kollegen *Willemsen* in Bonn vorbereitet. — Grundlage aller modernen Ausgaben sind, da die Originalmanuskripte infolge der Kriegswirren nach 1250 nicht mehr vorhanden sind, Manuskripte der Vatikanischen Bibliothek und der Pariser Nationalbibliothek aus dem 13. und 14. Jahrhundert, *Capasso*, a.a.O., S. 425; *Sthamer*, a.a.O., S. 510.

[34] Il testo, a.a.O., S. 309 ff.

ebenfalls für die nachfolgende Untersuchung außer Betracht bleiben können. Dies gilt für folgende Fälle:

Die AssVat 3 (gekürzter Text in AssCass 2) ermahnt die adligen und geistlichen Herren, ihre Untertanen mit Milde zu behandeln und ihnen Hilfe zu leisten. — Das Gebot milder Behandlung der Untertanen findet sich, wenn auch mit veränderten Worten, in LA 1, 16 sowie in LA 3, 12 und 20 (für Beamte zusätzlich noch in LA 1, 90, 3, LA 1, 93, 2 und LA 1, 94). Das Hilfeleistungsgebot, das auf Gestellung der Prozeßbürgschaft in Straf- und Zivilsachen gerichtet ist, wird in LA 3, 14 und 19 ausgesprochen.

Die AssVat 15, 1 (gekürzter Text in AssCass 10, 1) sieht die Aufrechterhaltung der für Kinder und Waisen geltenden Privilegien vor. — Diese Regel ist in LA 2, 42 mit der Zubilligung der restitutio in integrum und dem Erfordernis vormundschaftlicher auctoritas bei Rechtsgeschäften Minderjähriger enthalten; ferner in LA 1, 33 mit der Vorschrift, daß im Termin die Prozesse der Kinder und Waisen zuerst verhandelt werden müssen und in LA 1, 34, daß sie das Armenrecht und einen Armenadvokaten erhalten können.

Die AssVat 16 (fehlt in den AssCass) bestimmt, daß niemand die Priesterweihe gegen Geld erkaufen darf. — Dieses Verbot der Simonie kehrt in LA 3, 2 als eingeschobener Satz wieder, dort im Zusammenhang mit der Regelung, daß adscripticii ohne Zustimmung ihres Herrn nicht zum Priester geweiht werden dürfen.

Die AssVat 31, 1 (ebenso in AssCass 22) erläutert die Strafbarkeit des Ehebruchs mit der Parallele zur Verletzung einer fremden Burg und bestimmt für den Ehebruch die Strafe der Enteignung. — In LA 3, 74 findet sich diese Strafe ebenfalls, wenn auch ohne die erläuternde Einführung der Assise; da es aber auf den juristischen Kern der Rechtsregel ankommt, ist auch die Vorschrift der AssVat 31, 1 als vom LA übernommen anzusehen.

Die AssVat 40 (ebenso in AssCass 26, 3) erklärt die Tötung nächtlicher Diebe, sofern sie mit Lärm erfolgt ist, für gerechtfertigt. — Diese Regel ist, wenn auch um weitere Vorschriften erweitert, in LA 1, 14 nahezu wörtlich übernommen.

Die AssCass 21, 1 (fehlt in den AssVat) umschreibt den Tatbestand des lenocinium als Behalten einer ehebrecherischen Frau, während bloßer Verdacht des Ehebruchs hierfür nicht ausreiche. — Auch diese Regel findet sich in LA 3, 76 wieder.

Somit bleiben als effektiv nicht vom LA übernommene Normannenvorschriften übrig die AssVat 2, 5, 6, 7, 8, 9, 12, 14, 18, 22, 26, 2, 28, 1+5, 29, 2+3, 34 und 41, 2, sowie die AssCass 33. — Zum Beweis dafür, daß der Normgehalt dieser Assisen im LA keine Entsprechung hat, sei nachstehender Vergleich ihres sachlichen Inhalts mit materiell verwandten Regeln im LA angeführt:

Die AssVat 2 (stark gekürzter Text in AssCass 1) erklärt, „daß es Unsere feste Absicht ist und sein wird, die Kirche Gottes, für die der Herr Jesus sein Blut vergossen hat, mit allen Mitteln zu schützen, zu verteidigen und zu mehren" und bestimmt anschließend, daß die Verletzung kirchlicher Güter als Majestätsverbrechen gelten soll. — Die Formulierung „... Ecclesiarum iura ... in nullo diminuere volumus, sed augere ...", die als eine abgeschwächte Wiederholung des Assisentextes angesehen werden könnte, findet sich zwar in LA 1, 7 im Zusammenhang mit der Aufforderung, der Kirche den Zehnten zu entrichten; der entscheidende Unterschied zwischen LA 1, 7 und der AssVat 2 ist aber, daß in LA 1, 7 das Gebot zum Schutz der kirchlichen Rechte nicht mehr poenalisiert ist. Daß die Verletzung kirchlicher Rechte weltlich dem Majestätsverbrechen gleichgeachtet wird, ist nur für die Ketzerei in LA 1, 1 ausgesprochen, also in einem Zusammenhang, der keinen Vergleich mit dem Sachgüterschutz der AssVat 2 zuläßt. Somit fehlt es an einer der AssVat 2 entsprechenden Regelung im LA.

Die AssVat 5 (stark gekürzter Text in AssCass 4, 1) bestimmt, daß es niemandem erlaubt ist, mit Reliquien der Märtyrer und Heiligen zu handeln. Bei Zuwiderhandlung könne der Verkäufer den Kaufpreis nicht einklagen, ein bereits gezahlter Kaufpreis verfalle dem Fiskus. — Der LA enthält kein Verbot des Reliquienhandels; lediglich ein Veräußerungsverbot für kirchliche Grundstücke ist in LA 3, 29 ausgesprochen. Auch den Verlust der Forderung auf Gegenleistung kennt LA 3, 49 nur wegen Überschreitung der Höchstpreise durch Handwerker, also in einem der AssVat 5 nicht vergleichbaren Zusammenhang.

Die AssVat 6 (gekürzter Text in AssCass 4, 2) bestimmt, daß niemand, der sich in eine Kirche geflüchtet hat, dort verfolgt werden darf, bei Todesstrafe und voller Enteignung im Falle der Zuwiderhandlung; ausgenommen sind nur flüchtige Sklaven mit Diebesgut. — Ein Asylrecht der Kirche gegenüber der Staatsgewalt ist dem LA unbekannt. Das gegenseitige Verhältnis zwischen Staatsgewalt und Kirche ist vielmehr festgelegt durch die Vorschriften, daß kirchliche Gerichtsbarkeit über Laien nur beim adulterium gemäß LA 3, 83 über Kleriker in Strafprozessen gemäß LA 1, 46 besteht[35], während das Beschreiten des kirchlichen Gerichtswegs in allen anderen Fällen nach LA 1, 64 sogar strafbar ist. Außerdem sind weltliche Gerichtsämter für Kleriker verschlossen[36].

[35] Keine kirchliche Gerichtsbarkeit besteht für die Zivilprozesse mit Klerikerbeteiligung gemäß LA 1, 68 + 69, 2.

[36] So gemäß LA 1, 49 für den Iustitiarius, gemäß LA 1, 71 für den Baiulus, gemäß LA 1, 82 für Iudex und Notarius und gemäß LA 1, 84 für den Advocatus.

In der AssVat 7 (gekürzt in AssCass 4, 3) ist vorgeschrieben, daß die Verletzung kirchlicher Rechte, neben der Strafe, auch eine Schadensersatzpflicht zur Folge hat. — Diese Ergänzung der Strafvorschrift der AssVat 2 hat im LA keine Entsprechung. Dort gibt es nur gemäß LA 1, 25 ganz allgemein und für jeden Geschädigten das duplum bei Immobilienverletzung und das quadruplum bei Mobilienverletzung. Ferner erhält gemäß LA 1, 27 Schadensersatz durch die Ortsbewohner, wer durch diese gehindert wurde, den Täter einer Sachbeschädigung ausfindig zu machen.

Die AssVat 8, 1 (gekürzter Text in AssCass 4, 4) sagt, daß ein Bischof zum Zeugnis nicht gezwungen werden darf, außer in Prozessen der Kirche und auf Grund königlicher Ermächtigung. — Auch hierzu fehlt im LA eine vergleichbare Regelung.

Die AssVat 8, 2 (gekürzter Text in AssCass 4, 5+6) regelt, daß Priester in weltlichen Angelegenheiten nicht zum Eid gezwungen werden dürfen und daß sie von persönlichen Frondiensten frei sind; Diakone, Subdiakone und andere niedere Weihen sind wenigstens von schmutzigen Pflichten frei. —Auch diese Regeln fehlen im LA, denn das Verbot in LA 3, 2+3, adcripticii ohne Zustimmung ihrer Herren zu weihen, läßt nur indirekt den Schluß zu, daß mit der Weihe dem Herrn Dienste verloren gehen.

Die AssVat 9 (gekürzter Text in AssCass 5) verbietet außerkirchliche Konventikel in Privathäusern bei Strafe der Hausenteignung. — LA 1, 1+2, enthält zwar ein strenges Verbot der Ketzerei, die mit dem Feuertod bestraft wird, als Übernahme der AssVat 9 läßt sich dies jedoch nicht qualifizieren.

Die AssVat 12 (gekürzter Text in AssCass 6) verbietet Nichtchristen den Besitz von Christensklaven und den Handel mit ihnen, bei Strafe der Enteignung und der eigenen Versklavung; außerdem wird Anstiftung zum Glaubensabfall mit dem Tode bedroht. — LA 3, 7 enthält zwar ein Sklavereiverbot für die Kronländer (soweit nicht abweichende Privilegien bestehen), die spezifisch religiöse Schutzrichtung des Verbots in der AssVat 12 ist aber damit nicht übernommen. Auch die Strafversklavung, die in LA 3, 86 für den plagiator vorgesehen ist, tritt im LA in anderem Zusammenhang als in der AssVat 12 auf.

Die AssVat 14 (gekürzter Text in AssCass 7) verbietet Schauspielern das Auftreten in geistlichen Gewändern bei Strafe der öffentlichen Auspeitschung. — Dieser Vorschrift wäre im LA nur die Blasphemie gemäß LA 3, 91 vergleichbar, die aber nicht spezifisch auf den Schutz der geistlichen Kleidung gerichtet ist und zudem im LA mit dem Abschneiden der Zunge bestraft wird. Die Strafe der öffentlichen Auspeitschung kennt der LA nur gemäß LA 3, 74 bei Ehebruch und gemäß LA 3, 79+84 bei Kuppelei. Es fehlt demnach im LA an einer der AssVat 14 entsprechenden Regel.

Die AssVat 18,1 (ausführlicherer Text in AssCass 12,1) bedroht die Erhebung oder eine hierauf gerichtete Verschwörung als Majestätsverbrechen mit dem Tode durch das Schwert und voller Enteignung. Auch den Söhnen wird jede Wohltat verweigert. Gnade erlangt jedoch, wer den Plan unverzüglich anzeigt. — Dieser Regel kann im LA nur LA 1, 9 gegenübergestellt werden, wo Landfriedensbruch mit dem Tod und Enteignung bestraft wird; als Übernahme der AssVat 18, 1 kann aber LA 1, 9 nicht bezeichnet werden. — Gemäß LA 1, 1 werden Ketzer „wie Majestätsverbrecher" mit Tod und Enteignung bestraft und durch LA 1, 2 wird die Infamie auch auf die Ketzerkinder ausgedehnt. Beides sind Folgen, die gemäß AssVat 18, 1 zwar auch beim echten Majestätsverbrechen vorgesehen waren, im LA jedoch auf einen anderen Tatbestand übertragen wurden, so daß man nicht von einer Übernahme der Assisenregel in den LA sprechen kann.

Die AssVat 18, 2 (leicht gekürzter Text in AssCass 12, 2) bestimmt, daß über Majestätsverbrechen auch nach dem Tode des Täters verhandelt werden kann, daß ihn die damnatio memoriae trifft, und daß er mit der Tat die Verfügungsmacht über sein Vermögen verliert, das dem Fiskus anfällt. — Hiervon findet sich in LA 1, 1 nur die damnatio memoriae für Ketzer, eine Übernahme der Majestätsverbrechensregelung in den LA fehlt jedoch auch insoweit.

Die AssVat 18, 3 (ebenso in AssCass 12, 2) läßt die Erbfolge von solchen Kindern zu, die ihre Eltern vom Vorwurf des Majestätsverbrechens reinigen. — Auch dies fehlt im LA; lediglich für die Erbfähigkeit von Ketzerkindern wird in LA 1, 2 darauf abgestellt, daß sie andere Ketzer zur Anzeige bringen.

Die AssVat 18, 4 (ebenso in AssCass 12, 3) enthält schließlich noch eine Sammlung der Begehungsformen des Majestätsverbrechens und nennt hierzu die Erregung eines Aufstandes, Bewaffnung von Bürgern, Töten von Beamten, Fahnenflucht, Überlaufen zum Feind, Verrat des Verbündeten, unerlaubten Friedensschluß, Verlassen der Burg, „ceteraque huiusmodi"[37]. — Von all diesen Tatbeständen enthält die staufische Kodifikation nur in LA 3, 40 die Regel, daß der Angriff auf Beamte als Majestätsverletzung anzusehen sei. Alle anderen Fälle des Majestätsverbrechens, sowie das Militärstrafrecht sind nicht in den LA übernommen.

---

[37] In der AssCass 34, 1, die keine Entsprechung in den AssVat hat, wird nochmals der Aufruhr im Heer mit Todes- und Enteignungsstrafe bedroht und gemäß AssCass 34, 2, die ebenfalls in den AssVat fehlt, wird Desertion mit dem Tode oder der Strafversklavung geahndet.

Die AssVat 22 (nicht in den AssCass enthalten) schreibt vor, daß bei der quaestio falsi eine diligens inquisitio erfolgen müsse, unter besonderer Berücksichtigung von Indizien, Zeugen, Schriftvergleich und anderen Beweismitteln; der Richter dürfe nicht allein dem Ankläger folgen, sondern müsse zwischen beiden Parteien in der Mitte stehen, wenn er das Urteil fälle. Bei gelungenem Beweis greife Todesstrafe oder eine andere Strafe pro qualitate delicti ein. — Diese prozessuale Regel ist, im Unterschied zu den anderen Vorschriften über das falsum, die in den AssVat 20 bis 24, 2 enthalten waren und von hier nach LA 3, 61—68 übertragen wurden, nicht in den LA übergegangen[38]. Es gibt zwar gemäß LA 1, 22, 2 und besonders gemäß LA 1, 53, 2+3 allgemeine Vorschriften über die inquisitio des Richters im Strafprozeß, aber diese sind der Sondervorschrift über den Fälschungsprozeß in keiner Weise vergleichbar.

Die AssVat 26, 2 (ebenso in AssCass 20) bestimmt, daß Beihilfe zum Diebstahl wie die Haupttat bestraft wird. — Im LA gibt es diese Vorschrift nicht. Nur für Ketzereigehilfen ist in LA 1, 2 die Haupttatstrafe vorgesehen, ebenso für Gehilfen beim Frauenraub gemäß LA 1, 22, 1[39].

Die AssVat 28, 1 (gekürzter Text in AssCass 16, 1) weist den Richter bei Anklagen wegen Ehebruchs und Verführung an, mit offenen Augen die Personen, ihr Alter und ihre Geisteshaltung daraufhin zu prüfen, ob sie die Tat aus Leichtsinn oder Schmerz begangen haben. Gestraft werden soll nicht nach strengem Recht, sondern nach der Billigkeit leichter oder schwerer, denn es gelte die göttliche Weisung „in qua mensura mensi fueritis remetietur vobis“[40]. — Diese Regelung ist, im Unterschied zu anderen Vorschriften über Sittlichkeitsdelikte, die aus den AssVat 28—33 zum größten Teil nach LA 3, 74—85 übertragen worden sind, nicht vom LA übernommen worden und hat auch sonst dort keine vergleichbare Entsprechung[41].

Die AssVat 28, 5 (ausführlicher in AssCass 16,5) sagt, daß von der Strafe wegen Ehebruchs und Verführung diejenigen Frauen frei sind, die wegen ihrer vilitas vitae der Gesetzesbeachtung nicht würdig sind. — Diese Vorschrift ist in den LA nicht übernommen worden; lediglich die sich in AssVat 29, 1 (ebenso in AssCass 17) unmittelbar anschließende

---

[38] Der Grund für diese ausnahmsweise Nichtübernahme einer Einzelregel könnte durchaus in der geschilderten Eile bei der Kodifikationsarbeit zu suchen sein.

[39] Sonderregeln gelten noch gemäß LA 1, 57, 1 für die Begünstigung von Verwandten und gemäß LA 2, 3 + 8 von Gebannten.

[40] Die Schlußformel ist ein Zitat aus dem Matthäusevangelium 7, 2.

[41] Daß eine Notzuchtanklage gemäß LA 1, 22, 2 lärmenden Widerstand der betroffenen ehrbaren Frau und gemäß LA 1, 21 einer betroffenen Dirne voraussetzt, liegt in einem anderen Bereich.

Regel, daß Prostituierte von der Anklage des Ehebruchs frei sind, wurde nach LA 3, 77 übertragen.

Die AssVat 29, 2 (ebenso in AssCass 18,1) bestimmt, daß der Ehebrecher und die Ehebrecherin nicht gemeinsam angeklagt werden können; zuerst sei vielmehr der Ausgang des Prozesses gegen den Mann abzuwarten, nach dessen Verurteilung die Frau angeklagt werden könne. Eine derartige zwangsweise Reihenfolge der Prozesse ist im LA nicht vorgesehen.

Die AssCass 18, 1 (insoweit ohne Entsprechung in den AssVat) fährt im Anschluß hieran fort, daß bei Anklage wegen adulterium kein Vergleich geschlossen werden dürfe, daß Geldannahme für stuprum zur Bestrafung nach der lex Iulia de adulteriis führe und daß ein Ehemann, der die Frau nach einem Ehebruch behalte, gegen sie nicht mehr vorgehen könne. — Von diesen Regeln ist die erste in den Schlußsatz von LA 2, 16 eingegangen, wonach ein Vergleich im Strafprozeß nur insoweit zulässig ist, als dies die „vetera iura permittunt", was schon die Glossatoren zum LA als Bezugnahme auf das römische Vergleichsverbot beim adulterium[42] gedeutet haben. Auch die Schlußregel vom Anklageausschluß wegen adulterium nach Verzeihung des Mannes ist von LA 2, 11 übernommen worden. Nicht übernommen von LA ist demnach nur die Vorschrift über die verbotene Geldannahme beim stuprum.

Die AssVat 29, 3 (ebenso in AssCass 18, 2) bestimmt in Ergänzung zur AssVat 29, 2, daß bei gleichzeitiger Anwesenheit von Ehebrecher und Ehebrecherin vor Gericht der Mann zuerst zu vernehmen ist. — Auch hierzu gibt es im LA keine Entsprechung.

Die AssVat 34 (gekürzter Text in AssCass 32) führt aus, nichts sei unsinniger als gleichzustellen, wenn einem Tier der Schwanz abgeschnitten und einem ehrenwerten Mann der Bart ausgerissen werde. Deshalb wird Ausreißen des Bartes mit 6 Goldsolidi Strafe belegt, die sich auf die Hälfte mindert, wenn es im Eifer und ohne Vorsatz geschah. — Ein solcher Tatbestand ist im LA nicht geregelt. Dort gibt es (neben der iniuria gegenüber Beamten gemäß La 3, 40+41) nur eine generelle Bußvorschrift wegen iniuria in LA 3, 42, deren Einleitung[43] ausdrücklich die Regelung der AssVat 34 außer Kraft setzt.

In der AssVat 41, 2 (ebenso in AssCass 26, 4) heißt es „In maleficiis voluntas spectatur; nihil enim interest, occidat quis an mortis causam prebeat". — Diese Regel ist in den LA nicht übergegangen. Es findet sich

[42] Vgl. unten IV a. E.

[43] „Varietates poenarum super compositionibus iniuriarum secundum diversas hominum conditiones ad unitatem iuris communis providimus reducendas, legibus et consuetudinibus, quae super huiusmodi conditionibus hactenus obtinebant, omnino sublatis ..."

lediglich für die Giftmischerei in LA 3, 70+73 eine Regel über die Strafbarkeit eines unschädlich abgelaufenen Versuchs[44], die aber wörtlich aus der AssVat 43, 2 (ebenso in AssCass 28) übernommen ist.

Die AssCass 33 (ohne Entsprechung in den AssVat) bestimmt, daß, wenn jemand es wagt, Güter im Königreich arbeitsflüchtig zu verlassen, sein Vermögen dem Herrn und er selbst der Curia verfällt. — Diese Strafsanktionen fehlen im LA. In LA 3, 6+11 sind nur Rückführungsgebote für flüchtige Untertanen aufgestellt und lediglich die Beihilfe zur Flucht ist strafbar; dasselbe gilt gemäß LA 3, 34 für geflüchtete Unfreie.

Für die vorgenannten, nicht in den LA übernommenen Regeln der normannischen Assisen gilt die Bestimmung aus dem Prooemium zum LA, „... cassatis in Regno praedicto legibus ... his nostris Constitutionibus adversantibus antiquatis ...", wonach sie mit dem Erlaß des LA außer Kraft traten.

III

Dieses Außerkrafttreten dem Buchstaben nach könnte jedoch der Sache nach dadurch verhindert worden sein, daß für das Königreich Sizilien ein den aufgehobenen Assisen gleichlautendes, unberührt vom LA fortgeltendes ius commune römischen oder langobardischen Ursprungs bestand.

Zur Frage, ob und in welchem Umfang neben dem LA ein ius commune bestanden haben kann, ergibt sich zunächst, daß ursprünglich, d. h. zur Zeit der normannischen Staatsgründung, die Einwohner nach dem Personalitätsprinzip lebten, also entsprechend ihrer Herkunft nach normannischem, langobardischem, römischem, griechischem oder arabischem Recht[45]; in Palermo gab es außerdem um 1140 noch persönliche Rechtsordnungen für Juden, Genuesen und Amalfitaner[46] und noch 1168 heißt es in einer Urkunde König Wilhelms II. „Latini, Graeci, Judaei et Saraceni unusquisque iuxta suam legem iudicetur ..."[47] Von dieser Zeit an bis zum Erlaß des LA jedoch vollzog sich ein Auffassungswandel bezüglich des Verbindlichkeitsgrundes der Rechtsordnung, als dessen Folge im Jahre 1231 neben dem personalen Geltungsgrund des Rechts

---

[44] „Poculum amatorium vel quemlibet cibum nocivum quisquis instruxerit, etiamsi neminem laeserit, impunis non erit."

[45] *Niese*, Zur Geschichte des geistigen Lebens am Hofe Kaiser Friedrichs II., Hist. Zeitschrift 108 (1912), S. 476; *Zechbauer*, Das mittelalterliche Strafrecht Siziliens, 1908, S. 4.

[46] *Amari-Nallino*, Storia dei musulmani di Sicilia, 2. Aufl., 1936, Bd. 2, S. 304; *Orlando*, Il potere legislativo ai tempi normanni, 1844; S. 41.

[47] *del Vecchio*, La legislazione di Federico II imperatore, 1874, S. 22.

auch bereits das Territorialitätsprinzip anerkannt wird[48], was in den zahlreichen Verweisungen des LA auf „ius commune" zum Ausdruck kommt.

Die Neuerung des LA liegt jedoch nicht nur in der Bezugnahme auf territorial geltendes ius commune, sondern darüber hinaus darin, daß in den Constitutionen des LA häufig auf „iura communia" verwiesen wird. So heißt es zur Rangordnung der Rechtsquellen im Königreich in LA 1, 47, die Richter sollten entscheiden „... secundum *constitutiones* sacras nostras, aut in defectu ipsarum secundum *consuetudines* Regni approbatas, et demum secundum *iura*, quibus constitutiones praedecessorum nostrorum et nostrae non obviant, ac denique *recepto responsio* celsitudinis nostrae ...". Dieselbe Rangfolge von constitutio, consuetudo, iura communia und responsio wird in LA 1, 62, 1, der sog. Constitutio Puritatem, wiederholt und dort für die iura communia mit den Worten ergänzt „... demum secundum iura communia, Longobarda videlicet et Romana ..."[49]. Ferner finden sich die iura communia im Sinne des römischen und des langobardischen Rechts erwähnt in LA 1, 30, LA 1, 73, 1 und LA 1, 95, 3[50]. Auch die Glossatoren zum LA verstanden „iura communia" im Sinne dieser beiden Rechtsordnungen, so besonders die gl aut in defectu ipsarum zu LA 1, 47. Noch um 1300 vertrat Andreas d'Isernia diese Meinung, wenngleich zu seiner Zeit die Bedeutung des langobardischen Rechts bereits zurückgetreten war, so daß er zu LA 1, 62, 1 ausführt „... Multi tamen non utuntur iure Longobardo in regno ..." und dies zu LA 2, 17 wiederholt.

Mit der Bezeichnung „iura communia" für das römische und das langobardische Recht gemeinsam steht in Einklang, daß der im Singular gebrauchte Ausdruck „ius commune" im LA entweder allein das römische Recht bezeichnet, so in LA 1, 101, 2, 10+19+21+24+33 und 3, 8+11+26+37+42[51], oder aber allein das langobardische Recht, so in LA 2, 32[52]. Daneben werden allerdings auch noch Bezeichnungen verwendet wie lex vetus für das römische Recht[53]. Schwierigkeiten bereiten

---

[48] *Calasso,* La const. Puritatem del Liber Augustalis, in: Studi in onore di Carlo *Calisse,* 1940, S. 527 + 542; nach Ansicht von *Neumeyer,* Die Entwicklung des int. Straf- und Privatrechts bis Bartolus, Bd. 1, 1901, S. 268, hatte sich etwa um 1290 das Territorialitätsprinzip allein durchgesetzt.

[49] Letztere Erweiterung befand sich noch nicht im Text von 1231; sie wurde erst später, wahrscheinlich im Jahre 1244 eingefügt. Den ersten Glossatoren zum LA war sie jedoch bereits bekannt, *Calasso,* a.a.O., S. 511 + 520 + 552.

[50] *Monti,* Il diritto comune nella concezione sveva e angioina, in: Studi in onore di E. *Besta,* Bd. 2, 1939, S. 275.

[51] *Capasso* in der Einleitung zu *Brandileone,* a.a.O., S. XXIX; *Monti,* a.a.O., S. 280.

[52] *Monti,* a.a.O., S. 282.

[53] *Monti,* a.a.O., S. 275—277. *Capasso,* Storia, a.a.O., S. 398 Anm. 1, nennt als Bezeichnungen für das römische Recht noch „priscae leges", „antiqua jura", „iura vetera" und „veterum principum sanctiones".

lediglich zwei Stellen, LA 1, 53, 2 und LA 1, 56, in denen sich der Ausdruck „iura communia" der Sache nach allein auf römisches Recht beziehen kann[54]; hier wird man wohl eine unkorrekte Formulierung des Gesetzgebers annehmen müssen. — Von den iura communia unterscheidet LA 1, 94 folgerichtig die iura specialia, das normannische und das fränkische Recht[55], den Rest der alten persönlichen Rechtsordnungen[56].

Die Frage, welcher Teil der iura communia im Falle eines Widerspruchs zwischen der römischen und der langobardischen Normierung den Vorrang beanspruchen konnte, wird man für die Zeit vor 1250 wohl noch nicht im Sinne *Trifones*[57] dahin beantworten können, daß dann stets das römische Recht den Vorrang gehabt habe. Richtiger erscheint es, das langobardische Recht als ius commune auf den vorwiegend langobardisch bewohnten Landesteil beschränkt zu sehen, so daß es dort als ius commune galt, in allen anderen Staatsteilen hingegen das römische Recht[58]. Dies schließt natürlich nicht aus, daß bei fehlender langobardischer Regelung auch im ehemals langobardischen Landesteil das römische Recht in der Funktion des ius commune zur Ergänzung des LA herangezogen wurde[59].

IV

Somit kann durchaus die Frage gestellt werden, ob im sizilischen Königreich den 1231 aufgehobenen Assisen inhaltlich gleichlautende iura communia fortgalten, ob sich also den normannischen Regeln sachlich entsprechende römische oder langobardische Vorschriften finden:

Der Regelung in der AssVat 2 über Schutz und Mehrung der kirchlichen Rechte entsprechen zwar im römischen Recht die Formulierungen in C 1, 2, 12 pr + 17 pr, sowie in C 1, 3, 35 pr, die nach dem Gesagten als

---

[54] *Monti*, a.a.O., S. 284.

[55] *Monti*, a.a.O., S. 283—285. — *Capasso*, Storia, a.a.O., S. 398 Anm. 1, nennt als Bezeichnungen für das normannische Recht noch „regum assisiae" und „praedecessorum nostrorum assisiae".

[56] In den Consuetudines von Mailand aus dem Jahre 1216 stehen z. B. in Cap. 27 römisches und langobardisches Recht als persönliche leges speciales nebeneinander; *del Giudice*, Riv. stor. Ital., Bd. 2, 1885, S. 119.

[57] IRMA, a.a.O., S. 14. Für die spätere Zeit hingegen trifft diese Ansicht zu.

[58] *Neumeyer*, a.a.O., S. 204, führt die starke Berücksichtigung des langobardischen Rechts unter Friedrich auf dessen Residieren im ehemals langobardischen Landesteil zurück.

[59] *Capasso*, Einleitung zu *Brandileone*, a.a.O., S. XXX—XXXIII. *Calasso*, a.a.O., S. 512, und *Engelmann*, Die Wiedergeburt der Rechtskultur, 1938, S. 100, sprechen vom langobardischen Recht als einem „territorialen Spezialrecht". — Erst am Ende des 16. Jahrhunderts geriet das langobardische Recht als ius commune außer Gebrauch, *Calasso*, a.a.O., S. 563.

ius commune im sizilischen Staat galten, es fehlt aber dem römischen Recht die gerade in AssVat 2 bei Verstoß gegen die Schutzvorschriften angedrohte Strafe der Majestätsverletzung; die Konsequenzen des römischen Rechts erschöpfen sich vielmehr gemäß C 1, 3, 10, 2 in der Bereitstellung militärischen Schutzes zugunsten der Kirche. Demnach ist mit dem Inkrafttreten des LA und der Aufhebung der AssVat 2 effektiv eine Rechtsveränderung zu Ungunsten der Kirche eingetreten.

Das vor 1231 in der AssVat 5 enthaltene Verbot des Reliquienhandels hingegen gilt auch später als ius commune gemäß der römischen Regelung in C 1, 2, 3 und C 1, 3, 26[60] fort. Allerdings ist römischrechtlich an dieses Verbot nicht die Folge des uneinklagbaren Kaufpreises und seiner Beschlagnahme zugunsten des Fiskus geknüpft. Diese Folge kennt das römische Recht vielmehr (in einer für die AssVat 5 wohl vorbildlichen Formulierung) nur gemäß C 8, 36 (37), 5 (4) beim Verkauf einer res litigiosa[61], so daß mit der Aufhebung der AssVat 5 insoweit eine Rechtsverschlechterung zu Lasten der Kirche eintrat.

Das kirchliche Asylrecht der AssVat 6 gilt einschließlich der Todes- und Enteignungsstrafe bei seiner Verletzung nach dem Jahre 1231 als ius commune gemäß den römischen Regeln in C 1, 12, 2+6 pr fort, aus denen die AssVat 6 seinerzeit nahezu wörtlich entnommen war[62]. Die in der AssVat 6 weiter vorgesehene Verweigerung des Asylrechts für flüchtige Diebe war aus C 1, 12, 4+6, 9 entnommen[63] und gilt demgemäß ebenfalls als ius commune weiter.

Die in der AssVat 7 vorgesehene Schadensersatzpflicht bei Verletzung kirchlicher Rechte stimmt in ihren Anfangsworten mit der römischen Regelung in C 1, 3, 13 überein[64]; dort ist jedoch als Folge nicht genereller Schadensersatz, sondern eine genau fixierte Privatstrafe in Höhe von fünf Goldpfunden vorgesehen. Nur in dieser engeren Fassung konnte demnach die normannische Regelung nach 1231 als ius commune fortgelten.

Die von der AssVat 8, 1 normierte Zeugnisfreiheit der Bischöfe gilt unter dem LA entsprechend ihrem römischen Vorbild in C 1, 3, 7[65] als ius commune fort.

---

[60] *de Angelis*, a.a.O., S. 46; *Monti*, Il testo, a.a.O., S. 313; *Niese*, Die Gesetzgebung, a.a.O., S. 55.

[61] *Kaser*, Das römische Privatrecht, Bd. 2, 1959, S. 192.

[62] *Chalandon*, a.a.O., S. XIII; *Mommsen*, Römisches Strafrecht, 1899, S. 462; *Monti*, Il testo a.a.O., S. 313.

[63] *Chalandon*, a.a.O., S. XIII; *Mommsen*, a.a.O., S. 462; *Monti*, Il testo, a.a.O., S. 313.

[64] *Monti*, Il testo, a.a.O., S. 314; *Niese*, Die Gesetzgebung, a.a.O., S. 57; *Trifone*, IRMA, a.a.O., S. 10.

[65] *de Angelis*, a.a.O., S. 47; *Chalandon*, a.a.O., S. XIII; *Monti*, Il testo, a.a.O., S. 315; *Niese*, Die Gesetzgebung, a.a.O., S. 59; *Trifone*, IRMA, a.a.O., S. 11.

Die in der AssVat 8, 2 vorgesehene Eidesfreiheit der Priester in weltlichen Streitigkeiten dagegen entstammte weder dem römischen noch dem langobardischen Recht; römischrechtlich gibt es in der Nov. 123, 7 nur die Sondervorschrift, daß der Bischof auf die vorgehaltene, nicht auf die berührte Bibel schwören muß[66]. Demnach galt nach 1231 kein der normannischen Assise entsprechendes ius commune fort[67]. — Dagegen entsprechen der in der AssVat 8, 2 weiter aufgestellten Regel von der Fronlastenfreiheit der Priester die römischen Vorschriften in C 1, 3, 2 pr+6[68], so daß dies nach 1231 als ius commune fortgilt.

Die von der AssVat 9 verbotenen außerkirchlichen Konventikel bleiben weiterhin unter derselben Strafdrohung wie im Normannenrecht verboten, weil das nahezu wörtliche Vorbild dieser Regel in C 1, 3, 15[69] als ius commune fortgilt.

Das in der AssVat 12 für Nichtchristen aufgestellte Verbot des Haltens von Christensklaven und des Handels mit ihnen war aus C 1, 3, 54 (56), 8—11 und aus C 1, 10, 2 entnommen[70]; es gilt demnach nunmehr als ius commune fort. Auch die von der AssVat 12 weiterhin verbotene und mit dem Tode bestrafte Anstiftung zum Glaubensabfall bleibt als ius commune gemäß C 1, 7, 5[71] ebenso strafbar.

Dagegen gilt das von der AssVat 14 verbotene und mit Auspeitschung bedrohte Auftreten von Schauspielern in geistlichen Gewändern gemäß C 1, 4, 4, woraus die Eingangsworte der AssVat 14 entnommen waren[72], nur mit sichtlicher Einschränkung als ius commune fort, denn die römische Vorschrift enthält nur ein einfaches Verbot ohne Strafsanktionen und beschränkt sich auch auf den Schutz der Nonnenkleidung vor öffentlicher Diffamierung.

---

[66] Was dann auch in X. 2, 7, 7 vorgesehen war; *Wetzell*, System des ordentlichen Civilprocesses, 3. Aufl., 1878, S. 258.

[67] Die Frage, ob die normannische Assise auf fortgeltende kanonische Rechtsquellen zurückgeführt werden könnte, braucht hier nicht erörtert zu werden, weil dem kanonischen Recht nach Maßgabe des LA die Qualität eines ius commune im sizilischen Königreich nicht beigemessen war.

[68] *de Angelis*, a.a.O., S. 47; *Chalandon*, a.a.O., S. XIII; *Monti*, Il testo, a.a.O., S. 315; *Niese*, Die Gesetzgebung, a.a.O., S. 59; *Trifone*, IRMA, a.a.O., S. 11.

[69] *Chalandon*, a.a.O., S. XIII; *Monti*, Il testo, a.a.O., S. 315; *Niese*, Die Gesetzgebung, a.a.O., S. 58; *Trifone*, IRMA, a.a.O., S. 10.

[70] *Kaser*, a.a.O., Bd. 2, S. 85; *Monti*, Il testo, a.a.O., S. 318; *Niese*, Die Gesetzgebung, a.a.O., S. 63.

[71] In C 1, 7, 1 und C 1, 9, 16 wird noch besonders der Übertritt zum jüdischen Glauben verboten; *Chalandon*, a.a.O., S. XIII; *Mommsen*, a.a.O., S. 611; *Trifone*, IRMA, a.a.O., S. 11.

[72] *Brandileone*, a.a.O., S. 30; *Chalandon*, a.a.O., S. XIII; *Monti*, Il testo, a.a.O., S. 318; *Niese*, Die Gesetzgebung, a.a.O., S. 64; *Trifone*, IRMA, a.a.O., S. 10.

Die in der AssVat 18 enthaltene Regelung des Majestätsverbrechens deckt sich mit der im römischen Recht[73]: So war der Tatbestand des Aufstandes und der Verschwörung nebst Todes- und Enteignungsstrafe in der AssVat 18, 1 aus C 9, 8, 5 pr entnommen; daß die Straffolgen auch auf die Söhne ausgedehnt werden, entstammte der anschließenden Vorschrift in C 9, 8, 5, 1[74]. Gnade wegen Anzeige des Planes gewährt das römische Recht gemäß C 9, 8, 5, 7. — Die Regel der AssVat 18, 2, daß Majestätsverbrechen auch nach dem Tode des Täters verfolgt werden, ergibt sich nach dem Inkrafttreten des LA aus C 9, 8, 6,2 und aus D 48, 4, 11. Die damnatio memoriae war aus C 9, 8, 6, 2 entnommen, der Vermögensanfall an den Fiskus nebst vorheriger Verfügungssperre aus C 9, 8, 6 pr+3 und D 48, 4, 9+11. Gemäß D 48, 4, 9 gilt auch die Regel, daß Kinder das Vermögen erhalten können, als ius commune fort. — Der Sammeltatbestand des Majestätsverbrechens schließlich in der AssVat 18, 4 entspricht den Aufzählungen in D 48, 4, 1, 1 und D 48, 4, 2+3+4 pr, so daß der gesamte Rechtsgehalt der AssVat 18 nach dem Inkrafttreten des LA als ius commune römischer Herkunft weitergelten konnte[75].

Die Vorschrift über die Beweiserhebung beim crimen falsi in der AssVat 22 war nahezu wörtlich aus C 9, 22, 22 pr+1 entnommen[76]; sie gilt demnach als ius commune weiter.

Wenn gemäß der AssVat 26, 2 die Beihilfe zum Diebstahl wie die Haupttat bestraft werden sollte, so ist diese Regel nach 1231 dem römischen Recht in der allgemeinen Formulierung gemäß C 9, 39, 1 pr, für den Diebstahl speziell gemäß D 1, 18, 13 pr und D 47, 2, 52, 1 als ius commune zu entnehmen[77].

Die in der AssVat 28, 1 vorgeschriebene Abwägung aller Umstände bei Ehebruchs- und Verführungsklagen ist zwar in ihrer Formulierung an das römische Recht in D 48, 5, 14 (13), 5 und D 48, 5, 16 (15), 6 angelehnt, die beiden Digestenstellen behandeln jedoch sachlich andere Fragen, so daß die Regelung der AssVat 28, 1 nach dem Inkrafttreten des LA nicht als ius commune fortgelten konnte.

Die Straffreiheit von Frauen, denen der Makel einer vilitas vitae anhaftet, bei Unzuchtsdelikten, wie sie die AssVat 28, 5 vorsah, war aus

---

[73] *Brandileone*, a.a.O., S. 31; *Mommsen*, a.a.O., S. 547/9; *Monti*, Il testo, a.a.O., S. 321; *Niese*, Die Gesetzgebung, a.a.O., S. 66; *Rein*, Das Criminalrecht der Römer, 1844, S. 536; *Trifone*, a.a.O., S. 10.

[74] Ähnlich auch C 9, 49, 10, 5.

[75] *Mor*, a.a.O., S. 244, nimmt an, daß Friedrich, im Unterschied zu Roger II., wegen der stärkeren Festigung seiner Königsmacht auf die ausdrückliche eigene Normierung dieser Tatbestände verzichtet habe.

[76] *Chalandon*, a.a.O., S. XIII; *Monti*, Il testo, a.a.O., S. 324; *Niese*, Die Gesetzgebung, a.a.O., S. 70; *Trifone*, IRMA, a.a.O., S. 10.

[77] *Costa*, Crimine e pene da Romolo a Giustiniano, 1921, S. 139; *Mommsen*, a.a.O., S. 746 und 775.

C 9, 9, 28 (29) entnommen[78]; sie gilt demnach als ius commune auch nach 1231 fort.

Daß nach der AssVat 29, 2 der Ehebrecher zuerst und vor der Frau angeklagt werden mußte, entsprach dem römischen Recht gemäß D 48, 5, 2pr+12 (11), 11+18 (17), 6+33 (32), 1 und gemäß C 9, 9, 8[79]; dies gilt somit als ius commune fort. — Die Regel, daß Geldannahme für stuprum zur Bestrafung nach der lex Iulia de adulteriis führt, wie sie in der AssCass 18, 1 (im Anschluß an die prozessuale Reihenfolge der Anklagen) aufgestellt war, verwies schon durch ihren Wortlaut auf das römische Recht, dessen Regelung in D 48, 5, 30 (29), 2 mit dem Gesagten übereinstimmt; sie gilt nach 1231 als ius commune fort. — Dagegen hat die AssVat 29, 3 (die wohl als Erweiterung der vorgenannten Regel in der AssVat 29, 2 anzusehen war) mit ihrer Vorschrift, daß bei gleichzeitiger Anwesenheit vor Gericht der Ehebrecher zuerst vernommen werden müsse, keine Entsprechung im römischen oder langobardischen Recht. Dies gilt demnach seit dem Inkrafttreten des LA nicht mehr.

Die von der AssVat 34 für das Bartausreißen bestimmte Strafe stammte aus dem Edictus Rothari 383[80] und ist demnach im Rahmen des oben Gesagten im ehemals langobardischen Landesteil als ius commune in Fortgeltung. Für das übrige Königreich gilt als ius commune die sachlich verwandte Regelung des römischen Rechts zur iniuria gemäß I 4, 4, 1+8 und D 47, 10, 5 pr+1, die die Zahlung einer nach richterlicher Schätzung bestimmten Geldsumme zur Folge hat, wie dies in I 4, 4, 7 und D 47, 10, 37, 1 vorgesehen ist[81]. Somit kann man die Regel der AssVat 34 insgesamt als nach ius commune fortgeltend ansehen.

Der in der AssVat 41, 2 enthaltene Satz vom Vorrang des Willens stammt wörtlich aus D 48, 8, 14+15; er gilt demnach ebenfalls als ius commune fort.

Die von der AssCass 33 mit Enteignung und Strafversklavung bedrohte Arbeitsflucht findet ihre Entsprechung im römischen Colonenrecht. Dort ist in C 11, 53 (52), 1, 1 die Fesselung und Bestrafung des Flüchtigen vorgesehen[82], so daß man, in weitgefaßter Interpretation dieser Stelle, die Fortgeltung der Regelung aus der AssCass 33 als ius commune bejahen kann.

---

[78] *Trifone*, IRMA, a.a.O., S. 10.
[79] *Brandileone*, a.a.O., S. 35; *Mommsen*, a.a.O., S. 697; *Niese*, Die Gesetzgebung, a.a.O., S. 80; *Trifone*, IRMA, a.a.O., S. 10.
[80] *Monti*, Il testo, a.a.O., S. 337.
[81] *Mommsen*, a.a.O., S. 790 + 804; *Rein*, a.a.O., S. 371.
[82] *Kaser*, a.a.O., Bd. 2, S. 101. Die Fesselung des Flüchtigen wird auch noch in C 11, 64 (63), 3 erwähnt, dort aber in einer strafprozessualen Funktion.

V

Somit ergibt sich, daß der Rechtsgehalt der meisten mit dem Inkrafttreten des LA im Jahre 1231 aufgehobenen Assisen auch danach als ius commune im Königreich Sizilien weitergalt. Dies trifft in vollem Maße und uneingeschränkt zu für die kirchenrechtlichen Regeln der AssVat 6 (Asylrecht der Kirche[83]), 8, 1 (Zeugnisfreiheit der Bischöfe), 9 (außerkirchliche Konventikel) und 12 (Handel mit Christensklaven und Anstiftung zum Glaubensabfall), sowie für die allgemein strafrechtlichen Regeln der AssVat 18 (Majestätsverbrechen), 22 (Beweis beim falsum), 26, 2 (Beihilfe zum Diebstahl), 28, 5 (Straffreiheit wegen vilitas vitae), 29, 2 (Prozeßfolge bei Ehebruchsanklagen) und 41, 2 (Vorrang des Willens beim Delikt), sowie der AssCass 18, 1 (Geldannahme für stuprum).

Mit sachlich unbedeutenden Veränderungen griff die Fortgeltung als ius commune auch ein zugunsten der kirchenrechtlichen Vorschriften in der AssVat 7 (Schadensersatz bei Verletzung kirchlicher Güter), sowie der strafrechtlichen Vorschriften in der AssVat 34 (Bartausreißen) und der AssCass 33 (Arbeitsflucht).

Dagegen waren auch der Sache nach seit dem Jahre 1231 nicht mehr in Geltung die kirchenrechtlichen Regeln der AssVat 2, daß die Verletzung kirchlicher Rechte als Majestätsverbrechen anzusehen sei (nur ein einfaches Schutzgebot in Form einer lex imperfexta bestand im ius commune fort), der AssVat 5 über den Verlust des Kaufpreises beim verbotenen Reliquienhandel (auch hier kannte das ius commune nur ein Verbot durch lex imperfecta), der AssVat 8, 2 über die Eidesfreiheit der Priester (während hingegen ihre Fronlastenfreiheit vom ius commune anerkannt wurde) und der AssVat 14 über die strafbare Diffamierung geistlicher Gewänder (im ius commune wurde nur die Nonnenkleidung und diese nur durch eine lex imperfecta geschützt). Ferner waren auch der Sache nach nicht mehr in Geltung die strafrechtlichen Regeln der AssVat 28, 1 über die Möglichkeit billiger Strafabänderung bei Sittlichkeitsdelikten und die AssVat 29, 3 über die Vernehmungsreihenfolge im Ehebruchsprozeß.

Diese Zusammenfassung der Ergebnisse läßt zwei Dinge deutlich werden: Einmal war die Veränderung der materiellen Rechtslage mit dem Inkrafttreten des LA bei weitem nicht so beträchtlich, wie es die große Zahl nicht übernommener normannischer Assisen zunächst hatte erwarten lassen. Die meisten der nicht in den LA übernommenen Assisenregeln galten der Sache nach als ius commune weiter. — Zum

---

[83] *Mor*, a.a.O., S. 239, nahm dessen Wegfall mit dem Jahre 1231 zu Unrecht an, weil er nur auf den geltenden Wortlaut der Assisen und nicht auch auf das ius commune abgestellt hatte.

anderen jedoch ist unverkennbar, daß der LA eine Reihe kirchenrechtlicher Normierungen aus den normannischen Assisen bewußt zu Ungunsten der Kirche abänderte. Die Aufhebung des starken Strafrechtsschutzes für kirchliche Güter und der Eidesfreiheit der Priester, sowie die Abwertung des Reliquienhandelsverbotes und des Schutzes geistlicher Gewänder stehen sicher nicht zufällig hier in innerem Zusammenhang. *Mor*[84], der sich mit dieser Frage ebenfalls befaßte, hält diese Veränderungen der materiellen Rechtsordnung jedoch nicht für den Ausdruck einer grundsätzlich antiklerikalen Haltung, sondern wertet sie als Folge eines gegenüber dem Zeitalter Rogers II. enorm gesteigerten Souveränitätsbewußtseins gerade bei Friedrich II., eine Deutung, der ich mich anschließen möchte. Ebenso erscheint die Abschaffung der Billigkeitsentscheidung bei bestimmten Sittlichkeitsdelikten als Konsequenz des von Friedrich stets mit besonderem Nachdruck verfolgten Strebens nach Rechtssicherheit.

Im ganzen erweist sich somit, was den Bestand der von Friedrichs normannischen Vorgängern eingesetzten Rechtsordnung angeht, der Liber Augustalis als ein Bewahrer der Tradition. Daß er dem überkommenen Rechtsbestand zahlreiche Neuerungen hinzufügte, steht in einem anderen Zusammenhang. Beseitigt wurden vom Liber Augustalis nur diejenigen Normannenregeln, die Friedrichs und seines Hofes gesteigertem Macht- und Herrschaftsbewußtsein widersprachen.

---

[84] a.a.O., S. 240.

Die Bedeutung der Ursachen-Lehre des *Thomas von Aquin* für eine offene rechtsphilosophische Systematik

Von Carl Joseph Hering, Köln

I

1. Erich *Fechner* hat in seiner „Rechtsphilosophie“ den Versuch gemacht, das Faktum und die historischen Wandlungen des Rechts aus dem Zusammenspiel von Ideal- und Realfaktoren zu erklären[1]. Er zählt (in freier Anlehnung an die Schelersche Lehre von den sog. Wirkfaktoren, die dieser nur auf außerjuristisches historisches Geschehen bezogen hatte) zu den Realfaktoren: die biologischen, ökonomischen und politischen Determinanten des Rechts sowie die Natur der Sache, und zu den Idealfaktoren: die objektivierende Vernunft, das Werterleben, gewisse Urbilder der menschlichen Seele (Archetypen) und das religiöse Erleben. Das Zusammenspiel der Faktoren versucht Fechner dann nach dem von Scheler aufgestellten „Gesetz der Ordnung der Wirksamkeit der Ideal- und Realfaktoren“ aufzuweisen, womit er eine *ganzheitliche Theorie* der *Konstitutions- und Entwicklungselemente* des Rechts entworfen hat. Diese Theorie ist *offen* für den sukzessiven An- und Einbau von konkreten *Forschungsergebnissen.*

Es wäre nun möglich, diese oder eine ähnliche Theorie rein „kausal“ (kausal im naturwissenschaftlichen Sinne) zu unterfangen und auszubauen. Ein solcher Versuch könnte heute bereits — durch die Rechtsgeschichte und die soziologische Verhaltensforschung hindurch — bis in die Molekularbiologie vorgetrieben werden[2]. Aber ein so disziplinierter Versuch würde der Ganzheit entraten, wenn die Erkenntnisbemühung nicht auch in den *„Grund“* der komplizierten Ordnung zu transzendieren versuchte. Freilich ist Transzendieren ein spekulatives Tun, dem nicht die Exaktheit der Naturwissenschaften zukommt. Aber es ist, wie die Kulturgeschichte zeigt, ein praktisch unabdingbares, den

[1] Erich *Fechner*, Rechtsphilosophie/Soziologie und Metaphysik des Rechts (Tübingen 1956), Teil B.

[2] Vgl. Adolf *Portmann*, Biologie und Geist (Zürich 1956 u. Freiburg/Br. 1963); H. Mittelstaedt, Die Regelungstheorie als methodisches Werkzeug der Verhaltensanalyse, in: Naturwissenschaften 48 (1961); M. F. *Perutz*, Fortschritte in der Molekularbiologie, in: Endeavour, Bd. 17 (1958); Hedwig *Conrad-Martius*, Utopien der Menschenzüchtung (München 1955).

Lebenssinn des Menschen mitbestimmendes Tun, zu dem die Großen der Menschheitsgeschichte schon so viel hypothetische sinnerschließende und sinndeutende Vorarbeit geleistet haben, daß sie philosophisch — und das heißt ganzheitlich — nicht ignoriert werden kann, ohne daß zugleich die Frage nach dem Grunde und dem Sinn des rechtlichen Regelns ignoriert würde. So legt sich denn auch *Fechner* weder naturwissenschaftlich noch nach irgendeiner anderen Observanz fest. Er hält vielmehr den Blick für die *Gesamtheit* offen, auch für weltanschauliche und theologische Traditionen, die einander widersprechen. Und so übersieht er nicht, daß im Spannungsgefüge der gegensätzlichen Auffassungen die „Auffassung von der göttlichen Herkunft und vom göttlichen Wesen des Rechts" auch in der Gegenwart noch durchaus lebendig ist[3].

2. Wenn nun im folgenden die Lehre des *Thomas von Aquin* (1225 bis 1274) von den Arten und dem Zusammenspiel der „Ursachen" betrachtet wird, so geschieht es — eingedenk des vorher Gesagten — in der Absicht einer Besinnung auf die in der thomasischen Lehre systematisierten *ganzheitlichen*, auch auf das *Recht* sich beziehenden Gesichtspunkte und Ordnungselemente, die bezüglich der *Offenheit* der Systematik zumindest als exemplarisch angesehen werden können. Daß diese Besinnung zugleich zu einer Besinnung auf die wissenschaftstheoretische Bedeutung der Scholastik schlechthin gereicht, ergibt sich aus dem Gesamtzusammenhang[4].

Die Scholastik hat sowohl die auf *Aristoteles* (384—322) zurückgehende Lehre von den *vier Ursachen des Veränderns* wie auch die auf *Plato* (427—347) zurückgehende Lehre von der *causa exemplaris* weiterentwickelt. Beide Lehren sind ursprünglich ontologischerNatur. Während aber die erstere weitzweigig auch auf Recht und Moral Anwendung fand, insbesondere bei Thomas von Aquin, ist die sublimere Lehre von der causa exemplaris, die vor allem die mittelalterliche Ontologie (Universalienstreit) und die mystische Theologie, auch noch die Moral befruchtete, mit dem Recht nur andeutungsweise in Verbindung gebracht worden. Das ist um so verwunderlicher, als die Lehre von den vier Ursachen auch in rechtstheoretischer Hinsicht durch die Lehre von der causa exemplaris ihre systematische Krönung findet.

II

1. Hier sei zunächst der traditionelle Grundbestand der Vier-Ursachen-Lehre aufgewiesen. Es kann und soll natürlich im Rahmen

[3] *Fechner*, a.a.O., 51.

[4] Vgl. C. J. *Hering*, Die wissenschaftstheoretische Bedeutung der Scholastik, in: Studium Generale Köln 1248 (Festschrift der Kölner Universitätszeitung, 1948), 23 ff.

dieser kurzen Abhandlung nicht die geschichtliche Entwicklung dieser Lehre in ihren Einzelzügen dargestellt werden. Es genügt ein orientierender Rückblick auf *Aristoteles.*

Aristoteles hatte als Faktoren des Werdens (unter dem Oberbegriff αἴτιον) vier Ursachen unterschieden: die bewegende oder Wirkursache (αἴτιον κινοῦν oder αἰτία) als das, was man heute gemeinhin „Ursache" nennt; die Zweckursache (τέλος), die das Ziel des Geschehens bestimmt; die Materialursache (ὕλη) als die (nach ihrer Gesetzlichkeit) mitwirksame Materie, aus der etwas gestaltet wird; und schließlich die natürliche Wesenheit des jeweils Entstehenden als die Gestalt- oder Formalursache οὐσία.

Diesen Quaternar, den der Stagirite in der „Metaphysik"[5] sowie in der „Physik"[6] entwickelt hat, ist primär zweifellos ontologisch (also i. S. der Wissenschaft vom nicht näher bestimmten Seienden als solchem) zu verstehen. Daß Aristoteles ihn aber auch auf Kunsttätigkeit sowie auf menschliches Gestalten überhaupt bezogen hat, zeigt schon das Beispiel von der Entstehung einer Bildsäule (der Apollostatue des Polyklet), an dem der Philosoph das Zusammenspiel der vier Ursachen klarmachte. In seinen ethisch-politischen Schriften, soweit sie nicht rein empirischer Natur sind, betont Aristoteles vordringlich die kausale Funktion des Telos, so daß die Systematik dieser Schriften ausgesprochen teleologisch bestimmt ist. Der quaternare Kausalnexus ist also hier nicht wie in der „Metaphysik" und „Physik" besonders hervorgehoben. Doch bleibt zu beachten, daß Aristoteles auch in seiner „Politik" die „methodologisch-erkenntnistheoretische Überzeugung" zum Ausdruck gebracht hat, „man müsse einen Gegenstand in seinem *Entstehen* zu begreifen versuchen"[7]. Gerade hierauf kommt es im hier zu erörternden Zusammenhang besonders an; hält doch das Wissen um den Kausal*nexus* zu einer „ganzheitlichen" Betrachtungsweise an, die Einseitigkeit ausschließt. Aristoteles schließt auch die Enge rein weltimmanenter Betrachtung aus; denn er hat[8] (trotz seines empirischen Grundzugs) durch Reduktion den Begriff des „ersten unbewegten Bewegers" (τὸ πρῶτον κινοῦν ἀκίνητον) konzipiert und eben diesen zugleich als die *göttliche Zweckursache* verstanden[9], auf die der ganze *Kosmos hingeordnet* sei[10].

2. Bei *Thomas von Aquin* kehrt die teleologische Gesamtordnung des Aristoteles in christlichem Gewande wieder, und sie ist dort für den

[5] Arist. Met. I, 3; V, 2.
[6] Arist. Phys. II, 3 u. 7.
[7] Arist. Pol. I, 1; vgl. Hans *Meyer*, Gesch. d. abendl. Weltanschauung I (Würzburg 1947), 211; E. *Arleth*, Die metaphys. Grundlagen der aristotelischen Ethik (1903).
[8] Arist Met. XII; Phys. VII u. VIII.
[9] Arist. Met. XII, 7.
[10] Arist. Met. XII, 10; H. Meyer, a.a.O. (s. o. Nr. 7), 221.

Bereich von Recht und Moral mit der Gesetzesstufenlehre Augustins (354—430) verbunden (Lex aeterna — lex naturalis — lex positiva). Zwar findet sich bei Thomas der quaternäre Kausal*nexus* nicht als Schema, wohl aber sachlich impliziert. So erscheint in dem Tractatus de creatione[11] Gott (ontologisch) als die causa finalis omnium, und in den Ausführungen über das Wesen des Gesetzes erscheint (rechtstheoretisch) das bonum commune als deren letzte causa finalis[12]. Insofern als das bonum commune schlechthin das bonum commune divinum, nämlich Gott als das bonum universorum, mitumfaßt, kann das bonum commune nach Thomas keineswegs nur säkular erfüllt werden; auf Gott als den finis omnium ist auch das Gemeinwohl hingeordnet[13]. Nichtsdestoweniger ist Gott aber auch causa efficiens, dies nicht nur als Schöpfer[14] (zum Unterschied von Aristoteles), sondern auch als oberster Gesetzgeber, sowohl hinsichtlich positiver göttlicher Gesetze (z. B. des Dekalogs) wie auch hinsichtlich aller menschlichen Gesetze, da diese wie alles andere von der lex aeterna, die die göttliche Weisheit und der weisheitliche Wille Gottes selber ist[15], abhängen[16]. Daß auch die menschlichen Gesetzgeber im System des Aquinaten als causae efficientes fungieren, liegt, auch wenn dies mit anderen Worten gesagt wird, in der Konsequenz des Vorhergehenden; das ergibt sich besonders deutlich aus der bekannten thomasischen Gesetzes-Definition: Lex est „quaedam rationis ordinatio ad bonum commune, et ab eo, qui curam communitatis habet, promulgata“[17]. Diese Definition läßt zugleich erkennen, daß die Promulgation als eine causa formalis verstanden war.

Die systematische Stringenz der thomasischen Causae-legis-Lehre zeigt sich am deutlichsten in dem Lehrstück über die „determinatio particularis“, die sich auf die Funktion der causa materialis bezieht, ohne daß davon ausdrücklich die Rede wäre. Es handelt sich in diesem Lehrstück um die Weise der Anwendung von Naturrechtssätzen auf die rechtlich oder moralisch zu regelnden sachlichen Gegebenheiten. Hier, sagt Thomas, sind die Naturrechtssätze, die als solche (nach ihm) sehr allgemein sind, nicht „sicut conclusiones ex principiis“, sondern auf eine

---

[11] Thomas Aq., S. th. I, 44, 4.

[12] Thomas Aq., S. th. 1 II, 90, 2.

[13] Thomas Aq., S. c. g. III, 17; vgl. A. P. *Verpaalen*, Der Begriff des Gemeinwohls bei Thomas v. Aquin (Heidelberg 1954), bes. 79 (2a); ferner (in Anwendung auf die Gegenwart) Johannes *Messner*, Das Gemeinwohl (Osnabrück 1962).

[14] Thomas Aq., S. th. I, 44, 4.

[15] Thomas Aq., S. th. 1 II, 93, 4 ad 1: „... quae quidem subiecta sunt legi aeternae, in quantum horum ratio est in divina sapientia; et ratione horum voluntas dei dicitur rationabilis ...“ Diese Stelle bietet einen beachtlichen Ausgleich zwischen Intellektualismus und Voluntarismus, worauf hier aber nicht weiter eingegangen wird.

[16] S. th. 1 II, 93.

[17] S. th. 1 II, 90, 4.

durch den jeweiligen Gegenstand mitbestimmte Weise anzuwenden, bei der die „inclinationes rerum in proprios fines“ berücksichtigt werden. Hiernach sei das positive Recht ein „derivatum a lege naturae per modum particularis determinationis“. Die determinatio particularis geschieht also unter Berücksichtigung der Natur der Sache, wie wir heute sagen würden. Während die Lehre von der „particularis determinatio“ in erster Linie für die Theorie der Gesetzgebung relevant ist, aber natürlich auch für das normativ bestimmte verwaltungsmäßige Anordnen theoretische Bedeutung hat, hat Thomas in bezug auf die richterliche und verwaltende Tätigkeit noch die spezielle Lehre von der Epikie entwickelt[18], die — wenn auch mit anderen Worten — von der gleichen Auffassung wie die Lehre von der „particularis determinatio“ getragen ist. Sie ist gewissermaßen eine Variation dieser Lehre[19].

Thomas hat mit seiner Lehre von der „particularis determinatio“ in Verbindung mit der Epikielehre den Ansatz zu einer *offenen normativen Systematik* gegeben. Die Offenheit dieser Systematik ergibt sich aus der *beständigen Integration* des rechtlichen Regelns, die mit der particularis determinatio jeweils verbunden ist.

Hinsichtlich des hier zu erörternden Gesamtzusammenhangs ist nun zu beachten, daß für Thomas auch die „Sachen“ kreatürlichen Charakter haben, also von Gott erschaffen sind. D. h.: ihr ontologisches Wesen geht ebenso auf Gott zurück wie die lex naturalis (die ein Abbild der lex aeterna im Menschengeist ist), wie der rechtlich regelnde Mensch selbst als causa efficiens iuris (z. B. als Gesetzgeber, Vertragspartner oder Erblasser) und wie die ganze Ordnung der Zwecke. Sonach haben bei Thomas die rechtliche und moralische Ordnung als Teilordnungen des „totus ordo universi“ „uni-versalen“ Charakter, wobei „uni-versal“ im vollen Wortsinne als „dem Einen zugekehrt“ verstanden werden kann.

3. Nun ist zu beachten, daß mit der Mechanisierung des Weltbildes seit dem 17. Jahrhundert immer mehr die Wirkursache das wissenschaftliche Bewußtsein erfüllte, so daß diese bald als die einzige „Ursache“ erschien[20]. So findet sich von der reichen, ontologisch tiefverwurzelten Systematik der Vier-Ursachen-Lehre sogar bei dem Kanonisten Franziskus *Schmalzgrueber* (1663—1735) in seinem sonst berühmten, umfang- und inhaltsreichen „Ius ecclesiasticum universum“ nur noch ein blasses

---

[18] S. th. 2 II, 120; Thomas setzte die Epikie der Aequitas gleich; vgl. *Hugon*, De epikeia et aequitate, in: Angelicum 5 (1928) 359 ff.

[19] Vgl. C. J. *Hering*, Der Schematismus der „particularis determinatio“ des hl. Thomas v. Aq. als Ansatz eines offenen normativen Systems, in: Wahrheit u. Wert in Bildung u. Erziehung, hrsg. v. Th. *Rutt*, 3. Folge (Ratingen 1962 = Festschrift f. Georg *Raederscheidt*) 521 ff.

[20] Vgl. Heimo *Dolch*, Kausalität im Verständnis des Theologen und der Begründer der neuzeitlichen Physik (Freiburg/Br. 1954), passim.

Ordnungsschema[21]. In dem Kapitel „De constitutionibus" subsumierte Schmalzgrueber

unter Causa finalis	(letztlich) das bonum commune,
unter Causa efficiens	den legislator,
unter Causa materialis	die materia ordinata vel ordinanda und
unter Causa formalis	die verba vel alia signa, quibus legislator ordinare potest (z. B. die Promulgation).

Nach diesem Schema *ordnete* Schmalzgrueber lediglich seinen kanonistischen Lehrstoff. Über die Theorie der vier causae legis und erst recht über die sozusagen esoterische Lehre von der causa exemplaris findet sich bei ihm nichts, obzwar er Thomas von Aquin (nächst *Suarez, Navarrus, Roselli* und *Medina*) reichlich zitiert. Daß sich und wie sich die Wandlung des wissenschaftlichen Bewußtseins auch auf das Rechtsdenken auswirkte, hat Ernst *von Hippel* unter den Gesichtspunkten „mechanisches" und „moralisches" Rechtsdenken vielfältig aufgewiesen[22].

III

1. Es wurde oben schon gesagt, daß auch die *Causa-exemplaris-Lehre* primär ontologischer Natur ist, daß sie aber nichtsdestoweniger die systematische Krönung der scholastischen, insbesondere der thomasischen Moral- und Rechtslehre sei.

In dem scholastischen Begriff der causa exemplaris sind platonische, neuplatonische und spezifische christliche Elemente verschmolzen, vor allem Platos Lehre von den vorgegebenen Ideen als den Urbildern, die bei Augustinus zu den ewigen Gedanken Gottes, die als solche die causae omnium rerum sind, umgeformt wurden[23]. Von ihnen schrieb Augustinus[24]: „Apud te, Domine, rerum omnium instabilium stant causae, et rerum omnium mutabilium immutabiles manent origines, et omnium irrationabilium et temporalium sempiternae vivunt rationes." Als rationes sind sie die Grundform und das Grundmaß alles Wirklichen und Möglichen. Natürlich bilden sie gemäß der Einheit des göttlichen Wesens keine Vielheit und auch nichts von Gott real Verschiedenes. So sagte denn Thomas, der hier Augustinus sowie (Pseudo-)Dionysius Areopagita (c. 500) und Albertus Magnus († 1280) gedanklich folgte, in

---

[21] Fr. *Schmalzgrueber*, Ius ecclesiasticum universum, Tom. I (Neapel 1738). Das Causae- Schema als Ordnungsschema begegnet auch noch in der gegenwärtigen Kanonistik, so z. B. bei Anton *Stiegler*, Der kirchliche Rechtsbegriff (München etc. 1958), 120 f u. 140 ff.

[22] Ernst *von Hippel*, Mechanisches und moralisches Rechtsdenken (Meisenheim 1959), bes. 110 ff. u. 118 ff.

[23] Vgl. Ludwig *Baur*, Metaphysik, Bd. VI (München 1923), 190 f.; Hans Meyer, Systematische Philosophie, II (Paderborn 1958), 147.

[24] Aug., Quaest. 83, 9. 48.

der Summa theologica: „Deus est prima causa exemplaris omnium rerum[25]."

Hier zeigt sich denn auch die systematische Korrelation der Causa-exemplaris-Lehre zur Lehre von den vier Ursachen. Die causa exemplaris ist nämlich, so wie Thomas sie auf dem Grunde der augustinischen Tradition erklärte, eine „Art" der causa formalis. Von den endlichen causae formales unterscheidet sich die göttliche aber dadurch, daß sie nicht (wie jene) causa formalis in rebus und in der Zeit, sondern extra res und von Ewigkeit her ist. Alles ist und wird nach ihr gestaltet wie ein Werk nach einem Plan, und alle endlichen Gestalten stehen in der Besonderheit ihres Wesens zur göttlichen causa formalis im Verhältnis einer gewissen *Ähnlichkeit*; sie verwirklichen sich, bezogen auf Gott als die „causa exemplaris, *secundum analogiam imitationis*"[26].

3. Diese Lehre hat Thomas noch deutlicher in der Summa contra gentes zum Ausdruck gebracht. Dort heißt es[27]: „Omnia igitur tendunt, sicut ad ultimum finem, *Deo assimilari*." Hier wird also Gott nicht nur als *Exemplar*ursache, sondern zugleich als (letzte) *Final*ursache verstanden. In den auf die Bezugsstelle folgenden Capita endlich spricht Thomas die Funktion des *„assimilari Deo"* dem *gesamten Kausalnexus* und damit *allen Causa-Arten* zu[28]. In summa also: Indem etwas (wie immer auch) kausal wirkt, bewirkt es für sein Teil — mehr oder weniger vollkommen — ein „assimilari Deo".

Das „assimilari Deo" beruht bei Thomas auf dem „Zug", den die Seinsfülle und Vollkommenheit Gottes auf die Geschöpfe ausübt. Dieser Zug bewirkt in den bewußt strebenden Geschöpfen das desiderium naturale oder, aristotelisch gesprochen, das natürliche Glücksstreben[29]. Diese Auffassung kommt wohl am deutlichsten da zum Ausdruck, wo Thomas fragt, ob Gott die causa finalis omnium sei[30]. Er antwortet: „Unaquaequa creatura intendit consequi suam perfectionem, quae est *similitudo perfectionis et bonitatis divinae*. Síc ergo divina bonitas est finis rerum omnium."

So konnte denn Thomas die ganze Moral samt dem von ihr systematisch umfaßten und durchdrungenen Recht als einen „motus rationalis

[25] Thomas Aq., S. th. I, 44, 3. Beachtlich für die thomasische Lehre von der causa exemplaris ist auch des Thomas v. Aq. Opusculum „In Dionysium de divinis nominibus" (in: Opuscula omnia, hrsg. v. P. *Mandonnet*, Paris 1927) und (ebd.) der Kommentar zum sog. „Liber de causis"; letzterer wurde für ein Werk des Aristoteles gehalten, bis Thomas erkannte, daß es sich um einen Auszug aus Proklus (Initia Theologiae) handelte. Proklus (410—485) hatte auch auf Dionysius-Areopagita gewirkt und dieser wiederum auf Albertus Magnus und Thomas. Zur Tradition vgl. allgemein Jos. *Koch*, Platonismus im Mittelalter (Kölner Universitätsreden, 1948).

[26] Thomas Aq., S. th. I, 44, 3.

[27] Thomas Aq., S. c. g. III, 19; vgl. auch S. th. I, 44, 4.

[28] Thomas Aq., S. c. g. III, 21.

[29] Arist., Nik. Eth. I, 2.

[30] Thomas Aq., S. th. I, 44, 4.

creaturae ad Deum" verstehen[31] und von der Seele des Menschen sagen, daß in sie eingeschrieben werde (werden müsse) die ganze Ordnung des Universums und seiner Ursachen („Ut in ea describatur totus ordo universi et causarum eius").

4. Das gilt auch für den Menschen, insofern er *Recht* zu erkennen und danach zu handeln versucht. Auch die Rechtserkenntnis ist bei Thomas in gewissem Sinne eine *cognitio in rationibus aeternis*. Sie ist das aber nicht in dem Sinne, als ob dem Menschen die rationes aeternae (die Gedanken Gottes und der diesen entsprechende göttliche Wille) adaequat erkennbar wäre; vielmehr ist der Mensch seiner sinnlich-geistigen Erkenntnisverfassung nach — unbeschadet der Offenbarung — auf die *Erfahrung* angewiesen. Aber auch hier begegnet er der causa causarum qua causa exemplaris; denn alle Dinge und der Mensch selber sind Geschöpfe Gottes, und „Primum bonum relucet in ratione boni creati", hatte schon des Aquinaten Lehrer, Albertus Magnus, gesagt[32]. So ist denn der Mensch auch im rechtlichen Erkennen und Handeln immer wieder auf die Erfahrung und damit auf sukzessive Erforschung der zu regelnden Materien angewiesen. Betrachten wir unter diesem Aspekt noch einmal den Schematismus der particularis determinatio, bei der es auf die Erforschung der Natur der Sache (causa materialis) ankommt, so ist unter dem entfernteren (oder richtiger „letzten") Gesichtspunkt der causa exemplaris das rechtliche Erkennen und Handeln und erst recht das rechtsphilosophische Erkennen sozusagen ein Bemühen ad infinitum, ja sogar ein asymptotisches Unterfangen, das letzte Vollkommenheit (jurisprudente und juridische Adaequanz) nie erreichen kann.

IV

Damit aber ist der theoretische Ansatz nicht nur zu einer *offenen*, sondern auch zu einer *umfassenden* (d. h. grundsätzlich nichts ausschließenden) rechtsphilosophischen Systematik gegeben. Diese Systematik ist zugleich theologischer Natur. Aus ihr ergibt sich das Postulat nach immer feinerer rechtlicher Auswägung (Gratian kannte dafür den Ausdruck „consideratio discretionis")[33], nach Emendierung und Ver-

[31] Vgl. Martin *Grabmann*, Thomas von Aquin (7. A. München etc. 1946), 153.

[32] Albertus Magnus, S. de bono (Ed. *Kühle-Feckes-Geyer-Kübel-Heyer*, Monast. Westf. 1951) q. 2. — Zur Rechtstheorie des Albertus Magnus, die mit der Transzendentalienlehre (der Lehre von den obersten Bestimmungen des Seins: unitas, veritas, bonitas) eine systematische Einheit bildet (Tractatus de iustitia = Teil der S. de bono), der noch tiefer als Thomas auf Dionysius Areopagita zurückgreift und für Thomas eine Voraussetzung war, vgl. Ernst *v. Hippel*, in: Die neue Ordnung, 7 (1953), 325 ff.; Karl Michael *Liehner*, Der Rechtsbegriff in der Summa de bono des hl. Albertus Magnus (Kölner iur. Diss. 1954).

[33] Vgl. C. J. *Hering*, Die Aequitas bei Gratian, in: Studia Gratiana, Vol. II (Bologna 1954), 109 f.

tiefung der jeweiligen Rechtsauffassung, nach wachsend differenzierter werdenden Berücksichtigung der „Wirklichkeit“ (soweit sie erkenntnismäßig erfaßbar ist).

Daß dieses Postulat auch der *Gerechtigkeit* entspricht, möge zum Beschluß dieser Betrachtung und unter gleichzeitiger Wiederhinwendung zum gegenwärtigen Rechtsdenken ein Satz des Dionysius Areopagita, der ja einer der Väter der causa-exemplaris-Lehre war, dartun. In seiner Schrift Περὶ θείων ὀνομάτων (De divinis nominibus) heißt es in dem Kapitel über „Macht und Gerechtigkeit“[34]: „Wenn jemand die Unterschiede im Weltganzen, durch die die allverbindende Wechselseitigkeit der Schöpfung aufrechterhalten wird, als ungerechte Ungleichheit verstünde, so wäre ihm zu erwidern, daß es gerade die Gerechtigkeit ist, welche diese Unterschiede bewahrt und es nicht zuläßt, daß das Ganze sich mischt und vermengt und so durcheinander gerät und verwirrt wird. Gottes Macht und Gerechtigkeit und heilende Liebe behütet die existierenden Dinge alle in der eigenen, einem jeglichen zukommenden Art, in welcher von Natur aus zu existieren und von sich aus zu wirken jedes von ihnen geschaffen worden ist.“

Dieser Satz, der die Causa-exemplaris-Lehre in nuce enthält, könnte in einem Kommentar zu Art. 3 unseres Grundgesetzes stehen; denn — nüchtern juristisch gesprochen — besagt dieser Satz, daß nur tatbestandlich Gleiches rechtlich gleich zu behandeln, Ungleiches dagegen ungleich, d. h. je nach seinen eigengearteten Tatbeständen, rechtlich zu beurteilen ist[35].

Man mag zu der rechtsphilosophischen Relevanz und zu der Transparenz der betrachteten scholastischen Causae-Lehren stehen wie immer auch. Jedenfalls waren sie *ganzheitlich* und *systematisch offen*, und sie hatten einen nicht überhöhbaren *idealen Motivwert* (Idealfaktoren des Rechts i. S. von *Fechner*). Insofern verdienen sie auch heute noch beachtet und durchdacht zu werden. Das dürfte sich für die gegenwärtige Rechtsphilosophie methodisch am ehesten in der Sicht vom Kirchenrecht aus anbieten, da dieses seinem Wesen nach ohne „Transparenz“ nicht einmal denkbar ist[36].

---

[34] Kap. VIII, 9 (897 C); oben Übersetzung von Walter *Fritsch*, in: Dionys. Areop., Mystische Theologie (München 1956), 128.

[35] Vgl. BVerfG v. 18. 9. 1952 (JZ 1953, 89 ff.); v. 17. 12. 1953 (BVerfG.Entsch. 3, 135 f.); v. 20. 7. 1954 (NJW 1954, 1235) u.a.m.; Th. *Maunz*, Deutsches Staatsrecht (9. A. 1959) § 14 V.

[36] Vgl. dazu heute: Georg *May*, Das geistliche Wesen des kanonischen Rechts, in: Archiv f. kath. Kirchenrecht, 130. Bd. (1961) 1 ff.; Dietrich *Oehler*, Evangelisches Kirchenrecht als bekennende Ordnung, in: Festschrift f. Friedrich *Giese* (Frankfurt M. 1953); Pio *Fidele*, Nihil aliud est aequitas quam Deus, in: Études d'histoire du droit canonique, Tom. I (Sirey, Paris 1965 = Festschrift f. Gabriel *Le Bras*), 73 ff.

Die Erweiterung der Strafgewalt im oberitalienischen Recht der zweiten Hälfte des Mittelalters

Von Dietrich Oehler, Köln

Nach der Konsolidierung der Stadtstaaten in Italien im Mittelalter unterlag die Anwendung des Strafrechts der Erwägung, wie eine möglichst geringe Lücke bei der Verfolgung der Verbrechen bleibe. Sobald der Prozeß seit Einführung der Inquisitionsmaxime auf das Ziel der materiellen Gerechtigkeit ausgerichtet worden war, wurde der Geltungsbereich des Strafrechts von dem Gedanken recht weitgehender Erfassung der Straftaten getragen. Es kam dem oberitalienischen Recht — im Gegensatz zu dem sich in England schon ausbildenden common law — nicht darauf an, daß das Gericht möglichst nahe und unmittelbar an die den Urteilsspruch tragenden Tatsachen herangeführt wurde. Deshalb wurde dem Territorialgrundsatz für den Geltungsbereich des Strafrechts zwar eine hervorragende Bedeutung eingeräumt, aber ein Grund für eine ausschließliche Geltung wie im englischen Recht bestand nicht.

Schon das italienische Statutenrecht des 13. Jahrhunderts[1], z. B. Paduas[2], kannte mehrere Grundsätze nebeneinander, so daß die Bestrafung nicht nur auf Taten beschränkt war, die innerhalb des betreffenden Herrschaftsgebietes begangen waren. Manchmal wurde der Fremde für seine strafbare Handlung innerhalb des Territoriums sogar schlechter als der Einheimische gestellt, indem er höher als dieser bestraft wurde[3].

Die ordentliche Glosse des *Accursius*[4] beschäftigte sich bereits mit der Frage der Gerichtsstände[5] und knüpfte dabei an die berühmte Stelle C 3, 15, 1 bei Titel Ubi de criminibus agi oportet, an. Die Glosse macht diese

---

[1] In *Kohler*, Beiträge zum internationalen Strafrecht, in Z. Int. Priv.- u. StrafR, Bd. 4, S. 225 ff., Bd. 5, S. 232; *Donnedieu de Vabres*, Introduction à l'étude du droit pénal international, 1922, p. 102 suiv.

[2] *Kohler*, a.a.O., Bd. 4, S. 230.

[3] *Kohler*, a.a.O., Bd. 4, S. 226, 228; *Donnedieu de Vabres*, Introduction, p. 116.

[4] Sie findet sich in allen glossierten Ausgaben des Corpus Juris bis 1627. Auch bei *Meili*, Lehrbuch des Internationalen Strafrechts und Strafprozeßrechts, 1910, S. 33; *Donnedieu de Vabres*, Introduction, p. 106.

[5] Die Glossatoren behandelten nur einige Fragen, vgl. dazu *Meili*, Lehrbuch, S. 30 ff.; *Donnedieu de Vabres*, Introduction, p. 105.

Stelle zum Ausgangspunkt der kontinentalen Entwicklung bis zum 18. Jahrhundert. Die Unklarheit der römisch-rechtlichen Stelle[6] und die unsichere Auslegung durch die Glosse sollten sich für Jahrhunderte höchst ungünstig auswirken. Die Glosse läßt den Gerichtsstand am Ort der Vollendung oder des Beginns der Tat, eventuell am Wohnort — die Glossenworte: vel ubi deprehenditur reus habere domicilium bleiben jahrhundertelang umstritten[7] —, aber auch am Ergreifungsort, zumindest bei vagabundi, entstehen.

Nachdem sich nun eine ganze Reihe von Kommentatoren (Postglossatoren) wie *Alb. de Rociate, Odofredus, Albertus Gandinus*[8], *Cinus* und Franzosen, vor allem *Durantis* und *Johannes Faber*[9], mit fast allen Einzelfragen des Strafanwendungsrechts beschäftigt hatten, brachte *Bartolus*[10] eine Art bescheidenes System in dieses. Infolge seiner sonstigen Wirkung übte er auf seine Zeitgenossen und die spätere Entwicklung in Italien auch im internationalen Strafrecht einen großen Einfluß aus. Dagegen ist Frankreich infolge des überhaupt geringeren Eindringens des römischen Rechts weniger von *Bartolus* berührt worden, zumal auch der Humanismus dort bald einsetzte[11]. In Deutschland war zwar allgemein die Wirkung von *Bartolus* nach der Rezeption groß[12], aber gerade nicht so sehr im internationalen Strafrecht, weil die politischen Verhältnisse verändert waren und sich Jüngere, vor allem *Clarus* und *Farinacius,* im 16. Jahrhundert einen überragenden Einfluß sicherten.

---

6 In Wirklichkeit gibt die Stelle nichts Wesentliches für das Strafanwendungsrecht her. Diese richtige Ansicht brach sich in Deutschland erst im 18. Jahrhundert bei G. L. *Boehmer* Bahn, Electa juris civilis, Tom. II, 1777, §§ 4, 5, p. 207 f. (Exercitatio XX, De delictis extraterritorium admissis).

7 Es ist durch das zweideutige Lateinisch nicht klar, ob nur am Wohnort ergriffene Täter oder darüber hinaus die gemeint sind, die irgendwo ergriffen sind.

8 Sein Tractatus de Malificiis, etwa 1299 geschrieben, ist neu herausgegeben von Herm. *Kantorowicz,* Alb. *Gandinus* etc. 2. Bd., 1926. Danach zitiere ich auch.

9 *Donnedieu de Vabres,* Introduction, p. 110 suiv.

10 Die Erörterungen finden sich verstreut in seinen Werken, hauptsächlich in: In primam Codicis partem Commentaria, Augustae Taurinorum, 1589 (zit.: Comm Cod.), ad prim. lib., 1, 1 (De summa trinitate), l. 1 (cunctos populos), Nr. 20, 44—51. Die in *Bartoli,* In primam et secundam Digesti novi partem Commentaria, ebenda erschienen, (zit.: Comm. Dig.), bei einzelnen Delikten befindlichen Stellen sind für das Allgemeine nicht so bedeutend, da *Bartolus* nicht mehr auf das Grundsätzliche eingeht. Aus den beiden Hauptwerken von *Bartolus* und aus dem einen und anderen Werk (allerdings unvollständig) von *Baldus* druckt *Meili* einschlägige Stellen ab in Z. Int. Priv.- u. StrafR, Bd. 4, S. 258 ff., 340 ff., 446 ff.; dazu *Meili,* Die theoretischen Abhandlungen von *Bartolus* und *Baldus* über das Int. Privat- und Strafrecht, 1894; *Donnedieu de Vabres,* Introduction, p. 132 ff.

11 *Koschaker,* Europa und das römische Recht, 1947, S. 104.

12 *Luther,* Bartolus und das deutsche internationale Privat- und Strafrecht, in: Bartolo da Sassoferrato, Studi e Documenti per il VI Centenario, Vol. II, p. 309, zu allgemein.

Allerdings fußten diese wieder auf den Kommentatoren und damit auch auf *Bartolus*, sie hatten leider von ihm auch die meisten — zum Glück nicht alle — Erweiterungen der Strafgewalt übernommen.

Bartolus' Bild in bezug auf seine Leistung und Originalität für das internationale Strafrecht schwankt in der Literatur[13]. Das kommt vor allem daher, daß man ihn von verschiedenen Standpunkten aus betrachten kann. Vom Systematischen aus ist zu sagen, daß *Bartolus* alle einschlägigen Fragen erstmals richtig zusammengefaßt hat, die bisher verstreut und oft nur sporadisch behandelt worden sind. Zu der einen oder anderen Frage gab er auch mehr theoretische Begründungen als seine Vorgänger. Allerdings schuf er sich durch solche allgemeinen Äußerungen, wie, daß der Staat (civitas) Wert auf gute Untertanen lege, auch die Ausgangsbasis für eine gefährliche Erweiterung der Strafgewalt, z. B. im Sinne des aktiven Personalitätsprinzips. Seine wiederum eingebauten Sicherungen gegen eine unrechte und allzu weite Ausdehnung des Strafgesetzes auf Auslandstaten waren zu schwach, als daß sie eine Entwicklung aufhalten konnten, die zu uferloser Erweiterung der Strafgewalt — und das bei den früher mangelhaften Beweismöglichkeiten — führte. Auch die Lehre vom fortgesetzten Charakter des Diebstahls beim Eintreten des Diebes in einen fremden Staat wirkte sich ungünstig aus. Wenn man bemerkt, daß *Bartolus'* Ausführungen die Vergrößerung der Strafgewalt des Staates und des Richters über das Territorialprinzip hinaus wissenschaftlich befestigte, und wenn man in jeder Ausdehnung der damaligen inquisitorischen Strafrechtspflege auf Auslandstaten infolge der unzureichenden Beweisführung ein Unheil für den Menschen sieht, dann ist das Wirken des *Bartolus* nicht nur als günstig zu bezeichnen. Darüber täuscht aller systematischer Ansatz nicht hinweg. Gewiß ist die beginnende Neuzeit weit über ihn noch hinausgegangen, aber er hätte kraft seiner Autorität den Geltungsbereich des Strafrechts auf ein gerechtes Maß begrenzen können, was beispielhaft gewirkt hätte.

Bartolus unterwirft den Fremden dem Richter und dem Recht des Begehungsortes, wie es schon die Glosse tat. Für die Anwendung des einheimischen Rechts machte er gewisse Ausnahmen, die sich vor allem auf die mangelnde Rechtskenntnis des Fremden beziehen. Daneben tritt er für das aktive Personalitätsprinzip und im Sinne der stellvertretenden Strafrechtspflege für das passive Personalitätsprinzip ein. Gegen die übliche generelle Bestrafung des vagabundus — nicht des bannitus —

[13] Übertrieben gepriesen von *Meili*, vor allem in Z. Int. Priv.- u. StrafR, 4. Bd., 1894, S. 259, jedoch auf die Angriffe von *Lainé* zurückhaltender in seinem Lehrbuch, S. 37. Gegen *Bartolus* reserviert *Lainé*, Introduction au droit international privé, t. 1, 1888,p . 131 suiv.; *Donnedieu de Vabres*, Introduction, p. 132, wieder positiver zu *Bartolus*.

hat er nichts[14]. Wir wollen hier nicht jede Einzelausgestaltung der Grundsätze verfolgen, sondern dies im wesentlichen bei Bartolus nur insoweit tun, als seine Gedanken für die folgende Zeit Bedeutung gewonnen haben.

Für ihn ist der Ausgangspunkt aller Erörterungen immer wieder das Recht des Statuts. Es geht allen allgemeinen Überlegungen vor, wenn es auch nicht allmächtig ist und seine Reichweite ins Unendliche ausdehnen darf.

Daß ein Fremder, der in einem Staat eine Tat begeht, der Strafgewalt des Richters dieses Staates dafür unterworfen ist, ist für *Bartolus* sicher[15]. Für uns erscheint heute dieses aus dem Gedanken der Souveränität selbstverständlich, was es aber weder in Italien noch in Deutschland zu damaliger und späterer Zeit war. *Bartolus* begründet diesen Rechtsgedanken nicht besonders, geht aber, wie aus zwei Verweisungen auf das römische Recht hervorgeht[16], von der Ordnungsfunktion der civitas auf ihrem Gebiet aus und leitet daraus die richterliche Gewalt am Begehungsort, mindestens für Fremde, her.

Eine zweite, und zwar die Hauptfrage, ist die, welches Recht der Richter des Begehungsortes auf die Tat des Fremden anwenden soll. Grundsätzlich hat der Richter sein eigenes materielles Recht und nicht etwa das Heimatrecht des Täters anzuwenden, denn statuta sunt jus proprium civitatis[17]. Allerdings soll der Fremde, der einen nicht zum jus commune gehörigen Straftatbestand nicht kennen muß, entschuldigt werden. Muß der Täter auch einen solchen Tatbestand kennen, z. B. die Ausfuhr von Getreide stand in allen italienischen Städten unter Strafe, wird er trotz mangelnder Kenntnis des speziellen Verbots in der Stadt der Begehung bestraft. Auf Unvernunft beruhende Unkenntnis des Ortsrechts wird nicht beachtet[18].

---

[14] Er sagt jedenfalls in Comm. Cod., vgl. Anm. 10, Nr. 44, nichts dagegen, woraus seine Zustimmung zu entnehmen ist.

[15] Comm. Cod., vgl. Anm. 10, Nr. 20.

[16] Comm. Cod., ibid. Nr. 44 mit Verweisung auf D 1, 19 und D 2, 1, 20.

[17] Ibid. Nr. 44.

[18] Quid de delictis? Si forensis delinquit hic, utrum puniatur secundum statuta huius civitatis? Er verweist auf Cinus. Dic latius: aut illud quod commisit in hoc civitate, est delictum de jure communi, et punitur secundum statuta ... huius civitatis; folgen Zitate; ... aut non erat delictum de jure communi: et tunc aut ille forensis ibi tantam moram traxit quod verisimiliter debet scire statutum; et tunc idem ... Aut ibi non contraxit tantam moram, et tunc aut illud factum erat communiter per omnes civitates prohibitum, ut puta, ut non trahatur frumentum extraterritorium (sine licentia potestatis) quod est communiter prohibitum per totam Italiam; et isto casu, non licet allegare ignorantiam ad totalem excusationem ... Aut non ita est generaliter prohibitum, et non tenetur, nisi fuerit sciens; ubi ignorans non tenetur nisi ignorantia fuerit crassa et supina. Ibid. Nr. 20.

Damit stellt *Bartolus* den Territorialgrundsatz in dem Sinne, daß Gerichtsstand und anzuwendendes Recht sich für den Fremden grundsätzlich nach dem internen Begehungsort bestimmen, als originär hin[19] und weist als selbstverständlich den germanisch-rechtlichen Grundsatz, nach dem der Fremde nach seinem materiellen Stammesrecht — später Heimatrecht — abzuurteilen sei, entschieden zurück. Allerdings beantwortet er die Frage des anzuwendenden materiellen Rechts nicht allein von dem Unterworfensein des Fremden unter die Macht der aburteilenden civitas her, sondern im Sinne der Gerechtigkeit unter Berücksichtigung der Schuld des Täters[20].

Bartolus lehnt scharf ab, daß ein Statut sich auf Taten erstrecke, die ein Fremder gegen einen Fremden in der Fremde begeht. Ein solches Statut sei sogar ungültig, da — die Begründung lernten wir schon oben kennen — die statuta sunt jus proprium civitatis[21]. Damit wird die Lehre, daß die Einzelnorm des Strafanwendungsrechts immer einen Anknüpfungs-, besser einen Beziehungspunkt benötige, erkannt und ausgedrückt. Hierin zeigt sich bei *Bartolus* eine richtige Beschränkung des positiven Rechts aus seiner Funktion und aus der Abweisung der politischen Dienstbarmachung des Rechts. War zwar der Gedanke, daß das Recht Ausländer im Ausland nicht binde, weder der Glosse noch den Glossatoren fremd, so hat ihm doch *Bartolus* eine wissenschaftliche Begründung aus dem römischen Recht gegeben und damit durch seine Autorität auch weiterhin wirksam gemacht. Die modernste Zeit mit

---

[19] Schon *Gandinus* in Tractatus etc., a.a.O., der im Strafrecht sehr wirksam geworden war, war dafür eingetreten, daß selbstverständlich der Täter, wie nach der Glosse, am Tatort in jedem Fall abzuurteilen sei; Rubrica: Ubi e quo loco, Nr. 1; bei *Kantorowicz* S. 342. Der Täter wähle mit dem Tatort den Gerichtsstand und zugleich das anzuwendende Gesetz, nam quemadmodum sortitur forum quo ad hoc, ut puniatur, ubi delinquit, et cognoscatur ita sortitur super se leges loci ubi delinquit. Das Ortsrecht und nicht die jura et leges communes sind genau so wie die lex loci beim Vertrag maßgebend, und der Richter hat nach seinem Eide sowieso sein eigenes Gesetz anzuwenden; Rubrica: De penis eorum, Nr. 15, bei *Kantorowicz* S. 218. Auch für eine Entschuldigung des des Gesetzes unkundigen Fremden trat *Gandinus* schon ein, ibid. Nr. 16.

[20] *Baldus* geht schon in seiner Frühschrift Tractatus de vi et potestate statutorum etc., herausgegeben *v. Meijers* unter dem Titel Tractatus duo de vi et potestate etc., Haarlem 1939, Nr. 101 bis 103, und in Baldi Perusini, In tres Codicis priores libros, Praelectiones etc., Lugduni 1551, lib. 1 (De summa trin.), l. 1 (cunctos pop.), Nr. 22 (bei *Meili*, Z. Int. Priv.- u. StrafR, Bd. 4, 1894, S. 407 unter Nr. 95) ebenfalls als selbstverständlich vom Territorialgrundsatz aus und behandelt die Frage der Anwendung eignen Rechts gegen den Fremden nur als Frage der Schuld und Strafzumessung.

[21] An expresse possint porrigere suum effectum extraterritorium suum. Ad quod dico, quod aliquando uterque sc. delinquens, et ille, in quem delinquitur extra territorium est forensis, tunc regula est, quod statutum etiam si expresse caviatur in eo, non porrigitur ad eos qui extra territorium ... quia statuta sunt jus proprium civitatis, Comm. Cod., vgl. Anm. 10, Nr. 44.

ihrer Vindikation z. T. maßloser Strafgewalt kann insoweit von Bartolus lernen.

Jedoch darf nach *Bartolus* das Statut anordnen, daß der inländische Richter auch per inquisitionem[22] — nicht nur per accusationem — Auslandstaten der eigenen Bürger bestrafen kann, weil der Staat ein Interesse an guten Untertanen habe, und die Menschen dadurch zum Guten geführt würden, was unter anderem im Sinne der öffentlichen Ordnung sei[23]. Allerdings könne man auch für solche Taten das forum domicilii nach jus commune begründen, wenn das Statut schweige. Hier wird das aktive Personalitätsprinzip in voller Breite wissenschaftlich begründet. Es sollte sich später ungünstig auswirken. Hier handelt es sich um eine der angreifbarsten Stellen bei *Bartolus*.

Albertus *Gandinus* hatte die Frage des aktiven Personalitätsprinzips ausführlich behandelt, da es offensichtlich eine brennende gewesen war. Gerade an dieser Stelle stießen germanischer Anklage- und römischer Inquisitionsprozeß zusammen. *Gandinus* ging als selbstverständlich von der Tatsache aus, daß die Glosse den Gerichtsstand auch am Domizil begründete. Aber er ließ dort nur den Anklageprozeß, niemals den Prozeß per inquisitionem oder per denuntiationem zu. Für ihn bildete die accusatorische Form noch den Regelprozeß, inquisitorisch sollte der Richter allgemein nur in bestimmten Fallgruppen[24], z. B. bei Sakrileg, Urkundenfälschung, crimen laesae majestatis, Mord des Vaters durch die Familie, ehemännlicher Kuppelei etc., vorgehen dürfen. Mit Schärfe und Nachdruck — man merkt richtig, daß *Gandinus* hier um die Gerechtigkeit ringt — läßt er den Täter am Wohnort nur per accusationem verfolgen, weil ein Inquisitionsprozeß nur am Tatort sinnvoll stattfinden könne[25]. Das gelte für alle verfolgbaren Auslandstaten. *Gandinus* fürchtet offensichtlich eine mangelhafte Beweisführung durch die Inquisition gegen den Auslandstäter und hat damit nur allzu recht gehabt.

---

[22] Seine Vorgänger waren verschiedener Meinung, ibid. Nr. 47.

[23] ... praeterea hoc probatur ratione proprii interesse. Nam reipublicae interest habere bonos subditos ... Sed homines boni efficiuntur, si eis poena imponatur ex delicto ... quod expresse sit ratio publicae disciplinae ... sic statutum ad eos extenderetur, ibid. Nr. 47.

[24] Tractatus, a.a.O., Rubrica: Quid sit accusatio ...; bei *Kantorowicz* S. 3 ff.

[25] Verum, si potestas Florentiae vellet ex suo officio per inquisitionem procedere (sc. einen Florentiner, der in der Fremde sich strafbar gemacht hatte), non posset; quia regula est, quod sine accusatore nemo damnatur ..., nisi in casibus quos notavi supra (vgl. Anm. 24) ... et ideo non posset per inquisitionem procedere ... Unde si accusetur ibi ... eum puniat de delicto, si fuerit probatum. Sed ex suo officio inquisitionem facere non potest, quia inquisitio fit, quia deliquit, et perdicti (sc. Täter) quantum ad judicem Florentinum non delinquerunt; Tractatus, a.a.O., Rubr.: De multis questionibus ... Nr. 27; bei *Kantorowicz* S. 423.

Vor allem *Cinus*, auf den sich *Bartolus* beruft[26], vertritt die Gegenmeinung, daß auch der Richter des Wohnortes per inquisitionem vorgehen könne. War *Bartolus* zwar nicht der Begründer dieser Ansicht, so hat er durch seine Autorität in diesem Punkt doch eine ungeheure Erweiterung der Strafgewalt herbeigeführt und bestimmt den Weg für viele ungerechte Urteile infolge der ungenügenden Beweisführung geebnet. Der Kampf der Meinungen ging allerdings weiter[27].

Es ist selbstverständlich nicht zu verkennen, daß die geringe Auslieferungsmöglichkeit zur Zeit des *Bartolus* zu der schärferen Meinung beigetragen haben wird. Aber *Gandinus* stand auch schon zu seiner Zeit am Ende des 13. Jahrhunderts vor der gleichen Gegebenheit[28] und hatte trotzdem seine Ansicht gebildet.

Welches materielle Recht in diesen Fällen des aktiven Personalitätsprinzips anzuwenden sei, entscheidet sich bei *Bartolus* zunächst wieder nach dem Statut[29]. Schweigt es, dann will er für das Prozeßrecht einheimisches Recht, für das materielle Recht unter Berufung auf *Odofredus* und Albertus *Gandinus*[30] entweder jus commune oder das Tatortrecht anwenden, weil die Sache am Tatort ihren Sitz habe[31]. *Bartolus* wendet sich an dieser Stelle[32] ausdrücklich gegen seinen Lehrer *Cinus*, der hier immer das einheimische Recht des Richters, also des Aburteilungsortes, anwenden möchte[33]. *Bartolus* sieht dadurch den Täter nicht als zeitweilig ausschließlich dem Ortsrecht unterworfen an — er sagt davon kein Wort —, sondern geht von der natürlichen Rechts-

[26] *Bartolus*, Comm. Cod., vgl. Anm. 10, Nr. 48.

[27] *Kohler*, Internationales Strafrecht, S. 27.

[28] Er sagt im Tractatus, a.a.O., Rubr.: De multis questionibus ... Nr. 27; bei Kantorowicz S. 421, daß die Auslieferung weder erbeten noch überhaupt bewirkt werde: non videamus hoc (sc. transmissionem) peti nec fieri.

[29] Mihi autem videtur verba statuti diligentius esse intuenda, Comm. Cod., vgl. Anm. 10, Nr. 48.

[30] Das ist kein Widerspruch zu den Darlegungen von *Gandinus* oben Anm. 19, weil in dem Anklageprozeß — wie im Streit über einen Vertrag — fremdes Recht angewendet werden durfte.

[31] Aut quaeris de modo puniendi: et tunc puniatur vel de jure commune, vel secundum statutum loci, ubi deliquit: quia statuta, quae respiciunt litis decisionem, non porriguntur ad ea, quae extra territorium sunt commissa, sed debet inspici locus, ubi res est situata: ut supra dictum est, tam circa contractus, quam circa delicta, ibid. Nr. 48.

[32] Ibid. Nr. 47.

[33] Hieran hat sich eine Kontroverse zwischen *Lainé* und *Donnedieu de Vabres*, Introduction, p. 145, geknüpft. *Lainé* hält die Meinung des *Cinus* für folgerichtig und meinte, *Bartolus* wäre also von der zeitweiligen Unterwerfung unter die örtliche Gewalt ausgegangen, was sich in Wirklichkeit aber gar nicht begründen lasse. *Donnedieu de Vabres* vertritt die Ansicht, *Bartolus* habe aus Gerechtigkeitsgründen das Tatortrecht angewendet. Er ginge nicht von der zeitweiligen Unterwerfung des Täters unter das Ortsrecht, sondern einfach davon aus, daß das Recht des Ortes anzuwenden sei, wo das Delikt seinen Sitz habe. Richtig ist die Meinung von *Donnedieu de Vabres*, vgl. weiter im Text.

bezogenheit des Handelns aus. Der tiefere Grund für *Bartolus'* Ansicht, der allerdings nicht ausgesprochen wird, liegt darin, daß der Täter erwarten konnte und damit rechnen mußte, daß das Recht des Tatortes auf sein Handeln angewendet werden würde. *Bartolus'* Hinweis auf die analoge Anwendung des Gedankens der maßgebenden lex loci für Verträge im Internationalen Privatrecht zeigt das. Aus der Überlegung zeitweiligen Unterworfenseins unter das Ortsrecht sind *Bartolus'* Ausführungen deshalb nicht zu erklären, weil dann folgerichtig das einheimische materielle Recht für den im Ausland Handelnden schlechtweg ausgeschlossen sein müßte, wovon aber *Bartolus* gar nicht ausgeht. Er schließt die Möglichkeit, daß die Bürger für Auslandstaten ihrem materiellen Heimatrecht in ihrem Heimatland unterworfen werden, nicht begriffsnotwendig aus[34].

Hier schwingt sich *Bartolus* zu einem überlegenen Standpunkt auf, nachdem er zunächst die Strafgewalt erweitert hatte. Bei scharfer Trennung von Prozeß- und materiellem Recht läßt er den Richter fremde strafrechtliche Normen anwenden, um dem Täter Gerechtigkeit widerfahren zu lassen ohne Rücksicht auf die tiefgreifenden politischen Feindseligkeiten und gegenseitigen Schikanen der damaligen italienischen Städte und Gebiete untereinander.

---

[34] *Baldus* nimmt schon in seiner Frühschrift zu dieser Frage ausführlich Stellung. In seinem Tractatus, ob. Anm. 20, unterscheidet er: Bürger, die außerhalb Unterlassungsdelikte (er meint offensichtlich echte) begehen, werden vom judex originis und domicilii in jedem Fall nach Heimatrecht bestraft, da durch das Unterlassungsdelikt innerhalb der Heimatstadt ein strafrechtlich erheblicher Erfolg eintrete. Er begründet die Bestrafung mit den Worten: quia in hoc non fieri est quaedam contumacia, quae absentem facit representari praesentem in suum damnum. Bürger, die in der Fremde durch aktives Handeln Delikte begehen, werden nach heimischem Recht bestraft, wenn das Statut nach seinem Inhalt nicht ein ganz neues Delikt geschaffen hat. Andernfalls bleibt das Handeln straffrei (Nr. 100). *Baldus* beschränkt die Verfolgung nicht auf den Akkusationsprozeß.

Baldus kommt in seinem schon erwähnten Hauptwerk Baldi Perusini, In tres Codicis priores libros, Praelectiones etc., Lugduni 1551, lib. 1 (De summa trinitate) l. 1 (cunctos populos), Nr. 23 unter der Frage civis, an obligetur delinquens extra territorium (bei *Meili*, Z. Int. Priv.- u. StrafR, Band 4, 1894, S. 468 ff. unter Nr. 96 abgedruckt) nicht mehr auf die Unterlassungsdelikte zu sprechen, ja er behandelt die Frage ganz anders. Er vereinfacht gegenüber *Bartolus* in dürftiger Weise. Ergebe sich der Tatbestand des Delikts bereits aus dem jus commune, dann könne der einheimische Richter den Bürger für die Auslandstat nach jus commune bestrafen, quia j. c. ubique extendit suum vigorem. Diese Begründung sollte in späteren Jahrhunderten zu einer schrankenlosen Ausdehnung der richterlichen Gewalt auf Auslandstaten führen. Schaffe dagegen das einheimische jus municipale erst den Tatbestand, dann sei eine Bestrafung durch den Heimatrichter ausgeschlossen. Im folgenden tritt *Baldus* (ibid. Nr. 25; bei *Meili* ibid. S. 471 Nr. 98) für die Untersuchung in den strafbaren Fällen per inquisitionem durch den judex originis und domicilii ein. Grundsätzlich verzichtet Baldus übrigens auf eine außerhalb der positivrechtlichen Normen liegende Begründung des aktiven Personalitätsprinzips.

Eine Bestrafung nach Tatortrecht für Taten von Ausländern gegen Inländer im Ausland kennt *Bartolus* nur dann, wenn der ausländische Richter nicht strafen kann oder will[35]. Sie tritt also grundsätzlich nur als stellvertretende Strafrechtspflege auf.

Von besonderer Bedeutung wurde *Bartolus* mit seiner Theorie von dem kontinuierlichen Charakter des Diebstahls. Sie wirkte vor allem in Frankreich bis zur Revolution fort und gilt bis zum heutigen Tage im angloamerikanischen Recht. Begibt sich der Dieb mit der gestohlenen Sache in ein anderes Territorium, dann verletze er zwar immer noch das Eigentum des Bestohlenen, aber diese Verletzung beruhe innerhalb des Gebietes, in dem der Täter sich jetzt befinde, auf dem Recht dieses Territoriums. Der Dieb begehe einen neuen Diebstahl dadurch, daß er das jetzt auf dem Recht des Aufenthaltsstaates ruhende Eigentum durch Behalten der Beute von neuem verletze[36]. *Bartolus* stützt sich dabei auf eine Stelle von Paulus D 47, 2, 47, wonach bei Übergang des Eigentums an den gestohlenen Sachen der neue Herr die actio furti hat. Hiermit sucht *Bartolus* offensichtlich eine (schlechte) theoretische Stütze für die Lösung eines rechtspolitischen Problems. Bei der Kleinstaaterei Oberitaliens konnten sich Diebe und Räuber leicht in andere Gebiete mit ihrer Beute absetzen. Die Lehre *Bartolus'* schlug wie ein Blitz in der oberitalienischen Rechtsanwendung ein, sie hat nach *Marcian* über hunderttausend Dieben das Leben gekostet[37].

Baldus folgt in seinen Consilien[38] offensichtlich aus praktischen Gründen seinem Meister, wogegen er sich im Codex direkt gegen *Bartolus* ausspricht. Die Begründung seiner Meinung ist allerdings schwach; wenn *Bartolus'* Meinung richtig sei, so könne der Richter des Ergreifungsortes nicht verpflichtet sein, den Dieb an den Tatort auszuliefern[39].

---

[35] Item fallit, si judex loci, ubi civis mens offenditur, offensam non vindicat (ut quia non vult vel quia non potest): tunc poterit fieri statutum contra offendentem civem extra territorium, Comm. Cod., vgl. Anm. 10, Nr. 45; vgl. auch Nr. 44, wenn zwei Städte die stellvertretende Strafrechtspflege untereinander vereinbaren. Die Anwendung des Tatortrechts ergibt sich aus Nr. 47.

[36] *Bartolus*, Comm. Dig., vgl. Anm. 10, D 47, 2 (de furtis) l. 48 (si dominum) Nr. 2; D 13, 1 (de cond. furti), l. 11 (sed nec legatarius), Nr. 4 Commentaria in 2. Codicis partem, Aug. Taur. 1589, C 6, 2 (de furtis et servo corrupto), l. 10 (si abducta) Nr. 1, wo er wieder mit ganz ähnlichen Worten wie an den vorigen Stellen sagt: nam ex mutatione domini sequitur assidua contrectatio, et nova nascitur actio furti, quod est notandum ut eadem ratione. Mutatione territorii nova nascitur actio furti, est sic ille, qui subtraxit aliquid Bononiae, repertus hic Assisii cum re subtracta, hic posset puniri.

[37] *Decian*, Tractus Criminalis, Fft., 1591, l. 4, c. 17 Nr. 15 führt einen Ausspruch von *Panormitanus:* quod per illam opinionem *Bartoli* plurimi et plurimi homines fuerunt suspensi und von *Marcianis:* quod illa opinio *Bartoli* fecit suspendi ultra 100 milia hominum an.

[38] *Baldus*, In l. 2. 3. Pars Consiliorum, 1543 (ohne Ort). Cons. 471.

[39] *Baldi* Perusini, in 6. Codicis librum, Praelectiones etc., Lugduni, 1521, l. 2 (de furtis etc.), 10 (si abducta), Nr. 3, p. 11.

Jedoch fand sowieso damals in Oberitalien kaum eine Auslieferung statt. Gegen *Bartolus* sei ausdrücklich zu sagen, daß, wenn die Gerichtsbarkeit auf das Eigentum und den neuen Eigentümer sich gründen, so sei damit keine neue condictio furti gegeben. Deshalb entstünde überhaupt keine neue Gerichtsbarkeit[40]. Das Delikt habe am Ausgangsort seinen Sitz, und auf die Verlängerung des Delikts komme es nicht an[41]. Es würden an allen Orten, die der Dieb mit der Beute berühre, Klagen erhoben werden können, weil sich aus jeder Berührung eines neuen Territoriums neue Tatsachen ergäben[42]. Wenn er mit der Beute durch die Welt ziehe, könne er von dieser verbannt werden, er müsse sich überall stellen, wenn er sich verteidigen wolle. Das sei doch unsinnig. Um so überraschender ist der Schluß. Es scheine gerecht, wenn der Dieb am Ergreifungsort bestraft oder an den ursprünglichen Tatort ausgeliefert werde, besonders deshalb, weil er als hin und her laufender Vagabund erscheine. So werde die Gerichtsbarkeit dadurch, daß der Täter die Beute mit sich führe, von Ort zu Ort verlängert und es sei eine prorogatio juris et de jure[43]. Das sei kein Widerspruch zu dem, was er oben gegen *Bartolus* gesagt habe, weil die Gerichtsbarkeit sich dominio universali, non singulari ergebe.

Damit kam *Baldus* praktisch auch auf die Zuständigkeit des Ergreifungsortes hinaus, wenn er diesen auch nur im Sinne der stellvertretenden Strafrechtspflege auffaßte. Wenn man noch sein Schwanken in der Frage berücksichtigt, so kann es nicht wunder nehmen, wenn *Baldus* an dem von *Bartolus* begründeten Rechtszustand nichts zu ändern vermochte.

Im 15. Jahrhundert wendet man sich von der Bartolinischen Meinung über den Diebstahl ab, wie vor allem *Decian*[44] und *Clarus*[45] unter ausführlicher Angabe des Hin und Her der Meinung aufzeigen[46]. Des-

---

[40] Arguo contra Bart. 'm ex ratione sua, nam si jurisdictio equiparatur dominio et ratione novi domini, non datur nova condictio furtis ... ergo nec datur nova jurisdictio, ibid. Nr. 4.

[41] Maleficium trahitur ad suum principium et illud est inspiciendum potius quam continuatio delicti ibid.

[42] Quot locis fur transit, tot ex concomitantia loci orirentur actiones quia ex diversis concomitantiis insurgunt diversa facta ibid.

[43] Talis videtur juridicum et aequitati consonum, quod, ubi fur deprehenditur, illi debeat puniri, vel ad principalem locum delicti remitti, et maxime quia sic discurrens, videtur vagabundus. Item rem secum exportando, jurisdictionem prorogare videtur de loco ad locum, et est prorogatio juris et de jure, ibid.

[44] *Decian*, Tractatus Criminalis a.a.O.: sed quod moderniores videntur contrarium (sc. gegen *Bartolus*) tenere.

[45] *Clarus*, Sententiarum Receptarum, Liber Quint. Item Practica Criminalis, Venetiis 1568, § fi qu. 38 (Tu scis).

[46] *Clarus* zitiert von *Florian* und Paul de *Castro* die Aussprüche: assessores et judices habent eam (sc. opinionem *Bartoli*) pro evangelio, ibid.

gleichen meint *Farinacius*[47] nach genauer Aufführung der Ansichten, daß zu seiner Zeit die communis opinio gegen die Bartolinische Lehre stehe.

Bartolus drang auch mit seiner Meinung über den Tatort bei Distanzverbrechen auf die Dauer zum großen Teil nicht durch[48]. Er sah den Ort der Wirkung des Handelns als maßgebend an, wenn die Statuten nichts anderes sagten[49]. Demgegenüber galt nach *Baldus* als Ort der Handlung sowohl der Ort des Tätigwerdens wie der, wo die Wirkung des Handelns unmittelbar eintrat, so daß beide Orte für die Aburteilung gleichermaßen zuständig waren[50]. Diesem Standpunkt wandten sich mit Modifikationen praktisch alle Italiener zu[51]. Dabei kam der Ort des Außenerfolges, also z. B. wenn der Verwundete an einem dritten Ort an der Wunde starb, weder für *Bartolus* noch die anderen in Betracht[52]. Als Grund für diese (eingeschränkte) Ubiquitätslehre wird seit *Baldus*

---

[47] Prosper *Farinacius,* Praxis et Theoricae crim., Lib. duo, Frft 1597, l. 1, t. 1, qu. 7.

[48] *v. Hippel,* Das Deutsche Strafrecht I, 1925, S. 97, irrt hier.

[49] *Bartolus,* Comm. Dig., vgl. Anm. 10, D 48, 2 (De accus. et inscrip.), l. 3 (libellorum), insbesondere Nr. 6, 7.

[50] *Baldi* Perusini, In tres Codicis priores libros Praelectiones etc., Lugduni, 1571, lib. 1 (De episcopis ac clericis) l. 5 (si quis non) No. 7; in der Ausgabe *Baldus* (Ubaldus) Commentaria in l. 2. 3. Codicis lib., Aug. Taurinorum, 1576, ad lib. 1, De episcopis ac clericis, l. 5 (si quis non) Nr. 11: Wird ein Mädchen in Perugia geraubt, in Cortona mißbraucht, so kann der Täter in beiden Orten bestraft werden, in Perugia ratione attentari, in Cortona ratione consummati actus. *Baldus* in l. 2. 3. Pars Consiliorum, 1543 (ohne Ort), Cons. 471, meint, daß, wenn mehrere beschließen, einen Diebstahl in fremden Territorien durchzuführen, sie bei der Rückkehr von der Tat (post praedam) schon wegen der Verabredung (tractatum) poena arbitraria bestraft werden können. Er stützt sich u. a. auf den schon seit *Bartolus* auftretenden recht bedenklichen Gedanken, daß Übeltaten nicht unbestraft bleiben dürften. Praeterea malificia non debent remanere impunita: sed si relaxarentur ibunt per vias suas et nunquam punientur. Am Ort der Vorbereitung einer Tat dagegen können die Täter nicht bestraft werden. Dazu beruft er sich auf *Bartolus. Baldus'* Lösung eines Beispiels, wenn jemand einen anderen tötet, so könne die Untersuchung nicht dort, wo die Archebuse gespannt sei, sondern nur, wo die Verwundung eingetreten sei, geführt werden (ubi est terminus delicti non ubi principium), spricht aber gegen seine gerade aufgeführte Theorie im Codex über die Bestrafung von Distanzverbrechen.

[51] *Decian,* Tractatus crimin., a.a.O., lib. 4, c. 17 No. 6: si delictum erit divisible, poterit in utroque loco puniri, *Clarus* a.a.O., lib. 5 § fi, qu. 38 (item pone); *Farinacius* a.a.O., lib. 1, Tit. 1, qu. 7 No. 45, 46 mit zahlreichen Zitaten. Auch die französische Lehre und Rechtsprechung stützten sich auf diese später italienische Lehre, erst *Jousse,* Traité de la Justice criminelle de France, Paris 1771, 4 Bde., Tome 1, p. 414, nimmt sich davon aus und meint, richtiger wäre, den Ort, an dem die Tötung eintritt, als zuständig anzusehen, wenn der Täter diesseits, das Opfer jenseits der Grenze von Gerichtsbezirken sich befindet. *Jousse* macht noch weitere genaue Unterscheidungen.

[52] *Bartolus,* Comm. Dig., vgl. Anm. 10, lib. 48, 2 (de accus. et inscrip.), l. 3 (libellorum), Nr. 6, 7: locus percussionis non locus ubi moritur, ex actu percutiendi, quis punitur, ex quo sequitur post ea mors.

immer wieder angeführt, es bestünde sonst die Gefahr, daß das Delikt unbestraft bleibe.

Bartolus' Ansicht ist wichtig geworden für die Frage, ob der Anstifter am Ort der Anstiftung nach dessen Rechte oder am Ort der Begehung der Tat nach dessen Recht bestraft werden solle. Die Entscheidung hängt davon ab, ob der Anstifter ex mandato oder ex delicto haftet. *Bartolus*[53] meint das letzte, in dem er sich gegen frühere Ansichten wendet, und er bestraft den Anstifter deshalb am Tatort nach dessen Recht. Das ist dann weiterhin im wesentlichen auch die herrschende Ansicht geworden. Auch *Clarus*[54] bekennt sich dazu und bezeichnet sie als communis opinio. Desgleichen *Farinacius*[55], wenn er auch die Frage schwierig nennt. Das ist für *Clarus* und *Farinacius* besonders auffällig, da sie die (eingeschränkte) Ubiquitätstheorie vertreten und *Farinacius* noch dazu im wesentlichen der Begründer der gemeinrechtlichen Lehre ist, die die drei Gerichtsstände des Tatorts, des Wohnsitzes und des Ergreifungsortes gleichberechtigt nebeneinander stellt. *Farinacius* fügt zu den überlieferten Gründen noch hinzu, daß Anstifter und Täter aus dem gleichen Geschehen, nämlich dem Delikt, verantwortlich gemacht nach der Gegenmeinung verschiedenes Recht auf sie anzuwenden. Das wäre absurdum. Immerhin, wenn der Mandatar nur wegen des Mandates, ohne daß das Mandat ausgeführt sei, bestraft werde, wie im Falle des Mordes, könne nur der Ort, wo das Mandat gegeben sei, maßgebend sein[56].

Der Schluß, den wir aus allen Darlegungen von *Bartolus* ziehen können, ist, daß als Ausgangspunkt für die Strafbarkeit diejenige Tat dient, die innerhalb der civitas begangen wird. Dabei nimmt er auf die eventuelle Unkenntnis des Auslandes von dem inländischen Recht Rücksicht. Unter bestimmten Voraussetzungen läßt *Bartolus* auch gewisse Auslandstaten im Inland bestrafen. Er geht dabei von der Funktion des Strafrechts aus, das die Achtung vor der Ordnung des Staates in dem Menschen befestigen solle. Mit solchen allgemeinen Erklärungen ist allerdings die Strafgewalt sehr weit auszudehnen. So könne es der Staat für erforderlich halten, seine Bürger strafrechtlich in der Fremde zu schützen, wenn ihnen dort nicht der notwendige Schutz zukomme, oder den Einheimischen, der im Ausland delinquiert hat, ex officio im Inland zu bestrafen. Wenn *Bartolus* in diesen Fällen materiell die lex loci anwenden will, so geht er hier von dem Gedanken der Gerechtigkeit aus.

---

53 *Bartolus,* Comm. Dig., vgl. Anm. 10, D 46, 1 (De fide jussoribus), l. 61 (ad leg. si ut proponitur).

54 *Clarus,* a.a.O., qu. 38 (item quaero).

55 *Farinacius,* a.a.O., Nr. 47 ff.; *Clarus,* a.a.O., und *Farinacius* Nr. 48 gleichlautend; quiam mandans tenetur de delicto non ex mandato, sed ex delicto propter mandatum secuto. *Farinacius* geht ganz ausführlich darauf ein.

56 *Farinacius,* ibid. Nr. 48, Abs. 9.

In der frühen Systematisierung des internationalen Strafrechts wird die Ausgestaltung dieses von der Funktion des patriarchalischen Staates her bestimmt, nicht dagegen — wie schon früh im englischen Recht — von dem Gedanken, wie der Einzelne am sichersten in die Lage versetzt wird, um sein Recht zu kämpfen. Dafür bezeichnend ist, daß *Bartolus* betont, er stütze sich immer wieder auf das römische Recht — obwohl die römischen Quellen nichts Wesentliches für das internationale Strafrecht ergeben —, für das im Strafrecht das Anliegen des Staates, aber nicht der Schutz des Angeklagten im Vordergrund gestanden hatte.

Die Meinung von dem Nebeneinander mehrerer Grundsätze im internationalen Strafrecht spiegelt sich sowohl in dem oberitalienischen Statutenrecht wider, wie sie auch nach Frankreich eingedrungen ist[57], wenn sie auch dort infolge der zurückgehenden Wirkung des römischen Rechts nicht vertieft und systematisch weiter behandelt worden ist. In Deutschland ist keine wesentliche unmittelbare Wirkung der Lehre der Kommentatoren festzustellen, um so mehr hat *Farinacius* mit seiner alles vereinfachenden und vergröbernden, wieder sich mehr der Glosse nähernden Lehre von den drei Gerichtsständen schlechtweg überragenden Einfluß für etwa 150 Jahre gewonnen.

[57] Dazu *Donnedieu de Vabres*, Introduction, p. 186 suiv., *Meili*, Lehrbuch, S. 45 ff.

Römischrechtliche und deutschrechtliche Elemente im landwirtschaftlichen Erbrecht

Von Alfred Pikalo, Düren

I. Zur Bedeutung des Themas

1. Die Sonderstellung des landwirtschaftlichen Erbrechts

Das landwirtschaftliche Erbrecht eignet sich vorzüglich für die Untersuchung auf seinen Gehalt an römisch- und deutschrechtlichen[1] Faktoren, den beiden tragenden Säulen unserer Rechtsordnung. Denn es nimmt wegen seiner Natur und Bedeutung eine Sonderstellung ein. Vor allem läßt es die Wesensunterschiede zwischen römisch- und deutschrechtlichem Gedankengut stark in Erscheinung treten. Die Eigenstellung des landwirtschaftlichen Erbrechts, die sich besonders im deutschen Rechtsbereich aus der Familienbindung des Eigentums, der Erbfolge in Sondervermögen und den Sonderheiten der vielgestaltigen bäuerlichen Leiheverhältnisse[2] entwickelt hat, zeigt sich namentlich in den zahlreichen Anerben- und Zuweisungsrechten; sie zeigt sich in manchen sonstigen Sonderformen der Vererbung von Landgütern[3], so auch in der Siedlungsgesetzgebung im westlichen Europa. Sogar das alte römische Recht hatte für gewisse Sachverhalte Formen der geschlossenen Gutsvererbung vorentwickelt[4].

Hier sei auch[5] andeutungsweise die Sonderstellung hervorgehoben, die dem landwirtschaftlichen Erbrecht in der russischen Rechtsentwicklung zukommt. Dort spielte bis in unser Jahrhundert das Gewohn-

---

[1] Hierunter sollen in dieser Arbeit auch die germanischrechtl. Elemente miteinbezogen sein.

[2] Insbes. den Erbleihearten, vgl. Ausf. zu II. 3. b) bb).

[3] Vor allem in den span. Foralrechten. Generell als Grundtendenz aller Foralrechte nachgewiesen bei *Elfgen*, Die Mejora Bd. 21 der Neuen Köln. Rechtsws. Abh. S. 109, 115, 117, 119!

[4] Vgl. nachstehend zu II. 3. a) und darüber hinaus im allgemeinen den aufschlußreichen Aufsatz von *Bolla* „La disciplina giuridica de ‚fondo' come unità agraria" mit rechtsvergleichenden Hinweisen in Scritti di diritto agrario, Mailand 1963, S. 449—480.

[5] Ansonsten das neue poln. Höferecht, vgl. Gesetz vom 29. Juni 1963 über die Beschränkung der Aufteilung von ldw. Hofstellen (Dz U. 1963, Nr. 28 Pos. 128) u. den Aufs. von *Geilke* hierüber in RdL 1963 S. 225 ff., 317 ff.).

heitsrecht insbesondere im bäuerlichen Erbbereich eine hervorragende Rolle. Nach einem Gesetz vom Jahre 1910 mußte man in Erbschaftssachen zwischen Bauern in erster Linie Gewohnheitsrecht anwenden, demgegenüber dem Gesetzesrecht nur sekundäre Bedeutung zukam[6]. Der vorbolschewistische russische Familienhof („krestjanskij dvor") stand im Gesamteigentum aller Hofesmitglieder[7]. Hier trat beim Tod eines Familienmitglieds Anwachsung zugunsten der anderen Mitglieder ein[8], und die Erbfolge wurde erst beim Tode des letzten Bauern des Bauernhofes eröffnet, eine Regelung, die sogar in das bolschewistische Agrarrecht für die zugelassenen Einzelhöfe von sehr geringer Flächenausdehnung[9] der Einzelbauern[10] und den Kolchoshof[11] übernommen wurde. Sonst spielte das bäuerliche Erbrecht eine geringere Rolle, da es unter den Bauern nur wenige gab, die nicht in Flurgemeinschaften („mir")[12] lebten und so Eigentümer von kleinen Landbesitzen sein könnten[13].

Die fundamentale Bedeutung und revolutionären Gefahren, die in einer Störung der Ordnung der bäuerlichen Eigentums- und Erbrechtsverhältnisse liegen, zeigt sich eindringlich an der großen französischen[14] und an der russischen[15] Revolution, die wesentlich hierdurch ausgelöst wurden, aber ebenso auch an den starken Spannungen in den Ländern des südlichen Europas[16] und Lateinamerikas[17].

---

[6] *Schultz*, Russische Rechtsgeschichte, Verlag Schauenburg, 1951, S. 13. Sogar das bolschew. Agrargesetzbuch Art. 77 enthält bezügl. des bäuerl. Erbrechts Hinweise auf das Gewohnheitsrecht.

[7] So *Schultz* a.a.O. S. 318.

[8] Wie im frühdeutschen Erbrecht.

[9] Je nach den einzelnen Gebieten nur bis 1 ha.

[10] Agrargesetzbuch v. J. 1922 Art. 66—67, 72, Schultz a.a.O. S. 316.

[11] *Schultz* a.a.O. S. 317, 318.

[12] Das für das vorrevolutionäre Rußland charakteristische Gemeineigentum (mir) der Dorfgemeinde an den Ländereien stand nach h. M. (zum Bürgerlichen Gesetzbuch v. J. 1832) der Dorfgemeinde als jur. Person zu (I. Tjutrjumov das bürgerl. Recht S. 137, Dorpat 1922), während das Hofgrundstück zum vererbl. Eigentum der Dorfbewohner geworden war (*Tjutrjumov* a.a.O. S. 281; *Schultz* a.a.O. S. 221).

[13] So *Schultz* a.a.O. S. 119, während Kljutschevskij (Geschichte Rußlands Bd. II S. 369) sogar meint, daß es diese Gruppe von Bauern mit Eigenland nicht einmal gegeben habe.

[14] Vgl. insbes. *Koschaker*, Europa u. das röm. Recht, 2. Aufl. S. 170 Fn. 3.

[15] So *Schultz* a.a.O. S. 119.

[16] Für Spanien vgl. insbes. die Veröffentl. des Europ. Wirtschaftsrats in Paris (OEEC) Agrarstruktur, Marktregelung, Preisstützg. in Europa und Nordamerika (1959), unter Spanien S. 173 („Vorherrschen von Extremen" der Betriebsstrukturen). Aber auch Italien hat seine erhebl. agrarpol. Probleme. Vgl. die ital. Beiträge in dem dreibändigen Werk der 1. Versammlung des „Istituto di diritto agrario it internazionale e comparato" (Mailand 1962), Übersicht Bd. 3 S. 926, insbes. von *Astuti, Bassanelli, Romagnoli, Romano, Venturo)*.

[17] *Cerillo* und *Mendieta* (Barcelona 1952) Derecho agrario (America Latina: S. 160 ff.) insbes. Aufs. von Horne Bernardino (Argentinien), La reforma agraria en America Latina u. den mir vorl. Aufsatz von Gimenez *Landinez* (Venezuela): Bases juridicas en la planificación de una reforma agraria inte-

2. Die Bedeutung der römisch- und deutschrechtlichen Elemente

Die Entwicklung der landwirtschaftlichen Bodenrechte, insbesondere Erbrechte, steht bis in unsere Tage unter den gestaltenden Einflußkräften des römischrechtlichen und deutschrechtlichen Gedankenguts, mag auch das immer stärker werdende Spannungsfeld zwischen liberalen und sozialen (bzw. kollektivistischen) Tendenzen seit geraumer Zeit im Vordergrund stehen und der Rechtsentwicklung zusätzliche und dynamische Impulse geben. Sofern das Pendel der Entwicklung einmal extrem[18] nach der einen oder anderen Seite ausschlug, wie es beispielsweise in Deutschland namentlich zur Zeit des Liberalismus[19] oder des Nationalsozialismus[20] der Fall war, oder wie es in der französischen[21] oder spanischen[22] Rechtsgeschichte offenbar wurde, so zeigten sich bald die Schäden extremer Entwicklungstendenzen und verursachten Gegenströmungen zur Abstellung der Mängel. Ja, das moderne Landwirtschaftsrecht will — verallgemeinernd gesagt — als Abwehrordnung gegen die (agrarwirtschaftlichen und sozialen) Schäden eines übertriebenen Liberalismus verstanden werden[23], und dieses moderne Recht erschöpft sich nicht mehr in der Funktion eines bloßen Notrechts, es ist entsprechend dem sozialen Zeitgeist auch ein in die

---

gral, die beide in den Akten der 2. Generalversamml. des Intern. vgl. Agrarrechtsinstituts, Florenz, in Buchform veröffentl. wurden (nebst anderen einschlägigen Arbeiten).

[18] Insbes. in Rußland und den Ostblockstaaten, in China.

[19] Dieser — nicht das röm. Recht — hat unter Zerstörung der alten Bodenordnungen den Boden merkantilisiert und vielfach zur Bodenverschuldung, Güterzerschlagung geführt usw.

[20] Der in Vorbereitung auf den geplanten Krieg den Boden starken Verkehrs und Besitzbindungen namentl. im Erbhofrecht (vgl. Fn. 26) unterworfen hat; *Staudinger-Böhmer*, Einl. Erb. § 19 Rn. 11.

[21] Während die französische Revolution zunächst mit ihren Zwangsgleichmachungstendenzen sogar (vorübergehend) die Testierfreiheit abgeschafft hat, wird diese neuerdings mehr im Interesse der Güterzusammenhaltung beschnitten (so insbes. im franz. Zuweisungsrecht, insbes. d. J. 1961).

[22] Nunmehr das Problem der Agrarverträge u. das Programm der reforma agraria als Gegengewicht gegen die Mißstände extremer Bodenverteilungsverhältnisse.

[23] (Als Ausfluß der Sozialbindung des Eigentums.) Daß es aber deshalb erforderlich sein soll, in der B.R. Deutschland sieben zersplitterte und inhaltlich sehr divergierende Anerbengesetze aufrechtzuerhalten, ist nicht einleuchtend. Auch ist auf die Bedenken gegen die Versagungsgründe der „ungesunden" Bodenverteilung und des groben Preismißverhältnisses wiederholt hingewiesen (vgl. insbes. *Faßbender*, Die Priviligierungen und Versagungsgründe des ldw. Grdstverkehrsrechts, Diss. Köln 1964). U. a. mag das Beispiel Belgiens, das ohne Anerbenrecht und GrdstVG auskommt, zeigen, daß man mehr Zutrauen zu den Selbstheilungskräften der Wirtschaft haben sollte. M. E. dürften ein (in das BGB einzubauendes) Pachtrecht mit Bestimmungen über eine Mindestpachtdauer und ein Bodenbewirtschaftungsrecht, das eine ordnungsgemäße Bodenbewirtschaftung zu sichern vermag (neben einem Flurbereinigungsrecht), zur Ordnung des ldw. Bodenrechts ausreichen.

Zukunft gerichtetes Recht mit Dauerfunktion geworden[24]. Es gilt heute, darauf zu achten, daß das Pendel der Entwicklung gewiß in Schwung bleibt[25], daß es aber anderseits nicht zu extrem ausschlägt und so gesunde individuelle Tatkraft lähmt. Videant consules ...!

Es ist deshalb nicht nur für den Historiker reizvoll zu erkennen, welche Bestimmungen unseres Agrarrechts römisch- oder deutschrechtlichen Ursprungs sind. Dieses Wissen ist m. E. auch für den praktischen Juristen[26] unserer Tage wohl wichtiger als es noch Koschaker meint, der die Frage nach der historischen Herkunft unserer Rechtsinstitutionen für eine „von untergeordneter Bedeutung"[27] hält. Denn die liberalen und sozialen Entwicklungstendenzen im Recht finden im römisch- und deutschrechtlichen Ideengut Kraftfelder und Rechtsinstitutionen vor, die sich leicht für die modernen Kräfte nutzbar machen lassen[28]. Hier gilt es, auf der Hut zu sein. Denn will man beispielsweise unsere landwirtschaftsrechtlichen Generalklauseln (wie § 9 GrdstVG) oder sonstige inhaltlich wenig präzisierte Normen (wie § 7 Abs. 2 HöfO br. Z.)[29] unseres landwirtschaftlichen Lenkungsrechts mit den weitgehenden Pflichtenbindungen des Eigentums richtig anwenden, so genügt es m. E. nicht, nur ihren — weitgehend im deutschen Rechtsbewußtsein verankerten — Bindungsgehalt zu sehen, um die Pflichtenbindung in der praktischen Handhabung zu überspannen[30]. Es gilt

[24] Zwecks Schutz ldw. Betriebseinheiten und im übrigen insbes. als Raumordnungs- u. Bodenlenkungsrecht (vgl. *Wieacker*, Privatrechtsgesch. der Neuzeit 1952 S. 323); allgemein gesehen als Folge der modernen Funktion des Rechts als Zuteilungsordnung.

[25] Wo es gilt, erhebl. Mißstände einer zu extremen ungleichen Verteilung von Bodeneigentum u. Bodennutzung zu mildern und in rechte Bahnen zu lenken.

[26] Aber auch für den Gesetzgeber: Denn wenn dieser im übereifrigen Lenkungsstreben moderne Bodenlenkungsmaßnahmen durch ein ius strictum entgegen bäuerl. Erbgewohnheiten durchzusetzen versucht, so kann sich dies leicht schädlich auswirken: Daher beispielsweise der teils heftige Widerstand gegen das überspitzte Erbhofrecht, das in seiner Geltungszeit vielfach Abänderungen unterworfen war und seine Waffen in der Hauptsache der deutschen Grundherrschaft entnommen hat (*Koschaker* a.a.O. S. 160); daher die Notwendigkeit der HofaufhebungsVO v. 15. März 1949 für die Realteilungsgebiete der OLG-Bezirke Düsseldorf und Köln zwecks Lockerung des Zwangscharakters der HöfO. br. Z. u. ähnliches mehr.

[27] Europa u. das röm. Recht, 2. Aufl., 1953, S. 125 unter Berufung auf die für die damalige Zeit (1848) eher berechtigte Stimme von *Mommsen* und von Gnaeus *Flavius* (= H. *Kantorowicz*).

[28] Und sei es im Wege einer unbewußten oder bewußten Umbiegung oder gar der Verfälschung des Gehalts bestimmter Rechtsinstitutionen, indem diese für ihnen ursprünglich fremde — ja entgegengesetzte — Zwecke verwandt werden.

[29] Wonach die Übergehung von Abkömmlingen bei der Hoferbeneinsetzung an die Zust. des Ldwgerichts gebunden ist.

[30] So wenn im Bereich des § 7 Abs. 2 HöfO die Rspr. des BGH die Übergehung von Abkömmlingen nur aus „triftigen Gründen" zuläßt, obwohl der Gesetzeswortlaut nichts dergleichen fordert, und wenn die Rspr. hier gelegentlich noch einen besonders strengen Auslegungsmaßstab anlegt.

m. E. vielmehr, sich der erforderlichen Synthese zwischen römischrechtlicher Individualität und germanischen Bindungselementen bewußt zu werden[31], um im weisen Fallrecht der Wirklichkeit des Lebens gerecht zu werden.

II. Das frühe landwirtschaftliche Erbrecht

1. Die Familienbindung

a) Für das älteste römische Recht wird neuerdings[32] das Vorhandensein einer römischen Haus- und Erbengemeinschaft[33] anerkannt. Dieser Hausverband der Familiengenossen ist Träger des Familieneigentums. Gleichwohl zeigt schon in dieser Frühzeit die vom pater familias geleitete Hausgemeinschaft einen dem frühen deutschen Recht fremden Wesenszug[34]. Entgegen dem in der frühdeutschen Gemeinschaft der Hausgenossen strenger durchgeführten Gesamthandsprinzip[35], das den Hausvater weniger als Individuum erscheinen ließ, ihn an letztwilligen Verfügungen ganz hinderte und bei lebzeitigen Verfügungen an die Zustimmung der Seinen band, war zwar auch im römischen Recht ursprünglich jede private Testierfreiheit des pater familias ausgeschlossen, nicht aber dessen lebzeitiges Einzelverfügungsrecht[35] [36]. Dieser individualistischen Tendenz der altrömischen Gesamthand entsprach es auch, daß dort die nach dem Tode des pater familias gleichberechtigt in Erbengemeinschaft verbundenen sui das verselbständigte Einzelverwaltungrecht des Hausvaters fortsetzten. Sie besaßen — im Gegensatz zur Stellung des Hausgenossen im frühdeutschen Recht — die Macht, über Erbschaftsgegenstände zu verfügen, sofern keiner ihrer Miterben durch sein Veto die Einzelverfügung hinderte[37]. Jedenfalls lebte im ältesten römischen Recht wie auch im altdeutschen Erbrecht — hier verhältnismäßig weit länger und bis heute dem landwirtschaftlichen Bodenrechte nachwirkend — das alte Familieneigentum des Intestaterben[38] fort. Auch ist

---

[31] Diese Gegensätzlichkeit ist m. E. übertrieben stark herausgestellt bei *Schmidt v. Ilmenau* (Der prinzipielle Unterschied zw. röm. und germ. Recht [Rostock 1853, Neudruck 1964], S. 17 ff.), sie wird gut nuanciert bei *Schwerin-Thieme*, Deutsche Reichtsgeschichte, 1950, S. 258).

[32] Nachweise bei *Staudinger-Böhmer* (Erbrecht) 11. Aufl. 1954, Einl. § 16 Rn. 1, 2, S. 70.

[33] Societas ercto non cito.

[34] *Staudinger-Böhmer*, Einl. Erbr. § 14 Rn. 2.

[35] *Staudinger-Böhmer* a.a.O. S. 70.

[36] Das durch sittliche, nicht rechtliche Pflichten beschränkt war.

[37] *Wieacker*, Hausgenossenschaft und Erbeinsetzung 1940, S. 11 ff.

[38] Im röm. Recht der heredes domestici, die ipso iure (ohne Erbantretung) Erben wurden.

für das frühe römische Recht die Auffassung abzulehnen[39], daß sich der gesamte Nachlaß auf nur *einen* suus vererbt habe.

b) In den frühen deutschen Rechten ist von einer aus der hausgenossenschaftlichen Vermögensgemeinschaft hervorgehenden Erbfolge aller Kinder[40] auszugehen, und zwar unbeschränkt für das bewegliche Vermögen[41], während sich das Grundvermögen, die Hufe, nur auf die Söhne vererbte[42]. So ist für das frühe deutsche Recht die Herausbildung der Erbfolge in Sondervermögen — fahrende Habe/Hufe — charakteristisch[43], die erst im späten Mittelalter verschwindet, jedoch im bäuerlichen und feudalen Bodenerbrecht weitgehend erhalten bleibt und da sogar weiter ausgebaut wird[44]. Bald, beginnend mit dem Frankenkönig Chilperich (561—584), wurde für die bäuerliche Erbfolge das Vorrecht der Söhne durch Einbeziehung der Töchter[45] und Enkel[45 46] gemildert. So kam es im deutschen Raum bis ins hohe Mittelalter zu einer starken Aufteilung des bäuerlichen Besitzes[47]. Diese hat sich namentlich im Rheinland, im Moselgebiet und in Westdeutschland unter dem Einfluß der Verstädterung seit dem 12./13. Jahrhundert bis zur Gegenwart zur Realteilungssitte verdichtet[48]. Sie fand ihr Gegengewicht in den Sondererbfolgearten in bäuerliche und adelige Güter, die im bäuerlichen Bereich noch heute eine beachtliche Rolle spielen.

2. Die Herausbildung der Testierfreiheit

a) Die im römischen Recht schon früh vorgezeichnete Entwicklung zur Testierfreiheit begann bald in der Form des Mancipationstesta-

---

[39] So eindeutig Egon *Weiß*, Institutionen des röm. Privatrechts (Mittelbach Verlag Stuttgart 1949), § 140 S. 493, 494 gegen die Erbrechtstheorie Bonfantes (Solazzi diritto ereditario Romano 1931/32 I 160 ff.).

[40] Hinweis bei *Schröder* (Lehrb. der deutschen Rechtsg. 4. Aufl. 1902, § 28 S. 206) auf Erbteilungen an Grund und Boden zur fränk. Zeit. *Elfgen*, Die Mejora (Neue Kölner Rechtsw. Abh. Heft 21) S. 26, „In der Ablehnung einer ungleichen Behandlung von Abkömmlingen trifft sich das germ. mit dem arabischen Rechtsdenken); ferner *Conrad* und *Lange* (wie Fn. 68). *Oxenstierna*, Die Nordgermanen 1957, S. 23.

[41] *Planitz*, Deutsches PrivatR. 3. Aufl., 1948, S. 226, 229; *Schröder*, § 28, S. 208, § 35, S. 327.

[42] *Planitz* a.a.O. § 93, S. 229; *Schröder* a.a.O. § 28, S. 208, § 35, S. 327; Friedr. *Lütge*, Die Agrarverfassg. des fr. Mittelalters im mitteld. Raum 1937, S. 134.

[43] *Planitz*, a.a.O. § 92, S. 226, 227.

[44] Vgl. nachstehend zu II. 3. b).

[45] So daß bei bäuerl. Gütern die Töchter das Heimfallrecht an die Gemeinde (beim Fehlen von Söhnen als Erben) ausschlossen, während bei Sal- oder Heergütern das Heimfallrecht des Königs bestehen blieb (*Schröder* a.a.O. S. 327).

[46] In Sachsen erst 942 durch das Gottesurteil des Zweikampfs (vgl. *Planitz* a.a.O. § 93 S. 229).

[47] v. Schwerin-Thieme, Grundzüge der deutschen Rechtsgeschichte 1950, S. 116, 118.

[48] Friedrich *Lütge*, Geschichte der deutschen Agrarverfassung (1963) S. 86.

ments[49] ihren Niederschlag zu finden. Dieses entwickelte sich zur *heredis institutio*[50]. Das prätorische Testament der klassischen Zeit und das nachklassische Justinianische Testamentsrecht vollenden die Entwicklung und gewähren eine allen individuellen Bedürfnissen Rechnung tragende Testierfreiheit, die durch das Noterbrecht[51] nur wenig eingeengt ist und von der weitgehend Gebrauch gemacht wurde[52]. Die Testierfreiheit ermöglichte die Zusammenhaltung von Landgütern im Erbfall. Schädliche Auswirkungen haben sich in nennenswertem Umfang offenbar nicht gezeigt, da die aufstrebende Macht Roms den weichenden Erben Ansiedlungsmöglichkeiten bot[53] und die sittlichen Bindungen[54], denen der pater familias unterworfen war, stark genug waren, um Mißbräuche zum Schaden der nächsten Angehörigen nicht aufkommen zu lassen. Dies schließt nicht aus, daß die Testierfreiheit die Bildung und Erhaltung des weitgehenden Latifundienbesitzes im Mittelmeerraum ermöglichte, während der frühere Latifundienbesitz in Ostdeutschland mit dem Zurückdrängen des bäuerlichen Elements durch die Gutsherrschaft zu erklären ist[55].

b) Demgegenüber vermochte sich die Testierfreiheit im deutschen Rechtsbereich gegenüber dem Gedanken der Familienbindung und den späteren gutsherrlichen Bindungen nur langsam und zögernd durchzusetzen, zunächst über die Einrichtung des Erbgedings (bei Fehlen eines natürlichen Erben)[56], dann beim Freiteil (unter dem Einfluß der Kirche)[57] und bei den Vergabungen von Todes wegen[58], die zu den Erb-

[49] Vordem gab es das schwerfällige öffentl. Test. calatis comitiis (abgeschwächte Art der Adoption) entspr. der altbabylon., altgriech. und altdeutschen Rechsentwicklung.

[50] Vgl. *Sohm*, Institut. des röm. Rechts, 15. Aufl. 1917, S. 724.

[51] Vgl. später zu III. 2. a) aa) dieses Aufs.

[52] Anders als im deutschen Bereich, während die heutige Regelung im deutschen Anerbenrecht (Gleichb. der Geschlechter, ges. Abfindungsregelung) den Bauern geradezu zwingt, Testamente zu errichten.

[53] Darauf weist nachdrücklich Max *Weber*, Die röm. Agrargeschichte (Stuttgart 1891, m. W. jetzt im Neudruck) hin (S. 69 und Fn. 38): „Die strenge Durchführung der Verfügungsfreiheit für den Grundbesitz und dessen völlige Mobilisierung war ein mächtiger Hebel der Expansionskraft ..." (unter Hinweis auf die Entw. im alten deutschen Recht).

[54] *Schmidt v. Ilmenau*, Prinzipieller Unterschied zwischen röm. u. germ. Recht (Rostock 1853, Neudruck 1964) S. 230; Hinweis bei *Staudinger-Böhmer*, Einl. zum Erbr. § 14 Rn. 2. Im übrigen könnten regelm. Mißbräuche bei Verfügungen unter Lebenden über bäuerl. Güter, die res mancipi waren, wegen einer gewissen staatlichen Kontrolle bei der mancipatio verhindert werden, bis später die Formstrenge sich im Zuge der Entwicklung des röm. Reichs vom Bauernstaat zur Welt- und Handelsmacht lockerte (vgl. Staudinger-Böhmer, Einl. z. Erbr. § 14 Rn. 3).

[55] *Planitz* a.a.O. S. 83, *Wieacker* a.a.O. S. 124.

[56] In Form der an die Zustimmung des Heimfallberechtigten gebundenen öffentlichen Adoption.

[57] Vgl. *Planitz* a.a.O. § 98 II S. 239; der Freiteil (Seelteil) ist vom germanischrechtl. Totenteil begriffl. zu scheiden.

[58] Die Gemächde waren ursprüngl. Rechtsgeschäfte unter Lebenden (Auf-

verträgen und schließlich den Testamenten überleiteten. Bemerkenswert ist, daß vielfach nur Kinderlosen das Testierrecht gewährt wurde[59], ein Gedanke, der heute noch außer[60] in den Pflichtteils- und Noterbenrechten im deutschen Landwirtschaftsrecht nachwirkt, wenn § 7 Abs. 2 HöfO. br. Z. die Übergehung von Abkömmlingen bei der Anerbeneinsetzung an die Zustimmung des Landwirtschaftsgerichts knüpft[61].

3. Das Aufkommen der geschlossenen Vererbung von Landgütern

a) *Im römischen Recht*[62]

aa) Testamentsrecht

Wie bereits erwähnt, hatte durch die Testierfreiheit der römische Gutsbesitzer die Macht erhalten, die Vererbung seiner Landgüter auf nur einen Erben durchzusetzen und die getroffene Wahl des Alleinerben auch zu ändern. Schon die Testamentsform „per familiae manciptionem, cui aes et libra adhibetur" des römischen Rechts sollte den mit unseren bäuerlichen Übergabeverträgen erstrebten Erfolg herbeiführen[63], wonach der alte Bauer einem Kind das Gut gegen gewisse Leistungen überträgt. Hierbei hat sich das Vidikationslegat[64] herausgebildet.

Die Testierfreiheit dient damit „in denkbar schärfster Weise dem gleichen Zweck, welchen man in moderner Zeit durch Anerbenrecht und

---

lassung von Grundstücken mit wahrscheinl. aufschiebend bedingter Wirkung oder sofortige Übertragung der Gewere gegen Rückübertragung bis zum Tode). Manchmal ist, wie vielfach in der Schweiz, obrigkeitl. Gen. erforderlich. Vgl. im übrigen Schwabenspiegel Art. 22, Sachsenspiegel II. 30.

[59] Schwabenspiegel Art. 31, vgl. auch die Hinweise *Staudinger-Böhme* (Einl. Erbr. § 14 Rn. 20 S. 78) auf das österr. und Berner Recht von 1539.

[60] Auch in den Vorkaufsrechten des Schweiz. Rechts (vgl. Fn. 134, 135).

[61] Es reicht in das alte nordfranz. droit contumier zurück und beruht in Deutschland auf altem Gewohnheitsrecht der Stadt- und Landrechte (vgl. *Boehmer*, Einf. in das bürgerl. Recht, 2. Aufl. 1965, S. 196).

[62] Das röm. Recht, das grunds. keine erbrechtl. Sondernachfolge kannte, räumte aber auch auf sachenrechtl. Gebiet den ital. Grundstücken (praedia in solo Italico), den einheimischen Zu- und Lasttieren (quadrupedes, quae dorso collove domantur) und den Feldservituten an italischen Grundstücken eine Sonderstellung durch Einreihung in die res mancipi ein, die Gegenstand der solennen mancipatio sein konnten.

[63] Egon *Weiß* a.a.O. S. 513.

[64] Vgl. auch *Wlassak*, Studien zum altröm. Erb- und Vermächtnisrecht I 1933 (Sitzungsberichte der Wiener Akademie, Philos. Klasse, CC X V 2. Abh.) und Besprechung *Siber* (Ztschr. Savigny Stiftg. 1934, 410 ff.). Über das Verhältnis des römischrechtlichen Vindicationslegats zur Konstruktion der Hoferbfolge nach der HöfO br. Z. und zu den Vindicationslegaten der anderen modernen Rechte vgl. Diss. *Niemeier*, Heinz, Mainz 1961, auszugsweise RdL. 1962, S. 226, 227, insbes. Fn. 10. Vgl. ferner Egon *Weiß*, Instit. des röm. Privatrechts 2. Aufl. 1949, § 140 S. 496 oben.

Gutsübertragungsverträge zu erzielen strebt"[65]. *Koschaker*[66] weist zutreffend darauf hin, daß in Südfrankreich das geltende römische Recht mit seiner Testierfreiheit die Vererbung des Hofs auf *einen* Anerben mit seiner Testierfreiheit die Vererbung des Hofs auf einen Anerben vielfach erst ermöglicht. „Das römische Recht hat ihm also denselben Dienst erwiesen, wie nach einer entsprechenden Hypothese *Wieackers*[67] den adeligen Grundbesitzern der mittleren römischen Republik".

bb) Dienstrecht[68]

Das römische Recht hat verschiedene Arten öffentlicher Landanweisungen an Private (nach Verwaltungsgrundsätzen) herausgebildet[69]. Es handelt sich hierbei um Landassignationen ohne Befristung „unter Vorbehalt", bei denen der Zuweisungsempfänger zu persönlichen Dienstleistungen verpflichtet wurde. Diese bestanden bei den „viasii vicani"[70] in einer Straßenunterhaltungspflicht, bei den in die vorkaiserliche Zeit zurückreichenden navicularii (Korporationen, die in überseeischen Häfen für die Gestellung und Führung der Getreideschiffe nach Rom zu sorgen hatten), in der Sicherung der Getreidezufuhr und in der Kaiserzeit bei den Dekurionen in der Steuereintreibungspflicht, bei den Großgrundbesitzern in der Rekrutengestellungspflicht, bei den castella in einer Grenzverteidigungspflicht, bei beliehenen Barbarenstämmen in der Heeresdienstpflicht. Hier ist der Weg zum Lehnswesen der germanischen Könige in den Eroberungsgebieten vorgezeichnet. Grundsätzlich dürfte hier eine Erbregulierung i. S. der mit der Belehnung erstrebten Zwecke anzunehmen sein[71].

b) Die geschlossene Vererbung von Landgütern im frühen deutschen Recht

aa) Auf Grund faktischer oder rechtsgeschäftlicher Vorzungsstellung

In der Frühzeit des noch genossenschaftliche Züge tragenden (Intestat-) Erbrechts mag gelegentlich[72] der Haussohn, der auf dem an-

---

[65] Max *Weber*, Röm. Agrargeschichte S. 68.

[66] *Koschaker*, Europa und das röm. Recht 1953, S. 160.

[67] Hausgenossensch. und Erbeseinsetzung (Festschrift der Leipz. Jur. Fakultät für *Siber* 1940, S. 17 ff., 37 ff.).

[68] Schließlich hat auch das dem Dienstrecht verwandte spätröm. Domänenpachtrecht und Kolonatsrecht eine Auswahl des geeigneten Erben des Pächters bzw. Kolonen durch den Oberbeamten bzw. Gutsherrn gekannt (vgl. *Weber*, Röm. Agrargeschichte S. 142 und 271).

[69] Vgl. hierzu Max *Weber* a.a.O. S. 143 f.

[70] Erwähnt in der lex agraria von 643 (zitiert bei *Weber* wie Fn. 69).

[71] Max *Weber* a.a.O. S. 146, 148.

[72] Kein Geringerer als *Gierke* (zitiert bei *Meyer*, Öst. Bundesanerbenges. Kom. S. 6) meint, daß sich im germ. Recht das Recht des Ältesten auf Über-

gestammten Familiensitz blieb und dort als erster eine Familie gründete, vor seinen auf dem Hof bleibenden Geschwistern eine faktische Vorzugsstellung erlangt haben. Durch ein Testament des Erblassers konnte eine solche nicht begründet werden. Auch das in Form von Treuhandvergabungen[73] aufkommende gewillkürte Erbrecht diente in erster Linie dazu, bei Fehlen naher Verwandter das Gut in die gewünschten Hände zu leiten.

bb) Bäuerliche Leiherechte und Anerbenrechte alter Prägung

Die seit dem 14. Jahrhundert stark in Erscheinung tretende Verminderung der Zahl der freien Bauern im Zuge der stärkeren Ausbildung von Grundherrschaften[74] haben zur Ausbildung der für das damalige deutsche Recht so typischen bäuerlichen Leiheverhältnisse in mannigfachen Formen und Abstufungen, der damals vorherrschenden Form des bäuerlichen Besitzes, geführt[75]. Bei den Leiheverhältnissen, die sich zu vererblichen dinglichen Rechten entwickelten, wurde die Entwicklung im Interesse des Leihgebers dahin beeinflußt, daß nur männliche Erben des Beliehenen und vielfach nur *ein* leistungsfähiger Erbe Nachfolger wurde[76]. Dies hinderte indes in den Realteilungsgebieten des Westens nicht die Teilbarkeit der Güter, zumal diese dort vielfach im Interesse des Grundherrn an höheren Leistungen gelegen haben mag. In den meisten Teilen Deutschlands — etwa vier Fünftel

---

nahme der Hausgemeinschaft herausgebildet und mit dem Eindringen des röm. Rechts in ein durch das Beispruchsrecht der Familienangeh. beschränktes Eigentumsrecht umgebildet habe, woraus die Grundidee des Anerbenrechts herzuleiten sei. Indes erscheint der auch von Heinr. *Vocke* (Gemeines eheliches Güter- und Erbrecht in Deutschland, 1873) S. 249 behauptete Vorzug der Erstgeburt im Mannesstamm im Bereich der gesetzl. Erbfolgeordnung der Frühzeit nicht nachgewiesen. Es ist grundsätzl. von einem gleichen Erbrecht jedenfalls aller Söhne in den Grund und Boden auszugehen (so *Conrad*, Deutsche Rechtsgeschichte § 4 S. 59, der bei Auseinandersetzung Erbteilung der Brüder zu gleichen Teilen annimmt; ferner S. 60, 61; *Schröder*, Lehrb. der deutschen Rechtsg. § 35 V. S. 327; *Lange*, Lehrbuch des Erbr. 1962, § 1 III 6, S. 5) insbes. auch *Schwerin-Thieme*, Deutsche Rechtsgesch. 1950 S. 43 und die oben Fn. 40 und 41 Genannten.

[73] Durch Zwischeneinschaltung eines Salmanns (eines Vorläufers unserer heutigen Testamentsvollstrecker), vgl. *Staudinger-Boehmer*, Einl. z. Erbr. § 14 Rn. 13.

[74] Die sich bis in die germ. Zeit zurückverfolgen lassen (vgl. insbesondere *v. Maurer*, Geschichte der Fronhöfe, der Bauernhöfe — 4 Bände 1862/63).

[75] Vgl. *Planitz* a.a.O. S. 82 ff.

[76] *Schwerin-Thieme* S. 241, vor allem *Maurer* (wie Fn. 74) Bd. 4 S. 321: „Jedes hörige Bauerngut sollte vielmehr ein ungeteiltes Ganzes bilden" und die hochinteressante — weil bis zum heutigen Tage in der ldw. Erbteilungspraxis nachwirkend! — Handhabung, daß bei zugelassenen Teilungen Vorkaufsrechte bei den Teillosungen zur Wiedervereinigung der getrennten Teile bestellt wurden (*Maurer*, wie vor S. 325, 326). Vgl. ferner *Planitz* a.a.O. § 96 III S. 236.

des deutschen Raums — führte diese Entwicklung zur Herausbildung der Anerbensitte, die schon mit dem 10./11. Jahrhundert einsetzte. So ist die Herausbildung dieser Sitte m. E. weniger in einer altdeutschen Rechtsauffassung begründet, als vielmehr in der wirtschaftlichen und politischen Entwicklung, sei es, daß die Ungunst des Bodens die geschlossene Erhaltung der Güter erforderte, so in Skandinavien[77], Schleswig-Holstein, Ostfriesland, sei es, daß die Grundherrschaft ihre Interessen auf geschlossene Erhaltung der Bauerngüter durchsetzte[78], indem sie auf eine etwa vorhandene Anerbensitte in eine Pflicht zur Geschlossenerhaltung des Gutes umformte. Manchmal mögen auch mehrere dieser Faktoren zusammengewirkt haben[79].

cc) Feudalrechte

α) Lehnsrechte (ritterliche Leihe)

Wie bereits erwähnt, konnte das aufkommende deutsche Lehensrecht an vorgebildete römische Rechtsformen anknüpfen. Nach strengem Reichsrecht hatte hierbei nur ein Sohn im Erbfall Anspruch auf das väterliche Lehen, kein Lehen durfte geteilt werden[80]. Es liegt dieser Bevorzugung eines Kindes ein rein militärisch motiviertes feudalistisches Prinzip[81] zugrunde, wie man es insbesondere in manchen spanischen Foralrechten zur Zeit Reconquista findet[81].

β) Fideikommißrecht[82]

Das Fideikommißrecht statuiert eine Sonderfolge kraft Stifteranordnung im Interesse des splendor familiae, regelmäßig unter Bevorzugung eines leiblichen ehelichen männlichen Abkömmlings des ersten Erwerbers im Mannesstamme. Die in Spanien schon im 13. Jahrhundert auftauchenden Majorate haben wie in anderen europäischen Ländern so auch in Deutschland einen entscheidenden Einfluß auf die Ver-

---

[77] Hierzu mögen zusätzl. Gründe eines sog. „militaristischen Erbrechts" eine gewisse Rolle spielen (so M. *Weber*, Agrarverhältnisse des Altertums und ges. Aufs. zur Wirtschafts- und Sozialgeschichte 1924 S. 94; Wilhelm *Abel*, Agrarpolitik 1958 S. 155.

[78] Vgl. Fn. 76.

[79] *Pikalo*, Land- und forstw. Grundstücksverkehrs- und Erbr. im westl. Europa 1961 S. 491, 492; *Webhofer*, Kom. z. Tiroler Höfeges., Innsbruck 1956, Einl. S. 18, 19.

[80] Werner *Goez*, Der Leihezwang (Mohr-Verlag 1962), S. 24; *Planitz* a.a.O. § 39 (S. 86), der hervorhebt, daß sich seit dem 14. Jahrh. die Gesamtbelehnung mehrerer gleichnaher Erben durchsetzte (u. § 96 I S. 235).

[81] Vgl. *Elfgen*, Die Mejora (Neue Kölner Rechtsw. Abh. Band 21), 1962, S. 26.

[82] Verwandt mit ihm ist das aus fränk. Zeit herrührende dem hohen *Adel* und der Reichsritterschaft vorbehaltene Stammgüterrecht, wonach die (ursprüngl. Amts-) Güter nur unteilbar auf männl. Abkömmlinge vererbl. waren (EGBGB Art. 59).

mögensbindung ausgeübt, und zwar als Gegenwirkung gegen das den Zusammenhalt des Besitzes ungünstige römische Recht, das lediglich den Namen für die neue Rechtsform abgeben mußte. Mit Beendigung der Lehen (Preußen 1848, Österreich 1862) wurden diese vielfach in Familienfideikommisse besonderer Art umgewandelt. Ein besonderes Verdienst der Fideikommisse in Deutschland liegt in der Zusammenhaltung und guten Bewirtschaftung ausgedehnter Waldgüter. Im Zuge der Fideikommißauflösung konnten in Deutschland Fideikommißgüter Erbhöfe werden, soweit sie den Erfordernissen eines Erbhofs entsprachen. Im übrigen blieben die landesgesetzlichen Vorschriften über das Anerbenrecht bei den auf Grund der Gesetze über Auflösung der Fideikommisse gebildeten Gütern (insbesondere Waldgütern und Deichgütern), soweit sie nicht Erbhof wurden, unberührt (so § 60 Reichserbhofgesetz).

III. Der Einfluß der Begegnung der beiden Rechtskreise auf die Entwicklung des landwirtschaftlichen Erbrechts

1. Die Begegnung

Als in den Stürmen der Völkerwanderung germanische Volksstämme mit den Völkern römischer Rechtstradition konfrontiert wurden und diese weitgehend überlagerten — mit nachhaltigeren Wirkungen in Nordfrankreich[83] als in anderen Gebieten romanischer Bevölkerung — setzte auch verstärkt der Auseinandersetzungsprozeß zwischen römischem und germanischem Rechtsgut ein. Die Einwanderer brachten ihr Recht mit. Es folgte die Gegenbewegung, Rezeption[84] und Humanismus[85], stark und nachhaltig in Deutschland[86], schwächer in der Schweiz[87], in mehr harmonischer Entwicklung in Frankreich[88], kaum wahrgenommen in England[89] trugen in umgekehrter Stoßrichtung römisch-rechtliches Gedankengut nach Norden. Hierbei ist interessant

[83] Vgl. *Wieacker* a.a.O. S. 211.

[84] Vgl. *v. Below*, Die Ursachen der Rezeption des röm. Rechts in Deutschland, 1905, Neudruck 1964; *Koschaker*, Europa und das röm. Recht, 2. Aufl. S. 105 ff.; *Wieacker*, Privatrechtsgeschichte der Neuzeit 1952, S. 63 ff.; ferner nachstehend zu III 3. b).

[85] Vgl. *Koschaker* a.a.O. S. 105 ff.; *Wieacker* a.a.O. S. 75.

[86] Nach *Wieacker* a.a.O. S. 78 im wesentlichen wegen unzureichender gedankl. und wissenschaftl. Disziplinierung des zerspl. heimischen Rechts, welcher Aufgabe sich eine deutsche Zentralgewalt nicht zuwenden konnte.

[87] Weshalb dort deutsche Rechtsquellen unberührter und lebendiger erhalten geblieben sind.

[88] *Koschaker* a.a.O. S. 221.

[89] Vgl. *Wieacker* a.a.O. S. 77 (wohl wegen des Scheiterns des Absolutismus der *Tudors*), auch *Koschaker* a.a.O. S. 217.

festzustellen, daß die Berührung der beiden Rechtskreise zu mancherlei Synthesen an sich entgegengesetzter Rechtsprinzipien geführt hat, daß aber auch die spröde Eigenständigkeit und zähe Lebensfähigkeit unterschiedlicher Rechtsinstitutionen offenbar wurden, die einer Überbrükkung oder Übernahme in das andere System Grenzen setzten[90].

2. Synthese zwischen römischrechtlichen und deutschrechtlichen Prinzipien und Institutionen

a) Auf dem Gebiete des Pflichtteils- und Noterbenrechts

Dieses überbrückt seiner Zweckausrichtung gemäß mehr oder weniger ausgeprägt den Gegensatz zwischen Testierfreiheit und Familienbindung.

aa) *Im römischen Noterbenrecht* waren bereits die Grundzüge der heutigen Noterbformen vorgezeichnet. Nach der anfänglich nahezu schrankenlosen Testierfreiheit, die dann durch das materielle Noterbenrecht des Zentrumviralgerichts eingedämmt war[00], hat Justinian eine eigenartige Verschmelzung des materiellen mit dem formellen Noterbrecht geschaffen, indem den Pflichtteilsberechtigten, die als Erben oder sonstwie unzureichend bedacht waren, lediglich als Geldforderungsausgleich die actio suppletoria gegeben wurde[91].

bb) Der römischrechtlichen Regelung am nächsten stehend ist *im deutschen BGB* und österreichischen AGBGB die Testierfreiheit am wenigsten angetastet worden, da hier die Berechtigten in Höhe einer bestimmten Quote ihres gesetzlichen Erbteils lediglich auf einen bloßen Geldanspruch verwiesen werden. Besonders gilt im Pflichtteilsrecht des BGB für Landgüter zur Ermöglichung ihres leichteren Zusammenhalts im Erbfall, da hier der Erblasser im Rahmen der §§ 2312, 2049 BGB veranlassen kann, daß der Ertragswert anstatt des höheren Verkehrswerts für die Berechnung des Pflichtteils maßgebend ist, wenn einer von mehreren Erben das Recht haben soll, ein zum Nachlaß gehörendes Landgut[92] zum Ertragswert zu übernehmen. Zur Verhinderung der Überschuldung von Landgütern im Erbfall beschränken im übrigen die Anerbengesetze und Zuweisungsgesetze die Rechte der weichenden Erben zum Teil auf ein kaum erträgliches Maß[93].

---

[90] (Zu) stark gegen die Assimilationsfähigkeit *Schmidt v. Ilmenau* a.a.O. S. 13 ff.

[91] *Staudinger-Böhmer* Einl. Erbr. § 14 Rn. 9.

[92] Auch Miteigentums- oder Gesamthandelsanteile an einem Landgut, wenn durch die Zuwendung des Anteils die Gutsvereinigung erfolgt.

[93] Vgl. nachstehend zu 3 f und g: So bei Abfindung nach Einheitswertgrundsätzen und im früheren Erbhofrecht.

cc) In den Erbrechtssystemen der romanischen Länder, die die sogenannte *Réserve* kennen (Frankreich, Spanien, Italien, Belgien, aber auch die Schweiz und die Niederlande), zeigt sich in beeindruckender Weise die Synthese zwischen Testierfreiheit und -beschränkung aus Gründen der Familienbindung des Nachlasses. So stellt sich im französischen Code civil die réserve — unter dem Einfluß des germanischrechtlichen droit coutumier — als Einräumung eines materiellen Vorbehaltserbrechts dar mit der Wirkung, daß Verfügungen des Erblassers, die bestimmte nächste Angehörige nicht oder nur unzureichend berücksichtigen, auf Antrag dieser sogenannten Vorbehaltserben herabzusetzen sind[94], während der Pflichtnoterbe als dinglich Berechtigter „unvergleichlich günstiger, gesicherter und dazu deutschrechtlicher ist als der des heutigen deutschen Rechts"[95]. Aber gerade diese Zwangsgleichstellung der gesetzlichen Erben, insbesondere der Kinder, führte in steigendem Maße zur Zerstückelung landwirtschaftlicher Betriebe wegen der Unmöglichkeit, solche nur *einem* Nachkommen zuzuwenden. Dies führte zu mancherlei Reformen des zu starren Noterbrechts, um der Güterzerstückelung Einhalt zu bieten.

dd) Die *mejora* des spanischen Rechts verbindet in idealer Weise den Vorteil der Familienbindung — diese wird aus ihrer germanischen Wurzel erklärt[96] — mit der Möglichkeit, das Familienvermögen, insbesondere ein Landgut[97] in die Hand nur eines Nachfolgers zu überführen. Auch hierin spiegelt sich ein typischer Zug germanisch-rechtlicher Entwicklung wieder. Die mejora hat ihren Standort zwischen der Testierfreiheit und dem Pflichtteilsrecht. Während letzteres einem *jeden* Berechtigten einen gleichen Mindestanteil am Nachlaßwert sichert, gestattet die mejora — in ihrer ursprünglichen Form — die Beteiligung der Abkömmlinge am Nachlaß den individuellen Bedürfnissen entsprechend zu regeln. Sie stellt „eine Erbschaftsquote dar, über die der Erblasser nur zugunsten seiner legitimen Abkömmlinge frei verfügen kann" und gestattet, die Prinzipien und Vorteile des Testaterbrechts mit denen des Familienerbrechts zu vereinen[98]. Sie wird als „Kristalli-

---

[94] Einzelheiten *Ferid-Firsching,* Intern. Erbr. Frankreich, Grdz. F 2 VI S. 86 ff.

[95] *Staudinger-Böhmer,* Einl. Erbr. § 14 Rn. 28 ff.

[96] Bereits in der lex Visigothorum (Dum Inlicita) i. J. 643, 644 (*Lacoste,* Jorge de, La mejora, Madrid 1943, S. 57 ff. und zu allem *Elfgen,* Die Mejora, Neue Köln. rechtsw. Abh. Heft 21, (1962), insbes. S. 7 ff., 14, 16, als Abwehr der Mißbräuche der römischrechtlichen Testierfreiheit.

[97] Der agrarpolitische Charakter namentlich der mejoraähnlichen Foralrechte ist anerkannt. Diese sind eine „Art Agrarstatut, eine Vorwegnahme jüngster Tendenzen, des span. Landwesens. Ihre Institutionen dienen vornehmlich der Erhaltung des Gehöfts i. S. des einheitl. Familienvermögens" (*Elfgen* a.a.O. S. 117, 119 mit Nachweisen).

[98] So *Elfgen* a a.O. S. 1. Sie kann testamentarisch oder erbvertraglich zur Bevorzugung ehelicher Abkömmlinge innerhalb eines Drittels der Erbschaft

sation spanischer juristischer Genialität"[98] bezeichnet, und Hermandez kann sich „keinen Juristen vorstellen, der sie nicht liebt wegen der familiären Probleme, die sie zu lösen vermag"[99]. Sie hat in zahlreichen Foralrechten[100] ihren Niederschlag gefunden und auch in den (sp.) Código civil (Art. 823—833) Eingang gefunden[101]. Jedenfalls ist sie das Mittel, im spanischen Recht und seinen Einflußgebieten[102] die Erhaltung des landwirtschaftlichen Guts in der Hand *eines* Abkömmlings zu ermöglichen und zu erleichtern.

b) *Die Technik römisch-rechtlicher Institutionen*

Die Klarheit, Universalität und Verkehrsfähigkeit römischen Rechtsdenkens und römisch-rechtlicher Institutionen[103] haben neben Gründen der politischen Zweckmäßigkeit[104] nicht nur deren teilweise Rezeption in angepaßter Form erleichtert, sie haben ebenso dazu beigetragen, lebendig gebliebenes deutsches Rechtsdenken mit Hilfe ihrer bereits vorgebildeten Formen und Methoden leichter herauszubilden und fortzuentwickeln. Dies zeigt sich insbesondere bei der Herausbildung der Vor- und Nacherbschaft (in Anlehnung an die fideikommissarische Substitution), der Übergabeverträge (vgl. nachstehend zu III. 3. b), der Nachfolgeformen der deutschen Landesanerbengesetze des vergangenen Jahrhunderts (in Anlehnung an das Vindications- und Damnationslegat). Es konnte nicht ausbleiben, daß die Rezeption naturgemäß manche Härten mit sich brachte und auch in einem Punkte mit zu einer Verschlechterung der Lage des Bauernstands beitrug, indem die römisch-rechtliche Zeitpacht eine Ersatzform für die mittelalterliche dingliche Leihrechtsstellung der Bauern nach dem „guten alten Recht"

---

getroffen werden (Roca *Sastre*, Estudios de Derecho Privado II, Madrid 1948, S. 357).

[99] Hermandez *Gonzales* (La Cuota viudal y su regla fija), RGLJ t 180, 1946, S. 437.

[100] Die Fueros — örtliche schriftlich aufgezeichnete Gewohnheitsrechte — schaffen für ihr begrenztes Geltungsgebiet Spezialrecht mit erster Rangstelle, dem gegenüber das gemeine Recht nur subsidären Charakter hat; so steht auf erbr. Gebiet in Spanien noch die Rechtseinheit aus. Die Fueros enthalten oft gotisches Gewohnheitsrecht (*Melicher*, Der Kampf zwischen Gesetzes- und Gewohnheitsrecht im Westgotenreich. Weimar 1930, S. 8), woraus sich für manche Fueros „das Wiederaufleben germ. Warterechte mit Verdrängung der Mejora" ergibt (so *Elfgen* a.a.O. S. 25).

[101] Rechtsdogmatisch ist sie als erbrechtl. Institution sui generis zu kennzeichnen (*Elfgen* a.a O. S. 80).

[102] In den lateinamerikanischen Ländern Chile, Kolumbien, Ekuador, Bolivien, Peru, Kuba (vgl. *Elfgen* a.a.O. S. 123 ff.).

[103] Vor allem aber die auctoritas des röm. Rechts, „das als eine Art Naturrecht kraft geistiger Autorität" für das abendl. Reich erachtet wurde (*Wieacker* a.a.O. S. 74).

[104] Die Landesherrn und Stadträte haben mit Hilfe des gelehrten Juristenmonopols eine rationale und einheitl. Verwaltg. durchsetzen wollen (*Wieacker* a.a.O. S. 76).

hergab. Aber diese Entwicklung lag ohnedies im Zuge der Zeit[105]. Solche Nachteile wurden aber wohl wieder wettgemacht durch Vorteile, die — auf längere Sicht gesehen — die durch Rezeption und Humanismus befruchtete Entwicklung zur Folge hatte, wobei das römische Rechtsgut die Kommerzialisierung erleichterte.

3. Deutschrechtliche Sonderformen der Familienbindung

Ihrer deutschrechtlichen Herkunft entsprechend haben die folgenden Rechtsinstitutionen, die für das landwirtschaftliche Erbrecht von besonderer Bedeutung sind, ihren Anwendungsbereich im wesentlichen auf die Völker mit stärkerem germanischen Einschlag, insbesondere auf die Völker deutscher Zunge beschränkt.

a) *Erbverträge und Erbverzichtsverträge*

Gemäß dem in der germanischen Rechtstradition stark verankerten Bindungsbewußtsein hat sich die Zulässigkeit der Bindung des letzten Willens in Form von Erbverträgen bis heute im deutschen, schweizerischen und österreichischen[106] Recht erhalten. Auch[106a] im englischen Recht sind hier Verträge mit erbrechtlichem Inhalt vor Abschluß der Ehe üblich und nachher noch zulässig. In Deutschland spielt der Erbvertrag zur Sicherung der Vererbung von Landgütern in Familienhand nach der Rechtsprechung des BGH[107] und nach den Erfahrungen des Verfassers eine beachtliche Rolle[108].

---

[105] Vgl. *Schwerin-Thieme* a.a.O. S. 116, ohne daß indes der nachteilige Einfluß des röm. Rechts überschätzt werden darf (so *Schwerin-Thieme* S. 240), da die Entwicklung wohl in einem tiefer liegenden sozialen Prozeß vorgezeichnet war (vgl dazu *Mitteis*, Der Lebenswert der Rechtsgeschichte. 1947, S. 130). Ähnlich auch *Koschaker* a.a.O. S. 154 Fn. 2. Vgl. indes den Hinweis *Wieackers* (Privatrechtsgesch. S. 121) auf den ungünstigen Einfluß des spätröm. Kolonats. Beachtenswert bleibt aber, daß nach *Wieacker* (a.a.O. S. 124) die von den Konsiliatoren übernommenen Eigentumseinteilungen zwischen dominium utile und directum die deutschen bäuerl. Besitzverhältnisse auch zu schonen vermochte und daß das röm. Recht dem Bauern auch Waffen gegen den Gutsherrn gab.

[106] Hier nur unter Ehegatten (Art. 602) und bis zu drei Viertel des Nachl. (§ 1249 ff. ABGB). Ähnlich das frz. Recht, das die erbrechtl. Bindung nur im Rahmen der Eheverträge (Art. 1082, 1093 CC) zuläßt.

[106a] Für das span. Recht vgl. Fußn. 98.

[107] Das beweist auch die im ldw. Bereich verhältnismäßig umfangreiche Rspr. zur formlos bindenden Hoferbenbestimmung (auch durch Erbvertrag) und Fn. 177.

[108] Entgegen der abw. Auffassung von *Schnitzer*, Vergleichende Rechtslehre, Bd. 2, 2. Aufl. 1961, S 571, der irrig meint, daß Erbverträge in Deutschland „recht selten“ seien. Der Erbvertrag ist als traditionelles Mittel der Besitzpolitik (*Wieacker*, Privatrechtsgeschichte der Neuzeit, 1952, S. 122) anerkannt.

b) *Bäuerliche Übergabeverträge zwecks vorweggenommener Erbfolge*

Den Übergabeverträgen kommt in der deutschen[109] landwirtschaftrechtlichen Praxis eine hervorragende Bedeutung[110] zu. Sie beruhen auf alten Rechtsgewohnheiten, aus denen sie gerade wegen des Mangels oder der Unzulänglichkeit gesetzlicher Regelungen ihre lebendige Kraft und ihre bunte Vielgestalt schöpfen. Die altdeutschen Formen der Gemächde, aus denen sich die Erbverträge entwickelt haben, lassen sich m. E. als Vorläufer der Übergabeverträge ansprechen[111]. Es war *Hübner*[112] vorbehalten die Unterschiede der beiden deutschrechtlichen Formen, der *donatio post obitum* und der Schenkung unter Nießbrauchsvorbehalt[113] darzutun. Ich halte dafür, daß sich aus dieser Rechtstradition die heutige Vorliebe zum Abschluß von Hofübergabeverträgen unter Nießbrauchsvorbehalt — oft genug mit anschließender Verpachtung an den Übernehmer — erklärt.

c) *Die Unterscheidung zwischen Erbgut und selbsterworbenem Gut*

Auch diese Unterscheidung, die aus altgermanischen Rechtsquellen des Nordens[114] stammt und für die Vererbung von Landgütern bedeutsamt ist,[115] bedeutsam ist, hat die rechtsgeschichtliche Entwicklung stark beeinflußt, so vor allem[116] in den Gewohnheitsrechten Nordfrankreichs[117]. Heute noch ist diese Unterscheidung bedeutsam für das Recht

[109] Aber auch in anderen Ländern, so in Österreich, in Schweden, wo etwa die Hälfte der bäuerl. Hofnachfolgen durch Übergabeverträge erfolgen (vgl. *Pikalo*, Ldw. und forstw. ... S. 486), während in Dänemark etwa ein Viertel aller jährlichen Hofveräußerungen in Form von Übergabeverträgen erfolgen (*Tolstrup* RdL 1964 S. 30).

[110] Vgl. statist. Nachweise bei BGH Beschl. v. 30. Oktober 1951 in RdL 1952 S. 47 (48), wonach Stichproben in westfäl. Gebieten ergeben haben, daß der Generationswechsel in 83 % (84 %) der Fälle durch Hofübergabeverträge erfolgt ist. Der Hofübergabevertrag ist im Recht der HöfO (br. Z.) nicht nur lebz. Rechtsgeschäft, er hat auch den Charakter einer erbrechtl. Sondernachfolge; so der BGH in ständiger Rspr.

[111] Vgl. *Staudinger-Böhmer*, Einl. z. Erbr. § 14 Rn. 14 ff.

[112] Die donationes post obitum und die Schenkungen mit Vorbehalt des Nießbrauchs im älteren deutschen Recht (in Untersuchungen zur Deutschen Staats- und Rechtsgeschichte *v. Gierke* Bd. 26, Breslau 1888), insbes. S. 3 ff.

[113] Vgl. Fn. 112 und Mario *Amelotte* „La ›donatio mortis causa‹ in diritto Romano", Mailand 1953.

[114] Im friesischen, fränkischen, aber auch schweizerischen Recht.

[115] Insbes. im schwedischen und norwegischen Recht; vgl. *Staudinger-Böhmer*, Einl. z. Erbr. § 14 Rn. 21 mit rechtsvergleichenden Hinweisen. Erbgut ist im Gegensatz zu selbsterworbenem Gut familiengebunden und kann ohne deren Zustimmung nicht vergeben werden.

[116] Vgl. *Staudinger-Böhmer* a.a.O. für Freiburger, Zürcher, Basler Stadtrecht, für die frühere Tiroler Landesordnung, für die Hansastädte, für Livland, Estland und Kurland.

[117] Unterscheidung zwischen biens de famille und biens acquêts, bezüglich der erstgenannten bestand eine Reserve von vier Fünfteln.

des C. C.[118] und für das auf westgotisches Gedankengut zurückgehende Foralrecht der spanischen Provinz Aragon (anerkannt durch Dekret vom 7. 2. 1925) wegen des mit dem Rückfall des Erbguts an die Ursprungsfamilie verbundenen Ausschlusses der Testierfreiheit[119].

Im übrigen lebt im modernen deutschen Anerbenrecht dieser Gedanke wieder auf in der gesetzlichen Hofvor- und Nacherbschaft der HöfeO br. Z., (falls der Ehegatte Vorerbe des Hofs wird, der dann an einen Blutsverwandten des Erblassers als späteren Nacherben fällt [HöfO § 6 Abs. 3, § 8, desgleichen in § 5 Nr. 3 HöfO]). Überhaupt ist der Gedanke an das Fallrecht in der ldw. Praxis[120] lebendig geblieben.

d) *Vor- und Nacherbfolge*

Wie vorstehend ausgeführt, dient das aus dem frühdeutschen Recht stammende Institut der Vor- und Nacherbfolge seinem Grundgedanken und Hauptzweck nach der Bindung des Familienguts[121]. Deshalb hat das moderne Anerbenrecht hierauf zurückgegriffen[122], und es ist auch die gewillkürte Anordnung der Vor- und Nacherbschaft in den Hof (unbeschadet § 7 Abs. 2 HöfO br. Z.) zulässig.

Die deutschrechtliche Herausbildung der Vor- und Nacherbschaft ist durch das Universalfideikommiß begünstigt worden, das sich im spätrömischen Recht herausgebildet hatte[123]. Der frz. Code civil läßt die fideikommissarische Substitution kaum[124] zu, während diese im neuen italienischen Recht in engen Grenzen gestattet ist[125].

---

[118] Art. 747 CC (Rückfallrecht des Aszendenten), Art. 365 CC (Rückfallrecht des Adoptierenden), und zwar in beiden Fällen bei Schenkungen, falls der Beschenkte vor dem Schenkenden ohne Hinterlassung von Abkömmlingen stirbt; vgl. auch Art. 766 CC bezüglich des Rückfallrechts der ehelichen Geschwister des unehelichen Erblassers. Man nimmt in allen diesen Fällen eine Sondererbfolge auf Grund des droit de retour an mit der deutscherbrechtlichen „saisine“ (vgl. *Ferid-Firsching* Intern. Erbr., Frankreich Gdz. G III S. 99).

[119] Rechtsvergl. HWB III Art. ges. Erbfolge 764 ff.

[120] Wenn beispielsweise durch Ankaufsverpflichtung oder erbvertragl. Bindung sichergestellt wird, daß das Landgut im Falle eines kinderlosen Versterbens des Gutsübernehmers (-erben) in die Hand eines Blutsverwandten zurückfällt.

[121] Darin besteht eine Verwandschaft mit dem Familienfideikommiß., so *Staudinger-Seybold*, Kom. z. Erbr. 11. Aufl. 3. Titel Vorb. Rn. 1 S. 773, während bei der Vorerbsch. die Bindungen nur auf die Dauer von 2 Generationen möglich sind.

[122] Bereits im Reichserbhofrecht (bei den Ehegattenhöfen: vgl. §§ 20, 21 EHRVO; insbes. §§ 12, 24 EHFV v. 30. 9. 1943); und allgemein § 51, 52 EHRVO.

[123] Trotz entgegenstehender Grundtendenz: Semel heres, semper heres. Vgl. zu allem *Lange*, Lehrb. des Erbr. 1962, § 26 S. 226.

[124] Art. 896 mit den Lockerungen der Art. 897 und 1048—1074.

[125] Art. 692 ff. CC, wobei der Vorerbe einem Nießbraucher gleichgestellt ist.

Demnach ist die Vor- und Nacherbschaft im wesentlichen auf die vom germanischen Recht stark beeinflußten Länder beschränkt[126].

e) *Die Vorkaufsrechte*

Bei den Vorkaufsrechten, die — wie auch gelegentlich die Wiederkaufsrechte[127] — für den landwirtschaftlichen Bereich von besonderer Bedeutung sind, begegnen sich deutschrechtliches[128] und römischrechtliches[129] Gedankengut. Im deutschen Rechtskreis haben bis auf den heutigen Tag die rechtlichen Bindungen der genannten Art eine weit größere Rolle als im römischen gespielt. Namentlich die Vorkaufsrechte mit dinglicher Ausgestaltung (wie in §§ 1094 ff. BGB) zeigen ihre besondere Verwandtschaft mit den deutschrechtlichen Retraktrechten[130], und zwar unter Einschluß des siedlungsrechtlichen Vorkaufsrechtes (§§ 27 ff. GrdstVG, §§ 4 ff. [5 !] RSG)[131]. In der Verlagerung der Funktion der Vorkaufsrechte von der Familienbindung zur Sozialpflichtigkeit des Eigentums im Allgemeininteresse[132], wie sie insbesondere in den Siedlungsrechten in Erscheinung tritt, zeigt sich ein charakteristischer Zug moderner Rechtsentwicklung. Doch wird hierbei nach wie vor die ursprüngliche Kraft der deutschen Näherrechte offenbar[133]. Dies zeigt sich in der Außerfunktionssetzung des siedlungsrechtlichen Vorkaufsrechts gegenüber nahen Familienangehörigen (vgl. § 4 Abs. 2 RSG). Die lebendige Kraft des Familiennäherrechts zeigt sich ferner im schweize-

---

[126] Schweden (Erbges. v. 28. 6. 1928), das ein ges. Nacherbrecht der Verwandten 2 Ordnung nach dem überl. Ehegatten kennt; Schweiz (Art. 488 ZGB, dem BGB am nächsten stehend); Spanien (wegen des fr. westgotischen Einflusses: Art. 774 CC); während das engl. Recht das Problem durch Einsetzung eines trustee löst (Lit. bei *Lange* Lehrb., a.a.O.).

[127] Vgl. § 20 RSG.

[128] Vgl. zur gesch. Entw. *Gierke*, Deutsches Privatrecht 2. Bd. Leipzig 1905 (Sachenrecht), S. 766 ff. bez. Wiederkaufr. vgl. jetzt § 20, 21 RSG; vgl. auch § 32 ErbbRVO (Heimfallanspruch).

[129] Bez. des vertragl. VR (ohne dingl. Wirksamkeit) vgl. *Jenny*, Franz Eugen, Das bäuerl. Vorkaufsrecht, Diss. Freiburg/Schweiz 1955 S. 27; bez. des Wiederkaufsrechts vgl. *Hedemann* (Schuldrecht des BGB 3. Aufl. 1949); Hinweis auf das precarium der röm. Kolonisationspraxis.

[130] *Enneccerus-Lehmann*, Schuldrecht, 14. Aufl. 1954, § 117 (vor I), S. 460.

[131] Nähere Begründung bei *Kahlke*, Gerhard, Das gesetzl. Vorkaufsrecht der landwirtschaftlichen Siedlung, Carl Heymanns Verlag 1964, S. 72. Vgl. auch Art. 11 und 5 des span. Ges. über die patrimonios familiares, die vom Eigentümer persönlich bewirtschaftet werden müssen. Wirtschaftet der Eigentümer schuldh. schlecht oder verstößt er gegen seine vordringlichen Pflichten gegenüber seiner Familie, so droht dem Eigentümer die Einleitung eines Enteignungsverfahrens.

[132] *Staudinger* wie Fn. 20.

[133] Auch entsprechend § 2 der fr. BRatsbek. v. 15. 3. 1918, jetzt § 8 Nr. 2 GrdstVG (keine Gen.Versagung bei geschl. Betriebsübertragung an nahe Angehörige), ähnl. Art. 16 Nr. 1 des Vorentw. V der Eidgen. Justizabt. März 1963: Gen. soll erteilt werden, um einem Nachkommen die Gründung einer ldw. Existenz zu ermöglichen. Vgl. auch HöfO br. Z § 6 Abs. 5, § 7 Abs. 2.

rischen Bauernrecht, und zwar im Bundesgesetz über die Erhaltung des bäuerlichen Grundbesitzes vom 12. 6. 1951[134], dessen „erbrechtliche Familienschutzfunktion" anerkannt ist[135].

f) *Die Anerbenrechte*[136]

Das Anerbenrecht bezweckt, landwirtschaftliche Besitzungen durchweg mittlerer Größe (Anerbengüter)[137] im Erbfall geschlossen in das Eigentum *eines* grundsätzlich wirtschaftsfähigen blutsverwandten Erben, des Anerben, zu überführen und sie dabei vor Überschuldung zu bewahren. Es beruht auf alter bäuerlier Erbsitte, die sich in Norwegen[138], Schweden[139], in Teilen Dänemarks[140], in großen Teilen Deutschlands[141] und Österreichs[142], in der Schweiz[143] und auch in anderen Gegenden[144] findet. Die Anerbensitte reicht weiter als das Gebiet des Anerbenrechts[145]. Umgekehrt erstreckt sich das Anerbenrecht zum Teil auch auf Gebiete mit Realteilungssitte. Zu seiner rechts-

---

[134] Vgl. Art. 6 „Wird ein ldw. Gewerbe oder werden wesentl. Teile davon verkauft, so steht den Nachkommen, dem Ehegatten und den Eltern des Verk. ein Vorkaufsrecht zu ..." (Abs. 2 sieht ein kantonales Erstreckungsrecht des VR vor für Geschwister und Geschwisterkinder des Verkäufers).

[135] Liver, Fragen des neuen ldw. Bodenrechts, ZSR neue Folge 68 S. 53 und *Jenny,* Franz Eugen, Das bäuerl. Vorkaufsrecht nach dem BG über die Erhaltung bäuerl. Grundb., Diss. Freiburg (Schweiz) 1955, S. 62.

[136] Aug. *Meyer* führt in seinem Kom. zum öst. Bundesanerbenges. (S. 6) gewisse Ansätze des Anerbenrechts auf den Sachsenspiegel zurück, „der für die Erbf. in das Grundvermögen die Söhne vor den Töchtern begünstigt und bestimmt, daß der Erbe für die Schulden des Erbl. nur mit der fahrenden Habe haftet (Erhaltung der Einheit des Grundvermögens) ..." Vgl. auch *Kahlke/Stern,* Der Hof in der Erbfolge, Parey Verlag 1961 S. 10 ff. (zur Geschichte des Anerbenrechts).

[137] Nicht bäuerl. (feudale) Güter verdienen nach den modernen sozialen Zeitströmungen grundsätzl. nicht mehr den Erhaltungsschutz.

[138] Mit dem ältesten Anerbenrecht, dem Aasaetesrecht.

[139] In Schweden gilt überwiegend der Brauch der geschlossenen Hoferbfolge (Literatur bei *Pikalo,* Land- u. Forstw. ..., a.a.O., S. 419).

[140] Dänemark kannte im Erbgesetz v. J. 1843 (§ 27) und schon vorher seit 1769 das Anerbenrecht als Testatanerbenrecht. Vgl. im übrigen *Tolstrup,* Der dänische Hof, RdL 1964, S. 29 ff.

[141] In der BR Deutschland gelten 7 Anerbenges. (unter Einschl. der hess. LGO), (vgl. *Kroeschell,* Lehrb. des LdwR S. 72), von denen die HöfO br. Z für die norddeutschen Länder die bedeutsamste ist, und zwar nach Gehalt und Anzahl der unter sie fallenden Höfe (mit annähernd 155 000 etwa 22mal mehr als von den anderen Anerbenges. erfaßt werden).

[142] Öst. Bundesanerbenges. v. 21. 5. 1958, insbes. auch die Höfeges. von Kärnten und Tirol. Vgl. *Wegan,* Erhaltg. und Sicherg. der bäuerl. Mittelbetriebe in Österreich, RdL 1964, S. 85 ff.

[143] Mit dem heutigen ZuweisR, das mit Recht als (lockeres) Anerbenrecht anerkannt ist (*Bendel,* Das Problem der weichen Erben im Anerbenrecht, N. Köln, Rechtsw. Abh. Heft 13, S. 31).

[144] Im ital. Südtirol, neuerdings in Polen.

[145] Sie gilt in einem Teil Hollands, in einem geschl. Gebiet am Nordabhang der Pyrenäen, in Deutschland, insbes. weitg. in Bayern.

technischen Durchsetzung bedient sich das Anerbenrecht entweder des Mittels, die Erbfolge auch in den Hof nach allgemeinem Recht durch Bildung einer Erbengemeinschaft zunächst zuzulassen und dabei dem Anerben einen obligatorischen Anspruch auf Zuteilung (Zuweisung) des Hofes zu geben oder des wirksameren Mittels, den Hof im Augenblick des Erbfalls kraft Gesetzes dem Anerben zum Eigentum zuzuweisen, wobei grundsätzlich die weichenden Erben am Hofeswert in Form von Geldansprüchen[146] beteiligt sind. Bei der Wiederbelebung des Anerbenrechts in Deutschland im Zuge der landesrechtlichen Höfegesetze im vergangenen Jahrhundert benannte man den ersten Rechtstypus in Anlehnung an die verwandte römischrechtliche Vermächtnisform mit „Damnationslegat"[147], den zweitgenannten mit „Vindikationslegat"[148]. Wenn *Niemeier*[149] in seiner glänzenden Untersuchung mit Recht darauf hinweist, daß namentlich wegen Unterschiede in der Schuldenhaftung das Prinzip der letztgenannten anerbenrechtlichen Rechtstechnik nicht schlechthin dem Vindikationslegat gleichgesetzt werden darf, so sollte das der Beibehaltung der bislang mit Recht eingebürgerten römischrechtlichen Bezeichnung keinen Abbruch tun[150].

Ansonsten unterscheidet man beim Anerbenrecht die Gruppe mit Spezialsukzession[151] (wie beim Lehen, Fideikommiß, Reichserbhofrecht)[152], die wohl mit dem derzeitigen Grundgesetz unvereinbar ist[153], von der mit der heute üblichen Universalsukzession, bei der die weichenden Erben immer noch als Miterben am Hofeswert beteiligt werden. Unterschieden werden ferner die Zwangsanerbenrechte[154] von denen

---

[146] Vgl. § 4 HöfO br. Z.

[147] Vgl. *Weiß*, Inst., a.a.O., § 166 S. 578 ff. Zur Abgrenzung des Vindicationsvom Damnationslegat vgl. *Sering-Dietze-Wagemann*, Die Vererbung des ländl. Grundbes. in der Nachkriegszeit, 1930, 3. Teil S. 14, 15; im übrigen *Heilfron*, Röm. Rechtsgeschichte und System des röm. Privatrechts, Berlin 1903, S. 1040 ff. Das Damnationslegat gibt entspr. dem Vermächtnis des BGB dem Bedachten nur einen schuldrechtl. Anspruch.

[148] Das Vindicationslegat vermittelt den Eigentumsübergang ipso iure mit dem Zeitpunkt, zu dem das Vermächtnis geltend gemacht werden kann, ohne daß es hierzu einer Besitzergreifungshandlg. seitens des Vermächtnisnehmers bedarf (*Sohm*, Instit. des röm. Privatrechts 15. Aufl., § 63 II S. 389).

[149] *Niemeier*, RdL 1962, 225 ff.

[150] Denn der Hinweis auf die beiden Legatsformen sollte für die damalige Zeit den wesentlichen Unterschied der entgegengesetzten rechtstechnischen Formen der beiden Anerbenrechtsgruppen schlagwortartig anschaulich machen und erfüllt so seinen Zweck.

[151] Das Erblasservermögen zerfällt in zwei gesonderte und selbständige Nachlaßkomplexe. Am Hof haben die weichenden Erben kein Erbrecht.

[152] und vereinzelte frühere Landesges. (Hessen, Bayern 1855, Mecklenburg-Schwerin).

[153] Wegen der Verletzung des Grundsatzes des gleichen Erbrechts, so *Bendel*, a.a.O., S. 56 ff., 58, 60.

[154] z. B. ReichserbhofR, die HöfO br. Z (die z. T. fakultatives Anerbenrecht zuläßt), Norwegen 1821 (§ 14), Tschechoslowakei §§ 37 Nr. 4, 39.

auf fakultativer Grundlage[155], schließlich die unmittelbaren[156] Anerbenrechte von den sogenannten mittelbaren[157].

Bedenklich[158] ist m.E., wenn in einzelnen modernen Anerbenrechten[159] zwingenden Charakters Land (auch Stückländereien) der Ehegatten ohne Rücksicht auf deren Willen zu einer höferechtlichen Einheit zusammengefaßt wird mit der Folge, daß dann ein Ehegatte mit dem Tode des anderen sein Volleigentum an seinen Ländereien (durch Abschwächung in bloßes Vorerbschaftseigentum, vgl. § 8 HöfO. br. Z.) verliert[160]. Verfassungswidrig dürfte m. E. auch die nicht sachgerechte Abfindung der weichenden Erben nach Einheitswertgrundsätzen in der HöfO. br. Z. sein[161].

Interessant ist, wie das dem italienischen Rechtssystem ursprünglich als Fremdkörper erscheinende südtiroler Höfegesetz[162] von der modernen italienischen Rechtsprechung rechtsdogmatisch eingeordnet und zu assimilieren versucht wird. Die Einordnung erfolgt nicht etwa unter Hinweis auf ein Legat römischer Rechtstradition (etwa Damnationslegat), sondern aus Gründen des öffentlichen Interesses[163].

Soweit Anerbengesetze noch lebzeitige Teilungsverbote statuieren, wie in Tirol[164], (bis kürzlich) Baden[165] — nach *Sering-Dietze*[166] auch

155 Die mittelbaren Anerbenrechte beruhen alle, von den (früheren) unmittelbaren beruhen die meisten auf fakultativer Grundlage.

156 Wenn die Anerbenguteigenschaft unmittelbar (nicht notwendigerweise zwingend) kraft Gesetzes entsteht, z. B. in Norwegen, Tirol (für alte Höfe), Kärnten, bei der norddeutschen HöfO, in Baden.

157 Wenn die Anerbenguteigenschaft erst auf Grund eines vom Eigentümer gestellten Antrags und einer daraufhin erfolgten Eintragung in ein öffentl. Register entsteht (vgl. HöfO br. Z für Höfe mit Einh.-Wert unter 10 000,— DM und nach der HofaufhebungsVO für die OLG-Bezirke Düsseldorf und Köln v. 15. 3. 1949). Über die schwierigen Rechtsprobleme vgl. *Pikalo* in RdL 1954 S. 257 ff.; vgl. ebenso die HöfO Rheinl.-Pf., das öst. Bundesanerbengesetz.

158 Weil m. E. hier mit dem Erbfall beim Tode des erstversterbenden Gatten eine Enteignung (ohne hinreichende Notwendigkeit) jedenfalls ohne sachgerechte Entschädigung erfolgt (*Pikalo*, DNotG. 1965 Nov. u. Dez.heft).

159 HöfO br. Z §§ 8, 1; Rheinl.-Pf. §§ 18, 2, 5 Abs. 2 (hier entsteht allerdings Ehegattenhofgemeinschaft nur auf gemeinschaftl. Antrag der Eigentümer).

160 Hieraus können sich unerträgl. Härten für erstehel. Kinder eines Eheg. ergeben, wenn diese nach Einheitswertgrundsätzen abzufinden sind.

161 Wegen des Mißverhältnisses des als Abfindungswert nicht sachgerechten Einheitswerts zum Verkehrswert: Mir ist ein Fall bekannt geworden, bei dem der EiW 50 000,— DM, der Verkehrswert 10 000 000,— DM beträgt.

162 Vgl. Landesges. v. 29. 3. 1954 Nr. 1 über die Regelung der geschl. Höfe in der Prov. Bozen; abgeändert durch Landesgesetz v. 2. 9. 1954. (Näheres bei *Pikalo*, Rechtsvergl. Darstellung ... S. 216; *Pelka* in RdL 1955 S. 98 ff.; RdL 1958 S. 55, *Kobler* RdL 1959, S. 235.)

163 Urt. v. 17. 4. 1958 (Riv. di diritto agr. 1958 II S. 507: Zuweisung nicht auf Grund eines subj. Erbrechts, während der ital. Verfassungsgerichtshof die Regelung des geschl. Hofs wegen der Erfordernisse einer besseren Produktion und wegen Zwecke familiärer Natur für gerechtfertigt hält.

164 Tir. HöfGes. §§ 2 ff.

165 Geschl. HofgGes. v. 20. 8. 1898 § 3 (vgl. jetzt § 39 Abs. 2 Nr. 24 GrdstVG).

166 a.a.O. (Die Vererbung des ländl. ...) Teil 3, S. 6.

Schweiz[167] —, wird hierin eine Nachwirkung der im älteren deutschen Recht vorkommenden Teillosung (Gespilderecht) gesehen[168].

g) *Die Zuweisungsrechte*

Diese verfolgen anerbenrechtliche Zwecke und können als eine milde Form des Anerbenrechts[169] bezeichnet werden. Nach näherer Maßgabe der einzelnen Zuweisungsrechte können landwirtschaftliche Güter, die erbengemeinschaftliche Vermögen geworden sind, weil sie sich nicht nach Anerbenrecht vererben, auf Antrag eines Miterben nach anerbenrechtlichen Grundsätzen durch den hoheitsrechtlichen Ausspruch der Zuweisung in das Eigentum eines wirtschaftsgeeigneten Miterben überführt werden. Zuweisungsrechte unterscheiden sich von den eigentlichen Anerbenrechten insbesondere durch das Fehlen einer festen Anerbenordnung und durch ihre schwächere Ausgestaltung.

Vorbildlich ist das Zuweisungsrecht zunächst im Schweizer ZGB (Art. 620 ff.) geregelt[170]. Es wurde 1933 erstmals nach Deutschland (in den § 26 ff. des preuß. bäuerlichen Erbhofrechts) übernommen und führte hier nur ein Schattendasein, da es bereits nach vier Monaten vom Reichserbhofgesetz abgelöst wurde. Es erlangte indes eine erhebliche Bedeutung für die norddeutschen Länder durch die br. MRVO 84 (Art. IV Nr. 17) vom Jahre 1947. Das GrdstVG vom Jahre 1961 hat das Zuweisungsrecht in abgeänderter milderer Form (Zuweisung zum Ertragswert anstatt früheren Einheitswert und nur bei gesetzlicher, nicht mehr bei gewillkürter Erbfolge) auf das ganze Bundesgebiet erstreckt.

Im frz. Recht ist die Zuweisung seit dem Jahre 1938 eingeführt (Art. 832 CC, rev. i. J. 1943 u. gründl. reformiert und erweitert i. J.

---

167 ZGB Art. 616.

168 *Sering-Dietze-Wagemann*, Die Vererbung des ländl. Grundbes. in der Nachkriegszeit 1930 Bd. 3 S. 6. Diese sowie *Webhofer* (Kom. z. Tiroler Höfeges.) führen die Freiteilbarkeitsbeschränkungen auch auf die frühere Erbleihe zurück. Das urspr. Gespilderecht ist das Beispruchsrecht des (früheren) Eigentümers eines Grundstücks, das vordem mit dem abgetrennten Grundstücksteil eine Einheit gebildet hat.

169 Vgl. *Sering-Dietze*, Die Vererbung des ländl. Grundbesitzes in der Nachkriegszeit, Verlag Dunker u. Humblot, Bd. 3, 1930, S. 8; zur rechtsvergl. Übersicht: *Pikalo*, Kom. z. GrdstVG (Schweitzer Verlag 1963), Vorbem. vor § 13 S. 669—687; ferner *Staudinger-Boehmer*, Einl. z. Erbr. § 14 Rn. 30. Zum frz. ZuwR; eingehende Literaturhinweise bei *Kroeschell*, Lehrb. des LdwRechts, 1963, § 10, S. 64 und Ausf. S. 65—71). Hinzuweisen ist auf die grundlegende Neuregelung des frz. ZuwRechts im Ges. v. 19. 12. 1961 (loi nr. 61—1378 im journal officiel v. 20. 12. 1961); vgl. hierzu journal officiel, Agriculture 1963 No. 1166 S. 507 ff.

170 Es wurde zwischenzeitl. durch mehrere Ergänzungsbestimmungen weiter ausgebaut. Bemerkenswert ist die im schweiz. Recht (Art. 622 ZGB) vorgesehne Möglichkeit der Herausschiebung der Zuw., in welchen Fällen die Erben eine (deutschrechtl.) Ertragsgemeinderschaft (Art. 347 ZGB) bilden. Es fand auch Eingang in das griechische u. türkische Recht.

1961). Es begünstigt den Erwerber nur wenig, da es die Abfindungen nach Verkehrswertgrundsätzen vorschreibt. Beachtenswert ist, daß das franz. Zuweisungsrecht vom Jahre 1961 u. a.[171] auch die Zuweisung des Inventars von Pachtbetrieben[172] vorsieht. Während die Entwicklung im deutschen Zuweisungsrecht (1947, 1961) den Zug zu liberaleren Tendenz aufweist, bestehen in der Schweiz Tendenzen zur umgekehrten Entwicklung[173]. Auch ist in Frankreich seit dem Jahre 1961 die Zuweisung obligatorisch ausgestaltet worden (Art. 832 — 1 CC). Bemerkenswert ist auch der neue Art. 832 — 2 CC[174].

h) *Lidlohnrechte*

Das schweizerische[175] und franz. Recht[176] haben im Gegensatz zum BGB (§ 1617, 1618 BGB)[177] im Lidlohnrecht ein Rechtsinstitut geschaffen, das die im elterlichen Haushalt, insbesondere im landwirtschaftlichen Betrieb der Eltern ohne Arbeitsvertrag mitarbeitenden Kinder beim Tode der Eltern mit einer Geldforderung ausstattet, die ihnen die Übernahme insbesondere eines landwirtschaftlichen Betriebes im Erbfall

[171] Das frz. ZuwRecht ist auch auf die Zuw. von Familienbetrieben kfm. industr. oder handw. Art erstreckt worden.

[172] Entspr. den Empfehlungen des 59. Nationalkongr. der frz. Notare in Deauville i. J. 1961.

[173] Vgl. den mir vorliegenden Entw. der Eidgen. Justizabtl. (Vorentw. V) März 1963 eines BGes. über den Schutz des bäuerl. Grundbes. zu Art. 620 ZGB, zu dem in Abs. 4 vorgeschlagen wird, „Einem zur Übernahme geeigneten Nachkommen kann das (ldw.) Gewerbe weder durch letztw. Verfgg. noch durch Erbvertrag entzogen werden".

[174] Wonach dem Übernehmer die Möglichkeit eröffnet wird, seinen Zuw.-Antrag auf die Hofstelle zu beschränken. Hierbei wird ihm das Vorkaufsrecht an den den Miterben zufallenden Grundstücken für 5 Jahre eingeräumt, desgleichen das Recht, in einen Pachtvertrag einzutreten (vgl. *Voirin*, La technique du Phénix in Rev. Dir. Agr. 1962 S. 187 ff.).

[175] Art. 633 ZGB: „Mündige Kinder, die ihren Eltern im gemeinsamen Haushalte ihre Arbeit oder ihre Einkünfte zugewendet haben, können hierfür bei der Teilg. der Erbschaft der Eltern eine billige Ausgleichung beanspruchen..." Über die besondere Bedeutung dieser Vorschrift für das schw. bäuerl. Erbrecht vgl. *Borel-Neukomm* (Mitt. des Schweiz. Bauernverb. Nr. 154). Das bäuerl. Erbrecht, 1954, S. 142—157.

[176] Dekretgesetz v. 29. 7. 1939 über die Familie (Art. 63 ff.) mit der Fiktion des „Contrat de travail à salaire differé"). Einzelheiten bei *Pikalo*, Ldw. und forstw. Erbrecht im westl. Europa 1961 S. 292 ff., 507. Die auch für Luxemburg erwogene entspr. ges. Regelung ist nicht verwirklicht worden.

[177] Im Bestreben, hier in kraß liegenden Fällen ein grob unbilliges Ergebnis abzuwenden, hat der (deutsche) BGH die Rspr. über die formlos wirksame und bindende (!) Hoferbenbestimmung entwickelt (BGH 16. 2. 1954 — I BLw. 64/53 — RdL 1954, 153 = MDR 1954, 410; v. 9. 2. 1955 — V BLw. 59/54 NJW 1955 S. 1065 u. a. mehr), die m. E. über das berechtigte Ziel hinausgeht, die Rechtssicherheit erschüttert und deshalb sehr bedenklich ist (*Pikalo* RdL 1954, 193; *Bosch*, FamRZ 1955, 172; *Esser* JZ 1956 S. 555; *Humbert* NJW 1956, 1857; *Riedel* JZ 1955, 109; *Wieacker*, DNotZ 1956, 115 und FamRZ 1957 S. 287 ff.; *Roemer* DNotZ 1957, 283 und viele andere).

erleichtern soll. Die erbrechtliche Natur dieses Anspruchs ist heute herrschend anerkannt[178], im franz. Recht sogar die sondererbrechtliche Natur[179].

i) *Verfahrensrecht*

Die Zuziehung bäuerlicher Beisitzer als Richter im ldw. Verfahren[180] erinnert[181] an frühdeutsche Rechtspraxis.

4. Vererbungsinstitutionen aus vorwiegend sozialen Gründen

a) *Siedlungsrecht*

Die Siedlungsgesetze sind durchweg auf die Erhaltung der mit öffentlichen Mitteln geschaffenen landwirtschaftlichen Siedlungsgüter in der Hand eines wirtschaftsgeeigneten Erben ausgerichtet.

aa) Dies zeigt sich besonders deutlich im spanischen Gesetz vom 15. 7. 1952 über die „patrimonios familiares“, wonach bei gesetzlicher Erbfolge *dem* Erben der Vorzug gebührt, der gewöhnlich auf der Besitzung arbeitet. Im Zweifel entscheidet der Vorrang des männlichen Geschlechtes und Ältestenrecht (Art. 14). Eine gewillkürte Erbfolge muß die Zwangserben berücksichtigen, und es kann eine Teilung nur im wirtschaftlich zulässigen Rahmen erfolgen (Art. 12, 6 des Ges.)[182].

bb) In Italien ist in dem auf Grund des Art. 722 CC ergangenen Gesetze vom 3. 6. 1940 über die im Interesse der nationalen Erzeugung als unteilbar erklärten Sachen für meliorierte Liegenschaften, die den Bauern als Bewirtschaftern zugeteilt sind, auch ein Teilungsverbot von Todes wegen angeordnet[183].

---

[178] So Stenogr. Bullet. 1905 S. 1225 zum ZGB (Ref. *Hoffmann*); „gesetzl. Vermächtnis“, so *Escher*, Kom. zu Art. 633 Note 2; vor allem (schweiz.) Bundesger. (A S Zivilr. 48 Bd. Nr. 48; zitiert bei *Borel-Neukomm*, a.a.O., S. 272 ff.).

[179] *Ferid-Firsching*, Intern. Erbr. Frankr. Grdz. E III Rn. 89, 95.

[180] In gewissen Fällen (vgl. LwVG §§ 1 ff.).

[181] Indes führt hier kein direkter Weg zur früheren deutschen Schöffenverfssg. (vgl. *Wieacker*, Priv. Rechtsgesch. S. 128); ich führe die Laienbeisitzer eher auf das Gedankengut der frz. Revol. zurück (vgl. *Schwerin-Thieme*, D. Rechtsgesch. S. 354), das von deutschen Germanisten aufgegriffen wurde, vorwiegend aber auf moderne Bestrebungen, das Lenkungsrecht stärker im Volksbewußtsein zu verankern. Einer obj. Rechtspflege wäre m. E. im ldw. Bereich besser gedient, wenn Laienbeisitzer nur beratende Stimme hätten, da z. Z. oft genug Bauern in Angelegenheiten bäuerl. Interessen zu entscheiden haben, in denen auch Nichtlandwirte beteiligt sind.

[182] *Pikalo*, Rechtsvergl. Darstellung, a.a.O., S. 248 ff.

[183] Einzelheiten bei *Pikalo*, wie vor S. 213, 214; vgl. auch Kahlke RdL 1964, S. 142.

cc) In der Bundesrepublik Deutschland enthalten die Siedlungsverträge (neben den landwirtschaftlichen Lenkungsgesetzen)[184] Schutzbestimmungen gegen Zerschlagung der Siedlungsgüter im Erbfall[185].

b) *Pachtrecht*

Neuzeitliche Schutzbestimmungen suchen vielfach die Fortdauer des Pachtverhältnisses beim Tod des Pächters in der Hand eines familienangehörigen Erben zu sichern:

aa) In der Bundesrepublik Deutschland gibt der Tod des Pächters dem Verpächter kein Kündigungsrecht (BGB § 596). In den anderen EWG-Ländern — mit Ausnahme Luxemburgs[186] — ist das Kündigungsrecht eingeschränkt dergestalt, daß einer ordnungsgemäßen Weiterbewirtschaftung durch die nächsten Angehörigen des Pächters keine unnötigen Hindernisse in den Weg gelegt werden. Einzelne Länder schließen die Kündigung durch den Verpächter ganz aus, wenn der Pächter nahe Angehörige hinterläßt (Belgien CC 1742, Frankreich Code rural 831, Italien Gesetz v. 28. 3. 1957 Nr. 244 Art. 2). Das französische, italienische und niederländische Gesetz (Pw. 54) machen die Weiterbeschäftigung durch diese Angehörigen davon abhängig, daß eine ordnungsgemäße Bewirtschaftung gewährleistet bzw. zumindest der Nachfolger mit dem weiterzuführenden Betrieb eng verbunden bleibt[187].

bb) Gelegentlich wird sogar das Pachtverhältnis mehr[188] oder weniger[189] stark in das Zuweisungsrecht einbezogen.

IV. Ausblick

Die ursprüngliche Absicht des Verfassers, aus dieser Darstellung Schlußfolgerungen für die gegenwärtige Standortbestimmung und die künftige Entwicklung zu ziehen, kann hier leider nicht verwirklicht werden, da hierdurch der Rahmen der Arbeit gesprengt würde. Es geht hier insbesondere um die Fragen:

---

184 Anerbenrecht, GrdstVG § 9, RSG § 20.

185 Vgl. Das Verfahren der ländl. Siedlung in den Ländern der BRep. (Schriften der Ges. zur Förderung der inneren Kolonisation Heft 1) S. 91: Der Siedler muß die Siedlerstelle dauernd bewohnen und bewirtschaften und darf ihre Selbständigkeit nicht aufgeben.

186 Das kein Lenkungsrecht kennt.

187 Rechtsvergl. Untersuchung über die Beziehungen zw. Verpächter und Pächter in den EWG-Ländern (Studien der EWG, Reihe Ldw. Heft 6, 1961 Brüssel) S. 30 ff. mit weiteren Hinweisen, insbes. bez. der cession de bail im Wege der vorweggen. Erbf. zugunsten naher Angeh. (in Belgien und Frankreich).

188 Vgl. für Frankreich die Schrift in Fn. 187 S. 31, 2. Sp. und die Ausf. in dieser Arbeit.

189 Für die BR Deutschland die u. U. erst möglich werdende Zuweisung bei Vorhandensein von Pachtland (§ 14 GrdstVG).

1. Darf im landwirtschaftlichen Bereich von einer „typisierten Sonderform des Eigentums“[190] gesprochen werden? Inwieweit rechtfertigt die Entwicklung manchmal die Annahme eines Ober- und Untereigentums[191]? Welche Konsequenzen ergeben sich hieraus?

2. Was vermögen das römische und deutsche Rechtsgut (nach lebendigem Ideengehalt und nach Rechtsinstitutionen) zur Überwindung des Gegensatzes zwischen Freiheit und Kollektivismus, insbesondere im landwirtschaftlichen Bereich, beizutragen[192]? Zum Standort des EWG-Vertragswerks, insbesondere im Hinblick auf die Bevorzugung der bäuerlichen Familienbetriebe[193], zum agrarpolitischen Kompromiß zwischen agrarwirtschaftlichen und sozialpolitischen Erfordernissen[194]. Zur Verwendung von Rechtsinstituten (z. B. Testierfreiheit)[195] aus der individuellen Interessensphäre für kollektivistische Zwecke und umgekehrt: insbesondere[196] das Verhältnis des deutschen Genossenschaftsrechts zu Formen kollektivistischer Betriebsführung; das Verhältnis hoheitsrecht-

---

[190] So F. *Baur* (bei *Kroeschell*, Lehrb. des LandwR 1963, S. 15).

[191] Vgl. nein: bei *Kroeschell* wie vorige Fn., grundsätzlich nein bei *Dahm* (Deutsches Recht 1963 S. 369), der aber bei überstarkem Kündigungsschutz des Pächters vom Obereigentum (S. 453) spricht; wohl ja für das sog. bäuerl. Arbeitseigentum der SBZ. (*Kroeschell* wie vor S. 138, Rn. 605) und in „Bodenordnung der modernen Gesellschaft“ (Heft 34 der Schriftenreihe für ländl. Sozialfragen D 57 ff); ebenso wohl beim früheren Erbhofeigentum; weitgehend generell ja bei *Negro*. Franco, Das Eigentum (in deutsch, Beck-Verlag 1963) S. 227, der darauf verzichtet, daß die frz. Lehre beim ldw. Eigentum in Anlehnung an das Mittelalter vom dominium eminens u. dominium utile spricht.

[192] Vgl. das Zentralthema der 2. Versammlung des Instituts für intern. und. vergl. Agrarrecht in Florenz (Sept./Okt. 1963): „La fonction du droit agraire en tant que ius proprium qui a pour but de concilier les intérêts en contraste et qui en réglementant juridiquement l'économie tend à surpasser les idéologies opposées“ und hierzu den Beitrag *Bolla* in scritti di diritto agrario, Mailand 1963, S. 889.

[193] Vgl. *Marmulla/Brandt*, Europ. Integration und Agrarwirtschaft 1958, S. 193; Entschließung der Ldwkonferenz der EWG-Staaten in Stresa (3. bis 11. Juli 1958) zu III. 9 und Vorbem. hierzu im Handbuch für Europ. Wirtschaft von *Groeben-Boeck* (I. A 44/1 S. 2).

[194] Vgl. die gleiche Betonung von wirtschaftl. und sozialen Belangen im EWG-Vertrag und die m. E. überstarke Betonung von sozialen, soziologischen und politischen Momenten (auf Kosten der optimal wirtschaftl. Betrachtungsweise) in der Praxis der deutschen Lenkung des ldw. Bodenverkehrs.

[195] Wie es im russ.-bolschew. Erbrecht (ZGB v. 31. 10. 1922 Art. 422, gültig bis zur Reform i. J. 1945) der Fall war, wo die Testiermöglichkeit nur zwecks Enterbung zugelassen war, um so das staatl. Erbrecht zu begünstigen, vgl. auch die Entwicklung in der SBZ, wo die Testierfreiheit nur in den engen Grenzen des „pers. Eigentums“ und nur insoweit zugelassen wird, als sie nicht „gegen die Regeln der sozialistischen Moral“ verstößt (Hans *Wiedemann*, Das sozialistische Eigentum in Mitteldeutschland, Köln 1964, S. 112, unter Hinweis auf *Halgasch*).

[196] Auch das Verhältnis gewisser Formen der kollektivistischen Betriebsführung zum deutschen Genossenschaftsrecht bedarf näherer Untersuchung.

licher Zustimmung zu Verfügungen von Todes wegen aus dem deutschen Rechtsbereich[197] zum Erbrecht der SBZ an Neubauernland[198].

3. Schließlich kann die Untersuchung fruchtbar sein, was die Naturgesetzlichkeit des landwirtschaftlichen Betriebs (Ordnungsprinzipien „aus der Natur der Sache"[199] und des Menschen, der Bewirtschafter) zur Überbrückung des Gegensatzes zwischen liberalen und kollektivistischen Tendenzen herzugeben vermag[200].

M. E. spricht viel dafür, daß die Entwicklung in weiten Teilen des westlichen Europa dahin gehen wird, daß (mit als Folge der hohen Landpreise) weniger Gewicht auf eine strenge Durchführung des Satzes „Bauernland in Bauernhand" (d. h. Überführung des Bodens in das Eigentum des Bauern) gelegt werden wird als darauf, daß das Land (vorwiegend) den Landwirten zur Bewirtschaftung und Nutzung zur Verfügung stehen soll[201].

---

[197] So im frühen deutsch-schweiz. Recht (vgl. *Staudinger-Böhmer*, Einl. z. Erbr. § 14 Rn. 14) und später oft beim Erfordernis der gutsherrlichen Zustimg. zur bäuerl. Erbfolge (*Schwerin-Thieme*, a.a O., S. 241).

[198] Wonach die Neubauernwirtschaft nur von einem Erben übernommen werden kann, dem sie indes nicht nach § 1922 BGB ipso iure zufällt, sondern erst in Verbindung mit einem Beschluß des Rats des Kreises, der den Erben auf seine „fachliche, charakterliche und politische" Eignung überprüft, so daß hier *Kroeschell* (a.a.O., S. 138), von einem originären Eigentum spricht.

[199] Vgl. die umfassende Literatur bei *Wieacker*, a.a.O., S. 357, Fn. 32, der die grundlegende richtungweisende Bedeutung der „sachlogischen Strukturen" hervorhebt.

[200] Vgl. Beitrag *Pikalo* in atti della 2. assemblea, Mailand 1964 S. 295—352 und in Deutsche Landesreferate zum 6. Intern. Kongreß für Rechtsvergleichung in Hamburg 1962, S. 207 ff. (220, 221).

[201] Tatsächlich vermag die Einheitlichkeit des Pachtbetriebs zersplitterte Bodeneigentumsverhältnisse zu überlagern.

Vorkaufs- und Einstandsrecht der „gesippten Freunde" (jus retractus consanguinitatis) im Recht der altösterreichischen Länder

Von Gunter Wesener, Graz

I. Gesetzliches Vorkaufsrecht

Das deutsche BGB kennt als einziges *gesetzliches* Vorkaufsrecht das Vorkaufsrecht der *Miterben* (§§ 2034—2037), das nach dem Vorbild des preußischen Rechts (ALR I 17 §§ 61, 65, 115) und des französischen Rechts (Code civ. Art. 841) eingeführt wurde[1]. Dieses gesetzliche Vorkaufsrecht der Miterben mit dinglicher Ausgestaltung geht zurück auf die deutschrechtliche Ganerbenlosung *(retractus ex jure condominii)*[2]. Ein gesetzliches Vorkaufs- und Retraktsrecht auf Grund der *Verwandtschaft* ist dem heutigen deutschen und österreichischen Recht unbekannt[3]. Die *Erblosung,* das Näherrecht (Einstandsrecht) der Verwandten, hat in der neueren deutschen und österreichischen Privatrechtsgeschichte eine wichtige Rolle gespielt. Es soll daher die Entwicklung dieses Rechtsinstituts im Recht der altösterreichischen Länder untersucht werden.

II. Mittelalter

Schon A. *Chabert*[4] erwähnt für das mittelalterliche Recht der deutsch-österreichischen Länder Beschränkungen „in Ansehung der Veräuße-

---

[1] Vgl. dazu *Strohal,* Das deutsche Erbrecht II[3] (1904) S. 99 ff.; *K. Meyer,* in: Gruchots Beiträge zur Erläuterung des deutschen Rechts 51 (1907) S. 785 ff., bes. S. 791; H. *Lehmann,* in: *Staudingers* Kommentar zum BGB V/1[11] (1954) zu §§ 2034 ff.; R. *Schmidt,* Bürgerliches Recht V[2] (1955) S. 91; *Kipp-Coing,* Erbrecht[11] (1960) § 106.

[2] Dazu *Gierke,* Deutsches Privatrecht II (1905) S. 794 f. — Zum Vorkaufsrecht der Miterben vgl. zuletzt H. *Eisenmann,* Konstanzer Institutionen des Familien- und Erbrechts von 1370 bis 1521 (1964) S. 107.

[3] Durch das Gesetz über das Erlöschen der Familienfideikommisse und sonstiger gebundener Vermögen vom 6. Juli 1938 (DRGBl. I S. 825, Kd. GBlÖ. 254/1938) § 28 wurden allfällige nach Landesrecht (vgl. EG z. BGB Art. 59) noch bestehende Bestimmungen über „Heimfallsrechte, Retraktsrechte, Revokationsrechte, Näherrechte und ähnliche Rechte" aufgehoben (vgl. § 30). Vgl. dazu K. *Koehler*-E. *Heinemann,* Das Erlöschen der Familienfideikommisse und sonstiger gebundener Vermögen (Berlin 1940) S. 280 ff. (zu § 28), zur Rechtslage im Lande Österreich S. 291 ff. Vgl. *Hübner,* Grundzüge des deutschen Privatrechts[5] (1930) S. 344 ff.; *Planitz,* Deutsches Privatrecht[3] (1948) S. 72.

[4] Bruchstück einer Staats- und Rechtsgeschichte der deutsch-österreichischen Länder (Wien 1852) S. 129.

rung von Erb und Eigen", die sich aus der Gebundenheit des Erbgutes in der Familie ergeben. Die nächsten Erben durften Veräußerungen, welche nicht aus echter Not geschehen waren, anfechten, falls sie nicht zur Vergabung eingewilligt oder, wenn sie bei derselben anwesend waren, nicht widersprochen hatten. Für das österreichische Landesrecht des Mittelalters hat dann V. *Hasenöhrl*[5] das Wartrecht[6] der nächsten Erben im einzelnen nachgewiesen. Da die Aszendenten nach österreichischem Landesbrauch von der Erbfolge ausgeschlossen waren[7], kam ihnen, wie A. *Gál*[8] nachgewiesen hat, auch kein Wartrecht zu.

---

[5] Österr. Landesrecht im 13. und 14. Jh. (Wien 1867) S. 135 ff.; vgl. auch *Luschin*, Die Entstehungszeit des österr. Landesrechts (1872) S. 42 u. 44 f.

[6] Zum Wartrecht vgl. *Stobbe-Lehmann*, Handbuch des deutschen Privatrechts II/1[3] (1896) § 117; *Hübner*, Grundzüge[5] S. 328 ff.; *Planitz*, Deutsches Privatrecht[3] § 31; S. *Adler*, Über das Erbenwartrecht nach den ältesten Bairischen Rechtsquellen (= Gierkes Untersuchungen z. Deutschen Staats- und Rechtsgeschichte, 37. Heft, 1891); A. *Steinhauser*, Das Zugrecht nach den bündnerischen Statutarrechten (Diss., Chur 1896) S. 34 ff.; O. *Werner*, Ehemaliges Kölner Erbenwartrecht (insbes. nach 1100) (Diss., Köln 1936); G. *Forster*, Mitwirkungsrechte der Nachkommen, Brüder und weiterer Verwandter, sowie der Ehefrau bei Verfügungen des zukünftigen „Erblassers" auf Grund der Rechtsquellen und Urkunden der Ostschweiz (8. Jh. bis etwa Mitte 14. Jh.) (Diss. Zürich, Affoltern 1952), zu den Begriffen Beispruchsrecht, Erbenwartrecht, Erbenlaub und Konsensrecht S. 1 ff.; G. *Partsch*, Das Mitwirkungsrecht der Familiengemeinschaft im älteren Walliser Recht *(laudatio parentum et hospicium)* (Genf 1955) mit weiterer Lit.

[7] Dazu A. *Gál*, Der Ausschuß der Ascendenten von der Erbenfolge und das Fallrecht (1904) S. 80 ff.; *Wesener*, Geschichte des Erbrechtes in Österreich seit der Rezeption (1957) S. 39 ff., 56 ff.

[8] Ausschluß der Ascendenten S. 131 ff., 136; unrichtig *Hasenöhrl*, Österr. Landesrecht S. 139 Anm. 24. — Nach *Gál*, a a.O., S. 133 ff. beruht der Beispruch eines Elternteiles, der sich häufig in Urkunden findet, auf ehegüterrechtlicher Grundlage. — G. *Partsch*, Mitwirkungsrecht der Familiengemeinschaft (1955) passim, bes. S. 19 ff., 42 ff. führt für Wallis das Recht der *laudatio* zurück auf die Hausgemeinschaft. Voraussetzung für die Laudationsberechtigung sei nicht die Erbenqualität, sondern die Zugehörigkeit zum *hospicium* (S. 23 ff.). Es sind somit auch der Ehegatte (dazu S. 67 ff.) und die Aszendenten zur *laudatio* berechtigt, obwohl diesen kein Erbrecht zusteht (vgl. S. 43 f.) (zum Ausschluß der Aszendenten von der Erbfolge in Wallis E. M. *Meijers*, Le droit Ligurien de succession en Europe occidentale I (1928) S. 67 f., 75). *Partsch* zustimmend, aber mit strenger Beschränkung der Ergebnisse auf Wallis, *Schubart-Fikentscher*, ZRG G 74 (1957) S. 337 ff. — *Partsch* greift mit seiner These vom Mitwirkungsrecht der Familiengemeinschaft das von *Meijers*, a.a.O., passim, S. 4 aufgezeigte Prinzip eines Miteigentums zwischen dem Vater bzw. der Mutter einerseits und den Nachkommen andererseits auf (Prinzip des Miteigentums zur Hälfte) (für Wallis *Meijers*, a.a.O., S. 61 f.). H. *Meyer*, ZRG G 50 (1930) S. 374 deutet dieses Miteigentum zur Hälfte m. E. zu Recht als Gütergemeinschaft unter Ehegatten, die nach dem Tode eines Gatten zwischen dem Überlebenden und den Kindern fortgesetzt wird. Zur Theorie *Meijers* vgl. *Wesener*, Geschichte des Erbrechts in Österreich S. 41 ff. mit Lit.; ablehnend auch *Voltelini*, MÖIG 45 (1931) S. 395 ff. — Auf das Wartrecht in Österreich scheint wohl die von Heinrich *Siegel* vertretene Erbenwartrechtstheorie (dazu G. *Partsch*, a.a.O., S. 4 ff.) zuzutreffen, wonach das Wartrecht den „nächsten Erben" auf Grund ihrer Erbenqualität zustehe. Dies ergibt sich vor allem aus ÖLR Art. 20, wonach Geschwister nur dann ein Zustimmungsrecht haben,

Auch nach dem steiermärkischen Landrecht des Mittelalters[9] war zu Verfügungen über Eigen die Zustimmung der Erben bei sonstiger Unwirksamkeit der Verfügung erforderlich; ausdrücklich bestimmt dies Art. 98 Steierm. LR für Verpfändungen und Art. 199 Steierm. LR für die Bestellung der Morgengabe.

StLR Art. 98. Von phannten.... Man sol alle aigen machen mit der erben hant, oder ez hat nicht chraft.

StLR Art. 199. Von morgengab. Man sol ainer frawen ir morgengab machen, daz lechen mit der herren hant, daz aigen mit der erben hant.

Das Erfordernis der Zustimmung der Erben zu Verfügungen über Eigen wird durch zahlreiche Urkunden bestätigt[10].

Gegen Ausgang des Mittelalters schwächte sich das alte Wartrecht der nächsten Erben auch in den österreichischen Ländern wie in den meisten deutschen Partikularrechten zu einem bloßen Vorkaufs- und Einstandsrecht der Blutsverwandten ab. Das Erbenwartrecht ging über in ein Näherrecht, die Erblosung[11].

Schon in der fränkischen Zeit (lex Saxonum c. 64)[12] und vor allem im Mittelalter war ein Eigentümer in Fällen der *echten Not* nicht durch das Erbenwartrecht gebunden; er mußte aber das Gut den Erben zum Kauf anbieten; wenn diese von dem Angebot keinen Gebrauch machten, konnte der Eigentümer es frei veräußern[13]. Die Erblosung ist hervorgegangen einerseits aus dem Vorkaufsrecht der Erben bei einem Verkauf im Falle echter Not, andererseits auf Grund der Regel, daß im

---

wenn keine Kinder des Eigentümers vorhanden sind (vgl. *Hasenöhrl*, Österr. Landesrecht S. 139; vgl. auch *Gál*, a.a.O., S. 132 Anm. 1). — Für die Ostschweiz vgl. G. *Forster*, a.a.O., S. 172.

[9] Bearbeitet von F. *Bischof* (Graz 1875).

[10] *Bischoff*, Das Steiermärk. Landrecht des Mittelalters S. 199 zu Art. 98 und S. 155 zu Art. 199.

[11] *Hasenöhrl*, a.a.O., S. 138 f. Vgl. *Stobbe-Lehmann*, a.a.O., II/1³ S. 471; *Gierke*, a.a.O., II S. 785 ff.; *Schröder-v. Künßberg*, Lehrbuch der deutschen Rechtsgeschichte⁷ (1932) S. 791 f.; *Planitz*, Deutsches Privatrecht³ S. 71, 100. Anders für Wallis nun G. *Partsch*, a.a.O., S. 119 ff.

[12] Dazu *Stobbe-Lehmann*, a.a.O., S. 458 A. 5; Arth. *Schmidt*, Echte Not (1888) S. 53 f.

[13] Etwa Leg. fam. S. Petri Wormat. (a. 1024) c. 2: *Si quis praedium vel mancipia in hereditatem acceperit et in paupertatem inciderit et ex hac necessitate hereditatem vendere voluerit, prius proximis heredibus suis cum testimonio proponat ad emendum; si autem emere noluerint, vendat socio suo cui voluerit.* Vgl. *Heusler*, Institutionen des Deutschen Privatrechts II (1886) S. 60; eingehend Arth. *Schmidt*, a.a.O., S. 168 ff.; *Stobbe-Lehmann*, a.a.O., S. 467 (A. 38); *Gierke*, a.a.O., II S. 787 (A. 10); *Hübner*, Grundzüge⁵ S. 423; für Köln O. *Werner*, a.a.O., S. 255 f.; nicht nachweisbar für die Ostschweiz, s. G. *Forster*, a.a.O., S. 42. Vgl. Bayer. Landrecht (1346) art. 204 (dazu *Kunkel*, in Quellen zur Neueren Privatrechtsgeschichte Deutschlands I/2 (1938) S. 319 (A. 3); vgl. Arth. *Schmidt*, Echte Not S. 172 A. 479. — Auch nach ÖLR (Art. 20) ist im Falle der echten Not eine Einwilligung der Erben nicht erforderlich (dazu *Hasenöhrl*, a.a.O., S. 143 f.; Arth. *Schmidt*, a.a.O., S. 173 A. 480).

Falle eines unzulässigen Verkaufs die Veräußerung nicht als nichtig oder anfechtbar behandelt wurde, sondern nur dem übergangenen Berechtigten die Befugnis gewährt wurde, das Gut binnen Jahr und Tag gegen Ersatz des Kaufschillings einzulösen[14].

Aus diesen Wurzeln der Erblosung erklärt es sich, daß sie auf Fälle beschränkt blieb, wo die Veräußerung durch *Verkauf* erfolgte[15]. In Fällen einer unentgeltlichen Veräußerung oder einer Belastung bestand eine Lücke, die nicht ausgefüllt wurde[16].

Die im Mittelalter entstandenen Näherrechte wurden mit der Rezeption nicht beseitigt, sondern es wurde in Deutschland die Doktrin des Retraktsrechtes aufgenommen, welche die italienische mittelalterliche Jurisprudenz entwickelt hatte[17]. Charakteristisch sind die Ausführungen von Andreas *Gail*, Obs. pract. II obs. 19 nt. 1: „*Ius retractus* oder Einstand gilt auß allgemeiner Gewonheit deß Teutsch Lands, fast an allen Örtern ..." nt. 2: „... Die alle setzen, daß dergleichen Gewonheiten in beyden Rechten zugelassen und bewilliget seyn, ja noch mehr, daß sie auch in Göttlichem Recht bestehen, und daher ihren Ursprung genommen haben, wie gelesen wird, Levit. cap. 25 und Hierem. cap. 32"[18].

III. Die Entwicklung im 16. und 17. Jahrhundert

a) *Rechtsquellen* und *Literatur*. Einstandsrecht[19] ist der im österreichischen Rechtsbereich übliche Ausdruck für Näherrecht (Zugrecht, Retrakt, Losung)[20]. Mit dem Vorkaufs- und Einstandsrecht der Ver-

---

[14] So *Gierke*, a.a.O., II S. 767, 788; *Heusler*, a.a.O., II S. 60 f.; vgl. *Steinhauser*, a.a.O., S. 38 ff.; *Hübner*, Grundzüge[5] S. 423 f.; O. *Werner*, a.a.O., S. 256.

[15] Dazu *Heusler*, a.a.O., II S. 64.

[16] *Gierke*, a.a.O., II S. 788 A. 14. — J. *Ficker* geht in seinen Untersuchungen zur Erbenfolge der ostgermanischen Rechte (zum Warterecht und Näherrecht V/1 [1902] S. 164 ff., bes. S. 244 ff.) von der Annahme einer ursprünglich vollständigen Verfügungsfreiheit des germanischen Rechts aus; dagegen überzeugend A. *Schultze*, Augustin und der Seelteil des germanischen Erbrechts (Leipz. Abh. 38 Nr. 4, 1928) S. 6 ff.; vgl. *Bruck*, ZRG R 50 (1930) S. 656 f.; *Hübner*, Grundzüge[5] S. 330 A. 1; *Schröder-v. Künßberg*, a.a.O., S. 365 A. 337; G. *Partsch*, a.a.O., S. 12 f.

[17] Vgl. *Hübner*, a.a.O., S. 424; *Gierke*, a.a.O., II S. 767 f.

[18] Dazu *Gierke*, a.a.O., II S. 768 A. 9, S. 788 A. 13.

[19] S. Deutsches Rechtswörterbuch II Sp. 1464 ff., s. v. Einstand I. (Sp. 1464 f.), Einstandsrecht I. Sp. 1465 f.), einstehen I. (Sp. 1466) u. Einsteher I. (Sp. 1467). Vgl. noch ABGB §§ 1140 u. 1141.

[20] Dazu, insbesondere zur Erblosung, Carl Fr. *Walch*, Das Näherrecht (2. Ausg., Jena 1775) S. 259 ff.; A. *Renaud*, Zur Lehre vom Näherrechte, insbesondere von der Erblosung nach gemeinem Rechte, Ztschr. f. deutsches Recht u. deutsche Rechtswissenschaft 8 (1843) S. 240 ff.; *Heusler*, a.a.O., II S. 60 ff.; *Stobbe-Lehmann*, a.a.O., II/1[3] S. 471 ff., bes. S. 495 ff.; *Gierke*, a.a.O., II S 766 ff., bes. S. 785 ff.; *Hübner*, Grundzüge[5] S. 422 ff., 428; *Planitz*, Deutsches Privat-

wandten befaßt sich ein Traktat Bernhard *Walthers*: *„De iure protomiseos*. Von der gesipten Freundt Vorkauf in ligenden Güettern, auch wie ein gesipter Freundt in einem Kauf steen müge."[21] Mit diesem Rechtsinstitut beschäftigen sich auch die Entwürfe einer Landesordnung für Österreich unter der Enns aus dem 16. und 17. Jahrhundert sowie der Landesordnungsentwurf für Österreich ob der Enns von 1609[22]: Entwurf *Püdler* (1573) II 3 „Von der gesipten freund vorkauf so *jus protomiseos* genant wird"; Entwurf *Strein-Linsmayer* (= Strein-L.) (1595) II 2 „Von den khaufs einstandrecht der nägsten befreündten"; Kompilation der vier Doktoren (= Kompilation) (1654) II 11 „Von dem einstandrecht der befreündten, zu latein *jus retractus, prothomiseos, prolationis* oder *congrui* genant"[23]; Entwurf der Landtafel des Erzherzogtums Österreich ob der Enns (= Oe. Ltf.) (1609) von Dr. Abraham *Schwarz*[24] III 16 „Von dem einstandrecht, *jus retractus oder congrui seu protomiseos* genant."

Ausführungen über den Erbenretrakt finden sich bei Joan. B. *Suttinger*[25], Joh. R. *Reutter*[26] und für den innerösterreichischen Landesbrauch bei Nic. *Beckmann*[27].

---

recht[3] S. 99 ff.; *Schmelzeisen*, Polizeiordnungen und Privatrecht (1955) S. 237 ff. Vgl. ferner A. *Steinhauser*, Das Zugrecht nach den bündnerischen Statutarrechten (Chur 1896) S. 34 ff., 119 ff., 130 ff.; H. *Coing*, Die Frankfurter Reformation von 1578 und das Gemeine Recht ihrer Zeit (1935) S. 22 f.: H. *Knoche*, Ulrich Zasius und das Freiburger Stadtrecht (1957) S. 88. — Zum Erbenretrakt im französischen Recht L. *Falletti*, Le retrait lignager en droit coutumier français (Thèse, Paris 1932); R. *Génestal*, Le droit lignager (Caen 1927); R. *Caillemer*, Le retrait lignager dans le droit provençal, Studi Fadda IV (1906) S. 13 ff.

[21] Hrsg. als Traktat III von M. *Rintelen*, B. Walthers privatrechtliche Traktate aus dem 16. Jh. (1937) S. 35 ff., entstanden a. 1552, zur Datierung *Rintelen*, a.a.O., S. 23* f.

[22] Zu diesen Entwürfen *Motloch*, im Österr. Staatswörterbuch (hrsg. v. Mischler u. Ulbrich) III[2] S. 331 ff.; *Luschin*, Österr. Reichsgeschichte (1896) S. 374; *Ehrenzweig*, System des österr. allg. Privatrechts I/1[2] (1951) S. 18 ff.; *Wesener*, Geschichte des Erbrechtes in Österreich (1957) S. 12 ff., vor allem auch zur Frage der gewohnheitsrechtlichen Geltung dieser Entwürfe. — Litographierte Abschriften dieser Entwürfe finden sich in der sogenannten „Sammlung Chorinsky"; vgl. dazu *Rintelen*, a.a.O., p. XXIV u. *Wesener*, a.a.O., S. 12 A. 12 u. S. 197.

[23] In den Allegationen zu den einzelnen Paragraphen der Kompilation II 11 werden der Traktat B. *Walthers de iure protomiseos* sowie das Bayerische Landrecht v. 1616 Tit. 10 („Vom Einstand") angeführt; vgl. *Ehrenzweig*, System I/1[2] § 4 A. 5.

[24] Ebenfalls in Sammlung Chorinsky (s. o. Anm. 22).

[25] Consuetudines Austriacae (2. Aufl. 1718) S. 154 ff. s. v. „Einstand/Freund-Einstand" u. S. 197.

[26] Viginti quinque tabulae iuridicae (Ratisbonae 1674) ad tab. XIX n. 24. Vgl. auch *Greneck*, Theatrum jurisdictionis Austriacae (Wien 1752) S. 316.

[27] Idea juris statutarii et consuetudinarii Stiriaci et Austriaci cum jure Romano collati (Graecii 1688) S. 416 ff. s. v. *Retractus* (zitiert stark B. *Walthers* Traktat, z. B. auf S. 420). Vgl. auch Nic. *Beckmann*, Doctrina juris (Norimbergae 1681) S. 912 ff. s. v. *Retractus*. — Zur Rechtsliteratur in Österreich im 16. und 17. Jh. *Luschin*, Österr. Reichsgeschichte S. 366 ff.; *Wesener*, Erbrecht S. 17 ff.

Die Tiroler Landesordnung von 1573 behandelt im V. Buch, Tit. 8—14 die Erbenlosung: Tit. 8 „Losung so die nächsten Erben oder Freundt zu dem verkaufften Gut und Widerfällen in Jarsfrist haben".

b) Zufolge Walther III c. 1 besteht nach österreichischem Landesbrauch ein *Vorkaufs-* und *Einstandsrecht* der gesippten Freunde[28] in Hinblick auf *liegendes* Gut. Wenn jemand liegendes Gut verkaufen will, so muß er es zunächst seinen Verwandten zum Kauf anbieten („anfaillen"). Unterbleibt das Angebot und wird das Gut an einen Fremden verkauft, so können die Verwandten in den Kauf eintreten („einstehen")[29].

Walther führt in Anm. A zu Traktat III c. 1 die berühmte Lex *Dudum* Cod. Iust. 4, 38, 14[30] an, wonach das Justinianische Recht kein gesetzliches Vorkaufsrecht gekannt habe, gründet aber das *ius protomiseos* der Verwandten auf das Alte Testament (Ieremiae c. 32 v. 6 ff.) und auf die constitutio Imp. Friderici II. *de iure protomiseos*, auf die er sich im folgenden ständig beruft[31]. Diese dem Hohenstaufenkaiser Friedrich II.

---

[28] Unter „gesippten Freunden" i. e. S. versteht *Walther* die Seitenverwandten mit Ausnahme der Geschwister und Geschwisterkinder (s. Traktat VII 16). Vgl. *Steinhauser* a.a.O. S. 120.

[29] Ebenso Püdler II 3 § 1: „Wann einer ain liegents guet zu verkaufens willens, soll er dasselb seinen negstgesipten bluetsfreunden anzufailen schuldig sein." § 2: „Im fall er aber denen negstgesippten bluetsfreunden die anfailung obgemeltermaßen nit thet und die freund der verkaufung sonsten in ander weeg erindert würden, so stehet ihnen bevor, innerhalb jarsfrist von zeit der beschehenen erinderung und ihrer wissenhait anzuraiten in den kauf einzustehen; doch wo sie sich in solcher zeit des einstands anbieten thetten, sollen sie hernach inner dreissig tagen die negsten die kaufsumma erlegen, dann da sie sich innerhalb jarsfrist in den kauf einzustehen nit anbieten noch in obbemelten dreissig tagen die kaufsumma erlegten, sollen sie weiter nit zugelassen werden." Strein-L. II 2 § 1: „Das einstandrecht der nägsten befreündten ist in disem unserm erzherzogthumb von altersüblichen gehalten worden ..."; vgl. §§ 2 und 5. Oe. Ltf. III 16 § 1: „... also ist mit löblichen uralten gebrauch auch in disem land herkhomen, daß wann ainer ain ligent gueth zu verkhaufen willens, daß er solches seinen negsten bluetsbefreundten vor allen andern anzufailen schuldig, welche dann vor meinclich an solchen gueth den vorkhauf haben ..." — Zum Vorkaufsrecht der nächsten Verwandten nach den niederösterreichischen Weistümern O. *Peterka*, Der Kauf in den niederösterr. Weistümern, Festschr. f. Oskar Engländer (1936) S. 179 ff., bes. S. 184 (Niederösterr. Weistümer Th. I S. 9 Z. 28 f.; S. 291 Z. 37 ff.).

[30] Dazu *Kaser*, Röm. Privatrecht II (1959) S. 193 A. 40, S. 287 A. 64; E. *Bussi*, La formazione dei dogmi di diritto privato nel diritto comune (contratti, successioni, diritti di famiglia) (1939) S. 32; P. S. *Leicht*, Storia del diritto italiano. Il diritto privato II (1943) S. 119; vgl. *Coing*, Die Frankfurter Reformation von 1578 (1935) S. 22 f. — Eine Abhängigkeit von Verfügungen eines Eigentümers von der Zustimmung seiner nächsten Erben war dem römischen Recht stets unbekannt (*Kaser*, Röm. Privatrecht II S. 193); vgl. zu den Papyri *Kreller*, Erbrechtliche Untersuchungen (1919) S. 188 ff.; weitere Lit. bei *Kaser* a.a.O. II S. 193 A. 41; zuletzt H. J. *Wolff* in Synteleia Arangio-Ruiz (Napoli 1964) S. 499 ff.

[31] *Walther* III 3 (A) zitiert den Commentarius ... super constitutione Frederici Imperatoris De iure protomiseos ... interpretata per ... I. C. D. *Mattheum ex Afflictis* Neapolitanum, in: De iure protomiseos Tractatus gravissimorum

zugeschriebene constitutio *de iure prothomiseos*[32] ist, wie W. *v. Brünneck*[33] dargelegt hat, eine freie Übersetzung der Novelle des byzantinischen Kaisers Romanus senior Lacapenus aus dem Jahre 922 n. Chr. περὶ προτιμήσεως[34].

Die angebliche Konstitution Friedrichs II. (Publikationsjahr unbekannt) ist wohl nur als Privatarbeit eines süditalienischen Juristen griechischer Herkunft anzusehen, welcher der von ihm verfaßten Übersetzung der Novelle des Romanus senior durch den Namen Friedrichs II. legale Autorität geben und das für sein Stammesrecht so wichtige Institut des *jus protomiseos* in Italien sichern wollte[35]. Die Friedrich II. zugeschriebene Konstitution wurde von *Cuiacius* in die libri feudorum (lib. V tit. 13) aufgenommen, ist aber nicht glossiert und in Deutschland jedenfalls nicht generell rezipiert worden[36].

Nicht nur in Österreich unter und ob der Enns, sondern auch in den innerösterreichischen Ländern sowie in Tirol galt das Einstandsrecht der Verwandten. Der innerösterreichische Regimentsrat Nicolaus *von Beckmann* führt in seiner Idea juris[37] (S. 416) zum *jus retractus* aus: „Retractus (sive *jus retractus, quod graece jus prothomiseos a* προτιμάω *h. e. praefero, et germanice* der Vorkauf, das Einstand-Recht, oder näher Kauf) *est jus, quo consanguineo, vel domino directo, aut vicino, ratione vicinitatis, datur facultas, rem immobilem, extraneo vere venditam, restituto pretio intra legitimum tempus redimendi; vide Gail 2. observat. 19 ...*" Für die Geltung des *jus retractus consanguinitatis* beruft sich *Beckmann* a.a.O. S. 417 vor allem auf § 50 des steirischen Berg-Rechts-Büchleins vom Jahre 1543[38]: „Item so ein Weingarten oder ander Erb, in Bergrechten feil gesetzt wirdet, so soll der Bergherr für all ander, mit dem Kauf angenöth werden, doch daß der Bergherr solchen

I. C. orum D. *Matthei ab Afflictis* et D. *Baldi de Perusio*, Venetiis 1544 (s. *Rintelen* a.a. O. S. 37 A. 1).

[32] Edition in M. G. Fol.-Ausg. LL II p. 332—333; Text vollständiger bei *Matthaei de Afflictis*, Tractatus ... de Iure Prothomiseos (Frankfurt 1643) p. 3—6 (vgl. o. Anm. 31); dazu *v. Brünneck*, ZRG G 1 (1880) S. 124 ff.

[33] Siciliens mittelalterliche Stadtrechte (Halle 1881), Syst. Darstellung S. 106 ff., bes. S. 107 A. 2.

[34] Jus Graecoromanum (ed. Zepi) Vol. I (1931) Coll. III Nov. 2; vgl. *Zachariä v. Lingenthal*, Geschichte des griechisch-römischen Rechts[3] (1892) § 59.

[35] So *v. Brünneck*, Siciliens mittelalterliche Stadtrechte, Syst. Darstellung S. 107 A. 2. Vgl. *Gierke* a.a.O. II S. 767 A. 8; P. S. *Leicht* a a.O. II S. 118 f.; E. *Besta*, I diritti sulla cosa nella storia del diritto italiano (1933) S. 260 f.

[36] *Walch* a.a.O. S. 27 ff.; *Glück*, Ausführl. Erläuterung der Pandecten XVI (1814) S. 180 f.; *Renaud* a.a.O. S. 244 f.; *Bussi* a.a.O. S. 32 f.

[37] S. o. Anm. 27.

[38] Enthält Weingartenrecht, dazu *Mell*, Verfassungs- und Verwaltungsgeschichte der Steiermark (1929) S. 283 , 408 ff.; *Luschin*, Österr. Reichsgeschichte S. 379.

Weingarten in dem Werth, wie der Verkauffer denselben einem andern geben möcht, annehm, und ihn darwider nicht beschwer; Wo aber der Bergherr den nicht kauffen wollt, alsdann soll der nächst Freund, damit angenöth, und wo derselbe auch nicht kauffet, soll der nächst Anrain damit angenöth, und wo derselb auch nicht kauffet, alsdann mag er solch Weingarten oder Erb verkauffen, wem er will." § 50 des Bergrechtsbüchels sieht vor ein Einstandsrecht 1) des Bergherrn, 2) der nächsten Freunde und 3) der nächsten Anrainer.

Das Vorkaufs- und Einstandsrecht der Verwandten ist wie nach den meisten Rechten auch nach österreichischem Landesbrauch in zweifacher Weise beschränkt: Es erstreckt sich erstens nur auf *Liegenschaften* und damit verbundene Gerechtigkeiten[39] und zweitens nur auf *Erbgut,* nicht auf Gewinngut[40].

Das Vorkaufs- und Einstandsrecht bezieht sich aber nicht nur auf das Eigengut (Allod), sondern auch auf Lehen- und Dienstgüter, und zwar steht nach österreichischem Landesbrauch im Gegensatz zum gemeinen Recht das Einstandsrecht „nach Abgang des Mannsstammen" auch weiblichen Verwandten zu[41].

Wenn eine Erbschaft verkauft wird, welche liegendes und bewegliches Gut umfaßt, so findet das Einstandsrecht Anwendung[42].

Die Erblosung hat sich aus dem Erbenwartrecht entwickelt (s. o. II); Voraussetzung für die Erblosung ist daher ein gesetzliches Erbrecht. Das Vorkaufs- und Einstandsrecht steht allen Erbberechtigten zu. Bei Konkurrenz mehrerer Erbanwärter gelten für das Vorkaufs- und Einstandsrecht grundsätzlich die Regeln der gesetzlichen (bzw. gewohnheitsrechtlichen) Erbfolge[43].

Walther III 7/2: „Die Anfaillung der Erbgüetter solle nicht den nechsten Freundten allein, sonder den Freundten allen samentlich be-

---

[39] Vgl. o. Anm. 29; ferner *Walther* III 2 unter Berufung auf die const. Frid. II.; Püdler II 3 §§ 15 und 16; Strein-L. II 2 § 20; Kompilation II 11 § 17; Oe. Ltf. III 16 § 2.

[40] *Walther* III 7/1; Püdler II 3 § 9 und § 23: „Das einstandrecht hatt allein in stambenguetern welche der verkaufer von seinen voreltern oder befreundeten ererbt statt ..."; ebenso Strein-L. II 2 § 24; Oe. Ltf. III 16 § 2; vgl. *Suttinger,* Consuetudines austriacae[2] S. 154. Die Kompilation der vier Doktoren II 11 § 21 (ursprüngliche Fassung) beschränkte das Einstandsrecht auf *bona avita,* die zumindest schon von den Großeltern erworben waren. Zur Regelung im Codex Theresianus vgl. u. bei Anm. 79. — Zur Großelterngrenze in den ostgermanischen Rechten s. *Ficker,* Untersuchungen V/1 S. 259 ff.

[41] *Walther* III 3; Püdler II 3 § 17; Strein-L. II 2 § 25.

[42] Püdler II 3 § 19; Strein-L. II 2 § 21; Kompilation II 11 § 18.

[43] Zur gesetzlichen Erbfolge nach österr. Landesbrauch *Wesener,* Geschichte des Erbrechtes in Österreich S. 32 ff.; zur Geltung einer allerdings modifizierten Parentelenordnung in den österr. Ländern im Mittelalter S. 35 ff.

schechen. Wann es aber zu kauffen kumbt, so hat allweeg der, so im Grad der nechst ist, zu dem Kauf den nechsten Zuegang“[44].

Das hier ausgesprochene Prinzip der *Gradesnähe* ist wesentlich modifiziert durch die Grundsätze des *Repräsentationsrechtes*, der Zurücksetzung der *Aszendenten* und des *Fallrechtes*, die nach österreichischem Landesbrauch gelten.

Das Vorkaufs- und Einstandsrecht steht den Blutsverwandten bis zum zehnten Grad der Sippschaft zu[45]. Der zehnte Grad (nach römischrechtlicher Zählung) stellt die in Österreich herrschende Erbrechtsgrenze (für Seitenverwandte) dar, die aus dem römisch-gemeinen Recht übernommen wurde[46]. Nach der Tiroler Landesordnung von 1573 (V 8) ist die Einstandsgrenze mit dem fünften Grad festgesetzt worden (bis dahin vierter Grad), nach kanonischer Zählweise (vgl. Tir.LO III 60)[47].

Als Gradnächste haben zunächst die Kinder (Deszendenten) ein Einstandsrecht, doch ist dieses nur dann realisierbar, wenn sie eigenes Vermögen haben[48].

Strein-L. II 2 § 16: „Die kinder mügen in den khauf der güeter so ierer eltern verkhaufen stehen, das si berait ein aigen haußwesen haben oder sonsten begüietet, und also die zallung der khaufsumma von dem iezigen außzustehn vermügig sein ...“

Wie steht es nun mit dem Einstandsrecht der Aszendenten, vor allem der Eltern? Da in den österreichischen Ländern Aszendenten nach altem Landesbrauch, der sich bis in das 18. Jahrhundert erhielt, von der Erbfolge ausgeschlossen waren[49], müßte man annehmen, daß ihnen auch

---

[44] Ebenso Püdler II 3 §§ 3 und 14; Strein-L. II 2 § 9; Oe. Ltf. III 16 § 1: „alwegen der negste im grad“ (kein Unterschied zwischen Männern und Frauen). Tiroler LO V 8: „allwegen die nächsten Erben und Freundt“.

[45] Püdler II 3 § 3; Strein-L. II 2 § 9.

[46] Vgl. *Walther* VII 17/5 und IX 3/1; dazu *Wesener*, Erbrecht S. 84. — Kompilation II 11 § 8: „Die bluetsfreind sollen biß in den zehenten grad der verwandtschaft (oder fünften grad denen weltlichen rechten nach zu raiten) zum einstand gelassen werden. und da sich deren befreundten mehr unter ainsten anmeldeten, soll alweeg der nähere im grad dem weitern mit solchem khaufseinstand fürgehen, ungeacht sich der weitere ehenter alß der nahere angemelt hette.“ Allegiert ist Bayr. Landrecht (1616) Tit. 10 art. 10 et 11; Art. 11 bestimmt, daß die Sippschaft nach weltlichen Rechten zu zählen sei und daß sich der Einstand nicht über die vierte Sippe erstrecke; vgl. Bayr. Landrecht Tit. 42 (die Zählung nach weltlichen Rechten ist die römischrechtliche Zählung). Die Gleichsetzung in Kompilation II 11 § 8 (10. Grad = 5. Grad nach weltlichen Rechten) ist unrichtig; es handelt sich offenkundig um ein Mißverständnis der Kompilatoren, denn der 10. Grad wird ja nach weltlichen Rechten bestimmt. Das Bayr. Landrecht, das herangezogen wird, hat eine engere Erbrechtsgrenze.

[47] Zum Kreise der Retraktsberechtigten s. *Stobbe-Lehmann* a.a.O. II/1³ § 120 A. 10; *Schmelzeisen*, Polizeiordnungen und Privatrecht S. 247 (A. 177).

[48] Einstandsrecht der Kinder nach Bayr. Landrecht (1616) X 16; vgl. *Schmelzeisen* a.a.O. S. 248 f.

[49] Dazu Lit. o. Anm. 7.

kein Einstandsrecht zustand[50]. Überraschenderweise bestand aber zufolge Entwurf Püdler und Entwurf Strein-Linsmayer „nach altem herkomben" ein Einstandsrecht der Eltern.

Püdler II 3 § 3: „... und wiewohl die eltern dem lantsbrauch nach ihre kinder *ab intestato* nit erben, so sollen sie dennoch vor allen andern collateral-freunden zu dem vorkauf ihrer kinder gueter nach altem herkomben gelassen werden."

Strein-L. II 2 § 16: „... also auch die eltern irer kinder gueter vor anderen freünden, wover si noch andere kinder hetten. wann si dann deren nit haben, so sollen sie zu dem verkhauf dann erst gelaßen werden, wann sonsten khein gesibter bluetsfreünd der einstehn mochte verhanden."

Entwurf Strein-L. cit. regelt das Einstandsrecht der Eltern eingehender; m. E. ist hier eine Erklärung für das Bestehen desselben zu finden. Eltern haben nur dann ein Einstandsrecht *vor* den Seitenverwandten, wenn sie noch andere Kinder, das sind also Geschwister des Verkäufers, haben. Durch das Einstandsrecht der Eltern soll das Erbgut der engeren Familie erhalten bleiben. Den Eltern wird das Einstandsrecht im Interesse ihrer Nachkommen gewährt, denen auf diese Weise das Erbgut gesichert wird. Diese Erklärung ergibt sich aus der Bestimmung, daß den Eltern nur dann das Einstandsrecht *vor* den Seitenverwandten gewährt wird, wenn sie noch andere Kinder haben. Vielleicht liegt dieser Regelung auch der Gedanke zugrunde, daß die Eltern im allgemeinen finanzkräftiger sind als die Geschwister des Verkäufers und daher eher das Einstandsrecht ausüben können.

Das Einstandsrecht der Eltern wird sich wohl erst relativ spät ausgebildet haben, vielleicht erst gegen Ende 15. Jahrhunderts. Damit würde sich Püdlers (II 3 § 3) Berufung auf „altes Herkommen" noch durchaus in Einklang bringen lassen; diesem Ausdruck darf keine allzu weitreichende Bedeutung zugeschrieben werden. A. *Gál*[51] spricht die Vermutung aus, daß die Entwicklung des elterlichen Einstandsrechts an die früher auf *ehegüterrechtlicher* Grundlage bestandene Zustimmungsberechtigung des überlebenden *parens* angeknüpft habe (s. o. Anm. 8).

Das Einstandsrecht der Eltern wird ursprünglich vielleicht überhaupt nur dann gewährt worden sein, wenn diese außer dem Verkäufer noch andere Kinder hatten. Die Gewährung des Einstandsrechtes auch bei Fehlen anderer Kinder ist vielleicht erst eine spätere Entwicklung; in diesem Falle kommen die Eltern nach Strein-L. cit. erst *nach* allen

---

[50] Zu dieser Frage *Gál*, Ausschluß der Ascendenten S. 136 f.
[51] Ausschluß des Ascendenten S. 136.

anderen einstandsberechtigten Blutsverwandten zum Zuge. Das Einstandsrecht der Eltern hat sich jedenfalls früher durchsetzen können als das Erbrecht derselben[52].

Wie bei der Erbfolge gilt auch beim Einstandsrecht nach österreichischem Landesbrauch das *Repräsentationsrecht.* Ausdrücklich ist es bezeugt für Geschwisterkinder[53]; es gilt aber zweifellos auch für Deszendenten[54]. Es zeigt sich hier wiederum, wie stark das Repräsentationsprinzip im österreichischen Landesbrauch seit altersher verwurzelt ist[55]. Den meisten deutschen Partikularrechten ist das Repräsentationsrecht bei der Erblosung unbekannt[56].

Ein weiteres Prinzip des österreichischen Erbfolgerechts, das *Fallrecht (paterna paternis, materna maternis)*[57] findet konsequenterweise auch beim Vorkaufs- und Einstandsrecht Anwendung[58]. Das Fallrecht ist in Österreich ein einfaches, aber vollständig durchgeführtes Fallrecht, d. h., daß die Erbgüter bloß nach ihrer Herkunft von Vater- oder Mutterseite unterschieden werden, daß aber, solange erbberechtigte Personen von der Seite, von der das Gut herrührt, vorhanden sind, die Verwandten der anderen Seite, bezüglich dieses Gutes von der Erbfolge ausgeschlossen sind. In Österreich fällt Erbgut, selbst wenn keine Erben der berechtigten Seite vorhanden sind, dennoch nicht an die andere Seite, sondern als erbloses Gut an einen Heimfallsberechtigten[59].

Walther III 7/1: „... Doch hat es in den Erbgüettern auch ein Underschid. Nemblich, wan einer seine vätterliche Erbgüetter zu verkaufen vorhabens ist, so ist er dieselben seinen Geschwistretten und Freundten, die ime allein muetterhalben verwont sein, anzufaillen nit schuldig. Also ist er auch nit schuldig, seine müetterliche Erbgüetter seinen Ge-

---

52 Zum letzteren *Wesener,* Erbrecht S. 109.

53 Strein-L. II 2 § 13: „Im einstand hat auch das *jus representationis* stat ...“; ebenso Kompilation II 11 § 12.

54 S. o. Anm. 53. Vgl. *Schmelzeisen* a.a.O. S. 247 (A. 178).

55 Zum Repräsentationsrecht bei der gesetzlichen Erbfolge in Österreich s. *Wesener,* Erbrecht S. 43 f., 44 ff. (Deszendenten), 67 ff. (Nachkommen der Geschwister); ein Repräsentationsrecht der übrigen Seitenverwandten ist nur für Tirol nachweisbar (*Wesener* a.a.O. S. 83).

56 Dazu *Walch* a.a.O. S. 290; *Stobbe-Lehmann* a.a.O. II/1³ S. 497 (A. 16); *Gierke* a.a.O. II S. 790 A. 22 (jeder Verwandte ist nur aus eigenem Recht berufen). Zu einer Ausnahme vgl. *Schmelzeisen* a.a.O. S. 247 (A. 178); für Graubünden *Steinhauser* a.a.O. S. 122 f.

57 Dazu *Gál,* Ausschluß der Ascendenten S. 80 ff.; *Wesener,* Erbrecht S. 39 ff., 61, 64, 76 f.

58 Vgl. *Gierke* a.a.O. II S. 790 A. 22; für das französische Recht *Falletti* a.a.O. (s. o. Anm. 20) S. 255 f.

59 Dazu *Gál* a.a.O. S. 90, 111; *Wesener,* Erbrecht S. 39.

schwistretten und Freundten, die ime allein vatterhalben verwont sein, anzufaillen“[60].

Fristen. Wenn die gesippten Freunde in den Kauf eintreten wollen, so müssen sie die Kaufsumme binnen 30 Tagen nach erfolgter „Anfeilung“ erlegen, außer sie werden durch „ehehafte Ursachen“ daran gehindert[61]. Wenn sich die Verwandten außer Landes befinden, so kann die Anfeilung in ihrer Abwesenheit an ihrem Wohnsitz im Inland erfolgen[62]. Wenn die Anfeilung unterbleibt, und die Verwandten von dem erfolgten Verkauf Kenntnis erlangen, so steht ihnen vom Zeitpunkt der Kenntnis ein Jahr hindurch das Einstandsrecht zu. Wenn sie in den Kauf eintreten wollen, müssen sie binnen 30 Tagen (vom Zeitpunkt ihres Angebotes)[63] die Kaufsumme erlegen, ansonsten verwirken sie ihre Rechte[64]. In Steiermark haben die Herren und Landleute kraft Privilegs das Einstandsrecht drei Jahre hindurch[65], Bürger und Bauern nur Jahr und Tag[66].

Das Einstandsrecht ist ein *dingliches* Recht; es richtet sich nicht bloß gegen den ersten Erwerber, sondern auch gegen weitere Käufer[67].

Püdler II 3 § 8: „Der negst blutsfreund mag nit allein von dem ersten andern und dritten, sondern noch von einem wentern kaufer das verkauft guet in craft des einstands recht an sich bringen doch das solches vor verscheinung der rechtmessigen einstand zeit, so sich mit dem ersten kauf angefangen hatt, nemblichen vor außgang des jars beschehe.“ (Vgl. Strein--L. II 2 § 11.)

Püdler II 3 § 13: „... dann dise gerechtigkait des einstands geet nit auf die persohn des kaufers, sonder auf das guet.“

---

[60] Ebenso Püdler II 3 § 24; Strein-L. II 2 § 24 a. E.; Kompilation II 11 § 21 (ursprüngliche Fassung). Das Fallrecht gilt auch in Österreich ob der Enns (vgl. *Gál* a.a.O. S. 92), wohl auch beim Einstandsrecht. Für Steiermark vgl. *Beckmann*, Idea juris S. 421. Das Fallrecht findet sich beim Einstandsrecht noch im Codex Theresianus III c. 9 § 18 n. 298.

[61] *Walther* III 5/1; ebenso Püdler II 3 § 26. Vgl. Salzburg. Taidinge (Österr. Weisthümer Bd. I) S. 175 Z. 26 ff. (Frist von 14 Tagen). Die 30-tägige Frist geht auf die angebliche Konstitution Friedrichs II. *de jure prothomiseos* zurück: „... *ut intra 30 dies solvendo justum precium* ...“

[62] *Walther* III 5/2; Püdler II 3 § 29; Strein-L. II 2 § 4.

[63] Zufolge *Suttinger*, Consuetudines austriacae² S. 155 binnen sechs Wochen.

[64] *Walther* III 5/4; vgl. Püdler II 3 § 2; Strein-L. II 2 § 5; Oe. Ltf. III 16 § 1.

[65] Vgl. *Mell*, Verfassungs- u. Verwaltungsgeschichte der Steiermark S. 312 f.

[66] *Beckmann*, Idea juris S. 417.

[67] Zur dinglichen Natur der Näherrechte *Gierke* a.a.O. II S. 766 ff., 769 ff. Von der romanistischen Jurisprudenz wurden seit dem 16. Jh. Versuche unternommen, das Näherrecht als ein Forderungsrecht zu konstruieren und seine dingliche Wirkung aus dem Begriffe der Zustandsobligation unter Zuhilfenahme einer *actio in rem scripta* zu erklären (*Gierke* a.a.O. II S. 770); vgl. etwa *Gail*, Observationes pract. II obs. 19 n. 7.

Die Klage aus dem Einstandsrecht ist gegen den Käufer als den „Inhaber des Guts“ zu richten:

Walther III 8/1: „Wann einer ein ligends Guet einem Frembden zu kauffen gibt und sollich Guett seinen Freundten zuvor nicht anfailt, soverr dann die Freundt in den Kauf zu stehen vermainen, sollen sy ir Clag nit gegen dem Verkauffer, sonder gegen dem Kauffer als Innhaber des Guets stellen, und, wan sy ir Clag gegen dem Kauffer stellen, ob dann gleich der Verkauffer dem Kauffer auch Schermbs verschriben wär, so mag er sich doch auf ine als seinen Schermen mit nichten waigern, sonder er ist die Clag für sich selbs zu verantwurtten schuldig.“[68]

Der Käufer muß den Prozeß selbst führen und kann sich nicht auf den Verkäufer als seinen Scherm weigern, auch wenn eine ausdrückliche Schermverschreibung besteht[69].

Verliert der Käufer den Prozeß gegen des Verkäufers „gesippte Freunde“, so hat er gegen den Verkäufer keinen Regreßanspruch, wenn er vom Losungsrecht der Verwandten und dem Unterbleiben der Anfeilung gewußt hat[70].

Die Klage gegen den Käufer kann „extraordinarie verhörweiß“ vorgebracht werden[71].

Das Vorkaufs- und Einstandsrecht findet nur Anwendung im Falle einer Veräußerung auf Grund eines *Kauf*vertrages, nicht bei anderen Rechtsgeschäften (Tausch, Schenkung, Bestellung eines Heiratsguts, Testament)[72]. Diese Beschränkung des Einstandsrechts auf die Fälle des Verkaufs erklärt sich aus der Entstehung der Erblosung aus dem Vorkaufs- und Einstandsrecht der nächsten Erben beim Verkauf in echter Not (s. o. II am Ende).

Nach österreichischem Landesbrauch besteht keine Erblosung bei Aufgebung von Zinsgütern (Emphyteuse) im Gegensatz zum gemeinen Recht[73]. Kein Einstandsrecht ist ferner gegeben bei bloßer Verpfändung, da der Verpfänder ja Eigentümer bleibt (Püdler II 3 § 22).

---

[68] Ebenso Püdler II 3 § 35; Strein-L. II 2 § 29; Kompilation II 11 § 25; Oe. Ltf. III 16 § 10.

[69] Zur Schermweigerung *Rabel*, Die Haftung des Verkäufers wegen Mangels im Rechte I (1902) S. 202 ff.; *Wesener*, Das innerösterr. Landschrannenverfahren im 16. und 17. Jh. (1963) S. 74 ff.

[70] *Walther* III 8/2; Püdler II 3 § 36; Oe. Ltf. III 16 § 11.

[71] *Walther* III 9; Püdler II 3 § 35 a. E.: „... es mag auch solche clag *summariter* intendirt werden und kan sich der beclagt auf das ordinari recht nit waigern.“ Zu Summari-Sachen vgl. *Suttinger*, Observationes practicae (1678) obs. III.

[72] *Walther* III 4/1 unter Berufung auf die const. Frid. II; Püdler II 3 § 20; Strein-L. II 2 § 19; Kompilation II 11 § 16; Oe. Ltf. III 16 § 3; vgl. *Suttinger*, Consuetudines austriacae² S. 164 f. (Motiva 31. Juli 1652); für Steiermark *Beckmann*, Idea juris S. 421. Bayr. Landrecht (1616) X 18.

[73] Püdler II 3 § 21; vgl. *Walther* III 4/2.

In der Kaiser Friedrich II. zugeschriebenen Konstitution *de jure prothomiseos* finden sich Vorschriften gegen *simulierte* Kontrakte, durch die das Vorkaufsrecht umgangen werden sollte: „... *nisi si quis vendendo vel locando, et qui non habent jus prothomiseos, simulate donaverit vel in emphiteosim dederit etc. Ideoque illi qui habent jus prothomiseos, possunt exigere juramentum venditionis et emptionis. Si autem post juramentum probatum fuerit, contra constitucionem nostram simulate hoc egisse, venditor et emptor penam perjurii substinere, et insuper rem amittere et emptor precium, et fisco applicabitur. Fiscus autem vendat rem illam illi qui habet jus prothomiseos.*"

Auf diese Bestimmung bezieht sich Walther III 4/3[74].

Nach Landesbrauch findet im Gegensatz zum gemeinen Recht[75] das Einstandsrecht auch statt bei Veräußerung von liegenden Gütern im Wege der *Exekution: Walther* III 10: „Wann einem von einer Schulden oder von eines Andern personnlichen Anspruchs wegen auf seine Güetter ein Ansatz beschicht, und das dem, so den Ansatz erlangt, die Güetter volgundts geurlaubt werden, so ist es bisheero bei dem Gericht zuegelassen worden, das die nechsten Freundt in die Ablosung der Güeter einstehen mügen, welliches gleichwoll dem gemainen Rechten zuwider ist."[76]

Püdler II 3 § 25: „Wann einem schulden und anderer persöhnlichen spruch halben seine gueter angesezt werden, so sollen dieselben gespänten gueter durch ofne edict dem negsten befreundten angeboten werden, ihnen auch bevorstehen solche aus dem Ansatz zu lösen und an sich zu bringen"[77].

---

[74] Dieselbe Regelung bei Strein-L. II 2 § 36 (Eid); *Beckmann*, Idea juris S. 418. Vgl. *Schmelzeisen*, Polizeiordnungen und Privatrecht S. 246 f. (zur Eidesleistung). Andere Regelungen bei Püdler II 3 § 42: „... da aber der verkaufer umb ein ubermessige summa gelts mit einen frembden ainen scheinkauf treffe und damit seinen negsten freund wider billigkait steigern wolt, so mag der negst freund das gericht anrufen und die messigung des rechten lantleufigen werts begehren." Ähnlich Kompilation II 11 § 32 („landsbreuchige schätzung").

[75] Const. Frid. II.; vgl. auch Bayr. Landrecht (1616) X 19.

[76] Ansatz bedeutet eine einstweilige gerichtliche Einweisung, vgl. *Rintelen* a.a.O. S. 198 s. v. Ansatz; vgl. *Wesener*, Landschrannenverfahren S. 115 ff., bes. A. 10. Urlaub ist die endgültige Überlassung eines angesetzten Gutes an den Prozeßsieger zu Eigentum, vgl. *Rintelen* a.a.O. S. 220 s. v. Urlaub; vgl. *Wesener* a.a.O. S. 119 A. 43.

[77] Strein-L. II 2 § 26; Kompilation II 11 § 22 (Ausübung des Einstands bis zu dem im Edikt angeführten Termin); Oe. Ltf. III 16 § 3. Vgl. Exekutionsordnung für Österreich unter der Enns (1655) 4. Tit. § 2 (Codex Austriacus I S. 303); Codex Austriacus I S. 61 f. „Anbott und Edict" (23. September 1656); Codex Austriacus I S. 738 (Kleindruck). *Beckmann*, Idea Juris S. 417: Herren und Landleute haben Einstandsrecht drei Jahre vom Zeitpunkt der Erteilung des Landscherms an Käufer (Landscherm entspricht dem Urlaub der österr. Rechts, s. o. Anm. 76; vgl. *Wesener*, Landschrannenverfahren S. 118 f.). — Zur Aufhebung des Einstandsrechts bei der Exekution s. u. IV bei Anm. 83.

IV. Die Entwicklung im 18. Jh.

Der Codex Theresianus[78] behandelt im III. Theil cap. IX § XVIII den „rechtlichen Einstand oder Nähergeltung", d. i. das „aus Anordnung des Gesetzes herrührende Einstandsrecht" (no. 289). Dieser Einstand entspringt neben anderen Gründen auch aus dem „Recht der Verwandtschaft" (no. 290). No. 294: „Das Recht der Verwandtschaft ist die Quelle des freundschaftlichen Einstands, welcher denen nächsten Blutsfreunden in denen von ihren Ur- oder Großeltern väterlicher oder mütterlicherseits herstammenden Gütern von fremden oder auch in einem weiteren Grad verwandten Kauferen gebühret." Das Einstandsrecht ist beschränkt auf Erbgut, das zumindest bereits den Großeltern des Veräußerers gehört hat (vgl. no. 295 u. 296)[79]. Ferner ist erforderlich, daß der Einstehende von dem ersten Erwerber des Gutes in gerader Linie abstamme (no. 298); damit ist das Fallrechtsprinzip (s. o. Anm. 57—60) gewahrt. Maßgebend für das Einstandsrecht ist die gesetzliche Erbfolge: No. 299: „Wo mehrere von dem ersten Erwerber des Guts absteigende Blutsfreunde vorhanden sind, gebühret der Einstand Demjenigen, welcher dem Verkaufer in nächsten Grad verwandt ist, die Verwandten mögen männlichen oder weiblichen Geschlechts sein. Jener aber ist der Nächste zum Einstand, welcher der Nächste zur Erbfolge wäre; dann allemal ist das Recht zum Einstand nach dem Recht zur Erbfolge abzumessen." No. 300: „Da jedoch Mehrere in gleichem Grad oder Staffel der Sippschaft dem Verkäufer verwandt wären, sind auch Alle zu dem Einstand zuzulassen. wann dieselbe sich in der unten ausgesetzten Zeit gemeldet haben ..."

Auch der Entwurf Horten[80] (III. T., 9. Cap. §§ 150 ff.) kennt noch das Einstandsrecht der Verwandten; es gelten dieselben Prinzipien (Fallrecht § 150, Großelterngrenze § 151) wie nach dem Codex Theresianus.

Der Entwurf Martini[81] (III. T., 6. Hptst. § 33) kennt hingegen nur mehr ein *vereinbartes* Vorkaufs-, Näher- oder Einstandsrecht.

Das Einstandsrecht der Verwandten war in der Zwischenzeit durch mehrere Hofdekrete aufgehoben worden[82]. Die Allgemeine Gerichtsordnung von 1781 hatte das Einstandsrecht der Verwandten im Falle der Versteigerung (s. o. Anm. 76 u. 77) beseitigt (§ 337)[83].

---

[78] Hrsg. u. mit Anmerkungen versehen von Ph. *Harras v. Harrasowsky* (I—III, 1883—1884).

[79] So schon Kompilation II 11 § 21 (ursprüngliche Fassung) (s. o. Anm. 40).

[80] Hrsg. von Ph. *Harras v. Harrasowsky* (1886).

[81] Hrsg. von Ph. *Harras v. Harrasowsky* (1886).

[82] Dazu N., Das Retracts- oder Einstandsrecht in Österreich, in Allg. österr. Gerichts-Zeitung Jg. 1873. Nr. 12—15, S. 45 ff., 49 f., 53 f., 58 ff.

[83] Ausdrücklich aufgehoben durch Patent v. 22. Juli 1784, J. G. S. Nr. 318; Hofdekret v. 23. September 1785, J. G. S. Nr. 469: auch bei willkürlichen Versteigerungen durch Hofdekret v. 23. Oktober 1786, J. G. S. Nr. 588; dazu Allg. österr. Gerichts-Zeitung Jg. 1873 S. 46.

Das Bürgerliche Gesetzbuch Kaiser Josephs II. vom 1. Nov. 1786 bestimmte im II. Hauptstück §§ 4 u. 6 abweichend vom Entwurf Horten (I. T., 2. Cap. §§ 4 u. 9):

§ 4: „... ohne daß sie von einem Landmann dieses Landes durch Anmeldung des Einstandsrechtes aus dem Besitze verdrungen werden mögen. Das Einstandsrecht wird hiemit ganz aufgehoben."

§ 6: „Was bei landschaftlichen Gütern und Rechten vorgeschrieben wird, ist auch von bürgerlichen Gründen und den darauf haftenden Rechten zu verstehen und wird bei bürgerlichen Gründen das bürgerliche Einstandsrecht ebenfalls gänzlich aufgehoben"[84].

Damit war zunächst das landsmännische und bürgerliche Einstandsrecht aufgehoben.

Durch Hofdekret vom 8. März 1787 (J. G. S. Nr. 649) wurden *alle* Gattungen des Einstandsrechtes, die auf Gesetz oder Gewohnheit beruhten, damit auch die Erblosung, aufgehoben: „Zur Vermeidung alles Mißverständnisses wird erklärt, daß durch den § 4 und § 6 zweiten Capitels allg. bürg. Gesetzbuches nicht bloß das landmännische und bürgerliche Einstandsrecht, sondern alle Gattungen des in den verschiedenen Landesgesetzen oder Gewohnheiten gegründeten Einstandsrechtes allgemein und ganz unter was für Art und Benennung dieselbe derzeit gewöhnlich und Rechtens gewesen, aufgehoben sei"[85]. Vereinbarte Einstandsrechte wurden dadurch nicht berührt (s. Hofdekret vom 27. 4. 1787, J.G.S. Nr. 671).

Die Geschichte der Erblosung hatte damit in Österreich ihr Ende gefunden.

[84] Dazu Allg. österr. Gerichts-Zeitung Jg. 1873 S. 49; Ph. *Harras v. Harrasowsky*, Der Codex Theresianus und seine Umarbeitungen IV (1886) S. 24 A. 4.

[85] Dazu Allg. österr. Gerichts-Zeitung Jg. 1873 S. 49.

Die römische Juristenausbildung

Politische und soziologische Zusammenhänge

Von Heinz Hübner, Köln

I

Der Streit der Gegenwart, in dem sozial- und bildungspolitische Argumente die Sachbezogenheit der Juristenausbildung in den Hintergrund treten lassen, macht uns bewußt, daß der Ausbildungsgang der Juristen in seiner Entwicklung nicht nur von der Natur der Sache, sondern auch von den Vorstellungen der Gesellschaft und vor allem seitens des Staates von dem Interesse an Funktionärnachwuchs und dem allgemeinen Wunsche nach Effektivität der von ihm finanzierten Ausbildung bestimmt wird. Die Maßgeblichkeit dieser Faktoren bildet sich mit Deutlichkeit auch in der Geschichte des römischen Rechtsunterrichts ab. Mit der Entwicklung zur Massengesellschaft und zum zentral regierten Massenstaat hin werden die gewachsenen Ausbildungsformen ersetzt durch eine immer straffere Ausbildungsorganisation.

Den Entwicklungsprozeß im römischen Reich in einigen Grundzügen darzustellen, soll hier unternommen werden. Die römische Juristenausbildung ist zwar immer wieder zur Darstellung gelangt, jedoch trat der soziologische Aspekt meist zurück; erst in neuerer Zeit haben die Arbeiten von Wolfgang *Kunkel*[1], Fritz *Schulz*[2] und Franz *Wieacker*[3] solche Erwägungen stärker berücksichtigt.

Es ist ein Phänomen, daß eine gegliederte Gesellschaftsstruktur staatliche und wirtschaftliche Bereiche ohne stärkere obrigkeitliche Lenkung mit den erforderlichen Kräften für Führungsaufgaben versorgt; durch die Entwicklung sachgerechter Formen genügt die „Societas" den Anforderungen für Ausbildung und Auslese des Nachwuchses. In der römischen Republik — vermutlich mit einigen Einschränkungen

---

1 Insbes.: Herkunft und soziale Stellung der römischen Juristen, Weimar 1952.

2 History of Roman Legal Science, Oxford 1953; hier zitiert nach der deutschen Ausgabe: Geschichte der Römischen Rechtswissenschaft, Weimar 1961.

3 Recht und Gesellschaft in der Spätantike, Stuttgart 1964.

für das letzte Jahrhundert — läßt sich dies von der auf das Gemeinwesen orientierten führenden Schicht sagen. Die Rolle des juristischen Elements im Cursus honorum, das sich trotz der politischen Basis im Praetorenamt manifestiert, war ein ständiger Anreiz, ganz abgesehen von den allgemeineren soziologischen Motivierungen, auf die Cicero Bezug nimmt, wenn er die durch juristische Fähigkeiten bedingte soziale Geltung dartut[4]. Gewiß soll nicht übersehen werden, daß der Kreis derer, die für eine solche juristische Betätigung in Betracht kamen, eng begrenzt war; es handelte sich um die politisch führenden Kreise, insbesondere die alten Patriziergeschlechter[5]. Diese soziale Gebundenheit gestattete Liberalität: Das Motiv der sozialen Geltung und die von der Tradition bestimmten Verhaltensweisen und Spielregeln waren eine sichere Basis für die praktische Handhabung.

Andererseits ist es verfehlt zu meinen, daß die Ausbildungsgrundsätze einer frühen Stufe diskussionslos beibehalten worden seien; gerade die führenden Familien waren Bildungsfragen gegenüber aufgeschlossen[6]. So war die maßgebliche politische Schicht gehalten, zum pädagogischen Programm des Hellenismus, insbesondere dem Bildungssozialismus Platos[6a] und Aristoteles'[6b] Stellung zu beziehen[7]. Wenn sich die Staatsführung gegen Philosophen[7a] und Rhetoren[7b] negativ entschied, so ist weit eher eine innere Ablehnung derartiger Tendenzen im juristischen Unterricht zu vermuten[8]. Im juristischen wie im politischen Felde ging es dem Römer darum, eigene Erfahrung und die der früheren Generationen weiterzugeben, nicht aber Fähigkeiten mit Hilfe eines Lehrgebäudes zu entwickeln[9].

So gibt es keinen Typus des juristischen „Lehrers". Neben oder im Anschluß an die Tätigkeit, die man dem Staate in Ämtern widmet (und schuldet), erfüllt man die Standespflicht, die Erkenntnisse der nächsten

---

[4] De officiis, 2, 65; vgl. dazu *Kunkel*, S. 38 ff.

[5] Vgl. Cicero, a.a.O., und *Kunkel*, S. 38 ff. u. 56 ff.

[6] Mit Recht verweist *Kunkel*, S. 57 N. 100, auf den Kreis des Scipio Aemilianus.

[6a] Vgl. Nomoi, VII. Buch, z. B. 809.

[6b] Politika VIII 1337 a.

[7] Vgl. die Hinweise bei *Schulz*, S. 67.

[7a] Vgl. Carl Georg *Bruns*, Fontes Iuris Romani Antiqui, unveränderter Nachdruck der 7. Aufl., 1958, Nr. 38 (im Jahre 161 v. Chr.).

[7b] *Bruns*, Fontes Nr. 67 (im Jahre 92 v. Chr.). Der Censor Crassus sagt zur Begründung seines Verbots: quos ego censor edicto meo sustuleram, non quo, ut nescio quos dicere aiebant, acui ingenia adulescentium nollem, sed contra ingenia obtundi nolui, conrobari impudentiam (Cic. de orat. 3, 93).

[8] Der Römer mag das „Unheimliche an dieser Wissenschaft", „ihre Beziehungslosigkeit zu Gut und Böse, zu Recht und Unrecht" (so zur Rhetorik Erwin *Seidl*, Römische Rechtsgeschichte und Römisches Zivilprozeßrecht, Köln 1962, 101) empfunden haben.

[9] Offensichtlich im Sinne eines solchen „Erfahrungswissens" spricht Max *Kaser* (Das Altrömische Jus, Göttingen 1949, S. 78) davon, daß in der ältesten Überlieferung ‚ius civile' ein *Wissensgebiet* bezeichne.

Generation weiterzugeben; in „naturwüchsiger Art" erwächst der Rechtsunterricht aus der Praxis[10]. Das geschah keineswegs in „Lehrveranstaltungen", sondern auf persönlicher Basis, indem man den Nachwuchs zu der praktischen Tätigkeit[11] hinzuzog. Wir können uns auf Ciceros Schilderung des eigenen Werdeganges beziehen. A patre deductus — also persönlich eingeführt — tritt er in den „Schülerkreis" des Q. Mucius Scaevola augur und des Q. Mucius Scaevola pontifex ein[12]. Dabei ist von Interesse, daß Cicero der Tätigkeit des Gerichtsredners zustrebt, die er höher bewertet[13], andererseits aber juristische Grundkenntnisse hierzu für unerläßlich erachtet[14]. Das Lehren geschieht in der „freien Zunft"[15] der iuris consulti: cur igitur ius civile docere semper pulchrum fuit hominumque clarissimorum discipulis floruerunt domus[16]. Es geschieht — docere ist hier untechnisch gemeint — beiläufig; der Schüler lernt durch Zuhören (audire), durch Disputation im Anschluß an die Konsultationen und nicht zuletzt dadurch, daß er von seinem Meister ins Gespräch gezogen wird oder auch dessen persönliche Erlebnisse anhört[17].

Wir müssen uns fragen, wie ein solcher discipulus Eingang in den Stoff fand, der freilich zu jener Zeit leichter überschaubar war. Zunächst einmal gehörten juristische Grundkenntnisse zur schulmäßigen Elementarbildung[18]. Zum anderen strengte sich der Lernbegierige, der beim audire und bei den disputationes vor allem bei knappen Bemerkungen des Respondenten „schwamm", sicher an, sich einen Überblick, eine einfache Ordnung zurechtzumachen. So werden wir Cicero[19] verstehen müssen: multa etiam breviter et commode dicta memoriae mandabam fierique studebam eius prudentia doctior.

---

[10] So zutreffend Heinrich *Dernburg*, Die Institutionen des Gaius, Festschrift für Wächter, Halle 1869, S. 28.

[11] Cicero hat das Bild der juristischen Tätigkeit etwas emphatisch dahingehend charakterisiert: Est enim sine dubio domus iuris consulti totius oraculum civitatis (de orat. 1, 200).

[12] De amicitia 1, 1.

[13] Brutus 151; ebenso de officiis 2, 66 und Orator 141; einschränkend jedoch de orat. 1, 198.

[14] Orator 120: Jus civile teneat, quo egent causae forenses cotidie. Quid est enim turpius quam legitimarum et civilium controversiarum patrocinia suspicere, cum sis legum et civilis iuris ignarus?; entsprechend Pomp. Dig. 1, 2, 2, 43: turpe esse ... causas oranti ius in quo versaretur ignorare; vgl. im näheren *Schulz*, S. 1 N. 1.

[15] Franz *Wieacker*, Der römische Jurist, in: Vom römischen Recht, 2. Aufl., Stuttgart 1961, S. 135.

[16] Orator 142.

[17] Vgl. Cicero, de amicitia 1, 1—2: ... a senis latere numquam discederem; ... cum et ego essem una et pauci admodum familiares ...

[18] Cicero, de leg. 2, 59: discebamus enim pueri duodecim ut carmen necessarium, quas iam nemo discit; vgl. auch de leg. 2, 9: a parvis enim, Quinte, didicimus „si in ius vocat" atque eiusmodi leges alias nominare.

[19] De amicitia 1, 1.

Und zugleich meldet sich die Kritik[20] mit der Feststellung, eodem tempore et discentibus satisfacerent et consulentibus. Das Mißbehagen des Lernbeflissenen mag lange nachgewirkt haben und findet schließlich — weit prinzipieller — seinen Niederschlag in der Forderung des „ius civile in artem redigere"[21]; wie ja Systembildung und Didaktik miteinander untrennbar verbunden sind[22].

Es bleibt eine im einzelnen nicht zu beantwortende Frage, weshalb die iuris consulti als Männer, die in ihrem allgemeinen Bildungsniveau weitgehend als graezisiert anzusprechen sein dürften, in ihrer juristischen Methode systemfeindlich blieben. Offensichtlich konnte der Konservativismus des Römers in der Jurisprudenz den Grundsatz: „Am Anfang war der Fall" nicht aufgeben; das Prinzipielle, die Begriffe werden nicht diskutiert; was aequum ist, muß in concreto festgestellt werden, dazu hilft keine abstrakte Theorie über das „Wesen" der Gerechtigkeit[23]. Von einem Unterrichtsbetrieb im hellenistischen Sinne[24] kann jedenfalls auch dort keine Rede sein, wo eine Ordnung des Stoffes „generatim" vorgenommen wird[25]. Von. Q. Mucius, dem Augur, wird ausdrücklich gesagt: nemini se ad docendum dabat[26].

Zu den von der Sache her zu gewinnenden Argumenten kommt ein psychologisches Moment: die Einstellung der Antike gegenüber dem Elementarunterricht. Schon Plato hatte geäußert, man solle dazu Fremde mieten[27], Bürger des eigenen Staates seien hierfür zu gut[28].

---

20 Orator 143.

21 So die verlorene Schrift des Cicero (vgl. Gellius 1, 22, 7); auch in Brutus 152 stellt Cicero der „scientia iuris" die „ars" gegenüber.

22 Zur Anwendbarkeit der dialektischen Methode in der Jurisprudenz vgl. Ciceros Darlegungen in Brutus 152 und de orat. 1, 188 ff. (... ut primum omne ius civile in genera digerat, quae perpauca sunt, deinde eorum generum quasi quaedam membra dispertiat, tum propriam cuiusque vim definitione declaret, perfectam artem iuris civilis habebitis, magis magnam atque uberem quam difficilem et obscuram, — de orat. 1, 190); mit Recht kritisch hierzu *Schulz*, S. 82 f.

23 „Rerum est silva magna". Intellektualismus und seine Methode führe nur zur „Dreistigkeit" („ut auderent"); vgl. Crassus in der lebendigen Schilderung bei Cic. de orat. 3, 93 f.

24 Wie oben N. 9 erwähnt, stieß der hochschulmäßige Unterricht der Rhetoren in Rom auf Opposition; die i. J. 93 v. Chr. eröffnete Stätte wurde von den Censoren (wenn auch nicht zuletzt aus politischem Anlaß) verboten.

25 Auch das Fallrecht bedarf der Abgrenzungen, die Stoffsammlung muß Orientierungspunkte haben; solche Distinktionen sind jedoch noch nicht Systematik im eigentlichen Sinne. *Schulz* scheint die „akademische" Leistung des Q. Mucius Scaevola pontifex (Pomp. Dig. 1, 2, 2, 41) und seiner Zeitgenossen zu hoch zu veranschlagen (S. 73 ff.).

26 Cicero, Brut. 306.

27 Nomoi VII 804, insbesondere für die körperliche Ertüchtigung.

28 So interpretiert J. L. *Ussing*, Erziehung und Jugendunterricht bei den Griechen und Römern, Berlin 1885, S. 102 Plato a.a.O. — Zur Geringschätzung des Lehrers vgl. auch Henri Irénée *Marrou*, Geschichte der Erziehung im klassischen Altertum, hrsg. von R. Harder, Freiburg/München 1957, S. 213 ff., 392, 402.

Ciceros Bemerkung[29] „At dignitatem docere non habet", die die Einschätzung der Allgemeinheit wiedergeben muß, geht in die gleiche Richtung. Wie wäre es auch denkbar gewesen, daß führende Köpfe des Staatswesens sich dem Einführungsunterricht verschrieben hätten. Wer Schwierigkeiten im Verständnis hatte, mochte mit den Studienkollegen arbeiten und sich „etwas Mühe geben", aber das Grundwissen mußte bei der Disputation vorausgesetzt werden[30]. Vielleicht mag mancher der vornehmen discipuli sich einen der juristischen Grundmaterien kundigen Schreiber o. ä. gegen Bezahlung zur Einführung und Nachhilfe verpflichtet haben; hier stünden wir vor den Anfängen des „Repetitors".

Gewiß sollte man das Bild nicht zu simplifizierend zeichnen: Der menschlichen Natur ist das Bedürfnis zur Betreuung des Jüngeren eigen; so werden wir auch die persönlichen Bemühungen um den Schülerkreis hoch veranschlagen müssen; in den Disputationen werden beispielhaft leading cases vorgetragen worden sein. Schon bald kommt zu einem sich entwickelnden Unterweisungsverfahren[31] = „instituere" das „instruere" i. S. einer vertieften Ausbildung, z. T. in noch engerer persönlicher Beziehung (etwa auf dem Landgut des Lehrers) — wie aus der Bemerkung bei Pomponius Dig. 1, 2, 2, 43 („instructus ... a Gallo Aequilio, qui fuit Cercinae") geschlossen wird[32].

Sicher greift der Gedanke einer fest geordneten Ausbildung[33] in dieser Epoche zu weit; insbesondere dürfte es eine unzulässige Pro-

---

[29] Orat. 144.

[30] Daher berücksichtigt die Kritik Leopold *Wengers* (Die Quellen des römischen Rechts, Wien 1953, S. 611) den Stil der Epoche zu wenig, wenn er zum audire sagt: „ein für den Begabten da und dort sichtbar werdendes Anstecken von Lichtern, mit deren Glanz er die dunklen Räume selbst erhellen mochte." Für *Wenger* ist das Didaktische der Ansatzpunkt, wenn er meint, es sei eine Art von Rechtsunterricht gewesen, die „vom Lehrer nicht viel, vom Schüler desto mehr verlangte".

[31] Das wird auch aus der Bemerkung Ciceros über Q. Mucius augur (Brutus 306) geschlossen, vgl. Paul *Krüger*, Geschichte der Quellen und Litteratur des Römischen Rechts, 2. Aufl. München und Leipzig 1912, S. 56 N. 33.

[32] Vgl. *Kübler*, RE I A 1, 395.

[33] Zur Technik dieser Ausbildung bezieht sich die Rechtsgeschichte auf Pomponius Dig. 1, 2, 2, 35. Es werden unterschieden: *profiteri*, (Pomp. Dig. 1, 2, 2, 35 und 38) = öffentliches Erteilen von Gutachten, weniger Unterricht (so *Kübler*, RE I A 1, 395); nach Pomponius, a.a.O., Mitte des 2. Jahrhunderts v. Chr. durch Coruncanius begonnen. Dem entspricht: *audire*, reines Zuhören (rezeptiv), aber auch in Verbindung mit disputationes (vgl. Cic. Top. 56; mit fingierten Beispielen, Top. 44 f.; vgl. insbes. *Kunkel*, S. 340). Davon wird der selbständige Unterricht abgehoben (*Krüger*, S. 56; vgl. die Bemerkung bei Cic. Brutus 306). Man unterscheidet ausgehend von Pomp. Dig. 1, 2, 2, 43: *instituere* = Lehrunterricht (zusammenhängend) i. S. theoretischer Unterweisung; *instruere:* eine intensivere Form der Unterweisung (praxisorientiert, Otto *Karlowa*, Römische Rechtsgeschichte, Band 1, Leipzig 1885, S. 489; vgl. zum Streitstand *Kübler*, a a.O., 395). — *Schulz* (S. 69 N. 7) bezeichnet hingegen das Ganze als „unzuverlässige Phraseologie des Pomponius"; die landläufige Darstellung beruhe daher auf verfehlten Hypothesen.

jizierung unserer Vorstellungen sein, wenn eine Semestereinteilung diskutiert wird[34]. Es zeigt die volle Souveränität der Persönlichkeiten, wenn sie in Verpflichtung ihrer wissenschaftlichen Arbeit gegenüber sich aus der Lehrtätigkeit die Hälfte des Jahres zurückziehen[35], ja wenn sie aus dieser Verpflichtung heraus sogar auf die Bewerbung um das höchste Amt verzichten[36].

In solcher Lage bleibt das Verhältnis zwischen Lehrern und Schülern, aber wohl auch der Schüler untereinander ganz persönlich. Die gesellschaftliche und moralische Verpflichtung dem „Meister" gegenüber besteht über den Tod hinaus; das spiegelt sich noch bei Gaius in der Wendung „nostri praeceptores"[37]. Zum anderen hat in den überschaubaren Verhältnissen innerhalb der führenden Schicht der römischen Republik für den Eintritt in die praktische Tätigkeit das persönliche Urteil des Lehrers neben der fachlichen Leistung des einzelnen entscheidendes Gewicht.

II

Es fällt schwer, sich von den sozialen Verhältnissen und dem inneren Funktionieren der Staatsverwaltung im Prinzipat ein lebendiges Bild zu machen. Die wirtschaftliche Prosperität gestattet der führenden Schicht in den Lebensformen einen großzügigen und freien Stil, andererseits erwächst eine zunehmend straffere Verwaltungsorganisation, die mit ihrer sozialen Tendenz i. S. einer „Daseinsvorsorge" das Regime in den breiteren Schichten erträglich, vielleicht sogar willkommen erscheinen läßt. — Die Stellung der Juristen in einem solchen System muß notwendigerweise komplex sein: Die Staatsverwaltung bedarf ihrer mehr und mehr; sie muß hierzu auch Laufbahnprinzipien für die „mittleren" Dienste entwickeln. Demgegenüber bleibt in der freien juristischen Tätigkeit, die in der Spitzengruppe zunehmend mit der Führungsspitze der Verwaltung identisch erscheint[38], in Denkweise und Standesbewußtsein der überlieferte Grundzug lebendig. Insbesondere hat offensichtlich Augustus' restaurative Tendenz dem Juristenstand nach den Wirren der ausgehenden Republik Stärkung angedeihen las-

---

34 Im Anschluß an Dig. 1, 2, 2, 47 (für Labeo). Vgl. *Dernburg*, S. 28; *Karlowa*, S. 677; *Wenger*, S. 612 N. 156.

35 Labeo, Pomponius a.a.O.; hier ist der Gedanke des modernen „Forschungssemesters" erstmalig belegt.

36 So Gallus, wie aus Cic. ad Att. 1, 1, 1 geschlossen wird (*Krüger*, S. 65).

37 Inst. 1, 196; 2, 37 et passim; vgl. auch Dig. 40, 2, 5; 42, 5, 28. Die Anrede „domine" mag hingegen dem Stil des 3. Jahrhunderts entsprechen (vgl. Paulus Dig. 35, 2, 22 pr).

38 Auf einer vorbereitenden Stufe schafft die Stellung des Assessors die Verbindung; vgl. zum Assessorenamt H. F. *Hitzig*, Die Assessoren der römischen Magistrate und Richter, München 1893.

sen[39]. Politische Absicht und von der Anlage her bestimmte Haltung vereinigen sich und geben im Prinzipat dem Juristenstand einen traditionell-konservativ orientierten freiheitlichen Charakter[40], wobei hier nur angedeutet werden kann, welchen Stabilisierungsfaktor soziologisch und politisch diese Grundeinstellung für Staat und Gesellschaft bedeutet hat[41]. Von der besonderen Stellung des Juristenstandes her ist jedenfalls auch die Besonderheit des juristischen Unterrichtswesens gegenüber der allgemeinen Bildungspolitik zu verstehen. Die allgemeine Erziehungspolitik der Kaiser ging schon früh von staatlicher bzw. hoheitlicher Einflußnahme aus. Schon unter Vespasian beziehen die Lehrer der Rhetorik Gehälter[42], später auch die Philosophen[43]. Auch sonst erhalten sie Dotationen, wobei die Grenze zwischen persönlicher Wohltat und institutionalisierter Zuwendung schwer zu ziehen ist[44]. Nicht zuletzt ist die bildungspolitische Bedeutung der Stiftungen unter den Adoptivkaisern zu erwähnen. Der Einflußnahme des Staates im Hochschulbereich entspricht die Straffung des Ausbildungswesens im Heer[45] und den Verwaltungszweigen, bei letzteren vielleicht in Überschneidung mit Unterrichtsveranstaltungen der Korporationen[46].

Um so erstaunlicher erscheint es, wenn wir von einem entsprechenden Ausbildungsgang der Juristen keine Nachrichten haben. Die Überlieferung läßt auf die Fortdauer des alten, persönlichkeitsmäßig orientierten Ausbildungsstils der Republik schließen; andernfalls hätte Pomponius, der Zeitgenosse Hadrians, gewiß Andeutungen nicht unterlassen. Die Zurückhaltung des Staates auf diesem ihn weit unmittelbarer als Philosophie und Rhetorik berührenden Gebiet läßt zunächst einmal die Annahme zu, daß der Juristenstand von sich aus in der Lage war, die erforderliche Ausbildung sicherzustellen. Der Staat huldigte damit offensichtlich einem Subsidiaritätsprinzip, das unseren

---

[39] Vgl. *Kunkel*, S. 366 f; so insbes. der Hinweis, daß die Unsicherheit, die der Jurisprudenz aus dem Charakter der „freien Wissenschaft" erwuchs und zu den Kodifikationsbestrebungen bei Pompeius und Caesar (Sueton, Div. Iulii 44, 2) führte, wiederum einer im Staatsbewußtsein begründeten Bindung weicht; die „aristokratische Rechtskultur" ersteht wieder (vgl. auch *Kunkel*, SZ, 66, 448 ff.).

[40] Nur so ist m. E. verständlich, daß die „juristische Klassik" ein Jahrhundert hinter der „literarischen" anzusetzen ist.

[41] Man vergleiche die unbeugsame Haltung von Nerva bis Papinian und Ulpian.

[42] Sueton, Vespas. 18.

[43] Vgl. für die kulturelle Organisation im 1. Jahrhundert n. Chr. Rudolf *Herzog*, Urkunden zur Hochschulpolitik der römischen Kaiser, Berlin 1935.

[44] Vgl. Vita Hadriani 16; ferner Vita Pii 11; Dio Cassius 71, 31, 3 für Marc Aurel.

[45] Man denke an die in Rom zentralisierte Generalstabsausbildung; vgl. Gerhard *Dulckeit* — Fritz *Schwarz*, Römische Rechtsgeschichte, 3. Aufl. München und Berlin 1963, S. 221.

[46] Der Begriff „schola" läßt hier an eine gemeinsame Ausbildungsgrundlage denken.

landläufigen Vorstellungen vom Kaiserreich zwar fremd ist, bei näherem Zusehen sich aber in vieler Hinsicht in der römischen Staatsverwaltung bis zum Ende der Prinzipatsepoche beobachten läßt. Die Aufsicht wurde dort, wo dem Staat Gefahren erwachsen konnten, wie aus den Philosophenschulen, durchaus praktiziert; die „Juristenschulen", die prima facie viel gefährlicher hätten sein können, waren es offensichtlich nicht. Dagegen stand nicht nur der konservative Charakter des Juristen, sondern auch der Umstand, daß die Juristen mit dem öffentlichen Leben und seinen Aufgaben so verflochten waren, daß eine Parteibildung oder gar Geheimbündelei aus „Juristenschulen" nicht in Betracht kamen — ganz wie bei uns das korporative Element in dem Maße zurücktritt, in dem die öffentlichen Verpflichtungen der Beteiligten zunehmen. Andererseits kann von einem Desinteresse des Staates nicht ausgegangen werden; das Ausbildungswesen muß den Anforderungen des Staates entsprochen haben, anderenfalls hätten die Kaiser eingegriffen und der traditionellen Struktur keineswegs vertraut[47]. Ein solches Interesse des Staates läßt sich nicht zuletzt in dem Faktum erkennen, daß immer mehr vom auditorium publicum die Rede ist, worunter *Krüger*[48] — zumindest seit Antoninus Pius — vom Staat zur Verfügung gestellte Hörsäle versteht[49]; waren doch im sonstigen Hochschulbereich derartige Maßnahmen schon längst in der Übung. Die beginnende Fürsorge des Staates kommt auch darin zum Ausdruck, daß Augustus eine juristische Bibliothek für die Nachwuchsausbildung stiftete[50].

Wir haben — zumindest im 1. Jahrhundert — den bisherigen Ausbildungsstil zu vermuten. Noch immer ist das persönliche Band zwischen Lehrer und Schüler entscheidend; Lehre ist grundsätzlich keine Leistung, die bezahlt wird; jedenfalls verträgt sich das nicht mit dem senatorischen, bzw. gehobenen ritterlichen Standesbewußtsein[51]. Pomponius[52] hebt ausdrücklich hervor, daß Massurius Sabinus bei seinen Vermögensverhältnissen auf Honorare angewiesen war. Allerdings verlagern sich offensichtlich Praxis und Lehre aus den Häusern der iuris consulti in die „stationes", von denen sich aus Gellius[53] entnehmen läßt, sie seien für die gutachtenden und öffentlich lehrenden Juristen zahlreich gewesen; auch die Schol. Juven.[54] sprechen davon daß „iuxta Apollinis templum iuris periti sedebant et tractabant". Was

---

47 Vgl. die zusammenfassende Darstellung bei *Kunkel*, S. 366 ff.

48 S. 152.

49 Auch *Wenger*, S. 614, bemerkt, daß das staatliche Interesse an der Ausbildung zunimmt.

50 Schol. Iuven. 1, 128.

51 *Kunkel*, S. 334 ff.

52 Dig. 1, 2, 2, 50.

53 13, 13.

54 1, 128.

die stationes in der Tat waren, ist schwer zu ermitteln; mit Recht vermeidet *Kunkel*[55] den Begriff Büro. Auch ob eine lokale Konzentration in einem „Juristenviertel“[56] anzunehmen ist, bleibt unklar. Jedenfalls wäre es verfehlt, in den während der ersten anderthalb Jahrhunderte des Prinzipats lebendigen „Rechtsschulen“ Schulen i. S. der griechischen Philosophenschulen, nämlich Unterrichtsanstalten[57] zu sehen. Es waren Sammlungserscheinungen für wissenschaftliche Richtungen[58], die allerdings einen gewissen Unterweisungscharakter nicht ausschlossen[59].

Freilich wird die gehobene, verfeinerte Unterweisung der Spitzenjuristen den durch das „Massenstudium“ bedingten Bedürfnissen nicht entsprochen haben; zumindest ein Elementarunterricht war von diesen ersten Kräften nicht zu erwarten. Hier mögen sich professionelle Lehrer — mit unterschiedlichen Fähigkeiten, aber auch mit recht verschiedener sozialer Stellung — immer mehr betätigt haben[60]. Für diese Tätigkeit dürfen wir feste Formen (Unterrichtsstunden im auditorium[61], fortschreitender Lehrplan), nicht zuletzt auch eine Unterrichtsvergütung annehmen. Der Klagbarkeit solcher Honorarforderungen mag die Gerichtsbarkeit — nicht zuletzt wegen des inoffiziellen Charakters dieser Lehrveranstaltungen — skeptisch gegenübergestanden haben, obwohl Honorare für operae liberales über die extraordinaria cognitio einklagbar waren[62]. Wenn im übrigen Ulpian bei seiner hohen Meinung von der Jurisprudenz an dieser Stelle von ihr als einer res sanctissima spricht, so ist vielleicht nicht zu übersehen, daß dieses Adjektiv auch die Verbindung des Gegenstandes mit dem Staat zum Ausdruck bringt, d. h. daß die Jurisprudenz und ihre Lehre im staatlichen Interessenbereich liegen und nicht im Winkel betrieben werden sollten.

Vielleicht war es gerade das immer stärkere Konkurrieren des Privatunterrichts mit der öffentlichen Lehre, das schließlich auch zur Reglementierung der juristischen Ausbildung führte[63]. Jedenfalls exi-

---

[55] S. 339 N. 719.

[56] So *Dernburg*, S. 11 ff.

[57] So *Schulz*, S. 142 (in der englischen Ausgabe — S. 121 — educational establishments).

[58] Vgl. *Kübler*, RE I A 1, 381 f.

[59] „Debattierklubs mit korporativem Charakter“, *Kunkel*, S. 341.

[60] *Kunkel*, S. 344, nimmt sie bereits für das 1. Jahrhundert an.

[61] Vgl. die Belege Dig. 12, 1, 40; 23, 3, 78, 4; 40, 15, 1, 4.

[62] Vgl. Dig. 50, 13, 1 pr. Daher ergibt sich für den juristischen Lehrer der Weg, das Honorar vorab entgegenzunehmen (Dig. 50, 13, 1, 5; insoweit mit Recht als unecht betrachtet, s. die Nachweise Index Interp.).

[63] Auch in den Provinzen tritt nun eine juristische Ausbildung in Erscheinung (zweifelnd hinsichtlich einer Rechtsschule in Karthago *Kunkel*, S. 348 N. 737); zur Ausbildung der Richter in Ägypten vgl. *Seidl*, Eos, 48, 1 (Symbolae *Taubenschlag*), S. 251 ff.

stiert ein solcher Privatunterricht bis in die Dominatsepoche[64]. Für den Elementarunterricht mag sich schon in der klassischen Zeit ein festes Lehrprogramm entwickelt haben; es entspricht der Zeitströmung, die sich in der ersten Hälfte des 2. Jahrhunderts, insbesondere unter Hadrian, nochmals betont dem griechischen Geistesleben zuwendet, auch im didaktischen Bereich einen Schritt nach vorwärts zu tun. So ist das Gaius-Lehrbuch offensichtlich eine Frucht dieser Zeitströmung[65]. Da es ihr diente, war die Verbreitung im Reich entsprechend, bis schließlich Justinian es in legislatorische Höhen hob.

Mit dem Zusammenbruch der Jurisprudenz seit der Mitte des 3. Jahrhunderts[66] ist sie bloße Kathederwissenschaft geworden; der organisatorischen Gleichbehandlung mit den anderen Wissenschaftszweigen steht nichts im Wege: Zunächst sind es Privilegien, die auch den Rechtslehrern zuteil werden, so die Befreiung von munera[67]; hingegen wird uns von Gehältern für juristische Professoren in diesem Zeitraum noch nichts berichtet.

Andererseits wendet sich das staatliche Interesse zunehmend den Studierenden zu, die nun nach Rom zusammenströmen; schon Caracalla[68] befreit sie von den Liturgien daheim[69]. Gleichzeitig gerät der Studierende zunehmend in die Abhängigkeit des Lehrers, dessen Zeugnis für die Bewerbung im juristischen Dienst, etwa als Assessor, maßgeblich wird[70]. So häufen sich im ausgehenden 3. Jahrhundert die Erscheinungen, nach denen sich Gesellschaftsstruktur und Staatsgewalt der Spätantike auch in der Juristenausbildung auswirken.

III

Der Verfall der juristischen Bildung ist eine Folgeerscheinung des Verfalls der alten Ordnungen. Die neugestaltende Hand der Herrscher am Anfang des „Dominats“ muß daher den Einfluß des Staates auch im Ausbildungsbereich zur Wirksamkeit bringen; dies geschieht nun nicht mehr mittelbar, unter Achtung und Nutzbarmachung der vor-

---

64 Zum Wettbewerb mit der öffentlichen Lehre im allgemeinen vgl. die Hinweise bei *Marrou*, S. 444.

65 In diesem Sinne Fritz *Pringsheim*, The Legal Policy and Reforms of Hadrian, S. 99, in: Gesammelte Abhandlungen, Band 1, Heidelberg 1961. Zur Diskussion um die Institutionen vgl. *Wenger*, S. 508 f. und zuletzt Werner *Flume*, Die Bewertung der Institutionen des Gaius, SZ 79, S. 1 ff.

66 Vgl. *Wieacker*, S. 156 ff.

67 Dig. 27, 1, 6, 12 — allerdings nur in Rom.

68 Fr. Vat. 204.

69 Vgl. auch die besonderen Regelungen zugunsten von Studierenden in Dig. 5, 1, 18, 1; 12, 1, 17; 47, 10, 5, 5.

70 Vgl. unten S. 566.

handenen Formen und Denkweisen, sondern durch unmittelbare Eingriffe von hoheitlicher Seite. Der Ansatzpunkt ist die Regelung der Personalverhältnisse der Lehrenden, alsdann die Regelung des Status der Studierenden; schließlich sieht sich der Staat gehalten, auch in den Lehrbetrieb, die Stoffverteilung usw. einzugreifen. Initiative und Fähigkeiten der Lehrenden und Lernenden sind offensichtlich nicht mehr imstande, das für den Staat erforderliche Niveau zu sichern. So muß der Kaiser selbst den Bankerott der juristischen Ausbildung erklären und damit seine Reformen begründen[71].

Gewiß haben die Herrscher versucht, an die aus der Lehrpraxis entwickelten Einrichtungen und Methoden anzuknüpfen, d. h. ihre Anweisungen auf eine vorhandene Basis zu stellen. Gleichwohl nimmt die legislatorische Regelung den unmittelbar Beteiligten den Anreiz, das Ausbildungssystem weiter zu entwickeln, genau so wie auch materiell die schöpferische Kraft der Rechtsprechung und der Rechtswissenschaft durch den Gesetzgeber ersetzt wird. Die hohe Schule ist autorisierte Stätte, die Studienordnung ist fixiert, der Professor ist beamteter Staatsdiener und der Student hat sich — disziplinarisch erfaßt — der Wohltaten des Staates bewußt zu sein: Der Wissenschaftsfunktionär bildet den Staatsfunktionär aus.

Was die lokale Organisation angeht, so verliert Rom seine Sonderstellung. Die Ausbildungsstätten in der Provinz, von den Gemeinden im Interesse ihrer Nachwuchsausbildung eingerichtet oder zumindest gefördert, sind von unterschiedlicher Qualität, aber einige erringen eine führende Stellung: Alexandria, Beryt, Konstantinopel treten neben Rom. Schließlich greift auch hier der zentrale Staat ein und autorisiert nurmehr Rom, Byzanz und Beryt; die Schulen in Alexandrien, Caesarea und die anderen Stätten unterliegen strengen Verboten[72].

Das Interesse des Staates äußert sich in erster Linie bei der Regelung der Verhältnisse des Lehrpersonals. Der Professor der Rechtswissenschaft ist spätestens seit dem Jahre 425 besoldeter Beamter[73]. Wie sehr die Besoldung sich als essentiell im Denken verankert hat, geht z. B. daraus hervor, daß der Ostgotenherrscher Athalarich 533 [74] und dann wiederum die Sanctio pragmatica pro petitione Vigilii[75] den Professoren in Rom ihr Gehalt garantieren. Die Befreiung von munera, die bis-

---

[71] Vgl. Nov. Theod. 1 pr (i. J. 438): Saepe nostra clementia dubitavit, quae causa faceret, ut tantis propositis praemiis, quibus artes et studia nutriuntur, tam pauci rarique extiterint, qui plene iuris civilis scientia ditarentur, et in tanto lucubrationum tristi pallore vix unus aut alter receperit soliditatem perfectae doctrinae.

[72] Const. Omnem § 7 (unter Abqualifizierung ihrer Leistungen).

[73] C. Th. 6, 21, 1. Er folgt damit den Lehrern anderer Bereiche; vgl. C. Th. 13, 3, 1, 2; C. Just. 10, 53, 6, 1.

[74] Cassiodor, Var. 9, 21.

[75] Nov. Just. (ed. Schoell) App. VII.

her den übrigen docentes zuteil wurde[76], gilt — wie bereits nach Dig. 27, 1, 6, 12 für Rom festgestellt — in der späteren Zeit auch für den juristischen Lehrer allgemein[77]. Die Vorlesungen finden in vom Staat zur Verfügung gestellten Hörsälen statt[78]. Daher unterscheidet der Staat scharf zwischen öffentlicher Lehre und privatem Unterricht; der öffentlich bestellte Lehrer darf keinen Privatunterricht, der private Lehrer hingegen nur Privatunterricht erteilen[79]. Von besonderer Bedeutung für die Stellung des Professors ist die Regelung des Ernennungsverfahrens. Offensichtlich vermochte sich auch im straff regierten Staat des 4. und 5. Jahrhunderts für den Hochschulsektor eine zentrale Personalpolitik nicht durchzusetzen. Die lokalen Instanzen sollten — iudicio ordinis — die Auswahl treffen: hierzu werden gutachtliche Stellungnahmen eingeholt (optimorum conspirante consensu)[80]. Dieses Verfahren mag ehrgeizige Streber in die vordere Reihe gebracht haben; daher sehen sich die Kaiser zur Ermahnung genötigt, die solide Persönlichkeit in erster Linie zu berücksichtigen[81]. Die Entlassung bleibt jedenfalls auf dem gleichen Wege möglich[82]. Für die Ernennung behält sich der Kaiser die Zustimmung vor[83]. Dem Ordnungssystem der Zeit entsprechend muß auch die Rangstufe festgelegt werden: nach zwanzigjähriger Bewährung sollen die Professoren die comitiva primi ordinis erreichen und damit den vicarii entsprechen[84]; die „Geheimrats-Ernennung“ ist vorweggenommen[85].

Man fragt sich, welche Persönlichkeiten diese Stellungen eingenommen haben mögen. Die Ausstrahlung und Anziehungskraft der Professoren von Konstantinopel und Beryt wird in den Quellen bestätigt; wenn die Spitzenkräfte in Beryt als die „Lehrer der Welt“[86] bezeichnet werden, so mögen dies wohl in erster Linie didaktische Fähigkeiten begründet haben. Im allgemeinen ist die Leistung „akademisch“; die Lehrenden fühlen sich als Bedienstete im staatlich gelenkten Wissenschaftsbetrieb. Sie sind nicht mehr Römer, sondern „Romanisten“ mit

---

[76] Vgl. C. Th. 13, 3, 3 (i. J. 333) u. 13, 3, 16 (i. J. 414).

[77] C. Just. 10, 53, 6 pr — allerdings gegenüber C. Th. 13, 3, 1 interpoliert.

[78] So geschlossen aus C. Th. 14, 9, 3 = C. Just. 11, 19, 1. — Interessant dabei der offensichtliche Streit der Dozenten um die Vorlesungsplätze.

[79] C. Th. 14, 9, 3 (i. J. 425) = C. Just. 11, 19, 1.

[80] C. Th. 13, 3, 5 (i. J. 362) = C. Just. 10, 53, 7.

[81] Moribus primum, deinde facundia; C. Th. 13, 3, 5.

[82] C. Just. 10, 53, 2.

[83] C. Th. 13, 3, 5.

[84] C. Th. 6, 21, 1 (i. J. 425) = C. Just. 12, 15, 1.

[85] Comitiva dignitas ist u. a. die Würde eines kaiserlichen geheimen Rats (C. Th. 6, 21, 1). Die vicarii als Diözesanstatthalter stehen nach der wie die Konstitution C. Th. 6, 21, 1 aus d. J. 425 stammenden Notitia Dignitatum unmittelbar hinter dem praefectus Augustalis (Not. Dign. Or. I) bzw. hinter dem proconsul Africae (Not Dign. Oc. I).

[86] Zum Begriff vgl. Paul *Collinet*, Histoire de l'école de Droit de Beyrouth, Paris 1925, 167 ff.

„echt byzantinischer Gelehrsamkeit“[87]. Das gilt auch von der literarischen Produktion: nicht schöpferische Leistung dezisionistischen Charakters[88], sondern die an Unterrichtszwecken orientierte Darstellung ist das Ziel[89].

Das schließt nicht aus, daß manche eine gewisse praktische Tätigkeit im öffenlichen Dienst ausübten, wie wir es von der Mitwirkung an Justinians Gesetzgebungswerk wissen; auch eine Gutachtertätigkeit als beratende Anwälte ist denkbar[90]. Andererseits dürfte Leontios, der vom Lehrstuhl in Beryt unter Anastasius in die hohe Verwaltung überwechselte und als praefectus praetorio bzw. magister militum erwähnt wird, ein Sonderfall gewesen sein[91].

Die heranwachsende Persönlichkeit findet nicht minder die Beachtung des alle Bereiche ordnenden Regimes. Damit eine solide Ausbildung gewährleistet wird, muß eine Mindeststudienzeit festgelegt werden[92]. Andererseits müssen die Säumigen daran gehindert werden, sich die Vorteile der Stellung als Student[93] zu lange nutzbar zu machen: Das führt — kaum aus dem heutigen Fürsorgegesichtspunkt — schon frühzeitig zur Studienzeitbegrenzung[94]; bei Überschreitung greift die Aufsichtsbehörde ein und schickt die Säumigen mit Zwang in die Heimat. Die Wirksamkeit solcher Bestimmungen ist abhängig von einer straff geübten Disziplinargewalt: Der ankommende Student hat sich zunächst mit der Genehmigung seiner Heimatbehörde und den Personalunterlagen bei der für die Hochschule zuständigen Instanz zu melden[95].

In der Studienzeit haben die Studenten sich gesittet und ehrenhaft zu betragen, keinen verbotenen Vereinigungen anzugehören und nicht

---

[87] So Hans *Kreller*, Das Problem des Juristenrechts in der römischen Rechtsgeschichte, in: Recht und Staat, Heft 94, Tübingen 1932, S. 17.

[88] Hier fehlt es schon an der Zuständigkeit; sie liegt bei den Gerichtshöfen, die wohl selten Gutachten einholen.

[89] Vgl. die Übersicht bei *Wenger*, S. 626 ff., für die Beryter Professoren. Deutlich tritt diese Zielsetzung auch in der Vita Severi des Zacharias Scholastikos hervor (Patr. Or. 2, 91; z. T. in der griechischen Rückübersetzung von E. *Schwartz* bei H. *Peters*, Die oström. Digestenkommentare und die Entstehung der Digesten, 1913, S. 108).

[90] So *Collinet*, S. 245, der aus Rücksicht auf derartige Betätigungen die Verteilung der Vorlesungen auf die Nachmittagsstunden annimmt.

[91] Vgl. zu dessen Laufbahn *Wenger*, S. 624, mit Nachweisen.

[92] C. Just. 2, 7, 22, 4; später ergibt sich das aus den Ausbildungsvorschriften der Constitutio Omnem.

[93] Die soziale Begünstigung bestand vornehmlich in der Befreiung von den munera; vgl. C. Just. 10. 50, 2; s. auch oben zu N. 69.

[94] 25 Lebensjahre in Beryt (C. Just. 10, 50, 1), in Rom gilt für nicht Ortsansässige das Alter von 20 Jahren (*Schulz*, S. 352, hält letzteres für einen Schreibfehler); vgl. C. Th. 14, 9, 1 (370 n. Chr.).

[95] C. Th. 14, 9, 1. In Rom ist zuständig der magister census; nach Const. Omnem § 10 ist Disziplinarvorgesetzter in Konstantinopel der praefectus urbis und in Beryt der praeses Poenicae maritimae, wobei hier auch noch der Bischof und die Professoren eingeschaltet werden.

zu häufig an Schaustellungen im Theater und an Gelagen teilzunehmen. Andernfalls wird mit der Disziplinarstrafgewalt eingegriffen, die neben dem Abschub in die Heimat (statim navigio superpositus) auch öffentliche Züchtigung (publice verberibus adfectus) vorsieht[96]. Nicht zuletzt dürfen auch im Hochschulbereich gegenüber Professoren und Mitstudierenden keine ausartenden Späße getrieben werden[97]. Man gewinnt den Eindruck von Zuständen, die jenseits des studentischen Ulks liegen; aber die Vita Severi des Zacharias[98] zeigt, daß allzu viel Schimpfliches nicht passierte. Manches, was dem Brauchtum, dem jugendlichen Übermut zuzuschreiben war, mag auf dem Berichtswege und durch Kolportage am Hofe schlimm geklungen haben; zudem ist der Student der Obrigkeit stets ein wenig suspekt und auch bei Justinian äußert sich die Humorlosigkeit des autoritären Staates.

Die Studierenden selbst[99] scheinen keineswegs eine amorphe Masse dargestellt zu haben. Eine Gliederung nach Jahrgängen erweist sich aus Const. Omnen §§ 2 ff.[100]. Die Bezeichnung des ersten Studienjahrgangs als „Dupondii" erscheint Justinian unseriös[101], daher heißen sie „Iustiniani novi"; auch die Bezeichnungen der nächsten Jahrgänge werden gesetzlich bestimmmt[102]. Außerhalb der Jahrgänge muß einiges studentisches Leben existiert haben; wir hören von Studentenvereinigungen[103], sogar einen Präses der Studentenschaft dürfte es gegeben haben[104].

Der Ausbildungsgang ist hinsichtlich Stoff und Umfang genau fixiert[105]. Die ersten drei Jahre wird die Ausbildung durch Vorlesungen straffer gelenkt; im 4. und 5. Jahr standen offensichtlich Selbststudium und Übungen im Vordergrund. Dabei lief der Vorlesungsplan alle Wochentage mit Ausnahme des Samstag-Nachmittags und des Sonntags durch; der Vormittag diente der privaten Durcharbeitung

---

96 C. Th. 14, 9, 1.

97 Const. Omnem § 9 nennt sie unwürdig, niedrig, sklavenartig.

98 Patr. Or. 2, 46; s. *Peters*, S. 62 f.; 109 f. — Negativer freilich das Bild, das Augustinus für den Rhetorikunterricht in Karthago vermittelt (Confessiones III, 3, 6; V, 8, 14; V, 12, 22).

99 Über die Herkunft der Studenten in Beryt hat *Collinet*, S. 81 ff., das Material zusammengestellt.

100 Die jahrgangsweise Einteilung hat jedoch offensichtlich schon vorher existiert; vgl. die Nachweise bei *Wenger*, S. 634 ff.

101 tam frivolo quam ridiculo (Const. Omnem § 2).

102 Im zweiten Jahr Edictales; im dritten Jahr Papinianistae; im vierten Jahr Lytae (wohl Befreiung vom Besuch der Vorlesungen; a. A. *Collinet*, S. 228, *Schulz*, S. 351); im fünften Jahr Prolytae.

103 In der Vita Severi des Zacharias, Patr. Or. 2, 56; vgl. *Collinet*, S. 99 f.

104 *Collinet*, S. 100 f.; vgl. zu diesen Fragen auch *Wenger*, S. 632.

105 Nicht erst durch Constitutio Omnem, sondern schon vorher; auch das 5. Studienjahr war bereits vorgesehen (vgl. *Peters*, S. 64). Justinian hat — wie er selbst zum Ausdruck bringt — nur eine Neuordnung und Kürzung des z. T. unbrauchbaren Stoffes vorgenommen. Vgl. auch C. Just. 2, 7, 22, 4 (v. J. 505); ebenso 2, 7, 24, 4 (v. J. 517).

des Stoffes, am Nachmittag dozierten die Professoren[106]. Die Arbeitsweise entspricht der der Exegesen in anderen wissenschaftlichen Bereichen[107]. Begriffs- und Wortinterpretation herrscht vor, dabei werden die Auffassung des Autors und die anderer gegenübergestellt. Der Professor leitet die Textarbeit seiten-, ja zeilenweise; dabei wird im Imperativ gesagt „notiere", „lerne", „lies"[108]. Die Arbeitstechnik zeigt, daß die Beschaffung der Texte problematisch gewesen sein mag und die Abschreibearbeit wichtig war[109]. Das ganze Durcharbeiten in Frage- und Antwort-Spiel heißt jetzt *„Praxis"*[110].

Die Studierenden, vielleicht insbesondere die späteren Jahrgänge, haben möglicherweise für ihre selbständige Durcharbeitung des Stoffes einen „Hilfslehrer" aus ihrem Kreis erwählt, den „Antizensor"[111]; wir wissen aus dem Bericht über Beryt, daß sie hierzu wegen seiner Leistungen den Severus wählten. Wohl zutreffend will *Wenger*[112] ihn mit dem modernen „Tutor" vergleichen[113]; dagegen hebt er die studia privatarum aedium = die Repetitoren im modernen Sinne von einer solchen Tätigkeit deutlich ab[114].

Wie weit ist diese exegetische Lehr- und Lernmethode von der Ausbildung in der Epoche der klassischen Jurisprudenz entfernt! Das Bildungsziel Justinians und seiner Zeit ist der brave Staatsbürger, der in den Gesetz- und Lehrbüchern gut Bescheid weiß, ihre Technik beherrscht und so auch als Jurist von der Obrigkeit lenkbar ist. Persönlichkeiten, die zu schöpferischen Leistungen und eigenem Urteil befähigt werden, kann eine solche Ausbildung schwerlich prägen[115]. So wird man *Wenger*[116] nicht zustimmen können, wenn er im Gegensatz zu *Pringsheim*[117] den prinzipiellen Unterschied zwischen der Jurisprudenz der Klassik und ihren Bildungsvorstellungen einerseits und der spätantiken Unterrichtsmethode andererseits verneint, vielmehr nur Schattierungen eines auf Theorie abgestellten Lehrgebäudes annimmt.

---

106 Vgl. unter Bezugnahme auf die Vita Severi *Collinet*, S. 244 ff.

107 *Collinet*, S. 245, unter Hinweis auf die Scholia Sinaitica.

108 Vgl. *Collinet*, S. 246.

109 *Collinet*, S. 249, unter Bezugnahme auf Scholia Sinaitica.

110 So als Fremdwort im syrischen Text der Vita Severi, vgl. *Peters*, S. 63.

111 *Collinet*, S. 104.

112 S. 631.

113 a. A. offensichtlich *Collinet*, S. 104, der von einer Gleichstellung mit „antecessor" ausgeht. — Wahrscheinlich verlängert sich durch eine solche Tätigkeit die Studiendauer des Betreffenden (vgl. den Hinweis bei *Collinet*, S. 113).

114 a.a.O., N. 387.

115 Das sehen wir deutlich an der Schilderung des Zacharias, wenn er des Severus' kompilatorische Leistung zur Kaisergesetzgebung als bleibendes Denkmal der Wissenschaft preist (Patr. Or. 2, 91; vgl. *Peters*, S. 64, 108).

116 S. 633 f.

117 Beryt und Bologna, in: Gesammelte Abhandlungen, Bd. 1, S. 392 f.

Staat, Lehrer und Studierende sind sich darin einig, daß man für die „Laufbahn“ studiert[118]. Das juristische Studium ist hier der beste Weg, aber auch Rhetorik und Philosophie eröffnen Aussichten für den Staatsdienst[119]. Im allgemeinen führt die Laufbahn über die Anwaltschaft; für die Verwendung im Anwaltsstand bei den oberen Gerichten wird auf ein obligatorisches Zeugnis der Professoren abgestellt[120], das — um das Gewicht zu erhöhen — eidlich zu Protokoll bekräftigt werden muß. Darüber hinaus aber zeigt sich die Ausrichtung der Ausbildung auf die zentrale Personalpolitik, wenn der Kaiser auf ständige Berichte über Führung und Leistungsstand der Studierenden Wert legt, damit er früh genug seinen Beamtennachwuchs auswählen kann[121]. Statt moralischer Bindungen brachte eine solche ständige Leistungskontrolle den Studierenden allzu leicht in eine gewisse Hörigkeit gegenüber den Ausbildungsinstanzen.

---

118 Vgl. allgemein *Marrou*, S. 451.

119 Vgl. *Marrou*, a.a.O. Andererseits aber beklagt man den Trend zum juristischen Studium, das alles nach Beryt oder Rom ziehe (so Libanios (ed. Förster) Or. 48, 22, 28 f.; vgl. die Hinweise bei *Wenger*, S. 616 N. 189).

120 C. Just. 2, 7, 11, 2 (i. J. 460).

121 Vgl. C. Th. 14, 9, 1.

Ortega y Gassets Essay „Über das römische Imperium" als Beitrag zur allgemeinen Staatslehre

Von Hermann Jahrreiss

A

Ortega y Gasset beginnt seinen Essay „Über das Römische Imperium"[1] mit Worten hoher Anerkennung des Lebenswerkes eines berühmten Historikers unserer Zeit, Michael *Rostovtzeffs:* das 19. Jahrhundert habe nur das republikanische Rom verstehen können; *„Mommsen,* der eine Art Herkules der Geschichtsschreibung war, hielt an der Schwelle des Imperiums inne, weil der Horizont seiner persönlichen Erfahrungen und der Erfahrungen seiner Zeit in Politik dort aufhörte"; erst wir Menschen des 20. Jahrhunderts, mit unseren Erfahrungen, könnten das Reich der Cäsaren verstehen, und in *Rostovtzeffs* Werk „läßt uns das römische Imperium, das höchstwahrscheinlich die Wirklichkeit von größter Transzendenz ist, die sich bisher in der Geschichte der Menschheit geoffenbart hat, zum erstenmal einen Blick in sein gewaltiges Innere werfen". Freilich sei noch nicht alles klar[2].

Roms Republik und Imperium sind für Ortega y Gasset zwei einander ausschließende Gestalten des staatlichen Lebens. Ihr Wesensgegensatz läßt ihn das „Theorema" entwickeln, das uns hier angeht: das Leben im Staat könne „Leben als Freiheit" („Vida como Liberdad") oder „Leben als Anpassung" („Vida como adaptación") sein[3], oder anders aus-

---

[1] Diesen Essay hat *Ortega y Gasset* mit einem Versuch über „Geschichte als System" verbunden: Historia como Sistema y Del Imperio Romano (Madrid 1941), deutsch von Gerhard *Lepiorz:* Geschichte als System und Über das römische Imperium (Stuttgart 1952). Ich zitiere das spanische Original nach dem VI. Band der Obras Completas (Madrid 1946—1947): OC VI mit Seitenzahl, die Übersetzung: Ü mit Seitenzahl. Die Gedanken dieses Essays spielen eine entscheidende Rolle in zwölf Vorlesungen, die *Ortega y Gasset* zur Eröffnung des von ihm gegründeten „Instituto de Humanidades" 1948/1949 gehalten hat und in denen er sich mit *Toynbee* auseinandersetzt: Die spanische Originalausgabe (Una Interpretación de la Historia Universal — Verlag Revista de Occidente, Madrid) hat W. *Halm* übersetzt: José *Ortega y Gasset,* Eine Interpretation der Weltgeschichte. Rund um *Toynbee* (München 1964). Ich zitiere: Int. mit Seitenzahl.

[2] OC VI 53, 54; Ü 93—95; Int. 76.

[3] OC VI 76, 85; Ü 130, 140.

gedrückt: „Staat als Haut" („Estado como piel") oder „Staat als orthopädischer Apparat" („Estado como aparato ortopédico")[4].

Oft dichterisch bilderreich, sehr oft etwas von oben herab apodiktisch, freigebig mit Superlativen, mitunter — fast ein wenig spielerisch — Gedankengänge nach wenigen Schritten einstellend oder vertagend, vielfach den Hauptgedankengang mit Bekenntnissen, Äußerungen der Sympathie oder Antipathie hier erleichternd dort belastend, beschäftigt sich *Ortega y Gasset* mit der unvermeidlichen „Hölle", welche die Gesellschaft, zumal in ihrer drückendsten Gestalt „Staat" sei[5].

Er gibt somit einen Beitrag zur allgemeinen Staatslehre. Das ist für einen Essay eine schwere Fracht.

Ob es in der römischen Republik vor ihrem Niedergang in allem so war, wie er berichtet, und ob es dann im römischen Imperium so ganz anders war, so wie er es uns erzählt, das ist hier nicht die Frage. Ich könnte es auch nicht beantworten. Ganze Bibliotheken sind geschrieben worden, um diesen „Ozean von Arbeit"[6] auszuschöpfen. Nehmen wir nur aus jüngster Zeit Ulrich *von Lübtows* umfassende und höchst sorgsame Untersuchung „Das römische Volk — sein Staat und sein Recht"[7] zur Hand, und wir werden nicht immer den Zweifel zurückdrängen können, ob *Ortega y Gassets* fesselnder, flimmernder Überblick das Geschehen von rund tausend Jahren richtig zusammenfaßt. Daß Caesar mitten in der ziemlich langdauernden Wende zweier sehr verschiedener Zeiten staatlichen Lebens wirkend steht, das freilich drängt sich dem Blick auch in den Werken *Rostovtzeffs* und *von Lübtows* auf. Und es möchte wie eine Bestätigung der scharfen Antithese *Ortega y Gassets* aus ganz anderer Sicht erscheinen, wenn Hellfried *Dahlmann,* von der „Clementia Caesaris" handelnd, sagt: „Die clementia ist die Tugend eines einzelnen, sie gewinnt ihre Geltung immer da, wo nicht eine Gemeinschaft, sondern ein Individuum die Macht in der Hand hat; so kommt es, daß sie in Rom zuerst bei dem Römer, der sich als erster über die Bindungen der alten res publica erhob, der als einzelner, nicht als Organ einer Gesellschaft den Staat lenkt, die große Wichtigkeit erhält"[8].

Nun denn: sehen wir uns das Theorem an. Der spanische Kulturphilosoph faßt es so: Wenn die Menschen im Staat innerhalb der von ihnen aus freien Stücken gewollten Institutionen leben, dann ist das Leben ein „Leben als Freiheit". Sonst ist das Leben im Staat nur ein „Leben

---

4 OC VI 99, 100; Ü 155, 158.

5 OC VI 72, 88; Ü 121, 143; Der Staat als unvermeidliches Übel Int. 176.

6 OC VI 90; Ü 148.

7 Frankfurt am Main 1955. Vgl. für unser Thema etwa S. 314 ff., 384 (principatus und libertas), S. 413—420 (Die Wandlungen der Libertas).

8 Neue Jahrbücher für Wissenschaft und Jugendbildung, 10. Jg. 1934, S. 24.

als Anpassung", der Staat nur ein unvermeidliches Hilfsmittel, ein Ausweg[9]. Es ist klar, daß für den Lebensphilosophen *Ortega y Gasset* das „Leben als Freiheit" das Leben im *wahren* Staat ist; er sagt das freilich nicht ausdrücklich so. Die römische Republik bis zum Beginn des Niedergangs ist in seinen Augen ein solcher wahrer Staat, das römische Imperium aber — und das nun sagt er ausdrücklich und deutlich degradierend — „das erschütterndste und räumlich und zeitlich gewaltigste Beispiel eines unvermeidlichen Hilfsmittels"[10].

I. Zunächst also die Republik als Beispiel:

„Das republikanische Rom, das Rom, das im Aufstieg begriffen war, dessen Glaube an die Götter und an sich selbst noch nicht erschüttert war, das von der ‚tiefen Eintracht' lebte und von dem, was es als ‚Freiheit' empfand"[11]: das ist das Beispiel für den wahren Staat.

Das *eine* ist dabei also: Die Menschen in einem solchen Staat leben in *„tiefer Eintracht"*: sie stimmen miteinander überein in der Antwort auf gewisse letzte Fragen; sie mögen in „Bürgerzwiste" geraten, aber nur über sekundäre Fragen, nicht über „die Dogmen über das Universum und das Leben, sittliche Normen, Rechtsgrundsätze, Vorschriften, die selbst die Form des Krieges regeln"[12]; *„die letzte und grundlegende Frage im Leben des Staates", die übereinstimmend, einträchtig beantwortet sein muß, ist die Frage: Wer soll befehlen?*[13] Von der Vertreibung der Könige an bis zum Niedergang, den *Ortega y Gasset* bald um 225, bald um 200, dann um 190 v. Chr. einsetzen läßt, bestand in Rom diese Eintracht: der Senat herrschte und stützte sich letztlich auf die Auspizien[14]. Mit dem Niedergang der Republik, diesem „gigantischen Beispiel für das in der Illegitimität konstruierte Leben", beginnt der „anomale Staat"; es ist der „Übergang vom versunkenen, in sich gekehrten und geheiligten Leben zum offenen Leben"[15].

Das *andere* aber in solchem wahren Staat ist: Die Menschen leben dort in *„Freiheit"*. Das hieß in der römischen Republik: es gibt keine Könige mehr, vielmehr den „unpersönlichen Staat"; das Leben vollzieht sich nach dem für alle „steinhart" geltenden, aus dem Herkommen bewahrten oder vom Volk, d. h. von den Beherrschten gesetzten

---

[9] OC VI 85—89; Ü 140—145.

[10] OC VI 92 El Imperio romano es el ejemplo más pavoroso y gigantesco — especial y temporalmente — de un irremediable remedio; Ü 152.

[11] OC VI 54 La Roma republicana, la Roma ascendante, con fe intacta en los dioses y en si misma, que vivia de „concordia profunda" y de lo que sentía libertas; Ü 95.

[12] OC VI 58; Ü 102, 104; Int. 116 ff.

[13] OC VI 60—62; Ü 108, 110, 111.

[14] OC VI 63; Ü 115; Int. 116 ff., 130 ff., 141, 146, 154.

[15] Int. 171, 76, 160, 167, 172.

Gesetz[16]. Freiheit ist in dieser römischen Republik nie Freiheit *vom* Staat; die gibt es nicht[17]; und es gibt erst recht keine „Freiheiten im Plural" *(Ortega y Gasset* kritisiert von hier aus bitter die „Frivolität und Gehaltlosigkeit" des „Liberalismus unserer Großväter")[18]. Die — politische — Freiheit liegt vielmehr darin, daß „sich alle Glieder der Gesellschaft gewissermaßen als Mitwirkende bei der Ausübung der Herrschaft fühlen, also eine aktive Rolle im Staate spielen"[19] [20]. *„Die politische Freiheit besteht nicht darin, daß der Mensch sich nicht unter Druck fühlt, denn eine solche Situation gibt es nicht, sondern in der Form des Druckes"*[21].

II. Und nun das Imperium Romanum als Gegenbeispiel für „Zeiten, in denen die Möglichkeit der Wahl der Institutionen schwindet" und nur das „Leben als Anpassung" bleibt[22].

Das Imperium, als Lebensform, kam — so meint unser Autor — gerade deshalb zustande, weil sich Eintracht (concordia) und Freiheit (libertas) in der Zeit des Niedergangs von 200 v. Chr. an verflüchtigt hatten[23]. Die Gesellschaft hatte keine feste und gemeinsame Glaubensgewißheit mehr darüber, wer befehlen sollte; sie suchte also nach einem Ausweg (selbst Cäsar verzweifelte daran, ihn zu sehen[24]), und sie forderte „mechanisch" eine Befehlsgewalt[25]. Der Ausweg war das römische Imperium, „wohl die berühmteste Gesellschaft, von der uns die Geschichte berichtet", „ein schreckliches und entsetzliches, im höchsten Sinn absurdes Phänomen"[26], „die als Normalität anerkannte Anomalität, die als gesunder Zustand akzeptierte Pathologie des Staates"[27].

[16] OC VI 77, 78, 91; Ü 131, 133, 134, 149, 150.

[17] OC VI 80; Ü 137.

[18] OC VI 71, 107; Ü 120, 171.

[19] OC VI 92 Que todos los miembros de la sociedad se sientan colaboradores, en una u otra medida, de la función de mandar y, por li tanto, con un papel activo en el Estado; Ü 152.

[20] In diesem Zusammenhang sei auf Johannes *Urzidil*, Amerika und die Antike, Zürich und Stuttgart 1964, verwiesen. Er sagt (S. 83): „Der Staat ist die von der Gemeinschaft selbst gesetzte Ordnung ihrer Freiheit ... Es ist Aufgabe und Pflicht aller, die Freiheit als Staat zu organisieren. Jedoch die Freiheit als Staat in der lebendigen Kategorie der räumlich gegliederten Zeit und deren Wandlungen zu erhalten, das ist die Sendung des repräsentativen Systems und der Regierung des Volkes, vermöge des Volkes und für das Volk, wie sie Lincoln vor hundert Jahren auf dem Friedhof von Gettysburg mit periklëischer Großartigkeit und Würde umrissen hat." Darin steckt *Ortegas* „Leben als Freiheit", aber noch ein Zweites, was *Ortega* nachträglich anbringt und wovon hier unter III die Rede sein wird.

[21] OC VI 88; Ü 144 (die Übersetzung spricht von „sich unterdrückt fühlen" und von „Unterdrückung"; meine Abänderung in „sich unter Druck fühlen" und „Druck" will dem Original gerecht werden, vgl. das Bild von der Haut).

[22] OC VI 89; Ü 146.

[23] OC VI 54; Ü 95.

[24] Int. 174. Alle Welt war müde (cuncta fessa), erschöpft.

[25] OC VI 65; Ü 117/118.

[26] OC VI 74/75; Ü 126 und oben Anmerkung 9.

[27] Int. 76.

III. Wir müssen aber noch einmal zum ersten Beispiel, zur römischen Republik, zurückkehren. *Ortega y Gasset* merkt, daß mit der Libertas, so wie er sie in der Republik verwirklicht sieht, das Problem der Freiheit auch im wahren Staat nicht voll erfaßt ist. Er stellt der römischen die „europäische Freiheit" als die andere mögliche Art gegenüber, die europäische Freiheit, „die zu jeder normalen Zeit der abendländischen Vergangenheit in Geltung war", die „ewige europäische Tradition", „ein dauerndes Prinzip der europäischen politischen Inspiration", die in dem (von *Ortega* bitter geschmähten) „zeitgenössischen Liberalismus" mit „seinen übertriebenen und übertreibenden ‚Freiheiten' zu monomanischem und daher übertriebenem Ausdruck kommt"[28]. Politisches „Leben als Freiheit" kann auch bedeuten: die Herrschaft darf nie den ganzen Menschen erfassen; die politische Gewalt ist beschränkt[29].

Es gibt nämlich noch eine zweite „letzte und grundlegende Frage im Leben des Staates"[30]: *„In welchem Umfang soll befohlen werden oder nicht befohlen werden?"*[31] Die „europäische" Freiheit gibt auf diese Frage eine Teilantwort, die — so will es *Ortega y Gasset* — die römische Republik nicht kennt.

B

Mit diesem Essay macht *Ortega y Gasset* den Versuch, zwei völlig gegensätzliche Gestalten des Verhältnisses des einzelnen zum Staat als einander ausschließende Möglichkeiten *allgemeingültig* zu erkennen (wobei freilich nicht klar wird, ob der Autor noch weitere Möglichkeiten sieht). Aus den einprägsamen Gesamtbildern, die *Ortega y Gasset* von zwei unmittelbar aufeinanderfolgenden, ein Jahrtausend umfassenden Perioden in der Geschichte der Römer gewonnen hat und die für ihn sozusagen licht und dunkel sind, leitet er sein Theorem ab. Gewiß: er überschätzt es nicht: „die Theoreme sind imaginäre Figuren, die wir mit Linien voll geometrischer Reinheit ausarbeiten. Aber die Wirklichkeit stimmt nie ganz genau mit den Theoremen überein. Trotzdem gibt es keine andere Möglichkeit, die Wirklichkeit zu verstehen, als ihre immer unbestimmten Züge durch diese irrealen Profile zu betrachten, die unsere Phantasie geschaffen hat"[32]. Schön, nehmen wir es so. Jedoch,

---

[28] OC VI 79; Ü 135.
[29] OC VI 79; Ü 136.
[30] Vgl. Anm. 12.
[31] Vgl. Anm. 25; und 18 mit ihrem Hinweis auf Johannes *Urzidils* Amerika und die Antike: die Worte S. 83 meinen beide Freiheiten, die „römische" und die „europäische": die Beherrschten setzen ihre Oberen zu ordnungsgemäß beschränkter Herrschaft ein und setzen sie gegebenenfalls ab.
[32] OC VI 90; Ü 147.

wenn die Wirklichkeit verstanden werden soll — das eben will ja *Ortega y Gasset* —, darf man die Phantasie nicht über offenbare, aber in das Theorem nicht passende Tatsachen hinwegflattern lassen; die „reinen Linien", die in den zwei Feldern, dem lichteren und dem dunkleren, die Profile zeichnen, dürfen ihre Reinheit nicht daraus gewinnen, daß man Fakten, welche die Konstruktion stören, im hellen Feld wegradiert, im dunklen zutuscht.

Sehen wir uns denn *Ortega y Gassets* Zeichnungen der römischen Republik und des römischen Imperiums kritisch an! Ein leuchtendes und ein düsteres Bild! Sind sie porträtähnlich?

Zwei Vorbemerkungen sind allerdings nötig, auf daß nicht der Eindruck entstehe, *Ortega y Gasset* liebe die römische Republik — auch sie ist „Hölle" — und übersehe die Familienähnlichkeit von Republik und Imperium. Die erste Vorbemerkung: Wir dürfen nicht verschweigen, daß Ortega y Gasset allen Staaten, auch der römischen Republik, bescheinigt, daß es nur „relativ" zu nehmen sei, wenn man — dann und wann — von einem „zufriedenstellenden Zustand der Gesellschaft", von „einer guten Epoche in ihrer Entwicklung" spreche; denn „in keiner Gesellschaft habe es je den vollen Triumph der sozialen Kräfte über die antisozialen gegeben"[33]. Aber wenn auch nur „relativ", in den Augen des spanischen Kulturphilosophen stehen die beiden Gestalten des römischen Staates eben doch wie Tag und Nacht einander gegenüber. Wir aber werden im hellen Bild, im Bild der Republik bis zu ihrem Niedergang, der Figur der Libertas etwas Schatten geben und ihr eine zweite, nicht weniger lichte Figur, die Figur der *persönlichen* Freiheit zugesellen; und dem dunklen Bild, dem Bild des Imperiums, werden wir einige Lichter aufsetzen, wobei uns *Ortega y Gasset* selbst in der späteren „Interpretation" einige Anregungen gibt. Die Bilder werden einander nicht mehr so schroff gegenüberstehen, die Verwandtschaft der Porträtierten nicht verleugnen: zweimal Herrschaft mit allem Für und Wider jeder Herrschaft.

Die zweite Vorbemerkung: *Ortega y Gasset* ist für seine Person dem Staat, d. h. dem Herrschen und Beherrschtwerden, so abhold, daß ihm jedes öffentliche Amt zuwider ist[34]; er stimmt Auguste *Comte* darin zu, „daß jede Mitwirkung an der Herrschaft von Grund auf erniedrigend sei"[35]; er hat eine ausgesprochene Neigung zur anderen, zur nichtdegradierenden Methode des Lenkens der Menschen, nämlich zum *Führen,* zum beispielhaften Vorangehen, zum vorbildlichen Vorleben, zum Adeligen (zum Adeligen, das gerade die römische Plebs, „die gute

[33] OC VI 73; Ü 123.
[34] OC VI 59; Ü 106.
[35] OC VI 74; Ü 125.

Plebs", welche eine Menge, aber keine „Masse" gewesen sei, respektiert habe)[36]. Er bezähmt jedoch seine persönliche Einstellung zum Herrschen, zur herabwürdigenden Methode des Menschenlenkens — „das Gesetz ist ein vorsätzlich Unmenschliches"[37] — und gibt dem nach seiner Überzeugung nun einmal unvermeidbaren Staat, was des Staates ist, und zitiert sich selbst[38]: *Die Funktion des Befehlens und Gehorchens ist die entscheidende in jeder Gesellschaft.* Herrscht in ihr Unklarheit über die Frage, wer befehlen und wer gehorchen soll, so wird auch alles übrige unsauber und verkehrt sein. Selbst das persönlichste Leben des Individuums, von genialen Ausnahmen abgesehen, wird zerstört und verfälscht sein".

Beginnen wir denn mit der römischen Republik, und wir sehen: *Ortega y Gassets Lehre über die Freiheit (libertas) muß berichtigt und ergänzt werden.*

Er lehrt: Es hat im Rom der Republik keine Freiheit *vom* Staat gegeben. Darin irrt *Ortega.* Denn einen Staat ohne jede Freiheit von seiner Herrschaft hat es nie gegeben und kann es aus rein technischen Notwendigkeiten nicht geben. Es gibt immer Freiheit vom Staat. Richtig ist: Herrschaft kann sich nach ihrem Wesen zwar nur auf dirigierbares Verhalten der Menschen erstrecken — Denken und Glauben sind der Herrschaft nicht zugänglich —, auf das dirigierbare Verhalten aber in vollem Umfang. Doch noch nie hat eine Herrschaft diesen ihren Spielraum technisch ausfüllen können, d. h. noch nie hat sie *alles* Verhalten von Mensch zu Mensch in ihrem Bereich durch Befehl gelenkt; sie hat stets wegen der unbehebbaren Begrenztheit der technischen Mittel zahllose Selbstbestimmungen, Selbstlenkungen der einzelnen hinnehmen müssen. Das hat auch für Sparta gegolten. Und es galt nicht weniger für das Rom der Republik. Keine Herrschaft kann wirklich total sein. Immer bleibt dem einzelnen Herrschaftsunterworfenen auch im Bereich des befehlsmäßig Dirigierbaren eine Sphäre des „Privaten". In der römischen Republik gab es aber über diesen Bereich der rein *technisch erzwungenen* Freiheit vom Staat eine *geordnete* Freiheit vom Staat, eine *Freiheits*-Ordnung der Herrschaft; das ist eine Ordnung der Herrschaft, die den Bereich des Privaten sowohl der Lust und Laune des Herrschenden als auch dem Glückgehabt = Haben, dem Geradenoch-

[36] OC VI 102; Ü 160/161; Int. 138.

[37] OC VI 78; Ü 133.

[38] OC VI 60 mit: La rebelión de las masas, Revista de Occidente, 1930, 1.ª edición, p. 239; Ü 108 mit „Der Aufstand der Massen", Stuttgart 1950, La función de mandar y obedecer es la decisiva en toda sociedad. Como ande en ésta turbia la cuestión de quién manda y quién obedece, todo la demás marchará impura y torpemente. Hasta la más íntima intimitad de cada individuo, salvas geniales excepciones, quedará perturbada y falsiticada.

Entwischtsein des Beherrschten, der *Zufälligkeit* also, entreißt[39]. Und eben dies haben die Römer gehabt, *gesetzmäßige Freiheit*. Es genügt hier, auf *v. Lübtows* eingehende Darstellung über Freiheit und Bindung des Bürgers (er hätte hinzufügen können: und über Bindung und Freiheit der Herrschenden) in seinem zu Eingang dieser Darlegung erwähnten umfassenden Werk hinzuweisen[40]. Es besteht eben gar kein sachlicher Gegensatz zu der von *Ortega y Gasset* sogenannten „europäischen Freiheit". Wir bemerken allerdings: Diese Freiheit, d. h. das Bestehen *normierter* Barrieren gegen das Eindringen der Staatsgewalt in die „private" Sphäre des einzelnen ist in Europa im Laufe der Jahrhunderte technisch in *verschiedener* Weise garantiert worden; und in den letzten Zeiten hat man nicht nur die Einzelfall-Entscheidungen der Herrschaft gebändigt, nämlich durch *„Gesetz"*, sondern man hat auch den normierenden Gesetzgeber durch die *„Verfassung"* gezügelt, ja sich bemüht, nun auch noch den Verfassungsgeber zu binden. Doch ist das alles nichts Artverschiedenes, und wir brauchen deshalb nicht näher darzutun, daß *Ortega y Gasset* mißverstanden hat, worum es verfassungstechnisch gegangen ist und geht, wenn die modernen Staatsordnungen die von ihm verächtlich sogenannten „Freiheiten im Plural" festsetzen. Der römische Republikaner hatte außer der Freiheit, von der *Ortega y Gasset* spricht und die man Freiheit *zum* Staat nennen könnte und von der wir alsbald noch sprechen werden, auch Freiheit *vom* Staat. Es ist aber zu betonen, daß die Freiheit *vom* Staat jeder Bürger hatte, ob er wollte oder nicht, ob er sich dessen bewußt war oder nicht, während die Freiheit *zum* Staat sicherlich nicht in jedes römischen Bürgers Brust lebendig war. Es menschelte im Rom der Republik auch der großen Zeit wie überall unter den Menschen. Es gab stets Gleichgültige und stets auch Gegner des jeweiligen Regiments. Wie es — umgekehrt — im Imperium immer Menschen gab, die sich für ihren Staat verantwortlich fühlten. Mittelbar hat übrigens *Ortega y Gasset* die Freiheit des republikanischen Bürgers *vom* Staat, d. h. die geordnete Einschränkung der Staatsgewalt gegenüber dem Bürger anerkannt, wenn er sagt: „Cicero fühlte sich also frei, wenn ihm von der Obrigkeit *entsprechend den Gesetzen*, welche die römische Vergangenheit bis dahin festgestellt hatte, befohlen wurde"[41]. Nicht nur das römi-

---

[39] Vgl. H. *Jahrreiß*, Herrschaft nach dem Maß des Menschen (Kölner Universitätsreden Nr. 9, Krefeld 1951) und Mensch und Staat (Köln — Berlin 1957) S. 6 f.

[40] a.a O. S. 314 ff.

[41] OC VI 78; Ü 134. In der Interpretation (S. 260) sagt *Ortega y Gasset*: „Dank dieser Sicherheit seines Rechts konnte der Bürger Roms sich voll Vertrauen auf den Boden des Rechts stellen, einen festen Stand gewinnen. Und dann konnte er ruhig und im Gefühl des Geschütztseins, sozusagen mit der Rückendeckung durch das Recht, ohne Verlegenheit, ohne Angst und Schrecken und ohne Neurose eine Art und Weise des Verhaltens suchen, um mit Würde

sche Strafrecht, Steuerrecht oder Polizeirecht, sondern und gerade auch der großartige Bau des römischen Zivilrechts ruht auf der Praxis der Freiheit *vom* Staat gemäß Herkommen und Gesetz. Auch Zivilrecht gehört ja zur Verfassung der Herrschaft, ist ein Teil der Regelung der von *Ortega y Gasset* zum Schaden seiner Argumentation leider erst spät nachgetragenen zweiten „letzten entscheidenden Frage“, der Frage nach den gebotenen, erlaubten oder verbotenen Befehlen, nach der Kompetenzfülle also[42]. *Alles Recht ist Ordnung des Herrschens und Gehorchens;* dies, gerade dies und nur dies unterscheidet es von anderen Ordnungen des sozialen Lebens[43]. Und so ist auch Zivilrecht *Recht* gerade und nur als Norm für Einzelfall-Entscheidungen der Herrschaft in Rechtsprechung und Verwaltung, diese Entscheidungen seien nun für den Fortgang des Lebens notwendig (als gestaltende) oder nicht (in welchem Fall man sich vorsorglich nach den Normen richtet, nämlich für den Fall des Konflikts, den der Staat entscheiden muß).

Nach dieser Berichtigung und Ergänzung, die das helle Bild *Ortega y Gassets* von der römischen Republik nur noch mehr leuchten läßt, kommen wir zur Libertas als der Freiheit *zum* Staat, die unser Autor zu Unrecht als einzige Freiheit im Rom der Republik sieht. Und da gibt es etwas Schatten. Libertas ist für ihn: Es gibt keine Könige mehr, keine „persönliche“ Herrschaft von „Autokraten“, sondern nur die „unpersönliche“ Herrschaft des Gesetzes. In der „Interpretation“ von 1948/49[44] spricht *Ortega y Gasset* bei solcher „unpersönlichen“ Herrschaft am liebsten gar nicht von „Befehlen“ (obwohl doch eben befohlen wird) und kritisiert *Mommsen* wegen seiner Verwendung des Wortes Imperium auch für die unpersönliche Herrschaft. Wir zitieren noch einmal: „Alle Glieder der Gesellschaft fühlen sich gewissermaßen als Mitwirkende bei der Ausübung der Herrschaft, spielen eine aktive Rolle im Staat“[19]. Alle Glieder! Wirklich alle? Nie können alle Beherrschten Aktiv-Bürger sein; demos ist immer nur ein Teil der Bevölkerung. Wenn — wie bei uns in der Bundesrepublik Deutschland nach unserem Grundgesetz — rund zwei Drittel aller Einwohner, nämlich alle erwachsenen Männer und Frauen deutscher Staatsangehörigkeit, den demos bilden, so ist man sicherlich nicht weit von der äußersten Grenze des angesichts des Sinnes einer Wahl allenfalls noch Verstehbaren. In der römischen Republik war der demos ein viel kleinerer Teil der Be-

---

Mensch zu sein, um sein persönliches Leben ehrlich und ernst zu entwickeln und sich einen geschlossenen und energischen Charakter zu fordern, kurz, Römer zu sein.“

[42] H. *Jahrreiß*, System des deutschen Verfassungsrechts, Tübingen 1930, S. 3.

[43] H *Jahrreiß*, Berechenbarkeit und Recht (Leipzig 1927) und: Größe und Not der Gesetzgebung (Schriften der Wittheit zu Bremen, Reihe D, Band 20, Heft 2/3, 1952 und in: Mensch und Staat S. 17—67).

[44] Int. 65, 66, 72, 73, 101 f.

völkerung, schon weil die Frauen und alle Unfreien politisch inaktiv waren; und nur die Glieder des demos hatten, was *Ortega y Gasset* als Libertas bezeichnet. Doch solcher Schatten liegt, in verschiedener Stärke freilich, über jeder Demokratie[45]. Um Demo*kratie* aber geht es, um *Herrschaft.* Was *Ortega y Gasset* Freiheit nennt, sollte man nicht so nennen. Das erzeugt nur Mißverständnisse; so wie wir das gerade bei *Ortega* sehen. Das Wort Freiheit sollte nur verwendet werden, wo die Selbstlenkung dem Befehl als der Fremdlenkung gegenübersteht. *Ortega* sieht sehr richtig, daß seine Libertas eine „Form des Druckes" ist, den der Staat auf den einzelnen ausübt. Es geht nicht um Freiheit *von* Herrschaft, wie bei der von den Anarchisten erträumten harmonischen Ordnung, in der Herrschaft nur noch der begrabene Gegner, ein gedachter Gegensatz wäre, oder wie in der „klassisches Völkerrecht" genannten Zwischen - Souveränitäten - Ordnung einer Mehrheit von Staaten, von denen jeder befehlsunabhängig ist, oder wie bei der „Privatdisposition", die *in* einem Herrschaftsverband anerkannt ist. Die Libertas *Ortega y Gassets* ist vielmehr eine von vielen Gestalten, in denen das Herrschen erscheinen kann. Die Glieder des demos, also eines Teils der Beherrschten, fühlen sich als Mit-Herrscher. Herrschaft als Selbstlenkung dieser Beherrschten also ist gemeint, so daß dann die Herrschenden „vom Volk selbstgewählte Leute" sind oder (und) nach „vom Volk selbst gesetztem Rezept" (Verfassung, Gesetz) regieren. Demokratische Staatsordnungen können dabei verschieden viele demokratische Elemente der hier genannten Art und die einzelnen Elemente in verschiedener Reinheit und Stärke enthalten[46]. Darüber spricht *Ortega y Gasset* nicht, und so bleibt sein römischer Aktiv-Bürger eine ziemlich farblose Gestalt. Die Hauptsache allerdings ist: *Ortega y Gasset* hat die Libertas, von der er handelt, richtig als eine mögliche Gestalt der Herrschaft erkannt: Sie ist für den Aktiv-Bürger-Teil der Beherrschten (aber auch nur für diesen Teil) *Herrschaft in Selbstlenkung,* so daß sich die Aktiv-Bürger als Selbstbeherrscher vorkommen mögen; freilich, den Steuerbescheid, die Polizeiverfügung, das Strafurteil, alle diese belastenden Staatsakte, diese Befehle, die sie dann bekommen, haben sie sich nicht selbst gegeben: es *sind* Befehle; die Bürger sind und bleiben Beherrschte.

Ehe er zur Libertas kommt, hat *Ortega y Gasset* von der Concordia gesprochen, von dem gemeinsamen Glauben der Römer (*aller Römer?)* in „gewissen letzten Fragen", darunter in den zwei „letzten und grund-

---

[45] Vgl. H. *Jahrreiß*, Demokratie; Selbstbewußtsein — Selbstgefährdung — Selbstschutz; in: Festschrift für Richard *Thoma* (Tübingen 1950) S. 71—91.

[46] Vgl. H. *Jahrreiß*, System des deutschen Verfassungsrechts, S. 13, und: Das Recht und die Gestaltungen des Selbstverwaltungsgedankens (in: Festschrift für Richard *Schmidt*, Leipzig 1932, Bd. Gegenwartsfragen aus der allgemeinen Staatslehre und der Verfassungstheorie S. 94—106, besonders S. 96, 103 f.).

legenden Fragen im Leben des Staates“ nach den Trägern und den Schranken des Herrschens. Er spricht von einem Kollektivglauben, bei dem es auf den einzelnen nicht ankommt, der nicht glaubt, und das ist für *Ortegas* Auffassung von dem diametralen Gegensatz von römischer Republik und römischem Imperium das letztlich Entscheidende. Der Niedergang der Republik, das Aufkommen des Imperiums haben zur Grundlage das Schwinden des gemeinsamen Glaubens. Daß sich den immer weitere Gebiet um das Mittelmeer herum erobernden Römern viele Glaubenswelten öffneten, stellt sie vor die Möglichkeit der „Wahl“ des Glaubens, bis es lauter einzelne Gläubige gibt. Die profunda concordia ist verloren. Das römische Gemeinwesen wird krank, und in Scheingesundheit organisiert das Imperium die Gesellschaft perfekt[47].

Damit sind wir bei *Ortega y Gassets* seltsam zwiespältigem Bild vom Imperium, das dem Essay den Titel gibt.

Wir sind bei dem „schrecklichen und entsetzlichen, im höchsten Sinn absurden Phänomen“[26], bei der „als Normalität anerkannten Anomalität“[27], bei „dem gräßlichen Monstrum der reinen, unverbrämten, nicht geheiligten, absoluten und absolut illegitimen öffentlichen Gewalt“[48].

Zugleich aber sind wir bei der „berühmten Gesellschaft“, bei „der perfekt organisierten Gesellschaft von ungeheurer Ausdehnung und mit einem engen Zusammenleben“[49], bei dem „ehrwürdigsten Staat in den Annalen der Menschheit“[50], in dem „der Stoizismus, der im gesamten Adel und im Bürgertum des Imperiums verbreitet war, der Welt eine Epoche bester Führung und ungetrübten Glückes brachte“[51], wir sind bei dem Universalstaat der pax romana[52].

Es kann nicht gelingen, aus alledem zu ersehen, was *Ortega y Gasset* von diesem Imperium der Superlative im Guten und Bösen in Wahrheit gedacht hat, von diesem Imperium, dem er sogar „fruchtbare mittelbare Wirkungen“ nachsagt[53].

Das Herrschen ist nur eine von mehreren Methoden, menschliches Zusammenleben zielbewußt zu lenken; und es ist aus seinem Wesen — Stirn gegen Stirn, von oben nach unten, Zwangsdurchsetzung! — die sicherlich wenigst sympathische, die wenigst feine, die aufreizende und häßliche Methode. Es ist aber zugleich die Methode, ohne die vieles Gute unter den Menschen nicht verwirklicht, vieles Böse nicht verhütet

---

[47] Int. 47 mit 76.
[48] Int. 259.
[49] Int. 47.
[50] Int. 75.
[51] Int. 171.
[52] Int. 64.
[53] OC VI 74; Ü 126.

werden könnte. Es ist *stets* ein Hilfsmittel und oft ein Ausweg, um *Ortega y Gassets* Sprechweise zu gebrauchen. Dies war das Herrschen im Imperium Romanum, gewiß, aber ebenso gewiß in der römischen Republik, weil es das immer und überall ist. *Ortega y Gasset* konstruiert bei der römischen Republik daran vorbei, gewinnt so eine faszinierende Utopia, und macht im Kontrast dazu aus dem Imperium sozusagen das Negativ dieser Utopia. Er vergißt völlig den Gegensatz urbs und orbis terrarum; den Weltkreis konnte man nur *herrschaftlich* in Ordnung halten (soweit Menschen das überhaupt zu leisten vermochten), und mußte dann die Technik des Herrschens voll und mit allen Risiken einsetzen, konnte nicht auf eine doch unmögliche Concordia warten und durfte nicht auf das andere Unmögliche ausschauen, daß sich alle als Mitherrscher fühlten und betätigten.

Concordia und Libertas, so wie sie *Ortega y Gasset* meint, sind sie wirklich die Lebensbedingungen für einen gesunden Staat, ganz gleich, ob es um die Herrschaft in einer Gemeinde geht, in der jeder jeden kennt, oder in einer „Großstadt", oder in einem Reich, das sich diese Stadt auf ihrer Apennin-Halbinsel erobert hat, dessen Metropole sie nun ist? Das waren doch drei Phasen der römischen Republik vor ihrem Niedergang. Und dann kommt der Reichsbau um das Mittelmeer herum, und die Metropole wird eine Millionenstadt sein; in einem Reich, an dessen Rändern für ganze Gebiete nicht feststehen wird, ob sie innerhalb der Reichsgrenzen liegen oder vor diesen Grenzen als Pufferzonen, Brückenköpfe, Interessensphären[54]. *Ortega y Gasset* sagt immer nur Rom und läßt den Wechsel im Schauplatz nicht voll sichtbar werden. Das Konstruieren wird dann allerdings sehr erleichtert.

---

[54] Sehr aufschlußreich hierüber wie über die stark differenzierenden und divergierenden Techniken der Reichs-Herrschaft überhaupt neuerdings der Gastvortrag, den Professor *Lemosse* von der Universität Clermont-Ferrand in der Kölner Universität am 25. Mai 1965 gehalten hat: L'Empire Romain, communauté internationale.

FSC
www.fsc.org
MIX
Papier | Fördert gute Waldnutzung
FSC® C083411

Kolibri 360 GmbH
Ferdinand-Jühlke-Straße 7
99095 Erfurt, Deutschland
produktsicherheit@kolibri360.de

Druck:
CPI Druckdienstleistungen GmbH
im Auftrag der
Kolibri 360 GmbH
Ferdinand-Jühlke-Str. 7
99095 Erfurt